JOHN NUNN

1001 XEQUES-MATES MORTAIS

RESOLVA O QUEBRA-CABEÇA E MEÇA SUA HABILIDADE

EDITORA CIÊNCIA MODERNA

Do original:
1001 Deadly Checkmates – Solve the puzzles and measure your skill!

Editor: Paulo André P. Marques
Produção Editorial: Dilene Sandes Pessanha
Capa: Daniel Jara
Tradução: Eveline Vieira Machado
Revisão Técnica: Luiz Roberto da Costa Júnior
Diagramação: Daniel Jara
Copidesque: Dilene Sandes Pessanha

FICHA CATALOGRÁFICA

NUNN, John.

1001 Xeques-mates Mortais – Resolva o quebra-cabeça e meça sua habilidade

Rio de Janeiro: Editora Ciência Moderna Ltda., 2024.

1. Xadrez
I — Título

ISBN: 978-65-5842-360-7 CDD 794.1

Editora Ciência Moderna Ltda.
R. Alice Figueiredo, 46 – Riachuelo
Rio de Janeiro, RJ – Brasil CEP: 20.950-150
Tel: (21) 2201-6662/ Fax: (21) 2201-6896
E-MAIL: LCM@LCM.COM.BR
WWW.LCM.COM.BR

03/24

Sumário

Símbolos e Notação

#	xeque-mate
+	xeque
++	xeque duplo
x	captura
!!	lance brilhante
!	lance bom
?	lance ruim
??	grave erro
1-0	as Pretas abandonaram
0-1	as Brancas abandonaram
Ch	campeonato
♔	rei
♕	dama
♖	torre
♗	bispo
♘	cavalo

Notação Algébrica

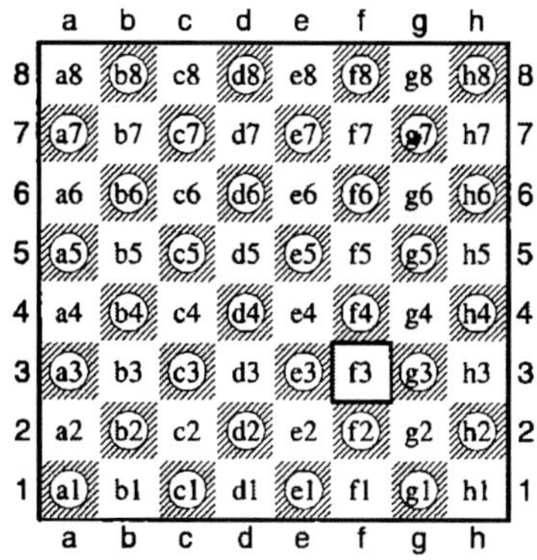

Os lances são mostrados com o símbolo da peça seguido da casa de destino. Por exemplo, se um cavalo vai para a casa marcada no diagrama, isso é grafado como ♘f3 na notação algébrica. Se duas peças do mesmo tipo podem ir para a mesma casa, mais informações são dadas. Por exemplo, se há cavalos em g1 e e5, então o que está em e5 indo para f3 é grafado como ♘ef3.

Para os movimentos do peão, apenas a casa de chegada é mostrada (ex., e4 significa que um peão vai para a casa e4). Para as capturas do peão, a coluna de onde sai o peão também é mostrada. Assim, exf4 significa que um peão na coluna e faz uma captura que o leva para a casa f4.

Prefácio de Murray Chandler

Há algum tempo escrevi um pequeno livro chamado **How to Beat Your Dad at Chess**, que explica, em termos muito simples, os padrões mais básicos em xadrez. Nem imaginava como o livro ficaria popular[1]. Como consequência, muitos leitores pediram um livro complementar, com outros desafios de xeque-mate para resolver. Um tipo de manual do livro anterior, se você preferir, em que resolver as posições reforça e expande seu reconhecimento dos padrões de xeque-mate.

Assim, fico encantado ao recomendar este novo livro incrível, **1001 Xeques-mates Mortais**, escrito por John Nunn, meu amigo e colega de longa data. John pesquisou por 6 meses para descobrir posições instrutivas de xeque-mate para este livro e a seleção dos desafios é simplesmente incrível. Além de conseguir praticar os padrões antigos favoritos, como mates de corredor e sacrifícios padrões de dama, você também aprenderá muitos padrões novos e avançados.

Estudar os 1001 xeques-mates automaticamente o fará reconhecer possibilidades parecidas agora e no futuro. E exatamente a técnica de raciocínio que os maiores mestres de xadrez usam, quando fazem ataques devastadores sem esforço.

Portanto, desfrute da resposta desses desafios incríveis, verificando as soluções e totalizando seus pontos. Antes de perceber, você estará utilizando esses temas de xeque-mate mortais em suas próprias partidas.

Murray Chandler

[1] *How to Beat Your Dad at Chess* agora foi reimpresso 11 vezes, está disponível em 9 idiomas e é usado como material por coaches de xadrez no mundo todo. Todos, parece, adoram aprender a dar xeque-mate!

Introdução

No xadrez, o xeque-mate (muitas vezes abreviado como "mate" apenas) termina o jogo. Se você conquista um peão, a partida continua e é provável que a luta continue por muito tempo, mas não há como voltar do xeque-mate; o jogo termina. Um dos modos mais fáceis de melhorar seu xadrez e ganhar mais partidas é assegurar que você identifique quaisquer oportunidades de mate. Como? Os jogadores de xadrez treinam muito o "reconhecimento do padrão", identificando semelhanças com ideias já vistas. Uma das melhores maneiras de não ignorar as ideias de mate é ter mais experiência com os padrões de mate, que é o objetivo deste livro.

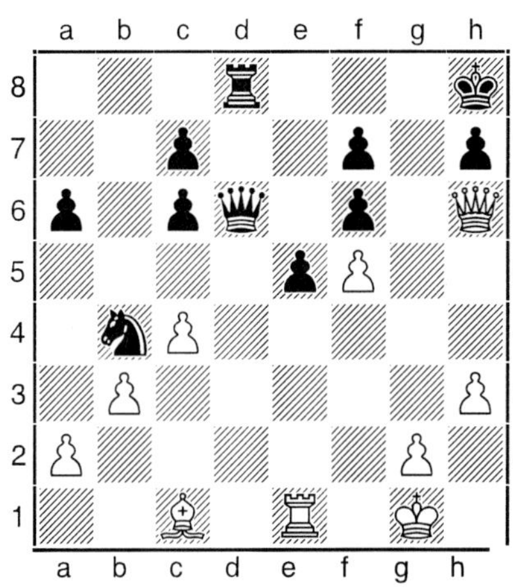

Nunn – Portisch

Copa do Mundo, Reykjavik 1988

Jogadores de todos os níveis se beneficiam do estudo dos padrões de mate. Nesta posição, enfrento o principal grande mestre húngaro Lajos Portisch, que esteve oito vezes na fase de Candidatos do Campeonato Mundial. Portisch jogou **1...c5?** (o imediato 1...♖g8 teria empatado após, por exemplo, 2 ♖e2 ♕d1+ 3 ♔h2 ♕xe2 4 ♕xf6+ ♖g7 5 ♕d8+ com o xeque perpétuo) e eu respondi com **2 ♖e4**, ameaçando 3 ♖h4 e mate em h7. Portisch continuou com **2...♖g8**, que é a única defesa para a ameaça das Brancas, visando responder 3 ♖h4? com 3...♕d1+ 4 ♔h2 ♖xg2+! 5 ♔xg2 ♕e2+ forçando o xeque perpétuo.

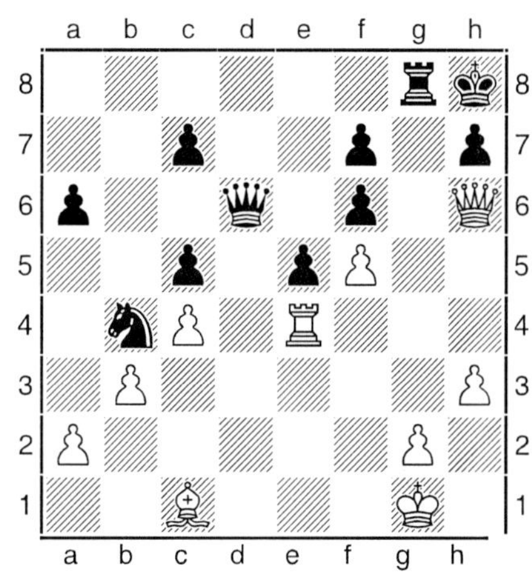

Então veio o susto. Fiz um ataque agressivo com **3 ♕xh7+!** e, por um momento, Portisch pareceu atordoado. No início, não conseguiu ver o motivo do sacrifício da dama; então ele percebeu que era um mate forçado após 3...♔xh7 4 ♖h4+ ♔g7 5 ♗h6+ seguido de 6 ♗f8#. **Portisch abandonou** (**1-0**) e foi ponto para mim. Se um grande mestre forte como Portisch consegue negligenciar um padrão de mate, então pode acontecer com qualquer um.

Você encontrará esse padrão e muitos outros ao longo do livro. Resolvendo os 1001 desafios de mate com dificuldades variadas, você expandirá muito seu conhecimento das ideias de mate típicas. Isso o ajudará a executar tais ideias em suas próprias partidas e mostrará quando seu oponente planeja dar o mate em você.

Não há muito texto no livro, pois a intenção é que o leitor aprenda resolvendo os desafios. É mais simples começar direto e trabalhar no livro. Mesmo que você seja um jogador mais avançado, alguns desafios têm ideias de mate incomuns que talvez não tenha visto antes.

O primeiro capítulo dos desafios elementares consiste em mates em um ou dois lances, e deve servir como uma introdução útil. Então, há uma série de capítulos dedicados a tipos específicos de mate, como mates do corredor. O Capítulo 15 tem uma grande coleção de mates que não se encaixam em categorias fáceis de definir, já o Capítulo 16 tem um teste de revisão cobrindo muitos tipos diferentes de mate apresentados no livro. O *1001 Xeques-mates Mortais* termina com o Desafio do Mate Extremo, uma coleção de desafios de mate mais difíceis.

Cada posição pode lhe render de 1 a 5 pontos de acordo com a dificuldade, com uma progressão de 1 a 5 em cada capítulo. Há um quadro de pontuação no final de cada capítulo no qual você pode preencher com seus pontos. Quando tiver trabalhado em cada capítulo, some os pontos e veja se está perto do máximo possível. No final, há um gráfico no qual você pode totalizar seus pontos no livro inteiro. Quão perto você consegue chegar da pontuação perfeita de 2.630 pontos?

O valor desse tipo de livro depende muito da seleção das posições e é onde me esforcei mais; na verdade, cerca de dois terços do tempo gasto escrevendo o livro foram usados na seleção do material. Comecei montando uma pequena lista com cerca de 10 mil posições. Muitas se mostraram inadequadas porque, por exemplo, o mate não era claro ou havia mates alternativos. Então, considerei com atenção cada posição restante, selecionando aquelas que eram mais instrutivas e úteis. Por fim, a lista foi reduzida às posições neste livro. O especial na seleção é que ela se baseia nos **mates que realmente ocorrem nas partidas**. Mais de 95% das posições são do ano 2000 ou posterior. Portanto, a grande maioria será nova até para quem leu os livros de desafios anteriores. Em particular, o que me espantou é que até os jogadores muito fortes conseguem ignorar os mates que não se enquadram nos padrões. Minha seleção se baseia na experiência real. Portanto, oferece uma grande variedade de ideias de mate, inclusive muitas que raramente são encontradas em livros didáticos.

Você pode encontrar ideias parecidas surgindo em mais de uma posição. É intencional. Não só uma modesta repetição ajuda a reforçar ideias importantes, como também as posições foram organizadas em uma sequência lógica para que uma posição posterior repita a ideia de uma posição anterior, mas com uma sutileza ou um refinamento extra. Trabalhando nas posições, sua habilidade se desenvolverá aos poucos e você aprenderá a identificar ideias de mate cada vez mais difíceis.

Em cada posição você busca um mate forçado. Em algumas posições há outros modos, mais lentos, de vencer, por exemplo adquirindo material, mas em geral você só faz pontos ao encontrar o mate mais rápido (em poucos casos, que são especificamente mencionados, você também faz pontos por fazer lances ganhadores em uma ordem alternativa). As soluções são únicas no sentido que sempre existe uma rota para o mate que é bem mais rápida que outra.

Fiz o máximo para dar soluções completas. Porém, os leitores devem estar cientes de que em alguns casos, o defensor pode adiar o mate com "xeques por vingança" (oferecer peças com xeque) ou interpondo peças que podem ser capturadas. Na maioria dos casos, não menciono essas táticas de retardo sem sentido.

As posições neste livro representam combinações de mate inesperadas e belas, e espero que sejam divertidas e instrutivas. Boa sorte em sua jornada em *1001 Xeques-mates Mortais*!

1. Mates Elementares

Este primeiro capítulo é um pequeno aquecimento, pois todas as posições envolvem mates em um ou dois lances. Aqui encontramos, de forma simples, algumas ideias que surgirão posteriormente de novo no livro.

Aprender a identificar os mates é o modo mais simples de melhorar seu xadrez e vencer mais partidas. Muitas vezes os jogadores perdem oportunidades que envolvem mates incomuns porque é fácil ignorar algo que não é familiar. A grande variedade de ideias neste capítulo ajudará a aumentar seu repertório de padrões de mate, dando a você mais chances de dar o mate em seu próximo oponente!

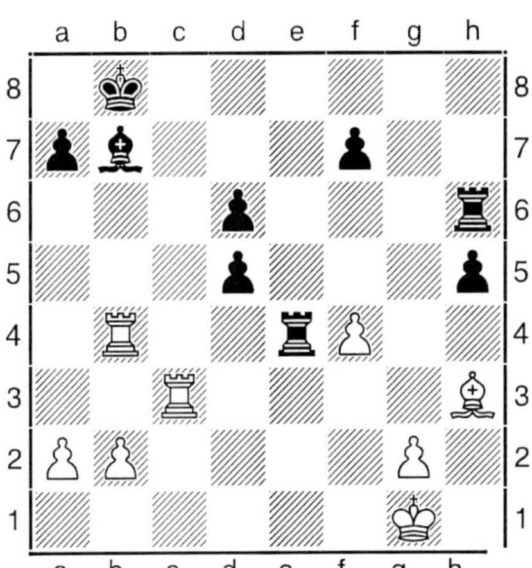

1) Jogam as Brancas (1 ponto)

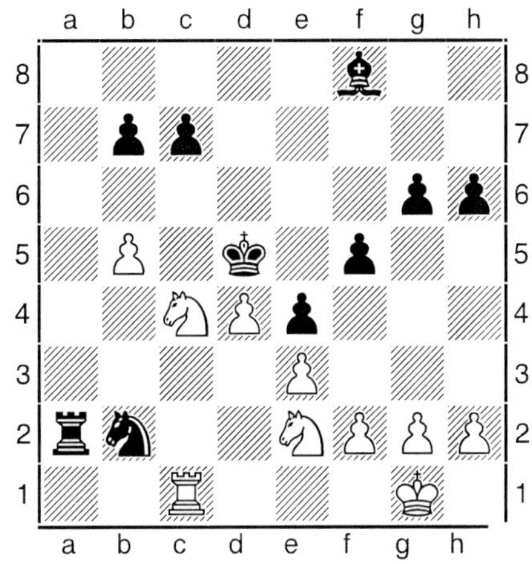

2) Jogam as Brancas (1 ponto)

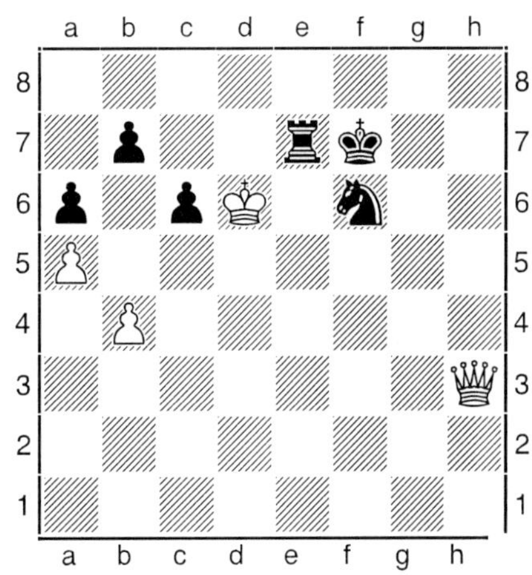

3) Jogam as Pretas (1 ponto)

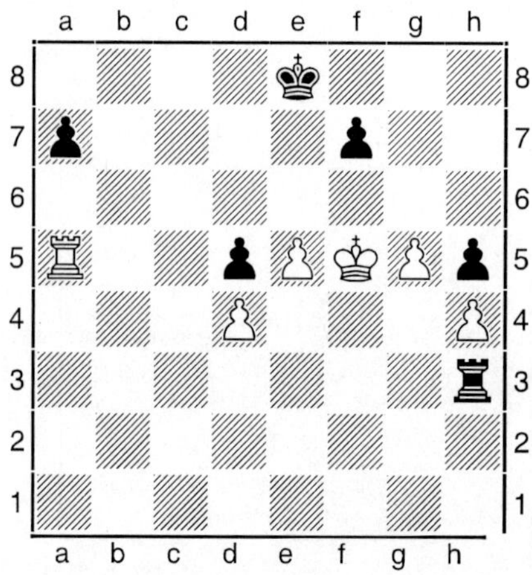

4) Jogam as Pretas (1 ponto)

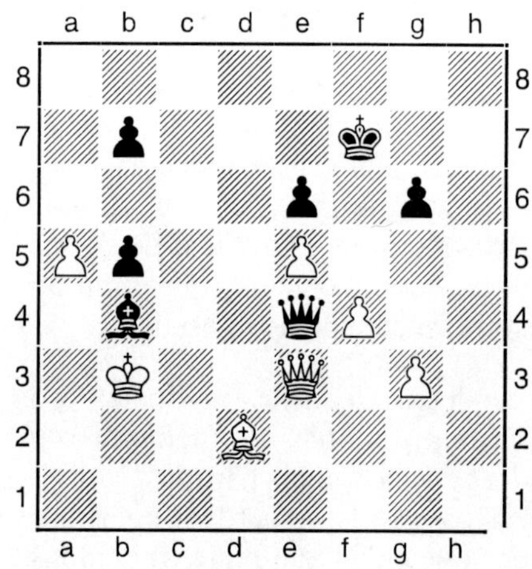

6) Jogam as Pretas (1 ponto)

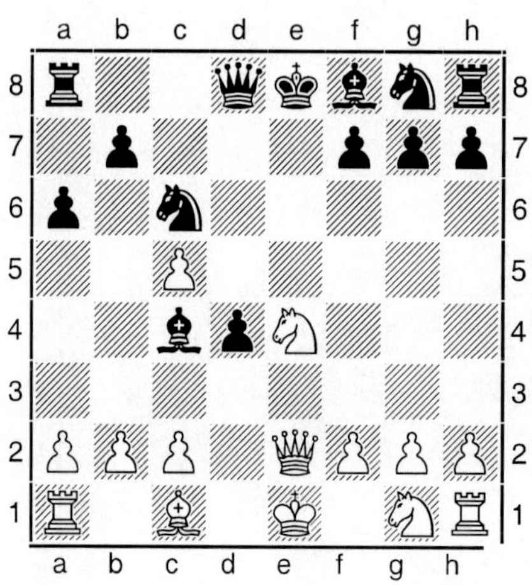

5) Jogam as Brancas (1 ponto)

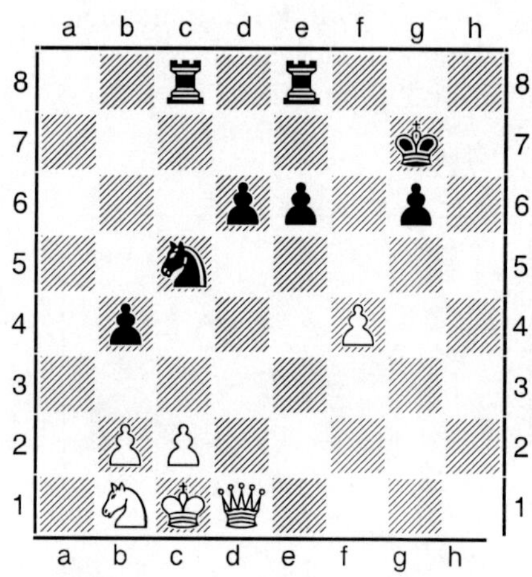

7) Jogam as Pretas (1 ponto)

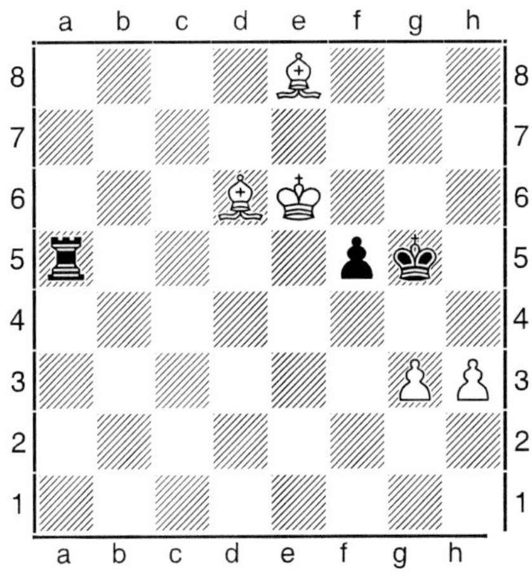

8) Jogam as Brancas (1 ponto)

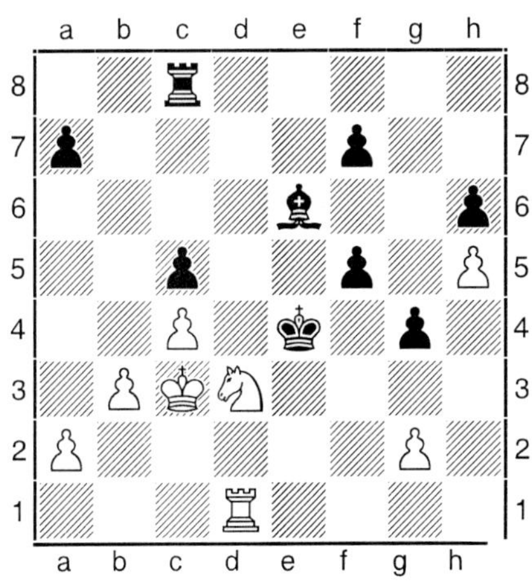

9) Jogam as Brancas (1 ponto)

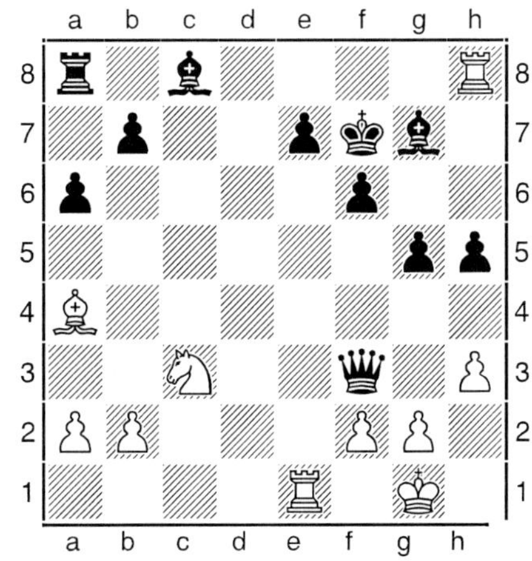

10) Jogam as Brancas (1 ponto)

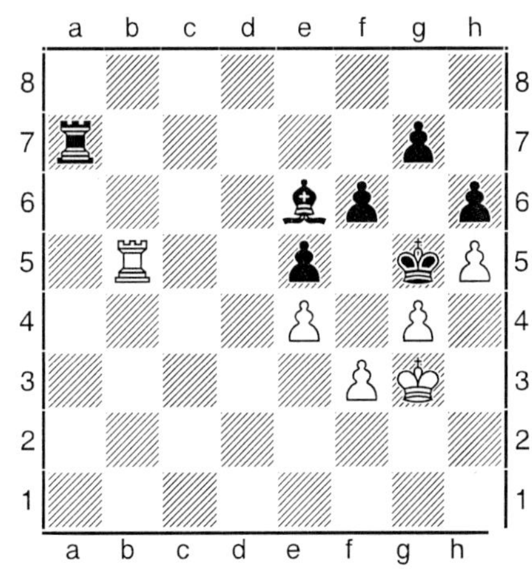

11) Jogam as Brancas (1 ponto)

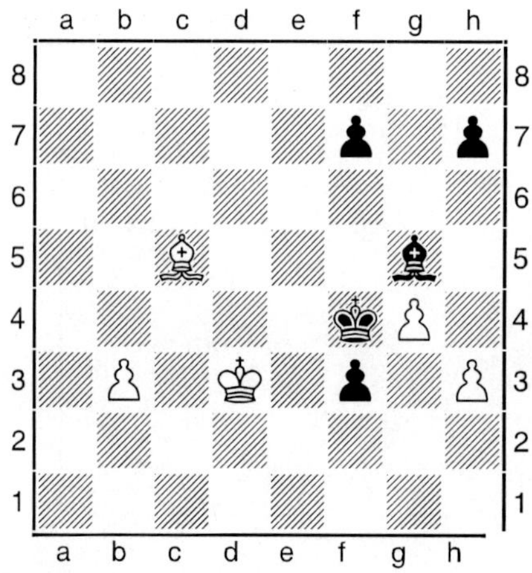

12) Jogam as Brancas (1 ponto)

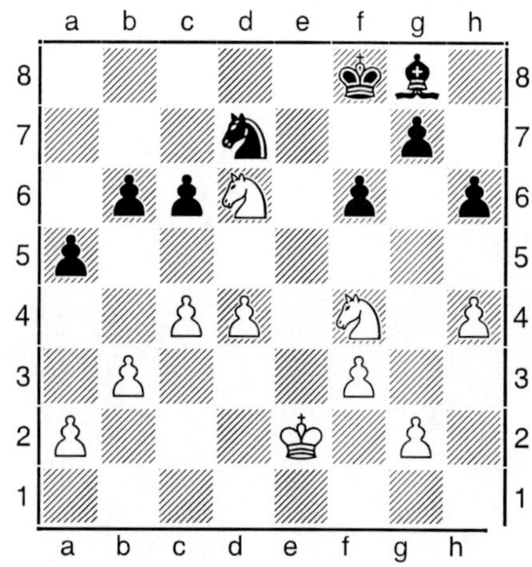

14) Jogam as Brancas (1 ponto)

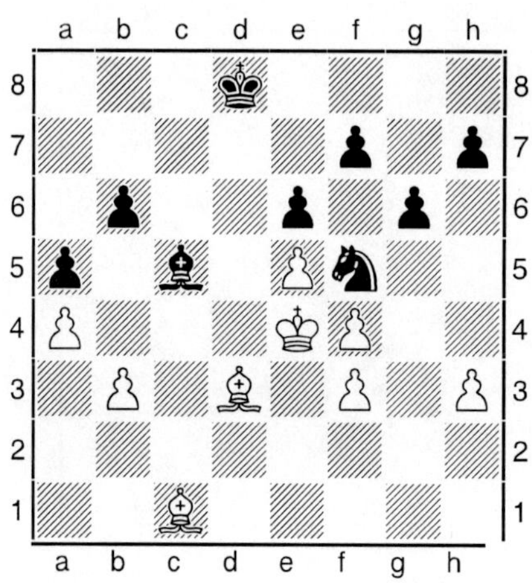

13) Jogam as Pretas (1 ponto)

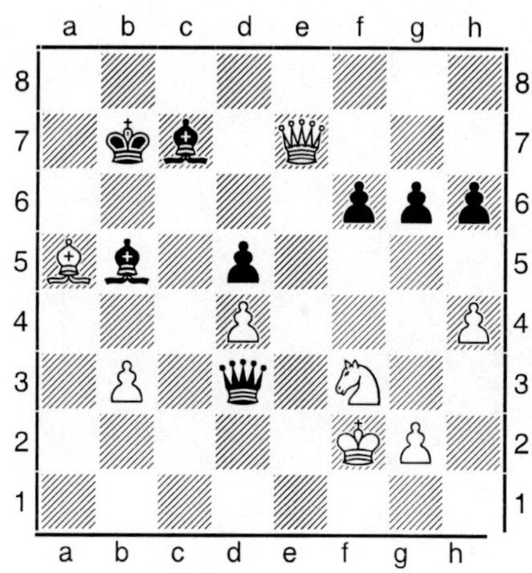

15) Jogam as Pretas (2 pontos)

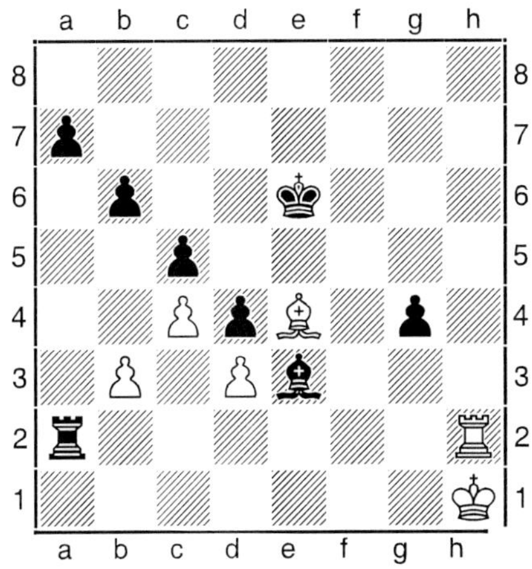

16) Jogam as Pretas (2 pontos)

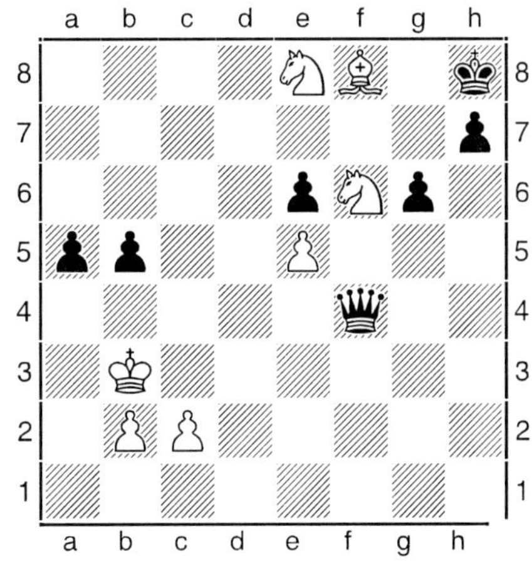

18) Jogam as Pretas (2 pontos)

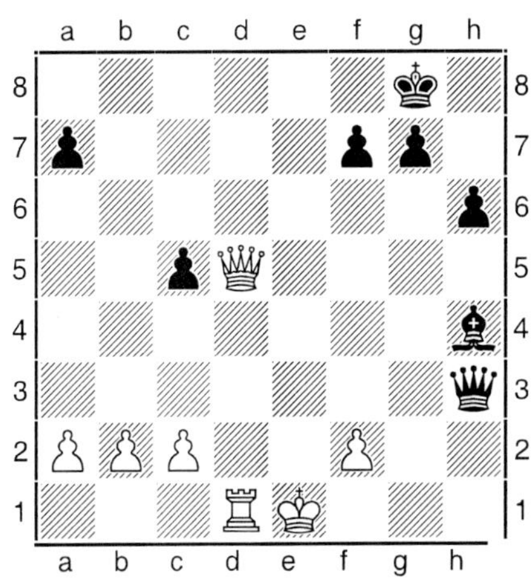

17) Jogam as Pretas (2 pontos)

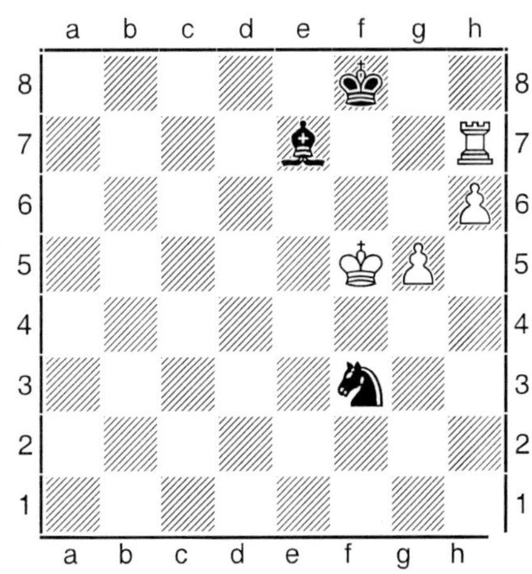

19) Jogam as Brancas (2 pontos)

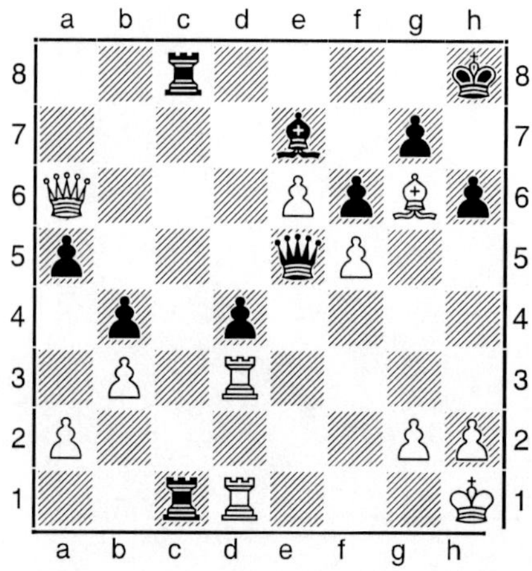

20) Jogam as Pretas (2 pontos)

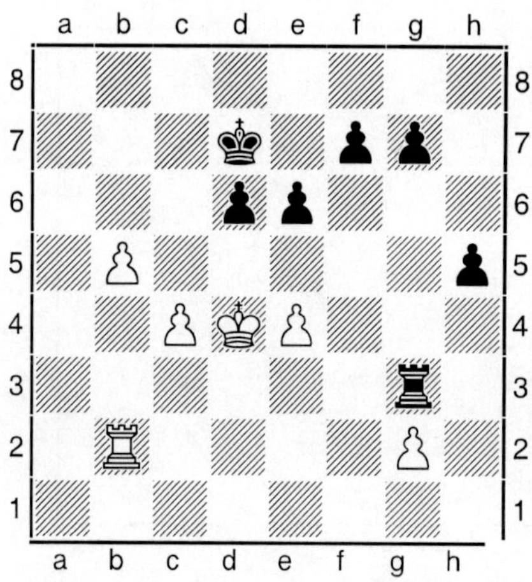

21) Jogam as Pretas (2 pontos)

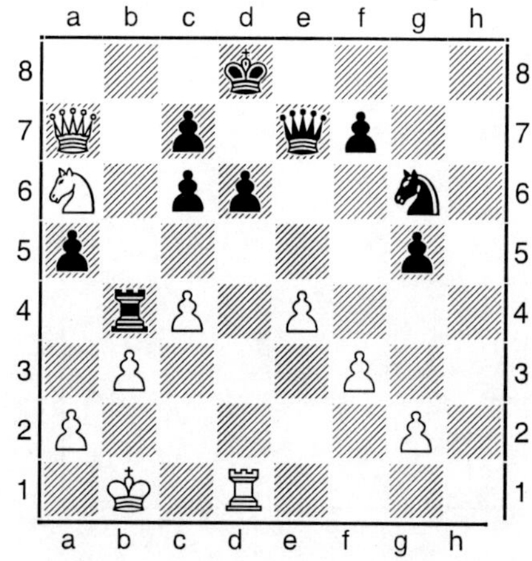

22) Jogam as Brancas (2 pontos)

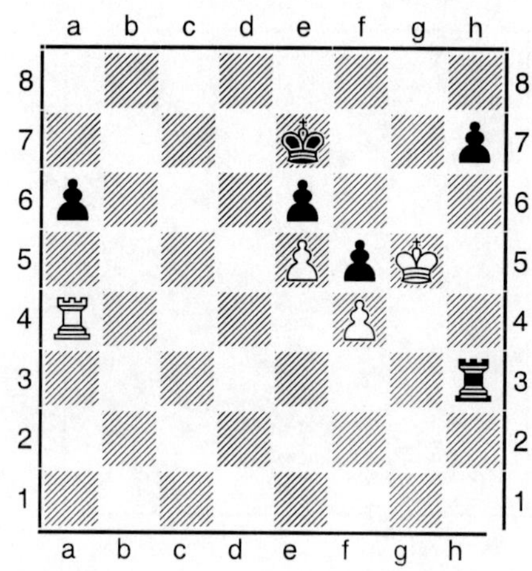

23) Jogam as Pretas (2 pontos)

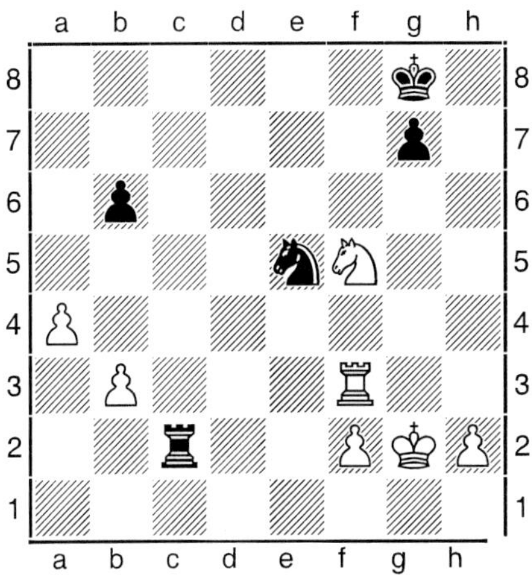

24) Jogam as Brancas (2 pontos)

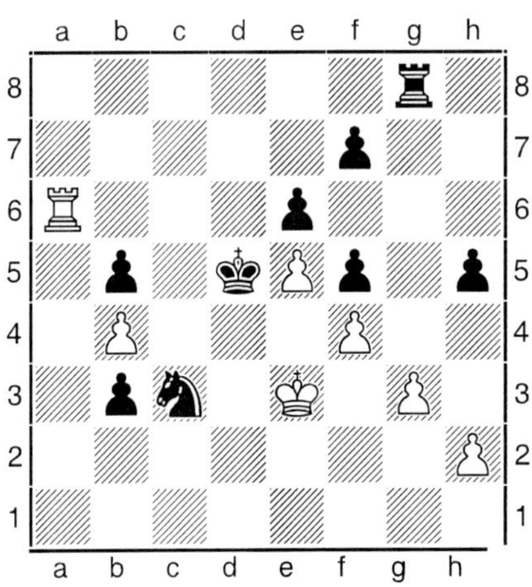

25) Jogam as Brancas (2 pontos)

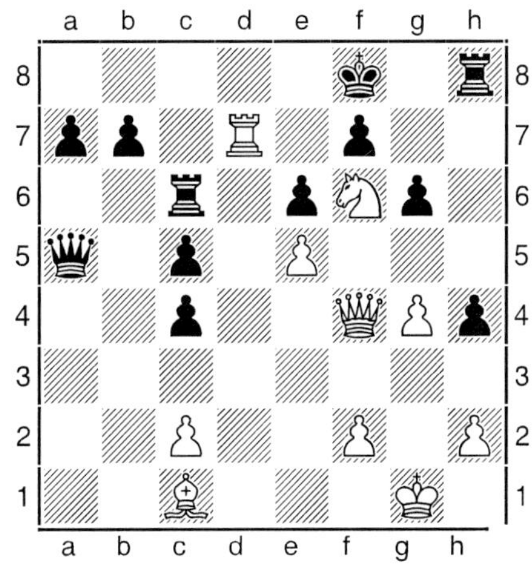

26) Jogam as Brancas (2 pontos)

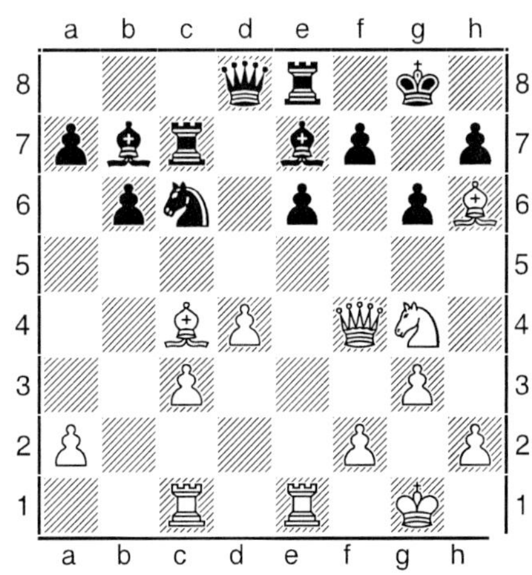

27) Jogam as Brancas (2 pontos)

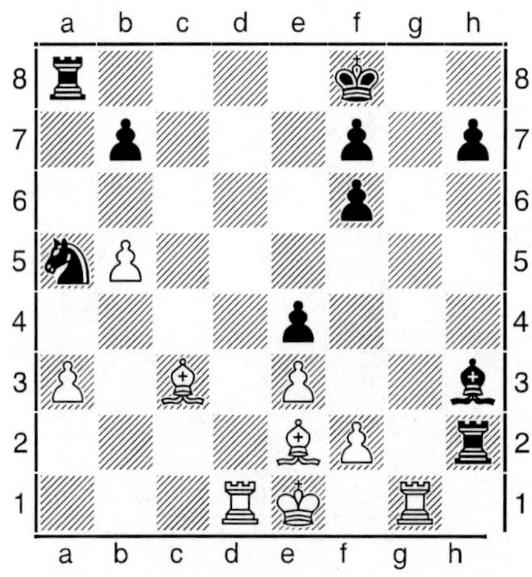

28) Jogam as Brancas (2 pontos)

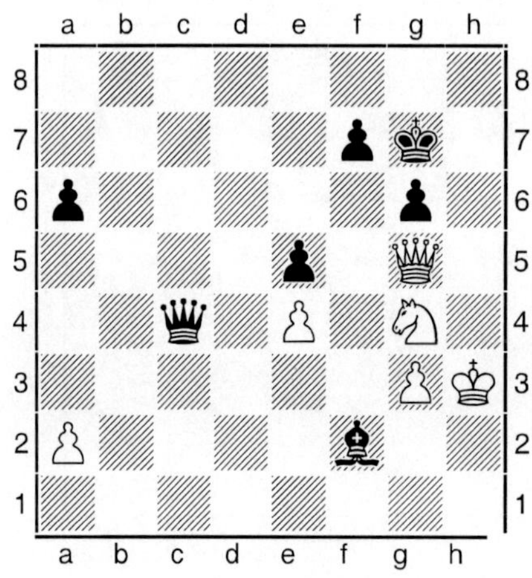

29) Jogam as Brancas (2 pontos)

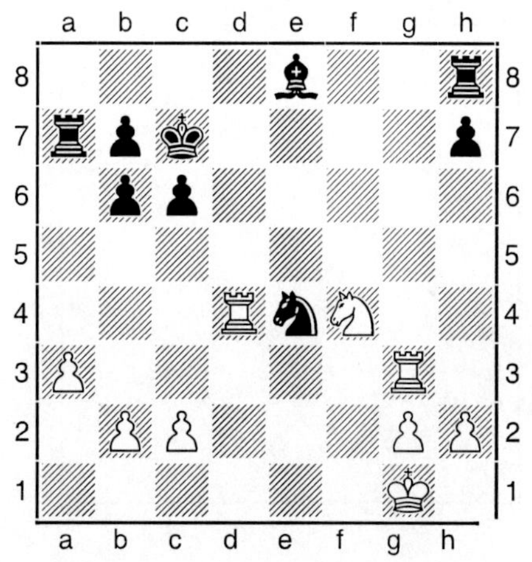

30) Jogam as Brancas (2 pontos)

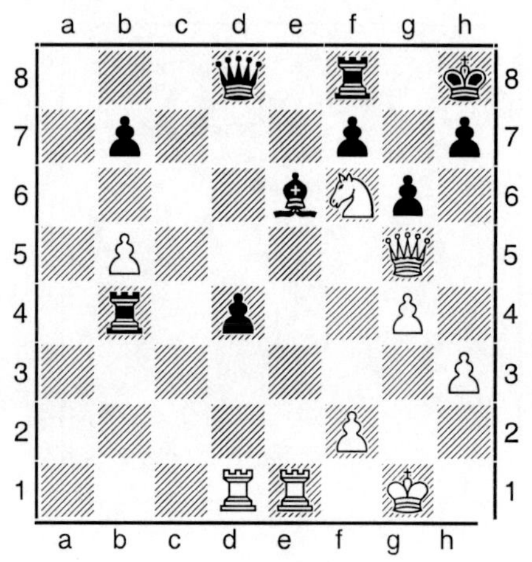

31) Jogam as Brancas (2 pontos)

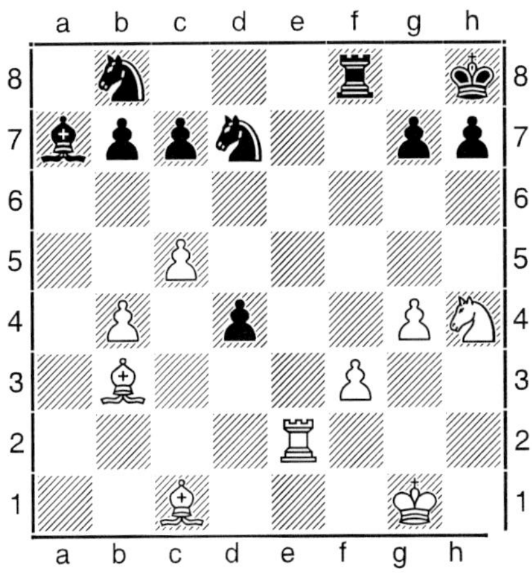

32) Jogam as Brancas (2 pontos)

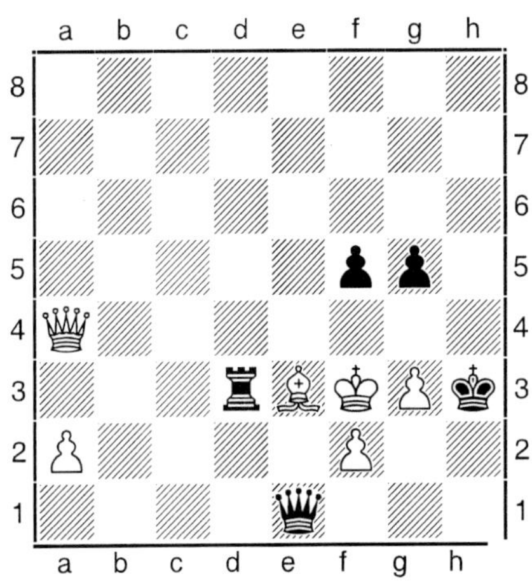

33) Jogam as Pretas (2 pontos)

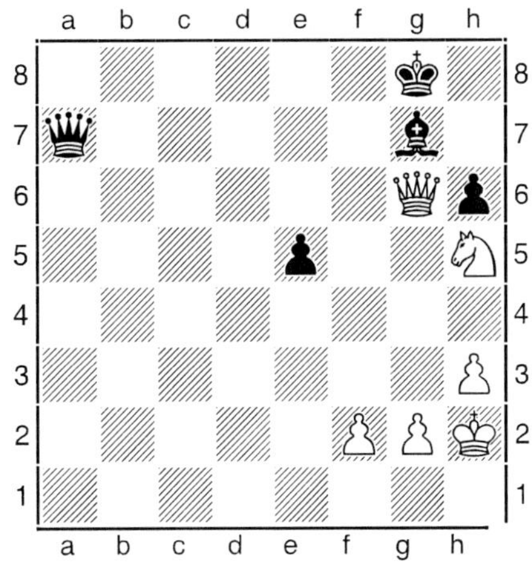

34) Jogam as Brancas (2 pontos)

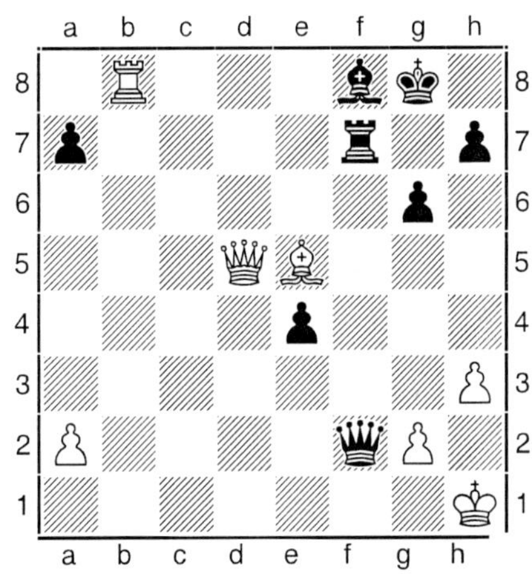

35) Jogam as Brancas (2 pontos)

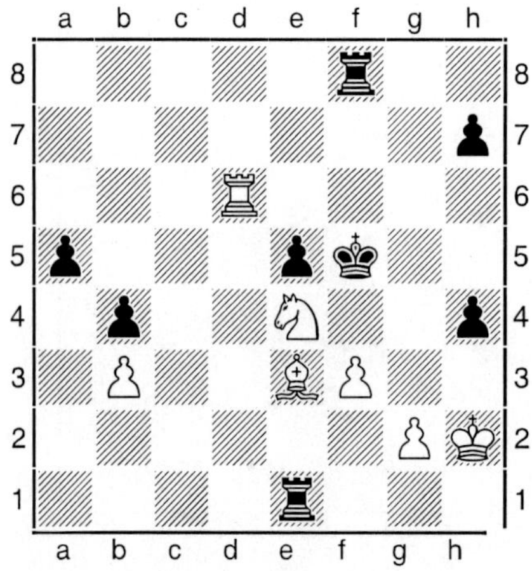

36) Jogam as Brancas (2 pontos)

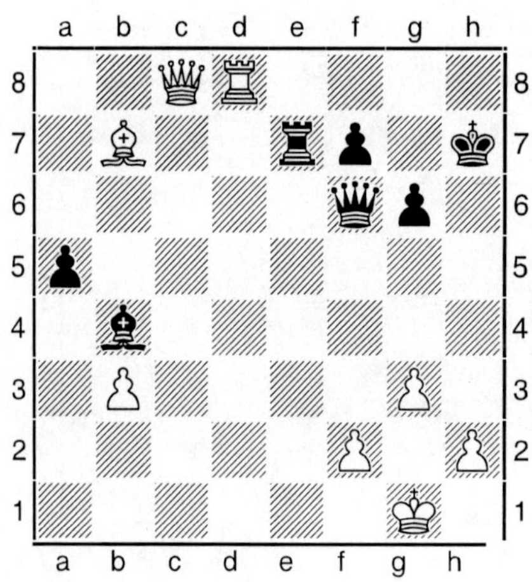

37) Jogam as Brancas (2 pontos)

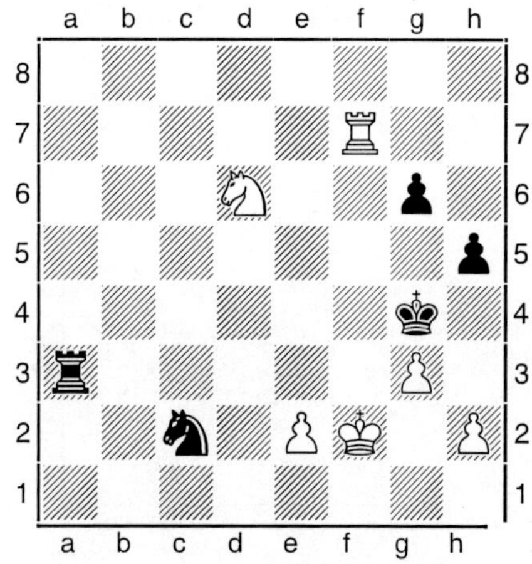

38) Jogam as Brancas (2 pontos)

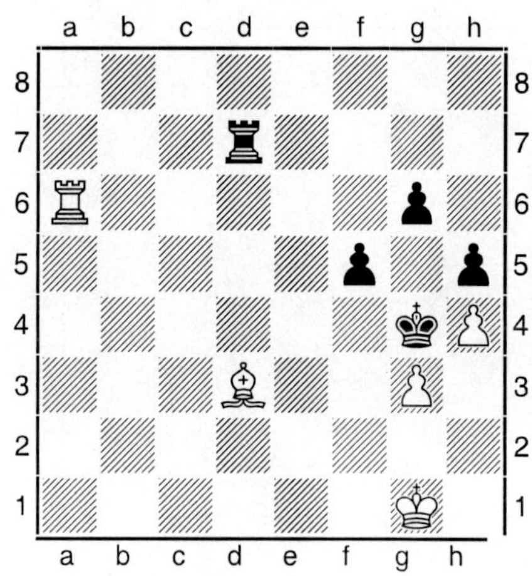

39) Jogam as Brancas (2 pontos)

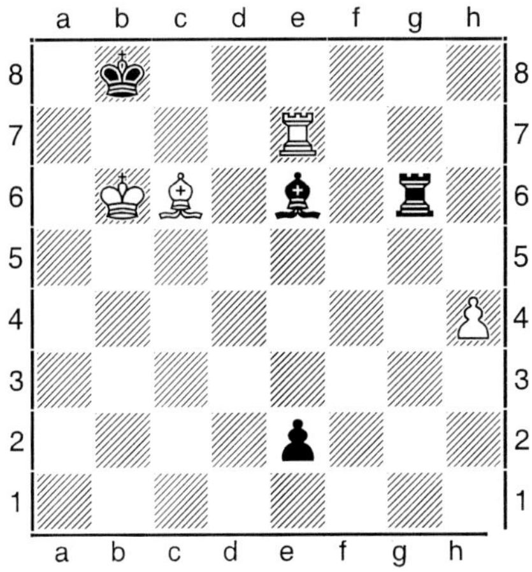

40) Jogam as Brancas (2 pontos)

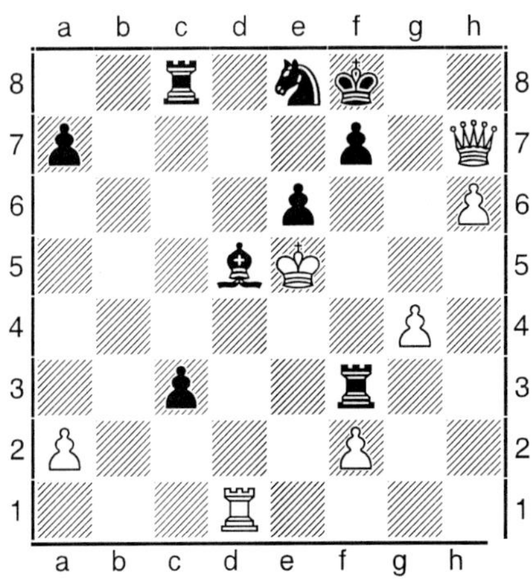

41) Jogam as Pretas (2 pontos)

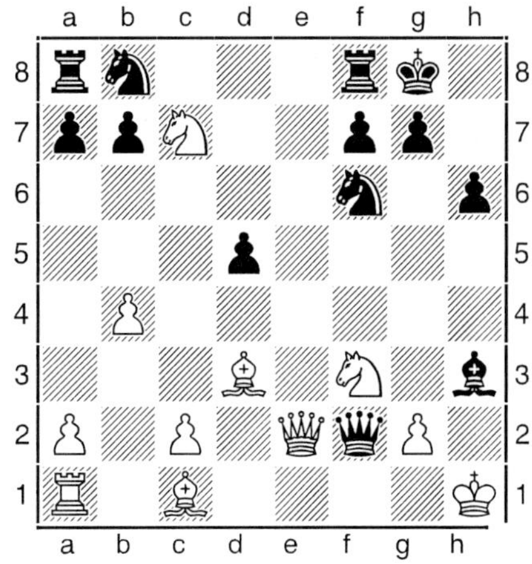

42) Jogam as Pretas (2 pontos)

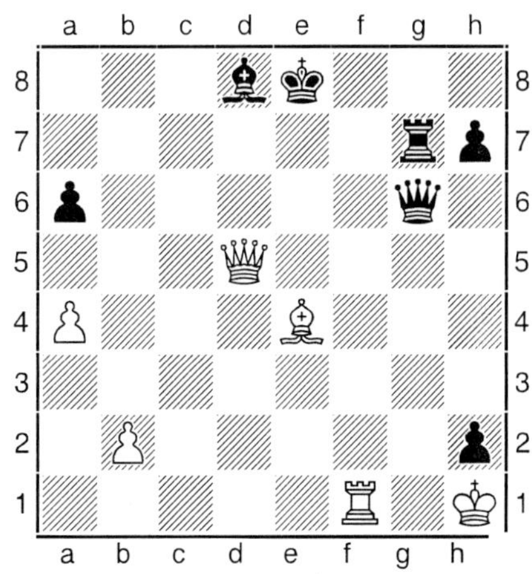

43) Jogam as Pretas (2 pontos)

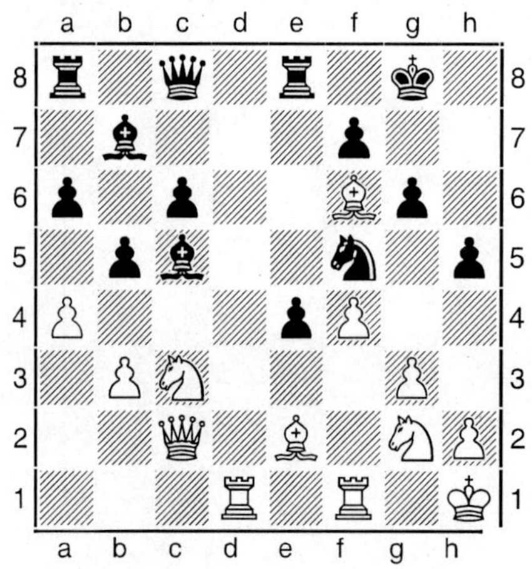

44) Jogam as Pretas (2 pontos)

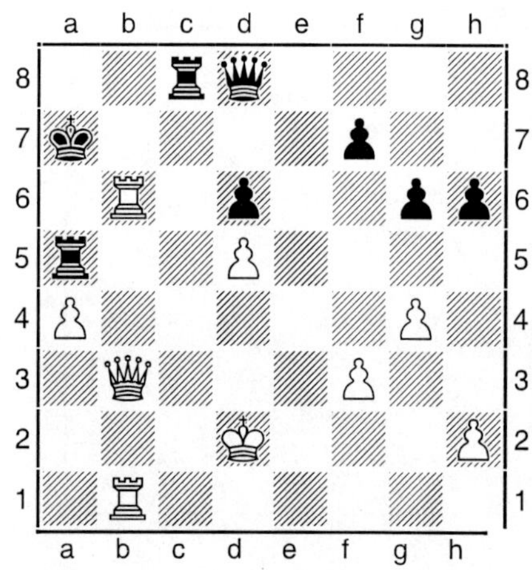

46) Jogam as Brancas (2 pontos)

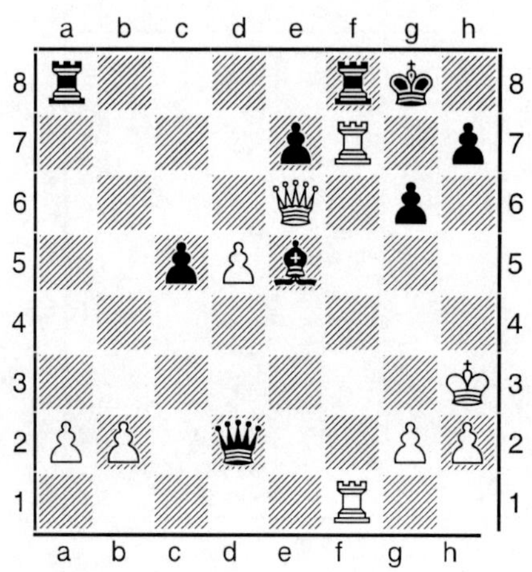

45) Jogam as Pretas (2 pontos)

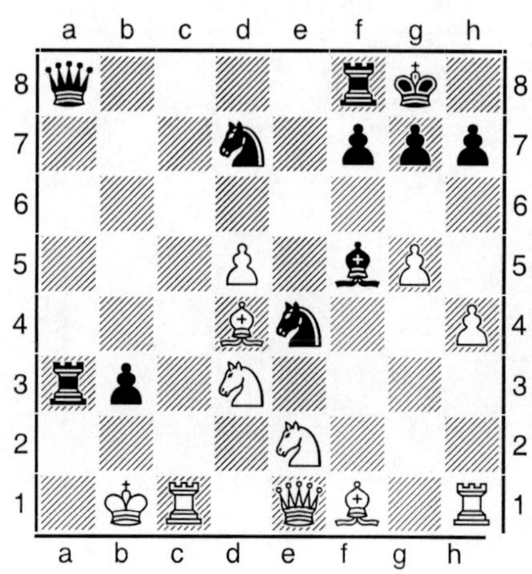

47) Jogam as Pretas (2 pontos)

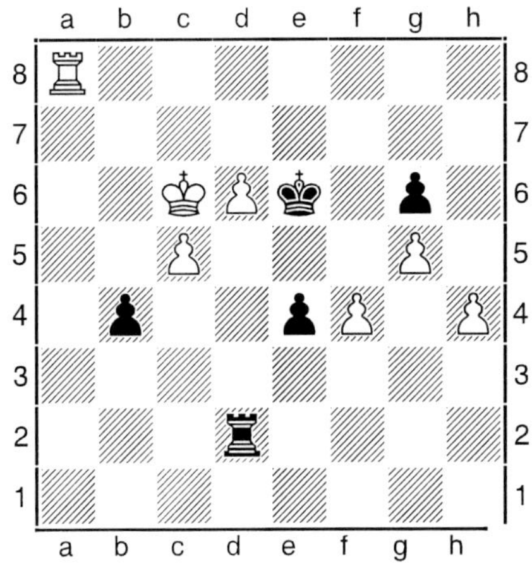

48) Jogam as Brancas (2 pontos)

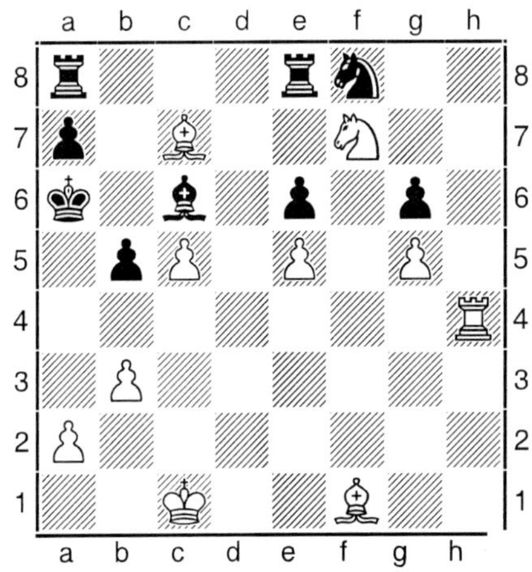

49) Jogam as Brancas (2 pontos)

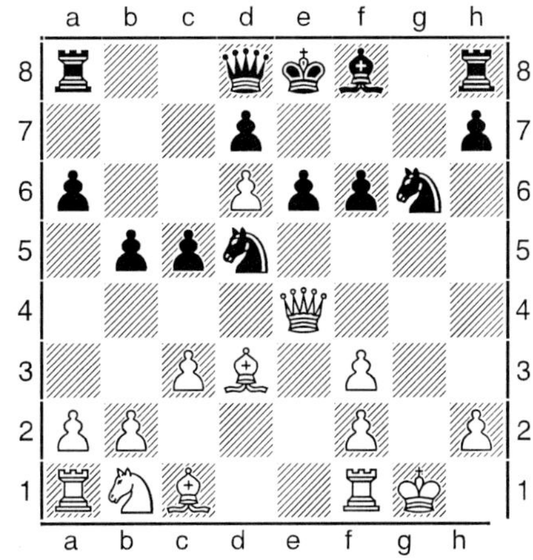

50) Jogam as Brancas (2 pontos)

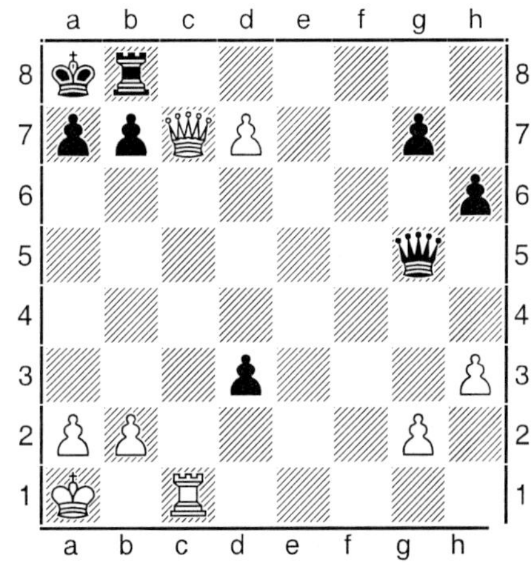

51) Jogam as Brancas (2 pontos)

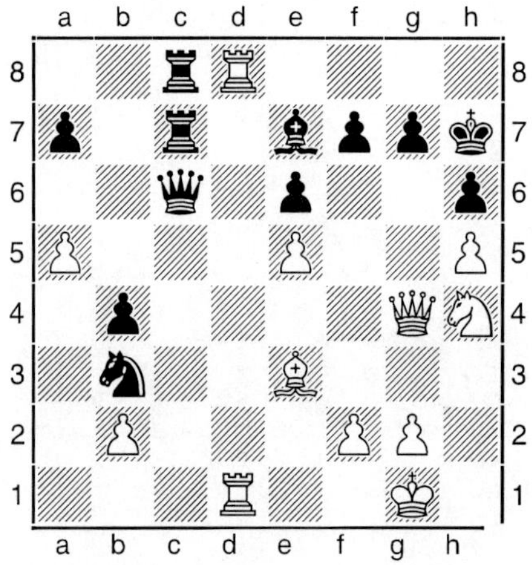

52) Jogam as Brancas (2 pontos)

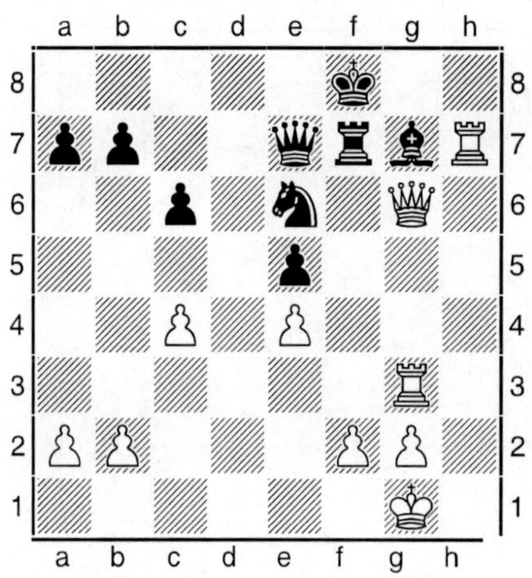

53) Jogam as Brancas (2 pontos)

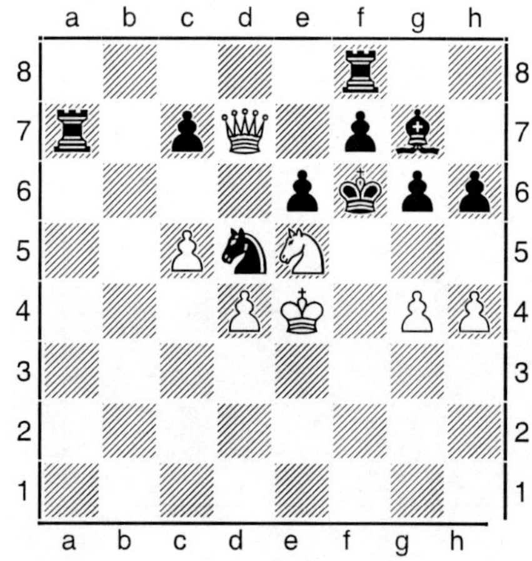

54) Jogam as Brancas (2 pontos)

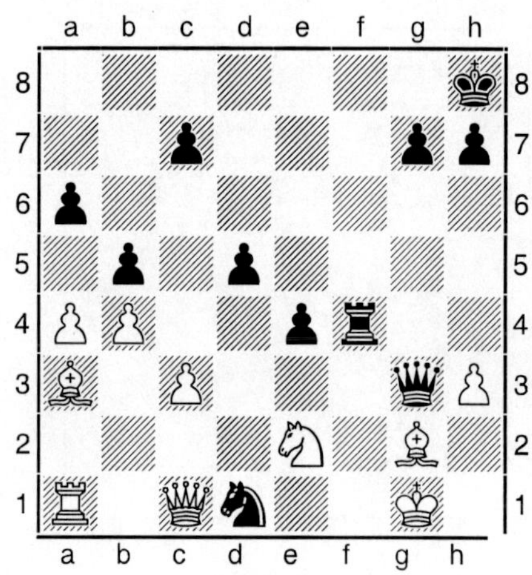

55) Jogam as Pretas (2 pontos)

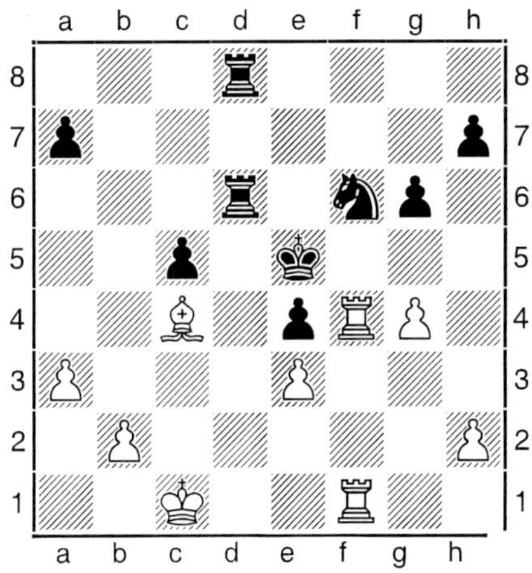

56) Jogam as Brancas (2 pontos)

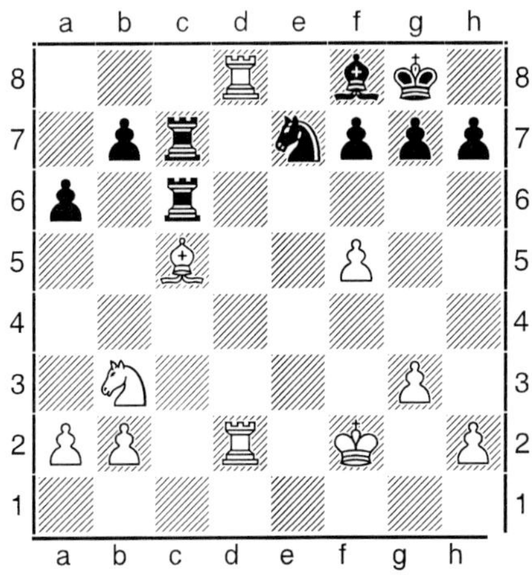

57) Jogam as Brancas (2 pontos)

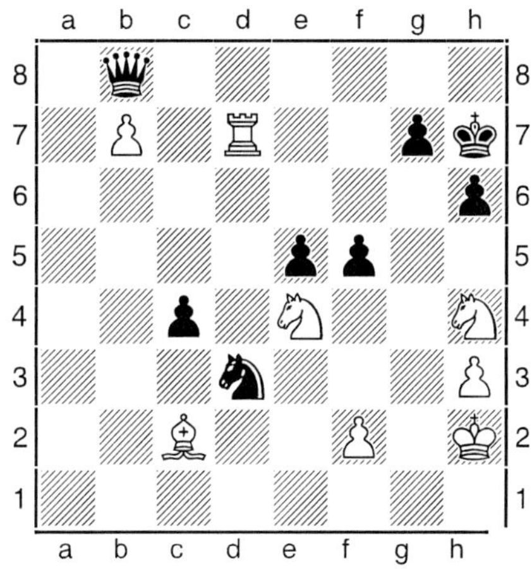

58) Jogam as Brancas (2 pontos)

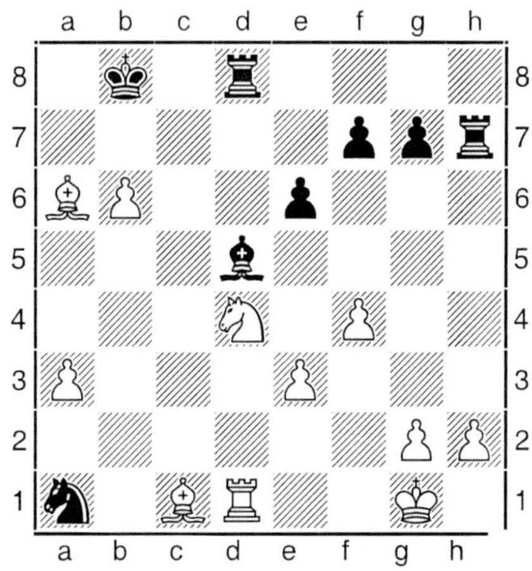

59) Jogam as Brancas (2 pontos)

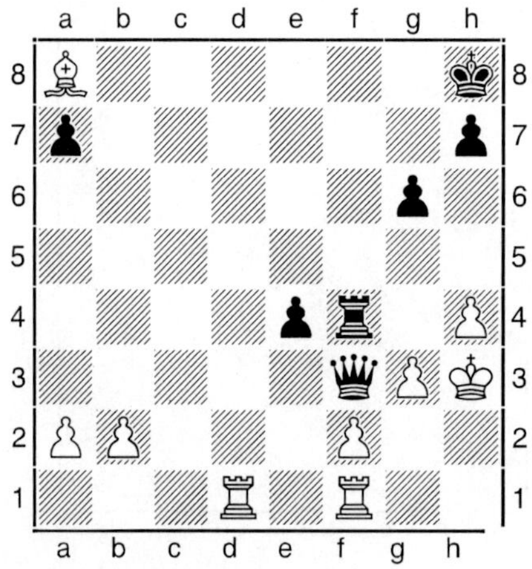

60) Jogam as Pretas (2 pontos)

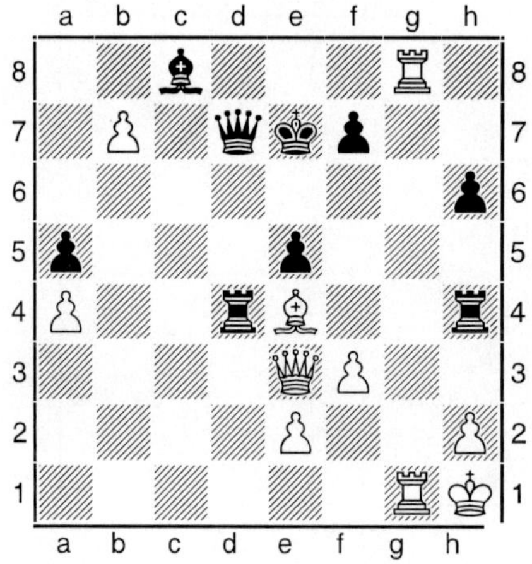

61) Jogam as Pretas (2 pontos)

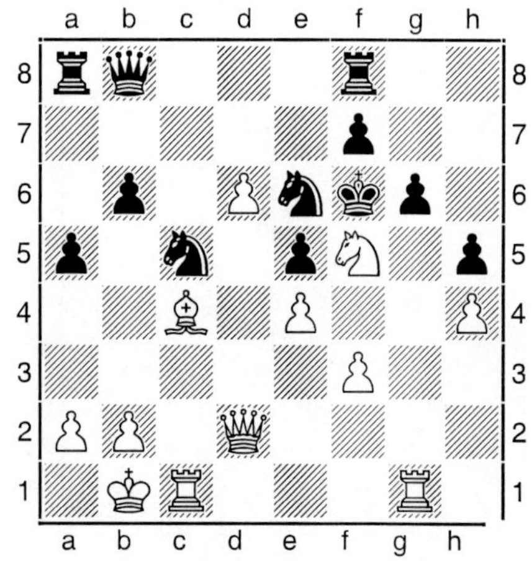

62) Jogam as Brancas (2 pontos)

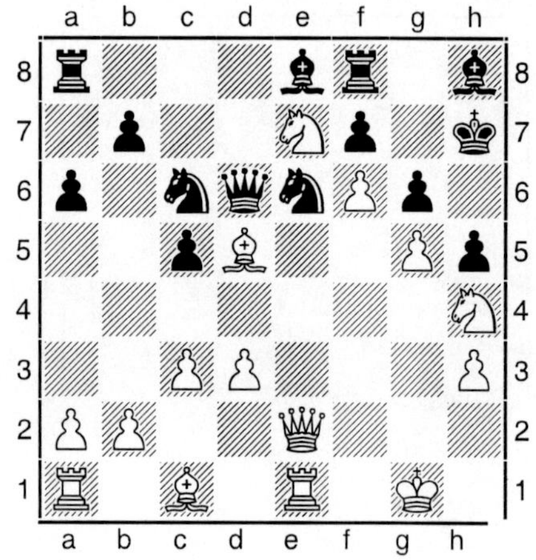

63) Jogam as Brancas (2 pontos)

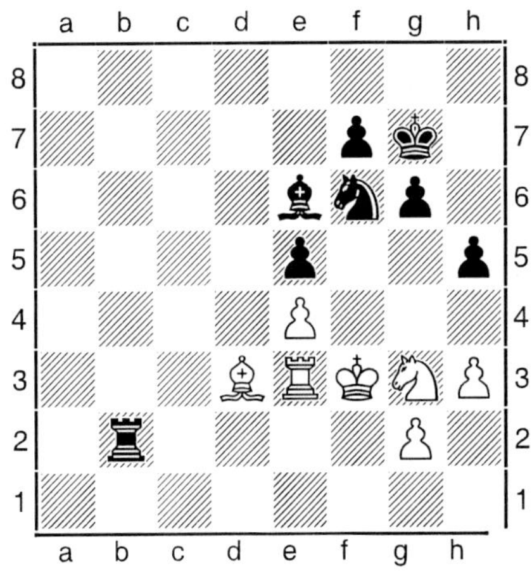

64) Jogam as Pretas (2 pontos)

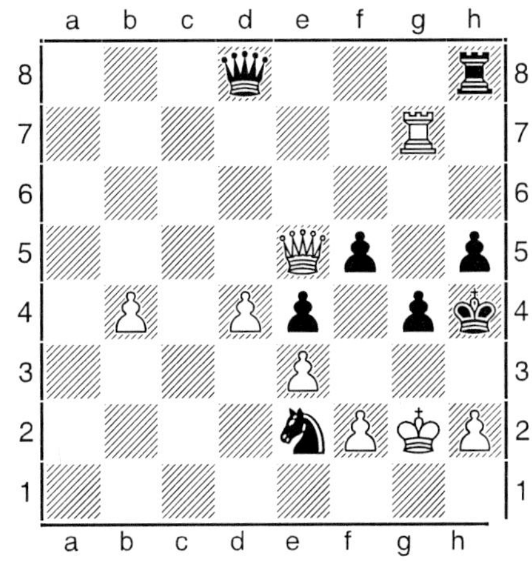

66) Jogam as Brancas (2 pontos)

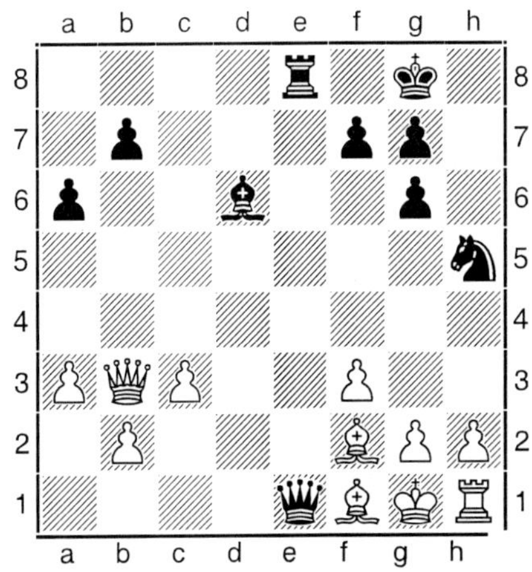

65) Jogam as Pretas (2 pontos)

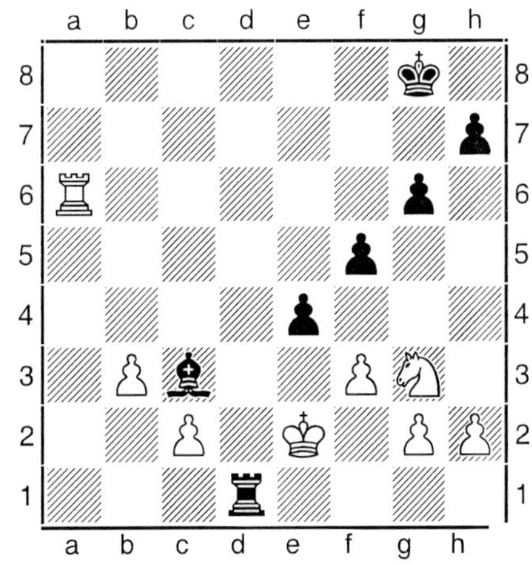

67) Jogam as Pretas (2 pontos)

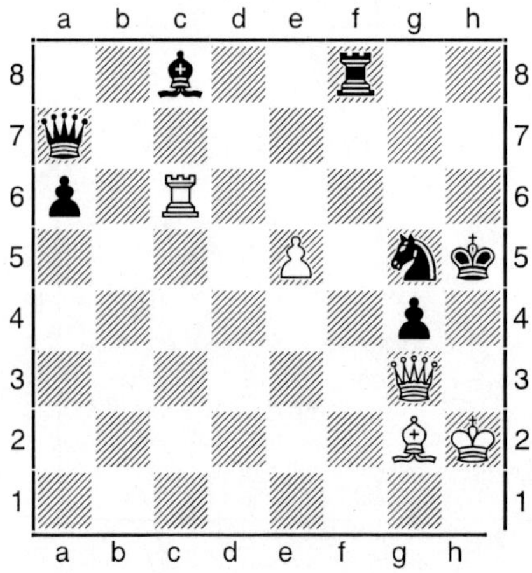

68) Jogam as Brancas (2 pontos)

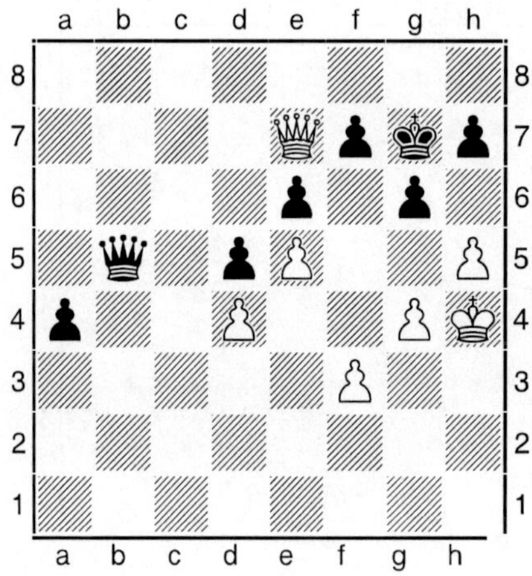

69) Jogam as Brancas (2 pontos)

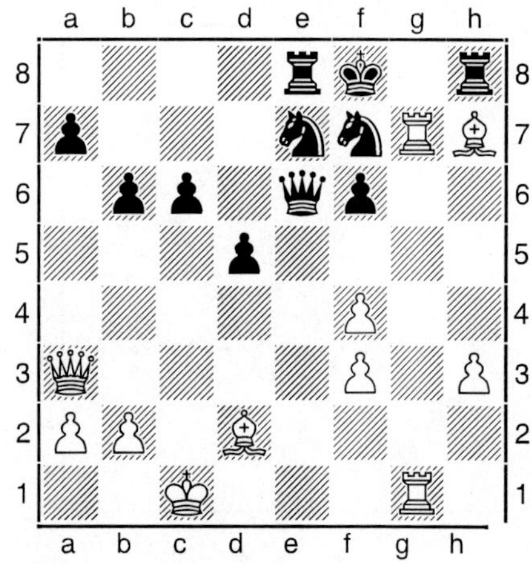

70) Jogam as Brancas (2 pontos)

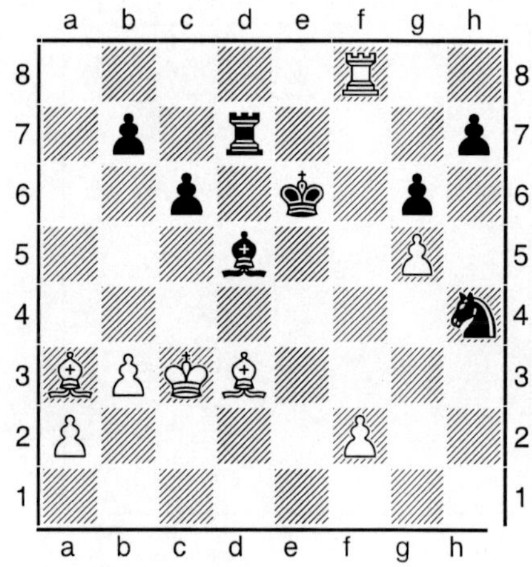

71) Jogam as Brancas (2 pontos)

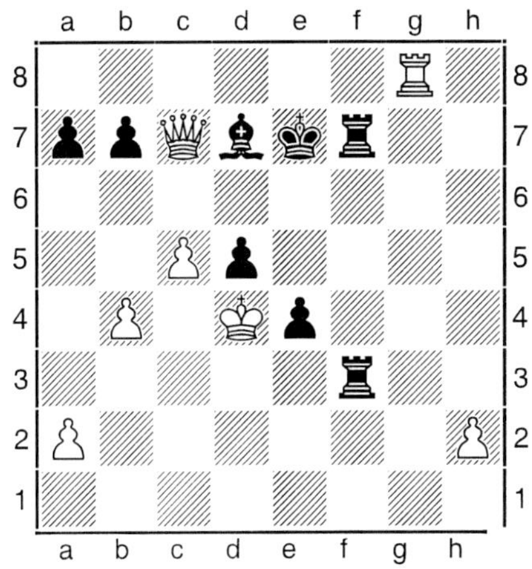

72) Jogam as Pretas (2 pontos)

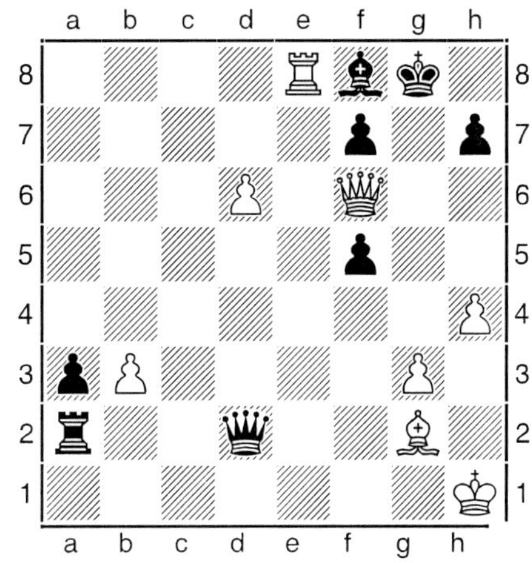

74) Jogam as Brancas (2 pontos)

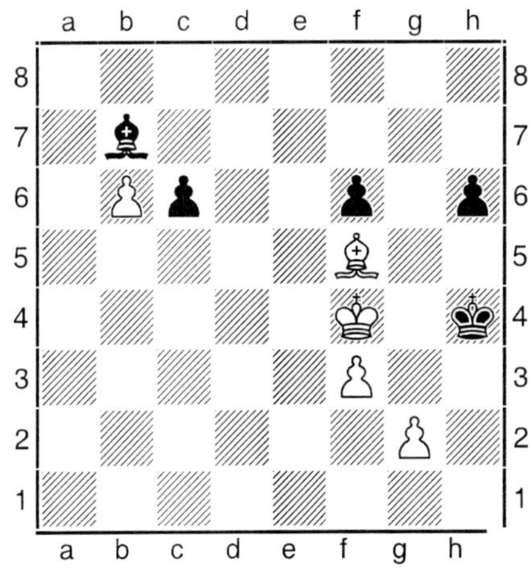

73) Jogam as Brancas (2 pontos)

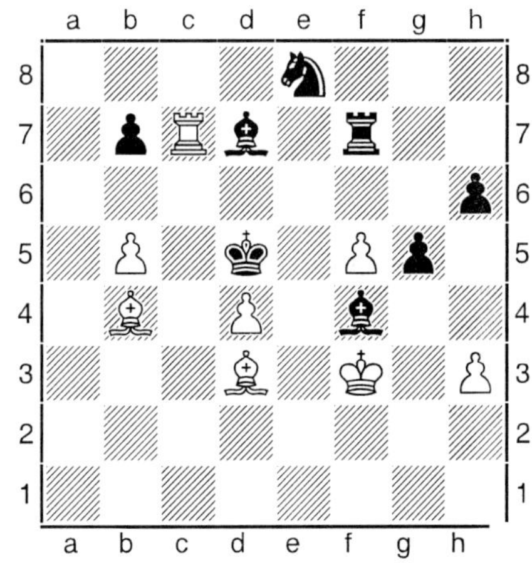

75) Jogam as Brancas (2 pontos)

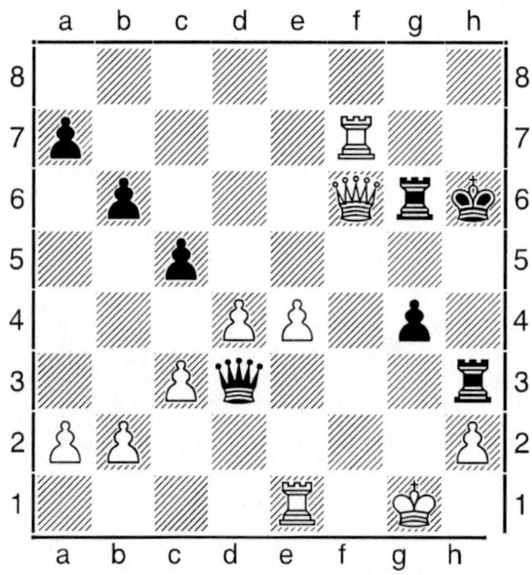

76) Jogam as Brancas (2 pontos)

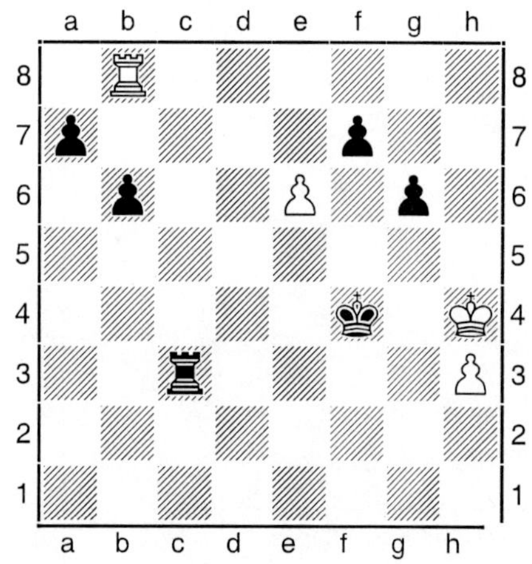

78) Jogam as Pretas (2 pontos)

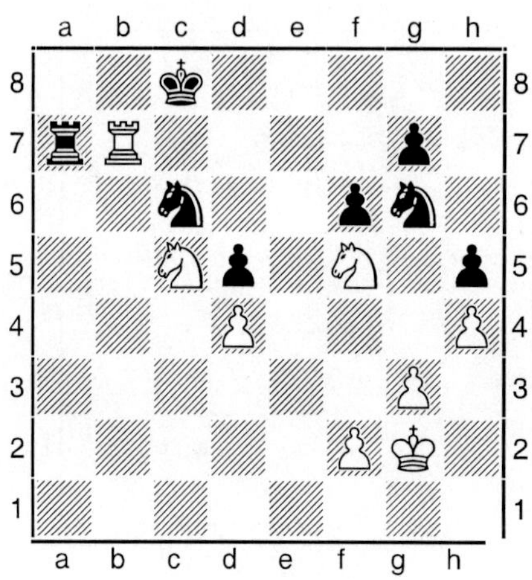

77) Jogam as Brancas (2 pontos)

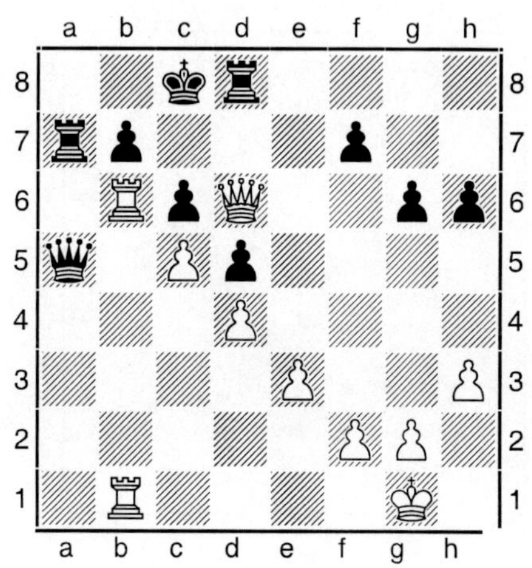

79) Jogam as Brancas (2 pontos)

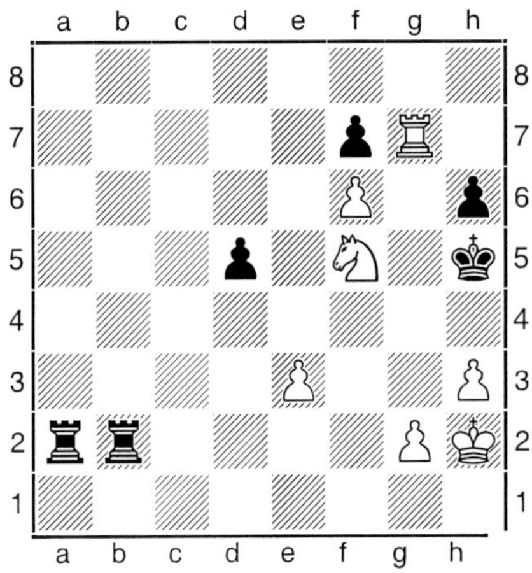

80) Jogam as Brancas (2 pontos)

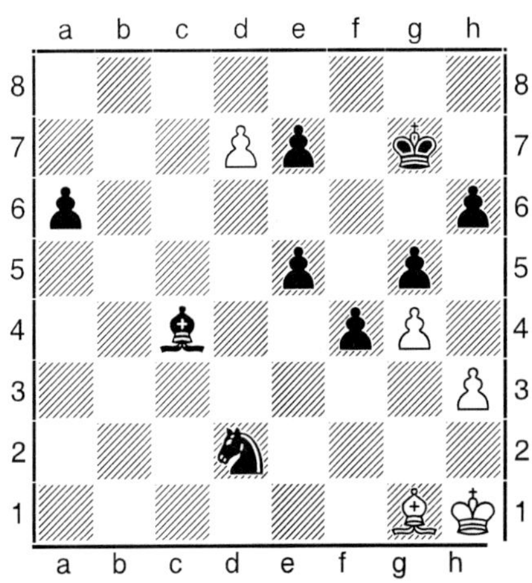

81) Jogam as Pretas (2 pontos)

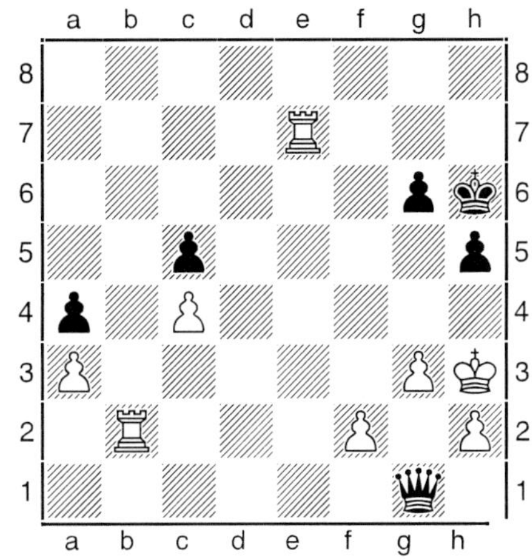

82) Jogam as Pretas (2 pontos)

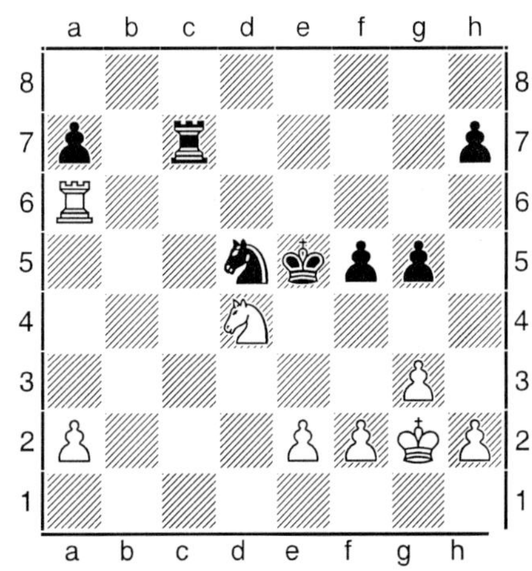

83) Jogam as Brancas (2 pontos)

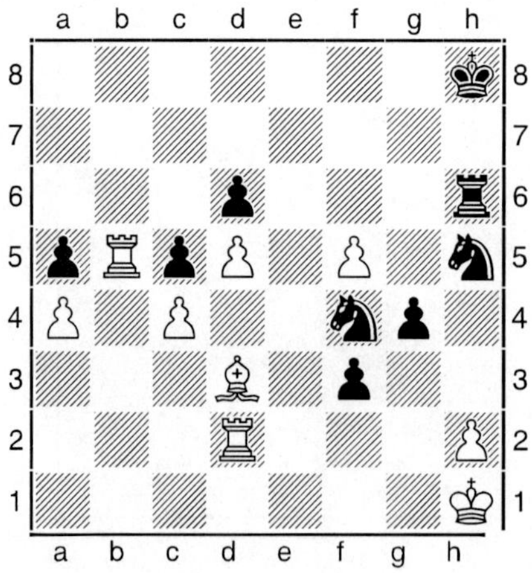

84) Jogam as Pretas (2 pontos)

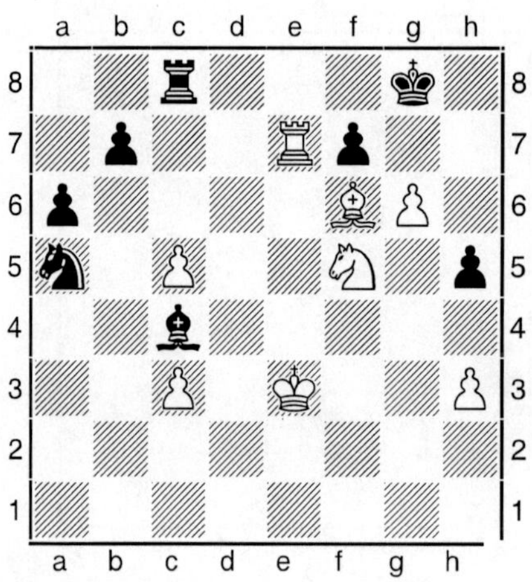

85) Jogam as Brancas (2 pontos)

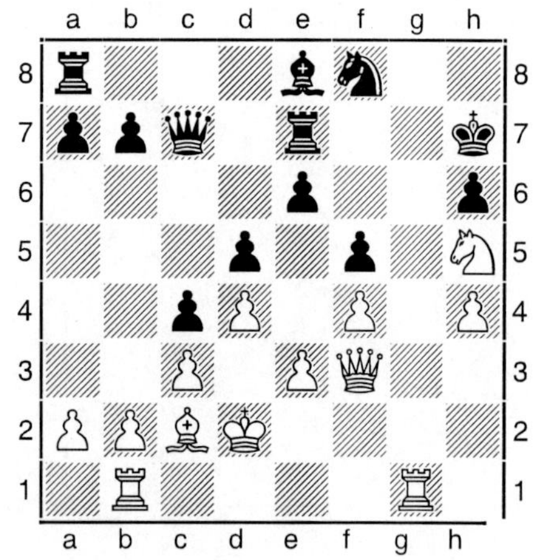

86) Jogam as Brancas (2 pontos)

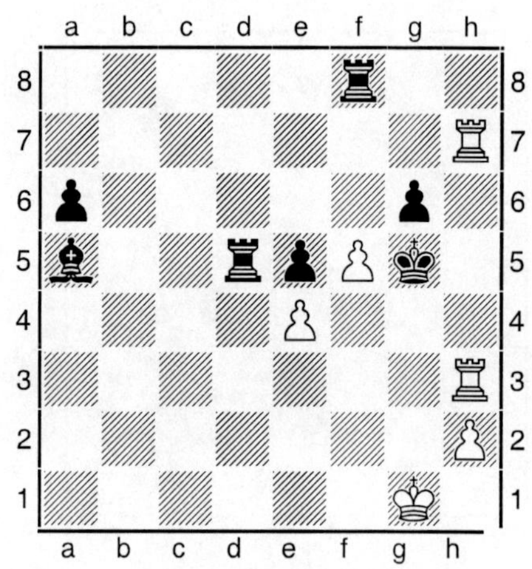

87) Jogam as Brancas (2 pontos)

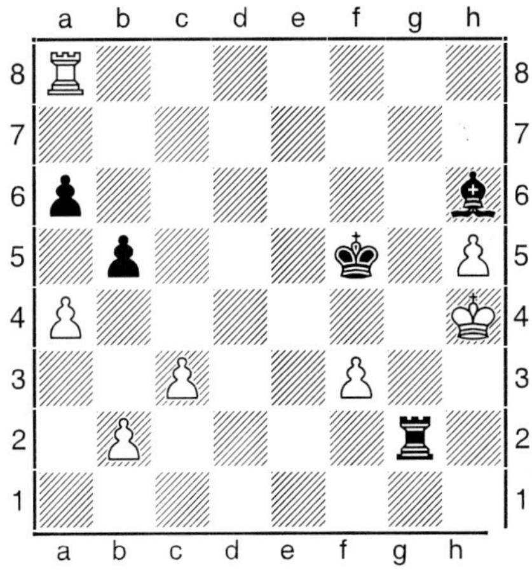

88) Jogam as Pretas (2 pontos)

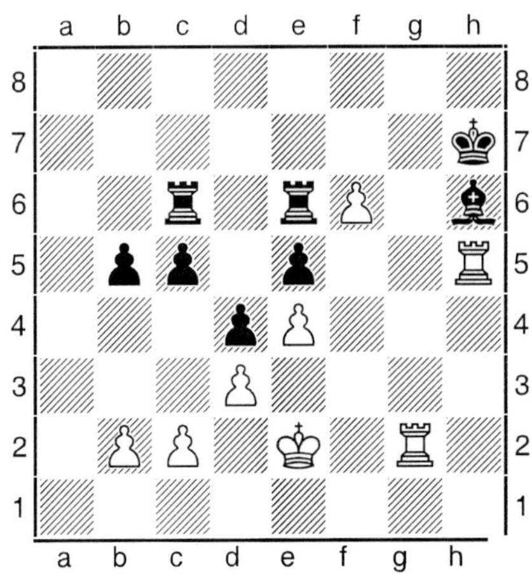

89) Jogam as Brancas (2 pontos)

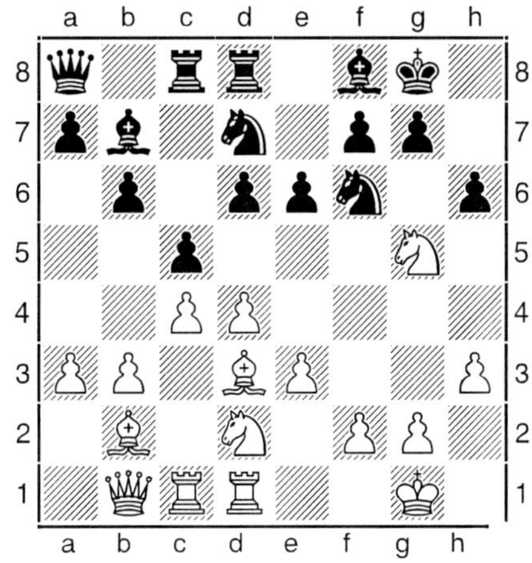

90) Jogam as Brancas (2 pontos)

Soluções dos Mates Elementares

1) **G. Jones – P. Short**
Bunratty 2009
As Brancas usaram a cravada na coluna b:
1 ♖c8#

2) **P. Vorobjov – O. Sepp**
Campeonato Estoniano, Rakvere 2009
1 ♘f4#

3) **Bu Xiangzhi – Nakamura**
Gibraltar 2008
1...♘e4#

4) **S. Ivanov – S. Alho**
Espoo 2008
1...♖f3#

5) **Woeber – A. Kania**
Campeonato Europeu Sênior *(por equipes), Dresden 2008*

As Pretas abandonaram (**1-0**) sem esperar por **1 ♘f6#**.

Após o lance de cavalo, o rei das Pretas fica sob ataque da dama e do cavalo, portanto é um *xeque duplo*. Os xeques duplos são muitíssimo perigosos porque só podem ser enfrentados por um lance de rei. Aqui, quando o rei não tem uma casa segura, o resultado é o mate. Haverá muitos outros exemplos de xeques duplos no Capítulo 13.

6) **Zeltwanger – Schiendorfer**
Triesen 2008
1...♕b1#

7) **Szirmai – Vokač**
Praga 2007
1...♘b3#

8) **De Haan – T. Vandenbussche**
Campeonato Belga (por equipes) 2004/5
1 ♗f4#

9) **Hautot – Marechal**
Campeonato Belga (por equipes) 2002/3
As Pretas abandonaram (**1-0**) sem esperar **1 ♖e1#**.

10) **Mi. Horvath – Kal. Horvath**
Campeonato Húngaro (por equipes) 2003/4
1 ♗e8#

11) **Gombocz – Dolnik**
Campeonato Húngaro (por equipes) 2003/4
1 f4#

12) **Matejović – Vrana**
Campeonato Eslovaco (por equipes) 2005/6
1 ♗d6#

13) **Muutnik – K. Pulkkinen**
Estônia-*Finlândia (match), Tallinn 2008*
1...♘g3#

14) **Tkachev – Ivanchuk**
Moscou (Blitz) 2009
1 ♘g6#

15) **Dreev – T.L. Petrosian**
Budva 2009
1...♕f1+ 0-1
2 ♔e3 ♕e2#.

16) **K. Lie – L. Lovik**
Campeonato Norueguês, Bergen 2009
1...♖a1+ 2 ♔g2 ♖g1#

17) **T. Vandenbussche – P. Vandevoort**
Namur 2009
1...♕e3+ 0-1

As Pretas utilizam a cravada do peão f e dão mate após 2 ♔f1 ♕xf2#.

18) **Windelband – Ulms**
Alemanha (evento por equipes) 2007/8
As Brancas ameaçam dar mate em um lance com Íg7#, então as Pretas devem agir rápido.

1...♕c4+ 2 ♔a3 ♕a4#

19) **Langheinrich – H. Poetsch**
Alemanha (evento por equipes) 2007/8
1 ♖h8+ ♔f7 2 g6#

20) **V. Nikolaev – S. Goriunov**
São Petersburgo (Sub-18) 2008
1...♕e1+! 0-1

As Pretas dão mate com ♖xe1 Îxe1#. Esse tipo de mate se chama *mate do corredor* e o Capítulo 2 inteiro é dedicado a ele.

21) **Korochkin – Kovpak**
Campeonato de Kolomna 2008
1...e5+ 2 ♔d5 ♖d3#

22) **I. Kosov – V. Ni**
Orsha 2008
1 ♕a8+ ♔d7
1...♖b8 só adia o mate em um lance.
2 ♘c5#

23) **Ta. Balla – Duong The Anh**
Budapeste 2008
1...♔f7 0-1
As Brancas não conseguem impedir 2...h6#.

24) **S.K. Mousavi – Zanan**
Campeonato Mundial (Sub-12), Kemer 2009
1 ♘e7+ 1-0
Após o lance do rei, as Brancas jogam 2 ♖h3#.

25) **P. Welz – Sloth**
Campeonato Mundial (Sênior), Condino 2009
1 ♖d6+ ♔c4 2 ♖d4#

26) **Turutin – Valeev**
Moscou 2009
1 ♕h6+! 1-0
1...♖xh6 2 ♗xh6#.

27) **Ju. Bolbochan – Pachman**

Moscou (Olimpíada) 1956

1 ♕xf7+! ♔xf7

1...♔h8 é seguido por 2 ♗g7# ou 2 ♕g7#.

2 ♗xe6#

28) **Vakhidov – Nesterov**

Bisqueque (Zonal) 1993

1 ♗b4+ ♔e8 1-0

As Pretas abandonaram sem esperar 2 ♖g8#. Este é outro tipo de mate do corredor no qual duas casas na segunda fila são controladas por peças brancas, em vez de serem bloqueadas por peões pretos.

29) **Nabaty – Sidorenko**

Beersheba 2008

1 ♕h6+ 1-0

1...♔g8 2 ♘f6#.

30) **Manakova – Khropova**

Campeonato de Moscou (Feminino) 2008

1 ♘e6+ 1-0

1...♔b8 e 1...♔c8 são seguidos por 2 ♖d8#.

31) **Potkin – Navara**

Campeonato Russo (por equipes), Dagomys 2008

1 ♕h6! 1-0

As Brancas ameaçam 2 ♕xh7# e se 1...♕xf6, então 2 ♕xf8#.

32) **Granda – Lopez Heras**

Benidorm 2008

As Pretas abandonaram (**1-0**) antes que as Brancas pudessem jogar **1 ♘g6+! hxg6 2 ♖h2#**. Devemos ver mais desse tipo de sacrifício de abertura de linhas no Capítulo 11.

33) **Mostertman – H. van Vliet**

Campeonato Holandês (Sub-17), Venlo 2008

1...♖xe3+! 2 fxe3 ♕f1#

34) **H. Delgado – Forgas Moreno**

Havana 2008

1 ♘f6+ 1-0

As Brancas dão mate após 1...♔f8 2 ♕e8# ou 1...♔h8 2 ♕h7#. A dama e o cavalo costumam coordenar bem para dar mate.

35) **I. Deriabin – M. Yusupov**

Alushta 2008

As Pretas abandonaram (**1-0**), pois as Brancas podem forçar o mate em dois lances com **1 ♖xf8+! ♔xf8 2 ♕d8#**.

36) **Safarli – Khotenashvili**

Baku 2008

1 g4+ 1-0

1...hxg3+ 2 ♘xg3#.

37) **Gonda – Godena**

Copa Mitropa, Olbia 2008

1 ♕h3+ 1-0

1...♔g7 2 ♕h8#.

38) **S. Kasparov – Movsziszian**

Sort 2008

1 ♖f4+ ♔g5

Ou 1...♔h3 2 ♖h4#.

2 ♘f7#

39) **E. Medvedev – V. Karpov**

Tomsk 2008

1 ♔g2 1-0

Prendendo o rei das Pretas, ameaçando 2 ♗e2# e 2 ♖xg6#. As Pretas não conseguem impedir os dois mates.

40) **V. Ten – Kuporosov**

Tomsk 2008

1 ♖a7 1-0

As Brancas podem, com segurança, ignorar o avanço do peão das Pretas porque não há como impedir o mate com 2 ♖a8#.

41) **Brynell – H. Tikkanen**

Campeonato Sueco, Växjö 2008

1...f6+ 2 ♔d4 0-1

Pois 2...♖c4# é mate.

42) **Kotainy – A. Izrailev**

Dortmund 2008

1...♗xg2+ 0-1

2 ♔h2 ♘g4#.

43) **Jor. Fluvia – Matnadze**

Barbera del Valles 2008

1...♕g1+ 0-1

Diante de 2 ♖xg1 hxg1♕#. O Capítulo 5 é dedicado aos mates que envolvem a promoção de peão.

44) **Tassopoulos – A. Dimitrov**

Campeonato Grego (por equipes), Kallithea 2008

1...♘xg3+! 0-1

2 hxg3 ♕h3#.

45) **K. Hedjazian – R. Ludwig**

Creon 2008

1...♕h6+ 2 ♔g4 ♕h5#

46) **Makepeace – Stayt**

Liverpool 2008

1 ♖a6+! 1-0

E mate no próximo lance com 2 ♕b7# em qualquer opção das Pretas.

47) **Moskwinski – J. Worek**

Varsóvia 2008

1...♖a1+! 0-1

Após 2 ♗xa1 (2 ♔b2 é seguido por 2...♕a2# ou 2...♕a3#), as Pretas dão mate com 2...♕a2#.

48) **Olejarczyk – Czarnecki**

Varsóvia 2008

1 ♖f8 1-0

Ameaçando 2 ♖f6#, que as Pretas só conseguem adiar por um lance entregando sua torre em d6.

49) **D. Benidze – G. Oliver**

Campeonato Mundial (Junior), Gaziantep 2008

1 ♘d6 1-0

As Pretas não conseguem impedir 2 ♖a4#.

50) **F. Huguet – Lelong**
Campeonato Francês (por equipes) 2006/7
1 ♕xg6+! hxg6 2 ♗xg6#

51) **T. Filipiak – Joehnk**
Leipzig 2005
1 ♕xb8+! 1-0
1...♔xb8 2 ♖c8#.

52) **Ferčec – I. Sarić**
Umag 2005
1 ♕g6+! 1-0
1...fxg6 2 hxg6#.

53) **Martin Becker – S. Hirsch**
Alemanha (evento por equipes) 2006/7
1 ♖h8+! 1-0
Isto abre a coluna g para um mate de dama após 1...♗xh8 2 ♕g8#.

54) **El. Hernandez – I. Martin Alvarez**
Azkoitia 2004
1 g5+! hxg5 2 ♘g4#

55) **So – Giri**
Wijk aan Zee 2010
1...♖f1+! 0-1
2 ♔xf1 ♕f2#.

56) **A. Gonzalez Perez – J.A. Alvarez**
Santa Clara 2003
1 ♖f5+! 1-0
1...gxf5 2 ♖xf5#.

57) **Zivić – J. Mladenović**
Nisa 2003
1 ♖xf8+ 1-0
1...♔xf8 2 ♖d8# é outro tipo de mate do corredor.

58) **S. Gromovs – R. Pace**
Cesenatico 2003
1 ♘f6+ 1-0
1...♔h8 2 ♘g6#.

59) **Battaglini – F. Rey**
Issy-les-Moulineaux 2003
1 ♘c6+ 1-0
As Brancas dão mate após 1...♗xc6 2 ♖xd8# ou 1...♔a8 2 b7#.

60) **F. Kelemen – Barva**
Gyongyos 2003
1...♖xh4+! 2 ♔xh4 ♕h5#

61) **Dobrov – I. Simeonidis**
Nikea 2003
1...♖xh2+! 0-1
2 ♔xh2 ♕h3#.

62) **V. Lazarev – Solomunović**
2ª Bundesliga 2002/3
1 ♕g5+! 1-0
1...♘xg5 2 hxg5#.

63) **F. Apaydin – Celiker**

Campeonato de Izmir 2003

1 ♕xh5+! 1-0

Este sacrifício abre a diagonal de e4 até h7 e força o mate após 1...gxh5 2 ♗e4#.

64) **L. Rouillon – D. Justo**

Le Mans 2002

1...♗g4+ 0-1

2 hxg4 hxg4#.

65) **L. Konings – Werle**

Amsterdã 2002

1...♕xf2+! 0-1

2 ♔xf2 ♗c5#.

66) **O. Uwira – M. Heindrich**

Dotzheim 2002

1 ♕g3+! 1-0

Após 1...♘xg3, as Brancas podem dar o mate com 2 fxg3# ou 2 hxg3#.

67) **Kozakov – A. Maksimenko**

Lviv 2001

1...♖e1+ 2 ♔f2 e3#

68) **Schlindwein – Ravnik**

Feffernitz 2000

1 ♕h4+! 1-0

1...♔xh4 2 ♖h6#.

69) **G. Schumacher – Bolwerk**

Alemanha (evento por equipes) 2005/6

1 h6+ 1-0

E mate após 1...♔xh6 2 ♕f8# ou 1... ♔g8 2 ♕d8+ ♕e8 3 ♕xe8#.

70) **Hrbolka – Satransky**

Campeonato Tcheco (por equipes) 2005/6

1 ♖g8+ 1-0

Após 1...♖xg8 2 ♖xg8#, o cavalo das Pretas em e7 está cravado, portanto não consegue capturar a torre branca.

71) **Orso – R. Szekeres**

Campeonato Húngaro (por equipes) 2005/6

1 ♖f6+ 1-0

1...♔e5 2 f4#.

72) **Ruppaner – Vargyas**

Campeonato Húngaro (por equipes) 2005/6

1...♖d3+ 2 ♔e5 ♖f5#

73) **Magony – Szaz**

Campeonato Húngaro (por equipes) 2005/6

1 ♗g4 1-0

As Pretas não conseguem impedir 2 g3#.

74) **Boguszlavszkij – A. Meszaros**

Campeonato Húngaro (por equipes) 2005/6

1 ♖xf8+! 1-0

1...♔xf8 2 ♕h8#.

75) **T. Varga – Mihalyfi**

Campeonato Húngaro (por equipes) 2005/6

1 ♗e4+ ♔xd4 2 ♗c3#

76) **Trent – Eames**

Liga Britânica (4NCL) 2005/6

1 ♕h8+ 1-0

1...♔g5 2 ♖f5#.

77) **Klundt – Krauseneck**

Alemanha (evento por equipe) 2005/6

1 ♘d6+ ♔d8 2 ♘e6#

78) **Saleron – Donrault**

Campeonato Francês (por equipes) 2005/6

1...g5+ 0-1

2 ♔h5 ♖xh3#.

79) **R. Shaw – M. Gray**

Liga Britânica (4NCL) 2005/6

1 ♖xc6+! bxc6 2 ♖b8#

80) **Limp – Tsuboi**

São Paulo 2006

1 ♘g3+ 1-0

1...♔h4 2 ♖g4#.

81) **Mir. Jablonski – B. Siwiec**

Campeonato de Torun 2006

As Brancas estão para promover um peão, então as Pretas devem agir rápido.

1...♗d5+ 2 ♔h2 ♘f1#

82) **Nikitina – Tukhvatullin**

Ufa 2006

1...♕f1+ 0-1

2 ♔h4 g5#.

83) **Prusikin – Stuhl**

Schwäbisch Gmünd 2006

1 ♘f3+ 1-0

1...♔e4 2 ♖e6#.

84) **T. Kononenko – Mirzoev**

Sevilha 2006

1...♘g3+ 0-1

2 ♔g1 ♘h3#.

85) **Bosiočić – Atakisi**

Antália 2006

1 ♘h6+ 1-0

1...♔f8 2 g7#.

86) **Jugelt – W. Brandt**

Bad Zwischenahn 2006

1 ♘f6+ ♔h8 2 ♖g8#

87) **J.B. Rodriguez – Glavina**

Espanha (evento por equipes) 2006

1 ♖g3+ 1-0

As Brancas dão mate após 1...♔f4 2 ♖h4# ou 1...♔f6 2 ♖xg6#.

88) **B. Sanmartin Agustin – I. Trigo Conde**

Espanha (evento por equipes) 2006

1...♖h2+ 0-1

2 ♔g3 ♗f4#.

89) **S. Johannessen – W. Meier**
Campeonato Europeu Sênior *(por equipes), Dresden 2006*
1 ♖g7+ 1-0
1...♔h8 2 ♖xh6#.

90) **V. Kovačević – B. Kovačević**
Copa da Croácia, Šibenik *2008*
1 ♗h7+ 1-0
E mate após 1...♘xh7 2 ♕xh7# ou 1...♔h8 2 ♘xf7#.

Quadro de Pontuação dos Mates Elementares

Número da posição	Pontos
1	1
2	1
3	1
4	1
5	1
6	1
7	1
8	1
9	1
10	1
11	1
12	1
13	1
14	1
15	2
16	2
17	2
18	2
19	2
20	2
21	2
22	2
23	2
24	2
25	2
26	2
27	2
28	2
29	2
30	2
31	2
32	2
33	2
34	2
35	2
36	2
37	2
38	2
39	2
40	2
41	2
42	2
43	2
44	2
45	2
46	2
47	2
48	2
49	2
50	2
51	2
52	2
53	2
54	2
55	2
56	2
57	2
58	2
59	2
60	2
61	2

62	2
63	2
64	2
65	2
66	2
67	2
68	2
69	2
70	2
71	2
72	2
73	2
74	2
75	2
76	2
77	2
78	2
79	2
80	2
81	2
82	2
83	2
84	2
85	2
86	2
87	2
88	2
89	2
90	2
Total	
Máximo	**166**

2. *Mates do Corredor*

O mate do corredor é uma das ideias de xeque-mate mais comuns no xadrez e pode surgir quando um rei não consegue escapar da primeira fila.

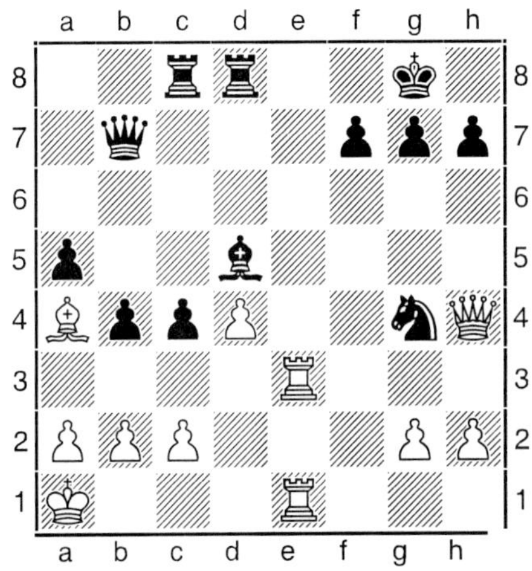

Dragičević – Krivec

Queenstown 2009

Nesta posição, o rei das Pretas é cercado por três de seus peões e não consegue sair da primeira fila. Essa situação faz soar um alerta, pois se as Brancas conseguirem colocar uma torre na primeira fila das Pretas, então será mate. As Brancas não podem jogar 1 ♖e8+?? de imediato, pois 1...♖xe8 2 ♖xe8+ ♖xe8 destrói as torres das Brancas. Porém, sacrificando primeiro sua dama para eliminar uma das torres das Pretas, as Brancas podem fazer essa linha funcionar: **1 ♕xd8+!** e as **Pretas abandonaram (1-0)**, pois 1...♖xd8 2 ♖e8+ ♖xe8 3 ♖xe8# é mate.

Os mates do corredor não se baseiam necessariamente em uma sequência de três peões bloqueando o rei inimigo, pois também é possível que as casas na segunda fila sejam cobertas por peças amigas. Há muitas versões diferentes desse tema e conhecê-las o tornará um ótimo pontuador.

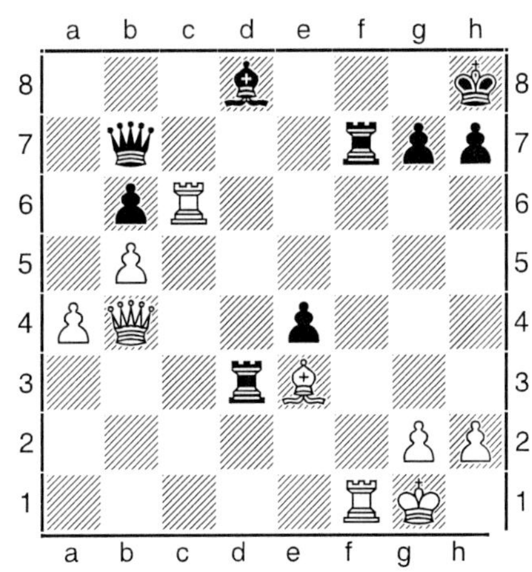

91) Jogam as Brancas (1 ponto)

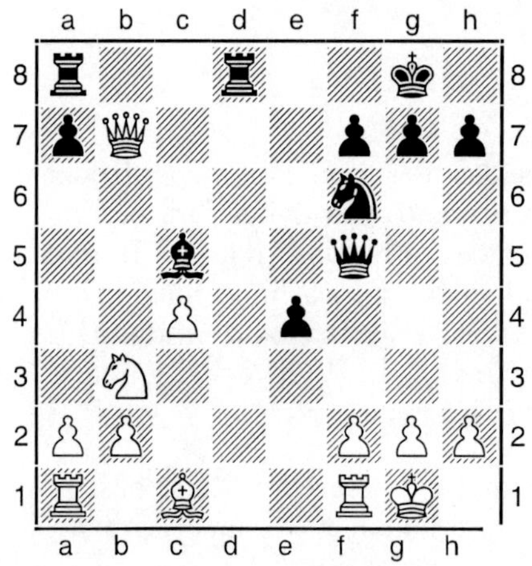

92) Jogam as Pretas (1 ponto)

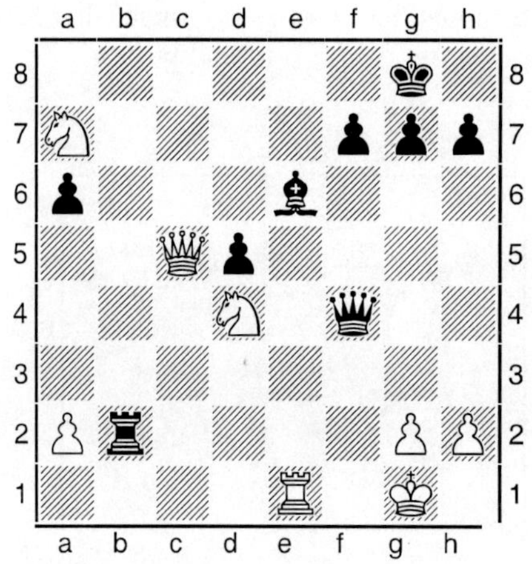

93) Jogam as Brancas (1 ponto)

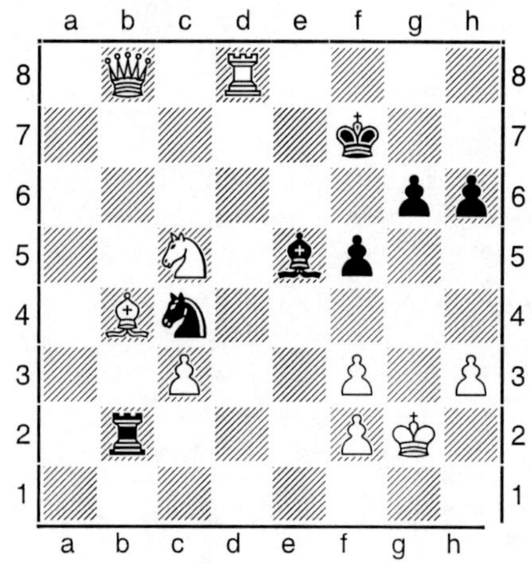

94) Jogam as Pretas (1 ponto)

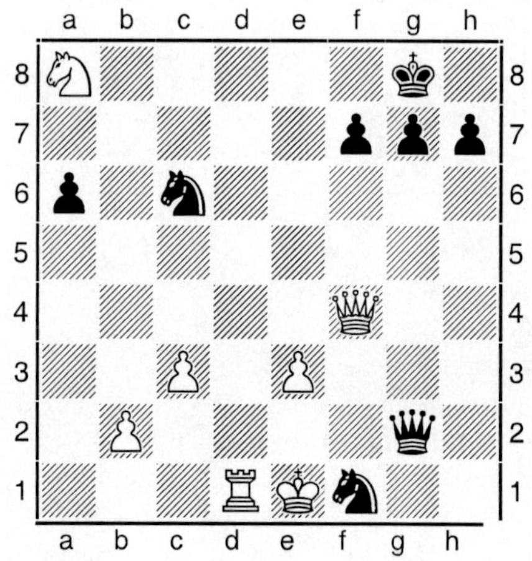

95) Jogam as Brancas (1 ponto)

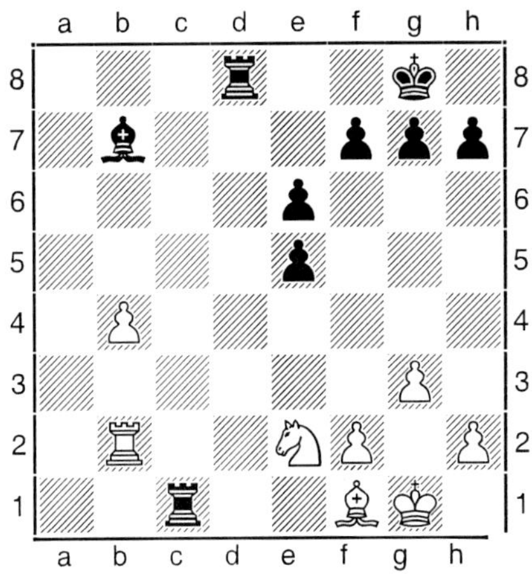

96) Jogam as Pretas (1 ponto)

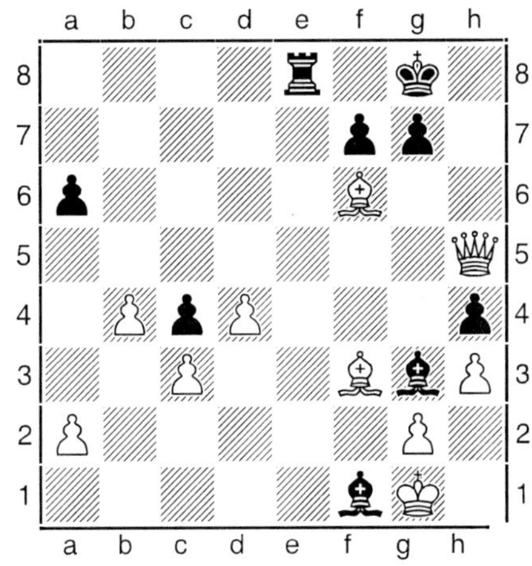

98) Jogam as Pretas (1 ponto)

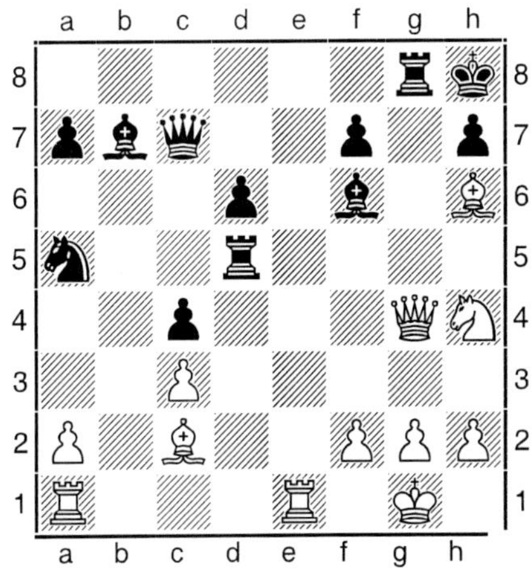

97) Jogam as Brancas (1 ponto)

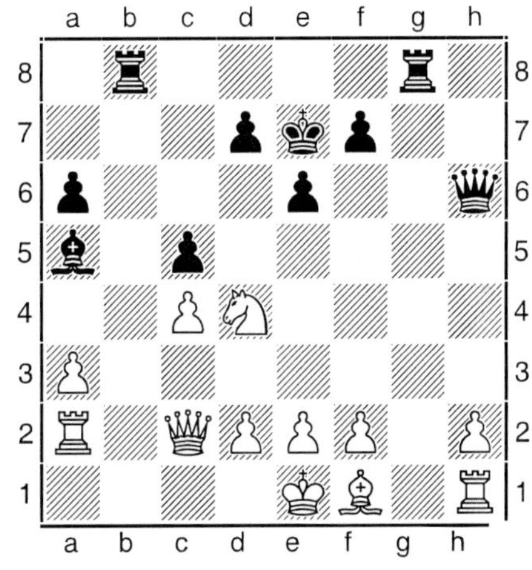

99) Jogam as Pretas (1 ponto)

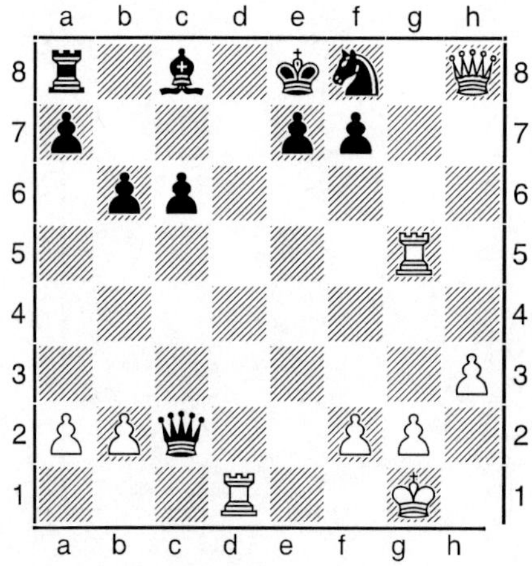

100) Jogam as Brancas (1 ponto)

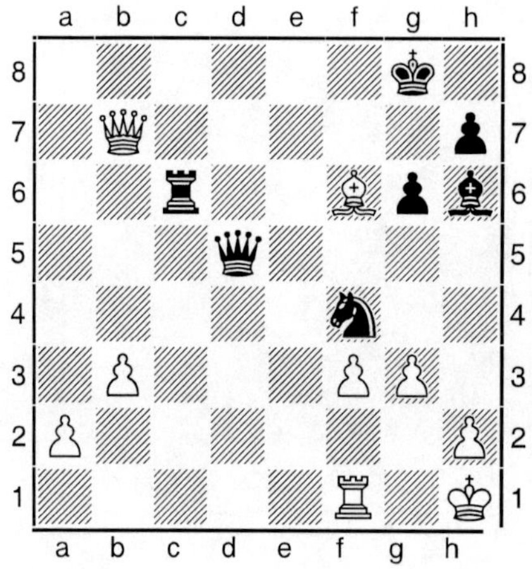

101) Jogam as Pretas (1 ponto)

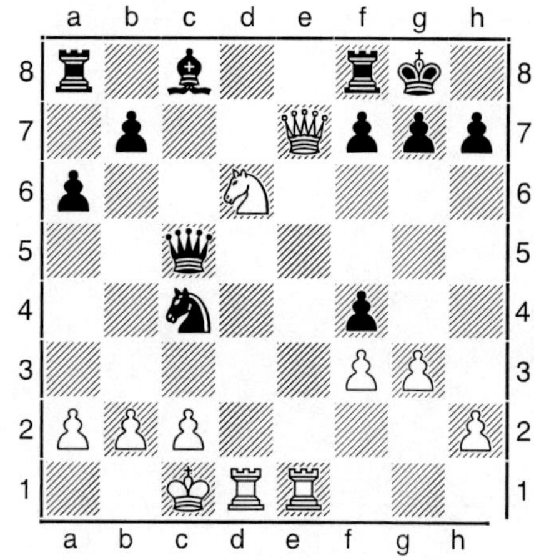

102) Jogam as Brancas (1 ponto)

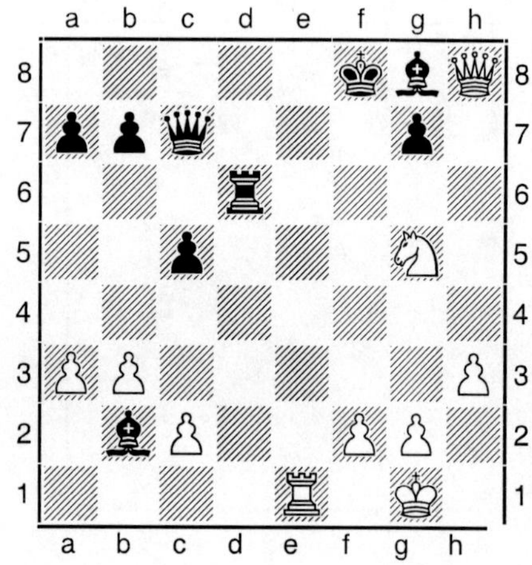

103) Jogam as Brancas (1 ponto)

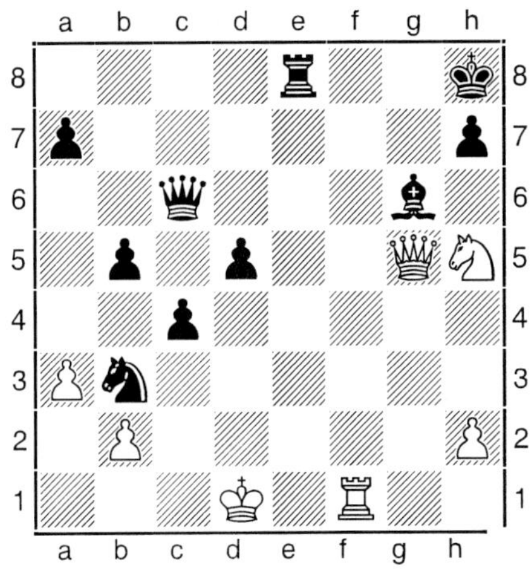

104) Jogam as Brancas (1 ponto)

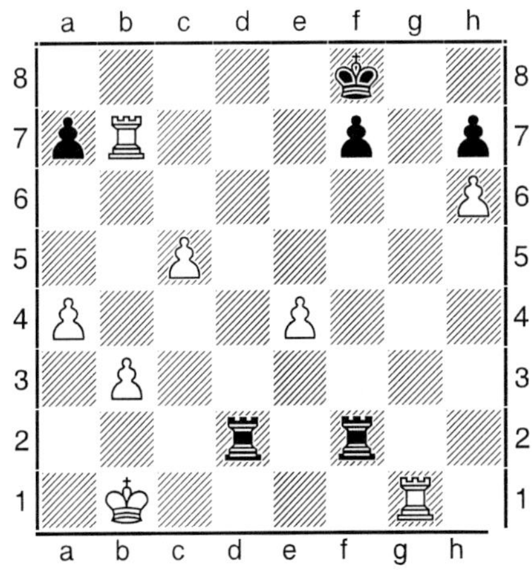

105) Jogam as Brancas (1 ponto)

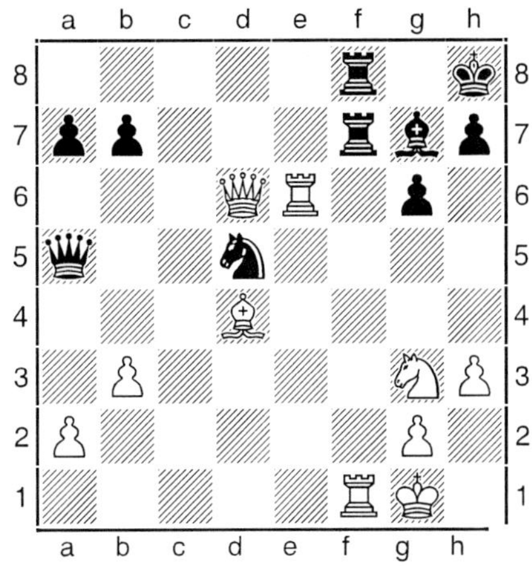

106) Jogam as Brancas (1 ponto)

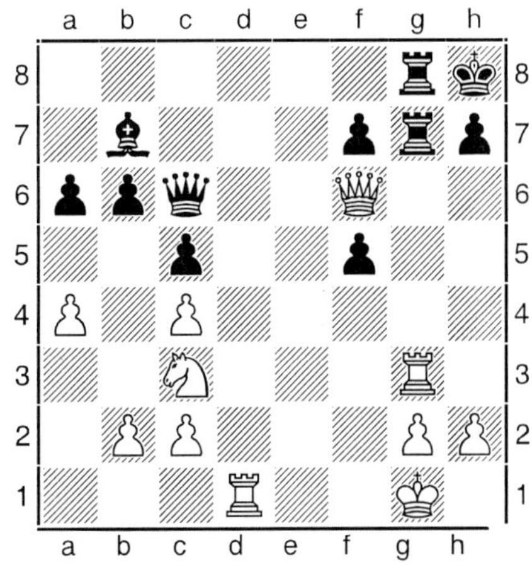

107) Jogam as Brancas (2 pontos)

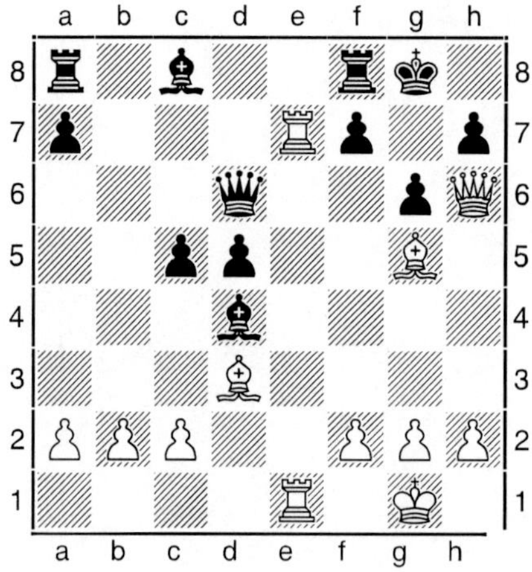

108) Jogam as Brancas (2 pontos)

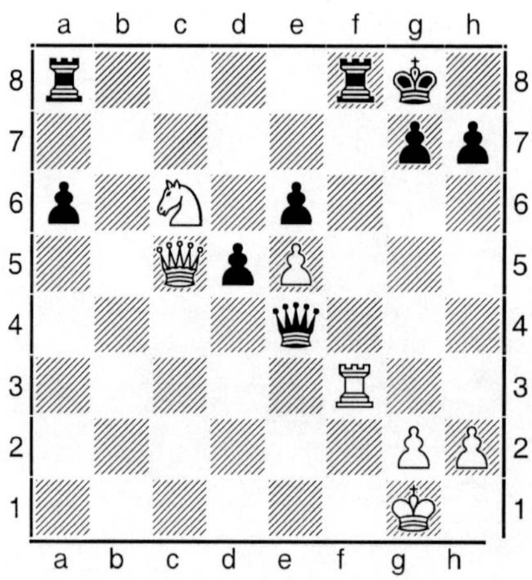

109) Jogam as Brancas (2 pontos)

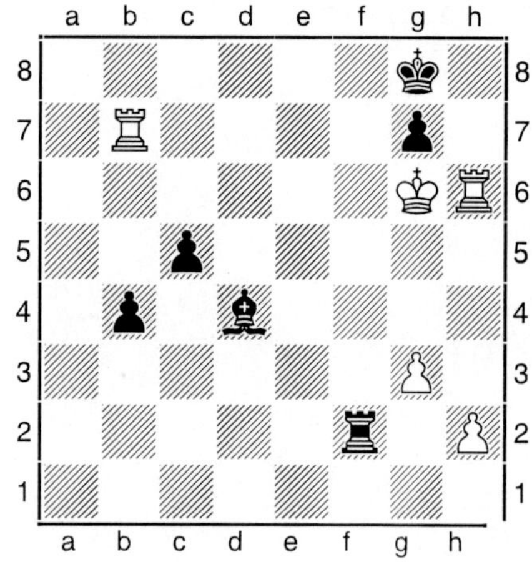

110) Jogam as Brancas (2 pontos)

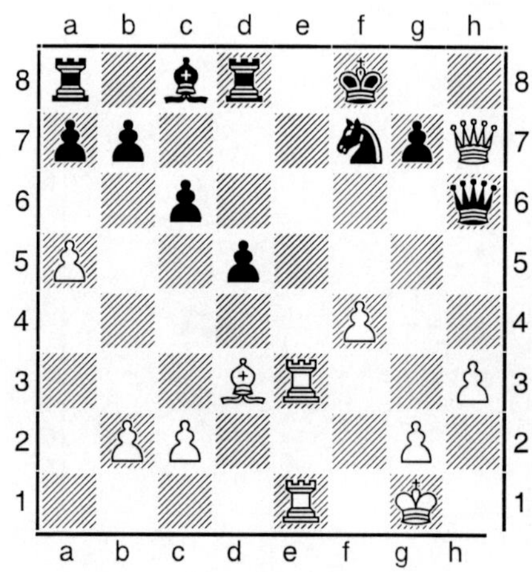

111) Jogam as Brancas (2 pontos)

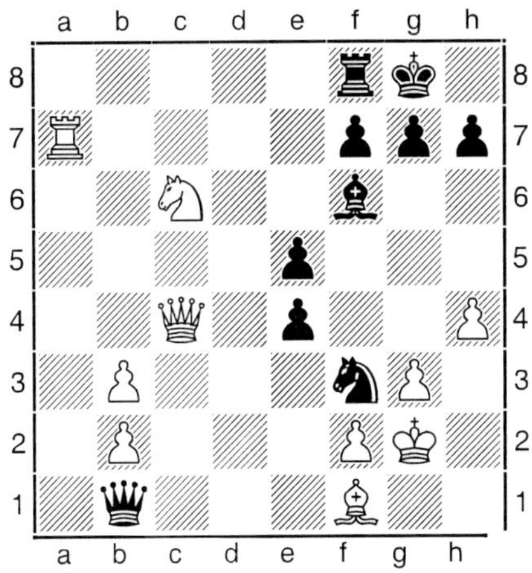

112) Jogam as Brancas (2 pontos)

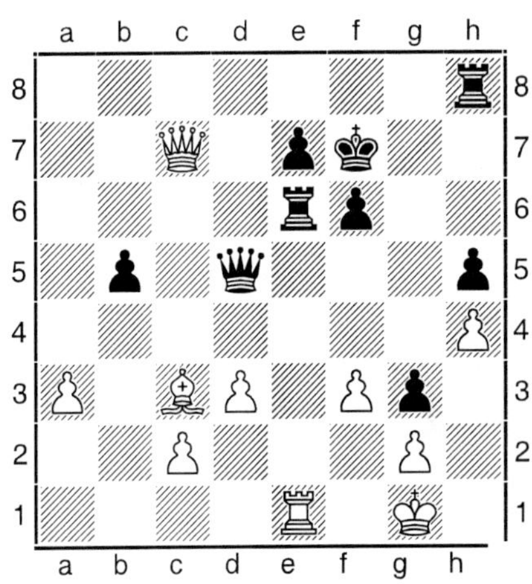

113) Jogam as Pretas (2 pontos)

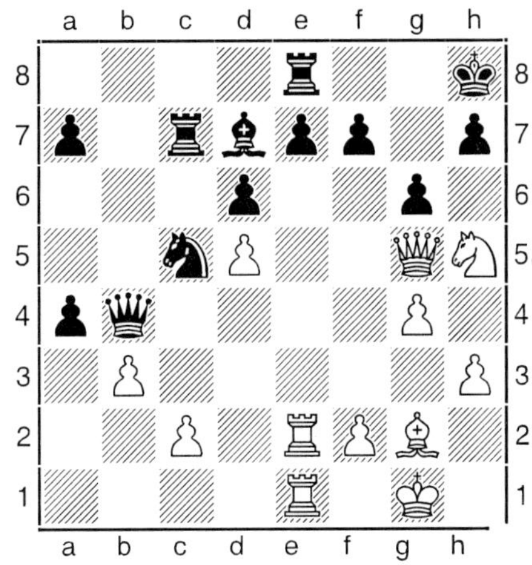

114) Jogam as Brancas (2 pontos)

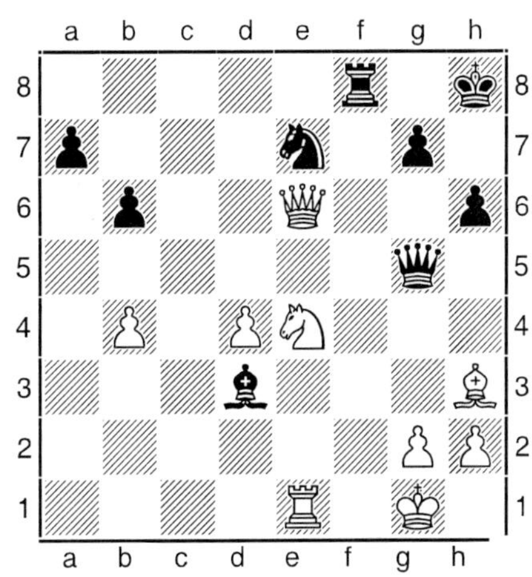

115) Jogam as Pretas (2 pontos)

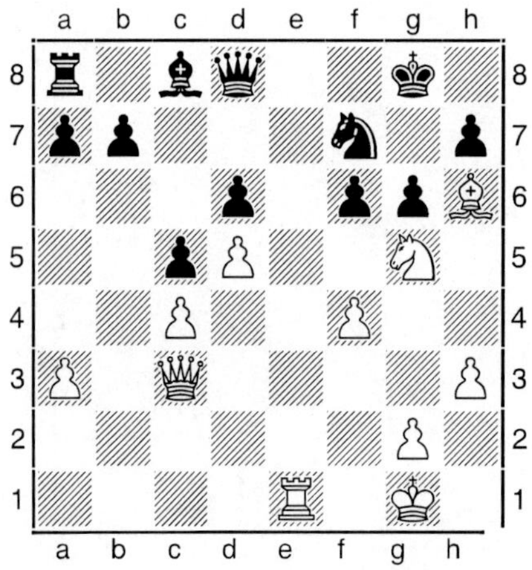

116) Jogam as Brancas (2 pontos)

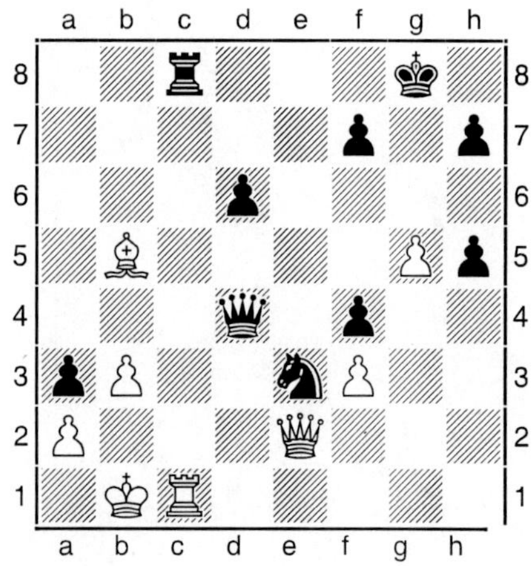

118) Jogam as Pretas (2 pontos)

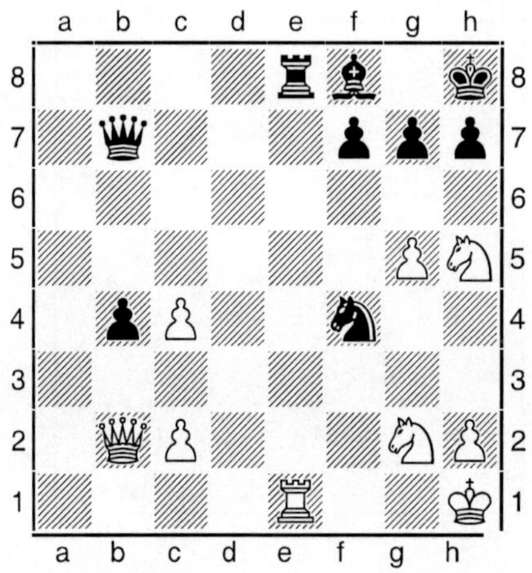

117) Jogam as Brancas (2 pontos)

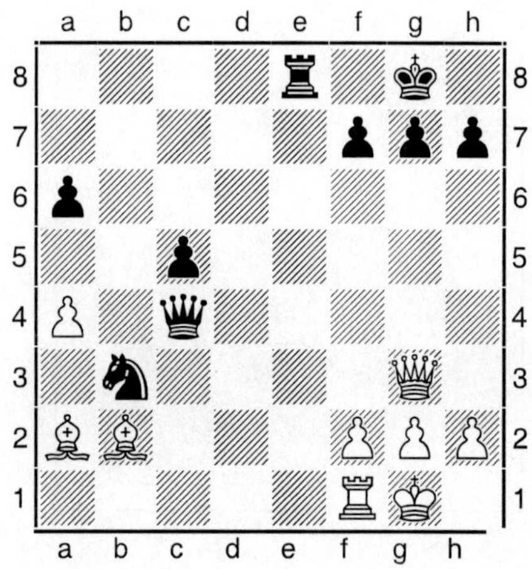

119) Jogam as Pretas (2 pontos)

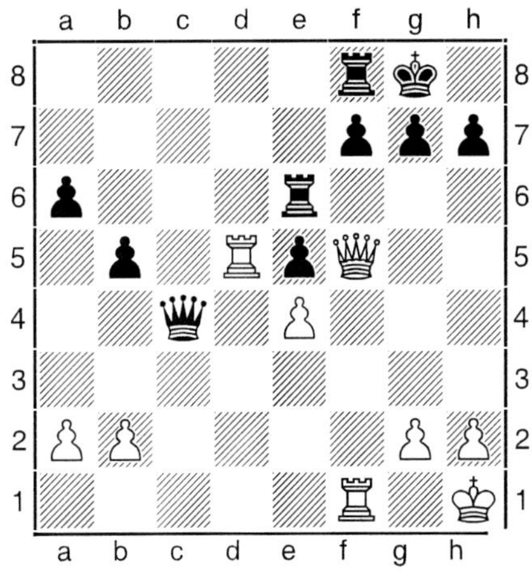

120) Jogam as Brancas (2 pontos)

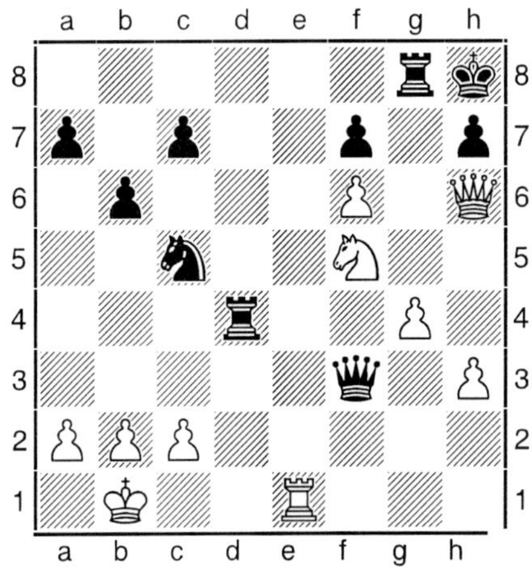

121) Jogam as Brancas (2 pontos)

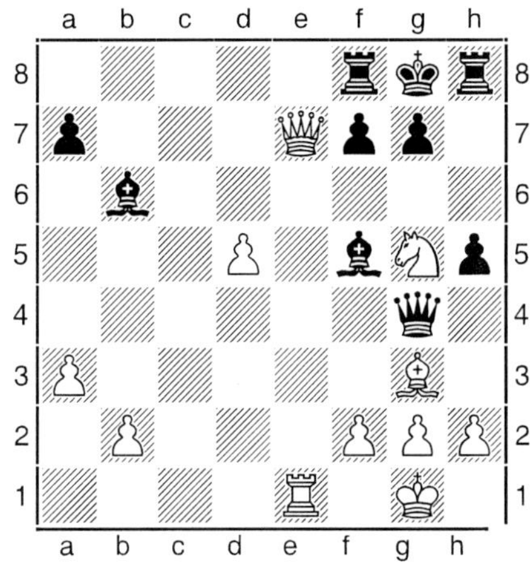

122) Jogam as Brancas (2 pontos)

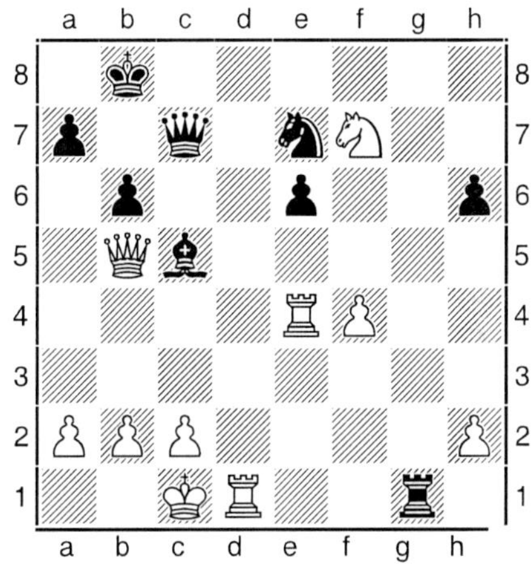

123) Jogam as Pretas (2 pontos)

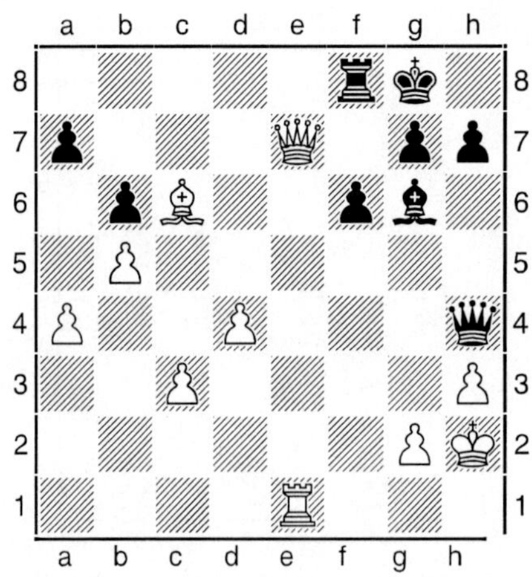

124) Jogam as Brancas (2 pontos)

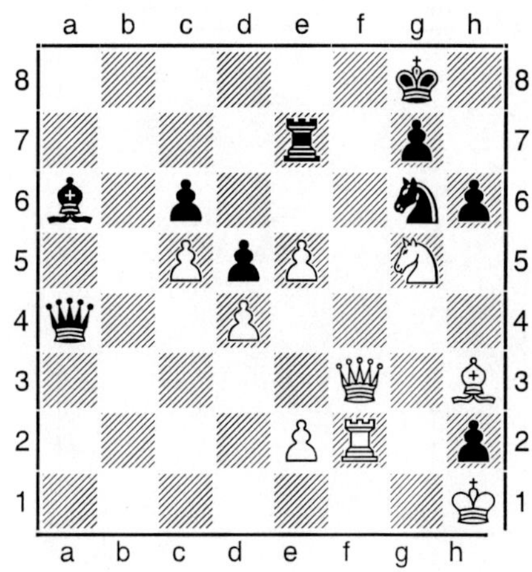

126) Jogam as Brancas (3 pontos)

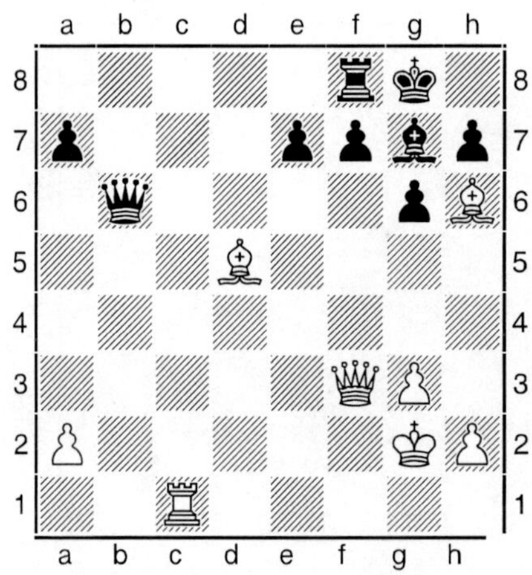

125) Jogam as Brancas (2 pontos)

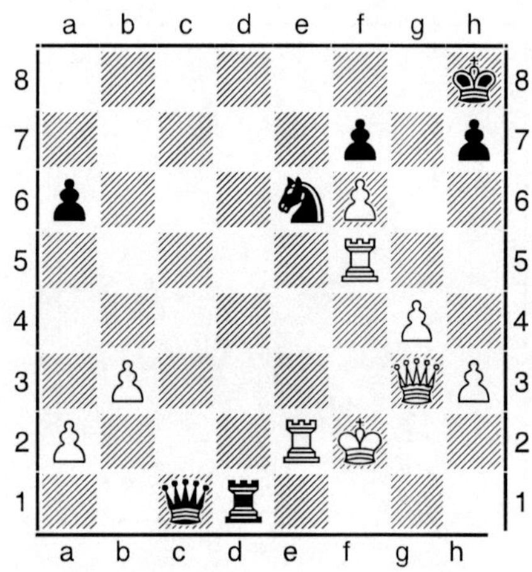

127) Jogam as Brancas (3 pontos)

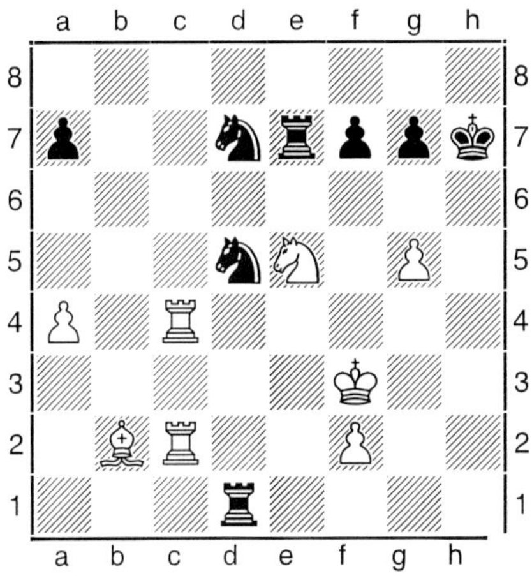

128) Jogam as Brancas (3 pontos)

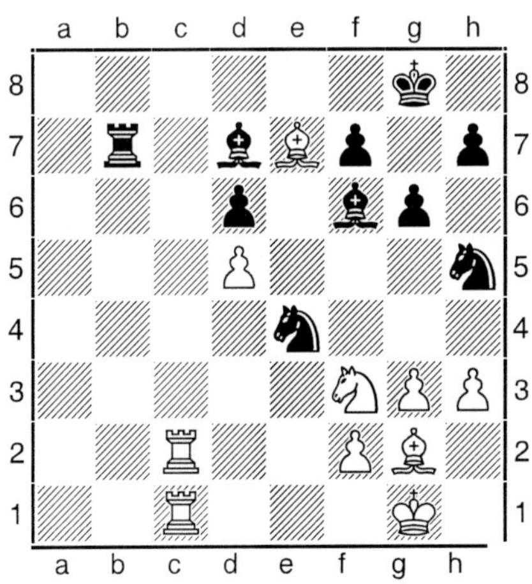

129) Jogam as Brancas (3 pontos)

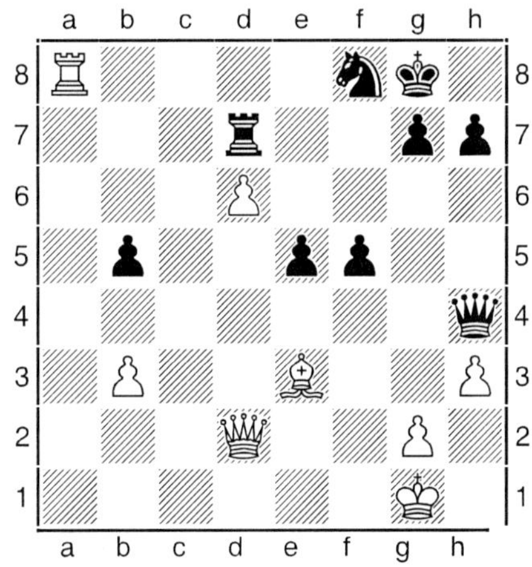

130) Jogam as Brancas (3 pontos)

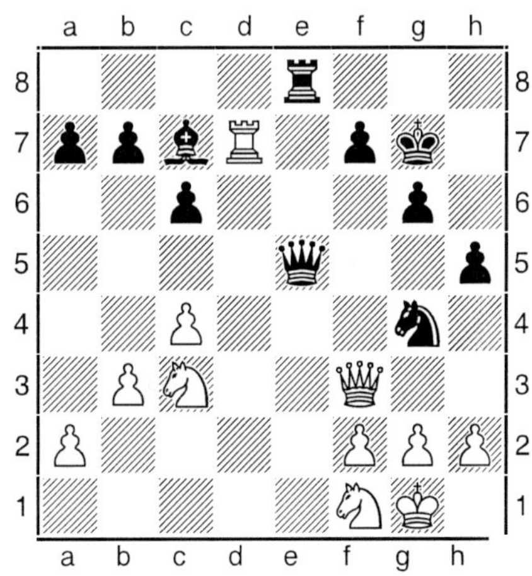

131) Jogam as Pretas (3 pontos)

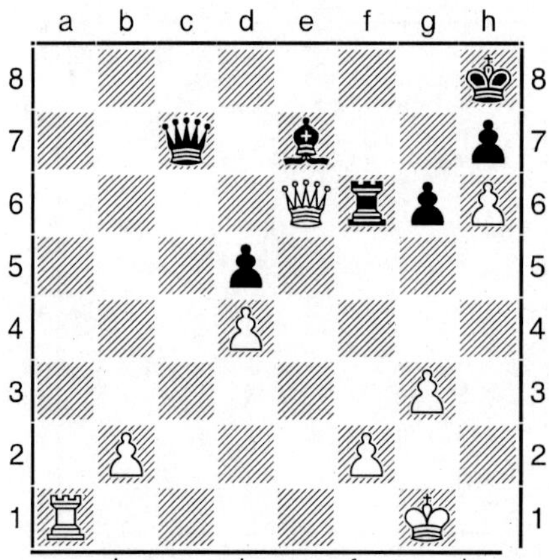

132) Jogam as Brancas (3 pontos)

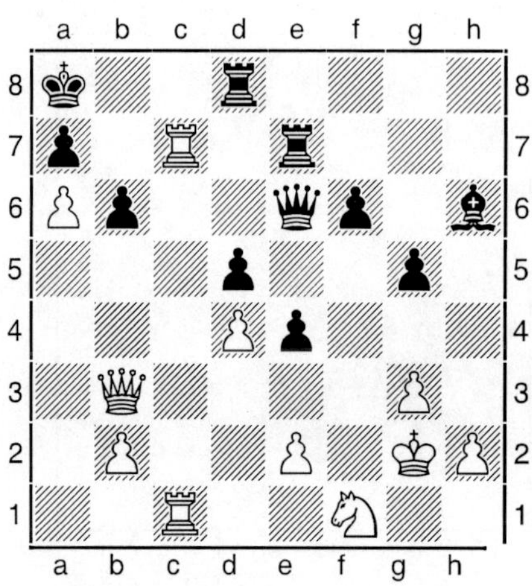

133) Jogam as Brancas (3 pontos)

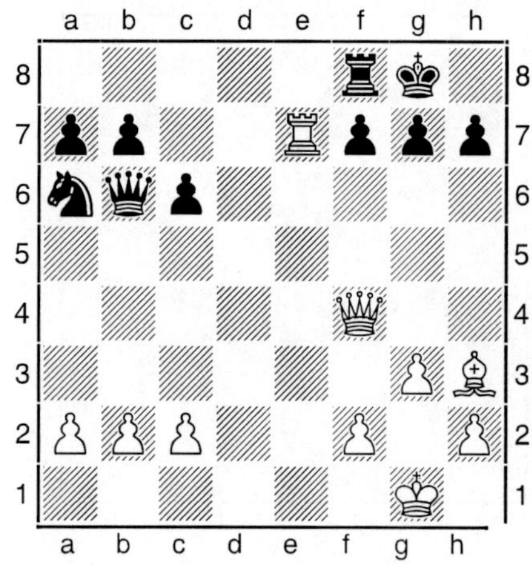

134) Jogam as Brancas (3 pontos)

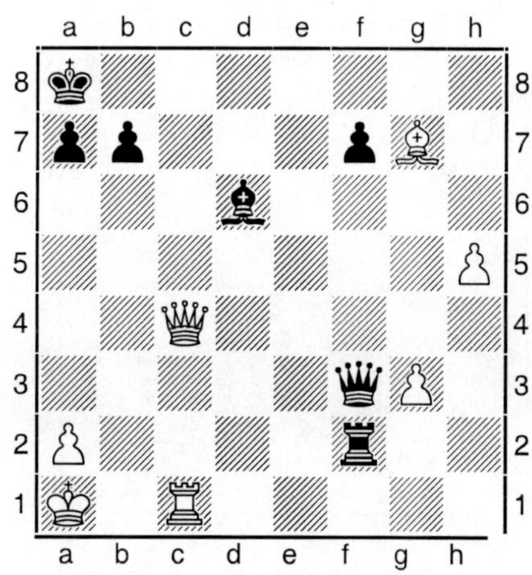

135) Jogam as Brancas (3 pontos)

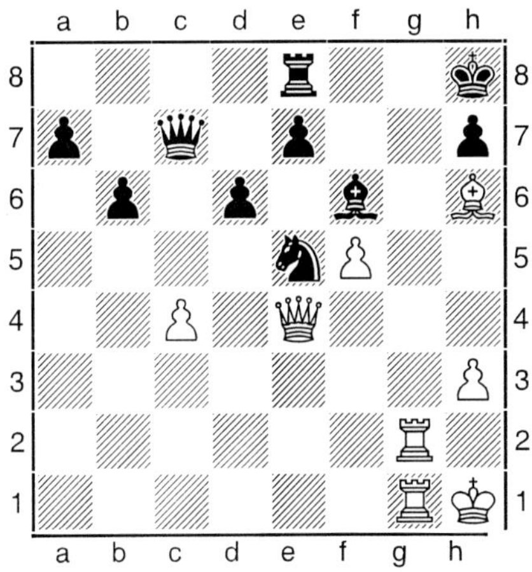

136) Jogam as Brancas (3 pontos)

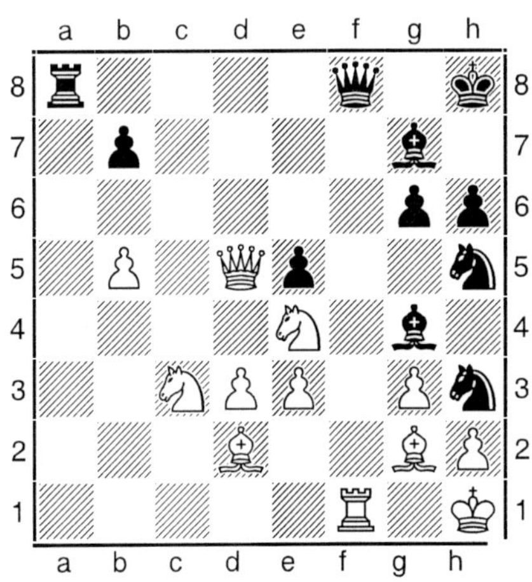

137) Jogam as Pretas (3 pontos)

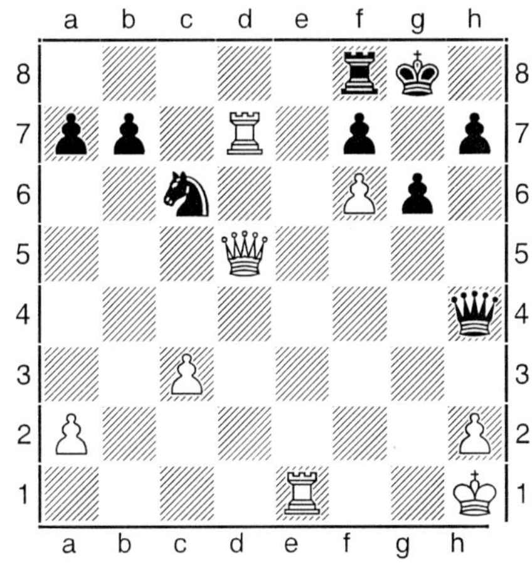

138) Jogam as Brancas (3 pontos)

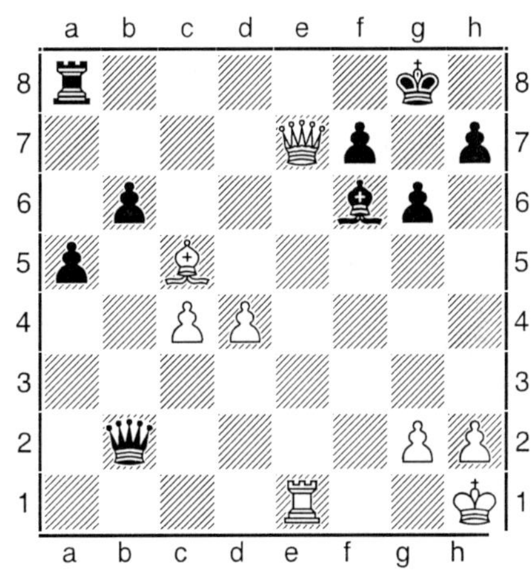

139) Jogam as Brancas (3 pontos)

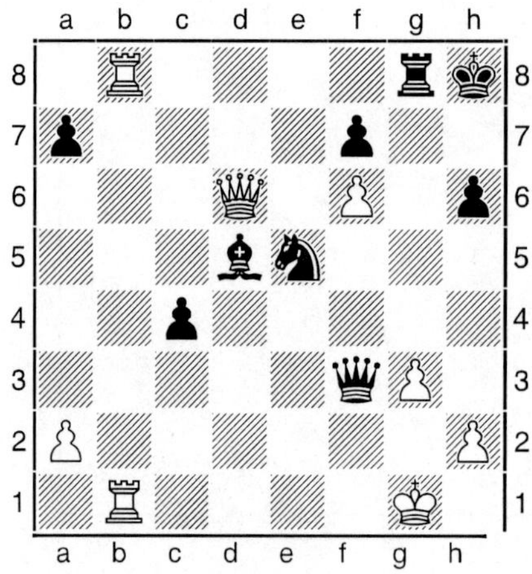

140) Jogam as Brancas (3 pontos)

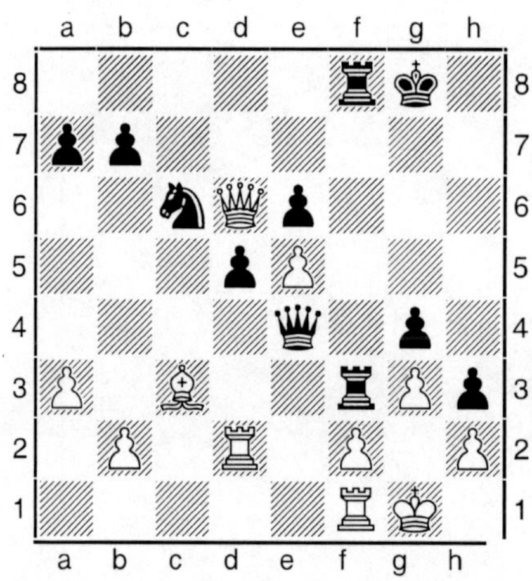

141) Jogam as Pretas (4 pontos)

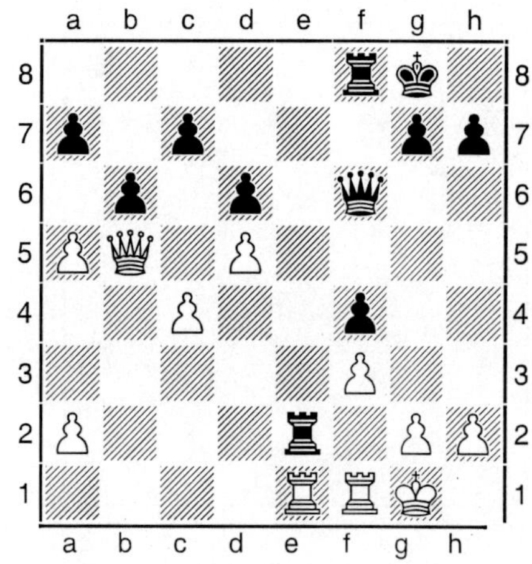

142) Jogam as Pretas (4 pontos)

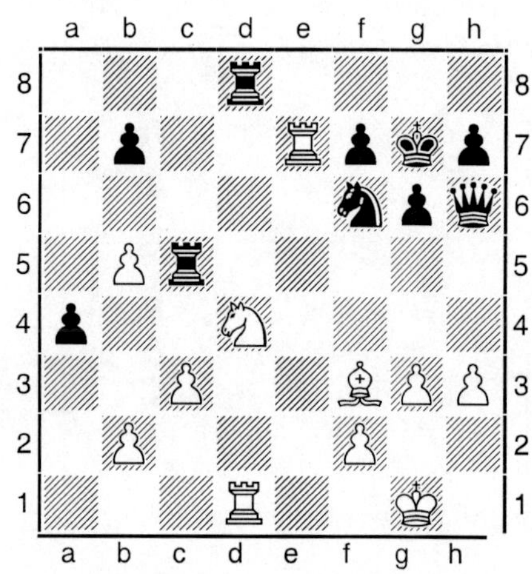

143) Jogam as Brancas (4 pontos)

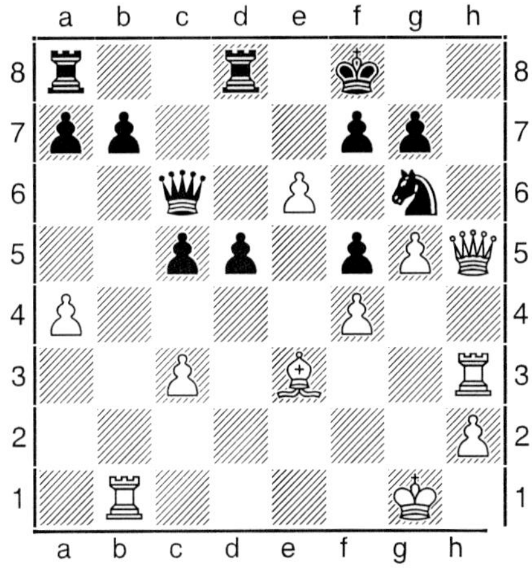

144) Jogam as Brancas (5 pontos)

Soluções dos Mates de Corredor

91) **Thakur – K. Jha**

Nova Deli 2008

1 ♕f8+! 1-0

1...♖xf8 2 ♖xf8# é um típico mate do corredor, com o rei das Pretas obstruído por seus próprios peões em g7 e h7.

92) **B. Schaper – S. Reisch**

Alemanha (evento por equipes) 2007/8

1...♕xf2+! 0-1

As Brancas sofrem mate após 2 ♔h1 ♕xf1# ou 2 ♖xf2 ♖d1#. Esta é uma das combinações de corredor mais comuns e uma das mais negligenciadas.

93) **Appolonov – Vakhlamov**

Moscou 2008

1 ♕c8+! 1-0

As Brancas abrem caminho para sua torre chegar na oitava fila após 1... ♗xc8 2 ♖e8#.

94) **Tkachev – Karpov**

Moscou (Blitz) 2009

1...♘e3+ 0-1

2 ♔g1/h1 ♖b1+ e mate no próximo lance. Neste exemplo, as casas na segunda fila estão cobertas por peças inimigas, em vez de bloqueadas por peões amigos.

95) **Rothuis – Coene**

Bussum 2008

1 ♕b8+! 1-0

1...♘xb8 2 ♖d8#.

96) **Ry. Sokolowski – Pi. Staniszewski**

Koszalin 2008

1...♖xf1+! 2 ♔xf1 ♖d1#

97) **Barletta – Gioseffi**

Saint Vincent 2008

1 ♕xg8+! 1-0

1...♔xg8 2 ♖e8#.

98) **Poobalasingam – Likavsky**

TromsØ 2008

1...♖e1

Ameaçando 2...♗e2# ou 2... ♗d3#. Não, porém, 1...♗d3? porque 2 ♗e5 bloqueia a coluna e.

2 ♕e5

Agora a torre é atacada, então as Pretas devem escolher a casa correta para seu bispo.

2...♗e2#

E mate, pois o bispo corta o ataque da dama à torre.

99) **Tvauri – Nippgen**

2ª Bundesliga 2008/9

1...♕xd2+! 0-1

2 ♕xd2 ♖b1#.

100) **T. Horvath – Vesin**
Genebra 2003
1 ♕xf8+! 1-0
1...♔xf8 2 ♖d8#.

101) **Loginov – P. Wells**
Budapeste 1994
1...♕xf3+! 2 ♔g1
Ou 2 ♖xf3 ♖c1+ e mate no próximo lance.
2...♘h3#
2...♕g2# e 2...♘e2# são igualmente bons.

102) **J. Mohammad – Jam. Ahmed**
Campeonato de Bangladesh, Dhaka 2009
1 ♕xf8+! 1-0
1...♔xf8 2 ♖e8#.

103) **Keprt – Holeksa**
Campeonato Tcheco (por equipes) 2005/6
1 ♕xg8+! 1-0
1...♔xg8 2 ♖e8#.

104) **Rabovszky – K. Kalmar**
Aggtelek 2002
1 ♕e5+! 1-0
E mate após 1...♔g8 2 ♕g7# ou 1... ♖xe5 2 ♖f8#.

105) **Garancovsky – Gerbery**
Campeonato Eslovaco (por equipes) 2005/6
1 ♖g8+! 1-0
1...♔xg8 2 ♖b8+ e mate no próximo lance.

106) **Jenni – S. Bücker**
Internet (playchess.com) 2006
1 ♕xf8+! 1-0
1...♖xf8 2 ♖xf8#.

107) **Külaots – K. Stokke**
GjØvik 2009
1 ♕xg7+! ♖xg7 2 ♖d8+ ♖g8 3 ♖dxg8#
Ou 3 ♖gxg8#.

108) **Nunn – T.C. Fox**
Bristol 1980
1 ♕xf8+! ♔xf8 2 ♗h6+ 1-0
Após 2...♗g7 3 ♖e8#, as Pretas sofrem mate de imediato, enquanto 2... ♔g8 3 ♖e8+ leva ao mate no próximo lance.

109) **Reilhac – Beudaert**
Campeonato Francês (por equipes) 2007/8
1 ♕xf8+! 1-0
1...♖xf8 2 ♘e7+ ♔h8 3 ♖xf8#.

110) **Barle – Cebalo**
Bled 2008
1 ♖b8+
1 ♖h8+! ♔xh8 2 ♖b8+ é igualmente bom.
1...♖f8 2 ♖h8+! 1-0

2...♔xh8 3 ♖xf8#.

111) **Pingitzer – Jusić**

Stockerau 1992

1 ♕g8+!

1 ♖e8+ ♖xe8 2 ♕g8+! funciona também.

1...♔xg8 2 ♖e8+ ♖xe8 3 ♖xe8#

112) **J. Ramirez Garcia – Bolado**

Campeonato de Madri 2008/9

1 ♕xf7+! 1-0

1...♖xf7 (1...♔h8 2 ♕xf8#) 2 ♖a8+ ♖f8 3 ♗c4+ ♔h8 4 ♖xf8#. Está é uma versão mais profunda da ideia típica do "sacrifício de dama em f7" vista pela primeira vez (com as cores invertidas) na Posição 92.

113) **Ulianin – Rakhmanov**

São Petersburgo 2009

1...♕d4+! 0-1

As Brancas sofrem mate após 2 ♔h1 ♕xh4+ 3 ♔g1 ♕h2+ 4 ♔f1 ♕h1#, 2 ♔f1 ♕f2# ou 2 ♗xd4 ♖xe1#.

114) **C. Hess – G. Marten**

Bad Homburg 2009

1 ♕f6+ 1-0

1...exf6 (1...♔g8 2 ♕g7#) 2 ♖xe8+ ♗xe8 3 ♖xe8#.

115) **Kirszenberg – Autran**

Calvi 2005

1...♕e3+! 2 ♘f2

2 ♖xe3 ♖f1# e 2 ♔h1 ♕xe1# levam ao mate imediato.

2...♕xf2+ 0-1

3 ♔h1 ♕f1+ 4 ♖xf1 ♖xf1#.

116) **Noroozi – N. Ryahi**

Teerã 2005

1 ♕xf6! 1-0

As Brancas ameaçam 2 ♕g7#, as linhas 1...♕f8 2 ♗xf8 ♔xf8 3 ♕xf7#, 1...♘xh6 2 ♕xd8+ ♔g7 3 ♖e7+ ♘f7 4 ♖xf7+ ♔h6 5 ♖xh7# e 1...♕xf6 2 ♖e8# levam a um mate rápido.

117) **A. Kovaliov – Stević**

Calvia (Olimpíada) 2004

1 ♕xg7+! 1-0

1...♗xg7 2 ♖xe8+ ♗f8 3 ♖xf8#.

118) **Z. Lanka – Nemet**

Rostock 2002

1...♕a1+! 0-1

2 ♔xa1 ♖xc1#.

119) **Ho. Ledesma – W. Diaz**

Buenos Aires 2002

1...♕xf1+! 0-1

2 ♔xf1 ♘d2+ 3 ♔g1 ♖e1#.

120) **Joh. Bourne – Parkin**

Liga Britânica (4NCL) 2000/1

1 ♕xf7+! 1-0

Após 1...♖xf7 2 ♖d8+, as Brancas dão mate em mais dois lances.

121) **Degraeve – L. Arnold**

Campeonato Francês (por equipes) 2001

1 ♕g7+! 1-0

1...♖xg7 2 fxg7+ ♔g8 3 ♖e8#.

122) **Mastrovasilis – Stavrakakis**

Tessalônica 2001

1 ♕xf8+! ♔xf8 2 ♗d6+ ♔g8 3 ♖e8#

123) **N. Bojković – M. Šćekić**

Campeonato Sérvio, Kragujevac 2000

1...♕xf4+! 0-1

2 ♖xf4 (2 ♔b1 ♖xd1#) 2...♗e3+ 3 ♔b1 ♖xd1#.

124) **Helstroffer – Geske**

Bad Zwesten 2006

1 ♗d5+ ♗f7

1...♖f7 é seguido por 2 ♕e8# ou 2 ♕d8#.

2 ♕xf7+! 1-0

2...♖xf7 3 ♖e8#.

125) **Frih – Calas**

Campeonato Francês (por equipes) 2003/4

1 ♕xf7+! ♖xf7 2 ♖c8+ ♗f8 3 ♖xf8#

126) **Kharashuta – Ali. Balaian**

Campeonato Europeu (Feminino), São Petersburgo 2009

1 ♗e6+ 1-0

1...♔h8 2 ♕f8+ ♘xf8 3 ♖xf8# e 1...♖xe6 2 ♕f7+ ♔h8 3 ♕f8+ ♘xf8 4 ♖xf8# levam a um mate do corredor.

127) **Ja. Szabo – An. Balazs**

Campeonato Húngaro (por equipes) 2007/8

1 ♕b8+ ♖d8

1...♘d8 permite que as Brancas deem mate imediatamente com 2 ♖e8#.

2 ♕xd8+! 1-0

2...♘xd8 3 ♖e8#.

128) **Timman – Krivoshei**

2ª Bundesliga 2007/8

1 ♖h4+ ♔g8 2 ♖c8+ ♘f8

2...♖e8 3 ♖xe8+ ♘f8 4 ♗a3 leva ao mate em poucos lances.

3 ♖xf8+! 1-0

3...♔xf8 4 ♖h8#.

129) **N. Gasparian – Aghabekian**

Campeonato Armênio (Feminino), Erevan 2008

1 ♖c8+ ♗e8

1...♔g7 2 ♗f8+ e 1...♗xc8 2 ♖xc8+ ♔g7 3 ♗f8+ levam basicamente ao mesmo mate.

2 ♖xe8+ ♔g7 3 ♗f8+ 1-0

Seguido de 4 ♗h6#.

130) **T. Willemze – V. Grabliauskas**

Copa Europeia de Clubes, Ocrida 2009

1 ♕d5+ ♖f7

1...♔h8 2 ♖xf8#.

2 ♖xf8+ 1-0

2...♔xf8 3 ♕a8+ e mate no próximo lance.

131) **T. Forster – B. Konig**

Campeonato Húngaro (por equipes) 2003/4

1...♕xh2+!

Um sacrifício de dama espetacular e um pouco incomum.

2 ♘xh2 ♖e1+ 0-1

3 ♘f1 ♗h2+ 4 ♔h1 ♖xf1#.

132) **Lupulescu – L. Filip**

Campeonato Romeno, Eforie Nord 2009

1 ♖a8+ ♖f8 2 ♕f6+! 1-0

O mate segue após 2...♗xf6 3 ♖xf8# ou 2...♔g8 3 ♕g7#.

133) **Y. Demina – Yul. Yakovich**

Campeonato Europeu (Feminino), São Petersburgo 2009

1 ♕xd5+! 1-0

O sacrifício de dama força uma peça preta a ficar longe do controle de c8, portanto 1...♖xd5 e 1...♕xd5 são seguidos por 2 ♖c8+, e mate no próximo lance.

134) **Giri – R. Picard**

Bussum 2009

1 ♕xf7+! 1-0

1...♖xf7 2 ♖e8+ ♖f8 3 ♗e6+ ♔h8 4 ♖xf8#.

135) **E. Andreev – Aleskerov**

Tcherepovets 2005

1 ♕c8+ ♗b8 2 ♕xb8+! 1-0

2...♔xb8 3 ♗e5+ ♔a8 4 ♖c8#.

136) **U. Krause – P. Rahls**

2ª Bundesliga 2004/5

1 ♖g8+! ♖xg8 2 ♖xg8+ 1-0

2...♔xg8 3 ♕a8+ ♔f7 4 ♕f8#.

137) **Adla – Goasdoue**

Campeonato Francês (por equipes) 2003/4

1...♕xf1+! 0-1

2 ♗xf1 ♗f3+ 3 ♗g2 ♖a1+ e as Pretas dão mate em mais dois lances.

138) **Apicella – D. Ionescu**

Campeonato de Paris 2004

1 ♕xf7+! 1-0

1...♖xf7 2 ♖e8+ ♖f8 3 ♖g7+ ♔h8 4 ♖xf8#.

139) **O. Orel – M. Kovač**

Campeonato Esloveno, Dobrna 2002

1 ♕e8+! ♖xe8

1...♔g7 2 ♗f8+ seguido de ♗h6+ leva ao mesmo mate.

1-0

As Pretas abandonaram sem esperar 2 ♖xe8+ ♔g7 3 ♗f8+ e 4 ♗h6#.

140) **A. Ledger – Cherniaev**

Hastings (fim de semana) 2000

1 ♖xg8+ ♔xg8 2 ♕f8+! 1-0

As Pretas sofrem mate após 2...♔h7 3 ♕g7# ou 2...♔xf8 3 ♖b8#.

141) **N. Bojković – L. Zaitseva**

Campeonato Iugoslavo (por equipes), Cetinje 1992

As Pretas poderiam dar o mate com a bela sequência **1...♖xg3+! 2 fxg3** (2 hxg3 ♕g2#) **2...♕h1+! 3 ♔xh1 ♖xf1#**. Mas elas continuaram com o movimento comum **1...♖e8** e as Brancas abandonaram (**0-1**), embora isso não leve ao mate, as Brancas enfrentam uma grande perda de material.

142) **Mate. Hoffmann – Spal**

Klatovy 2000

1...♕d4+ 2 ♔h1 ♕f2! 0-1

O lance espetacular de dama das Pretas ameaça 3...♕xg2# e leva a um mate rápido após 3 ♖xe2 ♕xf1#, 3 ♖g1 ♖xe1 ou 3 ♖xf2 ♖xe1+ 4 ♖f1 ♖xf1#.

143) **J. Wehner – Alexandrovsky**

Alemanha (evento por equipes) 2005/6

1 ♘e6+ ♔h8

1...♔g8 2 ♖xd8+ e as Brancas dão o mate em mais dois lances.

2 ♖xd8+ ♘g8 3 ♖xg8+! 1-0

3...♔xg8 4 ♖e8+ ♕f8 5 ♖xf8#.

144) **Jasnikowski – Mat. Westphal**

2ª Bundesliga 2000/1

1 ♖xb7!

Ameaçando 2 ♕h8+ ♘xh8 3 ♖xh8#.

1...♕xb7

Outros lances não são melhores; por exemplo, 1...♔g8 2 ♕h7+ ♔f8 3 ♕h8+ ♘xh8 4 ♖xh8#.

2 ♗xc5+ ♔e8

Ou 2...♔g8 3 ♕h7#.

3 ♕h8+! 1-0

O mate segue após 3...♘f8 4 ♕xf8# ou 3...♘xh8 4 ♖xh8#.

START NEW PAGE

Quadro de Pontuação dos Mates do Corredor

Número da posição	Pontos
91	1
92	1
93	1
94	1
95	1
96	1
97	1
98	1
99	1
100	1
101	1
102	1
103	1
104	1
105	1
106	1
107	2
108	2
109	2
110	2
111	2
112	2
113	2
114	2
115	2
116	2
117	2
118	2
119	2
120	2
121	2
122	2
123	2
124	2
125	2
126	3
127	3
128	3
129	3
130	3
131	3
132	3
133	3
134	3
135	3
136	3
137	3
138	3
139	3
140	3
141	4
142	4
143	4
144	5
Total	
Máximo	**116**

3. Mate no Final

Um dos grandes mitos no xadrez é que há poucas possibilidades táticas no final. Está errado; os finais têm tantas táticas quanto as outras fases da partida. ó verdade que os ataques diretos de mate são menos prováveis, pois há menos material em jogo, mas as chances de mate surgem. E mais, como os jogadores não esperam sofrer mate no final, muitas vezes eles ficam menos defensivos e isso permite um atacante vigilante ganhar o ponto.

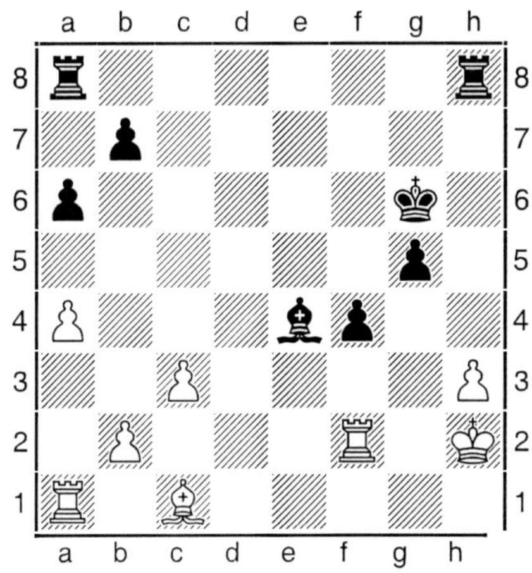

Z. Djukić – Pandurević

Bizovac 2003

Aqui as Pretas jogaram **1...♖xh3+!** e as Brancas abandonaram (**0-1**), pois o mate é forçado após 2 ♔xh3 ♖h8+ 3 ♔g4 ♖h4#. A posição final é bem atraente, com todas as peças das Pretas, exceto os peões na ala da dama, desempenhando seu papel.

Após resolver os 90 exercícios neste capítulo, você estará preparado para atacar quando seu oponente menos esperar!

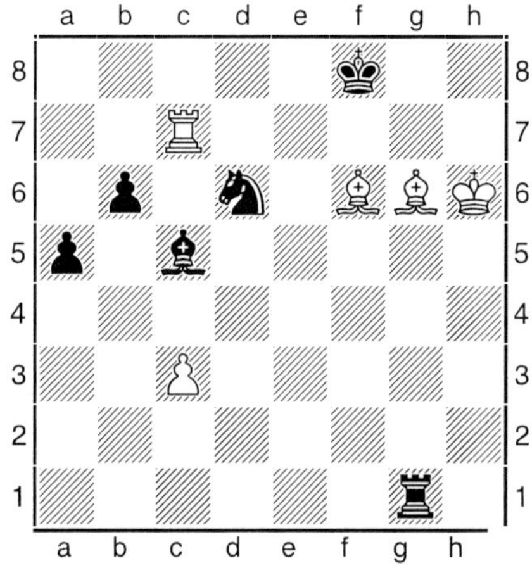

145) Jogam as Brancas (1 ponto)

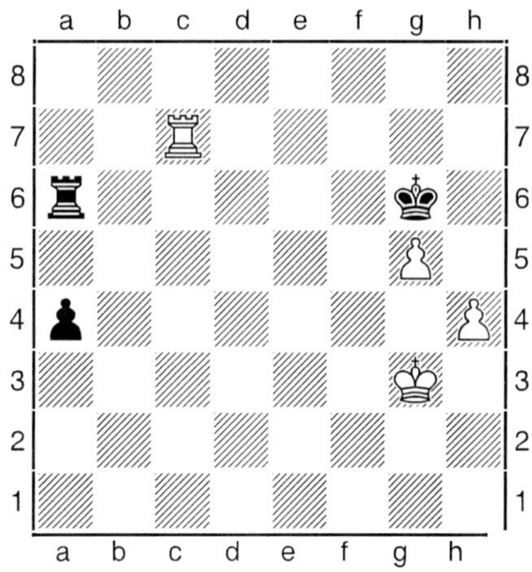

146) Jogam as Brancas (1 ponto)

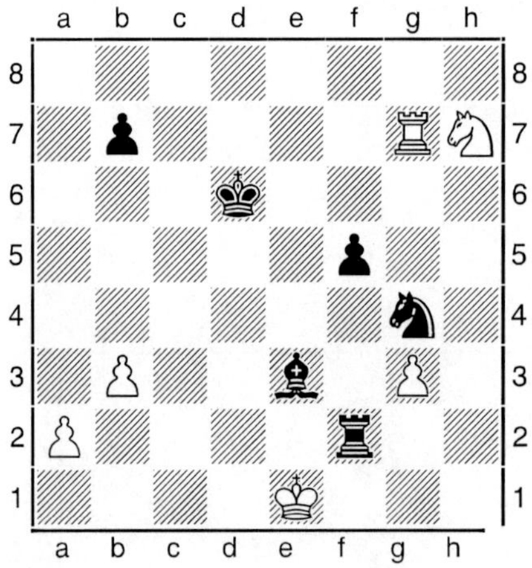

147) Jogam as Pretas (1 ponto)

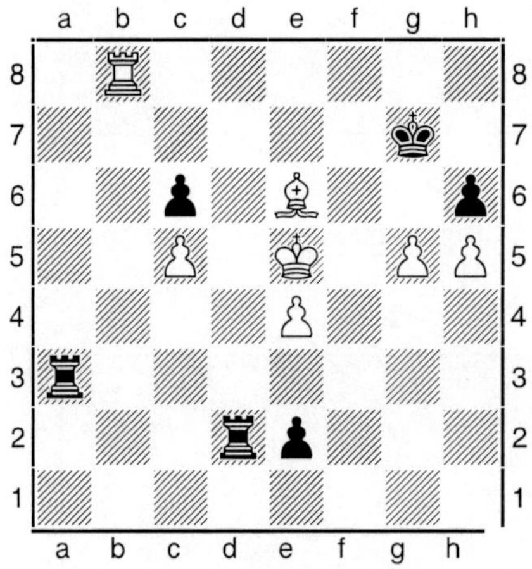

148) Jogam as Brancas (1 ponto)

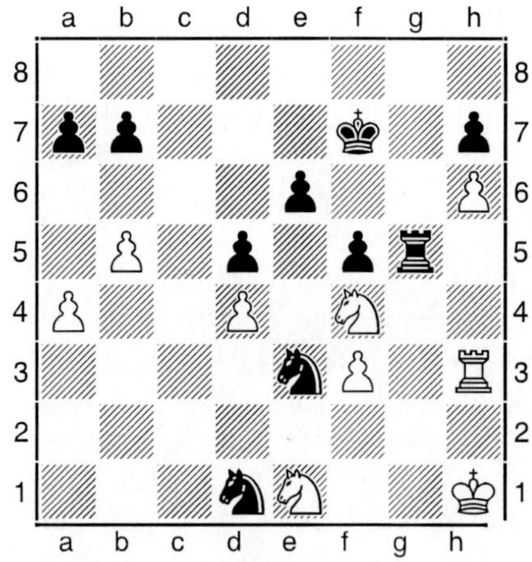

149) Jogam as Pretas (1 ponto)

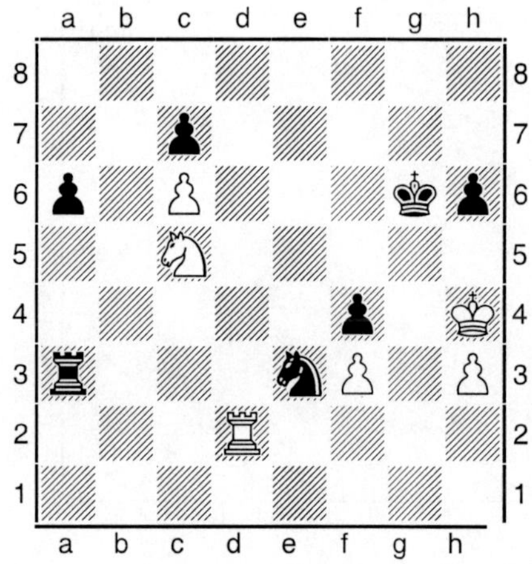

150) Jogam as Pretas (1 ponto)

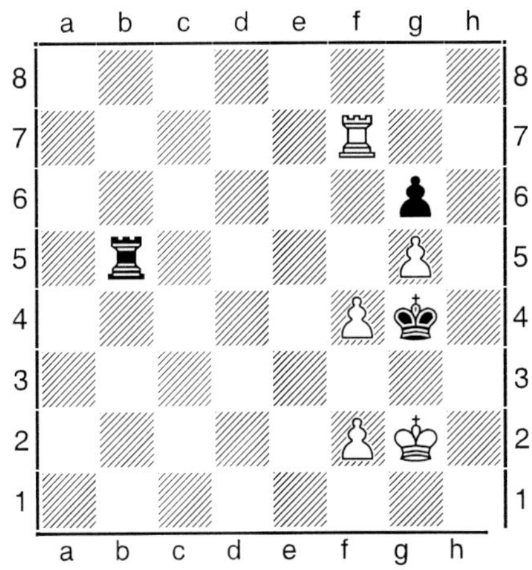

151) Jogam as Brancas (1 ponto)

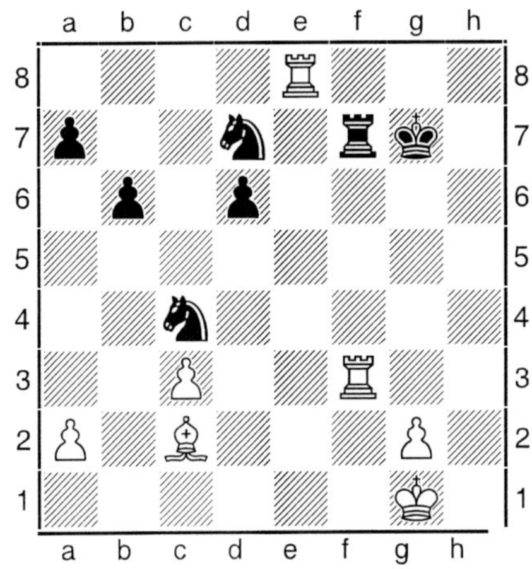

152) Jogam as Brancas (1 ponto)

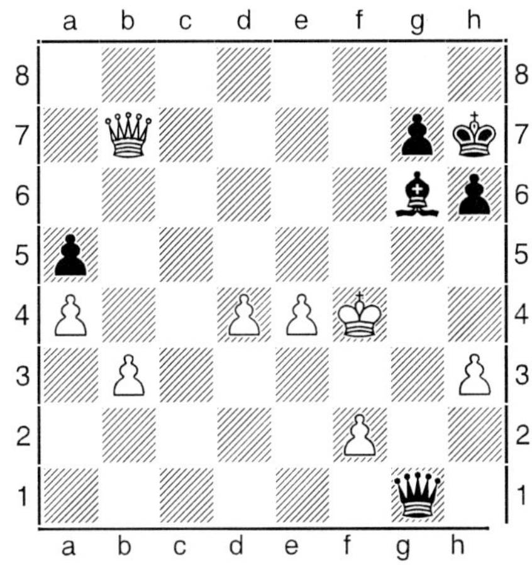

153) Jogam as Pretas (1 ponto)

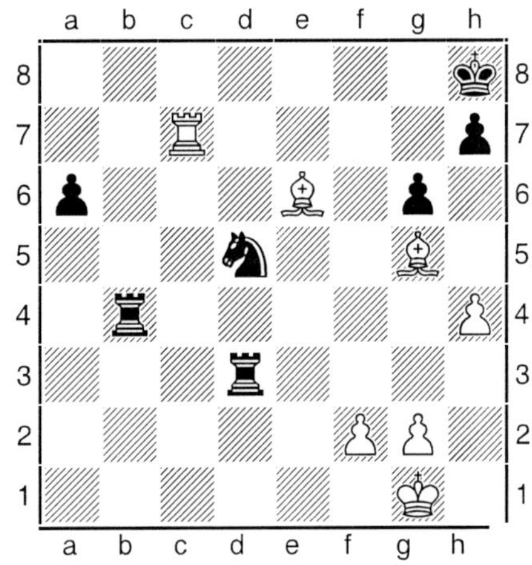

154) Jogam as Brancas (1 ponto)

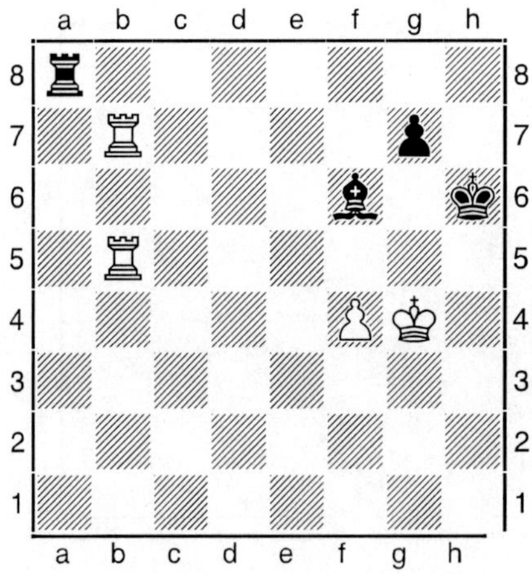

155) Jogam as Brancas (1 ponto)

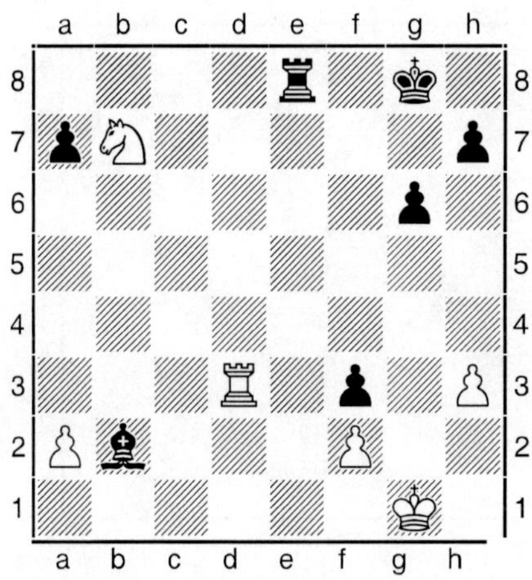

156) Jogam as Pretas (1 ponto)

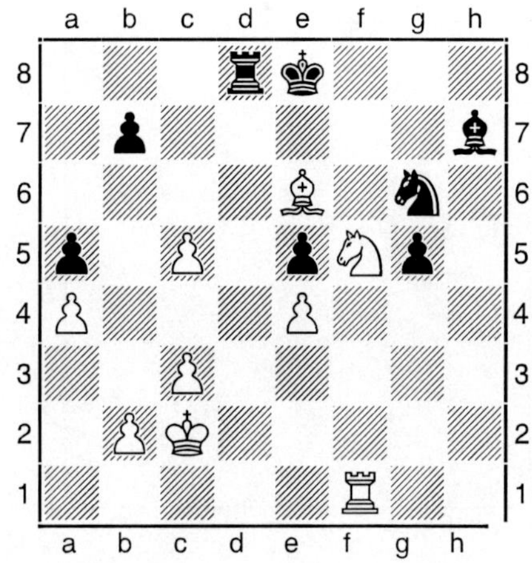

157) Jogam as Brancas (1 ponto)

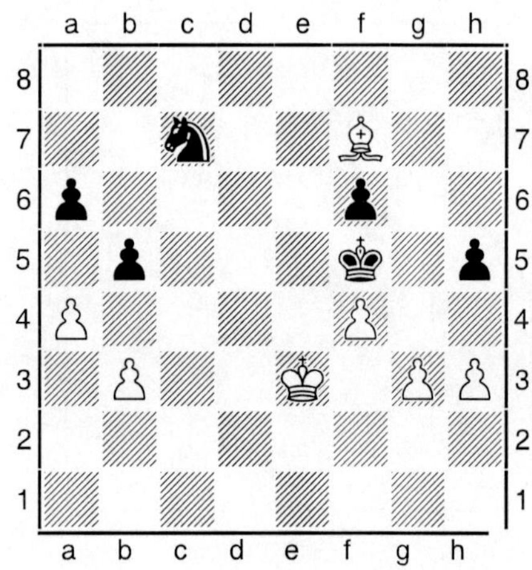

158) Jogam as Brancas (1 ponto)

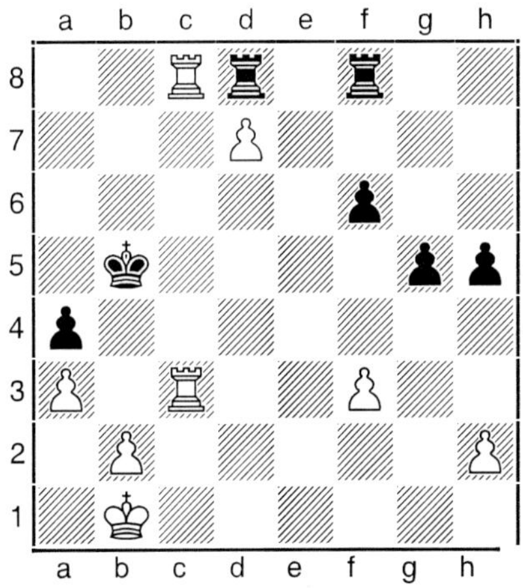

159) Jogam as Brancas (1 ponto)

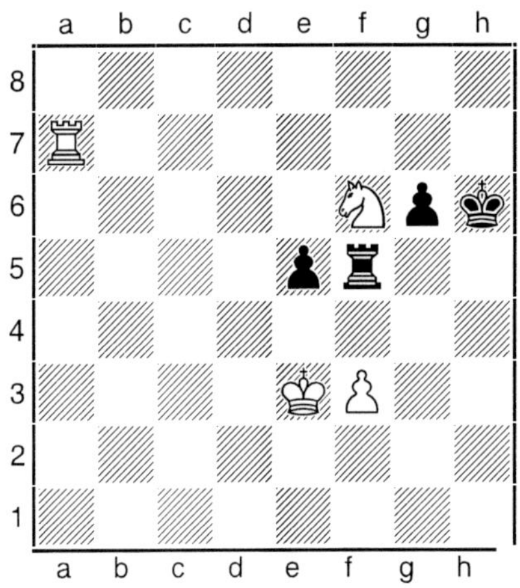

160) Jogam as Brancas (1 ponto)

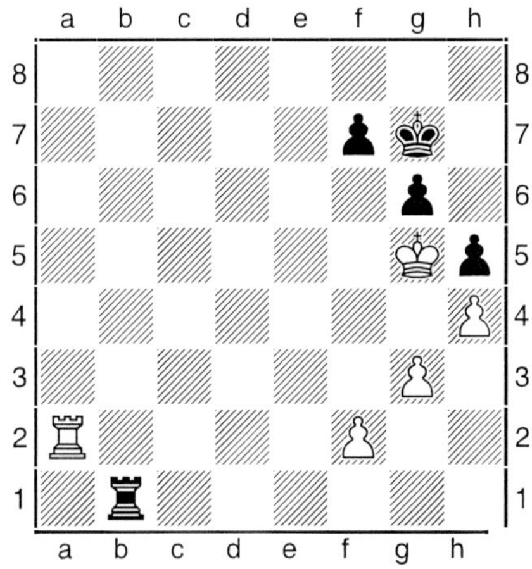

161) Jogam as Pretas (1 ponto)

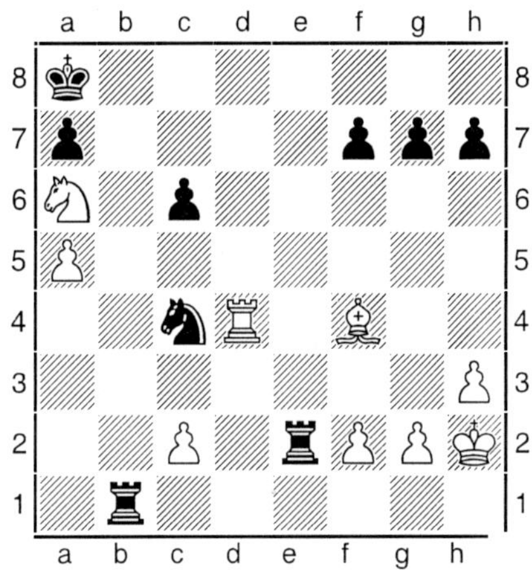

162) Jogam as Brancas (1 ponto)

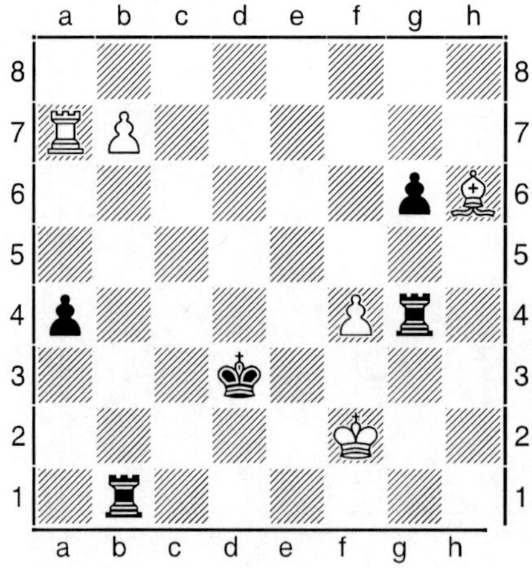

163) Jogam as Pretas (1 ponto)

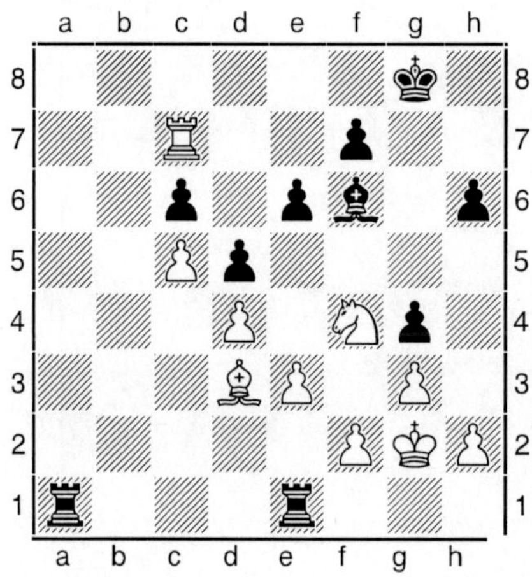

164) Jogam as Brancas (2 pontos)

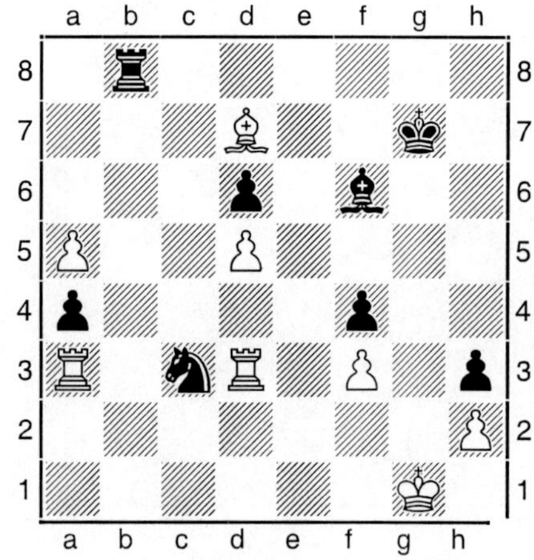

165) Jogam as Pretas (2 pontos)

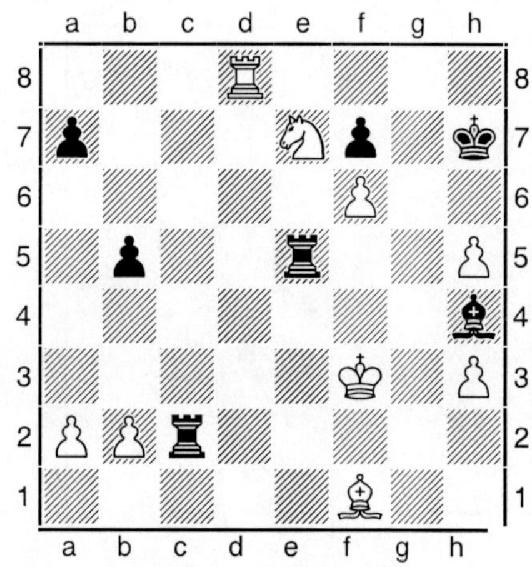

166) Jogam as Pretas (2 pontos)

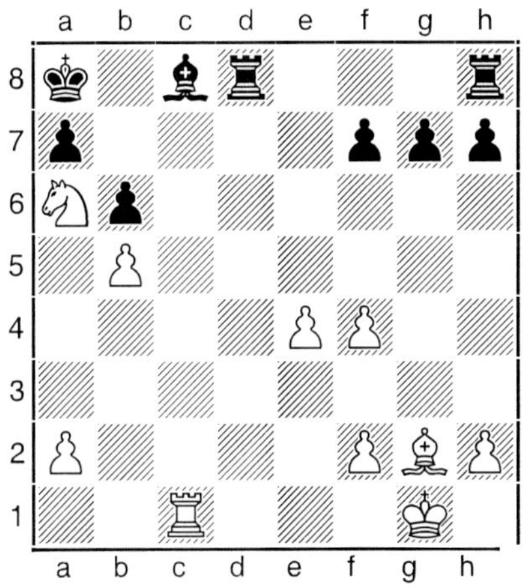

167) Jogam as Brancas (2 pontos)

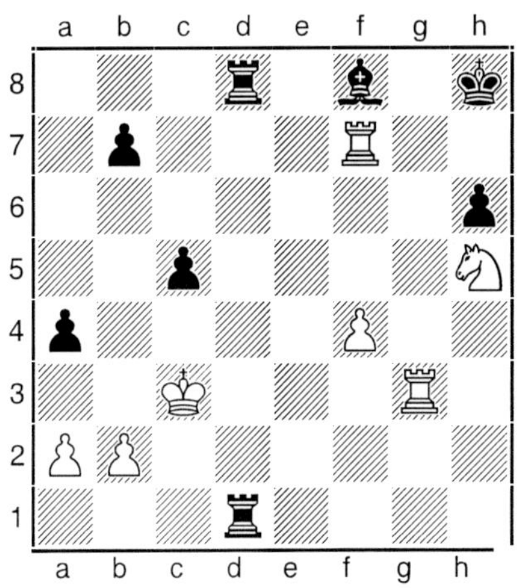

168) Jogam as Brancas (2 pontos)

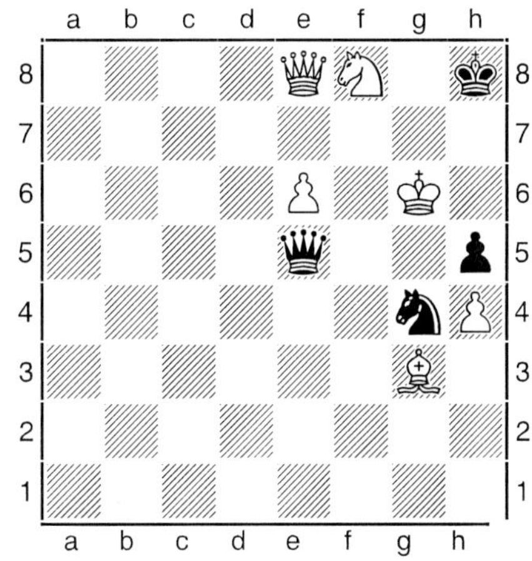

169) Jogam as Pretas (2 pontos)

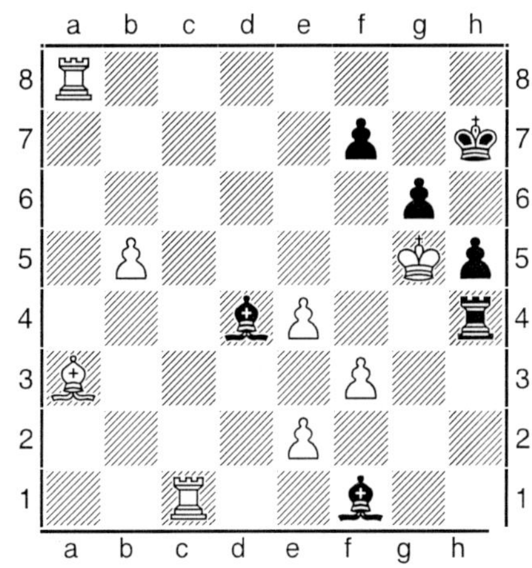

170) Jogam as Pretas (2 pontos)

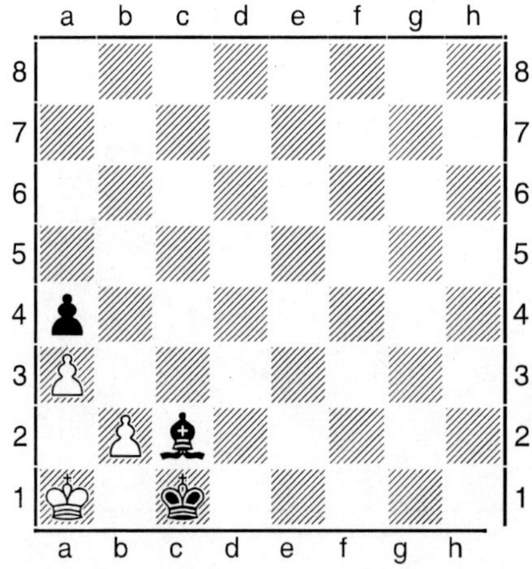

171) Jogam as Pretas (2 pontos)

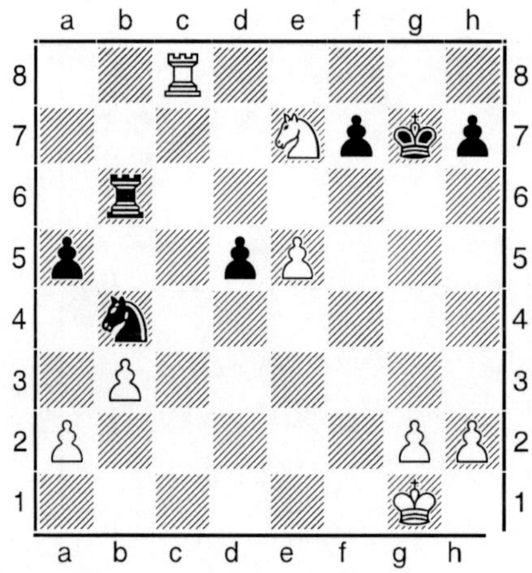

172) Jogam as Brancas (2 pontos)

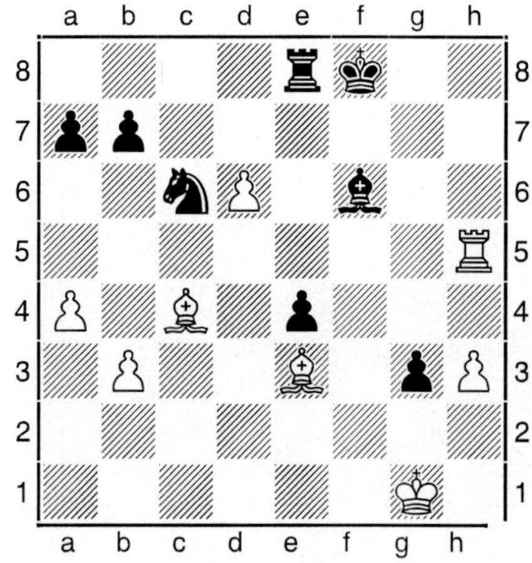

173) Jogam as Brancas (2 pontos)

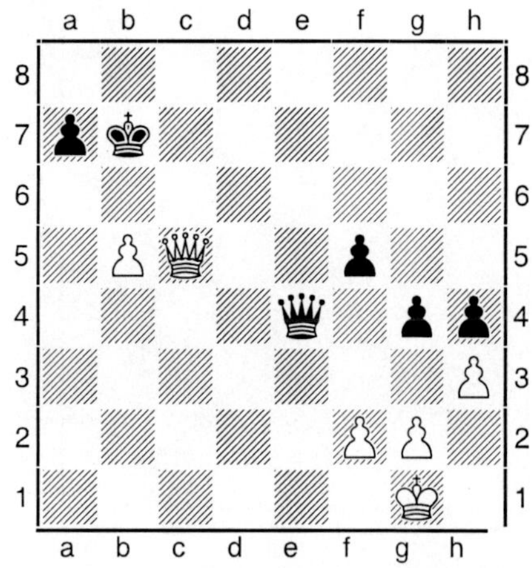

174) Jogam as Pretas (2 pontos)

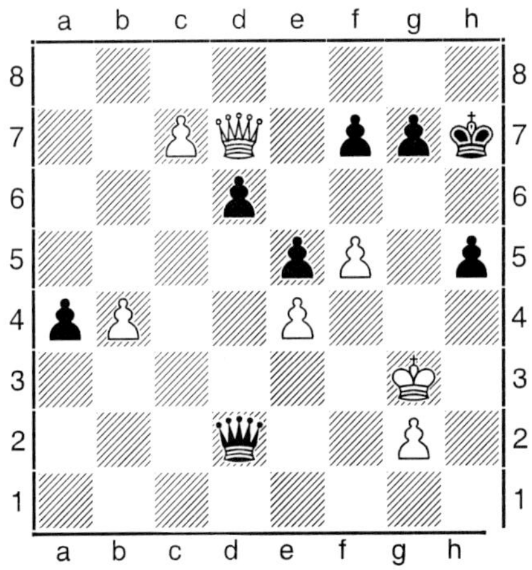

175) Jogam as Pretas (2 pontos)

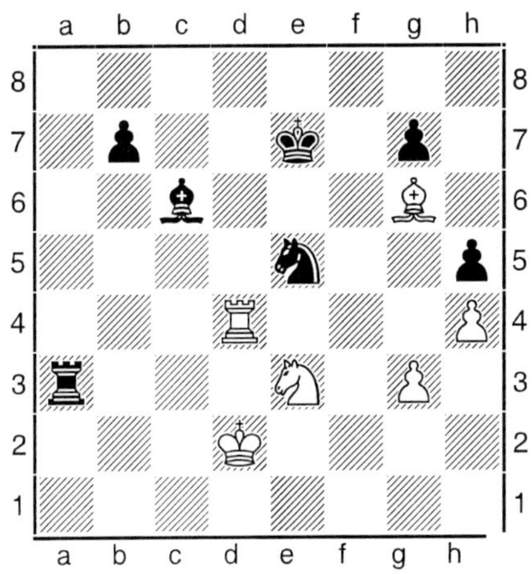

176) Jogam as Brancas (2 pontos)

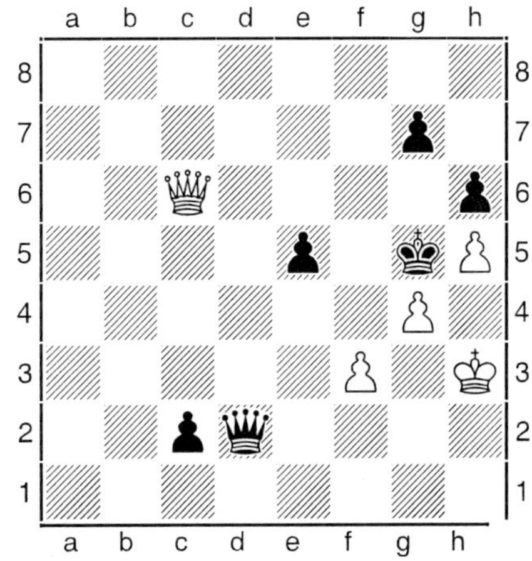

177) Jogam as Brancas (2 pontos)

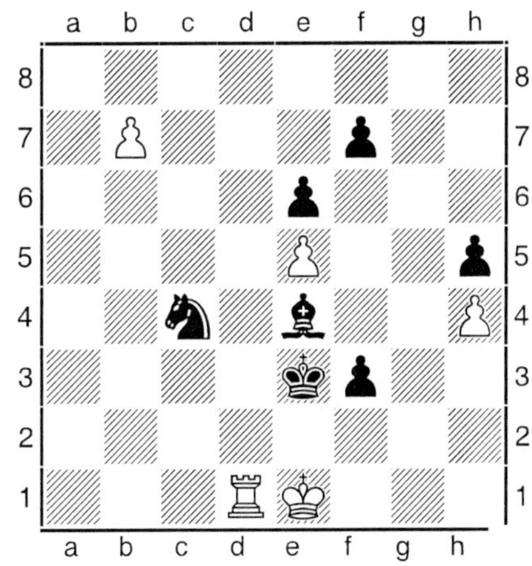

178) Jogam as Pretas (2 pontos)

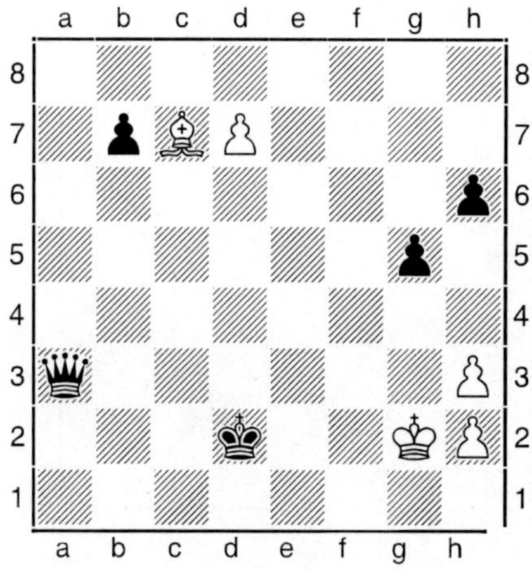

179) Jogam as Pretas (2 pontos)

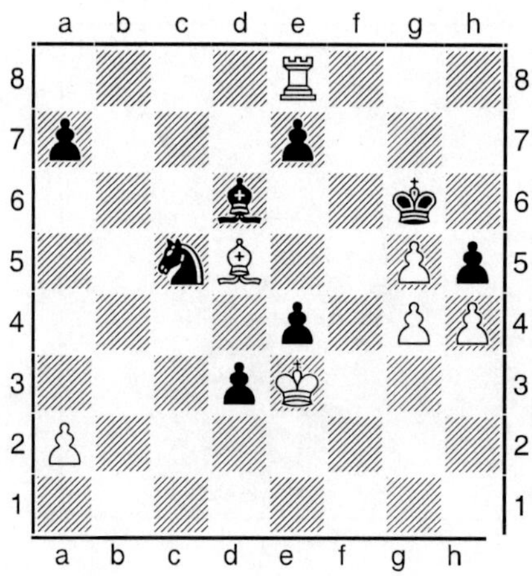

180) Jogam as Brancas (2 pontos)

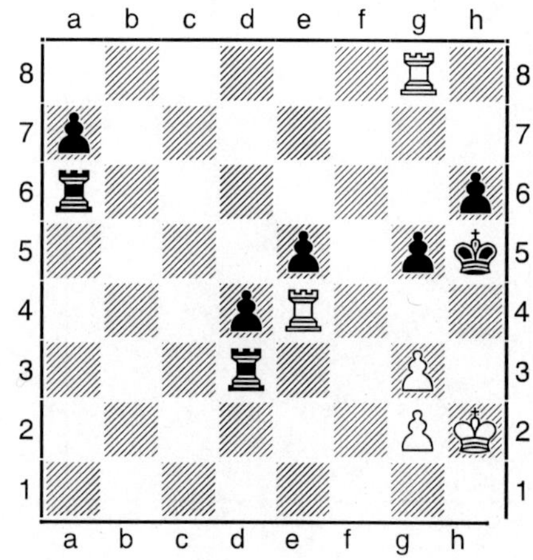

181) Jogam as Brancas (2 pontos)

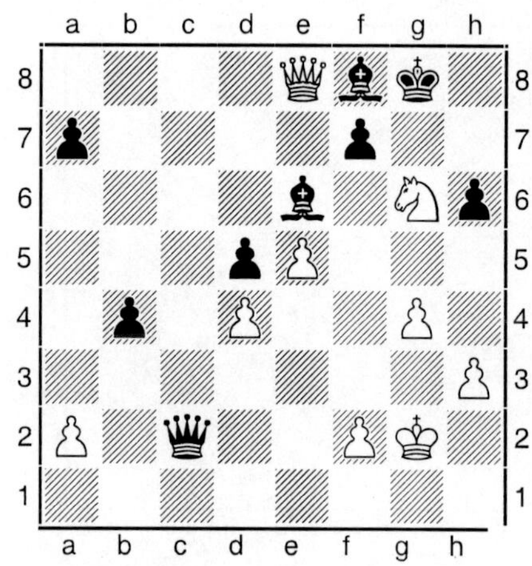

182) Jogam as Brancas (2 pontos)

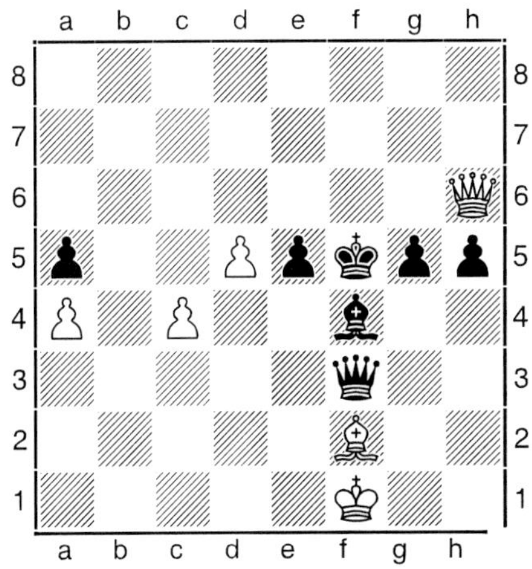

183) Jogam as Brancas (2 pontos)

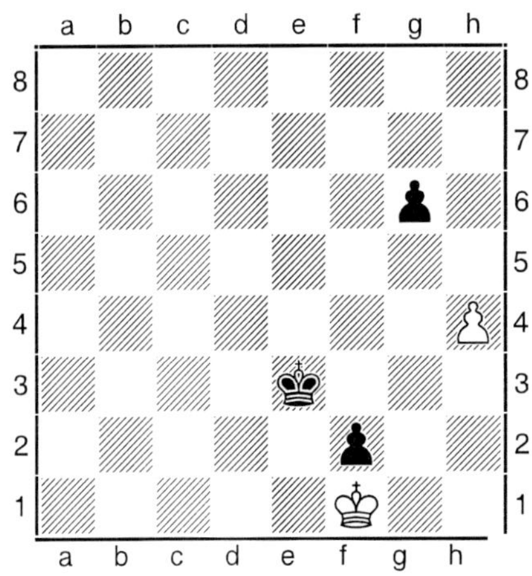

184) Jogam as Pretas (2 pontos)

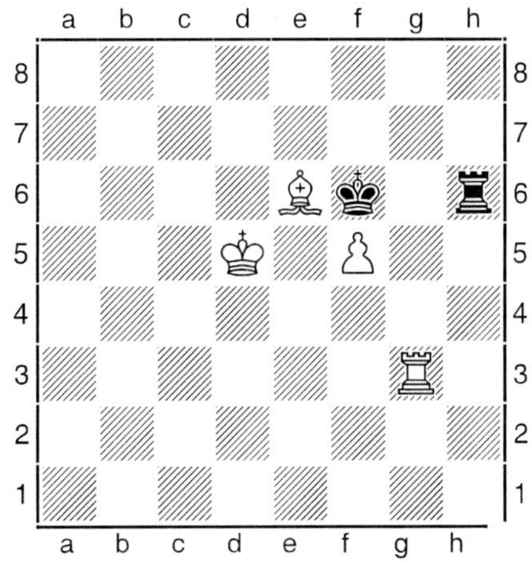

185) Jogam as Brancas (2 pontos)

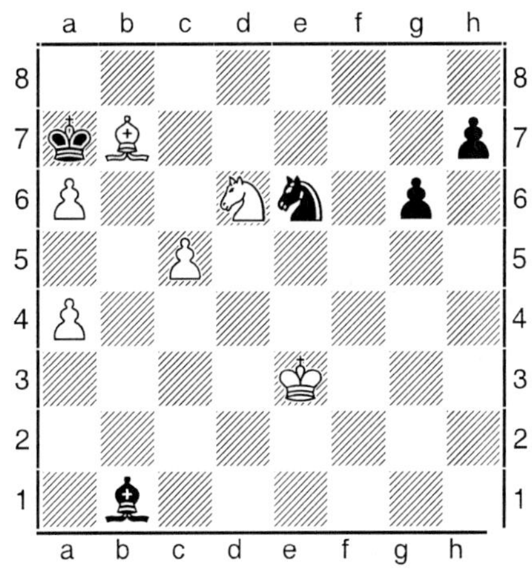

186) Jogam as Brancas (2 pontos)

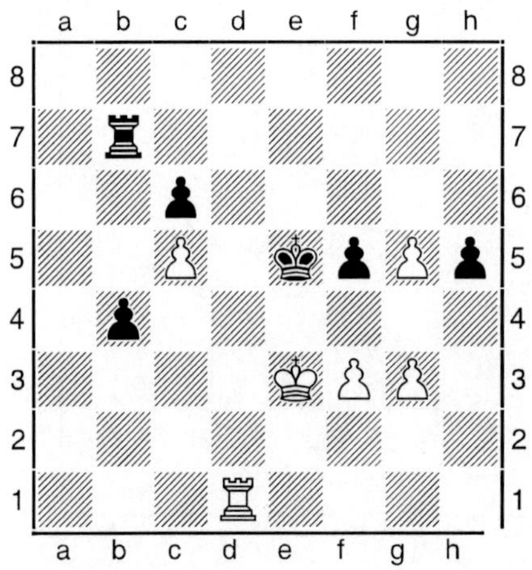

187) Jogam as Brancas (2 pontos)

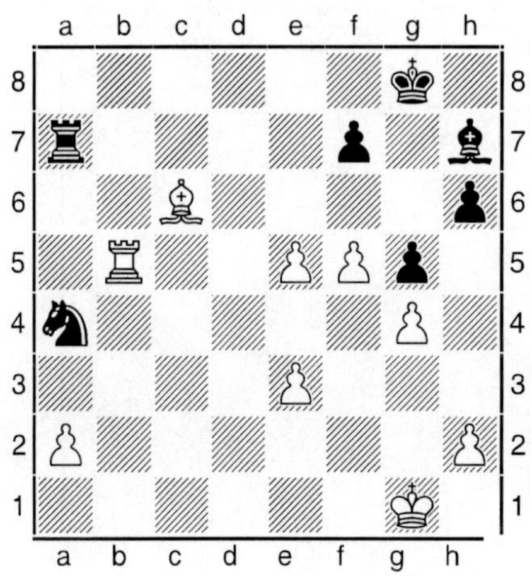

188) Jogam as Brancas (2 pontos)

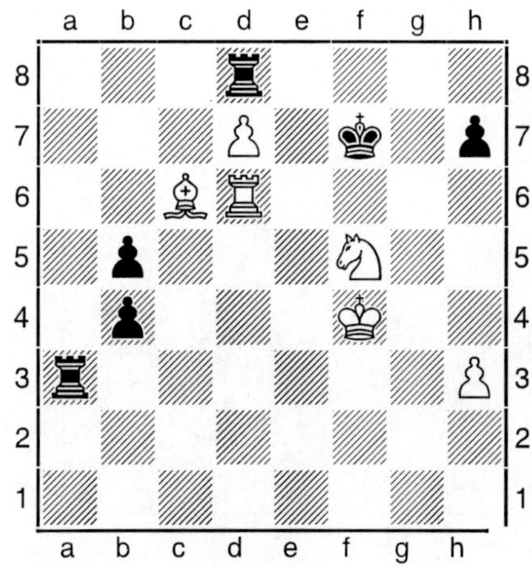

189) Jogam as Brancas (2 pontos)

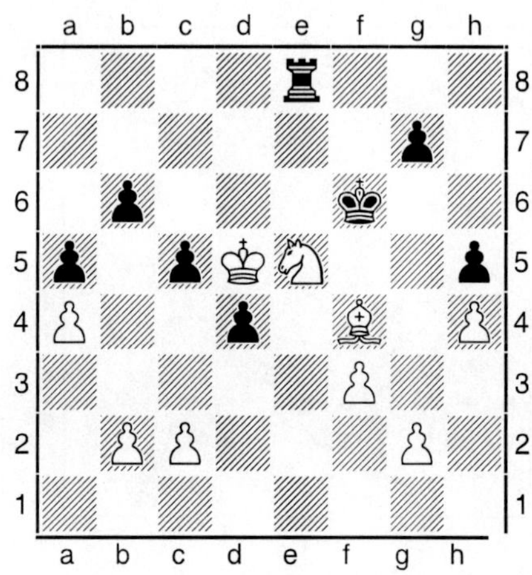

190) Jogam as Brancas (2 pontos)

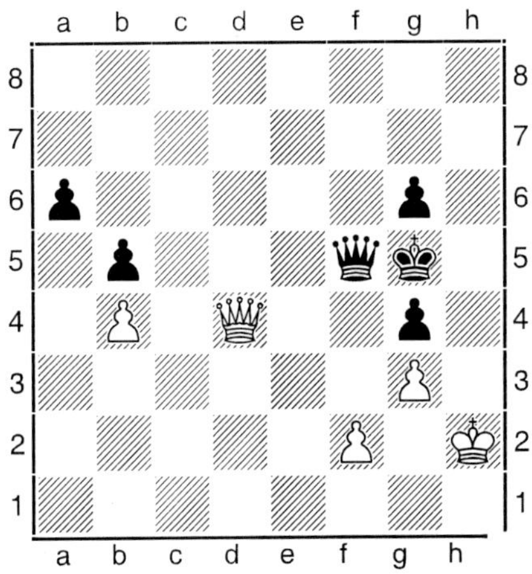

191) Jogam as Brancas (2 pontos)

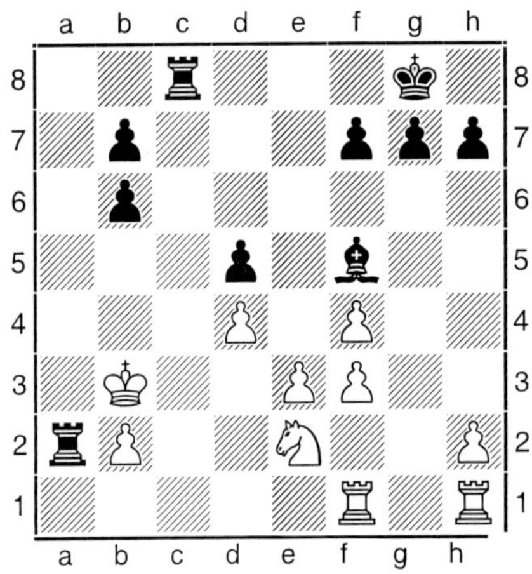

192) Jogam as Pretas (2 pontos)

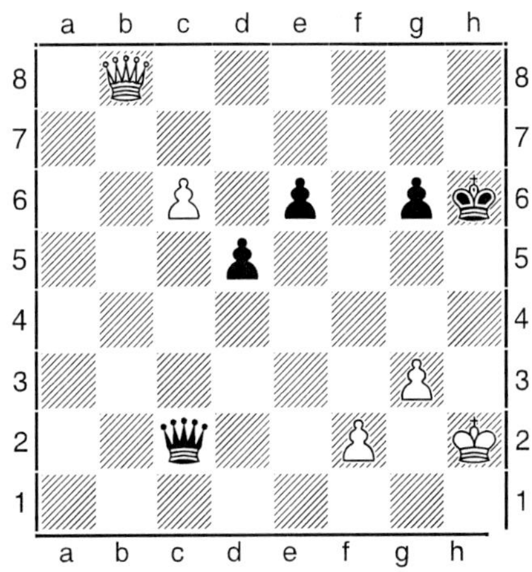

193) Jogam as Brancas (2 pontos)

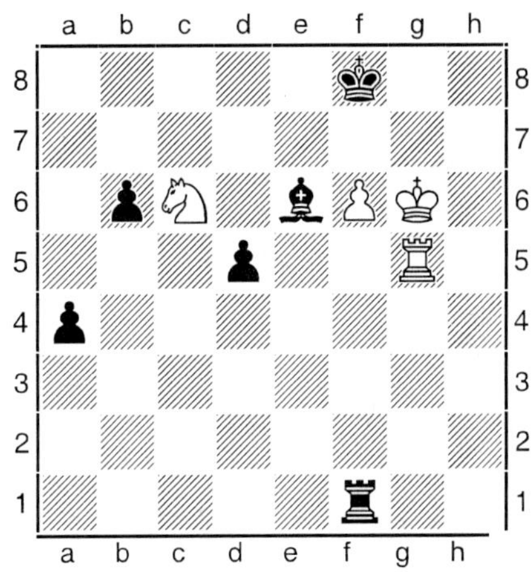

194) Jogam as Pretas (2 pontos)

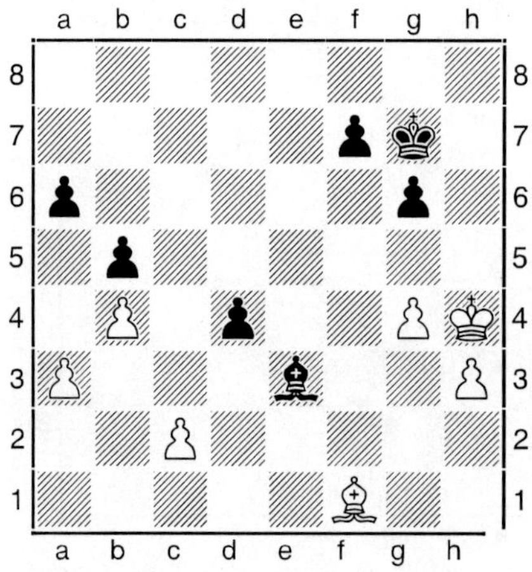

195) Jogam as Pretas (2 pontos)

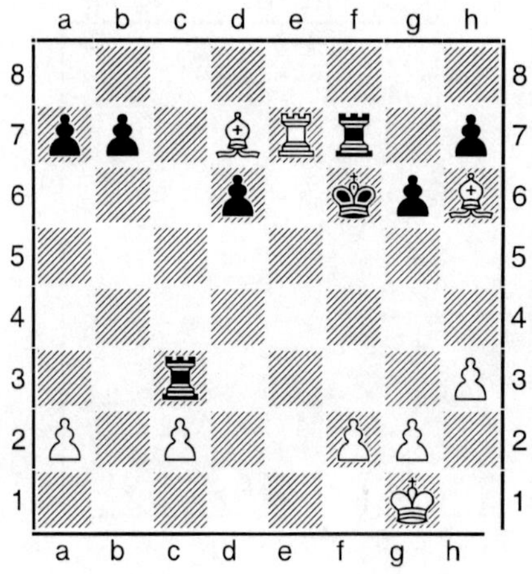

196) Jogam as Brancas (2 pontos)

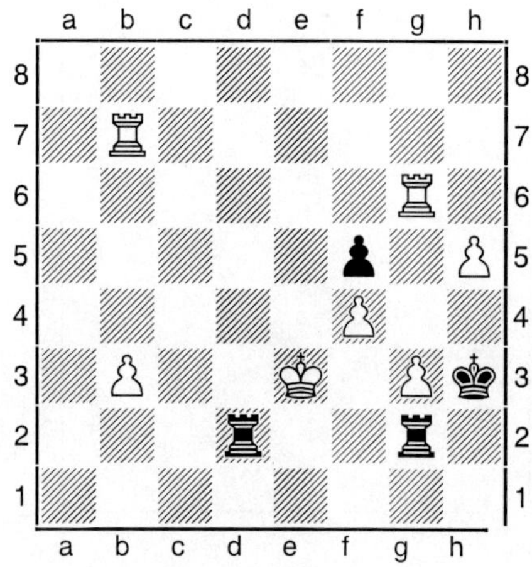

197) Jogam as Pretas (3 pontos)

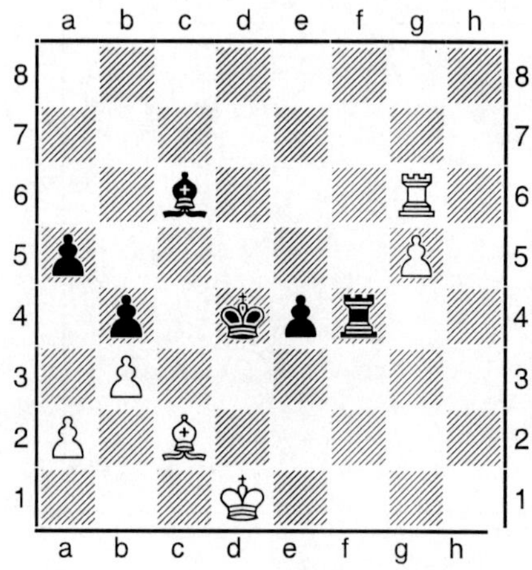

198) Jogam as Pretas (3 pontos)

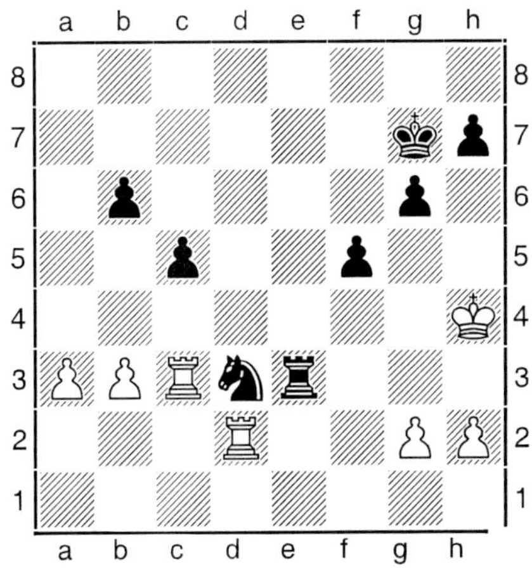

199) Jogam as Pretas (3 pontos)

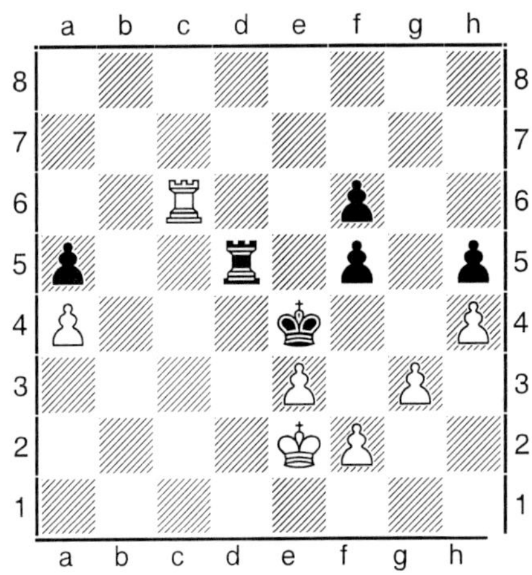

200) Jogam as Brancas (3 pontos)

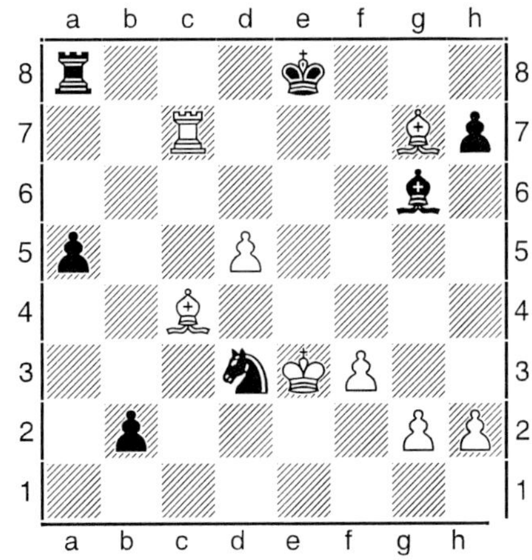

201) Jogam as Brancas (3 pontos)

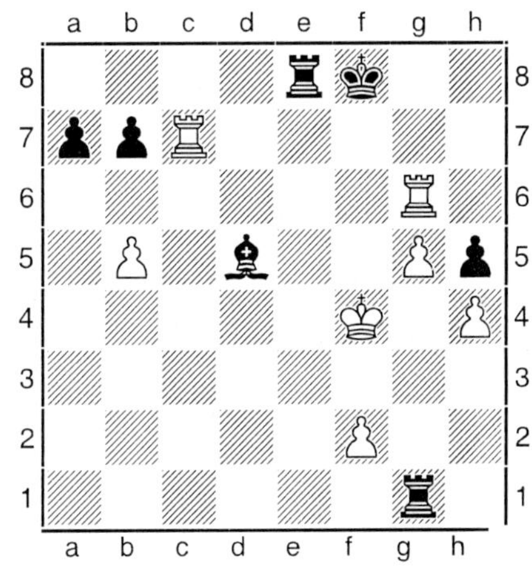

202) Jogam as Pretas (3 pontos)

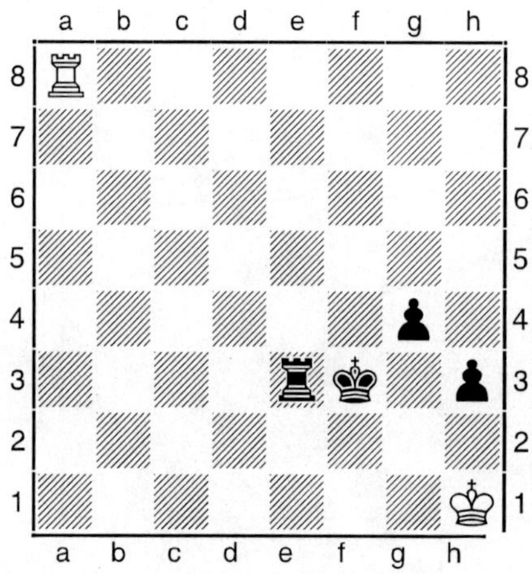

203) Jogam as Pretas (3 pontos)

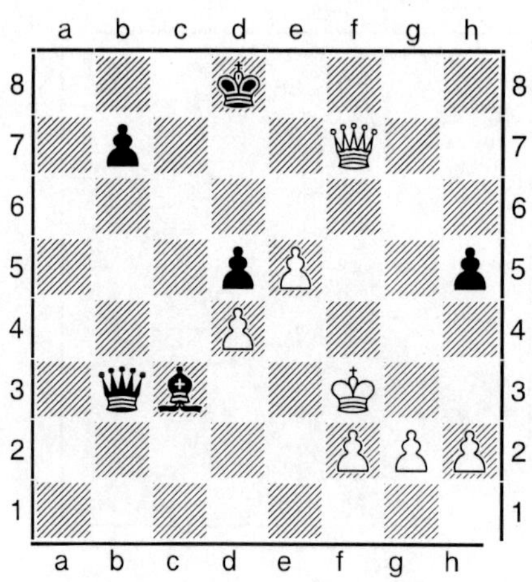

204) Jogam as Pretas (3 pontos)

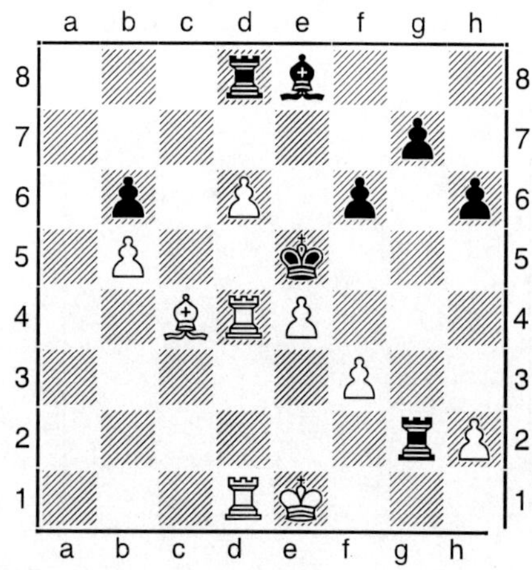

205) Jogam as Brancas (3 pontos)

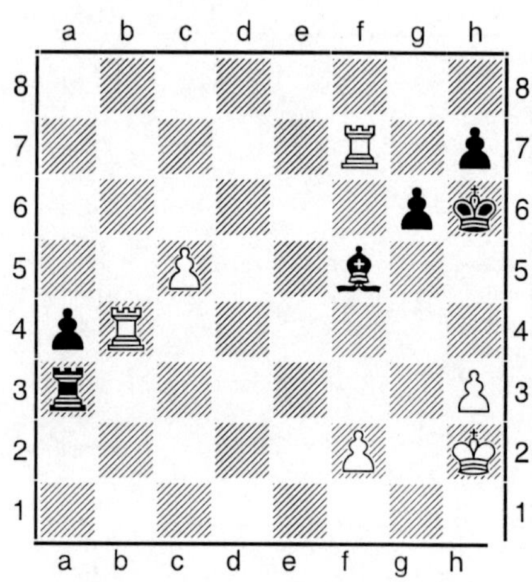

206) Jogam as Brancas (3 pontos)

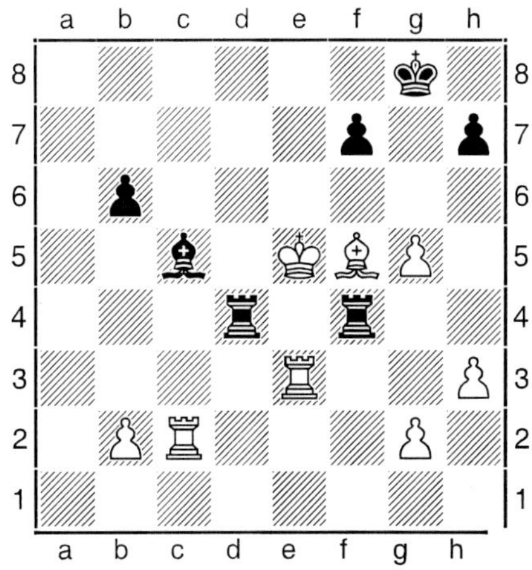

207) Jogam as Pretas (3 pontos)

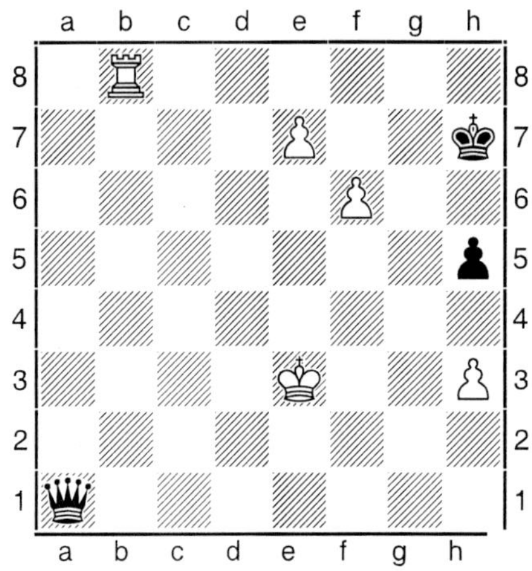

208) Jogam as Brancas (3 pontos)

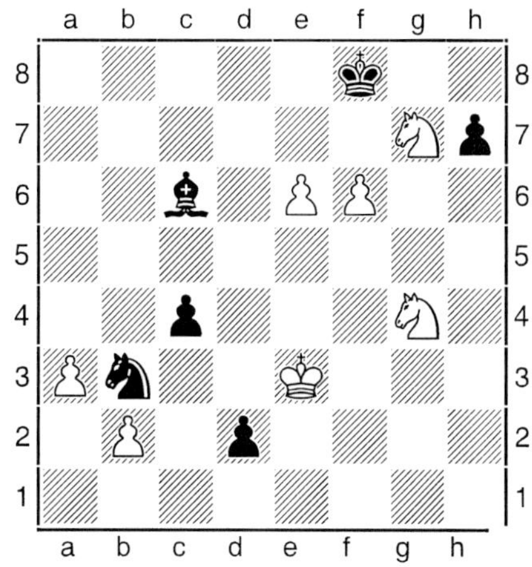

209) Jogam as Brancas (3 pontos)

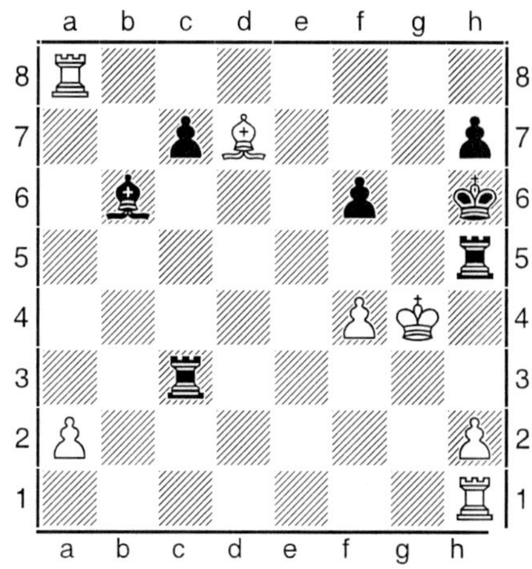

210) Jogam as Pretas (3 pontos)

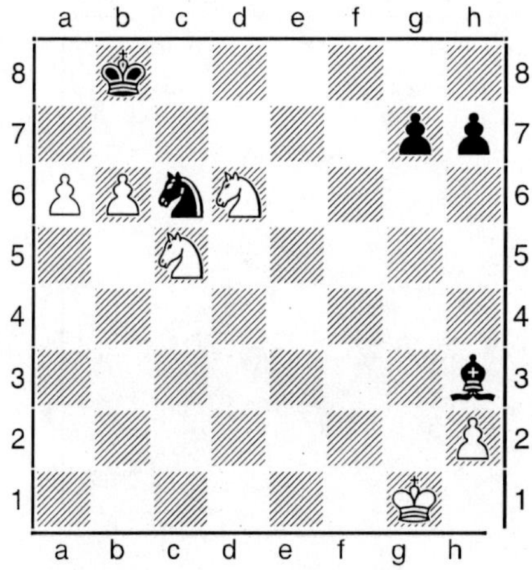

211) Jogam as Brancas (3 pontos)

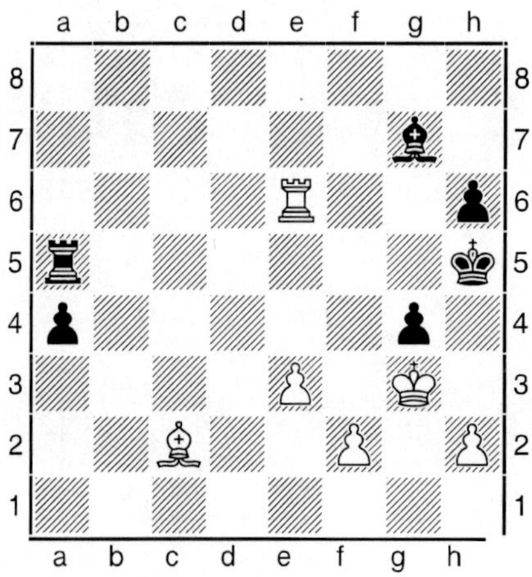

212) Jogam as Brancas (3 pontos)

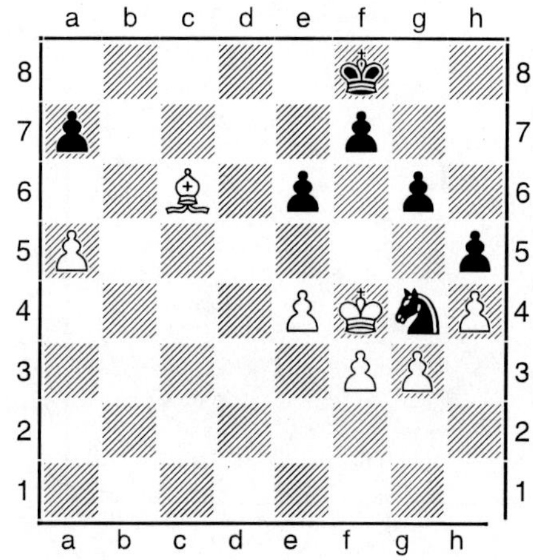

213) Jogam as Pretas (3 pontos)

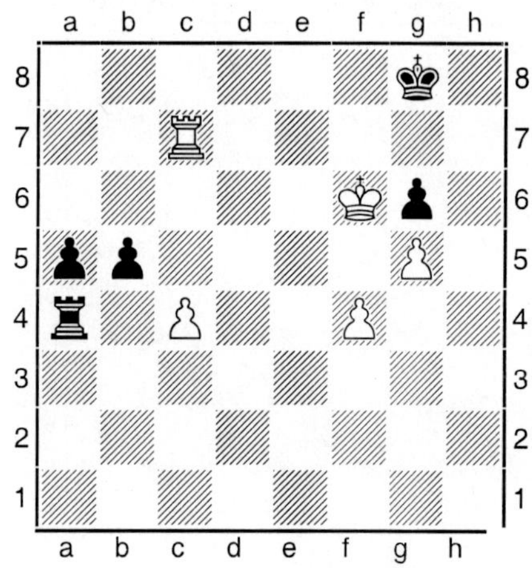

214) Jogam as Brancas (3 pontos)

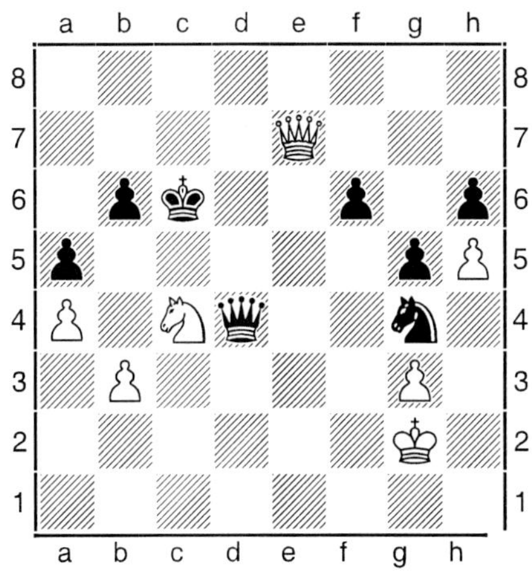

215) Jogam as Pretas (3 pontos)

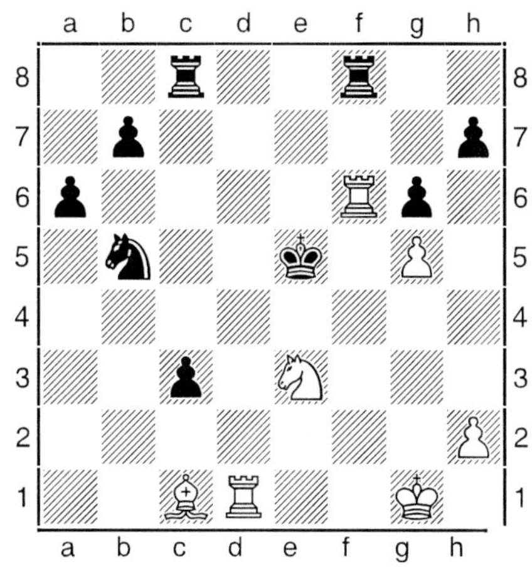

217) Jogam as Brancas (3 pontos)

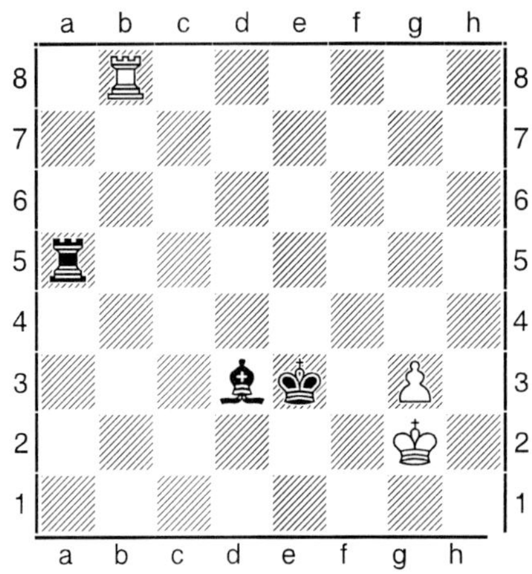

216) Jogam as Pretas (3 pontos)

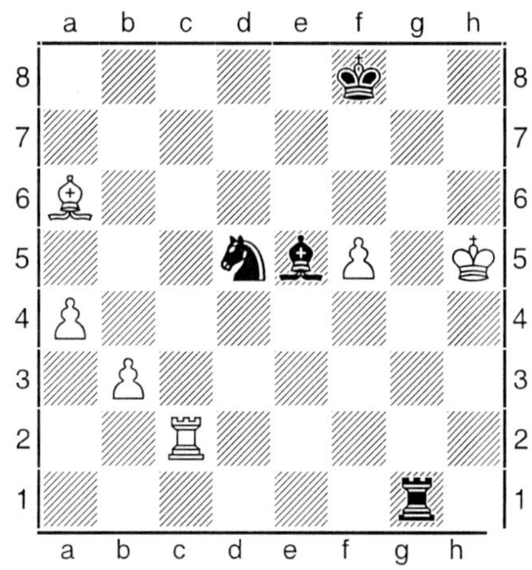

218) Jogam as Pretas (3 pontos)

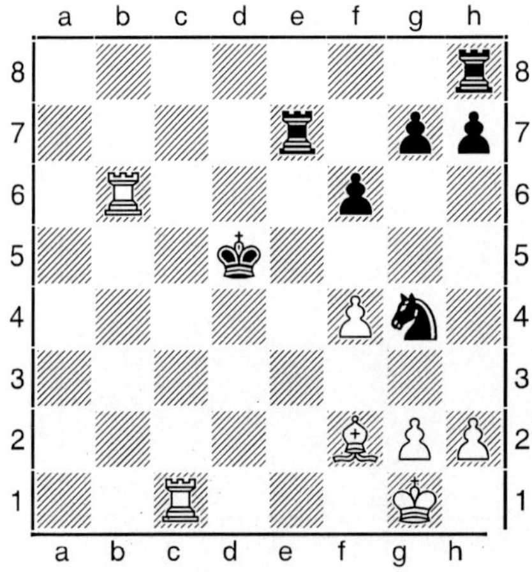

219) Jogam as Brancas (4 pontos)

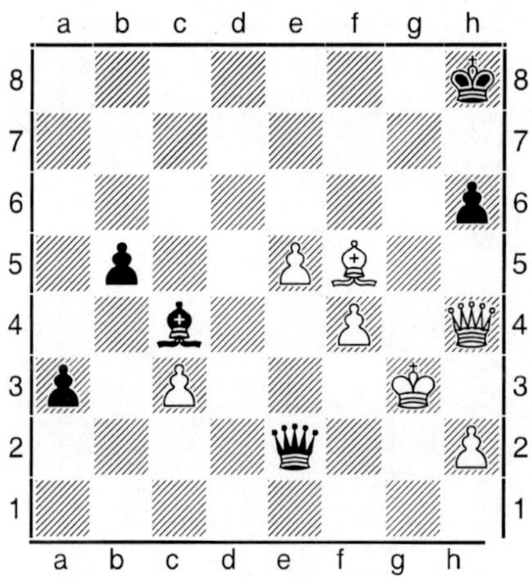

220) Jogam as Pretas (4 pontos)

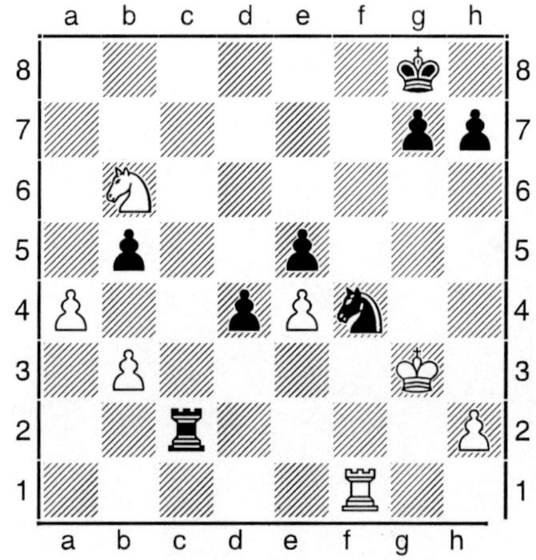

221) Jogam as Pretas (4 pontos)

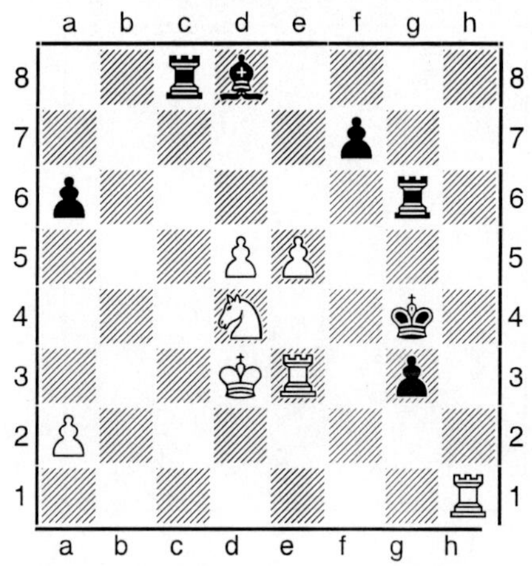

222) Jogam as Brancas (4 pontos)

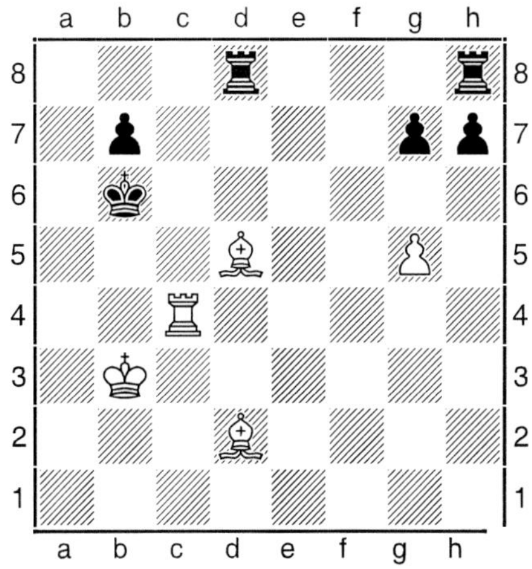

223) Jogam as Brancas (4 pontos)

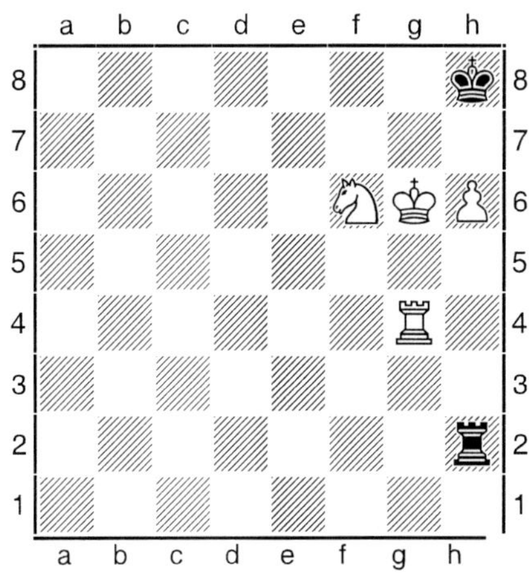

224) Jogam as Brancas (4 pontos)

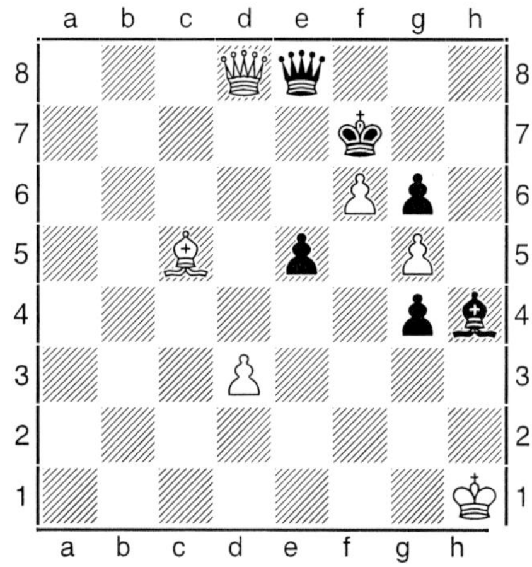

225) Jogam as Brancas (4 pontos)

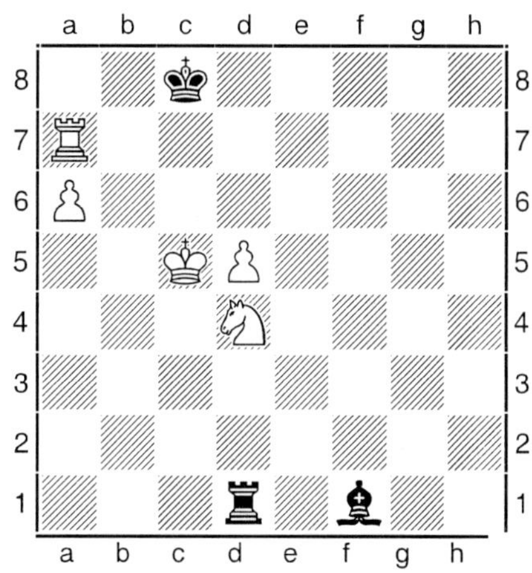

226) Jogam as Brancas (4 pontos)

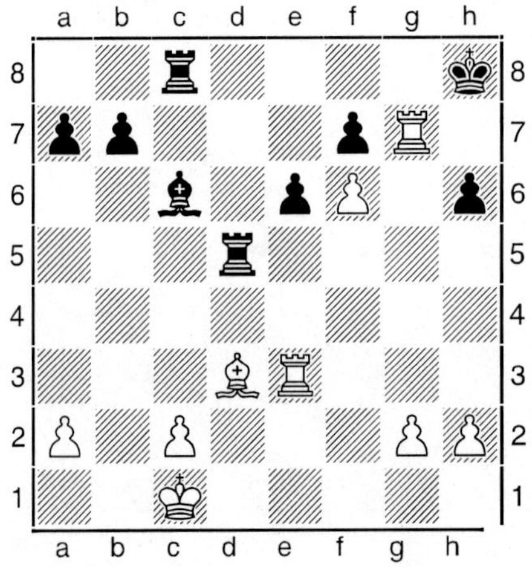

227) Jogam as Brancas (5 pontos)

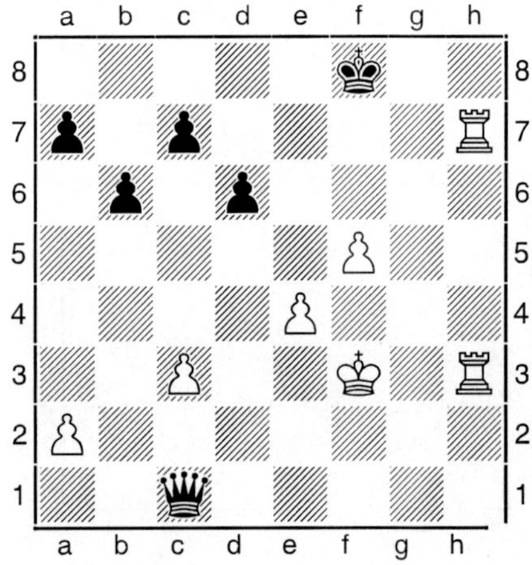

229) Jogam as Brancas (5 pontos)

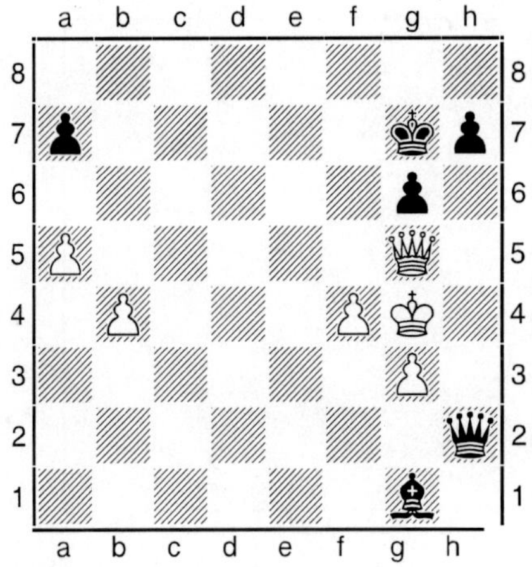

228) Jogam as Pretas (5 pontos)

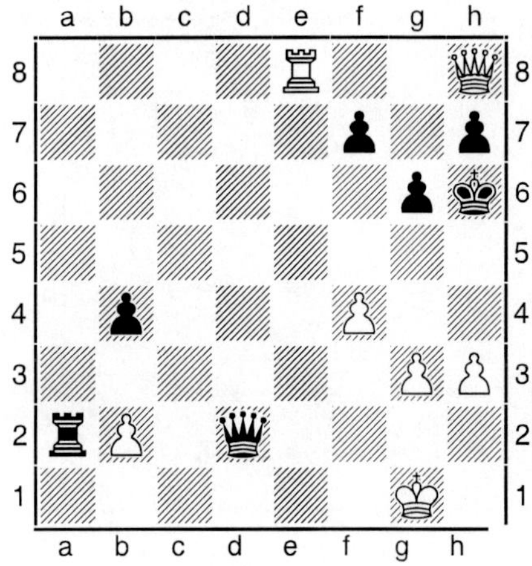

230) Jogam as Brancas (5 pontos)

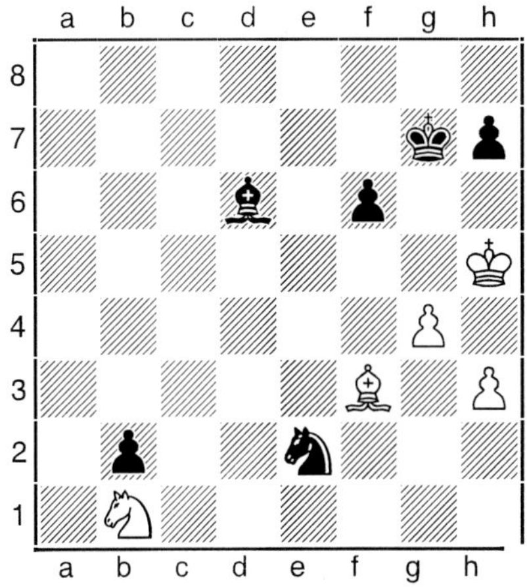

231) Jogam as Pretas (5 pontos)

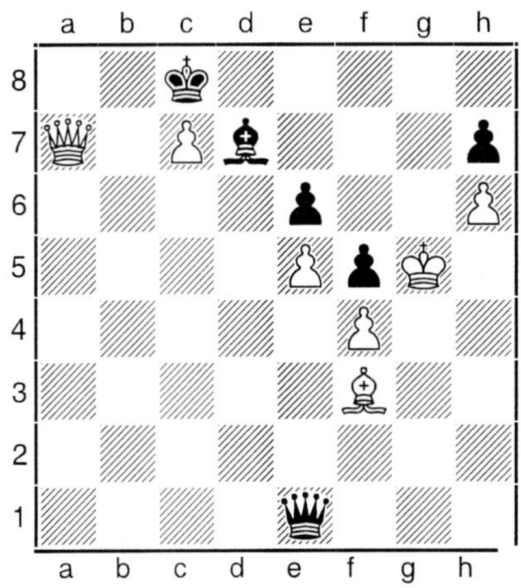

232) Jogam as Pretas (5 pontos)

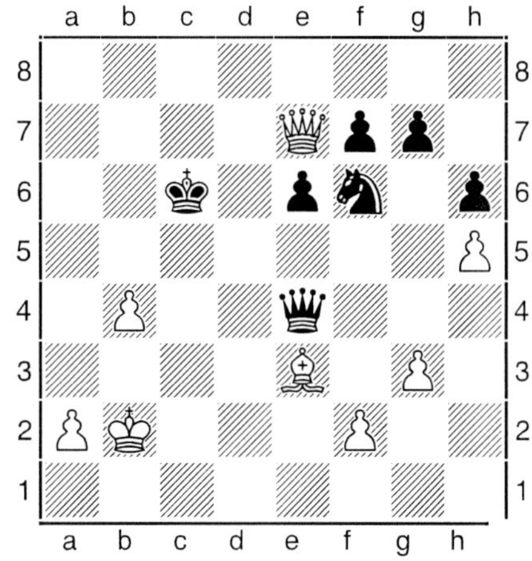

233) Jogam as Brancas (5 pontos)

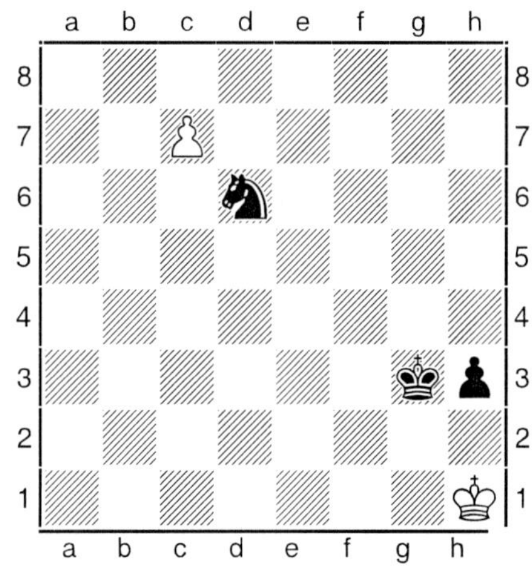

234) Jogam as Pretas (5 pontos)

Soluções do Mate no Final

145) **M. Djurković – Tratar**
Bošnjaci 2009
1 ♗g7+ 1-0
1...♔g8 2 ♗h7#.

146) **Kadrić – Kolakovski**
Bošnjaci 2009
1 ♔g4 1-0
As Pretas não conseguem impedir 2 h5#.

147) **M. Nyberg – Mar. Post**
Queenstown 2009
1...♗d2+ 2 ♔d1 ♘e3#

148) **Nunn – Bologan**
Bundesliga 1993/4
1 ♖g8+ 1-0
1...♔h7 2 g6#.

149) **Z. Andriasian – Y. Airapetian**
Dos Hermanas (Internet) 2009
1...♘f2+ 2 ♔h2 ♘f1#

150) **Inarkiev – Nayer**
Campeonato Russo (por equipes), Dagomys 2009
1...h5
Ameaçando 2...♘f5#, que as Brancas só conseguem adiar por um lance entregando sua torre.
2 ♘e6 ♘f5#

151) **A. Sarić – Ax. Smith**
Pula 2009
1 f3+ ♔h5 2 ♖h7#

152) **S. Slugin – G. Airapetian**
Lipetsk 2009
1 ♖g3+ 1-0
1...♔f6 permite 2 ♖g6#, enquanto após 1...♔h6 2 ♖h8+ é mate no próximo lance.

153) **Dermann – Marcel Becker**
Alemanha (evento por equipes) 2007/8
1...♕g5+ 0-1
2 ♔f3 ♗h5#.

154) **Podzielny – Happel**
Alemanha (evento por equipes) 2007/8
1 ♖c8+ ♔g7 2 ♖g8#

155) **Ax. Delorme – S. Pucher**
Nancy 2008
1 ♖h5+ 1-0
1...♔g6 2 f5#.

156) **M. Ginsburg – Al. Ivanov**
Ledyard 2008
1...♖e1+ 0-1
2 ♔h2 ♗e5#.

157) **Voitsekhovsky – Gazizov**
Kazan 2008
1 ♘g7+ 1-0
1...♔e7 2 ♖f7#.

158) **Gioseffi – Ferri**
Saint Vincent 2008
1 ♔f3 1-0
As Pretas não conseguem impedir 2 g4+ hxg4 3 hxg4#.

159) **Diuraev – M. Alvarez Ramirez**
Campeonato Mundial (Junior), Gaziantep 2008
1 ♖8c6 1-0
Seguido de 2 ♖3c5#.

160) **Svihel – Pecha**
Brno 2005
1 ♖h7+ ♔g5 2 ♘e4#

161) **Tri Hoang – Ta. Szegi**
Campeonato Húngaro *(por equipes) 2005/6*
1...♖b4!
As Brancas não conseguem enfrentar as ameaças de 2...f6# e 2...♖g4#.
2 ♖a7 ♖g4#

162) **Mordue – D. Robinson**
Liga Britânica (4NCL) 2005/6
1 ♖d8+ 1-0
E mate após 1...♖b8 2 ♖xb8# ou 1... ♔b7 2 ♘c5#.

163) **Movsesian – Evseev**
Moscou 2006
1...♖gg1 0-1
As Pretas darão mate com 2...♖bf1#.

164) **Golubičić – Iv. Filipović**
Bošnjaci 2009
1 ♖c8+ ♔g7
1...♗d8 2 ♖xd8+ ♔g7 3 ♘h5# só precisa de mais um lance.
2 ♘h5#

165) **R. Ibrahimov – N. Mamedov**
*Campeonato do Azerbai*jão, *Baku 2009*
1...♖b1+ 2 ♔f2 ♗h4#

166) **P. Welz – A. Gorin**
Praga 2009
1...♖f2+ 2 ♔g4 ♖e4#

167) **Chelushkina – E. Cosma**
Belgrado (Feminino) 2009
1 ♖xc8+ 1-0
1...♖xc8 (1...♔b7 2 ♖c7+ ♔a8 3 e5+ também leva ao mate) 2 e5+ ♖c6 3 ♗xc6#.

168) **Kotronias – Vallejo Pons**
Campeonato Europeu, Budva 2009
1 ♖h7+! 1-0
1...♔xh7 2 ♘f6+ ♔h8 3 ♖g8#.

169) **D. Fridman – Y. Vovk**

Dos Hermanas (Internet) 2009

As Pretas poderiam ter forçado o mate em dois lances com **1...♕f6+! 2 ♔xh5 ♕f5#**. O jogo realmente terminou **1...♕g7+?? 2 ♔xh5??** (2 ♔f5! dá às Brancas chances de vitória, uma vez que as Pretas não têm mate) **2... ♘f6#**.

170) **Jianu – Milos Roganović**

Bucareste 2009

1...f6+! 0-1

2 ♔xh4 ♗f2#.

171) **Liam Henry – Samsonkin**

Edmonton 2009

1...♗b1 0-1

O rei das Brancas está imobilizado, então é forçado a se suicidar avançando seu peão b: 2 b4 axb3 3 a4 b2#. Não, porém, 1...♗b3?, quando as Brancas empatam por afogamento.

172) **W. Kastner – Spindelboeck**

Campeonato Austríaco (por equipes) 2007/8

1 ♖g8+ ♔h6 2 ♘f5+ 1-0

2...♔h5 3 g4#.

173) **S. Farago – Lorand**

Campeonato Húngaro (por equipes) 2007/8

1 ♗h6+ 1-0

1...♗g7 2 ♖f5#, um mate com base no bispo cravado das Pretas.

174) **Feltan – Bajramović**

Zupanja 2008

1...♕e1+ 0-1

2 ♔h2 g3+ 3 fxg3 hxg3#.

175) **Udeshi – E. Hossain**

Nova Deli 2008

1...♕f4+ 2 ♔h3 h4 0-1

As Brancas não conseguem impedir 3...♕g3#.

176) **Ab. Gupta – Z. Amanov**

Nova Deli 2008

1 ♘f5+ 1-0

E mate após 1...♔f8 2 ♖d8+ ♗e8 3 ♖xe8# ou 1...♔e6/f6 2 ♖d6#.

177) **Imocha – M.C. Reddy**

Campeonato Indiano, Chennai 2008

1 ♕g6+ ♔f4 2 ♕e4+ 1-0

2...♔g5 é seguido por 3 ♕f5# ou 3 ♕xe5#.

178) **Sultimov – V. Nevostruev**

Campeonato Siberiano, Novokuznetsk 2008

1...f2+ 2 ♔f1 ♔f3 0-1

A ameaça é 3...♘e3# e se 3 ♖e1, então 3...♘d2#.

179) **Aronian – J. Polgar**

Moscou (Blitz) 2009

1...♔e2! 0-1

O movimento de Polgar é a única vitória clara para as Pretas. O mate é forçado após 2 d8♕ ♕f3+ 3 ♔g1 ♕f1#.

180) **Ha. Metz – C. Schatz**

Bad Wiessee 2009

1 ♖g8+ ♔h7 2 g6+ 1-0

2...♔h6 3 g5#.

181) **An. Filippov – A. Eminov**

Agzamov (Memorial), Tashkent 2008

1 ♖h4+! 1-0

1...gxh4 2 g4#.

182) **Maevsky – Korennoi**

Campeonato de Clubes, São Petersburgo 2008

1 ♕xf8+ ♔h7 2 ♕h8+! 1-0

2...♔xg6 3 ♕g8#.

183) **M.A. Cabrera – E. Solis**

Campeonato da Costa Rica, Morávia 2008

1 ♕e6+ ♔e4 2 ♕g6#

184) **Sikanjić – Cucančić**

Copa da Croácia, Šibenik *2008*

1...♔f3

O único lance para vencer.

2 h5 g5 0-1

3 h6 g4 4 h7 g3 5 h8♕ g2#.

185) **Malfagia – Rotoni**

Foligno 2008

1 ♔d6 1-0

As Brancas não têm ameaças, mas as Pretas devem afastar sua torre, permitindo 2 ♖g6#.

186) **G. Pap – Panocki**

Campeonato Europeu Sub-18 (por equipes), Szeged 2008

1 ♘b5+ ♔b8 2 c6 1-0

As Brancas dão mate com 3 a7#.

187) **A. Cotonnec – L. Bourdonnais**

Avoine 2008

1 ♖d6

Ameaçando 2 f4#.

1...f4+ 2 gxf4+ ♔f5 3 ♖f6#

188) **J. Carstensen – Kj. Strand**

Copa Politiken, Elsinore 2008

1 ♖b8+ ♔g7 2 f6+ 1-0

2...♔g6 3 ♗e4#.

189) **T. Struik – M. van Delft**

Dieren 2008

1 ♗d5+ ♔f8 2 ♖f6#

190) **D. Czarnota – Korosciel**

Poraj (meninas) 2003

1 ♗g5+ 1-0

1...♔f5 2 g4+ hxg4 3 fxg4#.

191) **M. Rachela – Kaniansky**

Campeonato Eslovaco (por equipes) 2005/6

1 f4+! 1-0

Toda linha leva ao mate: 1...gxf3 2 ♕h4#, 1...♔h6/h5 2 ♕h8# ou 1... ♕xf4 2 gxf4+ ♔h4/h5/h6 (2...♔f5 3 ♕e5#) 3 ♕h8#.

192) **B. Savage – M. Simons**
Liga Britânica (4NCL) 2005/6
1...♗c2+! 0-1
As Pretas dão mate após 2 ♔xa2 ♖a8# ou 2 ♔b4 ♖c4+ 3 ♔b5 ♖xb2#.

193) **L. Karlsson – V. Gagarin**
Copa Rilton, Estocolmo 2005/6
1 ♕h8+ 1-0
1...♔g5 2 ♕h4+ ♔f5 3 ♕f4#.

194) **T. Fomina – P. Cramling**
Tallinn (feminino) 2006
1...♗f7+ 2 ♔h6
2 ♔h7 não é diferente.
2...♖h1+ 0-1
E mate no próximo lance.

195) **Be. Jobava – Kuparadze**
Campeonato da Geórgia, Tbilisi 2006
1...♗f2+ 2 ♔g5 ♗g3 0-1
As Brancas não conseguem impedir 3...f6#.

196) **Canneva – Larrat**
Campeonato Francês (por equipes) 2007/8
1 ♖e6+ 1-0
1...♔f5 2 g4#.

197) **Glimbrant – L. Wickström**
Copa Rilton, Estocolmo 2008/9
1...♖ge2+ 2 ♔f3 ♖f2+ 3 ♔e3 ♔g2! 0-1
Não há defesa para a ameaça das Pretas com 4...♖fe2#.

198) **Sanikidze – J. Rukavina**
Campeonato Europeu, Budva 2009
1...♖f1+ 2 ♔e2
Ou 2 ♔d2 e3+ 3 ♔e2 ♗b5+ e mate no próximo lance.
2...♗b5+ 0-1
3 ♔d2 e3#.

199) **R–dgaard – Nunn**
Tessalônica (Olimpíada) 1988
1...♔h6!
Ameaçando 2...g5#.
2 g3 g5+ 3 ♔h3 ♘f4#

200) **Deshpande – R. Bharathi**
Sort 2009
1 f3+ ♔e5 2 f4+ 1-0
2...♔e4 3 ♖c4+ (3 ♖e6+ ganha a torre das Pretas, mas não leva a um mate rápido) 3...♖d4 4 ♖xd4#.

201) **L. Kovač – L. Sokol**
Campeonato Eslovaco (por equipes) 2007/8
1 ♗b5+ ♔d8 2 d6! 1-0
Surpreendentemente, as Pretas não conseguem impedir 3 ♗f6#.

202) **J. Bathke – F. Schulenburg**
Alemanha (evento por equipes) 2007/8
1...♖g4+ 2 ♔f5 ♗e4+ 3 ♔f6 ♖f4#

203) **R. Safonov – Omariev**

Moscou (Sub-18) 2008

1...♖e1+ 0-1

2 ♔h2 g3+ 3 ♔xh3 ♖h1#.

204) **Vul – Zhu Chen**

Gibraltar 2008

1...♕d1+

Surpreendentemente, a linha de mate envolve abandonar os possíveis xeques descobertos.

2 ♔f4

2 ♔e3 ♗xd4+ 3 ♔f4 ♕g4# e 2 ♔g3 ♕g4# também levam ao mate.

2...♕g4+ 3 ♔e3 ♕e4#

205) **T. Raupp – H. Schwing**

Alemanha (evento por equipes) 2007/8

1 ♖d5+ ♔f4

1...♔e6 2 ♖c5+ ♔d7 3 ♖c7#.

2 ♖f5+ ♔e3 3 ♖d3#

206) **A.R. Salem – M. Yilmaz**

Campeonato Mundial (Sub-18), Kemer 2009

1 ♖h4+ ♔g5 2 f4+! 1-0

Esse sacrifício surpreendente da torre força o mate após 2...♔xh4 3 ♖xh7#.

207) **P. Djurdjević – L. Damjanović**

Belgrado 2008

1...♗d6+ 2 ♔f6 ♖xf5+! 0-1

3 ♔xf5 ♖f4#.

208) **Beeke – Ge. Klein**

Maastricht 2008

1 ♖h8+! ♔xh8

1...♔g6 2 e8♕+ também leva a um mate rápido; por exemplo, 2...♔g5 3 ♖xh5+ ♔xf6 4 ♖h6+ ♔g7 (ou 4...♔g5 5 ♕h5#) 5 ♖g6+ ♔h7 6 ♕g8#.

2 e8♕+ ♔h7 3 ♕f7+ 1-0

As Brancas dão o mate com 4 ♕g7#.

209) **Henrichs – Prizker**

Differdange 2008

1 ♘h6! 1-0

Após 1...d1♘+ 2 ♔f4, as Brancas dão mate com 3 e7#.

210) **E. Epstein – Bat. Tuvshintugs**

Campeonato dos EUA (Feminino), Tulsa 2008

1...♖ch3!

Não há uma defesa real contra a ameaça 2...f5+ 3 ♗xf5 ♖5h4#.

2 ♖f8

2 f5 ♖5h4# é ainda mais rápido.

2...f5+ 0-1

Seguido de 3...♖5h4#.

211) **Jenni** – Šimaček

Copa Mitropa, Olbia 2008

As Brancas devem vencer em qualquer caso com seus peões passados poderosos, mas é ainda melhor forçar o mate em três lances.

1 a7+! ♘xa7

Ou 1...♔a8 2 ♘a6 (com a ameaça 3 ♘c7#) 2...♘xa7 3 b7#.

2 ♘a6+ ♔a8 3 b7#

212) **Carlsen – Shirov**

Foros 2008

1 ♗g6+ ♔g5 1-0

E mate após 2 h4+ gxh3 3 f4#. As Brancas também podem fazer seus lances de outra maneira: 2 f4+ gxf3 3 h4#.

213) **Ko. Kunz – J. Wolter**

Dortmund 2008

1...e5+ 2 ♔g5 ♔g7 0-1

As Brancas não conseguem evitar 3... f6#.

214) **E. Perelshteyn – Shankland**

Filadélfia 2008

1 ♖c8+ ♔h7 2 f5

Ameaçando 3 fxg6#.

2...gxf5 3 g6+ ♔h6 4 ♖h8#

215) **J. Mihailovs – Barsov**

Barbera del Valles 2008

1...♕f2+ 0-1

2 ♔h1 é seguido por 2...♕h2# ou 2... ♕f1# e 2 ♔h3 com 2...♕f1+! 3 ♔xg4 f5#.

216) **G. Petursson – Szalanczy**

Budapeste 2008

1...♗e4+ 2 ♔h3

ó também mate após 2 ♔g1 ♖a1+ 3 ♔h2 ♖h1# ou 2 ♔h2 ♖h5+ 3 ♔g1 ♖h1#.

2...♖h5+ 3 ♔g4 ♗f3#

217) **Biolek – P. Neuman**

Campeonato Tcheco (por equipes) 1999/00

1 ♘g4+ ♔e4 2 ♘f2+ 1-0

2...♔e5 3 ♗f4#.

218) **Sobry – Camus de Solliers**

Campeonato Francês (por equipes) 2005/6

1...♘f4+!

Embora as Pretas estejam ganhando após 1...♘f6+ 2 ♔h4, isso não leva a um mate rápido.

2 ♔h6

Ou 2 ♔h4 ♗f6#.

2...♗g7+ 0-1

3 ♔h7 ♖h1+ 4 ♖h2 ♖xh2#.

219) **G. Guseinov – A. Savanović**

Campeonato Europeu, Budva 2009

1 ♖c5+

As Brancas forçam o mate com uma série de xeques.

1...♔e4 2 ♖b4+ ♔d3 3 ♖d4+ ♔e2 4 ♖c2#

220) **Dobrotka – Varholakova**

Campeonato Eslovaco (por equipes) 2007/8

1...♕e1+!

Apenas a sequência correta de xeques leva a um mate rápido. 1...♕e3+ 2 ♔g2 permite que as Brancas escapem.

2 ♔g4

Quadro de Pontuação do Mate no Final

As alternativas não são melhores: 2 ♔f3 ♗d5+ 3 ♗e4 ♗xe4+ 4 ♔g4 ♕e2+ 5 ♔h3 ♕g2#, 2 ♔g2 ♗d5+ 3 ♗e4 ♗xe4+ 4 ♔h3 ♕f1+ 5 ♔g4 ♕f3# ou 2 ♔h3 ♗f1+ 3 ♔g4 ♕e2+ 4 ♔g3 ♕g2#.

2...♗e2+ 0-1

3 ♔h3 ♕f1+ 4 ♔g3 ♕f3#.

221) **Rmus – A. Mijović**

Belgrado (evento por equipes) 2008

1...♖g2+ 2 ♔f3

2 ♔h4 g5#.

2...g5

Ameaçando 3...g4#.

3 h3 h5 0-1

As Brancas não conseguem impedir 4...g4+ seguido do mate.

222) **Vedrickas – An. Green**

Campeonato Escocês, Glasgow 2008

1 ♖e4+ ♔g5 2 ♘f3+ ♔f5 3 ♖h5+ ♖g5

Após 3...♗g5, as Brancas têm escolha entre 4 ♘h4# e 4 ♘d4#.

4 ♘h4#

223) **Rozum – Kislinsky**

Minsk 2008

1 ♗e3+ ♔a5

Após 1...♔b5 2 ♖b4+, as Pretas sofrem mate com um lance mais rápido, enquanto 1...♔a6 2 ♖a4+ é igual na partida.

2 ♖a4+ ♔b5 3 ♖b4+ 1-0

As Brancas dão mate após 3...♔a5 4 ♗b6+ ♔a6 5 ♗c4# ou 3...♔a6 4 ♗xb7+ ♔a5 5 ♗b6#.

224) **K. Nuber – Svetushkin**

Dresden 2008

Embora as Brancas possam forçar o mate em três lances, a solução é bem difícil de identificar.

1 ♔f7

Ameaçando 2 ♖g8#.

1...♖g2

Uma bela manobra para parar o mate, pois capturar a torre empata por afogamento das Pretas.

2 ♖g7! 1-0

As Brancas são vitoriosas em qualquer caso. A ameaça é 3 ♖h7#, enquanto 2...♖xg7+ é seguido por 3 hxg7#.

225) **Drtina – Hlinka**

Campeonato Eslovaco (por equipes) 2005/6

1 ♕d5+ ♕e6 2 ♕b7+ ♔e8

Ou 2...♔g8 3 ♕g7#.

3 f7+! 1-0

3...♕xf7 4 ♕c8#.

226) **Z. Lanka – Shengelia**

Campeonato Austríaco (por equipes) 2007/8

1 ♔d6

Ameaçando 2 ♖a8#.

1...♗xa6

As Brancas também dão mate após 1...♔b8 2 ♘c6+ ♔c8 3 ♖c7# ou 1... ♖b1 2 ♘c6, ameaçando 3 ♖c7#.

2 ♖c7+ 1-0

As Pretas sofrem mate após 2...♔b8 3 ♘c6+ ♔a8 4 ♖a7# ou 2...♔d8 3 ♘e6+ ♔e8 4 ♖e7#.

227) **Khukhashvili – Melia**

Campeonato da Geórgia (Feminino), Tbilisi 2009

1 ♖h3!

O imediato 1 ♖h7+? ♔g8 2 ♖g3+ não é muito eficiente porque as Pretas podem responder com 2...♖g5, portanto as Brancas primeiro forçam as Pretas a avançar seu peão h, quando ...♖g5 não é mais possível.

1...h5 2 ♖h7+ ♔g8 3 ♖g3+ 1-0

3...♔f8 4 ♖h8#.

228) **Cmilyte – St. Christensen**

Campeonato Dinamarquês (por equipes) 2008/9

1...h5+ 2 ♔f3 ♕f2+ 3 ♔e4 ♕d4+ 0-1

Forçando o rei de volta ao seu destino: 4 ♔f3 ♕e3+ 5 ♔g2 ♕f2+ e 6... ♕h2#.

229) **Mchedlishvili – Timoshenko**

Leros 2009

1 ♖h8+ ♔f7

A resposta das Brancas é igual, não importa para onde as Pretas movam seu rei.

2 ♖3h7+ ♔f6 3 ♖f8+ ♔g5

3...♔e5 4 ♖e7#.

4 ♖g8+ ♔f6 5 ♖g6+ 1-0

Após 5...♔e5, as Brancas dão mate com 6 ♖e6# ou 6 ♖e7#.

230) **Bakre – M. Papadakis**

Retimno 2009

1 ♕f8+

As Brancas podem dar mate com uma série de xeques, mas precisam ter cuidado.

1...♔h5 2 ♖e5+

2 ♕c5+? f5 leva a nada, enquanto 2 g4+?? ♔h4 3 ♕h6+ ♔g3 só força as Pretas a dar mate nas Brancas.

2...f5

2...g5 3 ♖xg5#.

3 ♖xf5+!

Não 3 g4+? ♔h4 4 ♕e7+ g5, que favorece um pouco as Pretas.

1-0

3...gxf5 4 ♕xf5+ ♔h6 5 ♕g5#.

231) **Gauglitz – Frank Müller**

2ª Bundesliga 2007/8

1...♘f4+ 2 ♔h4 ♘g6+ 3 ♔h5 ♗g3

Ameaçando 4...♘f4#.

4 g5 f5 0-1

As Pretas têm o cuidado de manter a armadilha perto do rei branco e agora ...♘f4# não pode mais ser adiado.

232) **D. Afanasiev – Vi. Pavlov**

Kazan 2008

ó possível ter uma caçada ao rei no

final.

1...♕g3+ 2 ♔f6

2 ♗g4 ♕xg4+ só adia o fim em um lance.

2...♕g6+ 3 ♔e7 ♕e8+ 4 ♔f6 ♕f8+ 5 ♔g5 ♕e7+ 0-1

6 ♔h5 ♗e8#.

233) **D. Forcen Esteban – Cruz Lledo**

Campeonato Espanhol (Sub-14), Padron 2008

1 b5+!

Atraindo o rei das Pretas para uma posição mais exposta.

1...♔xb5

1...♔d5 2 ♕c5#.

2 ♕c5+ ♔a4

2...♔a6 3 ♕b6#.

3 ♕a7+!

Embora o rei das Pretas esteja em perigo, as Brancas devem encontrar a sequência correta de xeques para forçar o mate.

3...♔b5

3...♔b4 4 ♕b6+ leva à mesma conclusão.

4 ♕b6+ ♔a4

4...♔c4 5 ♕b3#.

5 ♕a6+ 1-0

5...♔b4 6 a3#. Após uma série de xeques com a dama, o humilde peão das Brancas dá o golpe final.

234) **M. Baldauf – Manitz**

Dresden 2003

1...♘e4!

O único modo de vencer é permitir que as Brancas promovam.

2 c8♕ ♘f2+ 3 ♔g1 h2+ 4 ♔f1 h1♕+ 5 ♔e2 ♕d1+

Outros lances vencem, mas este é de longe o mais rápido.

6 ♔e3 ♕d3#

Número da posição	Pontos
145	1
146	1
147	1
148	1
149	1
150	1
151	1
152	1
153	1
154	1
155	1
156	1
157	1
158	1
159	1
160	1
161	1
162	1
163	1
164	2
165	2
166	2
167	2
168	2
169	2
170	2
171	2
172	2
173	2
174	2
175	2
176	2
177	2
178	2
179	2
180	2
181	2
182	2
183	2
184	2
185	2
186	2
187	2
188	2
189	2
190	2
191	2
192	2
193	2
194	2
195	2
196	2
197	3
198	3
199	3
200	3
201	3
202	3
203	3
204	3
205	3
206	3
207	3
208	3
209	3
210	3
211	3

212	3
213	3
214	3
215	3
216	3
217	3
218	3
219	4
220	4
221	4
222	4
223	4
224	4
225	4
226	4
227	5
228	5
229	5
230	5
231	5
232	5
233	5
234	5
Total	
Máximo	**223**

4. *A Mortal Grande Diagonal*

Se, por exemplo, o rei das Pretas realiza o roque pequeno, então uma linha de ataque é a grande diagonal indo de a1 até h8. Isso é particularmente perigoso se não há um peão de defesa em g7, pois um bispo ou uma dama branca na diagonal pode estender sua influência até h8.

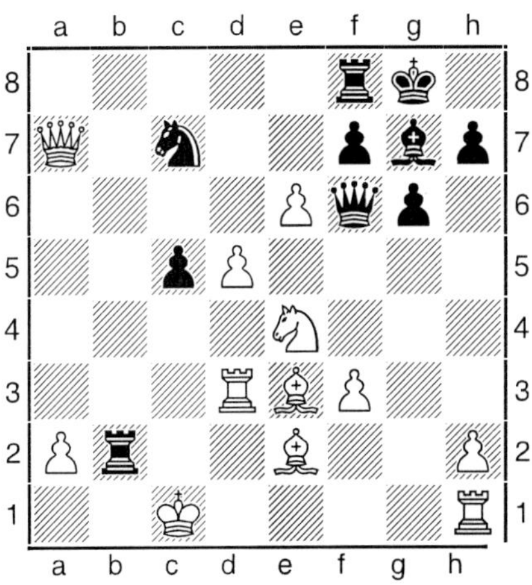

E. Lund – El Kher

Campeonato Dinamarquês (por equipes) 2002/3

Veja um exemplo da situação análoga com as Pretas atacando um rei branco que realizou o roque grande. O alinhamento da dama e do bispo das Pretas na grande diagonal é uma típica ideia de ataque, pois o bispo defende a dama para onde ela se mover na diagonal. Isso permite que a dama invada a posição das Brancas em b2 ou a1 contanto, claro, que essas casas não estejam defendidas.

As Pretas continuaram com **1... ♖b1+!**, que tem uma dupla finalidade. Primeiro, tira a torre do caminho para que a dama das Pretas possa entrar. Em segundo lugar, atrai o rei branco para uma posição mais vulnerável. A partida terminou com **2 ♔xb1** (2 ♔d2 e 2 ♔c2 também são seguidos por 2... ♕b2#) **2...♕b2#**.

Este capítulo mostra como a mortal grande diagonal pode ser usada de muitos modos diferentes para atacar a posição do rei inimigo. é a hora das damas e dos bispos!

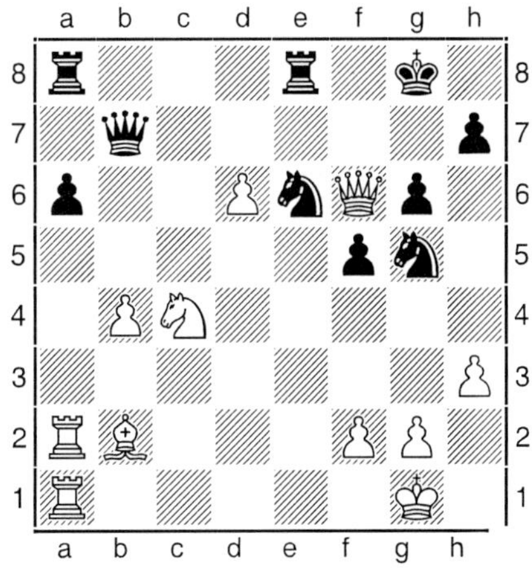

235) Jogam as Brancas (1 ponto)

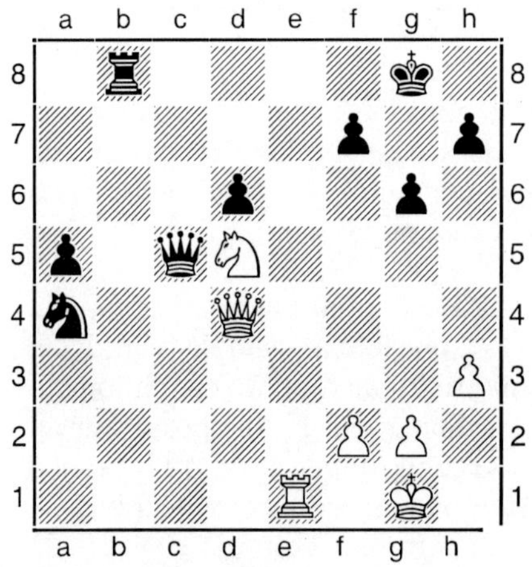

236) Jogam as Brancas (1 ponto)

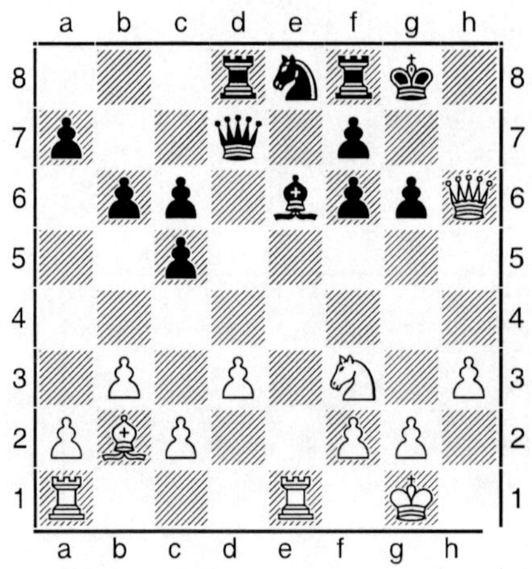

237) Jogam as Brancas (1 ponto)

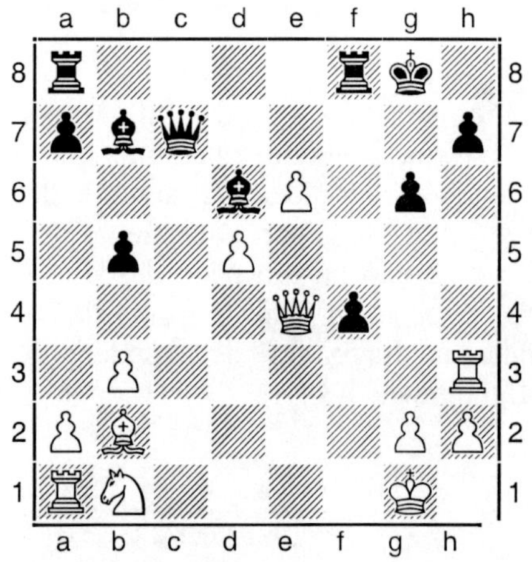

238) Jogam as Brancas (1 ponto)

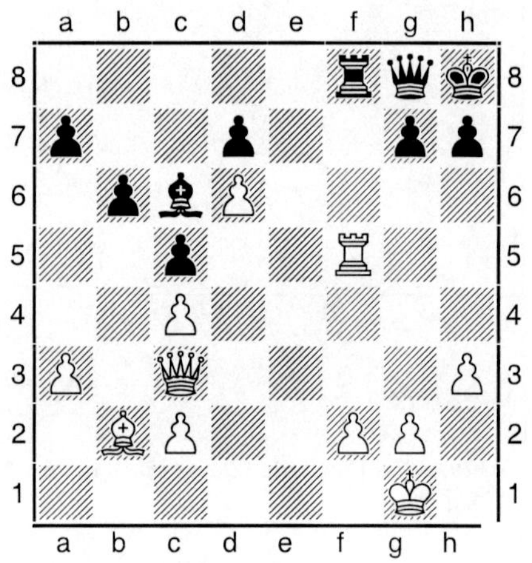

239) Jogam as Brancas (1 ponto)

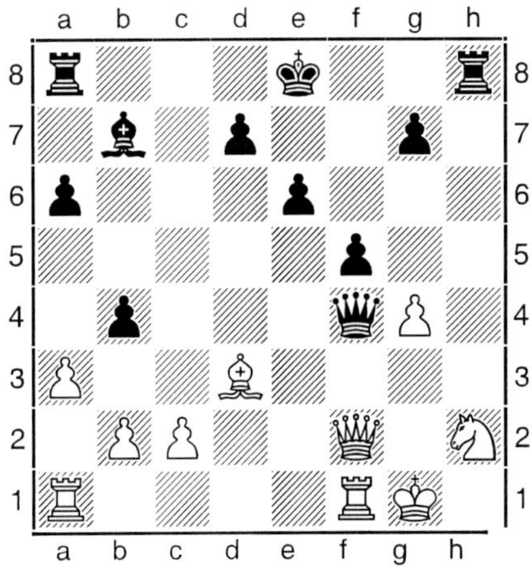

240) Jogam as Pretas (1 ponto)

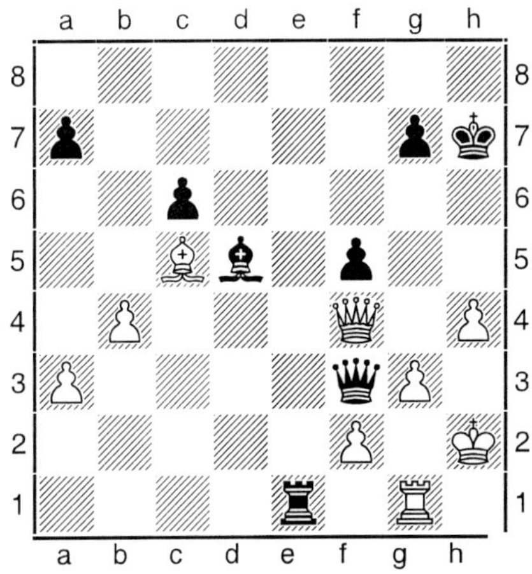

241) Jogam as Pretas (1 ponto)

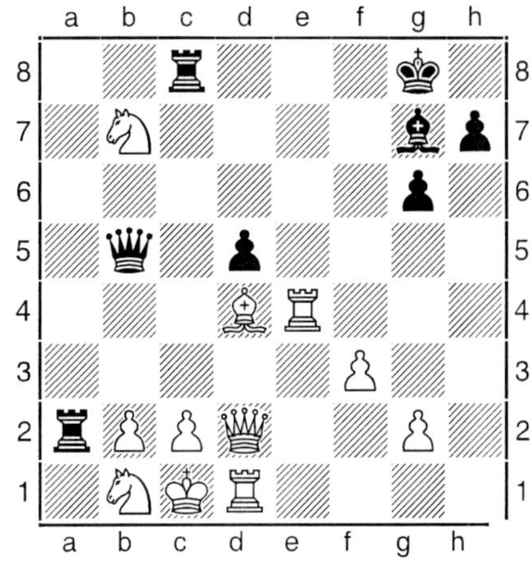

242) Jogam as Pretas (1 ponto)

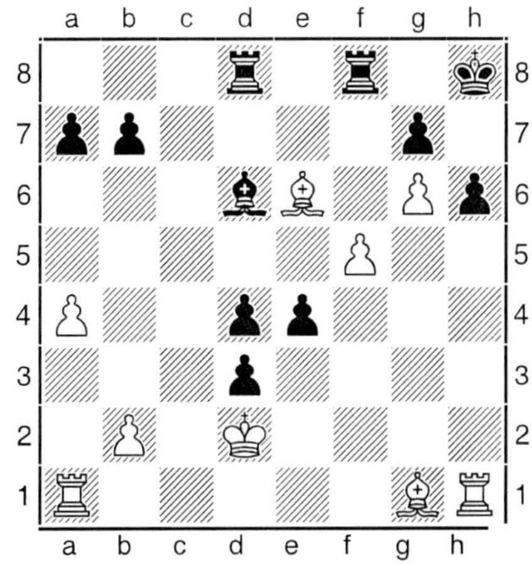

243) Jogam as Brancas (2 pontos)

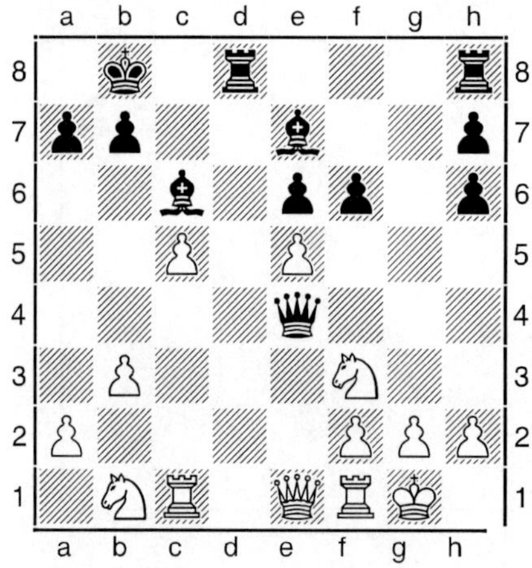

244) Jogam as Pretas (2 pontos)

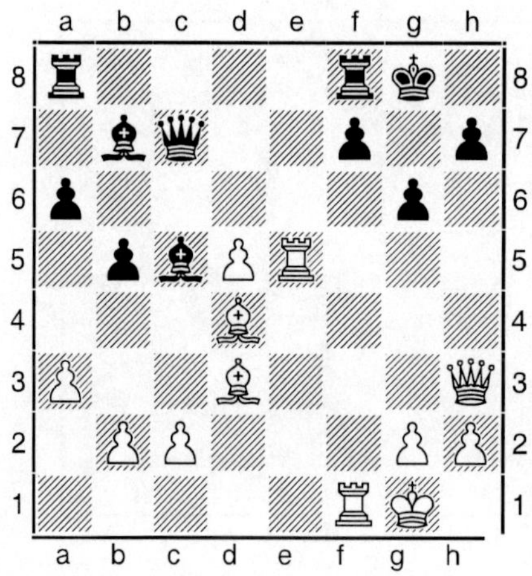

245) Jogam as Brancas (2 pontos)

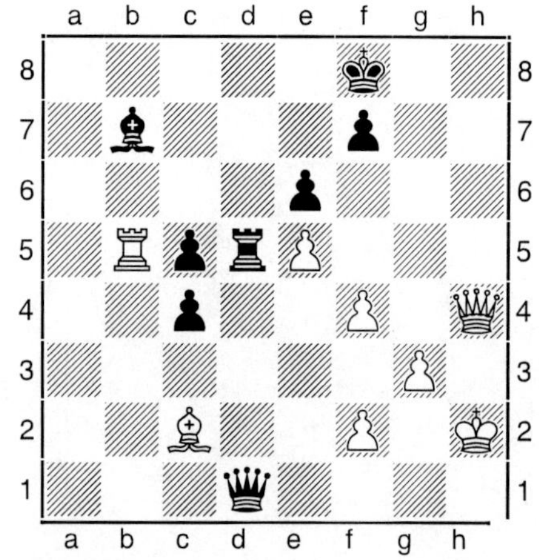

246) Jogam as Pretas (2 pontos)

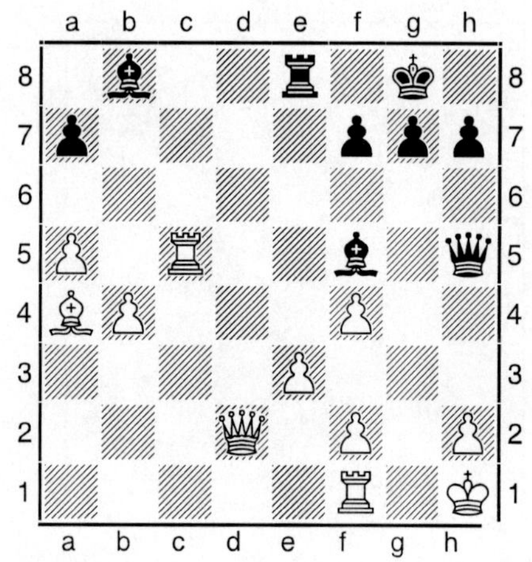

247) Jogam as Pretas (2 pontos)

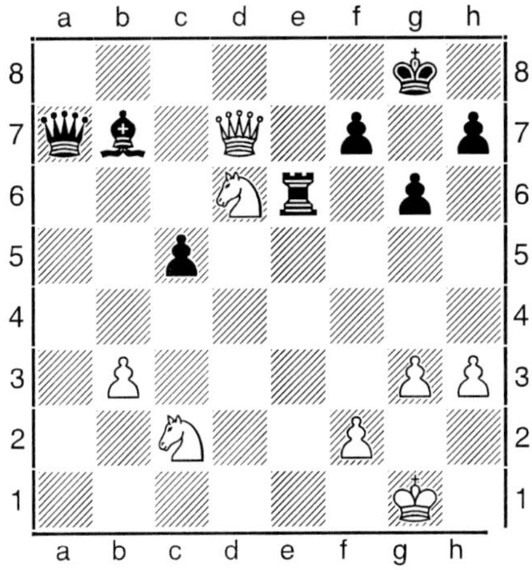

248) Jogam as Pretas (2 pontos)

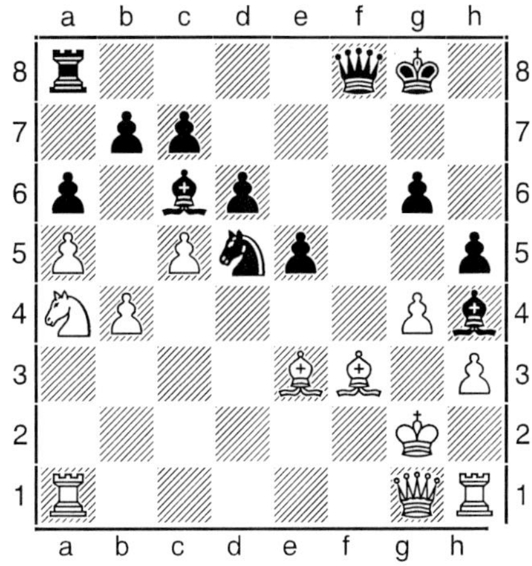

250) Jogam as Pretas (2 pontos)

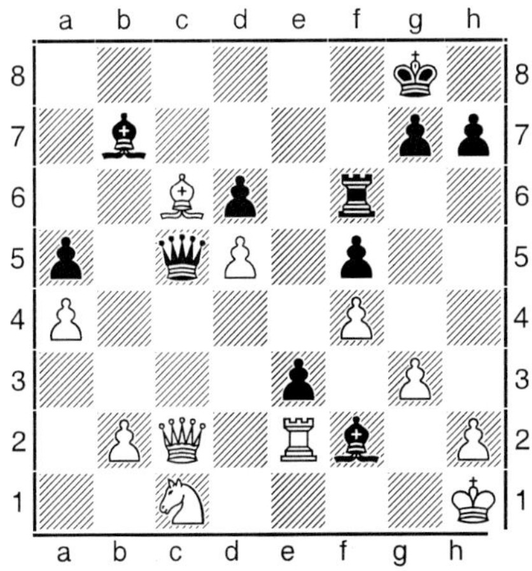

249) Jogam as Pretas (2 pontos)

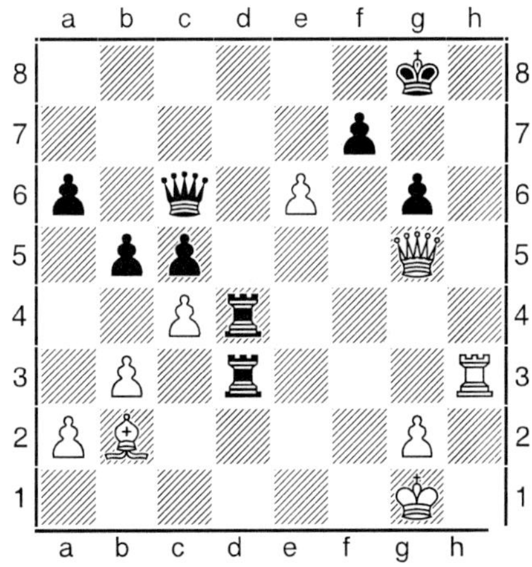

251) Jogam as Brancas (2 pontos)

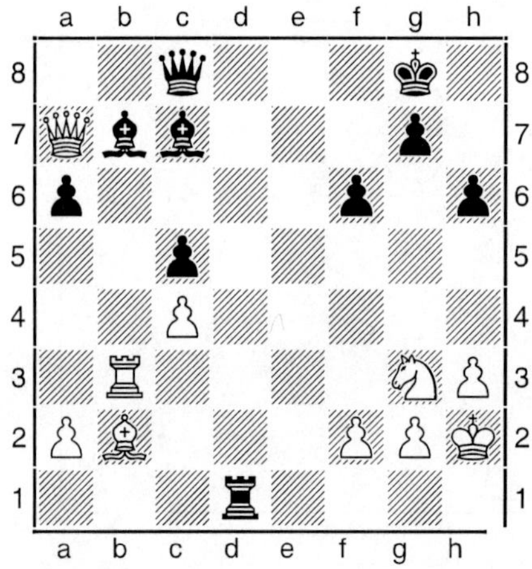

252) Jogam as Pretas (2 pontos)

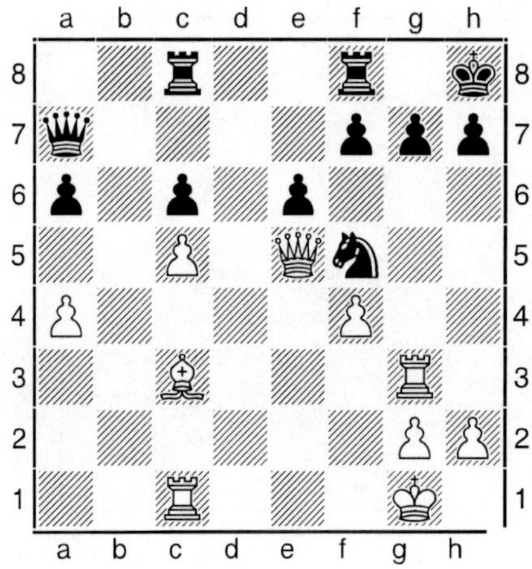

253) Jogam as Brancas (2 pontos)

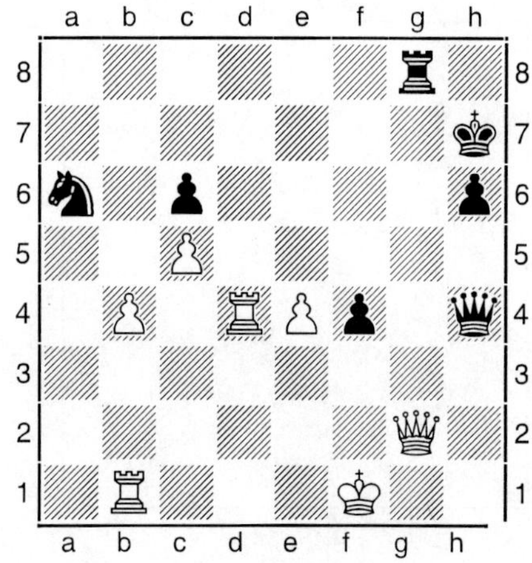

254) Jogam as Brancas (2 pontos)

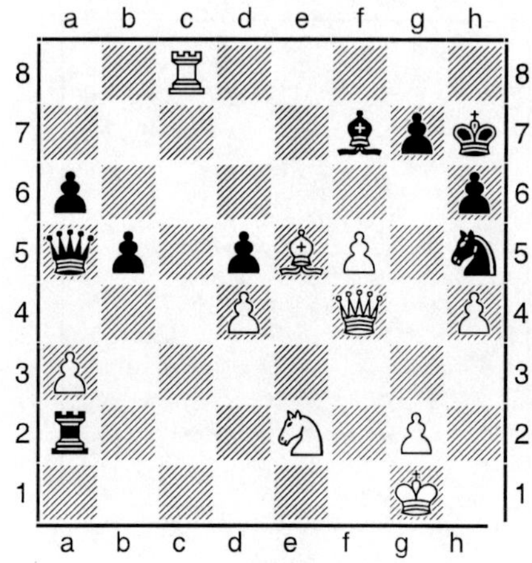

255) Jogam as Brancas (2 pontos)

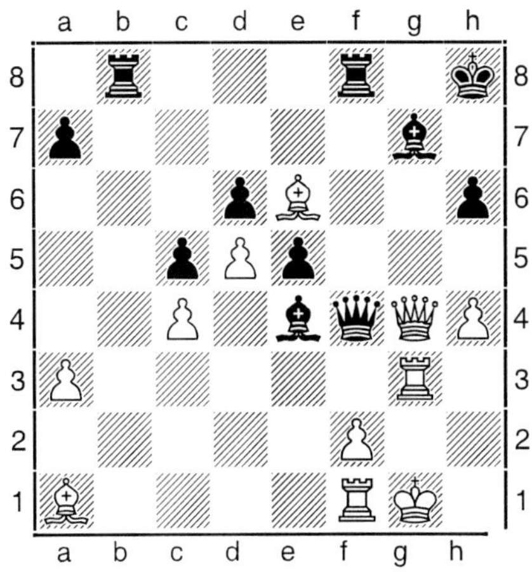

256) Jogam as Pretas (2 pontos)

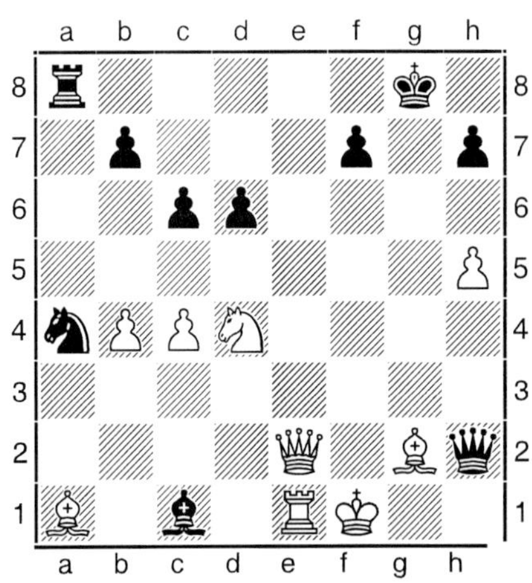

257) Jogam as Brancas (2 pontos)

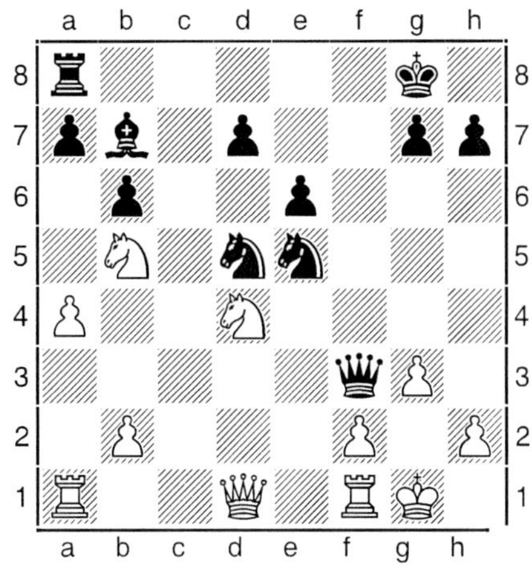

258) Jogam as Pretas (3 pontos)

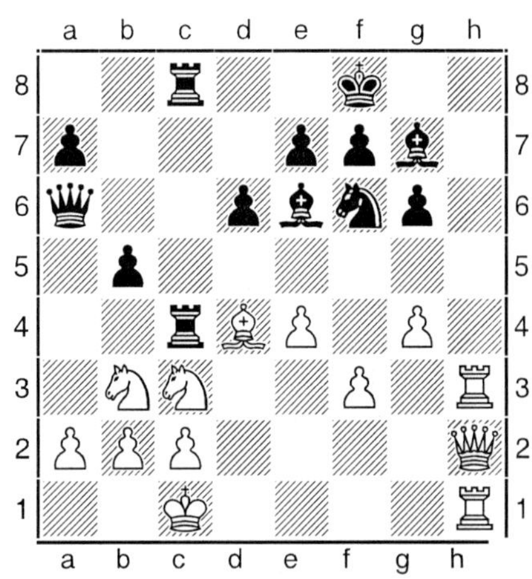

259) Jogam as Brancas (3 pontos)

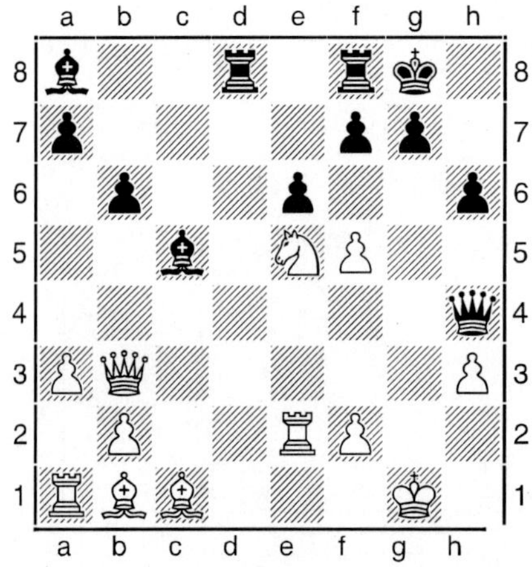

260) Jogam as Pretas (3 pontos)

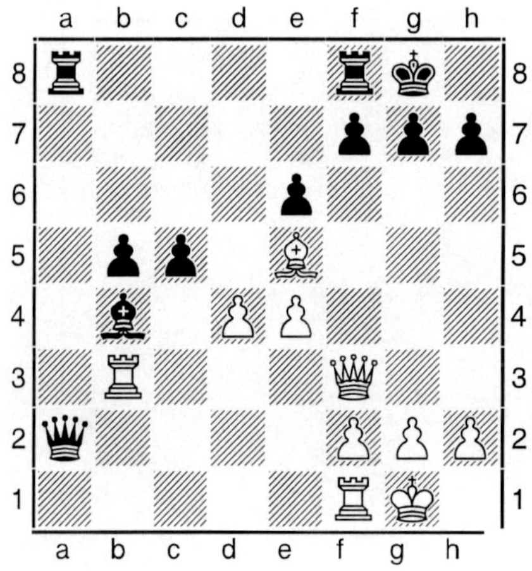

261) Jogam as Brancas (3 pontos)

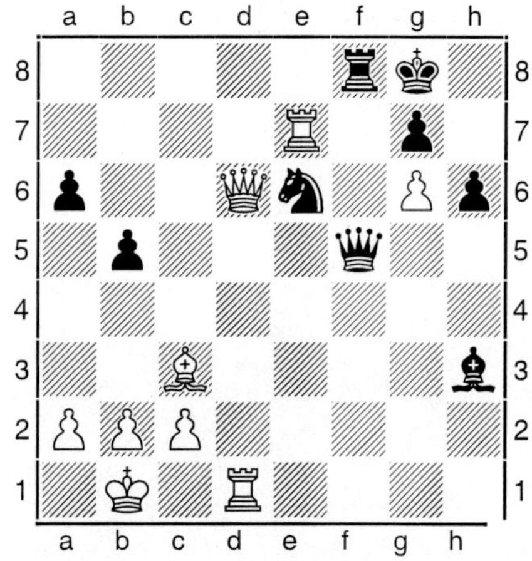

262) Jogam as Brancas (3 pontos)

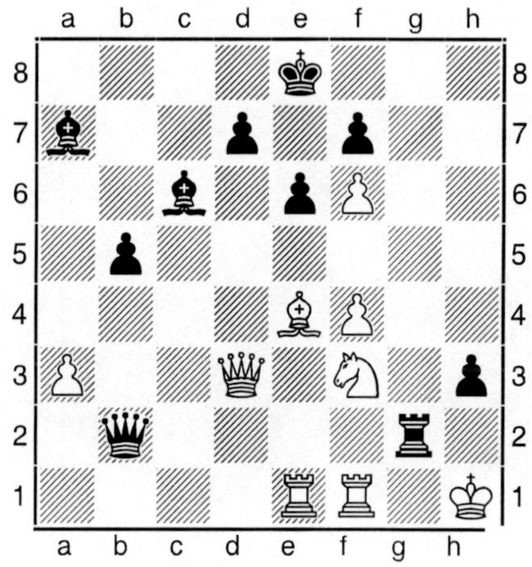

263) Jogam as Pretas (3 pontos)

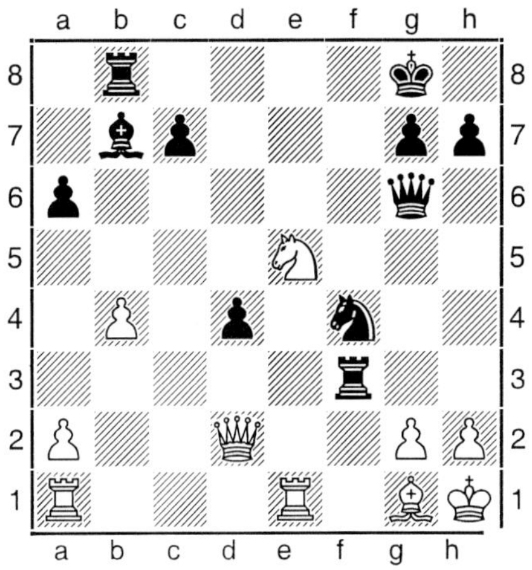

264) Jogam as Pretas (3 pontos)

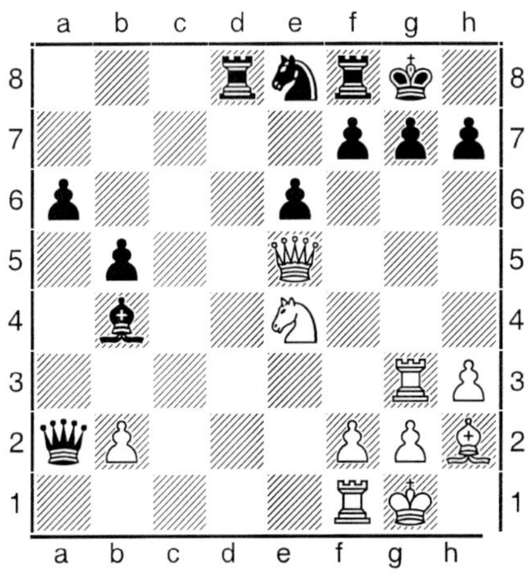

265) Jogam as Brancas (4 pontos)

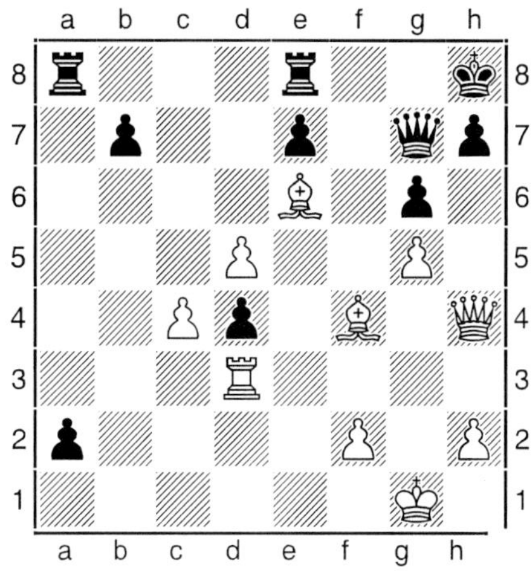

266) Jogam as Brancas (4 pontos)

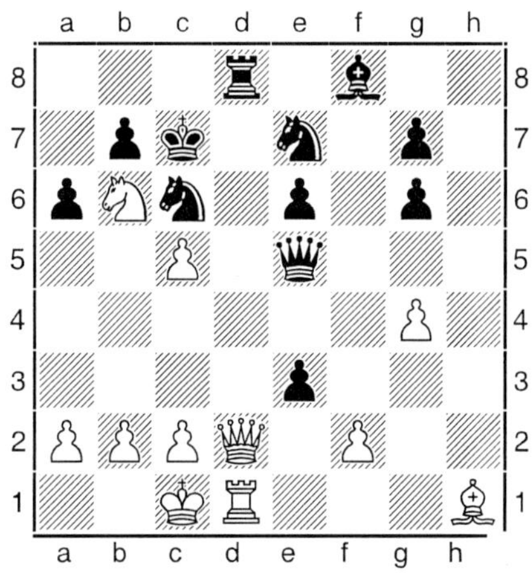

267) Jogam as Brancas (4 pontos)

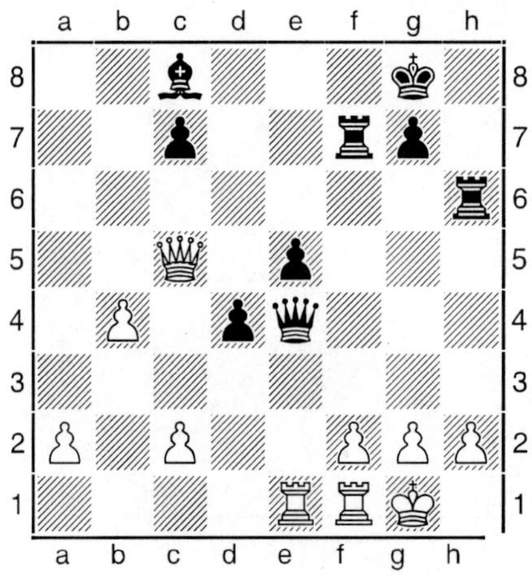

268) Jogam as Pretas (5 pontos)

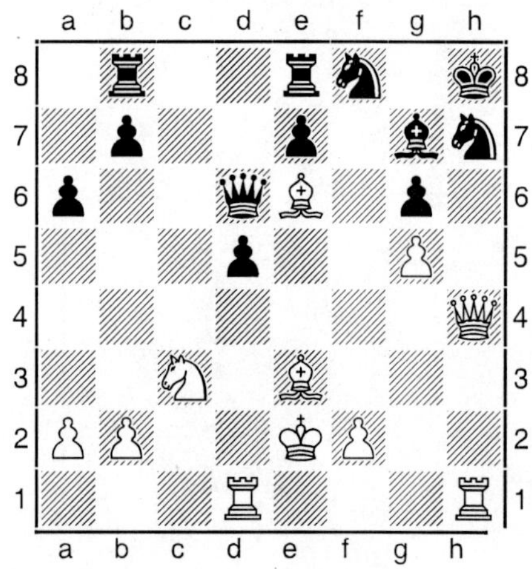

270) Jogam as Brancas (5 pontos)

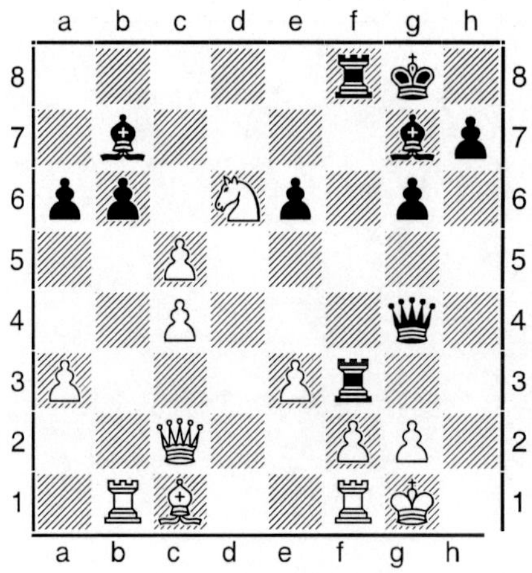

269) Jogam as Pretas (5 pontos)

Soluções de A Mortal Grande Diagonal

235) **S. Kaplan – L. Lovik**
Gj–vik 2009
1 ♕h8+ 1-0
1...♔f7 2 ♘e5#. O alinhamento do bispo e da dama na grande diagonal costuma levar ao mate com base na dama entrando em g7 ou h8.

236) **Kochetkova – A. Hairapetian**
Campeonato Europeu (Feminino), São Petersburgo 2009
1 ♘e7+ 1-0
1...♔f8 2 ♕h8#.

237) **J. Dostan – Keschitz**
Campeonato Húngaro (por equipes) 2007/8
1 ♘g5 1-0
Ameaçando 2 ♕h7# e se 1...fxg5, então 2 ♕h8#.

238) **M. Huda – Chulivska**
Campeonato Ucraniano (Meninas), Odessa 2008
1 ♕xg6+! 1-0
1...hxg6 2 ♖h8#. A combinação de um bispo na grande diagonal e uma torre entrando em h8 é outra ideia comum de mate.

239) **A. Janković – Bogut**
Stari Mikanovci 2009
1 ♕xg7+! 1-0
1...♕xg7 2 ♖xf8#.

240) **Shkuro – Andreikin**
Campeonato Ucraniano (por equipes), Alushta 2009
1...♕xg4+! 0-1
2 ♘xg4 ♖h1#.

241) **Manakova – Stepovaia Dianchenko**
Copa da Rússia (Feminina), São Petersburgo 2009
1...♕h1+! 0-1
2 ♖xh1 ♖xh1#.

242) **Csolig – P. Biro**
Campeonato Húngaro (por equipes) 2003/4
1...♕xb2+! 0-1
2 ♗xb2 ♗xb2#.

243) **Gustafsson – Tischbierek**
Campeonato Alemão, Bad Wörishofen 2008
1 ♖xh6+! gxh6 2 ♗xd4+ 1-0
As Brancas dão mate em mais dois lances.

244) **Perodeau – Kachiwagi**
St Quentin 2001
1...♕xf3! 2 gxf3 ♖hg8+ 0-1
2...♖dg8+ é igualmente bom, pois os dois lances levam ao mate após 3 ♔h1 ♗xf3#.

245) **M. Cristobal – N. Sanduay**

Mar del Plata 2008

1 ♕xh7+! 1-0

1...♔xh7 2 ♖h5+ ♔g8 3 ♖h8#.

246) **Gracin – Segović**

Copa da Croácia, Šibenik 2008

1...♕h1+! 2 ♔xh1 ♖d1++ 0-1

3 ♔h2 ♖h1#.

247) **Zozek – Khader**

Amã (evento por equipes) 2008

1...♕f3+ 2 ♔g1 ♗e4 0-1

As Pretas dão mate no próximo lance, por exemplo, com 3...♕h1#. 2...♗h3? é errado, pois as Brancas podem se defender com 3 ♖g5.

248) **T. Perman – Perez Ponsa**

Gibraltar 2009

1...♕a1+! 0-1

E mate após 2 ♔h2 ♕h1# ou 2 ♘xa1 ♖e1+ 3 ♔h2 ♖h1#.

249) **O.A. Ivanenko – Rakhmangulova**

Campeonato Ucraniano (Meninas Sub-16), Odessa 2009

1...♕xd5+ 0-1

As Pretas abrem a grande diagonal e dão mate após 2 ♗xd5+ ♗xd5+ 3 ♕e4 ♗xe4#.

250) **E. de Groote – Arutinian**

Viena 2009

1...♕xf3+! 2 ♔xf3

2 ♔h2 ♘xe3 leva a um mate rápido.

2...♘f4#

2...♘c3# é igualmente bom.

251) **Udo Hoffmann – F. Armbrust**

Campeonato Alemão (Sub-18), Willingen 2005

1 ♕d8+! ♖xd8

Ou 1...♔g7 2 ♕h8#.

2 ♖h8#

252) **Oleksienko – Hovhannisyan**

Campeonato Europeu, Rijeka 2010

1...♖h1+! 2 ♔xh1

O cavalo das Brancas está cravado, então essa captura é forçada.

2...♕xh3+ 0-1

A dama não está vulnerável, pois o peão g está cravado, então as Pretas dão mate com 3...♕xg2#.

253) **Guerra Bastida – F. Ruiz Jimenez**

Campeonato Espanhol (por equipes), Mondariz 2002

1 ♕xg7+! 1-0

1...♘xg7 2 ♗xg7+ ♔g8 3 ♗f6# (ou qualquer outra casa na grande diagonal, exceto h8!).

254) **N. Pais – J. Figler**

Campeonato Húngaro (por equipes) 2003/4

1 ♖d7+ ♔h8 2 ♕b2+ 1-0

E mate em mais dois lances.

255) **Korchnoi – Nickel**

Berlim (Simultânea) 2001

1 ♕xh6+!

1 ♖h8+? ♔xh8 2 ♕xh6+ ♔g8 não funciona, pois g7 está defendido.

1-0

1...gxh6 e 1...♔xh6 são seguidos por 2 ♖h8#.

256) **Re. Meier – O. Kurmann**

Zurique 2001

1...♕xf2+! 2 ♖xf2 ♖b1+ 3 ♔h2 ♖h1#

257) **N. Krieg – Apkhaidze**

Alemanha (evento por equipes) 2005/6

1 ♕e8+! ♖xe8

1...♔g7 2 ♘f5#.

2 ♖xe8+ ♔g7 3 ♘f5#

258) **R. Grünberg – Döry**

Estocolmo 1984

1...♕g2+!

A dama das Pretas está sob ataque, então nenhum outro lance resolveria.

2 ♔xg2 ♘f4++

E um xeque duplo, portanto as Brancas devem mover seu rei.

3 ♔g1 ♘h3#

259) **I. Akst – Mikleeva**

Campeonato Regional de Cheliabinsk 2008

1 ♖h8+! ♗xh8

Ou 1...♘g8 2 ♖xg8+ ♔xg8 3 ♕h8+ ♗xh8 4 ♖xh8#.

2 ♕xh8+ ♘g8 e agora **3 ♕xg8+! ♔xg8 4 ♖h8#** termina de imediato com as Pretas.

O arquivo de partidas FIDE e o Mega DataBase dão o término da partida com **3 ♕g7+ 1-0**, mas as Brancas não ficam melhor após o xeque em g7, então é provável que seja um erro nos dados e as Brancas realmente capturaram em g8.

260) **I. Frolov – D. Zatsurdaev**

Campeonato Russo (Sub-16), Dagomys 2004

1...♕g3+! 0-1

As Pretas dão mate após 2 ♔f1 ♕g2+ 3 ♔e1 ♕g1# (ou 3...♕h1#) ou 2 ♕xg3 ♖d1+ 3 ♔h2 ♖h1#.

261) **Gleizerov – Alavkin**

Kaluga 2003

1 ♕f6! 1-0

Uma ideia difícil de identificar se você não a viu antes. Após 1...gxf6 (as Pretas podem adiar o mate entregando a dama e a torre, mas não faz muita diferença), as Brancas dão mate com 2 ♖g3+ ♔h8 3 ♗xf6#.

262) **Holmsten – Avrukh**

Linares 2001

1 ♕xe6+! ♕xe6

As Pretas também dariam mate após 1...♔h8 2 ♗xg7#.

2 ♖xg7+ ♔h8 3 ♖h7++ 1-0

3...♔g8 4 ♖h8#.

263) **Saastamoinen – Nyysti**
Tampere 2000
1...♖h2+! 2 ♘xh2 ♕g2+! 0-1
Após 3 ♗xg2, as Pretas podem dar mate com 3...hxg2# ou 3...♗xg2#.

264) **Namyslo – I. Sokolov**
Mainz 2003
1...♖f2! 0-1
Desencadeando um ataque mortal em g2, que leva ao mate após 2 ♘xg6 ♗xg2# ou 2 ♕xf2 ♗xg2+ (2... ♕xg2+ é igualmente bom) 3 ♕xg2 ♕xg2#. f2 é a única casa boa para a torre porque após os outros lances dela, as Brancas poderiam simplesmente capturar a dama das Pretas.

265) **Gutacker – Ju. Voss**
Frankfurt 2008
1 ♘f6+ ♘xf6
Após 1...♔h8 2 ♘xe8, as Pretas têm que entregar a dama para evitar o mate, mas até isso não adia o final por muito tempo.
2 ♖xg7+! ♔xg7 3 ♕g5+ ♔h8 4 ♕xf6+ ♔g8 5 ♗e5 1-0
ó mate no próximo lance com 6 ♕g7# ou 6 ♕h8#.

266) **I. Vincze – Nogrady**
Kobanya 1996
1 ♕xh7+! ♔xh7
Ou 1...♕xh7 2 ♗e5+ ♕g7 3 ♖h3#.
2 ♖h3+ ♕h6 3 ♖xh6+ ♔g7 4 ♗e5+ 1-0
4...♔f8 5 ♖h8#.

267) **Apicella – Giffard**
Campeonato Francês (por equipes) 2003
1 ♕xd8+! ♘xd8 2 ♖d7+ ♔b8 3 ♖xd8+ ♔c7
3...♔a7 4 ♖a8#.
4 ♖d7+ ♔b8 5 ♖xb7#

268) **J.W. Diaz – Castro Rojas**
Merida 1992
1...♕xg2+! 2 ♔xg2 ♖g6+ 0-1
Após 3 ♔h1 ♗b7+ 4 f3 ♖xf3, não há defesa para as ameaças na grande diagonal; por exemplo, 5 ♖g1 ♖f1+ e mate em mais dois lances.

269) **Baumgartner – A. Herzog**
Campeonato Austríaco, Wolfsberg 1985
1...♕xg2+!
O mate mais rápido.
2 ♔xg2 ♖xf2++ 3 ♔g3
Ou 3 ♔g1 ♖xf1+ 4 ♔h2 ♖h1+ 5 ♔g3 ♗e5+ 6 ♔g4 ♗f3+ 7 ♔g5 ♖h5#.
3...♖8f3+ 4 ♔g4
4 ♔h4 ♗f6+ 5 ♔g4 h5#.
4...h5+ 5 ♔g5 ♖g3+ 6 ♔h4 ♖g4+ 7 ♔h3 ♗g2+ 8 ♔h2 ♗e5+ 0-1
9 ♔g1 ♖xf1#.

270) **K. Beaton – M. Fraser**
Campeonato Escocês, Stirling 2002
Um sacrifício de dama decide a partida.

1 ♕xh7+!! ♘xh7 2 ♖xh7+ ♔xh7 3 ♖h1+ ♗h6 4 ♖xh6+ ♔g7 5 ♗d4+ ♔f8 6 ♖h8#

Quadro de Pontuação de A Mortal Grande Diagonal

Número da posição	Pontos
235	1
236	1
237	1
238	1
239	1
240	1
241	1
242	1
243	2
244	2
245	2
246	2
247	2
248	2
249	2
250	2
251	2
252	2
253	2
254	2
255	2
256	2
257	2
258	3
259	3
260	3
261	3
262	3
263	3
264	3
265	4
266	4
267	4
268	5
269	5
270	5
Total	
Máximo	**86**

5. *Mates de Promoção do Peão*

Ter um peão perto do rei inimigo pode ser a base para um possível mate; por exemplo, um peão em f6 pode dar apoio para um mate com a dama em g7. Nesse caso, o peão tem um papel de apoio ao ajudar outra peça a dar mate, mas, às vezes, o próprio peão pode ser a estrela do show.

Logo você aprenderá a identificar esse tema de sacrifício clássico, e outras oportunidades de promoção do peão, conforme examinar os desafios neste capítulo. O poder de um peão muito avançado pode ser bem notável e se você tiver um perto do rei inimigo, então os sacrifícios para forçar o xeque-mate estão muitas vezes no ar.

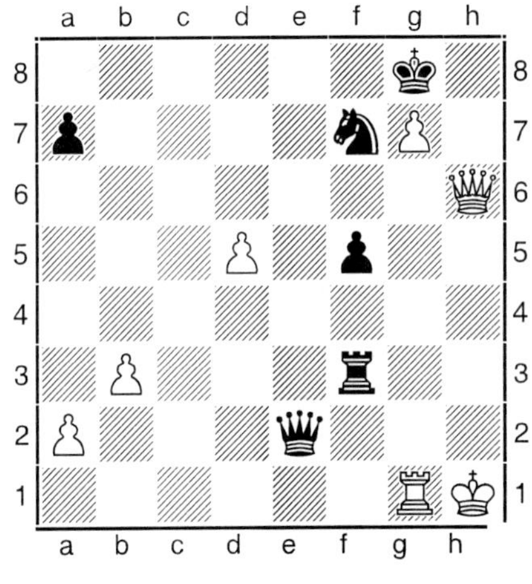

Krasenkow – Bobras

Campeonato Polonês (por equipes), Glogow 2001

Aqui, as Brancas venceram com louvor fazendo o sacrifício de dama **1 ♕h7+!** e as **Pretas abandonaram (1-0)**. O aspecto inteligente é que após **1...♔xh7**, o peão branco em g7 consegue promover e sua ressurreição como uma nova dama possibilita um xeque-mate rápido: **2 g8♕+ ♔h6 3 ♕g6#**.

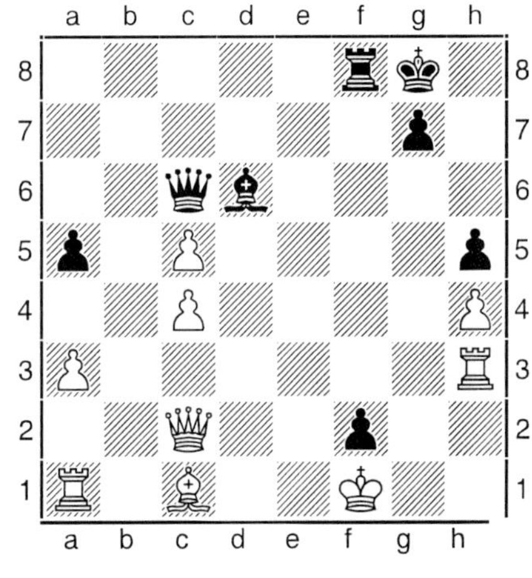

271) Jogam as Pretas (1 ponto)

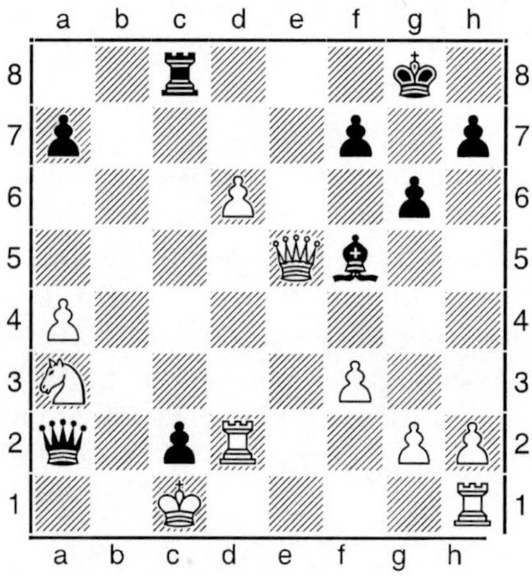

272) Jogam as Pretas (1 ponto)

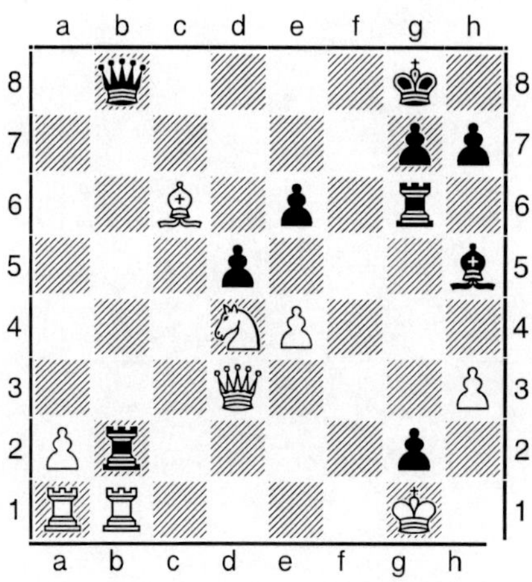

273) Jogam as Pretas (1 ponto)

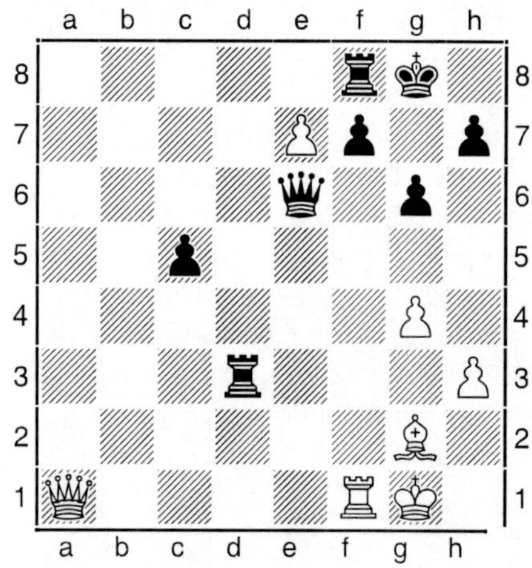

274) Jogam as Brancas (1 ponto)

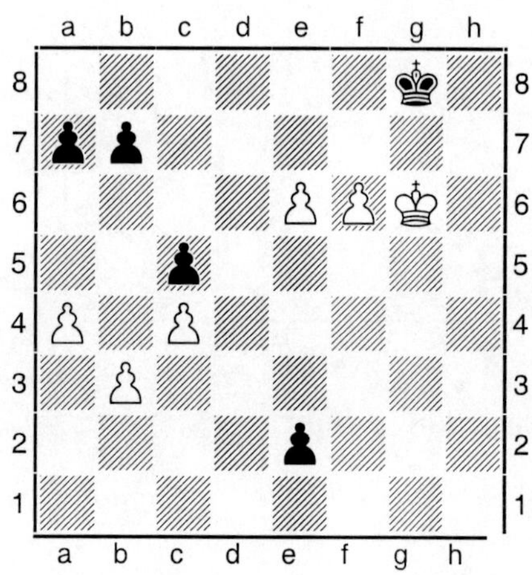

275) Jogam as Brancas (2 pontos)

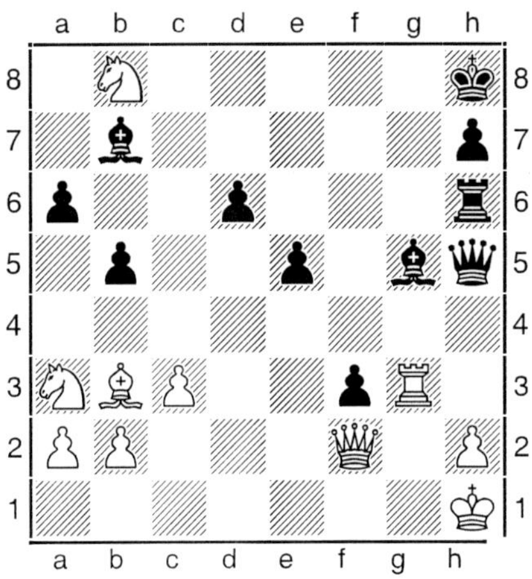

276) Jogam as Pretas (2 pontos)

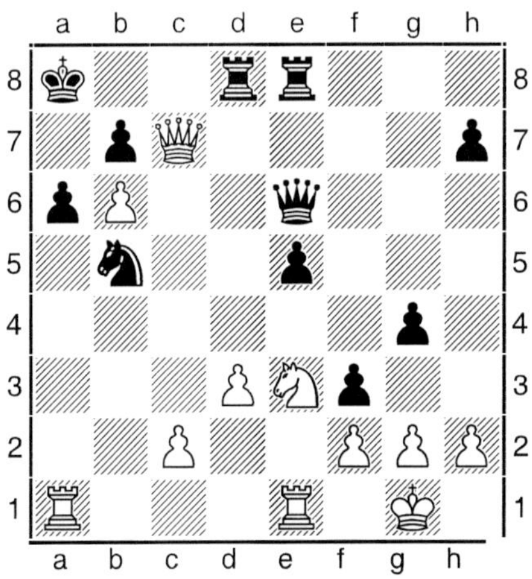

277) Jogam as Brancas (2 pontos)

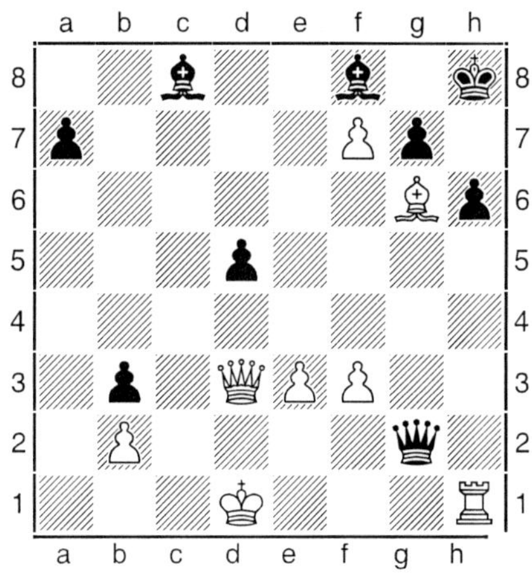

278) Jogam as Brancas (2 pontos)

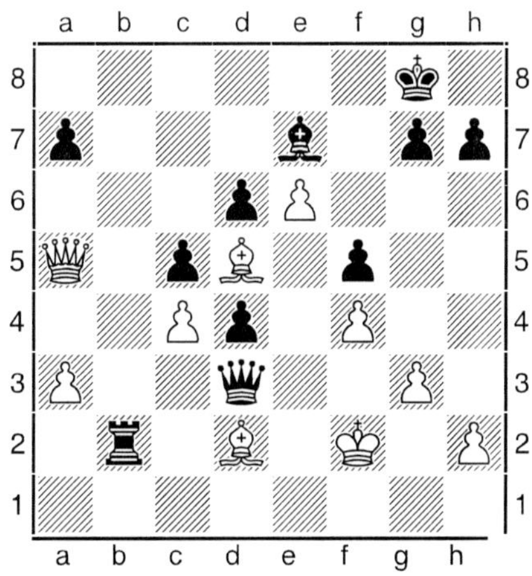

279) Jogam as Brancas (2 pontos)

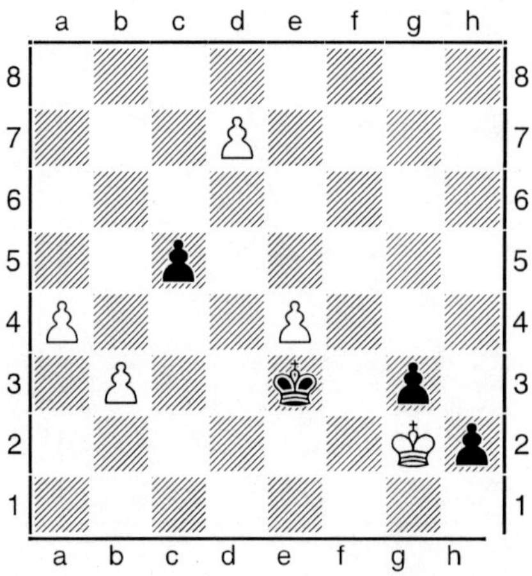

280) Jogam as Pretas (3 pontos)

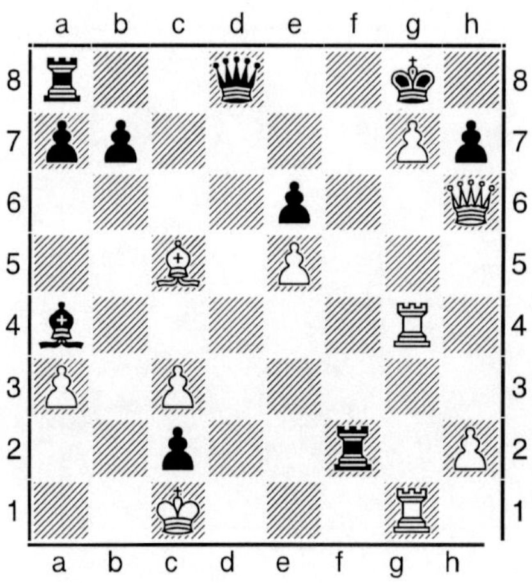

281) Jogam as Brancas (3 pontos)

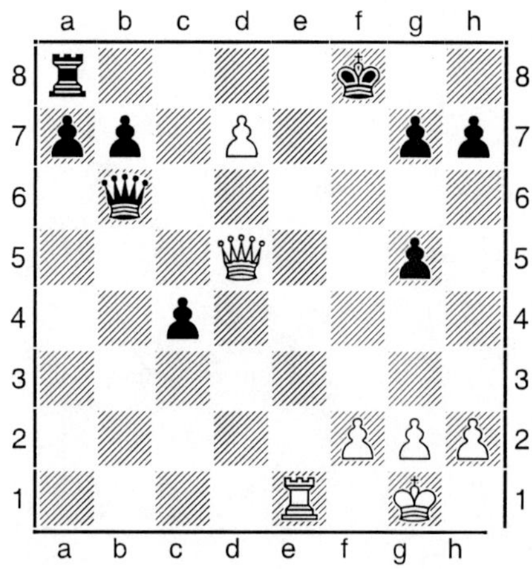

282) Jogam as Brancas (3 pontos)

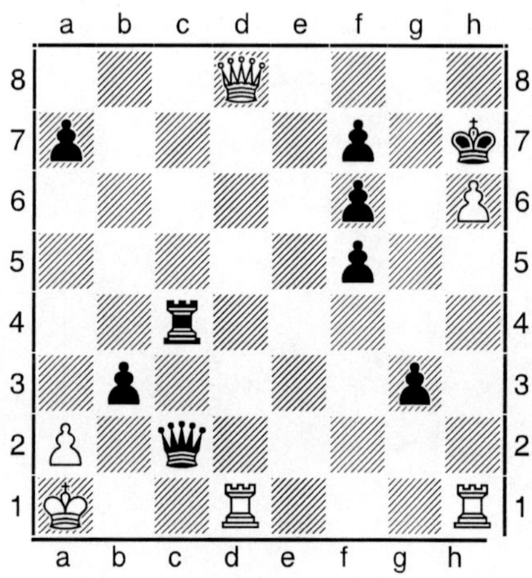

283) Jogam as Brancas (3 pontos)

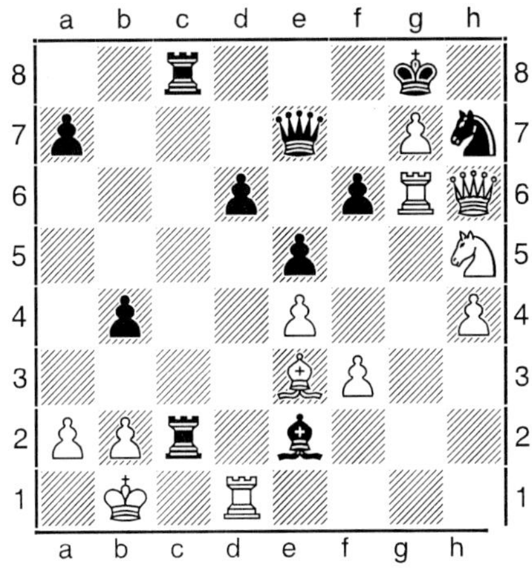

284) Jogam as Brancas (3 pontos)

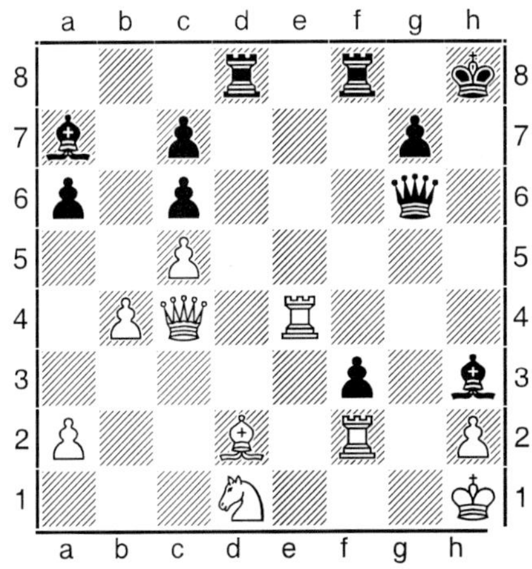

285) Jogam as Pretas (3 pontos)

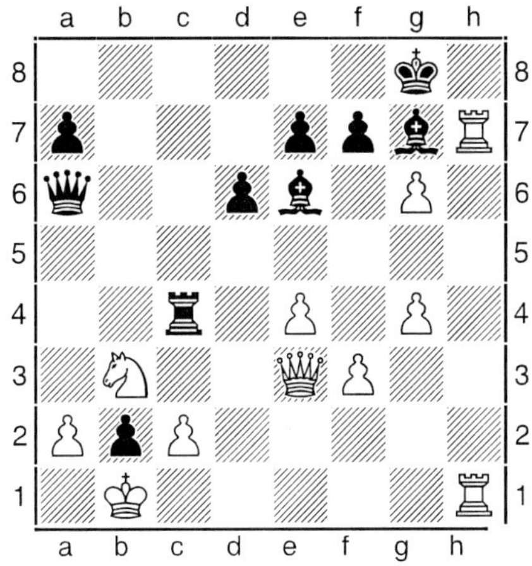

286) Jogam as Pretas (3 pontos)

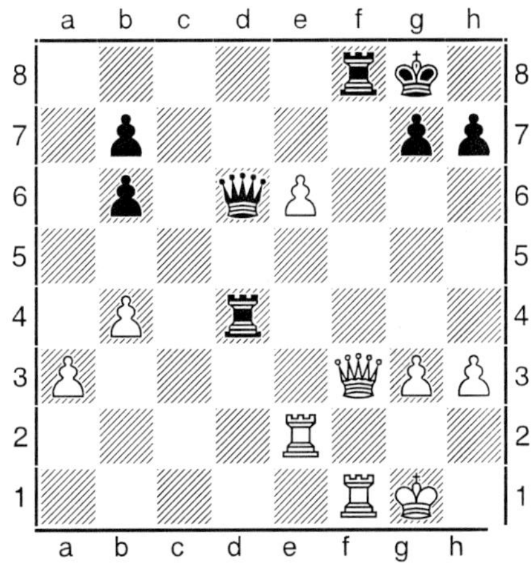

287) Jogam as Brancas (3 pontos)

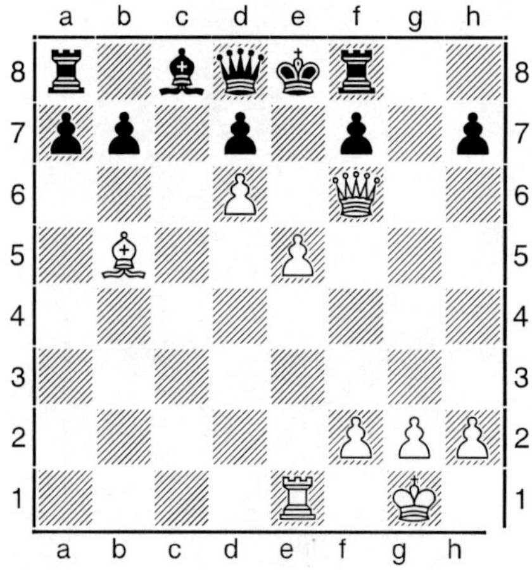

288) Jogam as Brancas (3 pontos)

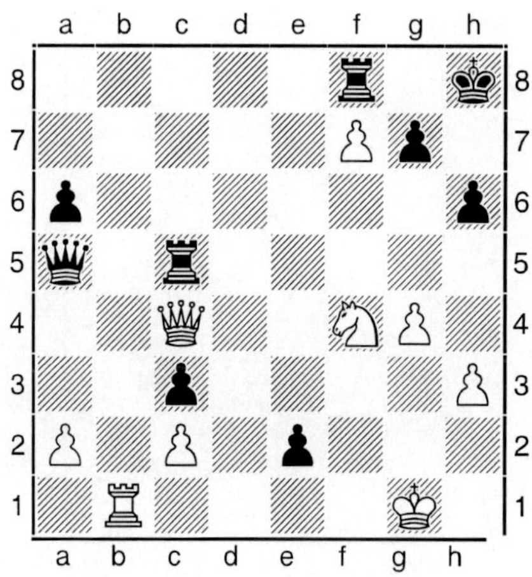

289) Jogam as Brancas (3 pontos)

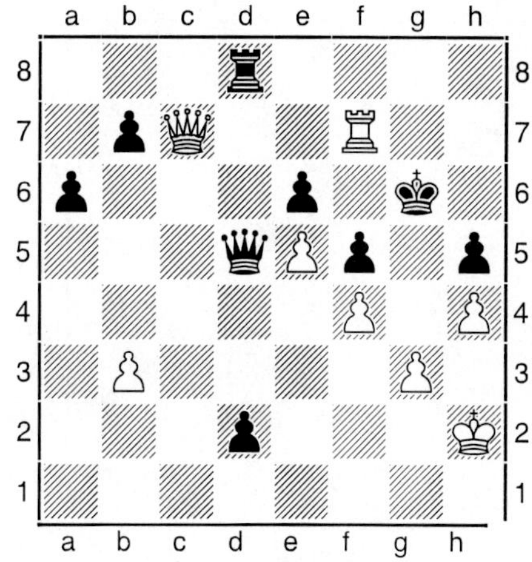

290) Jogam as Pretas (3 pontos)

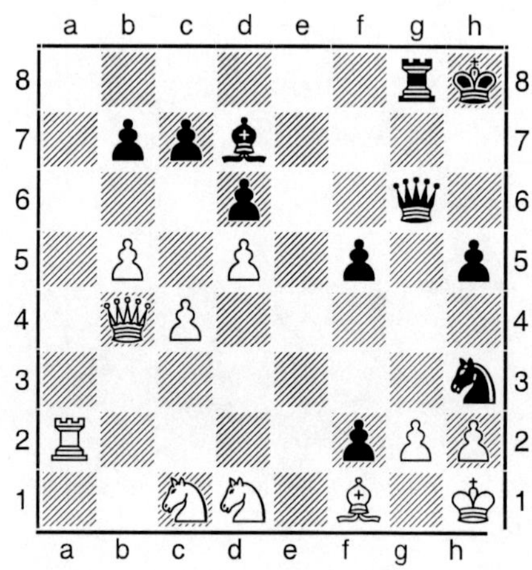

291) Jogam as Pretas (3 pontos)

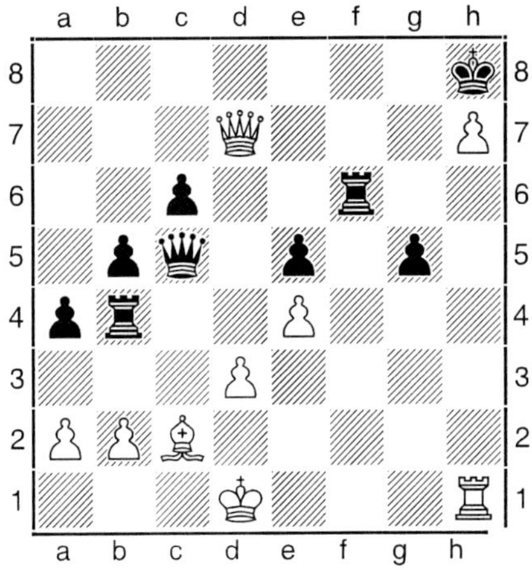

292) Jogam as Brancas (4 pontos)

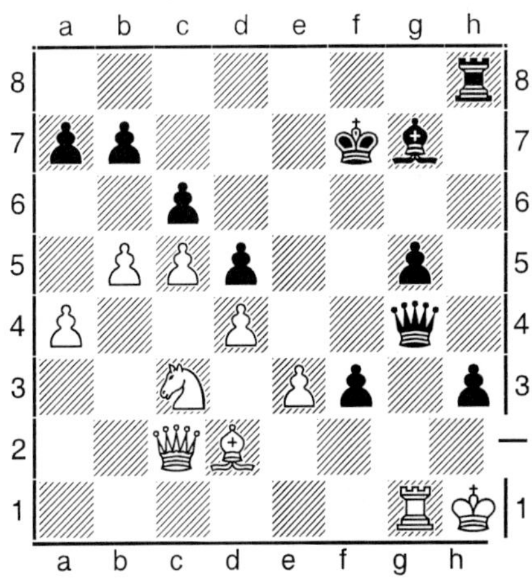

293) Jogam as Pretas (4 pontos)

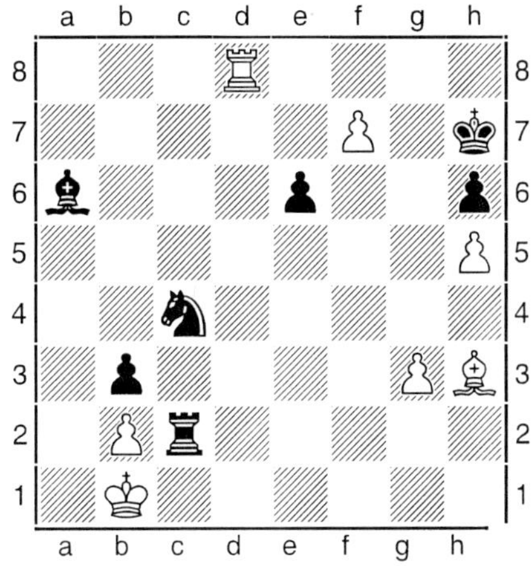

294) Jogam as Brancas (5 pontos)

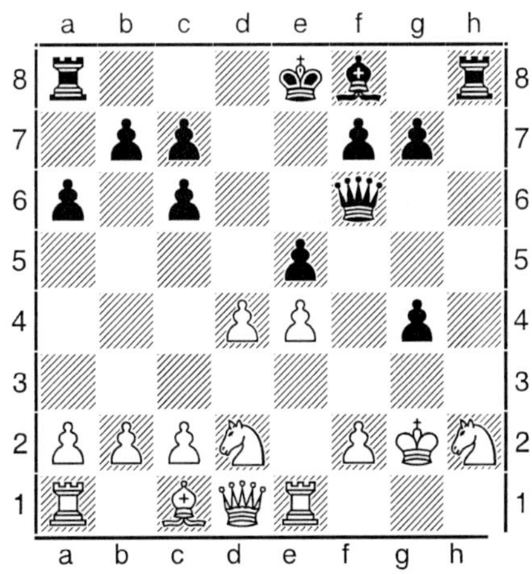

295) Jogam as Pretas (5 pontos)

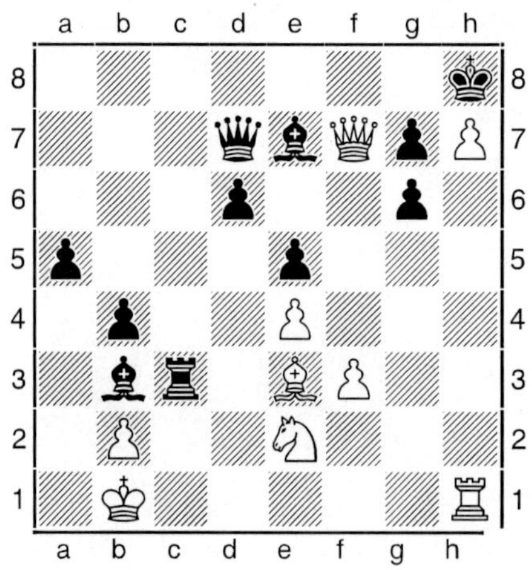

296) Jogam as Brancas (5 pontos)

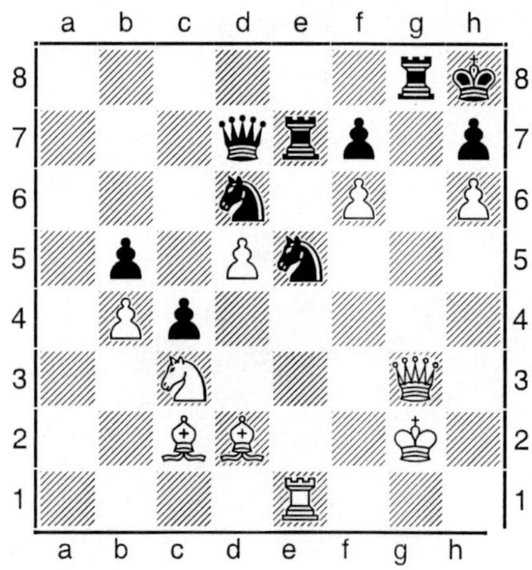

298) Jogam as Brancas (5 pontos)

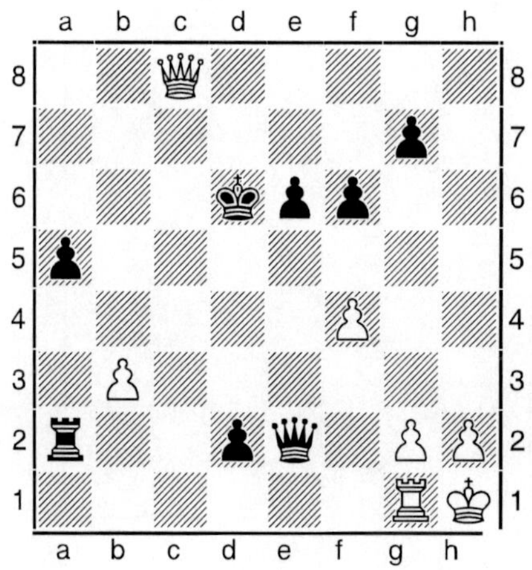

297) Jogam as Pretas (5 pontos)

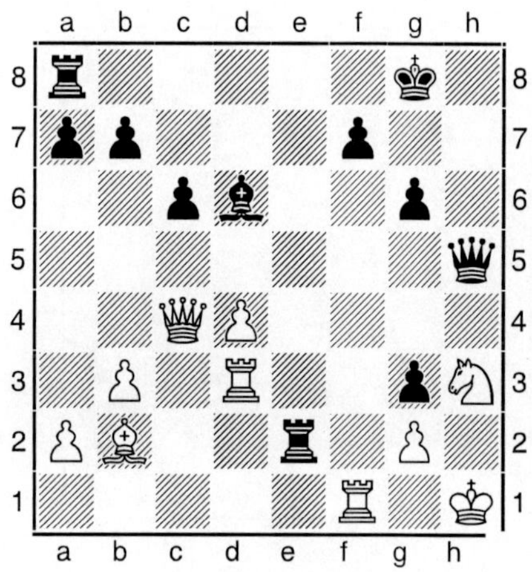

299) Jogam as Pretas (5 pontos)

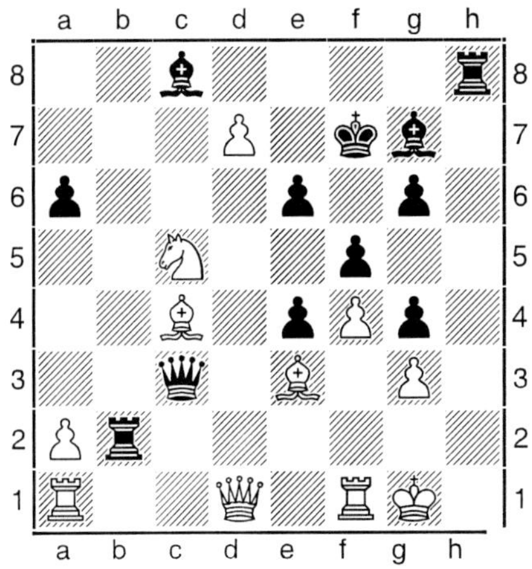

300) Jogam as Brancas (5 pontos)

Soluções dos Mates de Promoção do Peão

271) **I. Solonar – V. Ianocichin**

Chisinau 2001

1...♕g2+! 2 ♔xg2

Ou 2 ♔e2 f1♕++ 3 ♔e3 ♗xc5#.

2...f1♕#

É uma combinação típica envolvendo a retirada de um rei do bloqueio por meio de um sacrifício.

272) **A. Glukhov – Vladis. Vasiliev**

Kazan 2009

1...♕b1+! 0-1

2 ♘xb1 cxb1♕#.

273) **Moreto Quintana – Koziak**

La Roda 2007

1...♕h2+! 0-1

2 ♔xh2 g1♕#.

274) **A. Tudor – Ta. Balla**

Campeonato Romeno (Sub-16), Calimanesti 2000

1 ♕h8+! 1-0

1...♔xh8 2 exf8♕#.

275) **Nguyen Chi Minh – P. Forthoffer**

Praga 2009

1 e7!

1 f7+? ♔f8 2 ♔f6? não funciona porque 2...e1♕ para o mate em e7.

1-0

1...e1♕ 2 f7+ ♔h8 3 f8♕#.

276) **Estevez Jacome – Bernal Tinajero**

Astúrias 1992

1...♕xh2+! 2 ♕xh2 f2+ 0-1

Após 3 ♖g2 f1♕#, nem a torre nem a dama podem intervir, pois ambas estão cravadas.

277) **J. Antal – Gal**

Campeonato Húngaro (por equipes) 2006/7

1 ♖xa6+! bxa6 2 b7+ 1-0

2...♔a7 3 b8♕#.

278) **Vigorito – E. Lund**

Budapeste 2003

1 ♖xh6+! gxh6 2 ♕d4+

2 ♕c3+ também dá mate, mas requer um lance a mais.

2...♗g7 3 f8♖#

Promover para dama é igualmente eficiente.

279) **R. Taborsky – T. Vesely**

Tatranske Zruby 2002

1 ♕d8+! 1-0

1...♗xd8 (após 1...♗f8 2 e7+, as Brancas dão mate no próximo lance) 2 e7+ ♔h8 3 e8♕# (ou 3 exd8♕#).

280) **S. Foisor – Li Shilong**

Cappelle la Grande 2008

1...h1♕+! 2 ♔xh1 ♔f2 0-1

3 d8♕ g2+ 4 ♔h2 g1♕+ 5 ♔h3 ♕g3#.

281) **Bobras – Szelag**

Campeonato Polonês, Poznan 2005

1 ♕xh7+! ♔xh7 2 g8♕+!

As Brancas não podem jogar 2 ♖h4+ de imediato, pois as Pretas podem responder com 2...♕xh4.

2...♕xg8

2...♔h6 3 ♕g6#.

3 ♖h4#

282) **Marcelin – Gschnitzer**

2ª Bundesliga 2002/3

1 ♖e8+! ♖xe8 2 ♕g8+! ♔xg8

2...♔e7 3 dxe8♕+ leva ao mate em poucos lances.

3 dxe8♕#

283) **Zaragatski – So. Kartsev**

Dortmund 1999

1 ♕g8+! ♔xg8 2 h7+ ♔f8

Também é mate após 2...♔h8 3 ♖d8+ ♔g7 4 ♖g8# ou 2...♔g7 3 h8♕+ ♔g6 4 ♕h6#.

3 h8♕+ ♔e7 4 ♕d8+ 1-0

4...♔e6 5 ♕d6#.

284) **Anja Wagener – Ortartchiev**

Campeonato de Luxemburgo, Differdange 2007

1 ♕xh7+! ♔xh7 2 g8♕+! 1-0

2...♖xg8 3 ♖h6#.

285) **Bernadsky – Shkuro**

Alushta 2008

1...♕g2+! 0-1

Este sacrifício desencadeia o poder do peão e dá mate após 2 ♖xg2 fxg2+ 3 ♔g1 ♖f1+ 4 ♕xf1 gxf1♕#.

286) **D. Salvador Lopez – Mengual Bolo**

Cullera 2005

1...♕xa2+! 0-1

2 ♔xa2 ♖a4+ 3 ♔b1 ♖a1+ 4 ♘xa1 bxa1♕#.

287) **Indjić – Jovančić**

Pančevo (evento por equipes) 2005

1 ♕f7+! 1-0

É mate após 1...♔h8 2 ♕xf8+ ♕xf8 3 ♖xf8# ou 1...♖xf7 2 exf7+ ♔f8 (2...♔h8 é seguido por 3 Ie8+ ou 3 f8♕+, com mate no próximo lance em qualquer caso) 3 ♖e8#.

288) **Menkinoski – K.N. Krastev**

Blagoevgrad 2010

1 e6! ♕xf6

Forçado, pois as Brancas estavam ameaçando 2 exd7# ou 2 exf7# e 1...fxe6 também leva ao mate após 2 ♖xe6+ ou 2 ♕xe6+.

2 exd7++ ♔d8 3 ♖e8+ ♖xe8 4 dxe8♖#

Claro que promover para dama é igualmente bom.

289) **Zukin – P. Gusakov**

Kimry 2003

As Brancas ganham em qualquer caso, mas tem um modo surpreendente de forçar um mate rápido.

1 ♘g6+ ♔h7 2 ♘xf8+ ♔h8 3 ♘g6+ ♔h7 4 f8♘#

290) **Amil Meilan – H. Fiori**

Buenos Aires 2002

As Brancas ameaçam o mate com ♖f6#, então as Pretas devem efetuar xeques seguidos.

1...♕h1+! 0-1

2 ♔xh1 d1♕+ 3 ♔g2 ♖d2+ 4 ♔h3 ♕h1# (as Pretas também podem dar mate com 4...♕f1# ou 4...♕g4#).

291) **Agamaliev – Maciejewski**

Polanica Zdroj 2000

As Pretas devem clarear o caminho até a casa g1.

1...♕xg2+! 0-1

2 ♗xg2 f1♕+ 3 ♗xf1 ♖g1#.

292) **M. Csorba – Pinczes**

Campeonato Húngaro (por equipes) 2002/3

1 ♕g7+! ♔xg7 2 h8♕+ 1-0

2...♔f7 (2...♔g6 3 ♕h7#) 3 ♖h7+ ♔e6 4 ♕c8+ (4 ♕e8+ também é bom) 4...♔d6 5 ♕d7#.

293) **Rittie – J. Marchal**

Vandoeuvre 2004

1...♕g2+! 2 ♖xg2 hxg2++ 0-1

3 ♔g1 ♖h1+ 4 ♔f2 ♖f1+ (4...g1♕+ 5 ♔xf3 ♕f1+ 6 ♔g3 ♖g1+ 7 ♔h2 ♕g2# também é bom) 5 ♔g3 g1♕+ 6 ♔h3 ♕g2#.

294) **Georgiadis – D. Berczes**

Campeonato Europeu, Budva 2009

As Pretas ameaçam empatar com um xeque perpétuo começando com ...♖xb2+, portanto as Brancas devem executar apenas xeques.

1 ♖h8+! ♔xh8 2 f8♕+ ♔h7 3 ♕f7+

As Brancas têm que colocar seu bispo sob ataque com um xeque. 3 ♕e7+ é igualmente bom.

3...♔h8 4 ♕f6+ ♔h7

Ou 4...♔g8 5 ♗xe6+ ♔h7 6 ♕g6+ ♔h8 7 ♕xh6#.

5 ♕g6+ ♔h8 6 ♕xh6+ 1-0

6...♔g8 7 ♗xe6#.

295) **J. Nybäck – Sisatto**

Campeonato Finlandês (por equipes) 2009

As Pretas já entregaram duas peças e agora finalizam as Brancas com mais um sacrifício.

1...♖xh2+! 2 ♔xh2 ♕xf2+ 3 ♔h1 g3 0-1

As Pretas têm duas ameaças. As Brancas podem se opor à primeira ameaça 4...♕h2# com, por exemplo, 4 ♘f3, mas é vítima da segunda: 4... g2+ 5 ♔h2 g1♕++ 6 ♔h3 ♕gg3#.

296) **Diez Viera – H. Garro Beraza**

San Sebastián 2007

1 ♕xg7+!

Note que 1 ♕g8+? não é possível devido a 1...♗xg8.

1...♔xg7 2 h8♕+ 1-0

2...♔f7 3 ♖h7+ ♔e6 4 ♕g8+ ♔f6 5 ♕g7+ ♔e6 6 ♕f7#.

297) **I. Perez de Villar Framil – Morcillo Ferran**

Barcelona 2002

1...♕xg2+! 2 ♔xg2

Ou 2 ♖xg2 d1♕+ 3 ♖g1 ♕f3+ (3... ♕d5+ é igualmente bom) 4 ♖g2 ♕xg2#.

2...d1♕+ 3 ♔g3

3 ♔h3 ♕f3+ 4 ♖g3 (4 ♔h4 ♖xh2#) 4...♕h5#.

3...♕xg1+ 0-1

Após 4 ♔f3, as Pretas podem dar o mate de vários modos, como em 4... ♕g2+ 5 ♔e3 ♕e2+ 6 ♔d4 ♖d2+ 7 ♔c3 ♕d3#.

298) **S. Anderson – M. Langer**

Campeonato do Texas, Dallas 2003

1 ♕g7+! ♖xg7+ 2 hxg7+ ♔g8 3 ♗xh7+! 1-0

3...♔xh7 4 ♖h1+ ♔g6 (4...♔g8 5 ♖h8#) 5 g8♕+ seguido de 6 ♕g5#.

299) **Joerdens – M. Lazić**

Seefeld 2000

1...♕xh3+! 2 gxh3 g2+ 0-1

3 ♔g1 ♗h2+! 4 ♔xh2 gxf1♕+ 5 ♔g3 ♖g2+ (ou 5...♕g2+ 6 ♔h4 ♕e4+ e mate no próximo lance) 6 ♔h4 e agora as Pretas podem dar mate com 6... ♕f4# ou 6...♕f6#.

300) **J. Tomka – Julenyi**

Campeonato Eslovaco (por equipes) 2005/6

1 ♗xe6+ ♔e7

1...♔f6 é respondido com 2 d8♕+ ♖xd8 3 ♕xd8#.

1-0

As Pretas abandonaram sem esperar a finalização 2 dxc8♘+! ♖xc8 (2... ♔e8 3 ♕d7+ e as Brancas dão mate no próximo lance ou 2...♔f6 3 ♗d4+ ♕xd4+ 4 ♕xd4#) 3 ♕d7+ e 4 ♕f7#.

Uma combinação notável, em que as Brancas promovem para dama em uma linha e para cavalo na outra.

Quadro de Pontuação dos Mates de Promoção do Peão

Número da Posição	Pontos
271	1
272	1
273	1
274	1
275	2
276	2
277	2
278	2
279	2
280	3
281	3
282	3
283	3
284	3
285	3
286	3
287	3
288	3
289	3
290	3
291	3
292	4
293	4
294	5
295	5
296	5
297	5
298	5
299	5
300	5

Total	
Máximo	93

6. Mates com Torre e Peça Menor

Uma torre e um bispo ou um cavalo são uma força de ataque poderosa, e muitos padrões de mate comuns se baseiam nessa combinação de material. Embora se possa esperar que duas peças menores estejam presentes com mais ou menos a mesma frequência, a combinação envolvendo um cavalo parece ocorrer mais do que com um bispo. Veja um exemplo, em que a torre e o cavalo são auxiliados por um peão.

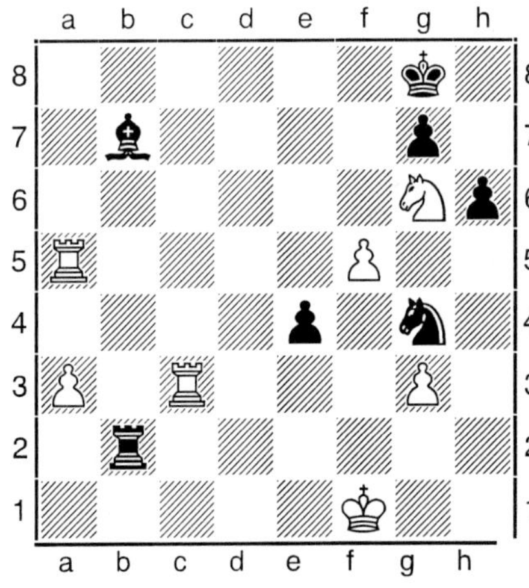

K. Berg – J. Kristiansen

Århus 2009

As Brancas gostariam de ter uma torre na primeira fila das Pretas, mas a8 e c8 são cobertos pelo bispo das Pretas. A solução para o problema é sacrificar uma torre para tirar o bispo da posição, permitindo que a outra torre chegue ao seu objetivo. As Brancas jogaram **1 ♖a8+!** e as **Pretas abandonaram (1-0)**, pois após 1...♗xa8 2 ♖c8+ a combinação de torre e cavalo força o mate: 2...♔f7 3 ♖f8# ou 2...♔h7 3 ♖h8#.

As posições neste capítulo mostrarão como uma torre e uma peça menor podem operar em coordenação para dar xeque-mate. Aprender como as peças trabalham juntas é importante em todas as áreas do xadrez, e não só quando se trata de jogar pelo mate!

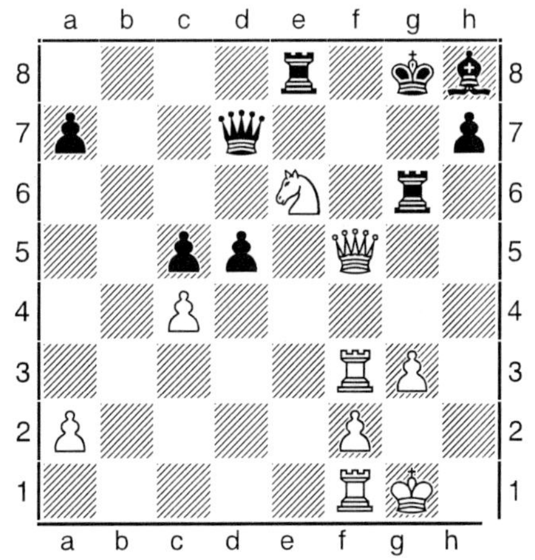

301) Jogam as Brancas (1 ponto)

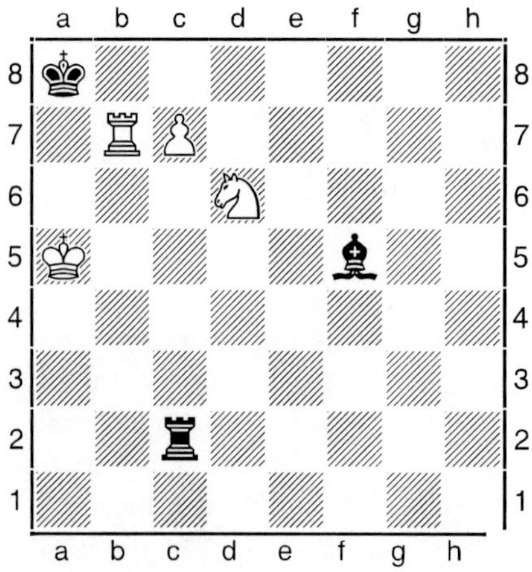

302) Jogam as Brancas (1 ponto)

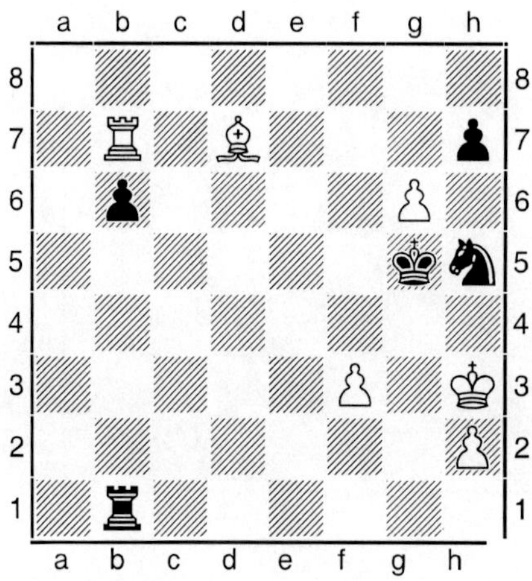

303) Jogam as Pretas (1 ponto)

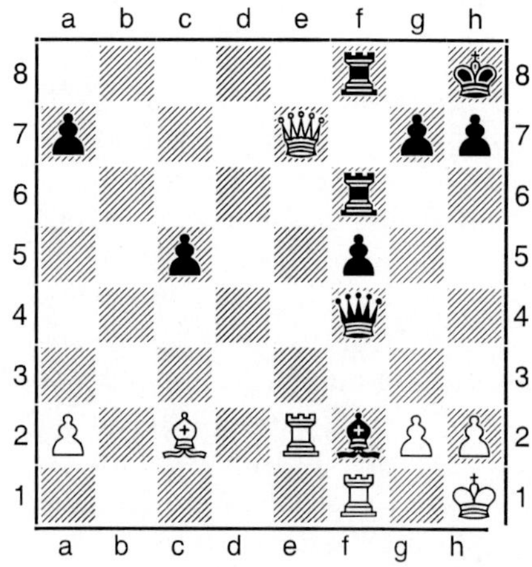

304) Jogam as Pretas (1 ponto)

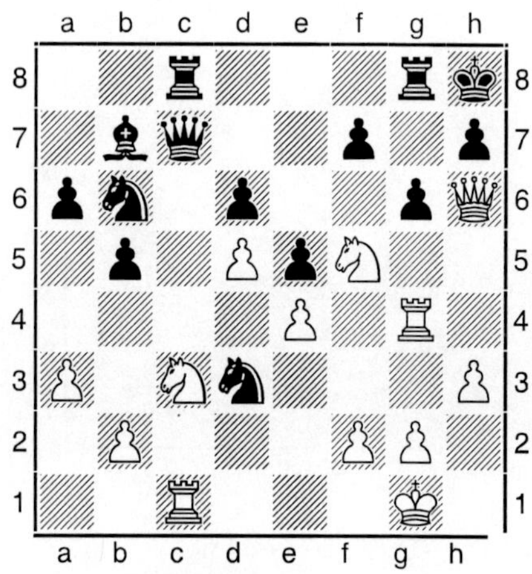

305) Jogam as Brancas (1 ponto)

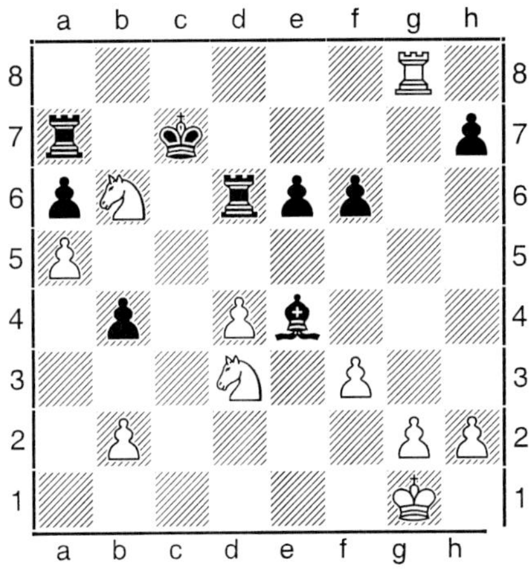

306) Jogam as Brancas (1 ponto)

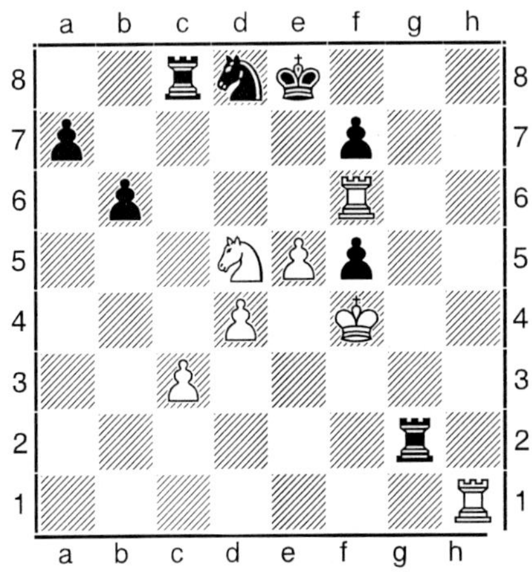

307) Jogam as Brancas (1 ponto)

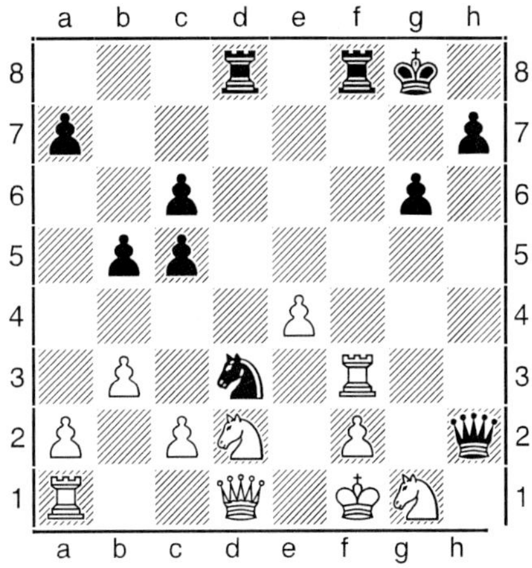

308) Jogam as Pretas (1 ponto)

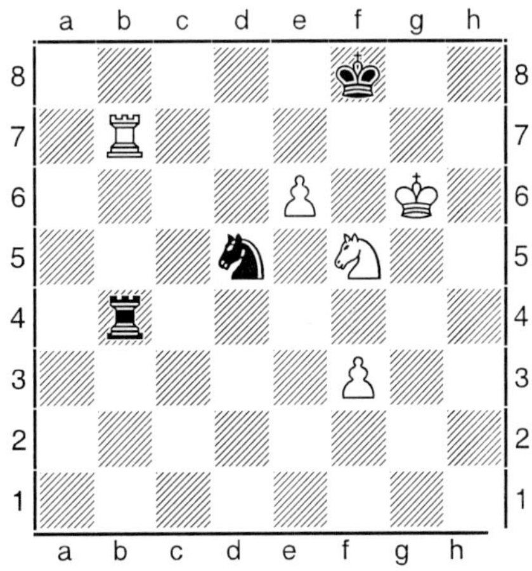

309) Jogam as Brancas (2 pontos)

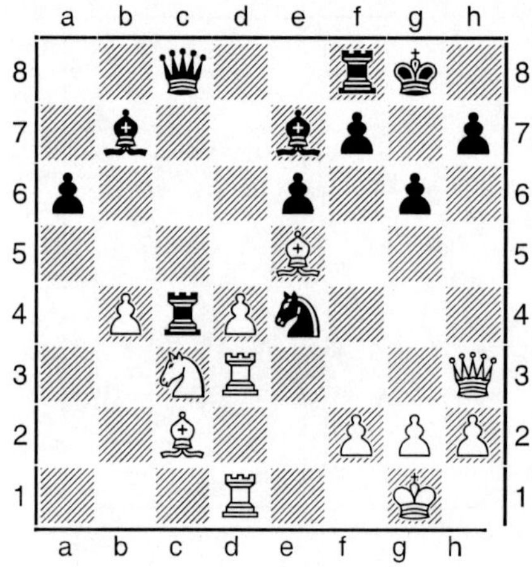

310) Jogam as Brancas (2 pontos)

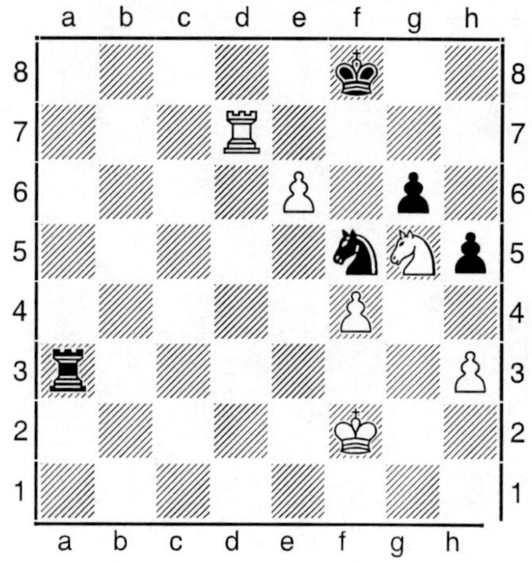

312) Jogam as Brancas (2 pontos)

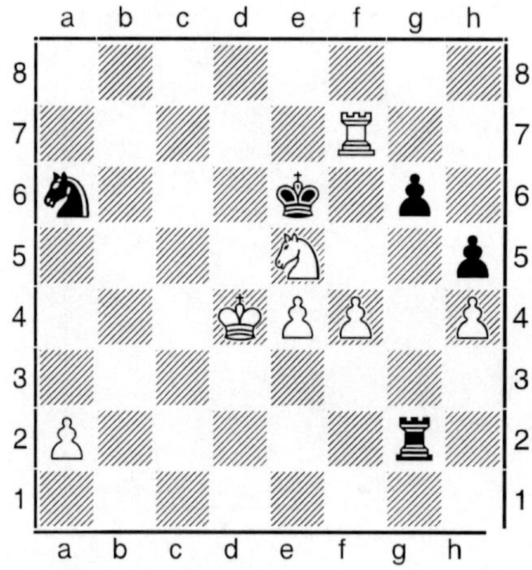

311) Jogam as Brancas (2 pontos)

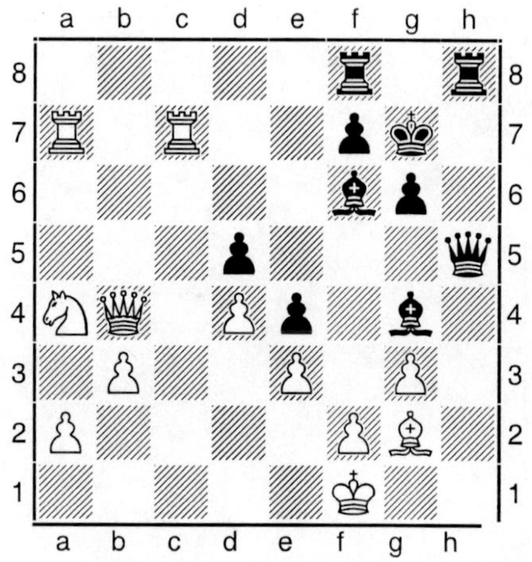

313) Jogam as Pretas (2 pontos)

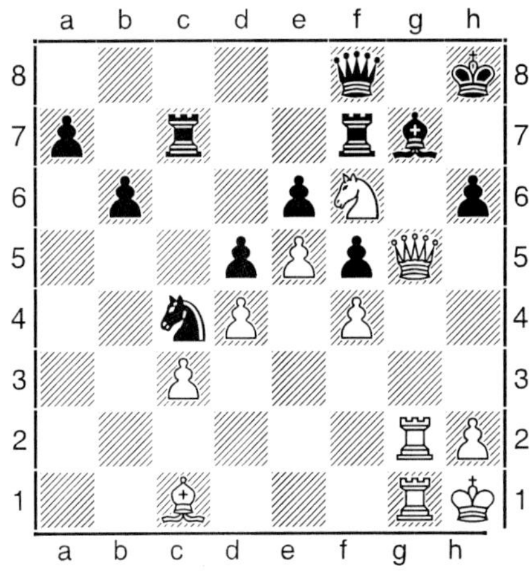

314) Jogam as Brancas (2 pontos)

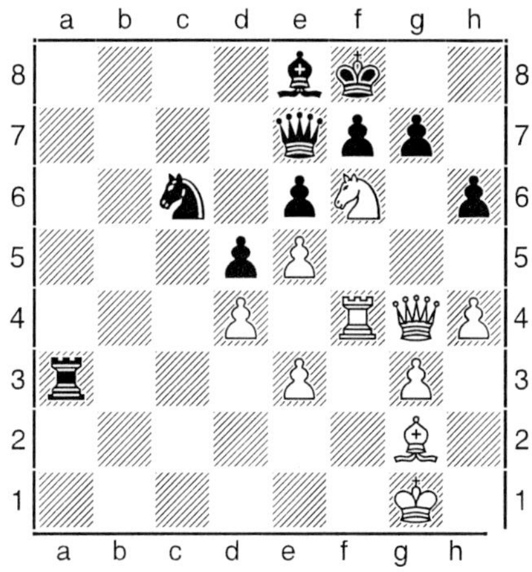

316) Jogam as Brancas (2 pontos)

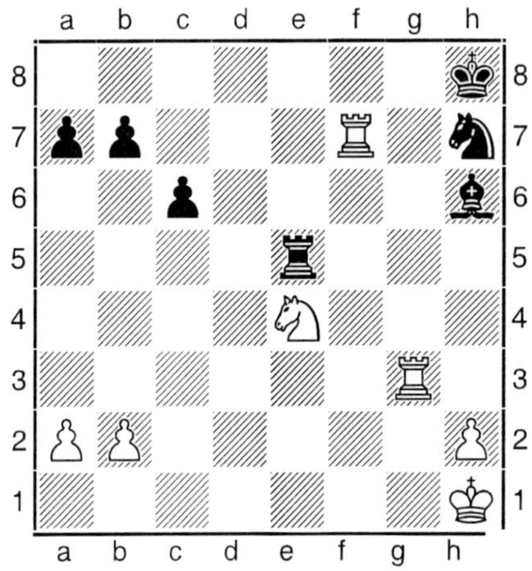

315) Jogam as Brancas (2 pontos)

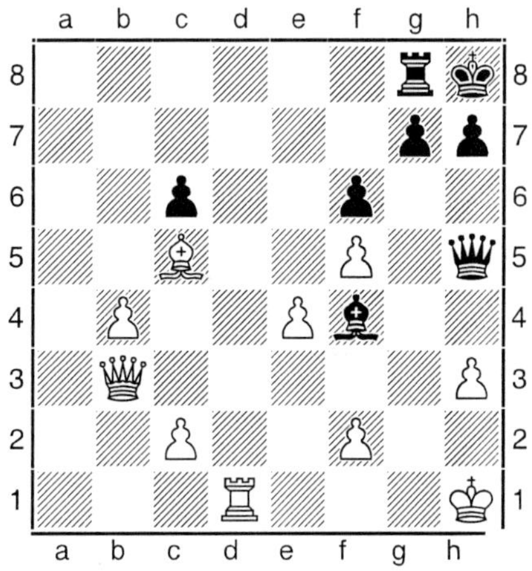

317) Jogam as Brancas (2 pontos)

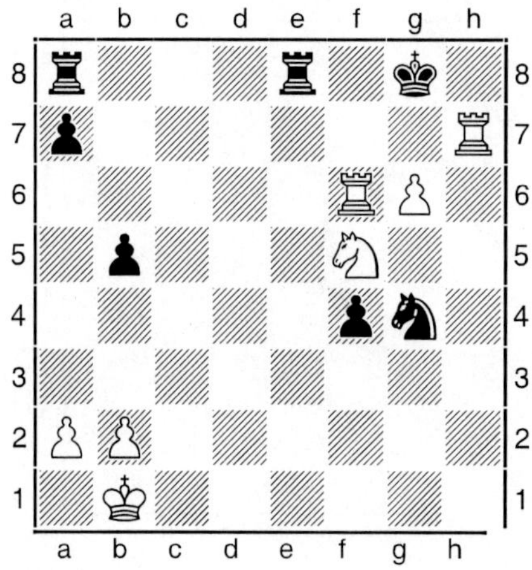

318) Jogam as Brancas (2 pontos)

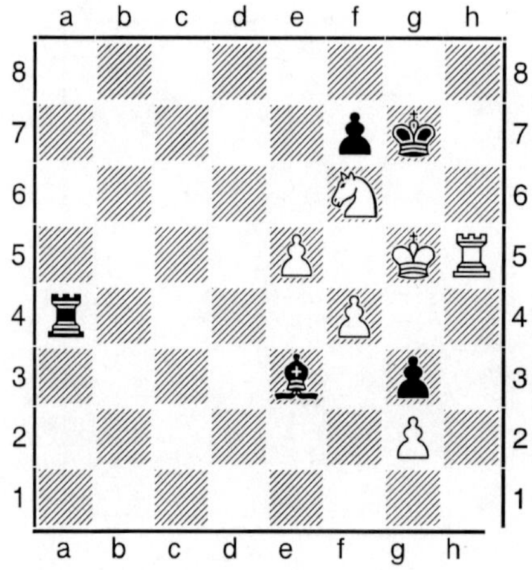

319) Jogam as Brancas (2 pontos)

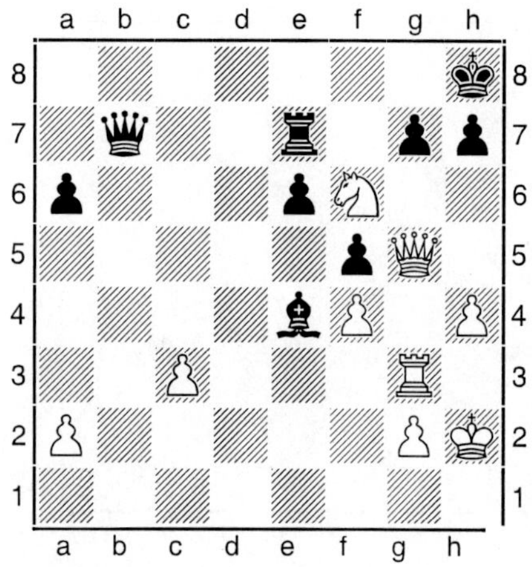

320) Jogam as Brancas (2 pontos)

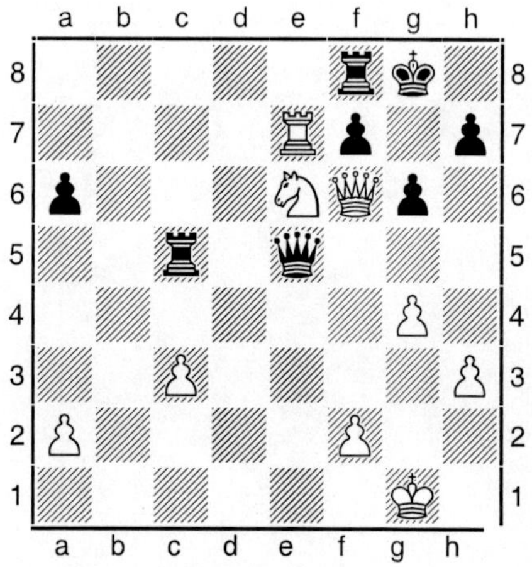

321) Jogam as Brancas (2 pontos)

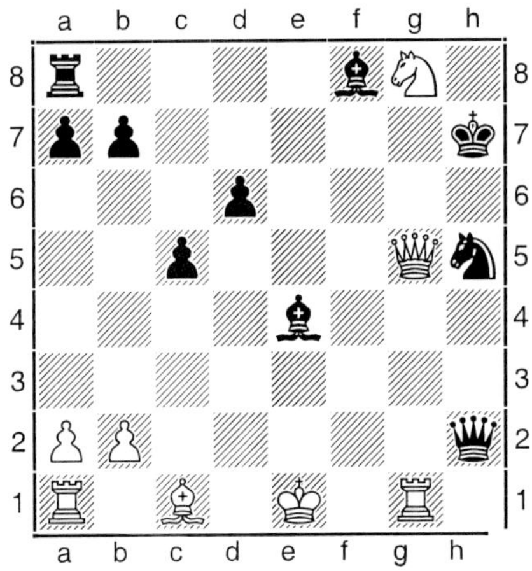

322) Jogam as Brancas (2 pontos)

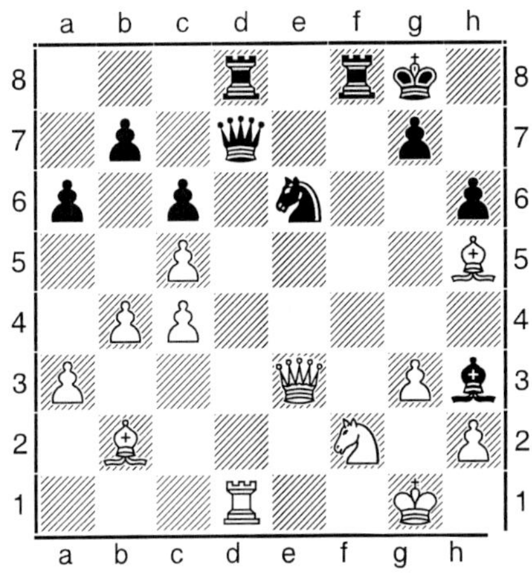

323) Jogam as Pretas (2 pontos)

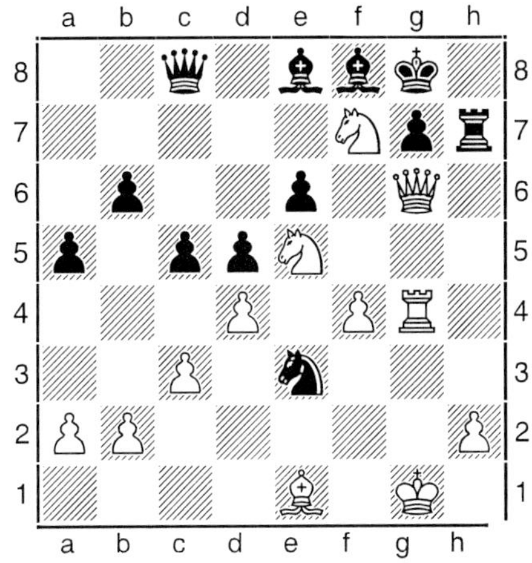

324) Jogam as Brancas (2 pontos)

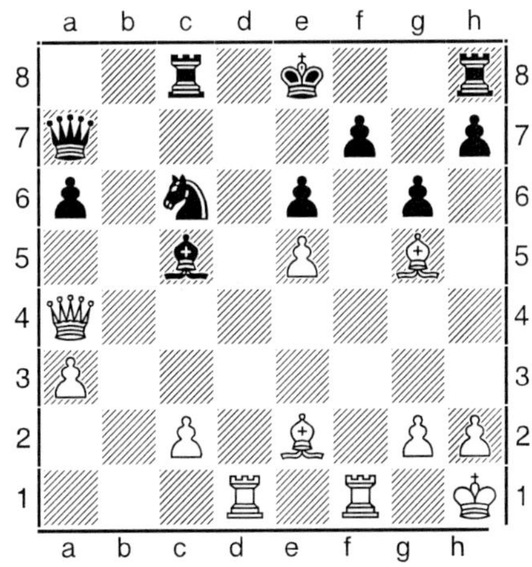

325) Jogam as Brancas (2 pontos)

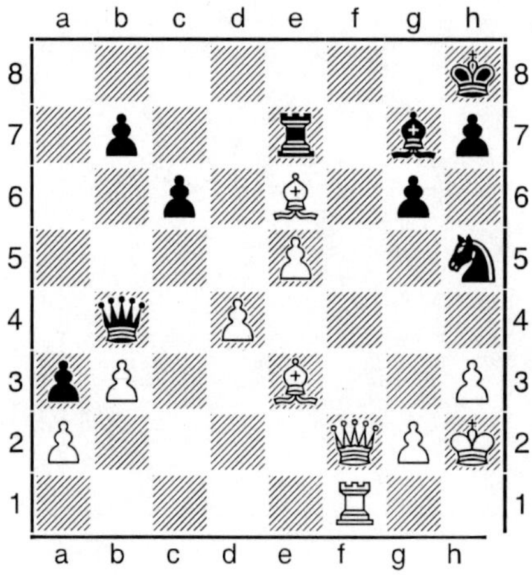

326) Jogam as Brancas (2 pontos)

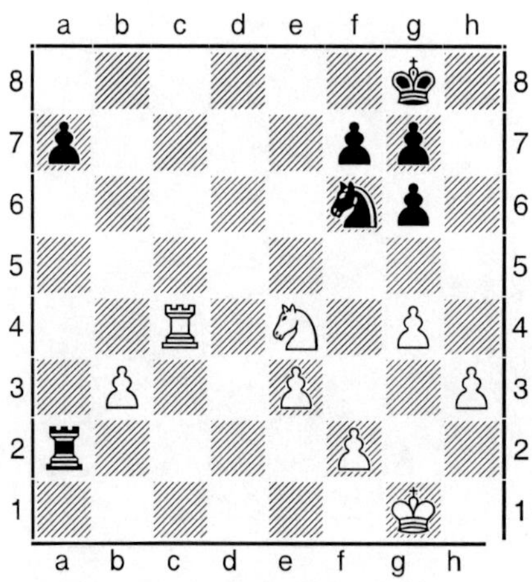

327) Jogam as Brancas (3 pontos)

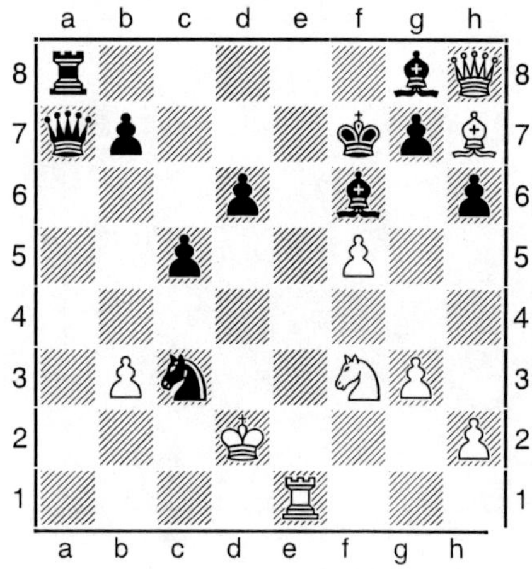

328) Jogam as Brancas (3 pontos)

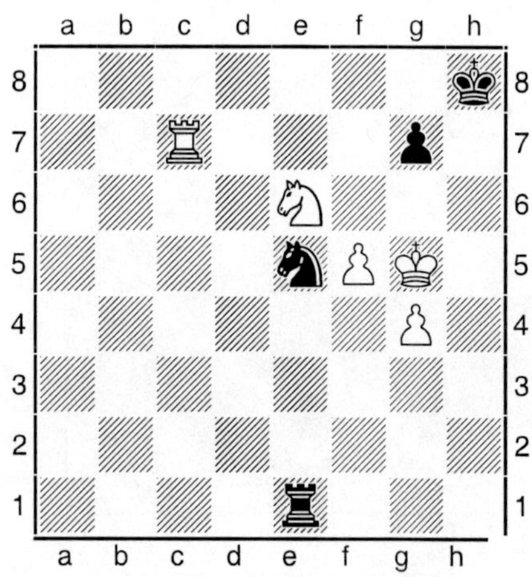

329) Jogam as Brancas (3 pontos)

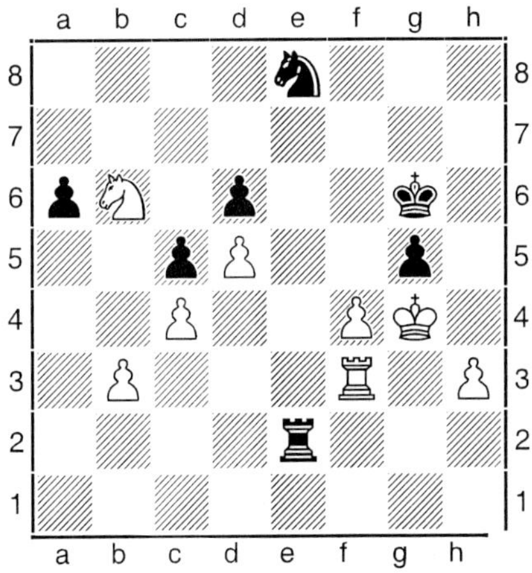

330) Jogam as Pretas (3 pontos)

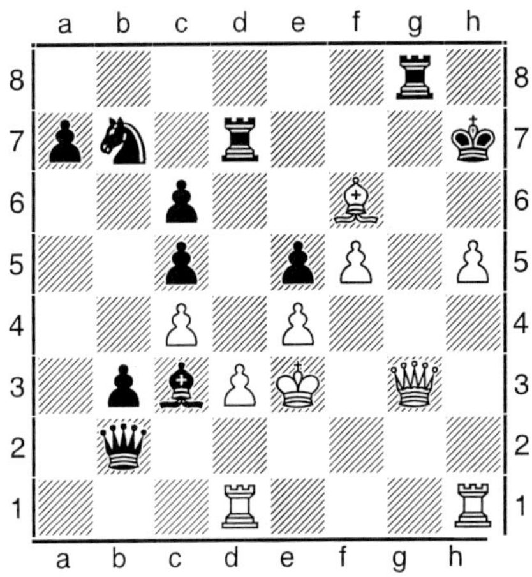

331) Jogam as Brancas (3 pontos)

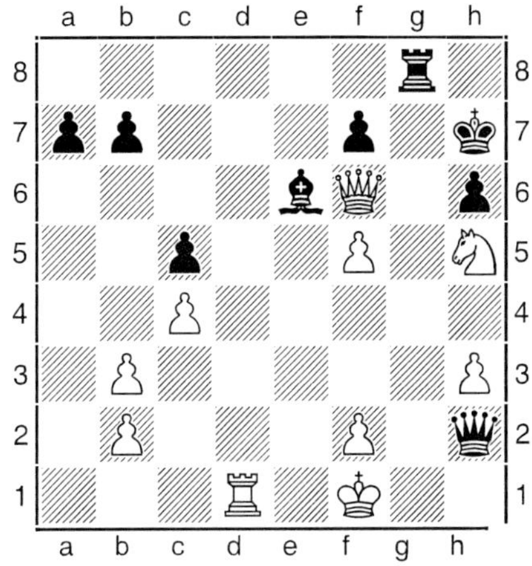

332) Jogam as Brancas (3 pontos)

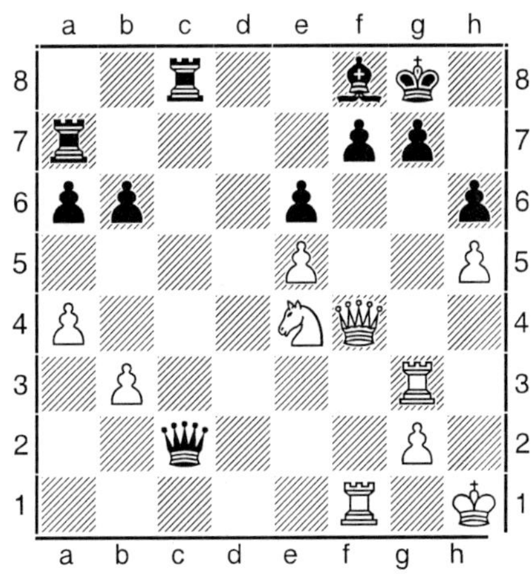

333) Jogam as Brancas (3 pontos)

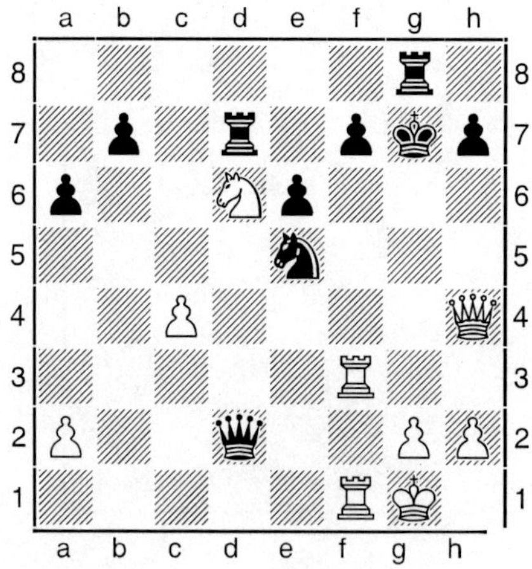

334) Jogam as Brancas (3 pontos)

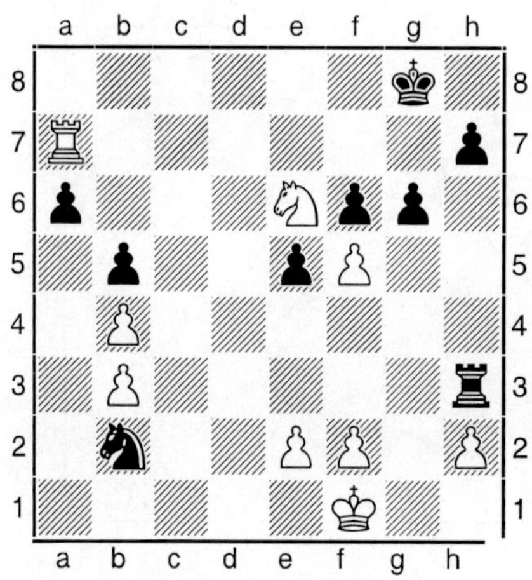

335) Jogam as Brancas (3 pontos)

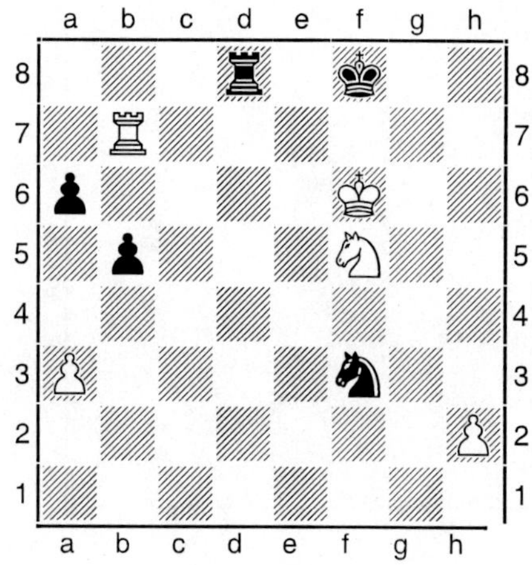

336) Jogam as Brancas (3 pontos)

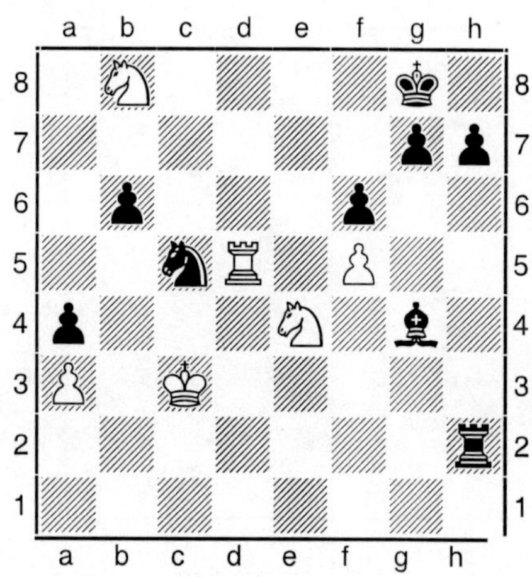

337) Jogam as Brancas (3 pontos)

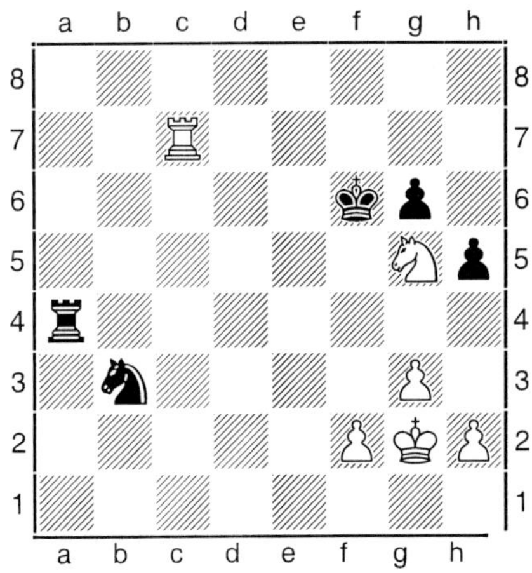

338) Jogam as Brancas (3 pontos)

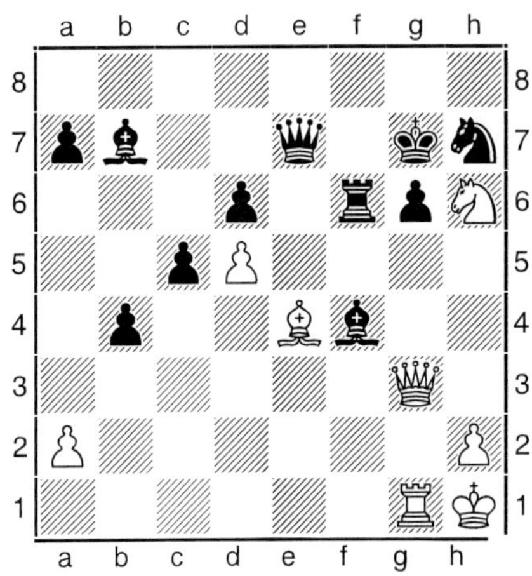

339) Jogam as Brancas (3 pontos)

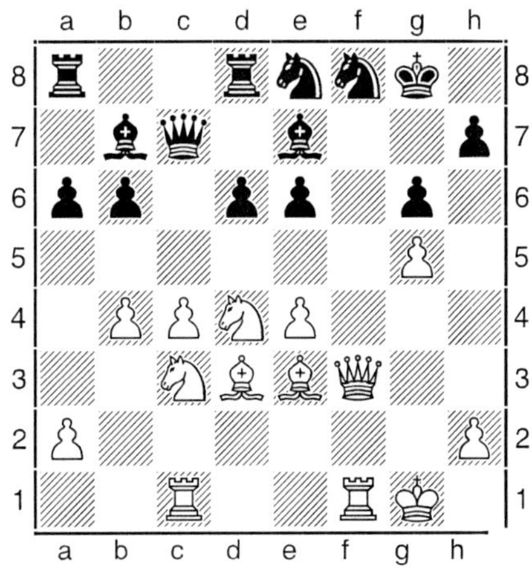

340) Jogam as Brancas (3 pontos)

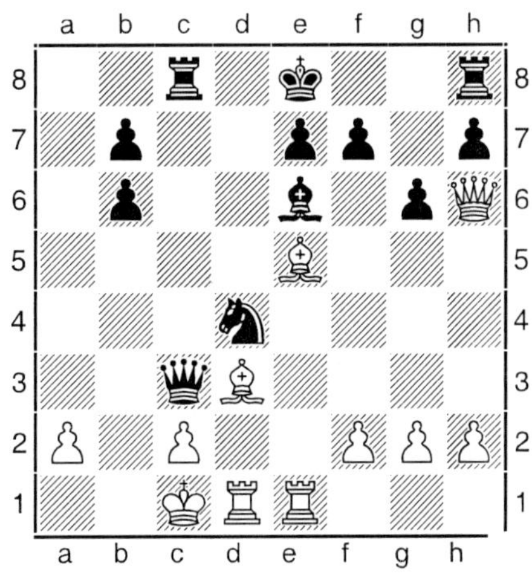

341) Jogam as Pretas (3 pontos)

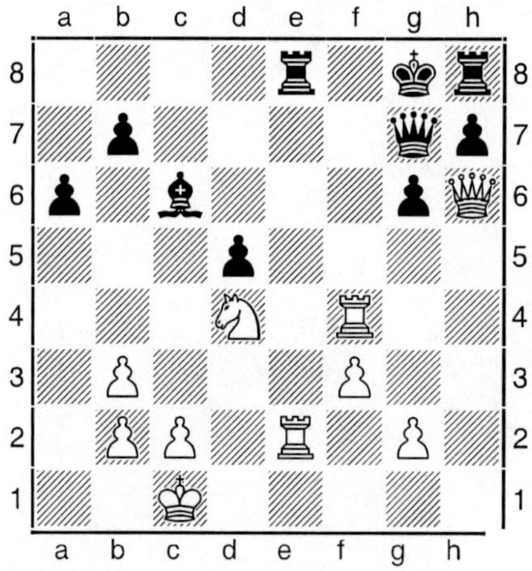

342) Jogam as Brancas (3 pontos)

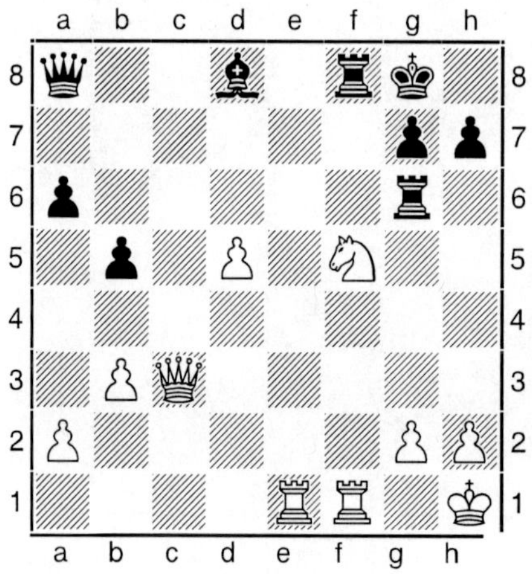

343) Jogam as Brancas (3 pontos)

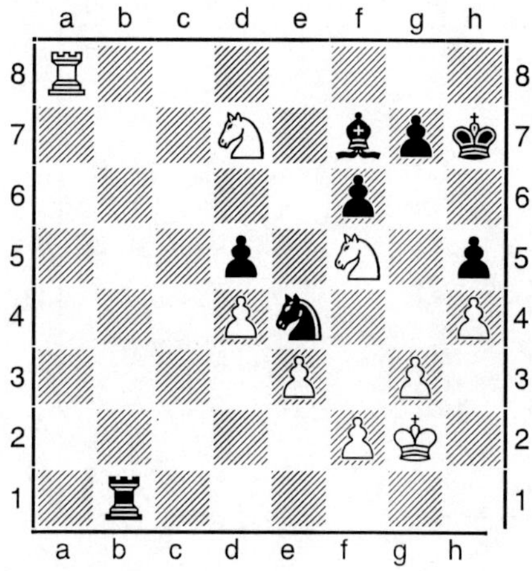

344) Jogam as Brancas (3 pontos)

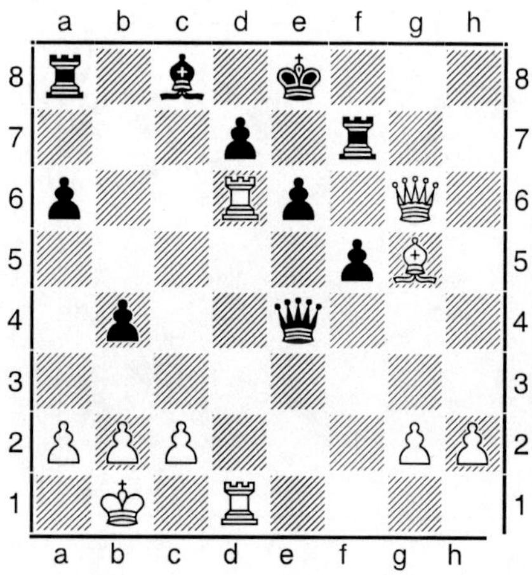

345) Jogam as Brancas (3 pontos)

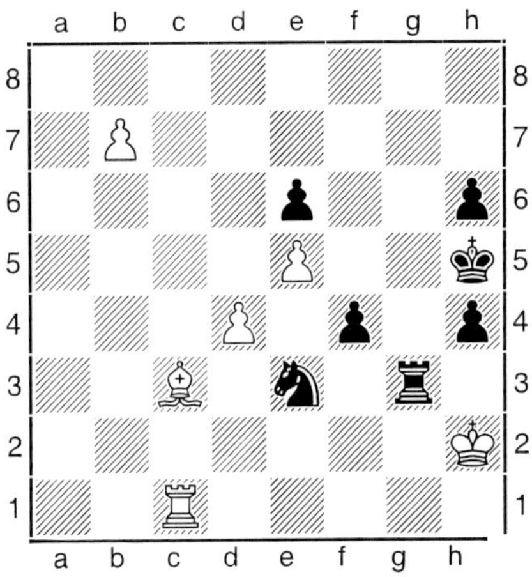

346) Jogam as Pretas (4 pontos)

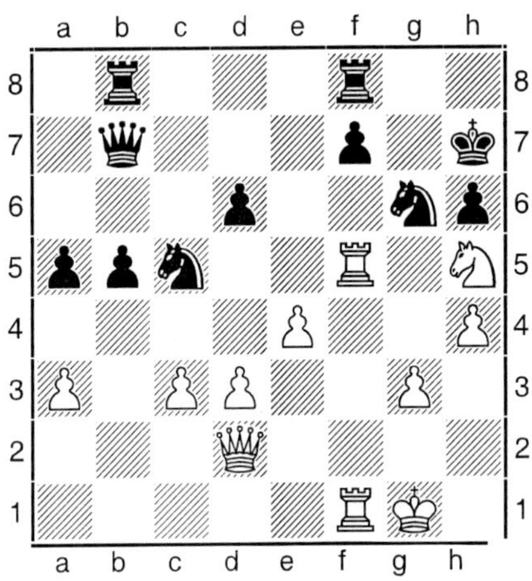

347) Jogam as Brancas (4 pontos)

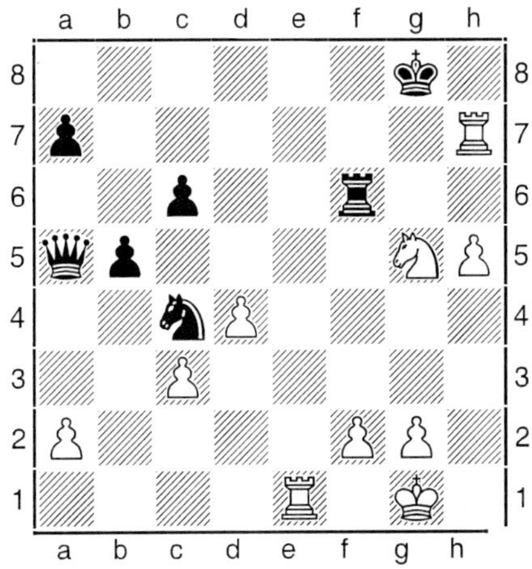

348) Jogam as Brancas (4 pontos)

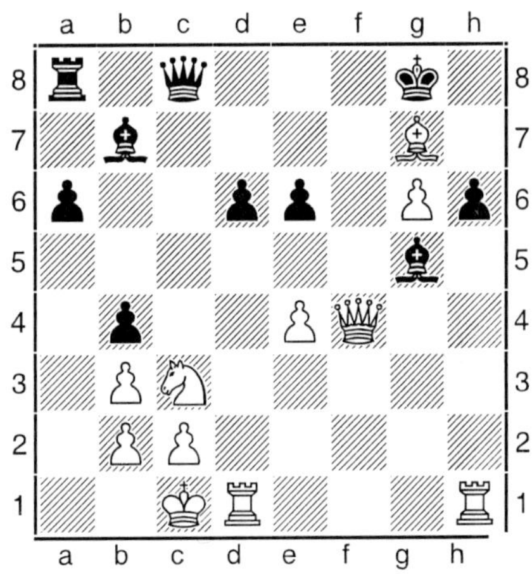

349) Jogam as Brancas (4 pontos)

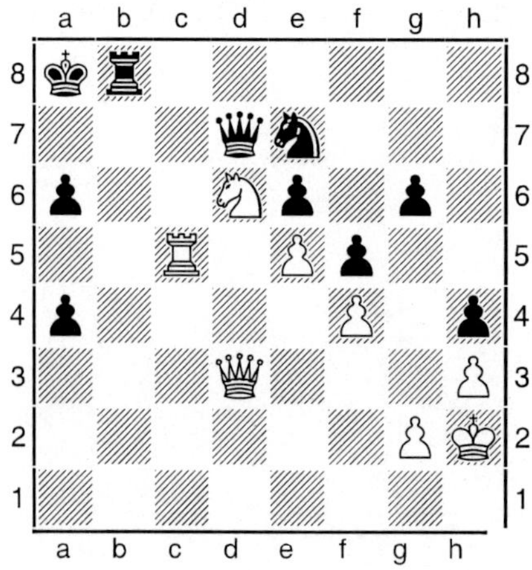

350) Jogam as Brancas (4 pontos)

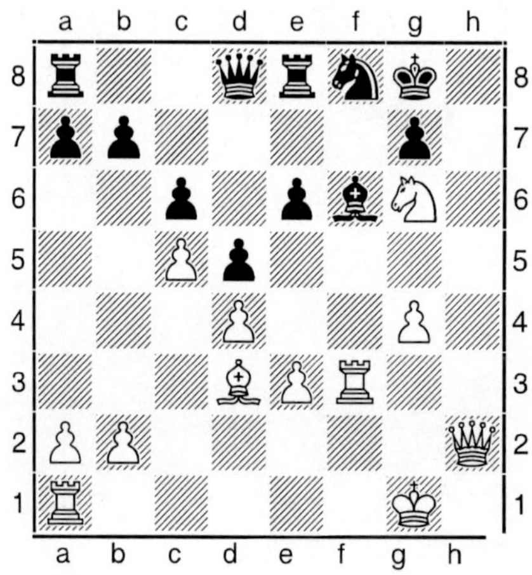

351) Jogam as Brancas (4 pontos)

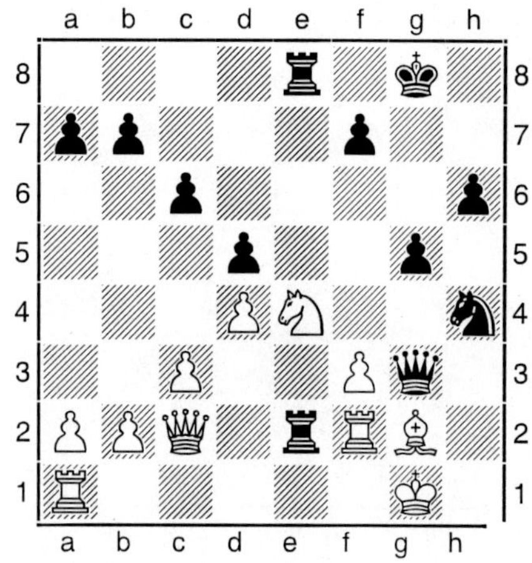

352) Jogam as Pretas (4 pontos)

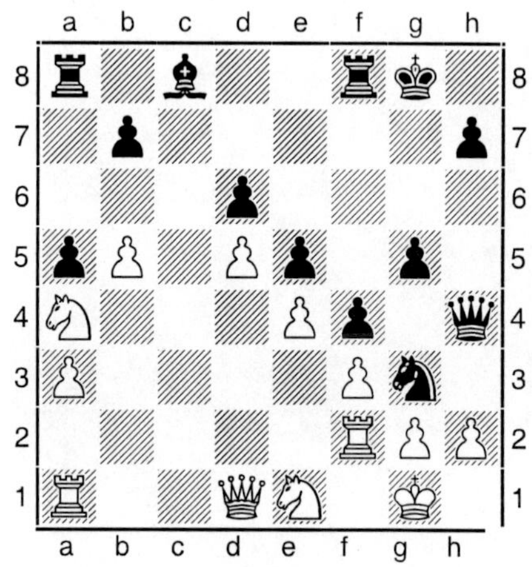

353) Jogam as Pretas (5 pontos)

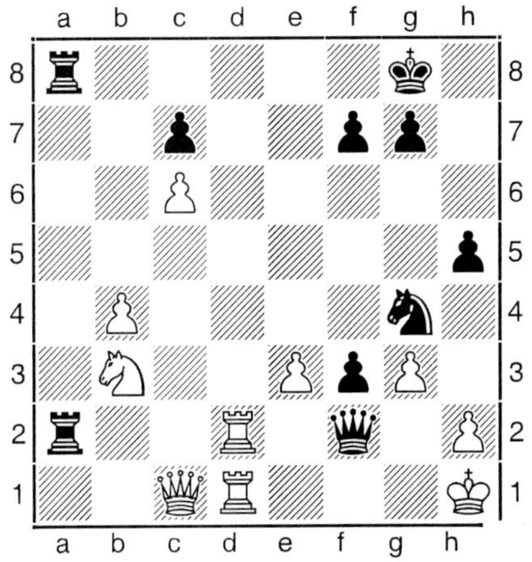

354) Jogam as Pretas (5 pontos)

Soluções dos Mates com Torre e Peça Menor

301) **C. Thomson – M. Mitchell**
Campeonato Escocês, Edimburgo 2009
1 ♕f8+! 1-0
1...♖xf8 2 ♖xf8#. É um mate típico com torre e cavalo.

302) **J. Polgar – Nayer**
Natanya (Blitz) 2009
1 ♖b8+ ♔a7 2 ♘b5#

303) **M. Muse – F. Schwarz**
2ª Bundesliga 2007/8
1...♖g1! 0-1
As Brancas não conseguem impedir 2...♘f4#.

304) **Kindinova – Tsepeleva**
Campeonato Russo (Feminino), Smolensk 2008
As Brancas abandonaram (**0-1**) sem esperar a conclusão **1...♕xh2+! 2 ♔xh2 ♖h6+ 3 ♕h4 ♖xh4#**.

305) **Piecka – Vojar**
Campeonato Eslovaco (por equipes) 1998/9
1 ♕xh7+! ♔xh7 2 ♖h4#

306) **Nigalidze – F. Zeinalov**
Baku 2008
1 ♖c8+ ♔b7 2 ♘c5# é um atrativo padrão de mate.

307) **R. Swinkels – M. Wolter**
Balatonlelle 2008
1 ♖h8+ ♔d7 2 ♖d6#

308) **A. Epstein – Sudakova**
Campeonato de São Petersburgo (Feminino) 2002
1...♕xf2+! 0-1
As Pretas forçam o mate no próximo lance após 2 ♖xf2 ♖xf2#.

309) **Brynell – Sagit**
Copa Rilton, Estocolmo 2008/9
1 ♖f7+ ♔g8
1...♔e8 2 ♘d6+ ♔d8 3 ♖d7#.
2 ♘h6+ ♔h8 3 ♖h7#
3 ♖f8# é igualmente bom.

310) **T. Weiss – Mario Bartel**
Alemanha (evento por equipes) 2004/5
1 ♕xh7+! 1-0
1...♔xh7 2 ♖h3+ ♔g8 3 ♖h8#. Esse mate costuma surgir em ataques contra o roque pequeno e há mais exemplos em outros capítulos.

311) **Mareco – F. Semprevivo**
Villa Ballester 2009
1 f5+ 1-0
1...gxf5 2 exf5+ ♔d6 3 ♖d7#.

312) **F. Cruz – Fe. Klein**

La Roda 2009

1 ♘h7+ 1-0

É mate após 1...♔e8 2 ♘f6+ ♔f8 3 ♖f7# ou 1...♔g8 2 ♘f6+ ♔h8 (2... ♔f8 3 ♖f7#) 3 ♖h7#.

313) **M. Marszalek – A. Kovaliov**

Augustow 2008

1...♕h1+! 2 ♗xh1 ♖xh1+ 3 ♔g2 ♗f3#

314) **John Fritz – M. Lundström**

Campeonato Sueco (por equipes) 2007/8

1 ♕xh6+! 1-0

1...♗xh6 2 ♖g8+ ♕xg8 3 ♖xg8#.

315) **Z. Djukić – Milu. Lukić**

Bošnjaci 2008

1 ♖xh7+! 1-0

1...♔xh7 2 ♘f6+ ♔h8 3 ♖g8#.

316) **D. Skibbe – K. Hildebrand**

Alemanha (evento feminino por equipes) 2007

1 ♕xg7+! ♔xg7 2 ♖g4+ 1-0

2...♔f8 e 2...♔h8 são seguidos por 3 ♖g8#.

317) **E. Danielian – Kosteniuk**

Campeonato Europeu - Feminino (Rápido), Minsk 2001

1 ♕xg8+! 1-0

1...♔xg8 2 ♖d8+ ♔f7 3 ♖f8#.

318) **A. Mastrovasilis – Lazaridis Patsalias**

Kalamaria 2008

1 ♖f8+!! 1-0

As Brancas forçam o mate após 1... ♖xf8 2 ♘e7# ou 1...♔xf8 2 ♖h8#.

319) **A. Diamant – P. Roggeveen**

Vlissingen 2008

1 ♖h7+ ♔f8 2 ♖h8+ ♔g7

2...♔e7 3 ♖e8#.

3 ♖g8#

320) **G. Albarran – Zukerfeld**

Buenos Aires 2004

1 ♕h6! 1-0

A ameaça é 2 ♕xh7# e se 1...gxh6 (1...gxf6 e 1...g6 são seguidos por 2 ♕f8#), então 2 ♖g8#.

321) **P. Houdek – S. Kuba**

Campeonato Tcheco (por equipes) 2002/3

1 ♕xf7+! 1-0

1...♖xf7 2 ♖e8+ ♖f8 3 ♖xf8#.

322) **D. Housieaux – S. Peray**

Campeonato Francês - Junior (por equipes), Pau 2000

1 ♕xh5+! 1-0

1...♕xh5 2 ♘f6+ ♔h8 3 ♖g8#.

323) **Occhipinti – Campomori**

Roma 2007

1...♕xd1+! 2 ♗xd1

2 ♘xd1 ♖f1# é ainda mais rápido.

2...♖xd1+ 0-1

3 ♘xd1 ♖f1#.

324) **Frasineanu – Bondoc**

Bucareste 2002

1 ♕xh7+ 1-0

1...♔xh7 2 ♖h4+ ♔g8 3 ♖h8#.

325) **Z. Lanka – M. Kröncke**

Kiel 2005

1 ♕xc6+! 1-0

1...♖xc6 é seguido por 2 ♖d8#, enquanto as Brancas dão mate com rapidez após 1...♔f8 2 ♕xc8+ ♔g7 3 ♗f6+.

326) **Solleveld – Fabregas Fontanet**

Andorra la Vella 2004

1 ♕f8+! 1-0

1...♗xf8 2 ♖xf8+ ♔g7 3 ♖g8#.

327) **Z. Martić – Kitarović**

Bošnjaci 2009

1 ♖c8+ ♔h7 2 ♘g5+ 1-0

A torre e o cavalo das Brancas se coordenam para fazer um ataque mortal ao rei inimigo. A finalização seria 2... ♔h6 3 ♘xf7+ ♔h7 4 ♖h8#.

328) **Sa. Martinović – S. Nikolov**

Omis 2004

1 ♕xg8+! 1-0

1...♖xg8 2 ♗g6+ ♔f8 3 ♖e8#.

329) **Hillarp Persson – Romanishin**

Wijk aan Zee 2009

1 ♖c8+ ♔h7 2 ♘f8+ 1-0

2...♔g8 3 ♘g6+ ♔f7 (3...♔h7 4 ♖h8#) 4 ♖f8#.

330) **Wutzlhofer – Mart. Steinert**

Campeonato Austríaco (por equipes) 2007/8

1...♘f6+ 2 ♔g3 ♘h5+

2...♘e4+ é igualmente bom.

3 ♔g4 ♖g2+ 0-1

4 ♖g3 ♖xg3#.

331) **A. Murillo – G. Juarez Flores**

Cidade de Guatemala 2001

1 ♕g6+! 1-0

1...♖xg6 2 hxg6++ ♔g8 3 ♖h8#.

332) **Casper – Brener**

Bundesliga 2007/8

1 ♕g7+! 1-0

1...♖xg7 2 ♘f6+ ♔h8 3 ♖d8+ ♖g8 4 ♖xg8#.

333) **Yang Shen – R. Rodriguez Lopez**

Gibraltar 2008

1 ♘f6+ ♔h8 2 ♕xh6+! 1-0

2...gxh6 3 ♖g8#.

334) **B. Lalith – P. Vishnu**

Campeonato Indiano, Chennai 2008

1 ♕f6+ ♔f8 2 ♕xf7+! ♘xf7 3 ♖xf7+ 1-0

3...♖xf7 4 ♖xf7#.

335) **Roghani – Golizadeh**

Campeonato Iraniano, Teheran 2008

1 ♖g7+ ♔h8 2 ♖f7! 1-0

A ameaça é 3 ♖f8# e após 2...h5 3 fxg6, o mate não pode ser impedido.

336) **Tristan – Vazquez Reyes**

Campeonato Pan-americano (Junior), Montevidéu 2009

1 ♖f7+ ♔g8

1...♔e8 2 ♘g7#.

2 ♘e7+ ♔h8 3 ♘g6+ ♔g8 4 ♖g7#

337) **Doncea – Delort**

Rhône 2008

1 ♖d8+ ♔f7 2 ♘d6+ ♔e7 3 ♘c6#

Um mate por atração e incomum.

338) **V. Shushpanov – Dzhangobegov**

Peterhof 2008

1 f4!

Com a ameaça mortal de 2 ♖f7#.

1...♘d4

Outros lances também levam ao mate:

1) 1...♔f5 2 ♖f7+ ♔g4 3 h3#.

2) 1...♖xf4 2 gxf4 ♔f5 3 ♖f7+ ♔g4 4 h3+ ♔h4 5 ♘f3#.

3) 1...♖a2+ 2 ♔h3 ♖xh2+ 3 ♔xh2 ♔f5 4 ♔h3 seguido de 5 ♖f7#.

2 ♖f7#

339) **Payen – Fedorchuk**

Cappelle la Grande 2005

1 ♕xg6+! ♖xg6

Um lance de rei permite 2 ♕g8#.

2 ♖xg6+ 1-0

2...♔f8 e 2...♔h8 são seguidos por 3 ♖g8#.

340) **Panarin – Bachmann Schiavo**

Internet (playchess.com) 2005

1 ♕f7+ ♔h8 2 ♕xf8+! 1-0

2...♗xf8 3 ♖xf8+ ♔g7 4 ♘xe6#.

341) **Wu Wenjin – Bu Xiangzhi**

Pequim (Zonal) 2005

1...♕xc2+! 0-1

2 ♗xc2 ♖xc2+ 3 ♔b1 ♗xa2+ 4 ♔a1 ♘b3#.

342) **S. Stojić – S. Myers**

Austrália (Open), Manly 2009

1 ♖xe8+

A ordem dos lances é importante. Não 1 ♕xg7+? ♔xg7 2 ♖xe8 ♖xe8, quando as Pretas escapam.

1...♗xe8 2 ♕xg7+ ♔xg7 3 ♘e6+ 1-0

3...♔g8 (3...♔h6 4 ♖h4#) 4 ♖f8#.

343) **Chernomordik – Gershkowich**

Tel-Aviv 2002

1 ♕xg7+! ♖xg7 2 ♘h6+ 1-0

2...♔h8 3 ♖xf8+ ♖g8 4 ♖xg8#.

344) Žaja – **Z. Matić**

Zagreb 2006

1 ♘f8+ ♔h8 2 ♘g6++ 1-0

2...♔h7 3 ♖h8+ ♔xg6 4 ♘e7#.

345) **Topalov – Ljubojević**

Torneio de Amber (Rápido), Monte Carlo 2003

1 ♖xe6+! ♕xe6

As Pretas também sofrem mate após 1...dxe6 2 ♖d8# ou 1...♔f8 2 ♗h6+ ♖g7 3 ♕xg7# (ou 3 ♕e8#).

2 ♕xe6+ dxe6

2...♔f8 3 ♗h6+ levam ao mate em poucos lances.

3 ♖d8#

346) **Banusz – S. Zhigalko**

Campeonato Europeu, Budva 2009

1...♘g4+ 2 ♔h1 ♘f2+ 3 ♔h2 f3

3...h3? não funciona devido a 4 ♖g1.

0-1

As Pretas ameaçam 4...♖g2# e se 4 ♖g1, então 4...♖h3#.

347) **Kosten – D'Costa**

Liga Britânica (4NCL) 2007/8

1 ♘f6+ ♔g7

1...♔h8 2 ♕xh6#.

2 ♕xh6+! 1-0

2...♔xh6 3 ♖h5+ ♔g7 4 ♖h7#.

348) **Sakaev – Vokarev**

São Petersburgo 2009

1 ♖e8+ ♖f8 2 h6! 1-0

A ameaça é 3 ♖g7+ ♔h8 e agora 4 ♖xf8# ou 4 Ìf7#. As Pretas não têm uma defesa de fato; por exemplo, 2... ♖xe8 3 ♖g7+ ♔f8 (3...♔h8 4 ♘f7#) 4 ♘h7#.

349) **A. Meszaros – Dombai**

Aggtelek 2004

1 Ëxg5!

Note que as Brancas não podem jogar 1 ♕f7# porque sua dama está cravada.

1...hxg5

Se as Pretas rejeitam a dama, então sofrerão mate em breve em qualquer caso; por exemplo, 1...♕c7 2 ♗f6 ♔f8 3 ♕xh6+ ♔e8 4 ♕f8+! etc.

2 ♗f6

Não 2 ♗d4? e5, quando o bispo não controla a casa h8.

1-0

3 ♖h8# não pode ser evitado.

350) **Shanava – Bukavshin**

Pardubice 2008

1 ♕xa6+ ♕a7 2 ♖a5!

O lance principal, que é bem difícil de ver.

2...♖b7

2...♕xa6 3 ♖xa6# e 2...♘c8 3 ♕c6+ ♖b7 4 ♕xb7# também são terminais.

3 ♕xb7#

351) **I. Alonso – Martinez Pelaez**

Campeonato Basco 2004

1 ♕h8+ ♔f7 2 ♘e5+ ♔e7 3 ♕xg7+! 1-0

3...♗xg7 4 ♖f7#.

352) **C. Primavera – J. Leone**

Campeonato Argentino (por equipes)

2000

1...♘xf3+ 2 ♔f1

As Brancas também sofrem mate após 2 ♖xf3 ♕xg2# ou 2 ♔h1 ♕h2#.

2...♕xf2+! 3 ♘xf2 ♖e1+ 0-1

4 ♖xe1 ♖xe1#.

353) **M. Beil – Salai**

Olomouc 2005

1...♕xh2+!!

Ganha, mesmo que as Pretas não possam jogar de imediato uma torre na coluna h.

2 ♔xh2 ♖f6

A ameaça 3...♖h6+ seguida de 4...♖h1# se mostra decisiva.

3 ♔g1 ♖h6 0-1

4 ♖c2 (ou qualquer outro lance com essa torre) é seguido por 4...♖h1+ 5 ♔f2 ♖f1#.

354) **Fontaine – A. Sokolov**

Campeonato Francês, Aix-les-Bains 2007

1...♕xh2+! 2 ♖xh2 ♖xh2+ 3 ♔g1 ♖g2+ 4 ♔f1

4 ♔h1 ♘f2#.

4...♘h2+ 5 ♔e1 ♖e2#

Quadro de Pontuação dos Mates com Torre e Peça Menor

Número da posição	Pontos
301	1
302	1
303	1
304	1
305	1
306	1
307	1
308	1
309	2
310	2
311	2
312	2
313	2
314	2
315	2
316	2
317	2
318	2
319	2
320	2
321	2
322	2
323	2
324	2
325	2
326	2
327	3
328	3
329	3
330	3
331	3
332	3
333	3
334	3
335	3
336	3
337	3
338	3
339	3
340	3
341	3
342	3
343	3
344	3
345	3
346	4
347	4
348	4
349	4
350	4
351	4
352	4
353	5
354	5
Total	
Máximo	**139**

7. *Torres Dobradas Mortais*

Duas torres coordenadas podem dar mate no rei inimigo de dois modos principais. Veja um exemplo do primeiro.

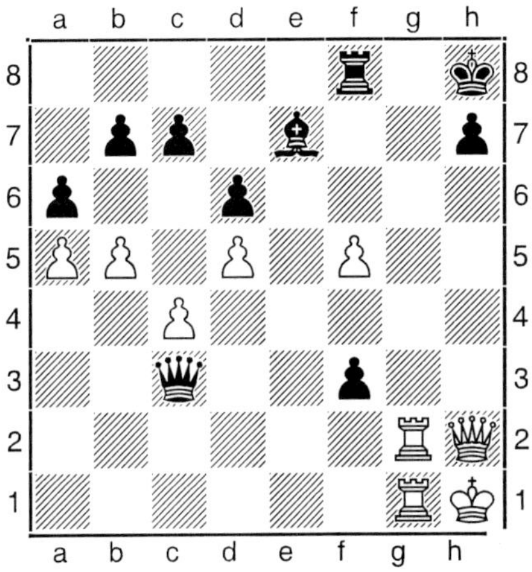

S. Williams – Hebden

Hastings (Masters) 2006

As Brancas jogaram **1 ♕xh7+!** e as **Pretas abandonaram (1-0)** ao ver a finalização 1...♔xh7 2 ♖h2+ ♗h4 3 ♖xh4#. Nesse método, as torres operam em linhas paralelas e é especialmente eficiente quando o rei inimigo está no canto do tabuleiro, pois as torres não precisam de assistência para dar mate.

No segundo padrão, as duas torres estão na mesma linha, em geral na sétima fila. Nesse caso, as torres costumam exigir certa assistência, de uma unidade amiga ou uma unidade inimiga de bloqueio. Veja a Posição 357 para ter um exemplo do tema.

Duas torres são uma força de respeito. Neste capítulo, você terá muitas ideias para usar as torres dobradas mortais.

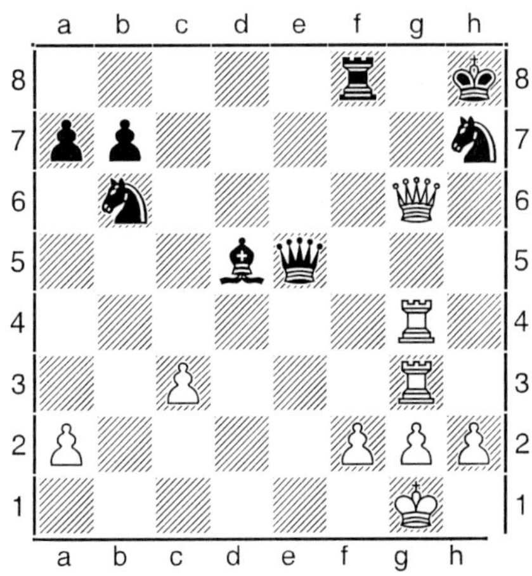

355) Jogam as Brancas (1 ponto)

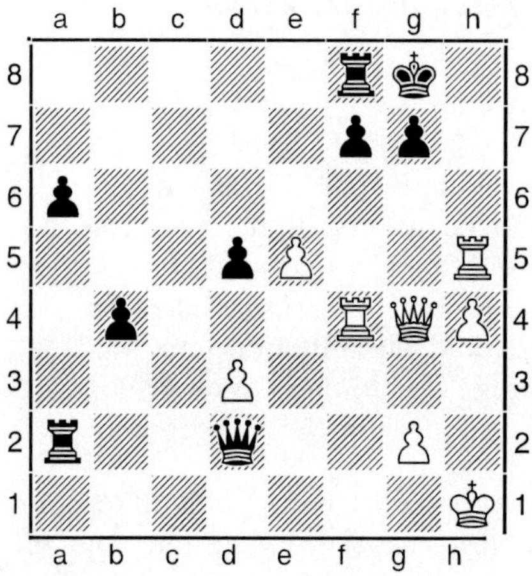

356) Jogam as Brancas (1 ponto)

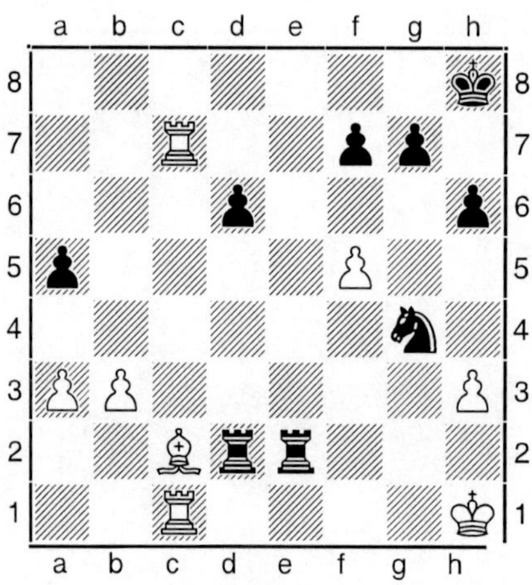

357) Jogam as Pretas (2 pontos)

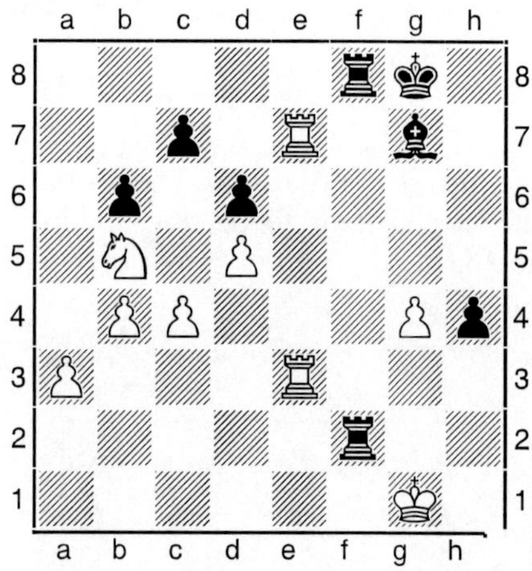

358) Jogam as Pretas (2 pontos)

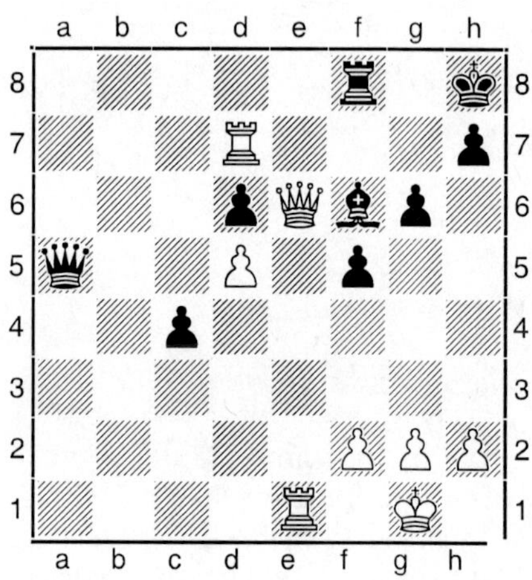

359) Jogam as Brancas (2 pontos)

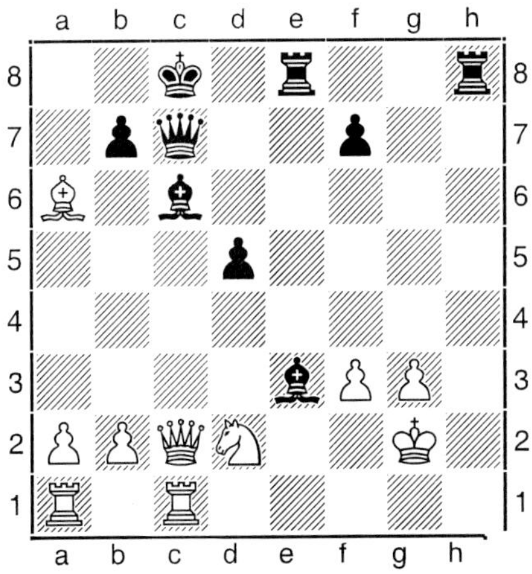

360) Jogam as Pretas (2 pontos)

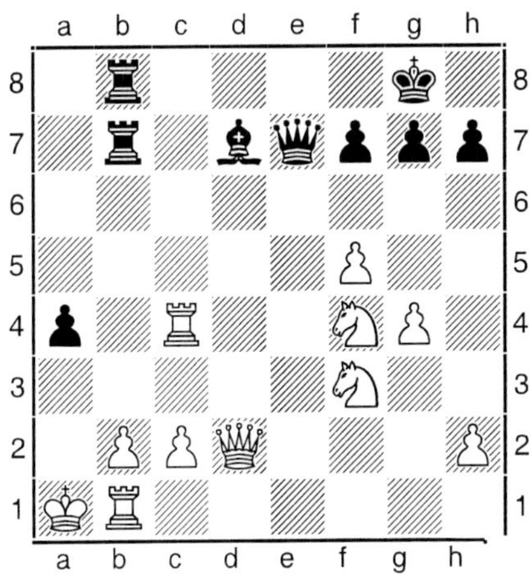

361) Jogam as Pretas (2 pontos)

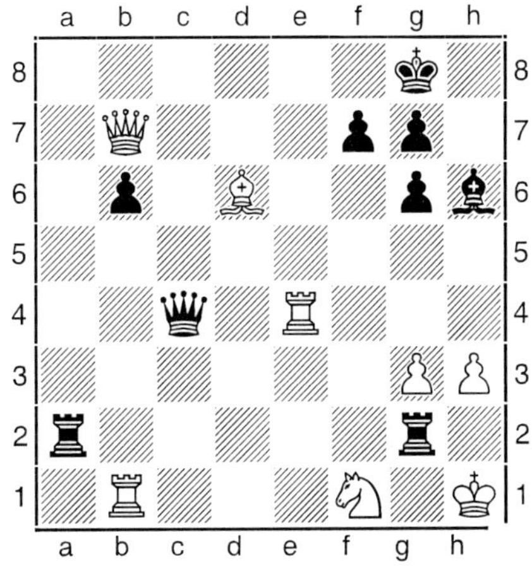

362) Jogam as Pretas (2 pontos)

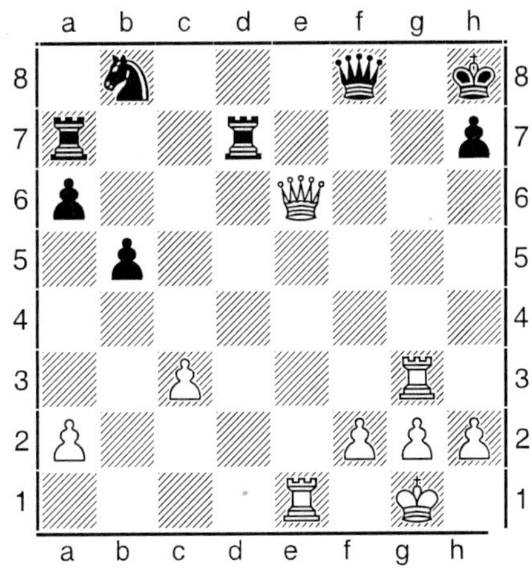

363) Jogam as Brancas (2 pontos)

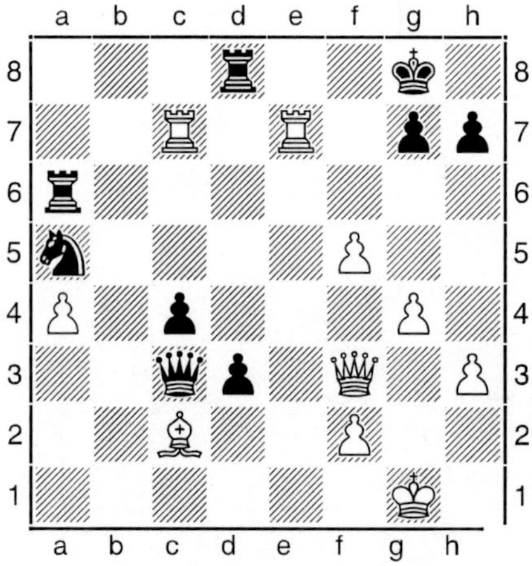

364) Jogam as Brancas (2 pontos)

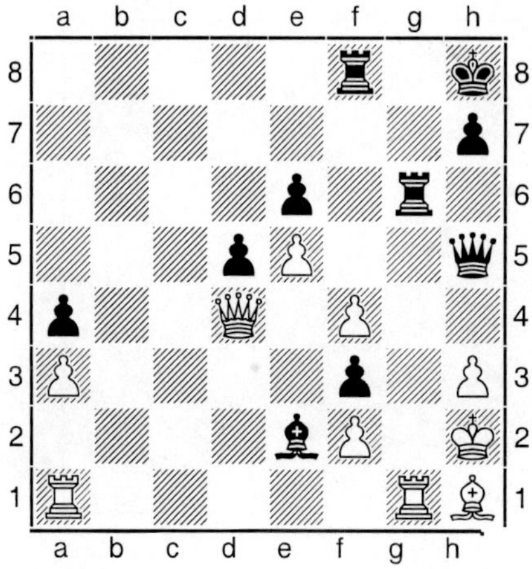

365) Jogam as Pretas (2 pontos)

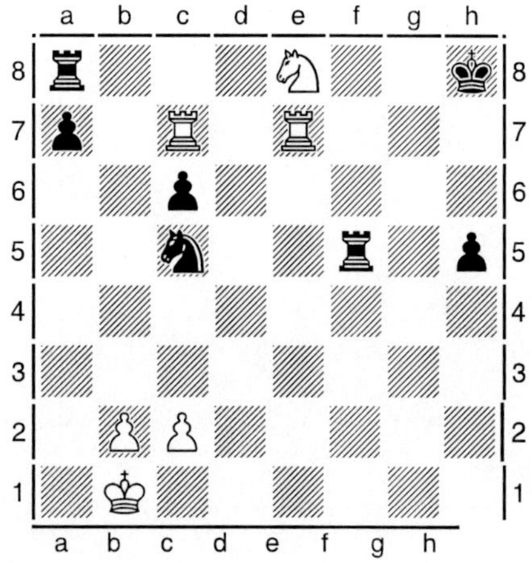

366) Jogam as Brancas (2 pontos)

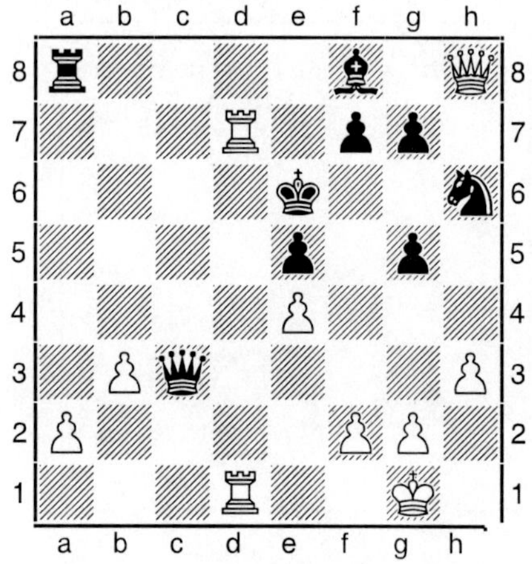

367) Jogam as Brancas (3 pontos)

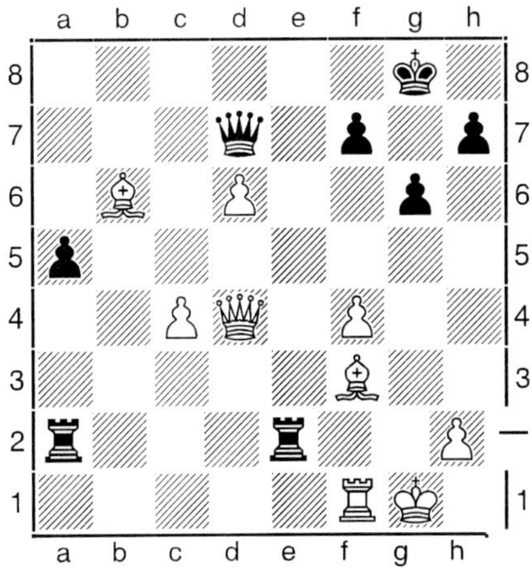

368) Jogam as Pretas (3 pontos)

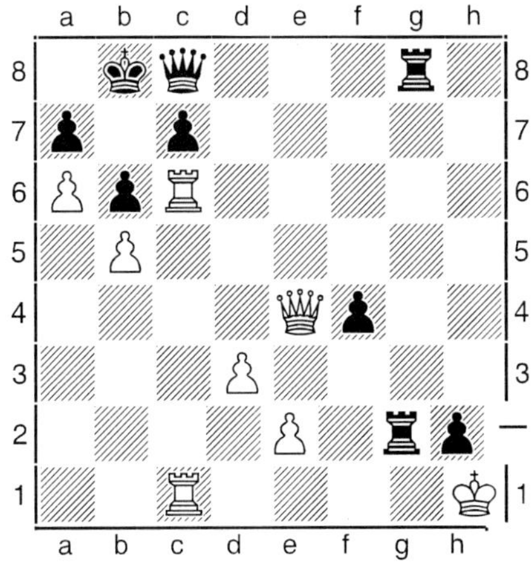

370) Jogam as Pretas (3 pontos)

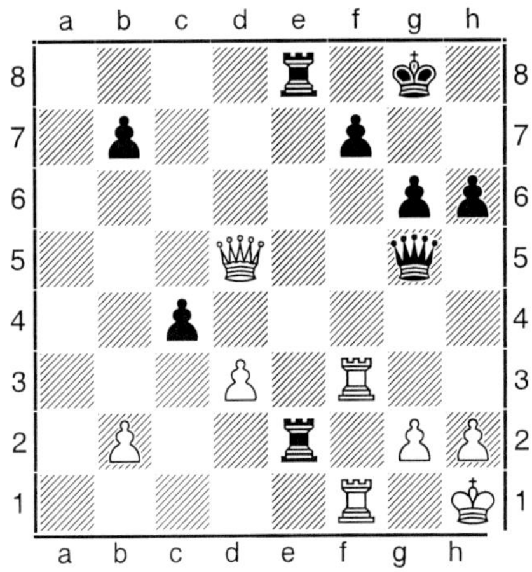

369) Jogam as Brancas (3 pontos)

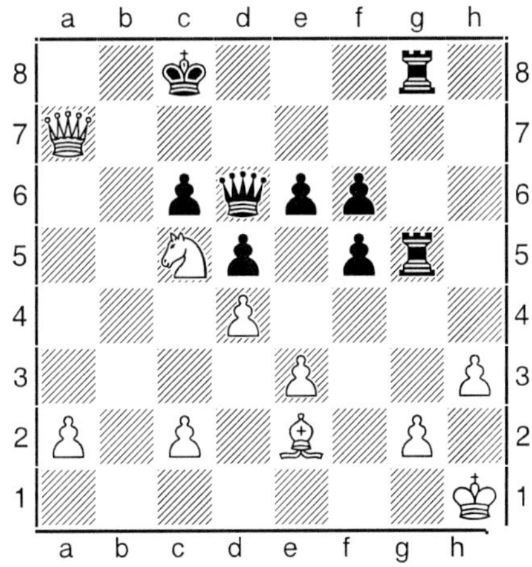

371) Jogam as Pretas (3 pontos)

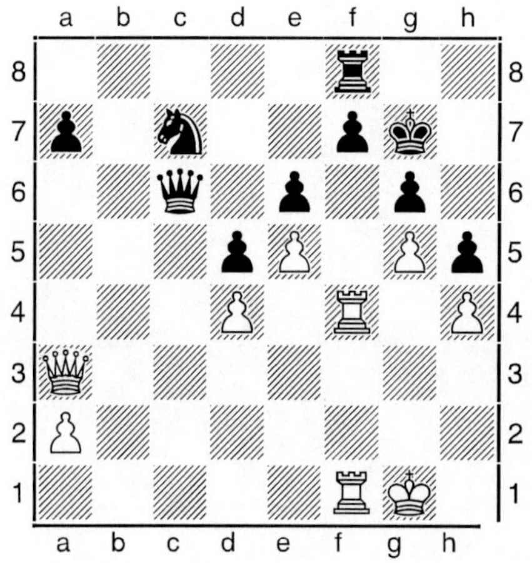

372) Jogam as Brancas (3 pontos)

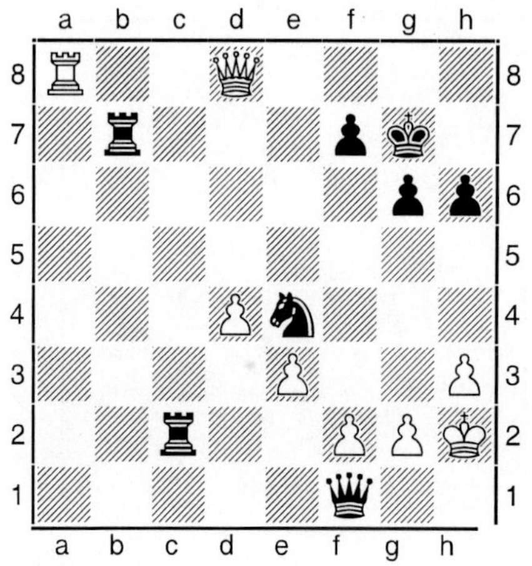

373) Jogam as Pretas (3 pontos)

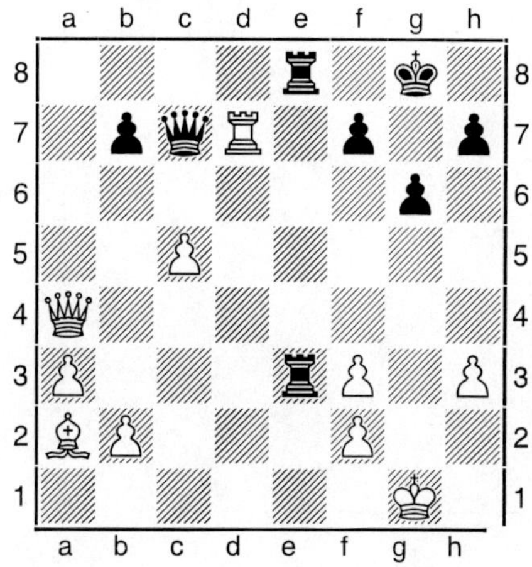

374) Jogam as Pretas (3 pontos)

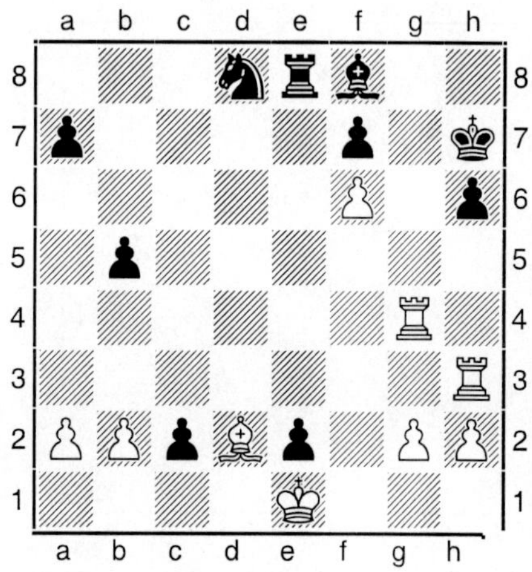

375) Jogam as Brancas (3 pontos)

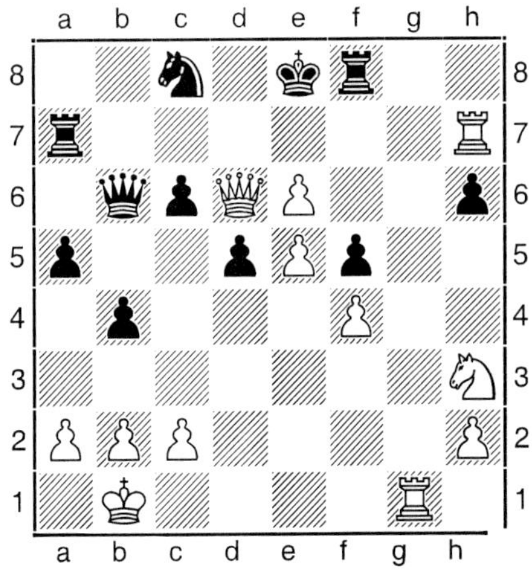

376) Jogam as Brancas (3 pontos)

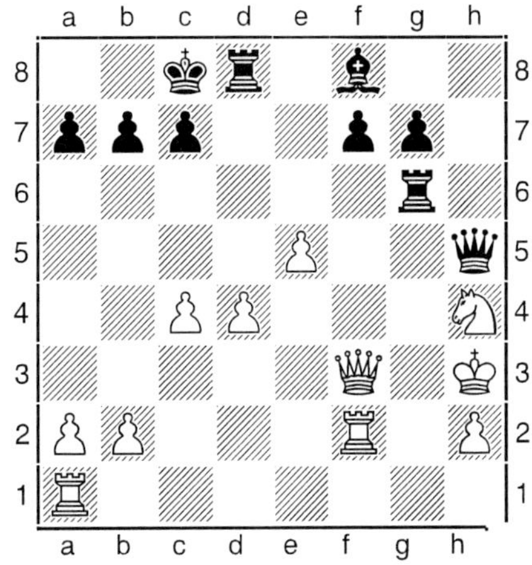

378) Jogam as Pretas (3 pontos)

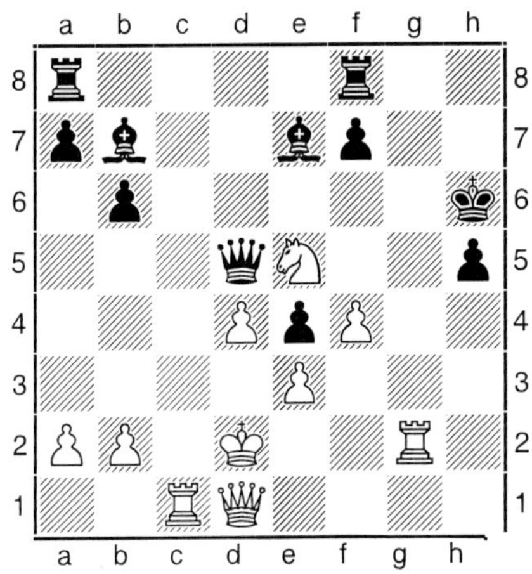

377) Jogam as Brancas (3 pontos)

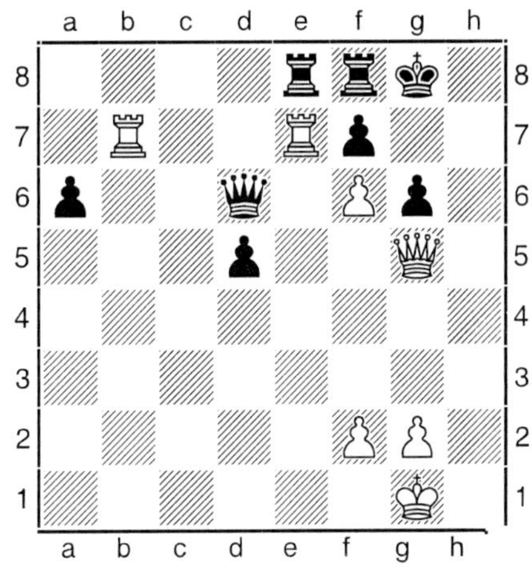

379) Jogam as Brancas (3 pontos)

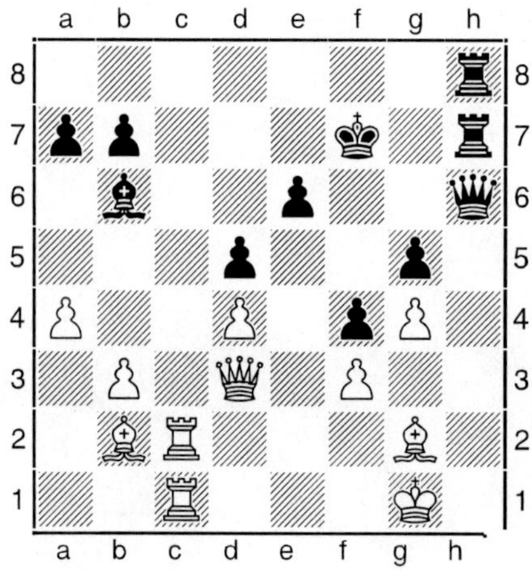

380) Jogam as Pretas (4 pontos)

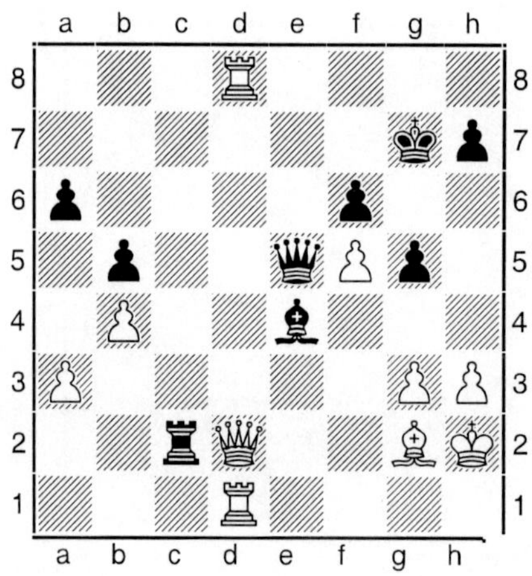

381) Jogam as Brancas (4 pontos)

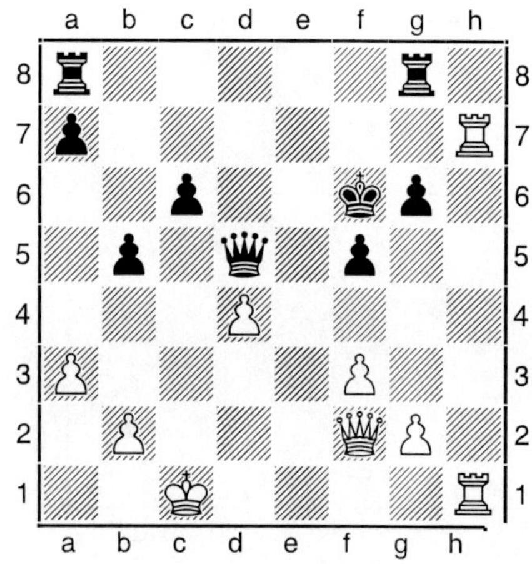

382) Jogam as Brancas (4 pontos)

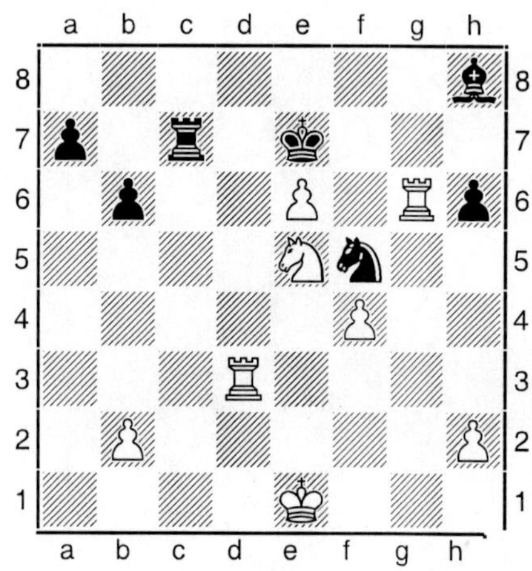

383) Jogam as Brancas (4 pontos)

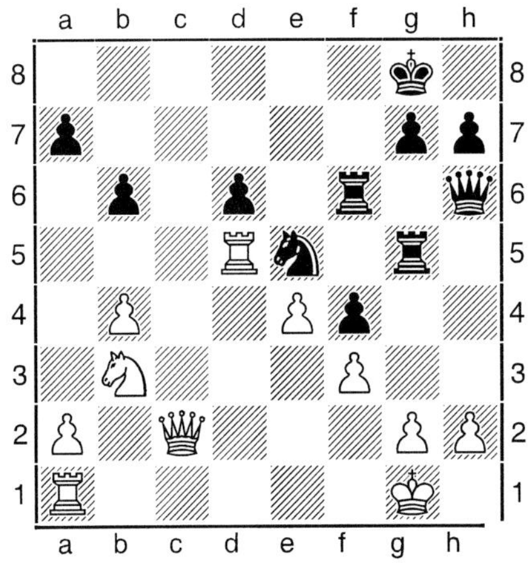

384) Jogam as Pretas (4 pontos)

Soluções das Torres Dobradas Mortais

355) **S. Klimov – Solozhenkin**

Campeonato de São Petersburgo 2003

1 ♕xh7+! 1-0

1...♔xh7 2 ♖h3+ (2 ♖h4+ é igualmente bom) 2...♕h5 3 ♖xh5#. É o mate mais comum envolvendo duas torres: o rei inimigo é aprisionado no canto do tabuleiro pelas torres operando nas filas ou nas colunas adjacentes.

356) **T. Henrich – J. Feller**

Trier 2002

1 ♕xg7+! 1-0

1...♔xg7 2 ♖g4+ ♕g5 3 ♖gxg5#. O mesmo mate pode ocorrer em outras colunas se há peças bloqueando.

357) **D. Tratatovici – Ris**

Reykjavik 2009

1...♖h2+ 2 ♔g1 ♖dg2+ 3 ♔f1 ♘e3+ 0-1

4 ♔e1 ♖e2# (4...♖g1# e 4...♖h1# são bons). As duas torres na sétima fileira também dão mate se há uma peça de bloqueio ou se elas têm a assistência de uma unidade amiga.

358) **I. Golichenko – Kruppa**

Campeonato Ucraniano, Kiev 2008

1...♖f1+ 0-1

2 ♔g2 ♖8f2+ 3 ♔h3 ♖h1#.

359) **N. HØiberg – Jensby**

Esbjerg 2008

1 ♕xf6+! 1-0

É mate após 1...♔g8 2 ♕g7# ou 1...♖xf6 2 ♖e8+ ♖f8 3 ♖xf8#.

360) **C. Brookes – Exposito Amaro**

Barbera del Valles 2009

1...♕xg3+! 0-1

2 ♔xg3 ♖eg8+ e mate no próximo lance.

361) **Ir. Semionova – Vasilkova**

Moscou 2007

1...♕a3+! 0-1

2 bxa3 ♖xb1+ 3 ♔a2 ♖8b2#.

362) **Giffard – Fressinet**

Campeonato Francês (por equipes) 2007

1...♕xf1+! 0-1

2 ♖xf1 ♖h2+ 3 ♔g1 ♖ag2#.

363) **Topalov – Naiditsch**

Dortmund 2005

1 ♕f6+! 1-0

1...♕xf6 (1...♕g7 2 ♖e8# e 1...♖g7 2 ♕xf8+ também levam ao mate) 2 ♖e8+ ♕f8 3 ♖xf8#.

364) **Aveskulov – Shapar**

Krasnodar 2001

1 ♕d5+! 1-0

1...♖xd5 (do contrário, as Branca dariam mate com 2 ♕xd8#) 2 ♖e8#.

365) **I. Csala – Z.J. Szabo**

Campeonato Húngaro (por equipes) 1999/00

1...♕xh3+! 0-1

2 ♔xh3 ♖h6+ 3 ♔g4 ♖g8#.

366) **Pechnikov – L. Malov**

Moscou 2008

1 ♖h7+ ♔g8 2 ♖cg7+ ♔f8 3 ♖h8#

367) **S. Berezjuk – Markos**

Campeonato Eslovaco (por equipes) 2008/9

1 ♕xf8! 1-0

As Pretas têm a difícil defesa 1... ♕e1+ (se 1...♖xf8, então 2 ♖1d6# é mate imediato), mas as Brancas forçam o mate com 2 ♔h2! ♕xe4 (2... ♘g4+ 3 hxg4 não ajuda as Pretas) 3 ♖1d6+ ♔f5 4 ♖xf7+ (4 ♕xf7+ é igualmente bom) 4...♘xf7 5 ♕xf7#.

368) **G. Fahnenschmidt – Ma. Tseitlin**

Campeonato Europeu (Sênior), Bad Homburg 2005

1...♕g4+! 0-1

Isso tira o bispo do controle de g2 e dá mate após 2 ♗xg4 (2 ♔h1 ♖xh2#) 2...♖g2+ 3 ♔h1 ♖xh2+ 4 ♔g1 ♖ag2#.

369) **Tirard – Bijaoui**

Avoine 2005

1 ♕xf7+ ♔h8 2 ♕f8+! 1-0

2...♖xf8 3 ♖xf8+ ♔g7 4 ♖1f7#.

370) **M. Arsenault – Gelblum**

Campeonato de Ottawa 2004

1...♖g1+ 2 ♔xh2 ♕h3+! 0-1

Após 3 ♔xh3 ♖h8+, é mate em mais dois lances.

371) **Nechepurenko – Vitalsky**

Campeonato Russo (Sub-16), Dagomys 2004

1...♕h2+! 0-1

As Pretas atraem o rei para uma posição que permite às torres entrarem em ataque com xeque: 2 ♔xh2 ♖xg2+ 3 ♔h1 ♖g1+ 4 ♔h2 ♖8g2#.

372) **Khagurov – Vl. Simonian**

Krasnodar 2004

1 ♕xf8+! 1-0

1...♔xf8 2 ♖xf7+ ♔e8 (2...♔g8 3 ♖f8+ ♔g7 4 ♖1f7#) 3 ♖f8+ ♔d7 4 ♖1f7#.

373) **Bosboom-Lanchava – A. Sorokina**

Calvia (Olimpíada - Feminina) 2004

Apesar da vantagem material das Pretas, ela é ameaçada com mate em h8. O único modo de evitar a derrota é forçar um mate rápido por conta própria:

1...♕xg2+! 0-1

2 ♔xg2 ♖xf2+ 3 ♔g1 ♖b1#.

374) **F. Guido – S. Lacour**

Lyons 2003

1...♕g3+! 0-1

2 fxg3 (um lance do rei seria seguido por 2...♖e1#) 2...♖e1+ 3 ♔f2 ♖8e2#.

375) **Tompa – A. Fekete**

Campeonato Húngaro (por equipes) 2005/6

1 ♗xh6!

Ameaçando forçar o mate com o xeque descoberto.

1...♗xh6 2 ♖g7+ 1-0

2...♔h8 3 ♖xh6#.

376) **Medina Menendez – Bouzo**

Campeonato de Málaga 2002

1 ♕xf8+! ♔xf8 2 ♖h8+ ♔e7 3 ♖g7+ 1-0

3...♔xe6 4 ♖xh6#.

377) **J. Přibyl – Hardarson**

Pardubice 2001

1 ♕xh5+! ♔xh5 2 ♖h1+ ♗h4 3 ♖g5+ ♔h6 4 ♖xh4#

378) **Gutov – A. Shukan**

Campeonato Russo de Escolas, Novokuznetsk 2001

1...♕xh4+! 0-1

2 ♔xh4 ♗e7+ 3 ♔h3 ♖h8+ 4 ♕h5 ♖xh5#.

379) **Van den Doel – S. Ansell**

Hilversum 2008

1 ♕xg6+! 1-0

As Brancas dão mate após 1...fxg6 2 ♖g7+ ♔h8 3 ♖h7+ ♔g8 4 ♖bg7#.

380) **I. Gyenes – Agh**

Budapeste 2002

1...♕h1+!

1...♕h2+ 2 ♔f1 ♕h1+! 3 ♔f2 ♕xg2+! também dá mate, mas é um lance mais lento.

2 ♔f2

Ou 2 ♗xh1 ♖xh1+ 3 ♔f2 ♖8h2#.

2...♕xg2+! 3 ♔xg2 ♖h2+ 4 ♔f1 ♖h1+ 5 ♔e2 ♖8h2#

381) **D. Bogdan – B. Seres**

Campeonato Húngaro (por equipes) 2001/2

1 ♕d7+ ♔h6 2 ♕xh7+! 1-0

Esse sacrifício de dama por atração força o mate após 2...♔xh7 3 ♖1d7+ ♔h6 4 ♖h8#.

382) **Elschner – C. Eckhardt**

Bundesliga (Feminina) 1999/00

1 ♕h4+ g5

1...♔e6 2 ♕e7#.

2 ♕h6+ ♖g6 3 ♕xg6+! 1-0

3...♔xg6 4 ♖1h6#.

383) **Movldiev – G. Baranov**

Maikop 2008

1 Ìc6+!

Esse belo lance força a torre preta a sair de seu controle de d7.

1...♖xc6

1...♔e8 2 ♖d8#.

2 ♖d7+ ♔f8

2...♔e8 3 ♖g8#.

1-0

As Pretas abandonaram sem aguardar 3 ♖f7+ ♔e8 4 ♖g8#.

384) **Rudovskaya – Kliun**

Kiev 2005

1...♕xh2+! 2 ♔xh2

As Pretas também dão mate após 2 ♔f1 ♕h1+ 3 ♔e2 ♖xg2# ou 2 ♔f2 ♖xg2+ 3 ♔e1 ♕h1#.

2...♘xf3+! 0-1

É mate com 3...♖h6# em qualquer jogada das Brancas.

Quadro de Pontuação das Torres Dobradas Mortais

Número da posição	Pontos
355	1
356	1
357	2
358	2
359	2
360	2
361	2
362	2
363	2
364	2
365	2
366	2
367	3
368	3
369	3
370	3
371	3
372	3
373	3
374	3
375	3
376	3
377	3
378	3
379	3
380	4
381	4
382	4
383	4
384	4

Total	
Máximo	**81**

8. *Destruindo as Defesas*

Ao atacar o rei inimigo, muitas vezes há uma barreira de peões separando suas forças do seu destino. Então, pode ser necessário usar um sacrifício para derrubar essa barreira.

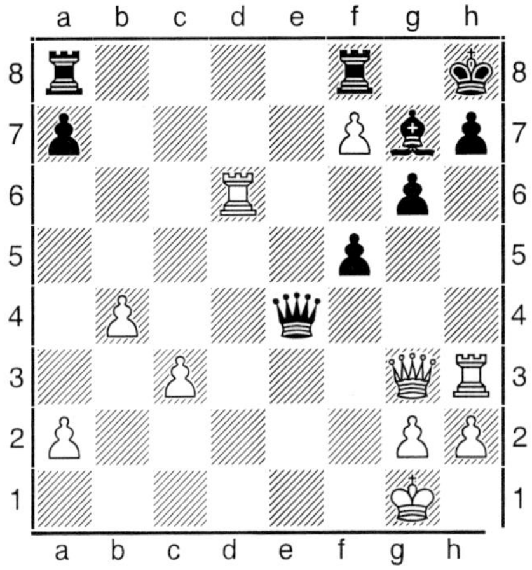

Jakirlić – C. Lip

Austrália (Open), Penrith 2003

As Brancas continuaram com **1 ♖xh7+!** e as **Pretas abandonaram** (**1-0**) porque após 1...♔xh7, as Brancas podem forçar o mate com 2 ♕xg6+ ♔h8 3 ♕h5+ ♗h6 4 ♕xh6#. Aqui o sacrifício da torre eliminou os peões g e h, permitindo que a dama terminasse o ataque tendo uma pequena ajuda da outra torre.

As posições neste capítulo mostram as defesas do rei sendo destruídas, esmagadas e normalmente arruinadas em uma incrível variedade.

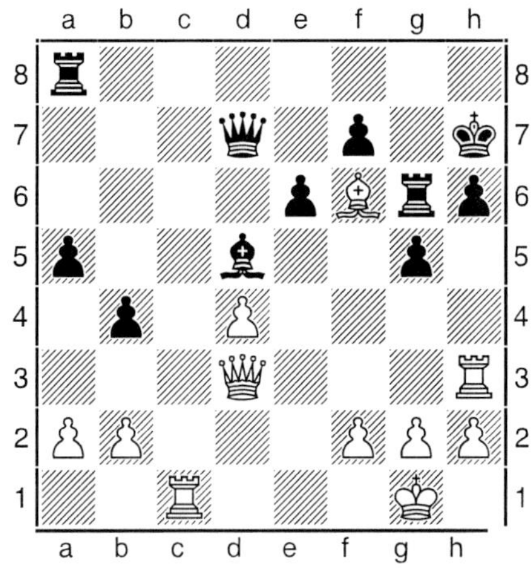

385) Jogam as Brancas (1 ponto)

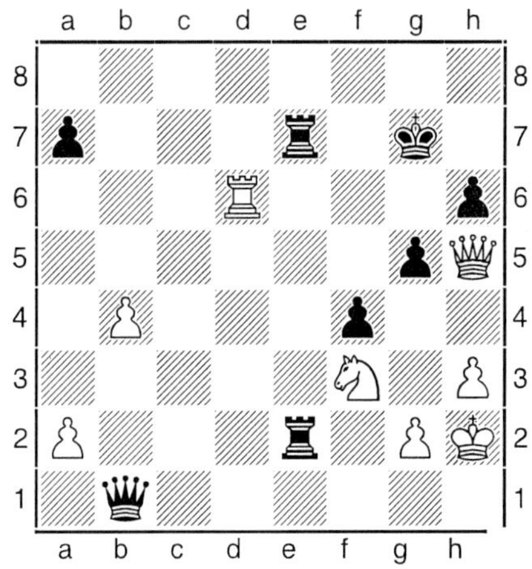

386) Jogam as Pretas (1 ponto)

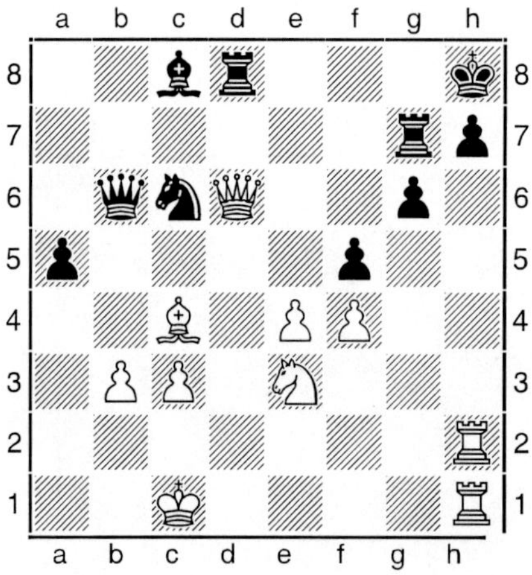

387) Jogam as Brancas (1 ponto)

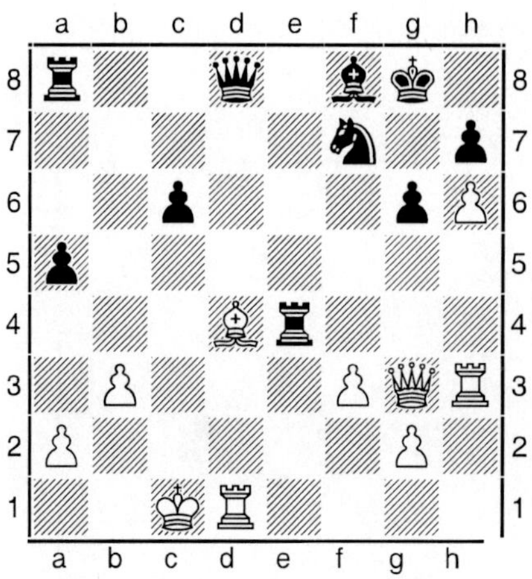

388) Jogam as Brancas (1 ponto)

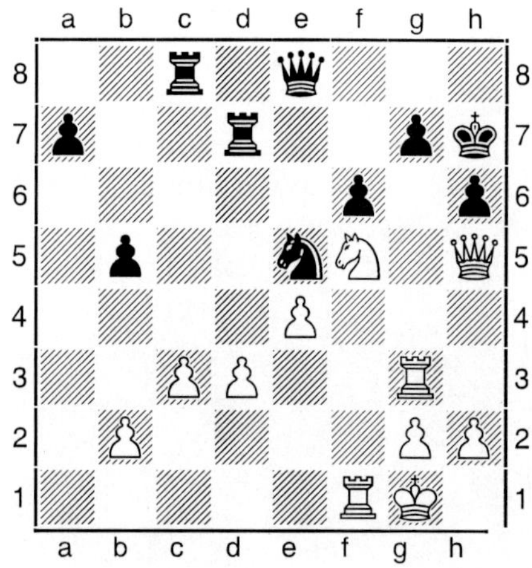

389) Jogam as Brancas (2 pontos)

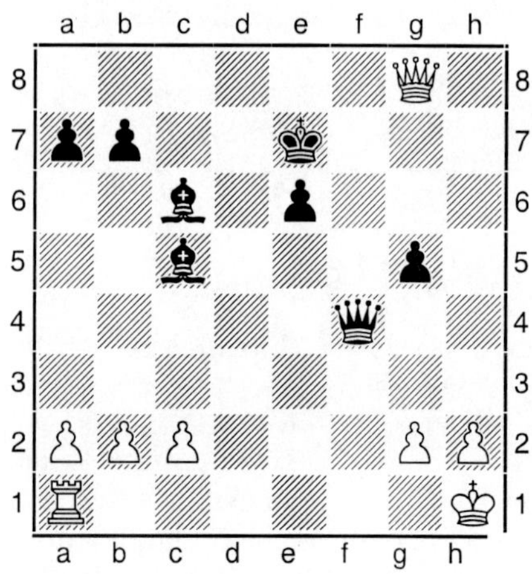

390) Jogam as Pretas (2 pontos)

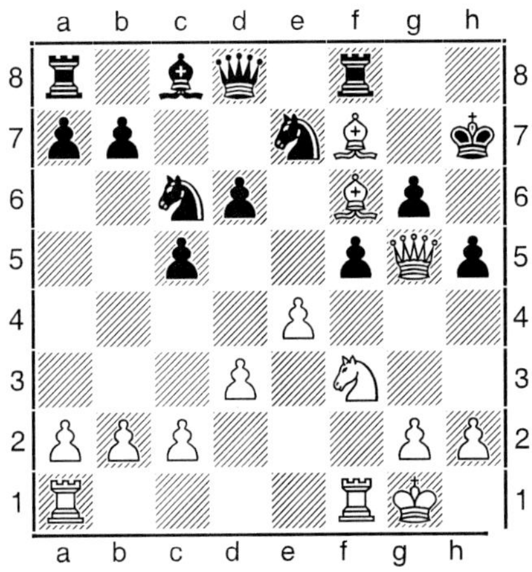

391) Jogam as Brancas (2 pontos)

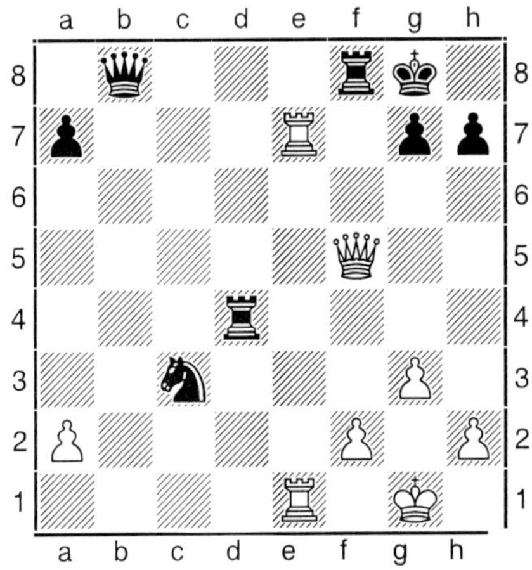

392) Jogam as Brancas (2 pontos)

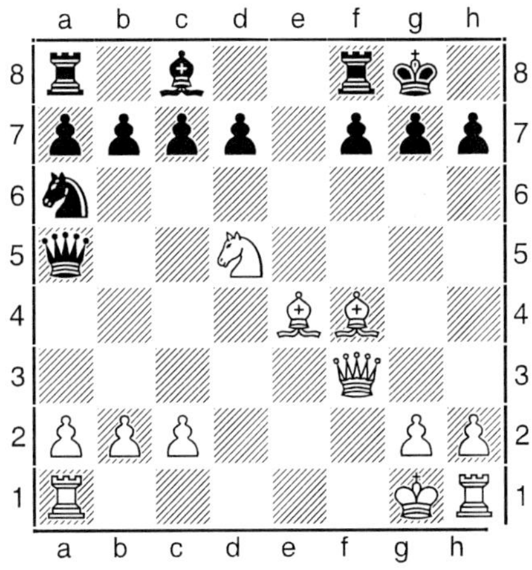

393) Jogam as Brancas (2 pontos)

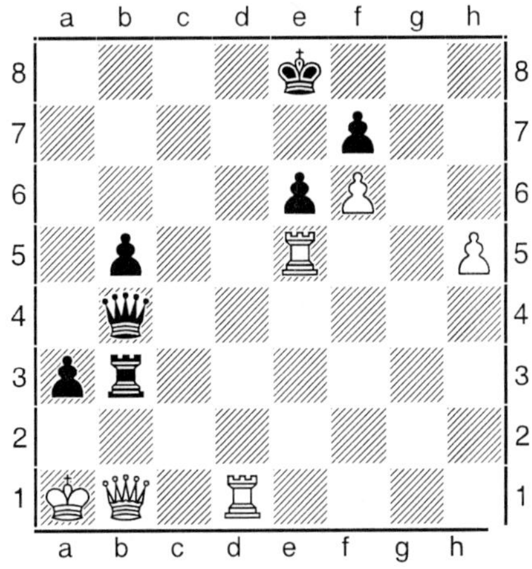

394) Jogam as Brancas (2 pontos)

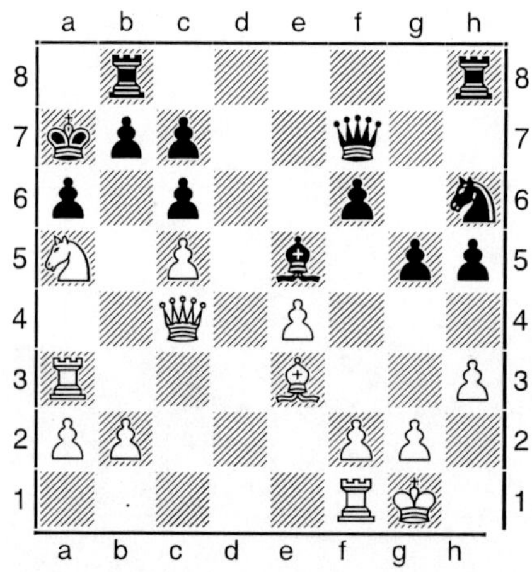

395) Jogam as Brancas (2 pontos)

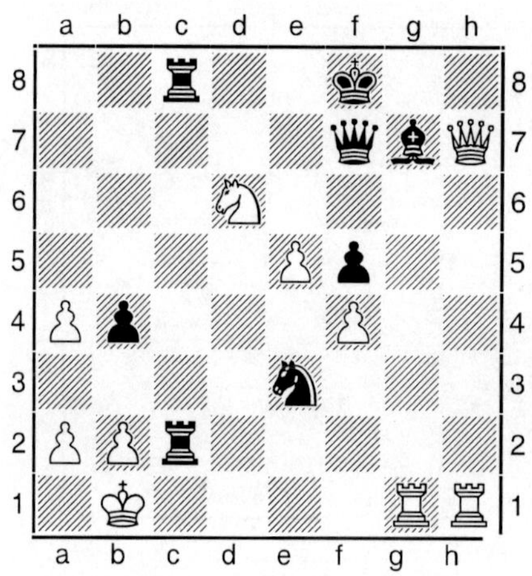

396) Jogam as Pretas (2 pontos)

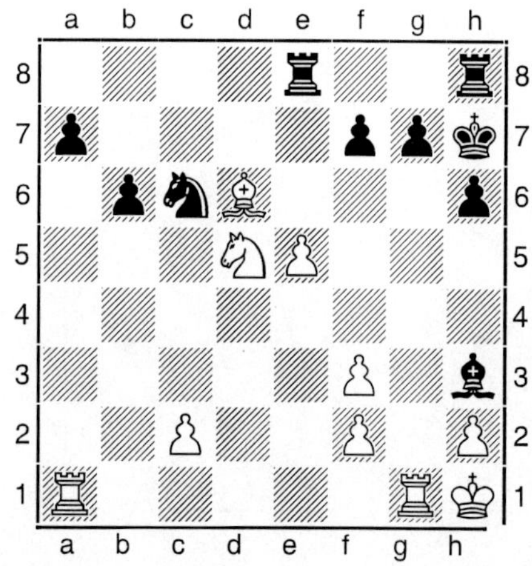

397) Jogam as Brancas (2 pontos)

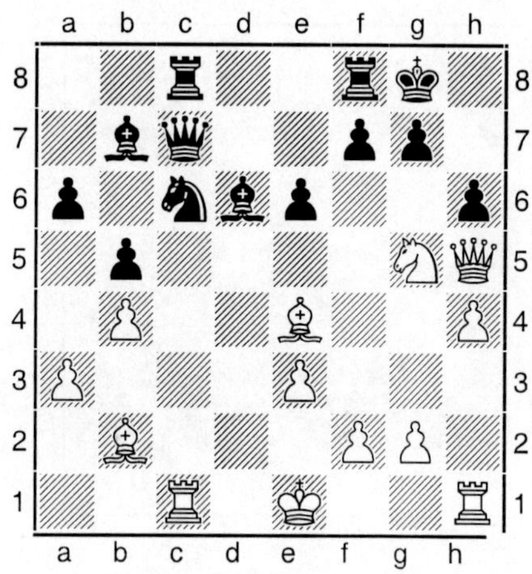

398) Jogam as Brancas (2 pontos)

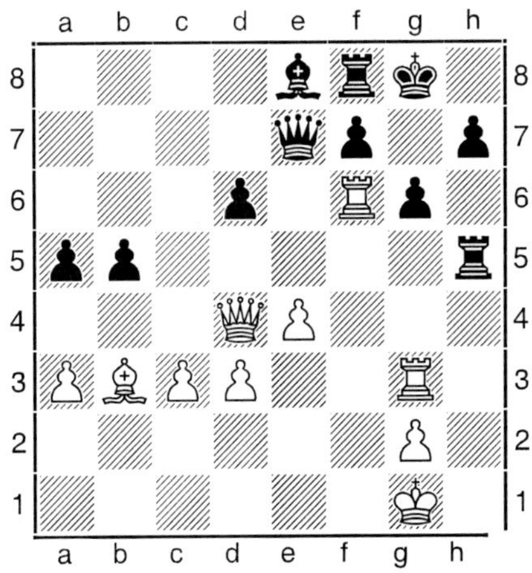

399) Jogam as Brancas (2 pontos)

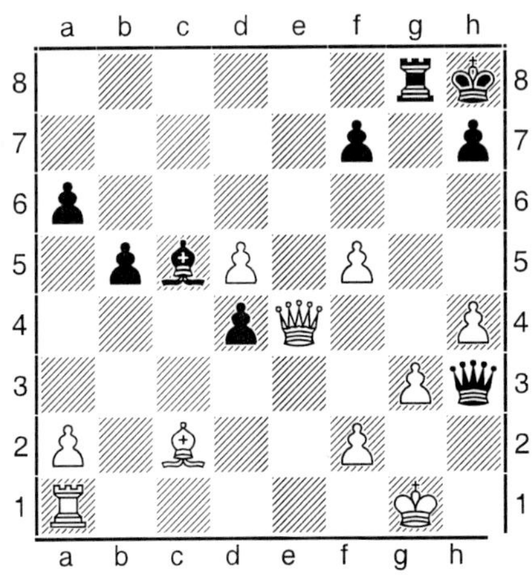

400) Jogam as Pretas (2 pontos)

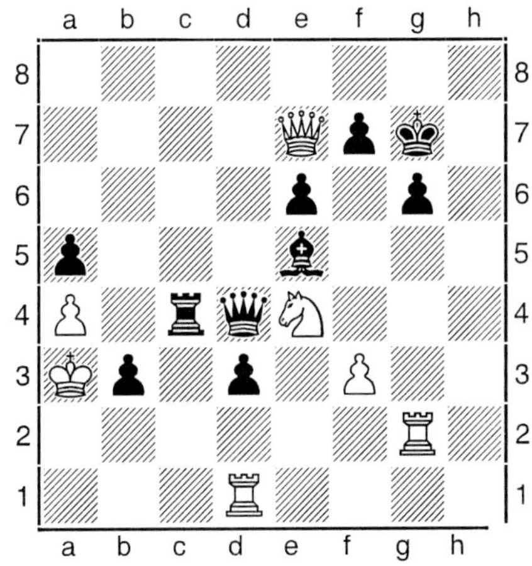

401) Jogam as Brancas (2 pontos)

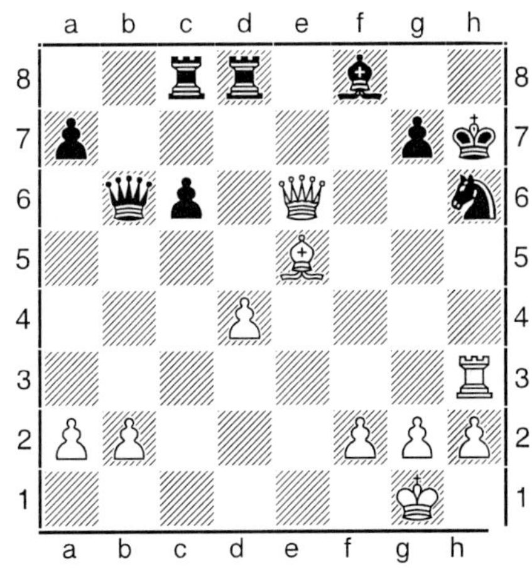

402) Jogam as Brancas (2 pontos)

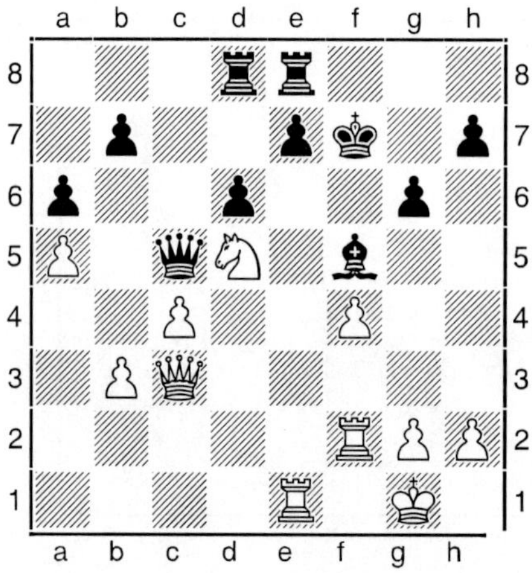

403) Jogam as Brancas (2 pontos)

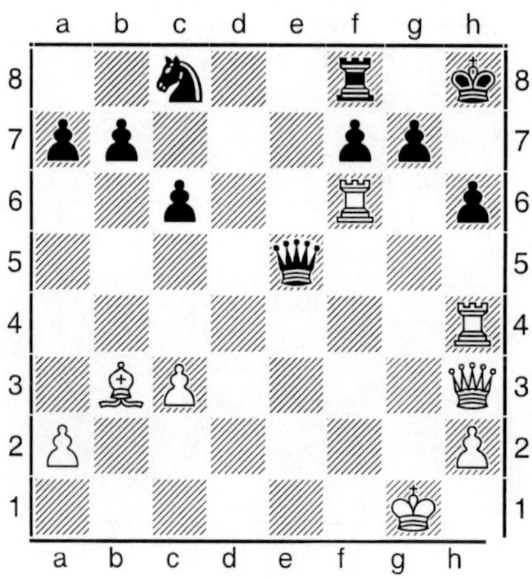

404) Jogam as Brancas (3 pontos)

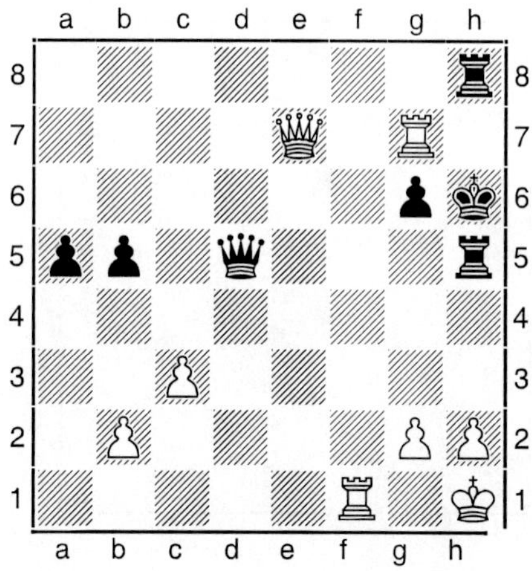

405) Jogam as Brancas (3 pontos)

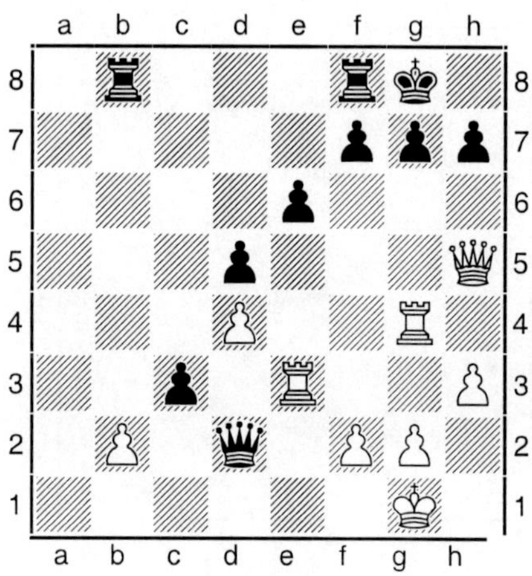

406) Jogam as Brancas (3 pontos)

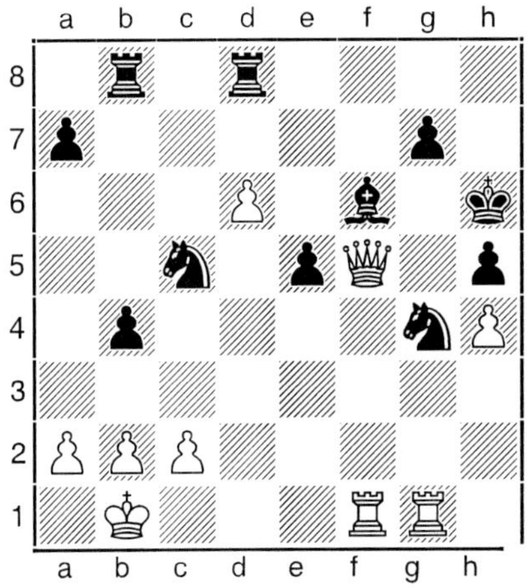

407) Jogam as Brancas (3 pontos)

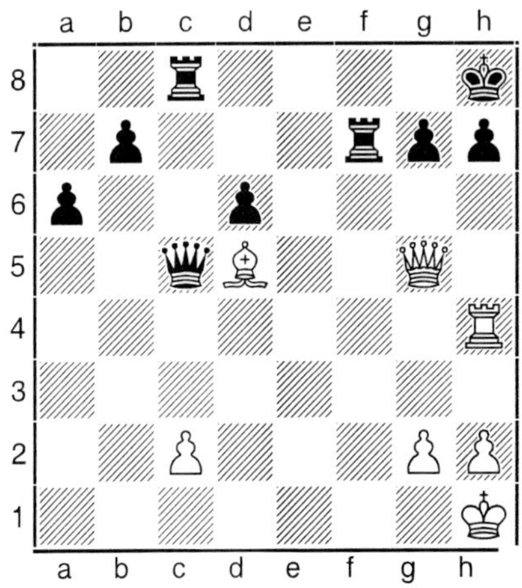

408) Jogam as Brancas (3 pontos)

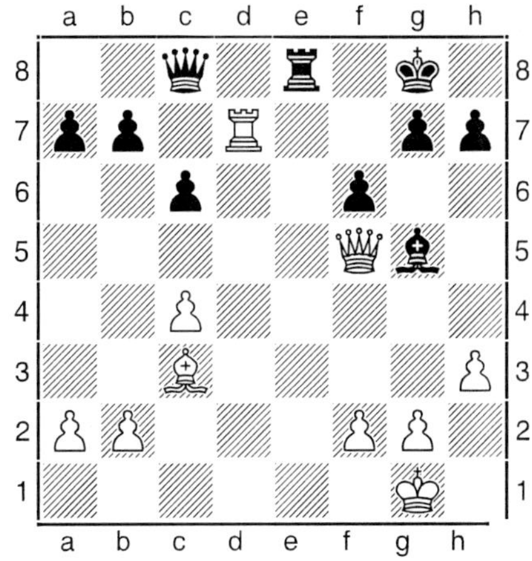

409) Jogam as Brancas (3 pontos)

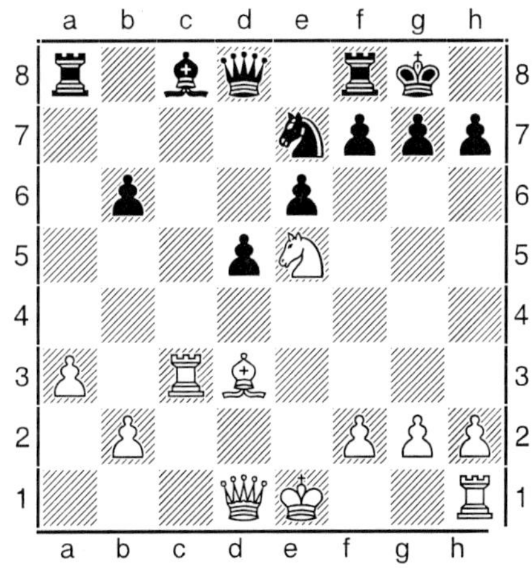

410) Jogam as Brancas (3 pontos)

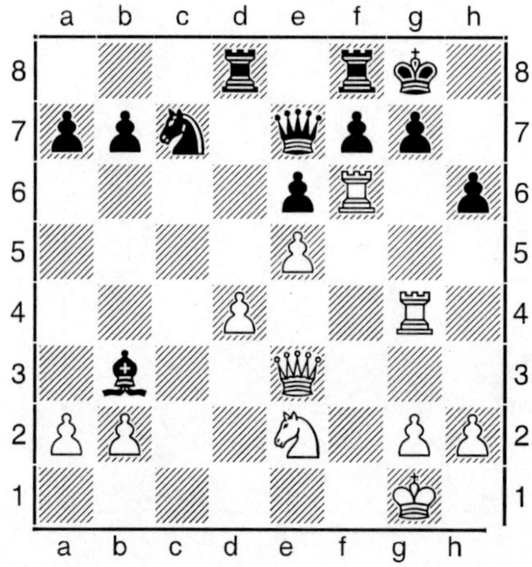

411) Jogam as Brancas (3 pontos)

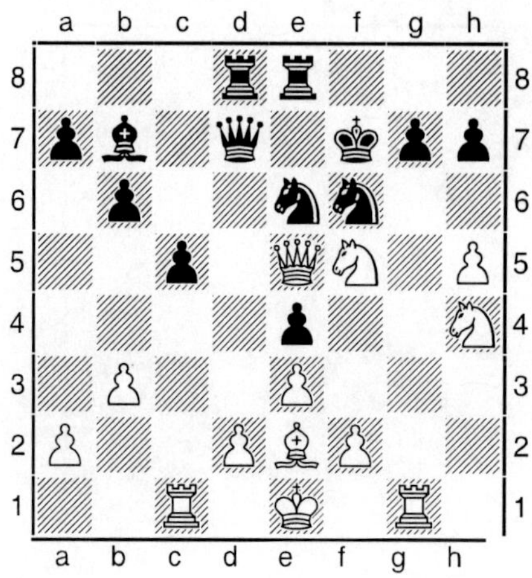

412) Jogam as Brancas (3 pontos)

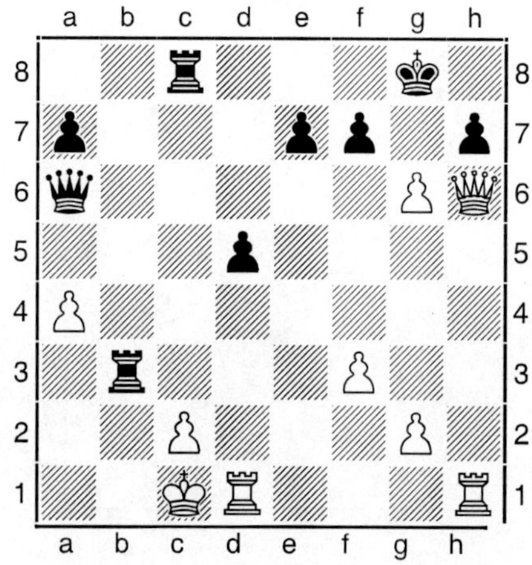

413) Jogam as Pretas (3 pontos)

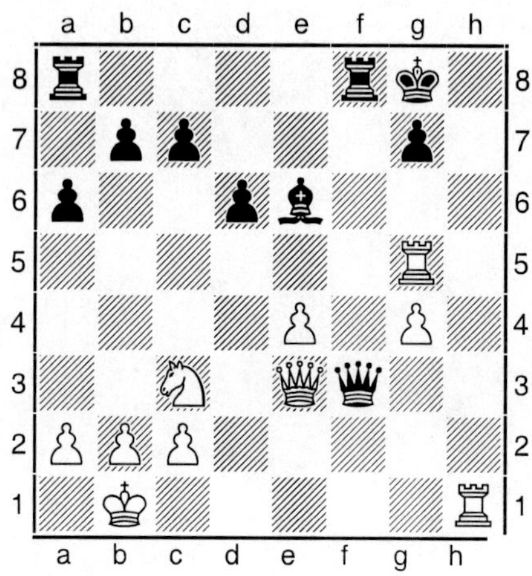

414) Jogam as Brancas (3 pontos)

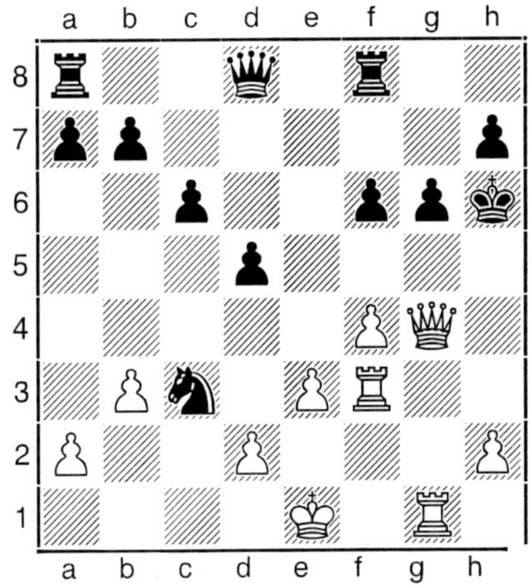

415) Jogam as Brancas (3 pontos)

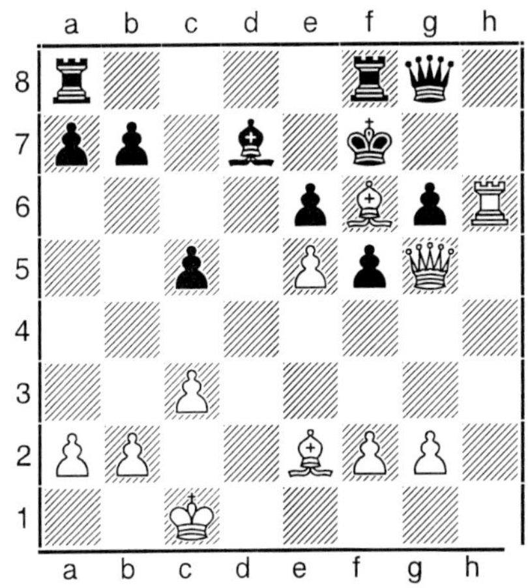

416) Jogam as Brancas (3 pontos)

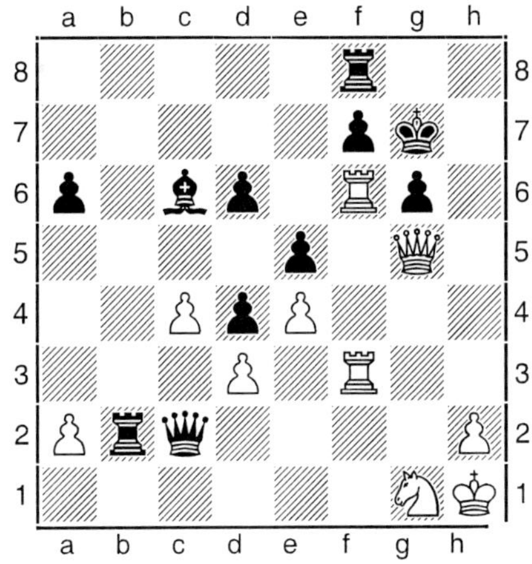

417) Jogam as Brancas (3 pontos)

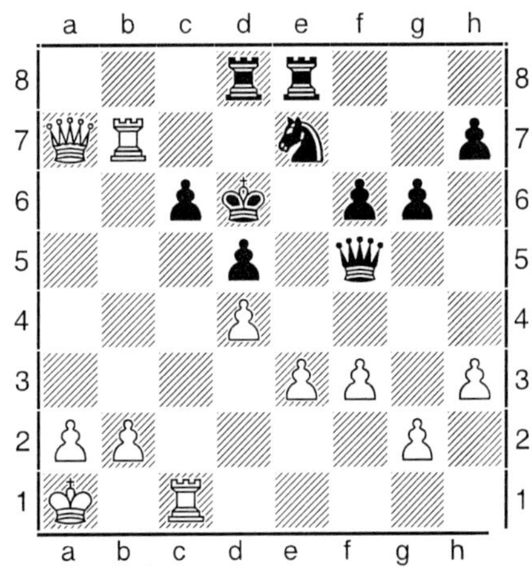

418) Jogam as Brancas (3 pontos)

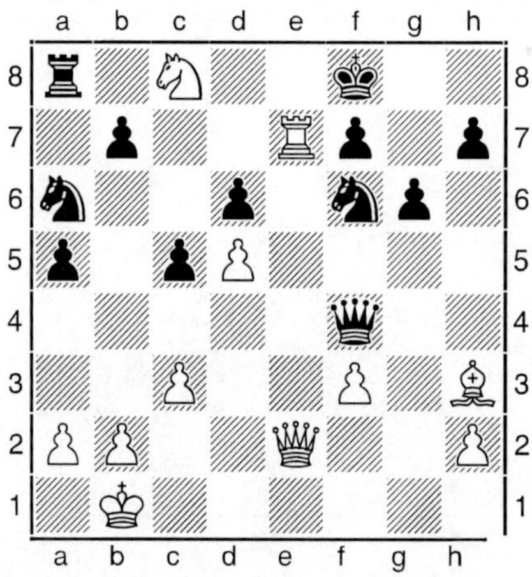

419) Jogam as Brancas (3 pontos)

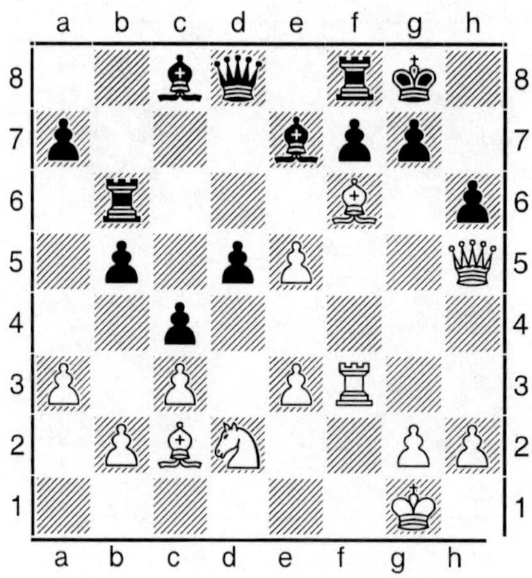

420) Jogam as Brancas (3 pontos)

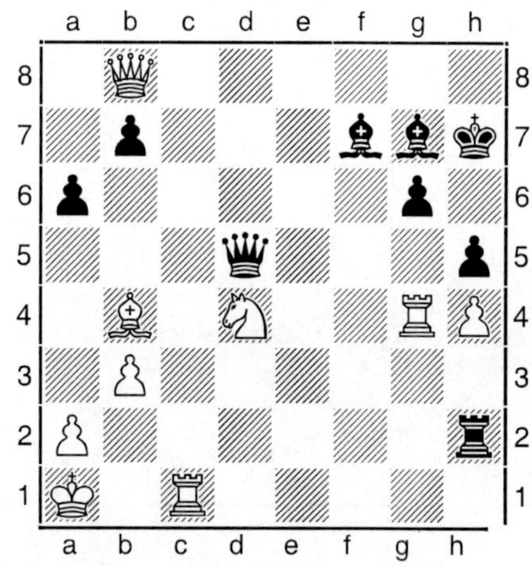

421) Jogam as Pretas (3 pontos)

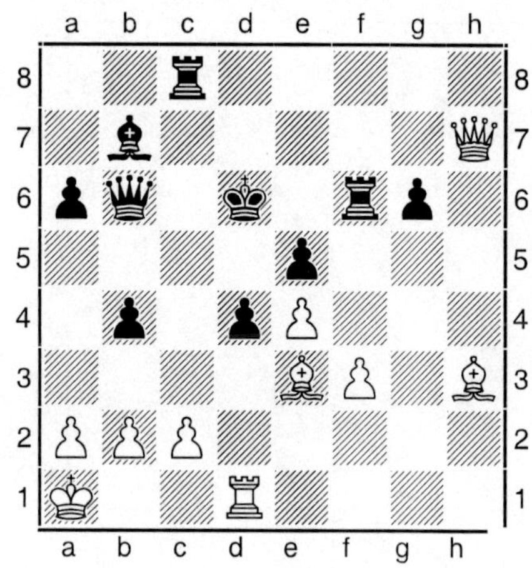

422) Jogam as Brancas (4 pontos)

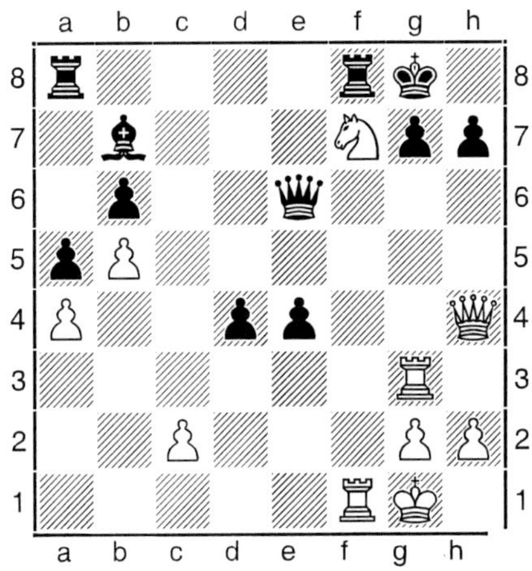

423) Jogam as Brancas (4 pontos)

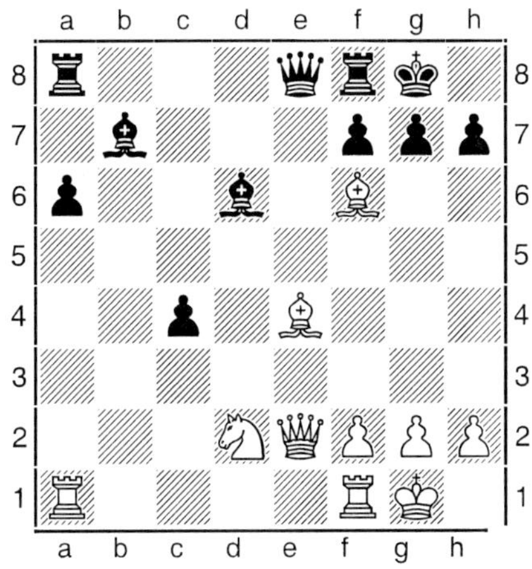

425) Jogam as Brancas (4 pontos)

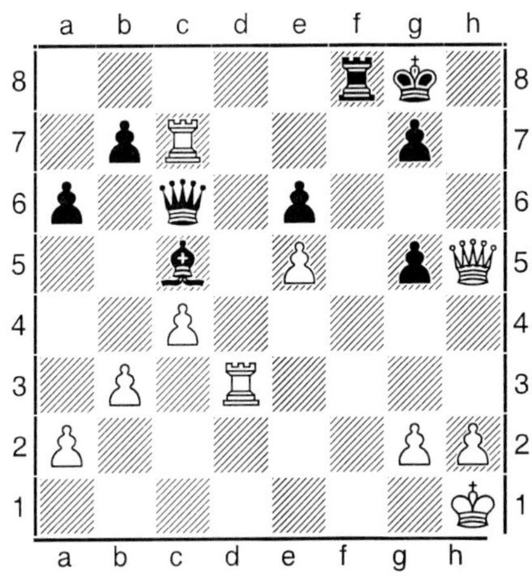

424) Jogam as Brancas (4 pontos)

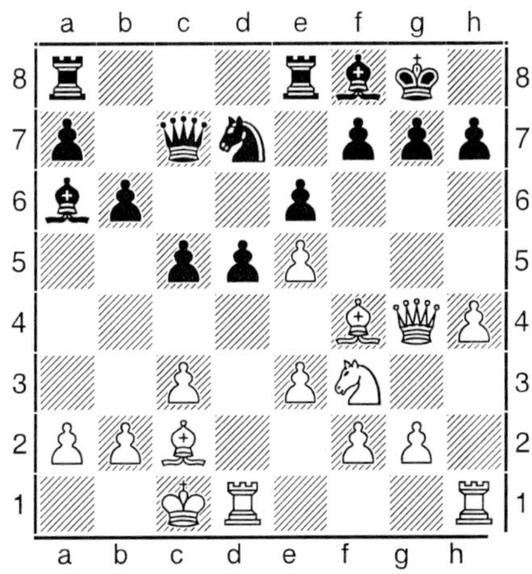

426) Jogam as Brancas (4 pontos)

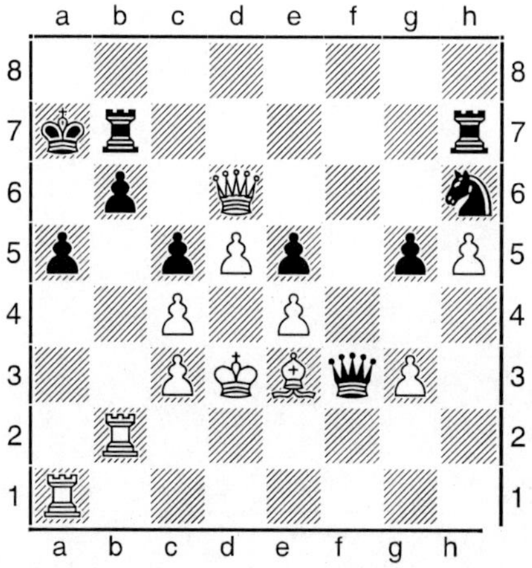

427) Jogam as Brancas (5 pontos)

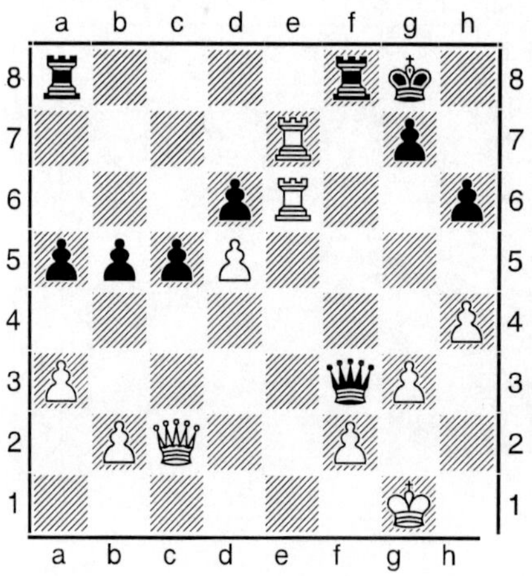

428) Jogam as Brancas (5 pontos)

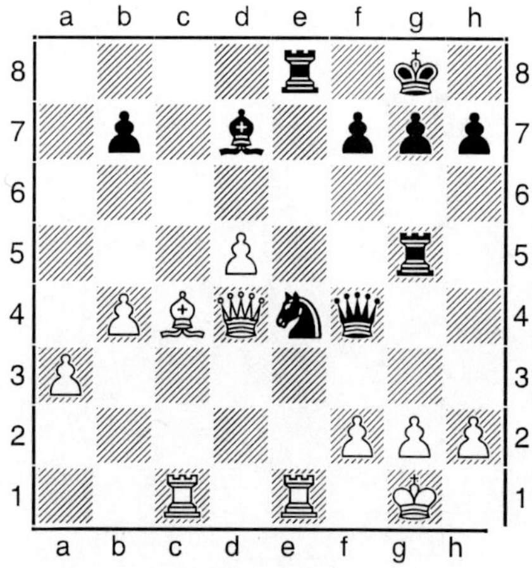

429) Jogam as Pretas (5 pontos)

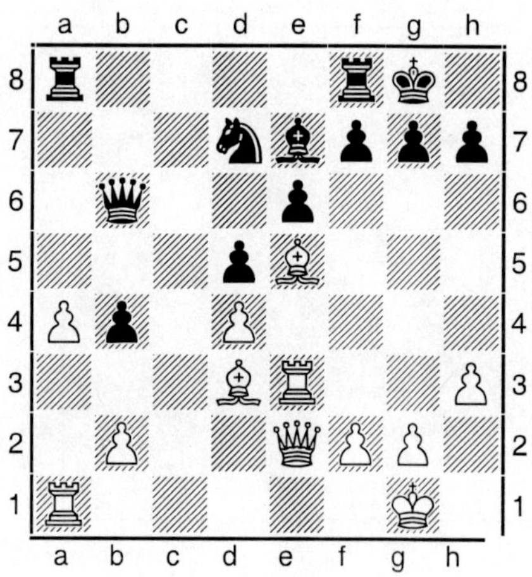

430) Jogam as Brancas (5 pontos)

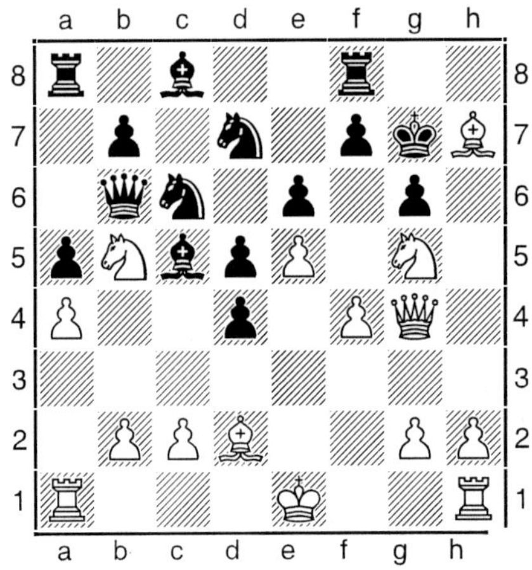

431) Jogam as Brancas (5 pontos)

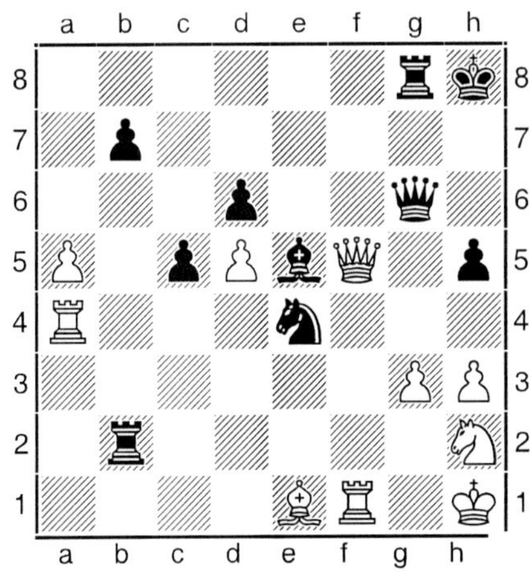

432) Jogam as Pretas (5 pontos)

Soluções para Destruindo as Defesas

385) **A. Muir – Pe. Taylor**

Liga Britânica (4NCL) 2007/8

1 ♖xh6+! 1-0

É mate após 1...♔g8 2 ♖h8# ou 1...♔xh6 2 ♕h3#.

386) **J. Vamosi – A. Horvath**

Campeonato Húngaro (por equipes) 2007/8

1...♖xg2+ 2 ♔xg2 ♖e2#

387) **Be. Lindberg – Hellborg**

Campeonato Sueco (por equipes) 2007/8

1 ♖xh7+ ♖xh7 2 ♕f6#

388) **Jadoul – G. Plomp**

Campeonato Belga (por equipes) 2002/3

1 ♕xg6+! 1-0

As Pretas sofrem mate após 1...♗g7 2 ♕xg7# e 1...hxg6 2 h7#.

389) **L. Deak – Jo. Horvath**

Campeonato Húngaro (por equipes) 2007/8

1 ♖xg7+! 1-0

As Pretas abandonaram por causa de 1...♖xg7 (1...♔h8 2 ♕xh6#) 2 ♕xh6+ ♔g8 3 ♕xg7#.

390) **Kotan – Madar**

Campeonato Eslovaco (por equipes) 2007/8

1...♗xg2+! 2 ♔xg2 ♕f2+ 0-1

3 ♔h1 e 3 ♔h3 são seguidos por 3...♕f3#.

391) **Sopio Gvetadze – Na. Kharmunova**

Moscou (Feminino) 2008

1 ♗xg6+ ♘xg6 2 ♕xh5+ ♔g8 3 ♕xg6#

392) **W. Hug – Buss**

Campeonato Suíço (por equipes) 2008

1 ♖xg7+! ♔xg7 2 ♖e7+ ♔h8

Após 2...♖f7 3 ♖xf7+, as Brancas dão mate no próximo lance.

3 ♕xh7#

393) **Abadia Pascual – V. Blazquez Lopez**

Palma de Mallorca 2008

1 ♗xh7+! ♔xh7

1...♔h8 2 ♕h5 também está perdido para as Pretas; é possível adiar o mate por alguns lances entregando sua dama, mas não muda o resultado.

2 ♕h5+ 1-0

2...♔g8 3 ♘e7#.

394) **Ismagambetov – N. Ibraev**

Alushta 2008

1 ♖xe6+! 1-0

É mate após 1...♔f8 2 ♖d8# ou 1... fxe6 2 ♕g6+ ♔f8 3 ♖d8#.

395) **H. Porth – Mario Bartel**

Dortmund 2008

1 ♘xc6+! 1-0

As Pretas sofrerão mate: 1...bxc6 2 ♕xa6# ou 1...♔a8 2 ♖xa6+! bxa6 3 ♕xa6#.

396) **A. Fernandez Diez – Yu. Gonzalez**

Oviedo 2008

1...♖xb2+! 0-1

2 ♔xb2 (ou 2 ♔a1 ♕xa2#) 2...♖c2+ seguido de 3...♕xa2#.

397) **Hamdouchi – Mirzoev**

Illes Medes 2007

1 ♖xg7+! ♔xg7 2 ♖g1+ ♔h7 3 ♘f6#

398) **Ingbrandt – T. Ernst**

Campeonato Sueco (por equipes) 2000/1

1 ♕xh6! 1-0

1...gxh6 2 ♗h7#.

399) **Mandarin – Gi. François**

Campeonato Francês (por equipes) 2002/3

1 ♖fxg6+!

Forçando ainda mais que 1 ♖gxg6+, quando as Pretas podem continuar avançando por alguns lances com 1... ♔h8.

1...hxg6 2 ♖xg6+ 1-0

2...♔h7 3 ♕g7#.

400) **Crosa Coll – M. Neubauer**

Santos 2003

1...♖xg3+! 0-1

2 fxg3 d3+ e mate no próximo lance.

401) **Gallagher – Eliet**

Campeonato Francês (por equipes) 2003

1 ♖xg6+! ♔xg6

1...♔h7 2 ♕xf7+ ♗g7 3 ♖h1#.

2 ♕g5+ 1-0

2...♔h7 3 ♖h1+ ♗h2 4 ♖xh2#.

402) **S.B. Hansen – Wintzer**

Bundesliga 2005/6

1 ♖xh6+! 1-0

1...gxh6 2 ♕f7+ ♗g7 3 ♕xg7#.

403) **Gruskovnjak – D. Domonkos**

Campeonato Húngaro (por equipes) 2008/9

1 ♖xe7+! ♖xe7 2 ♕f6+ ♔g8

2...♔e8 3 ♕xe7#.

3 ♘xe7#

404) **Jakirlić – F. van der Wal**

Austrália (Open), Manly 2009

1 ♖hxh6+!

1 ♖fxh6+? é errado porque após 1... gxh6 2 ♖xh6+ ♔g7, as Brancas não têm uma continuação vitoriosa.

1...gxh6

1...♔g8 2 ♖h8#.

2 ♕xh6+ ♔g8 3 ♖g6+ 1-0

As Brancas dão mate no próximo lance.

405) **Politov – L. Sakharov**

Kazan 2009

1 ♖xg6+! ♔xg6 2 ♖f6+ ♔g5 3 ♕g7+ 1-0

3...♔h4 4 ♕g3# (ou 4 ♖f4#).

406) **Khashimov – Kopytin**

Campeonato da Região de Voroneje (Sênior) 2008

1 ♖xg7+! ♔xg7 2 ♕g5+ 1-0

2...♔h8 3 ♕f6+ ♔g8 4 ♖g3+ e mate no próximo lance.

407) **Atako – S. Fruteau**

Hastings 2007/8

1 ♖xg4! hxg4

Após 1...g5 2 ♕xf6+, as Brancas dão mate com rapidez.

2 h5 1-0

As Pretas não conseguem impedir 3 ♕g6#.

408) **Kislik – Ferrer**

Málaga 2008

1 ♖xh7+! ♔xh7 2 ♕h5+ ♔g8 3 ♕xf7+ ♔h7 1-0

As Pretas abandonaram antecipando--se a 4 ♕h5#.

409) **Fiorido – Autino**

Campeonato Italiano (por equipes), Arvier 2008

1 ♖xg7+!

Um sacrifício para usar a pressão das Brancas na grande diagonal.

1...♔xg7 2 ♕xg5+ 1-0

2...♔f8 3 ♕xf6+ ♔g8 4 ♕g7#.

410) **M. Pejović – N.** Š‡ekić

Campeonato de Montenegro (por equipes), Podgorica 2008

1 ♗xh7+! ♔xh7

1...♔h8 é inútil; por exemplo, 2 ♕h5 g6 3 ♗xg6+ ♔g7 4 ♕h7+ ♔f6 5 ♘g4+ ♔g5 6 ♕h5+ ♔f4 7 ♖f3#.

2 ♕h5+

2 ♖h3+, então 3 ♕h5 é igualmente bom.

1-0

2...♔g8 3 ♖h3 com mate em h7 ou h8 no próximo lance.

411) **H. Kraft – Ha. Petermann**

Campeonato da Bavária (Sênior), Schney 2003

1 ♖xg7+! ♔xg7 2 ♕xh6+ ♔g8 3 ♕g5+ 1-0

3...♔h7 4 ♖h6#.

412) **Majdan – Goncalves Coimbra**

Campeonato Europeu (Feminino), Plovdiv 2008

1 ♖xg7+! 1-0

É mate após 1...♔f8 2 ♕xf6+ ♕f7 3 ♕xf7# ou 1...♘xg7 2 ♘h6+ ♔f8 3 ♕xf6+ ♕f7 4 ♕xf7#.

413) **Dusthageer – Konguvel**

Mumbai 2008

1...♖xc2+! 0-1

2 ♔xc2 ♕c4+ 3 ♔d2 ♖b2+ 4 ♔e1 (4 ♔e3 ♖e2#) 4...♕e2#.

414) **Walkewitz – Oldach**

Campeonato Alemão - Sênior (por equipes), Finsterbergen 2003

1 ♖xg7+! ♔xg7 2 ♕g5+ ♔f7 3 ♖h7+ ♔e8 4 ♕e7#

415) **Ueti – L. Abdalla**

Santos 2008

1 ♖h3+ ♔g7 2 ♖xh7+! 1-0

2...♔xh7 (2...♔g8 3 ♕xg6#) 3 ♕xg6+ e as Brancas dão mate no próximo lance.

416) **S. Williams – Ynojosa**

Campeonato Britânico, Liverpool 2008

1 ♗h5!

Fazendo uma pressão insuportável em g6 e ameaçando mate com 2 Íxg6+.

1 ♖xg6 ♕xg6 2 ♗h5 também ganha, mas 2...♖g8 nega às Brancas um mate rápido.

1...gxh5

Ou 1...♔e8 2 ♕xg6+ ♕xg6 (2...♕f7 3 ♕xf7+ ♖xf7 4 ♖h8#) 3 ♗xg6+ ♖f7 4 ♖h8#.

2 ♕xh5+ 1-0

2...♕g6 3 ♕xg6#.

417) **M. Boos – Kotter**

Alemanha (evento por equipes) 2006/7

1 ♖xg6+! 1-0

1...fxg6 (após 1...♔h7, as Brancas têm vários mates em um, como 2 ♖h6#) 2 ♕e7+ ♖f7 (também é mate após 2...♔h6 3 ♖h3# ou 2...♔g8 3 ♖xf8#) 3 ♖xf7+ ♔h6 (3...♔g8 4 ♖f8#) 4 ♖h7# (ou 4 ♕h4#).

418) **Pilaj – Kreindl**

Campeonato Austríaco (por equipes) 2006/7

1 ♖xc6+! 1-0

1...♘xc6 (1...♔xc6 permite mate em um, por exemplo com 2 ♖b6#) 2 ♕c5+ ♔e6 3 ♕xc6+ ♖d6 4 ♕xe8#.

419) **L. Kopec – Lepik**

República Tcheca (evento por equipes) 2002/3

1 ♖xf7+! ♔xf7

1...♔g8 2 ♕e7 leva a um mate rápido; por exemplo, 2...♖xc8 3 ♖f8+ ♖xf8 4 ♗e6+ ♖f7 5 ♕xf7+ ♔h8 6 ♕f8+ ♘g8 7 ♕xg8#.

2 ♕e7+ 1-0

2...♔g8 3 ♗e6+ ♔h8 4 ♕f8+ ♘g8 5 ♕xg8#.

420) **Gorbatov – Polushkina**

Castellaneta 2000

1 ♕xh6! 1-0

As Brancas ameaçam mate em g7 ou h7, e se as Pretas capturam a dama, sofrem mate: 1...gxh6 2 ♖g3+ ♗g4 3 ♖xg4#.

421) **Nepomniashchy – Khismatullin**

Moscou 2006

1...♗xd4+

Essa troca preliminar destrói a guarda do cavalo sobre b3.

2 ♖xd4

2 ♔b1 ♕f5+ também leva ao mate.

2...♖xa2+! 0-1

As Brancas sofrem mate após 3 ♔b1 ♕xb3# ou 3 ♔xa2 ♕xb3+ 4 ♔a1 ♕a2#.

422) **Fenil – K. Abhishek**

Sort 2009

1 ♕d7+ ♔c5 2 ♖xd4! 1-0

Essa inovação permite que o bispo em e3 se junte ao ataque. Há muitas ameaças, como 3 ♖d1+ ♔c4 4 ♕d3# e 2...♖xf3 permite 3 ♖c4++ ♔xc4 4 ♕d3#, portanto as Pretas não têm nada melhor do que capturar a torre, mas isso também leva ao mate após 2...exd4 3 ♗xd4+ ♔c4 4 b3# (ou 4 ♗f1#).

423) **T. Tkachev – Kabachenko**

Kiev 2008

As Brancas poderiam ter forçado o mate com **1 ♖xg7+! ♔xg7 2 ♕g5+** (2 ♕g3+ é igualmente bom) **2...♕g6 3 ♕e5+ ♔g8 4 ♕h8#**.

A partida realmente continuou com **1 ♖f6? ♕d7?** (1...♕xf7! 2 ♖xf7 ♖xf7 dá às Pretas a vantagem, pois tem uma torre, um bispo e um peão pela dama, além de um peão passado muito perigoso) **2 ♖xg7+!** (agora o sacrifício em g7 é ainda mais simples) **2... ♔xg7 3 ♕g5#**.

424) **Rublevsky – Al. Kalinin**

Moscou 2002

1 ♖xg7+! ♔xg7 2 ♕xg5+ ♔f7

2...♔h7 3 ♖h3#.

3 ♕f6+ 1-0

As Pretas sofrem mate após 3...♔e8 4 ♖d8# ou 3...♔g8 4 ♖g3+ ♔h7 5 ♕g7# (ou 5 ♕h4#).

425) **M. Aronow – Barlage**

Dresden 2009

1 ♗xh7+! ♔xh7

1...♔h8 2 ♕h5 dá às Brancas um ataque decisivo; por exemplo, 2...♗f4 3 ♗f5+ ♗h6 4 ♕xh6+ ♔g8 5 ♕xg7#.

2 ♕h5+ ♔g8 3 ♕g5 1-0

3...g6 é respondido com 4 ♕h6 seguido de mate em g7. As Pretas podem adiar o fim por um tempo jogando 3... ♗xh2+ 4 ♔xh2 ♕e5+ 5 ♕xe5 gxf6, mas as Brancas dão mate mesmo assim após 6 ♕g3+ ♔h7 7 ♖h1 seguido de 8 ♔g1#.

426) **Drill – Hei. Schneider**

Dörnigheim 1994

1 ♗xh7+! ♔xh7

Após 1...♔h8 2 ♕h5, as Brancas dão mate com rapidez.

2 ♘g5+

2 ♕h5+ teria dado às Pretas menos escolha, mas realmente não importa.

2...♔g8

2...♔g6 leva ao mate após 3 h5+ ♔h6

4 ♘xf7++ ♔h7 5 ♕g6+ ♔g8 6 h6 ♘f6 7 hxg7 ♗xg7 8 ♖h8#, enquanto 2...♔h6 3 ♘e4+ ♔h7 4 ♕h5+ ♔g8 5 ♘g5 transpõe para a partida.

3 ♕h5 1-0

3...♗d6 4 ♕h7+ ♔f8 5 exd6 ♘f6 6 ♕h8+ ♘g8 7 ♘h7#.

427) **Alv. Guerrero – Contin**

Buenos Aires (Junior) 2009

1 ♖xa5+! bxa5 2 ♕xc5+ ♔b8

Também é mate após 2...♔a6 3 ♕c6+ ♖b6 4 ♕xb6# ou 2...♔a8 3 ♕c8+ ♖b8 4 ♕xb8#.

3 ♕a7+! ♔c8

3...♔c7 4 ♖xb7+ dá mate no próximo lance.

4 ♕a8+ 1-0

É mate após 4...♔d7 5 ♖xb7+ ♔d6 6 c5# ou 4...♖b8 5 ♕xb8+ ♔d7 6 ♖b7#.

428) **H. Kongevold – H. Mühle**

Campeonato Europeu, Dresden 2007

1 ♖xg7+ ♔xg7 2 ♕g6+ ♔h8 3 ♕xh6+ ♔g8 4 ♕g5+!

É um movimento difícil de ver, abrindo caminho para a torre ir para h6.

4...♔f7

4...♔h7 5 ♖h6#.

5 ♕g6#

429) **O. Gutt – Wieferig**

Campeonato de Bergisch Gladbach 2005

1...♖xg2+! 2 ♔xg2 ♗h3+!

O segundo sacrifício abre a ala do rei das Brancas.

3 ♔xh3

3 ♔g1 ♕g4+ (ou 3...♕g5+) 4 ♔h1 ♕g2# e 3 ♔h1 ♕f3+ 4 ♔g1 ♕g2# não são melhores.

3...♕f3+ 4 ♔h4 g5#

430) **Hortillosa – Studen**

Estados Unidos (Open), Indianápolis 2009

1 ♗xh7+! ♔xh7

1...♔h8 2 ♕h5 também é inútil para as Pretas; por exemplo, 2...♘f6 3 ♗xf6 ♗xf6 4 ♗g6+ ♔g8 5 ♕h7#.

2 ♕h5+ ♔g8 3 ♗xg7

Ameaçando mate em h8.

3...f5

Outros lances também levam a um mate rápido:

1) 3...f6 4 ♗h6 ♖f7 5 ♖g3+ ♖g7 (5...♔h8 6 ♗g7++ ♔g8 7 ♕h8#) 6 ♖xg7+ ♔h8 7 ♕g6 e mate em h7.

2) 3...♔xg7 4 ♖g3+ ♗g5 5 ♕xg5+ ♔h8 6 ♕h6#.

4 ♖g3

As Pretas não conseguem evitar o mate em poucos lances.

4...♗h4

4...♗g5 5 ♖xg5 só adia o fim.

5 ♗f6+

5 ♗e5+ é igualmente bom.

1-0

5...♗xg3 6 ♕g6#.

431) **Kons. Braun – Li. Ludwig**
Niederkirchen (Sub-18) 2006

1 ♘xe6+! fxe6

Após 1...♔xh7 2 ♕h4+ ♔g8 3 ♘g5 ♖e8 4 ♕h7+ ♔f8 5 ♕xf7# ou 1... ♔h8 2 ♕h3, as Pretas também sofrem mate com rapidez.

2 ♕xg6+ ♔h8 3 ♗g8! 1-0

3...♖xg8 permite mate com 4 ♕h6#, enquanto após 3...♖f7 4 ♗xf7, as Pretas só duram um pouco mais.

432) **Eskelinen – Porrasmaa**
Campeonato Finlandês (por equipes) 2002/3

1...♘xg3+!

1...♖xh2+? 2 ♔xh2 ♗xg3+? é tentador, mas falha após 3 ♔h1!.

2 ♗xg3

Ou 2 ♔g1 ♘e2++ 3 ♔f2 (3 ♔h1 ♕g2#) 3...♕g3#.

2...♖xh2+! 0-1

3 ♔xh2 (3 ♗xh2 ♕g2#) 3...♕xg3+ 4 ♔h1 ♕g2# (ou 4...♕h2#).

Quadro de Pontuação para Destruindo as Defesas

Número da posição	Pontos
385	1
386	1
387	1
388	1
389	2
390	2
391	2
392	2
393	2
394	2
395	2
396	2
397	2
398	2
399	2
400	2
401	2
402	2
403	2
404	3
405	3
406	3
407	3
408	3
409	3
410	3
411	3
412	3
413	3
414	3
415	3
416	3
417	3
418	3
419	3
420	3
421	3
422	4
423	4
424	4
425	4
426	4
427	5
428	5
429	5
430	5
431	5
432	5
Total	
Máximo	**138**

9. *Morte na Coluna da Torre*

Atacar na coluna da torre é uma das ideias mais antigas em xadrez e inúmeras partidas foram ganhas com a simples estratégia de abrir a coluna com um avanço do peão, dobrar ou até triplicar as torres e a dama, então pressionar a coluna para forçar o mate. Este capítulo contém alguns exemplos exatamente desse tipo de ataque, mas também muitas posições que mostram outros modos de explorar uma coluna aberta da torre. Veja um exemplo.

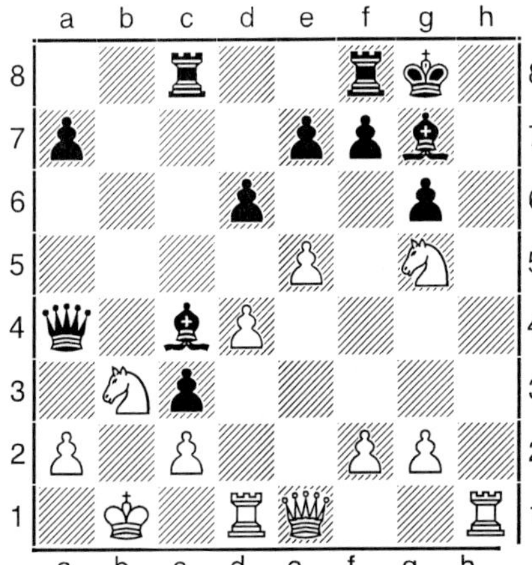

Z. Straka – Hejberg

Plzen 2000

As Brancas não dobraram na coluna h, mas ainda conseguiram forçar o mate com **1 ♖h8+! ♗xh8** (1...♔xh8 2 ♕h1+ ♗h6 3 ♕xh6+ ♔g8 4 ♕h7#) **2 ♕h1** e as **Pretas abandonaram (1-0)** porque 3 ♕h7# é ameaçado e se as Pretas movem sua torre de f8, então as Brancas dão mate em qualquer caso com 3 ♕h7+ e 4 ♕xh8#. É uma ideia de mate sofisticada que seria fácil de ignorar se você não a viu antes. Ter conhecimento de tais receitas padrão é essencial para um jogo de ataque bem-sucedido.

Após resolver as 48 posições neste capítulo, você saberá exatamente como acabar com um rei inimigo que fica perto do fim numa coluna aberta de torre.

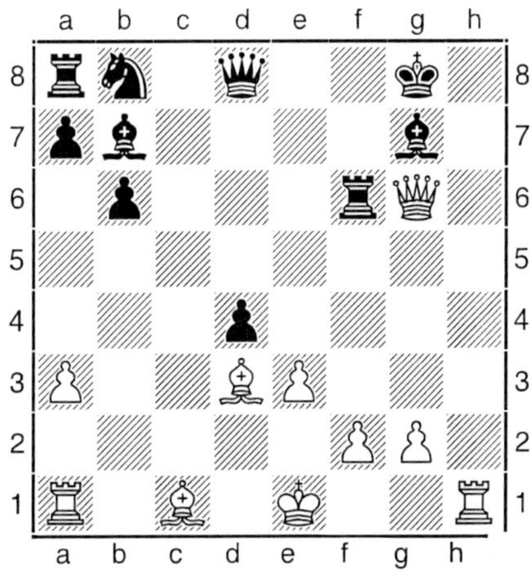

433) Jogam as Brancas (1 ponto)

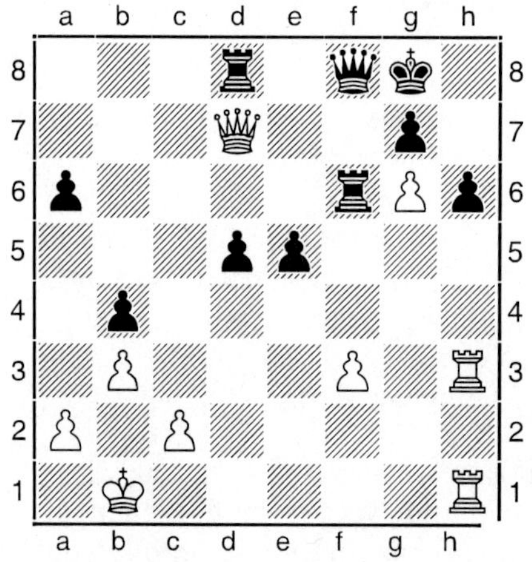

434) Jogam as Brancas (1 ponto)

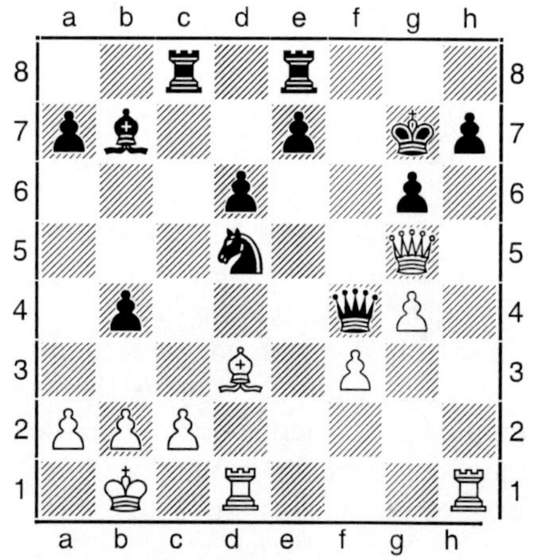

436) Jogam as Brancas (2 pontos)

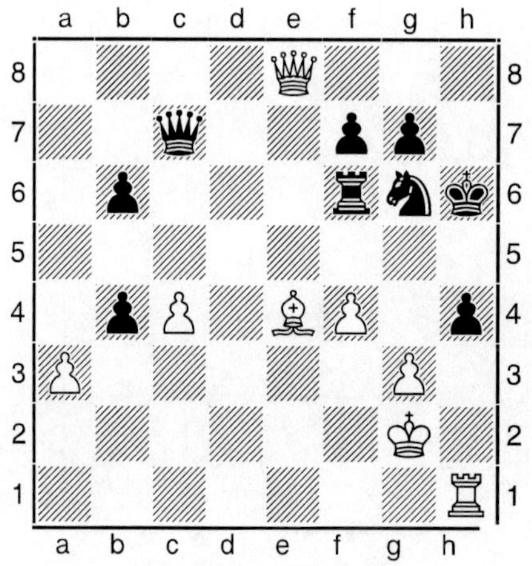

435) Jogam as Brancas (1 ponto)

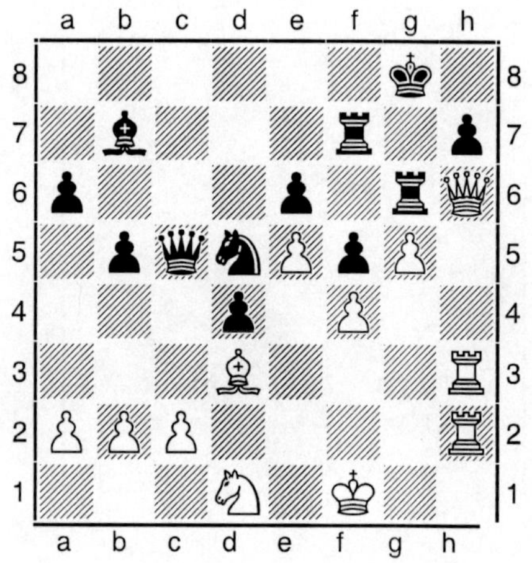

437) Jogam as Brancas (2 pontos)

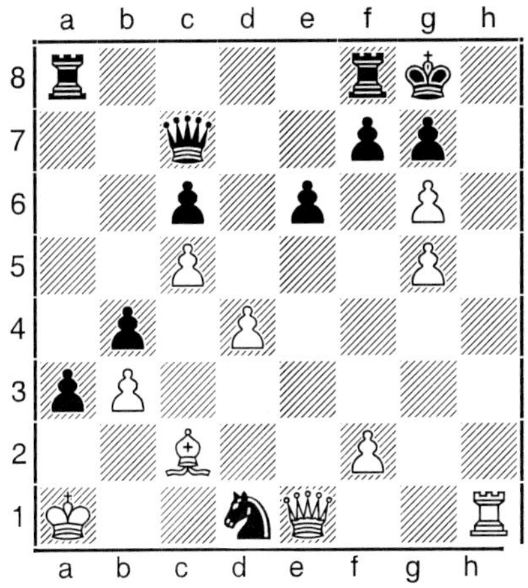

438) Jogam as Brancas (2 pontos)

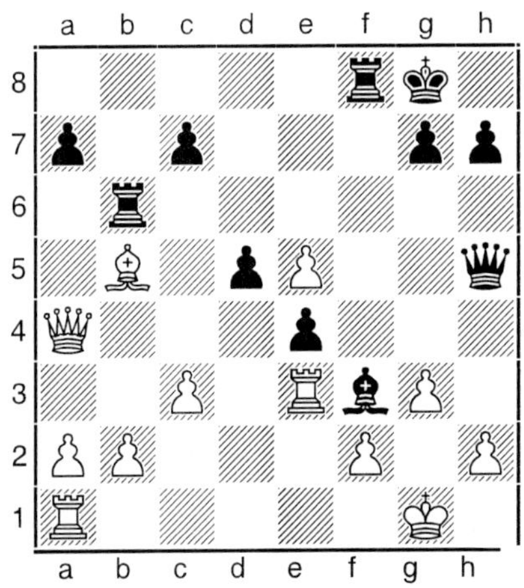

439) Jogam as Pretas (2 pontos)

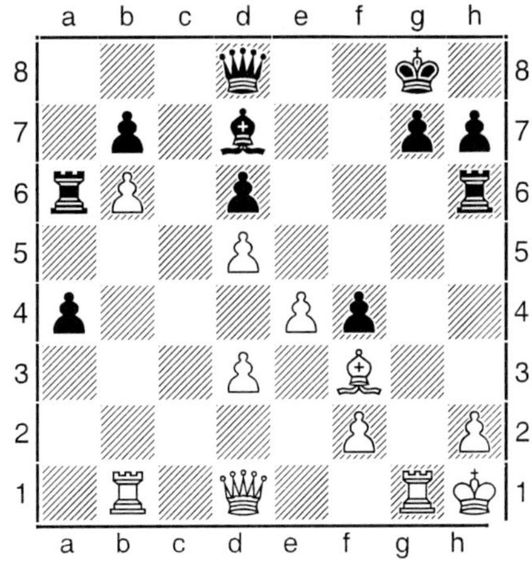

440) Jogam as Pretas (2 pontos)

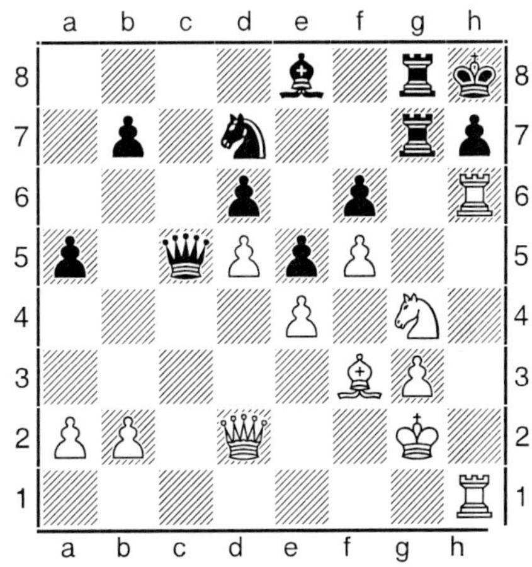

441) Jogam as Brancas (2 pontos)

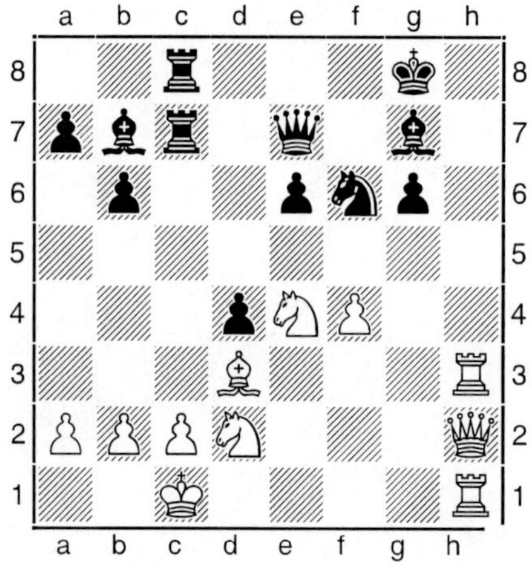

442) Jogam as Brancas (2 pontos)

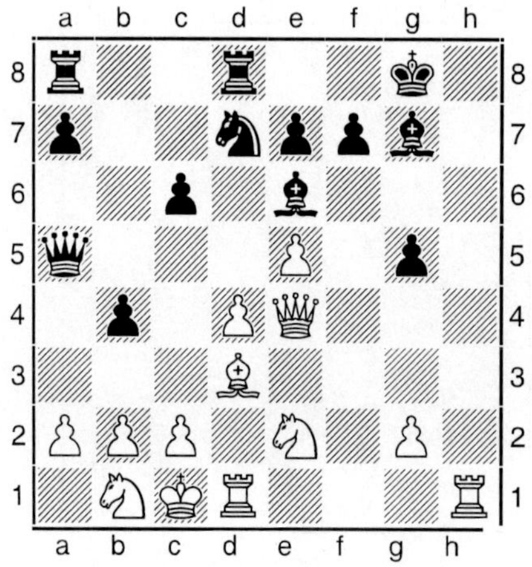

443) Jogam as Brancas (2 pontos)

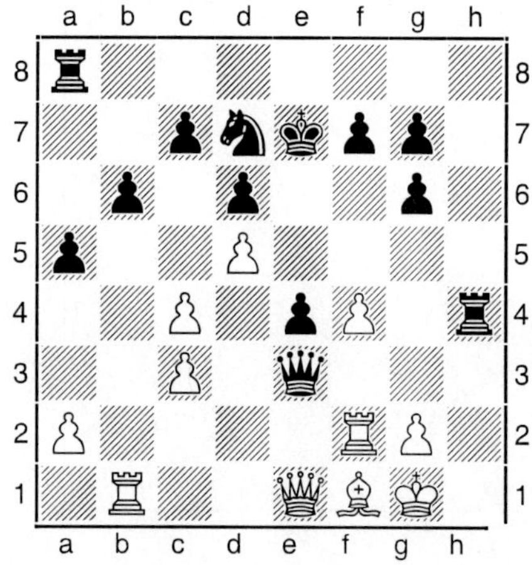

444) Jogam as Pretas (2 pontos)

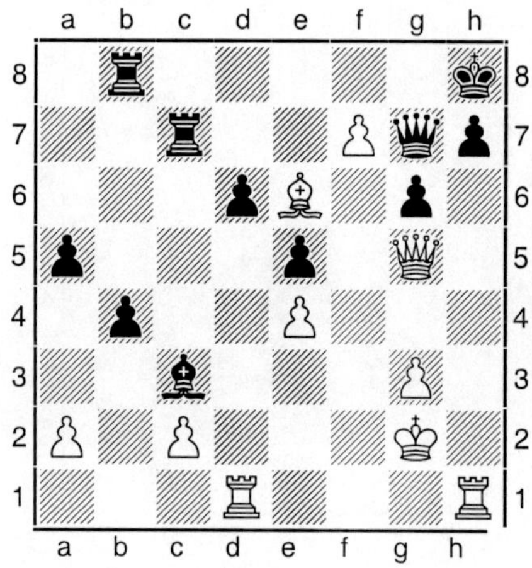

445) Jogam as Brancas (2 pontos)

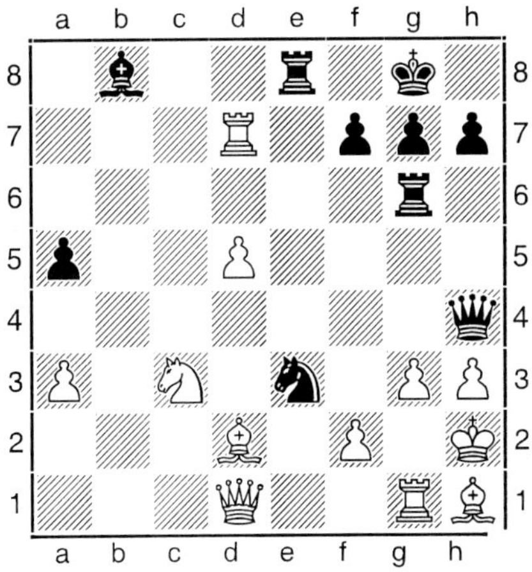

446) Jogam as Pretas (2 pontos)

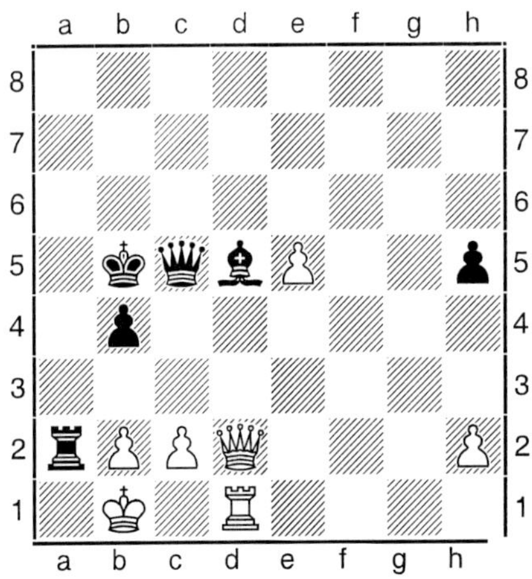

447) Jogam as Pretas (3 pontos)

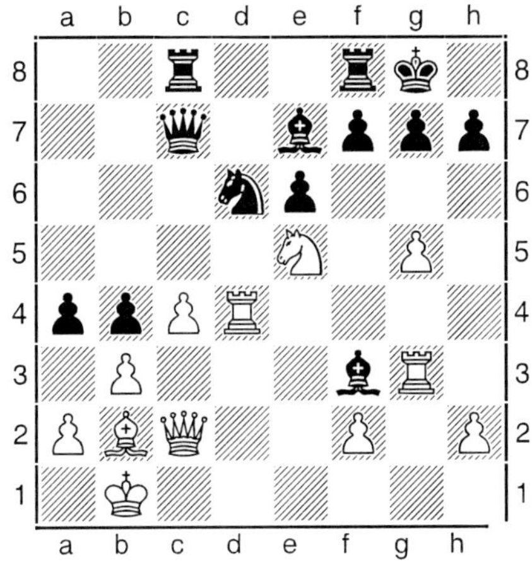

448) Jogam as Brancas (3 pontos)

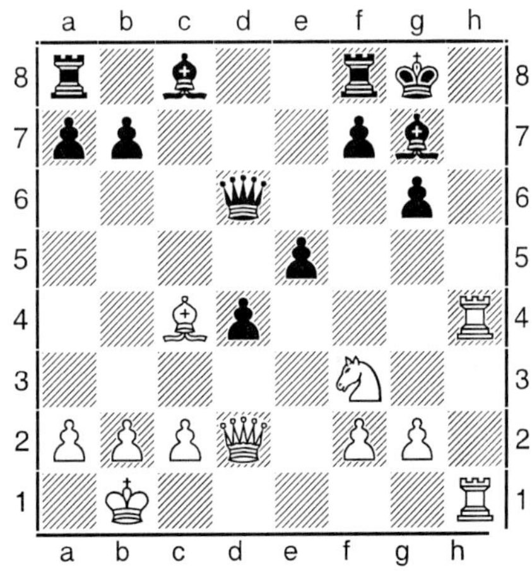

449) Jogam as Brancas (3 pontos)

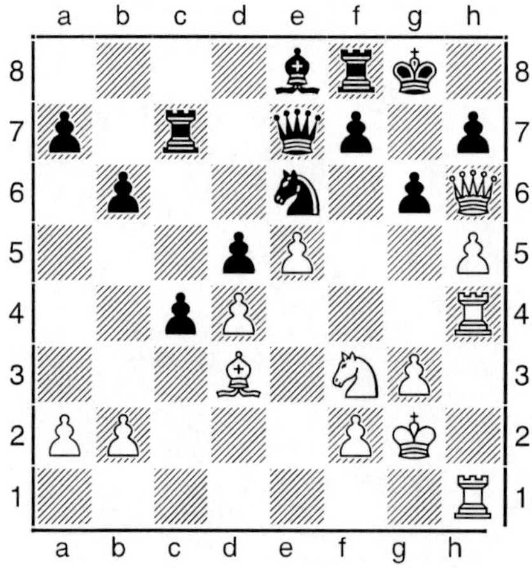

450) Jogam as Brancas (3 pontos)

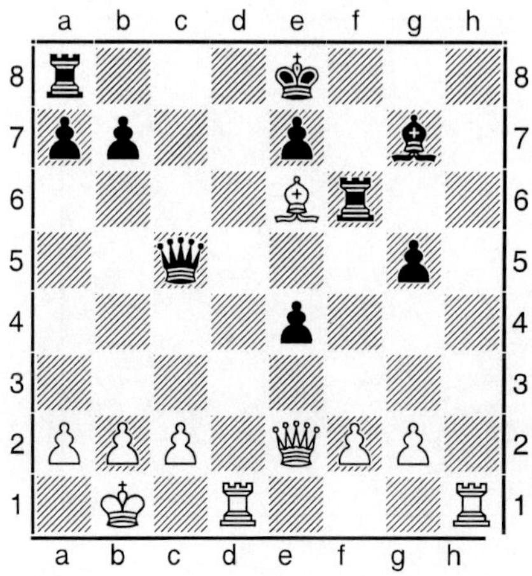

451) Jogam as Brancas (3 pontos)

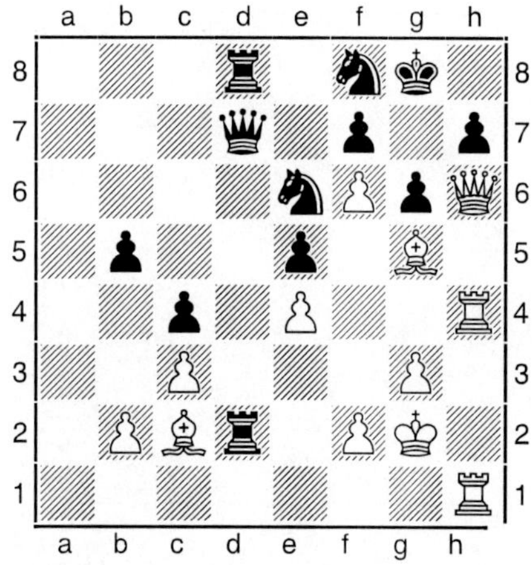

452) Jogam as Brancas (3 pontos)

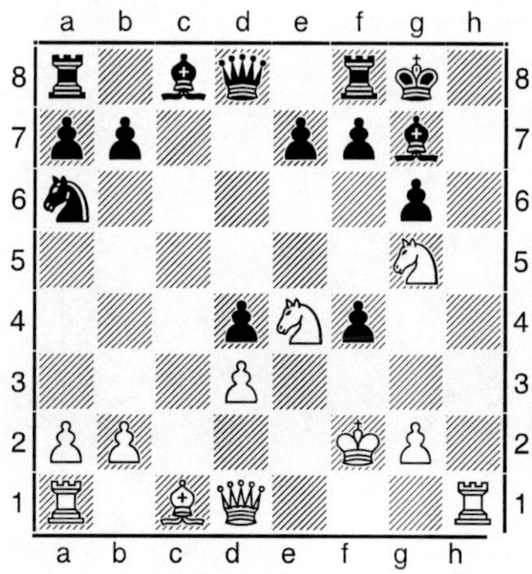

453) Jogam as Brancas (3 pontos)

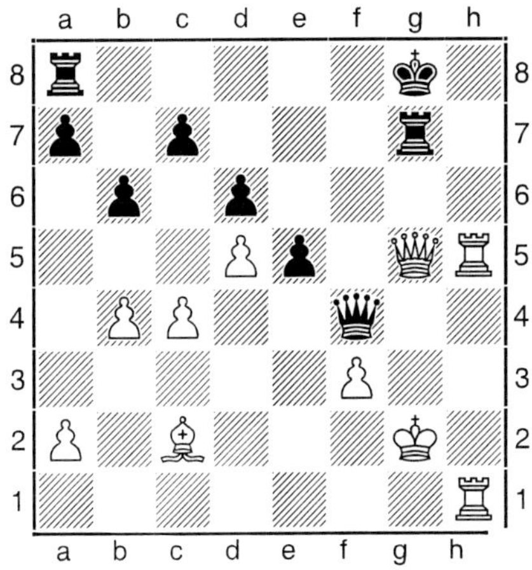

454) Jogam as Brancas (3 pontos)

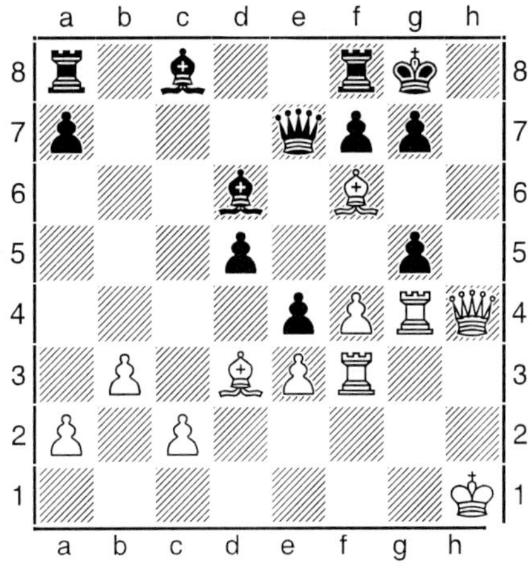

456) Jogam as Brancas (3 pontos)

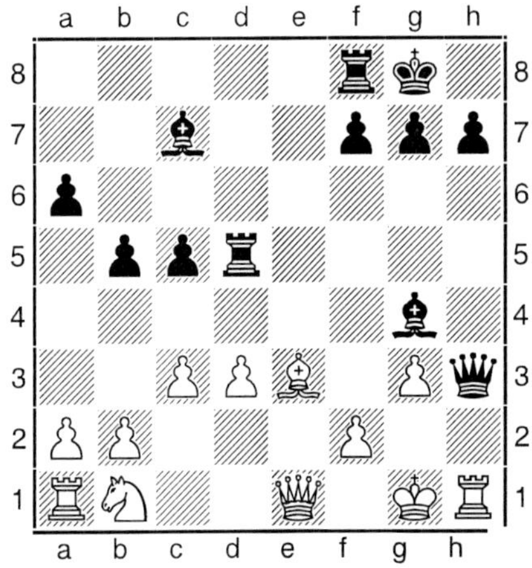

455) Jogam as Pretas (3 pontos)

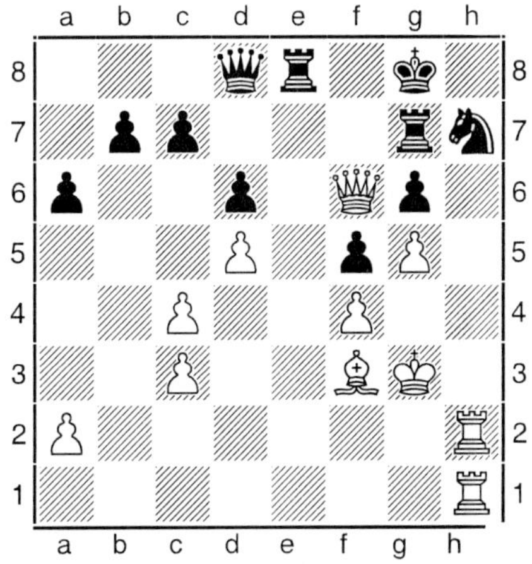

457) Jogam as Brancas (3 pontos)

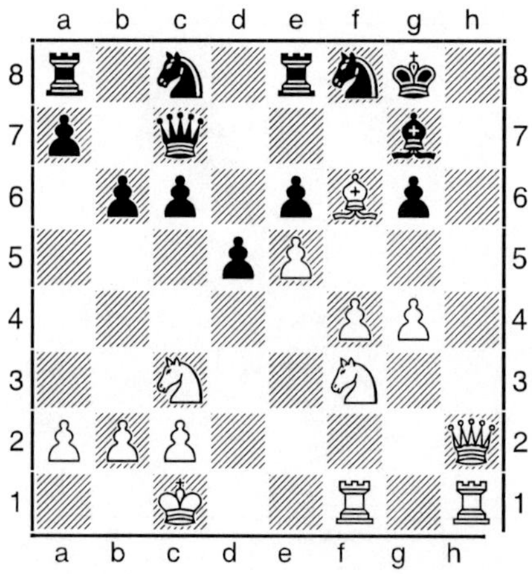

458) Jogam as Brancas (3 pontos)

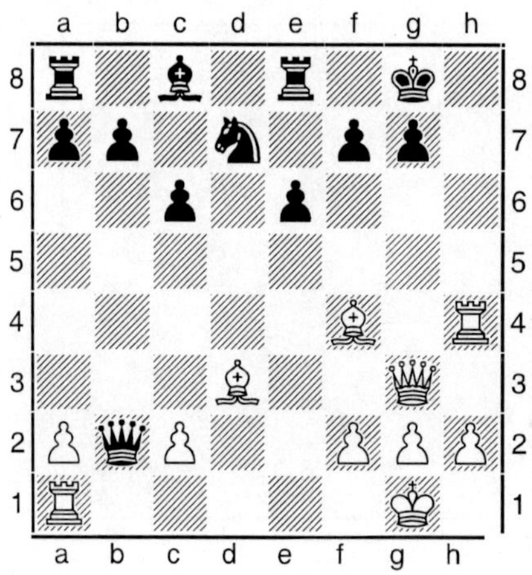

459) Jogam as Brancas (3 pontos)

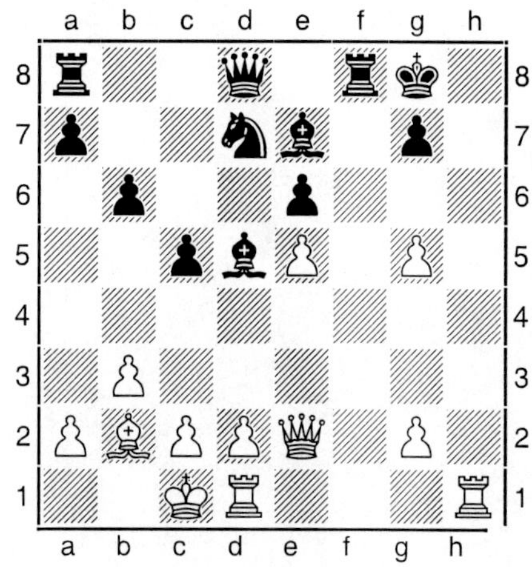

460) Jogam as Brancas (3 pontos)

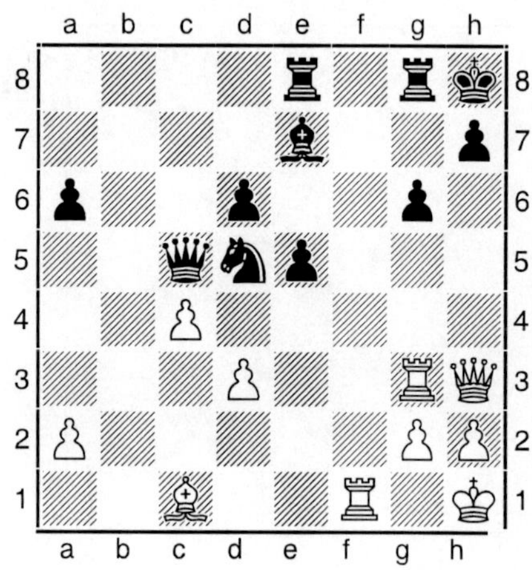

461) Jogam as Brancas (3 pontos)

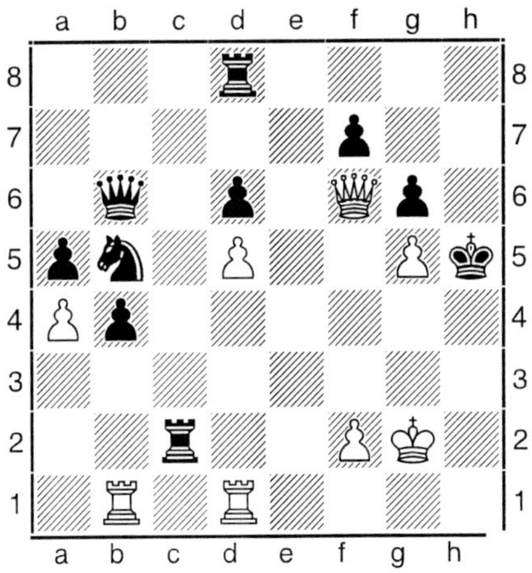

462) Jogam as Brancas (3 pontos)

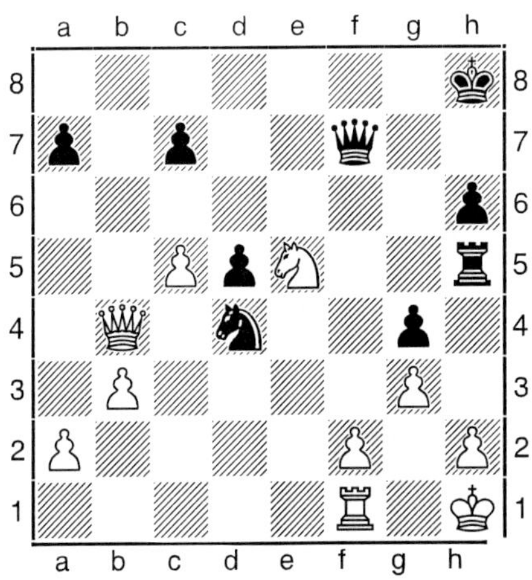

463) Jogam as Pretas (3 pontos)

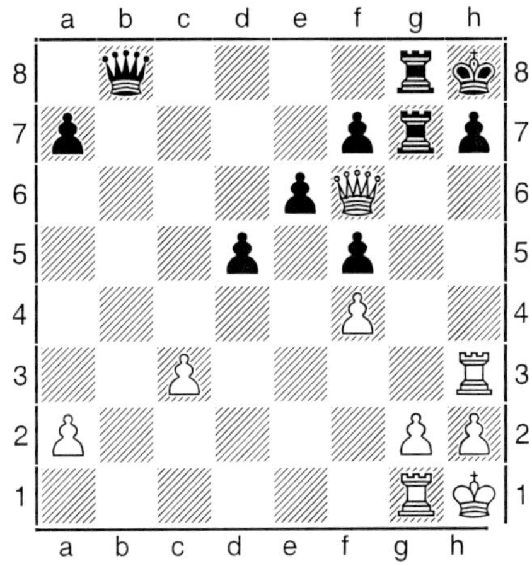

464) Jogam as Brancas (3 pontos)

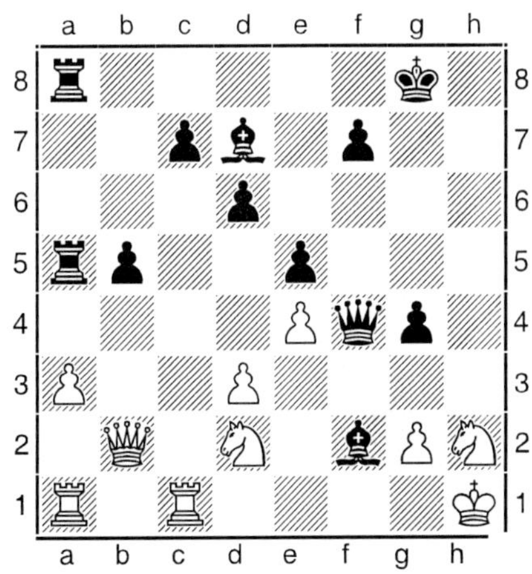

465) Jogam as Pretas (4 pontos)

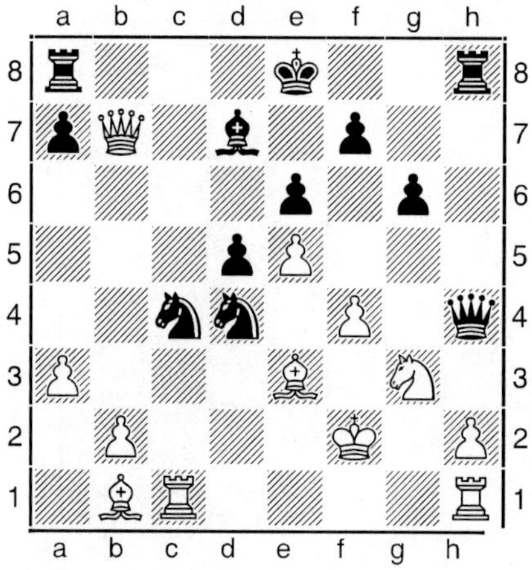

466) Jogam as Pretas (4 pontos)

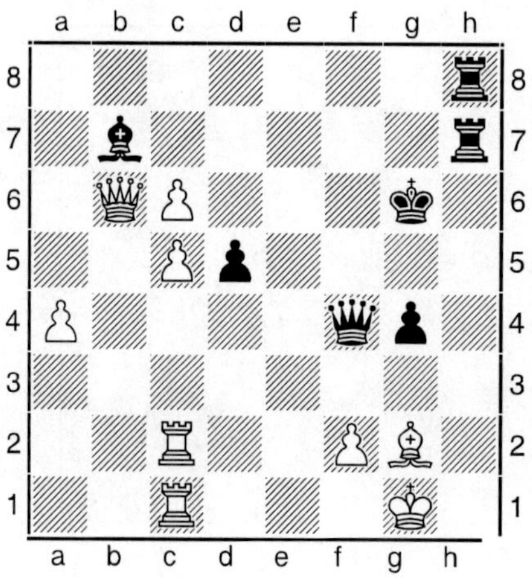

467) Jogam as Pretas (4 pontos)

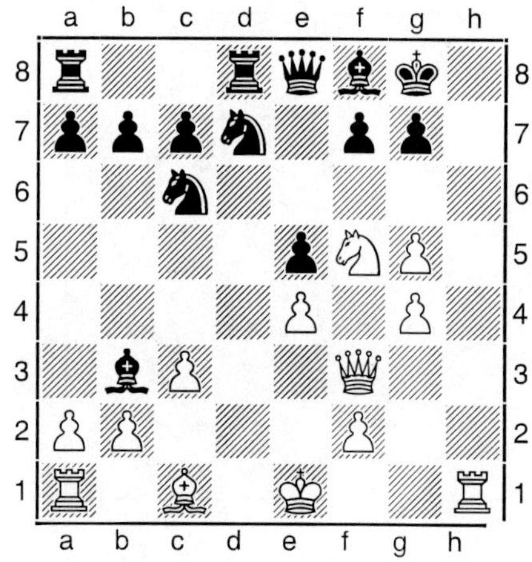

468) Jogam as Brancas (4 pontos)

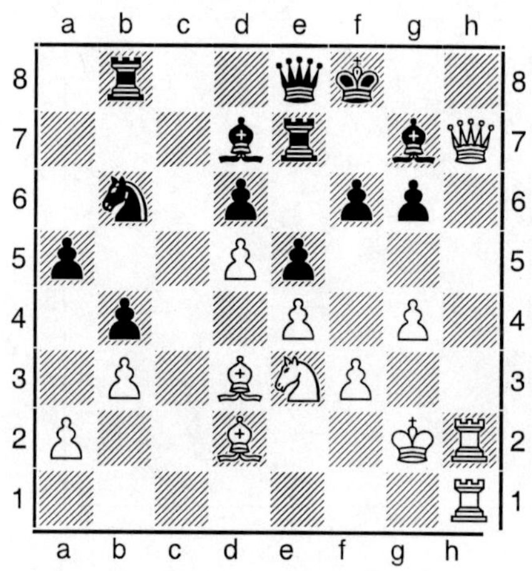

469) Jogam as Brancas (4 pontos)

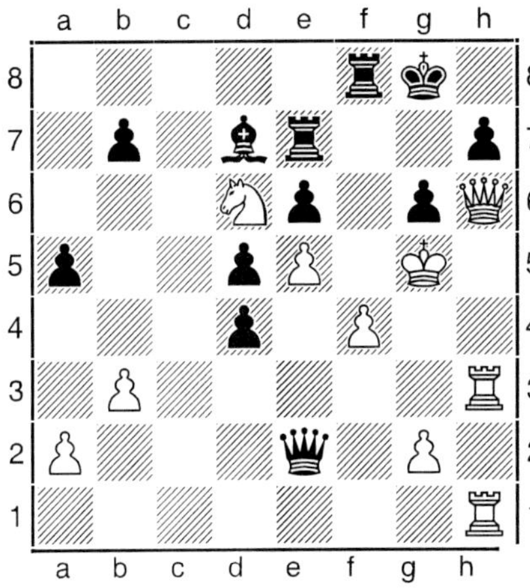

470) Jogam as Brancas (4 pontos)

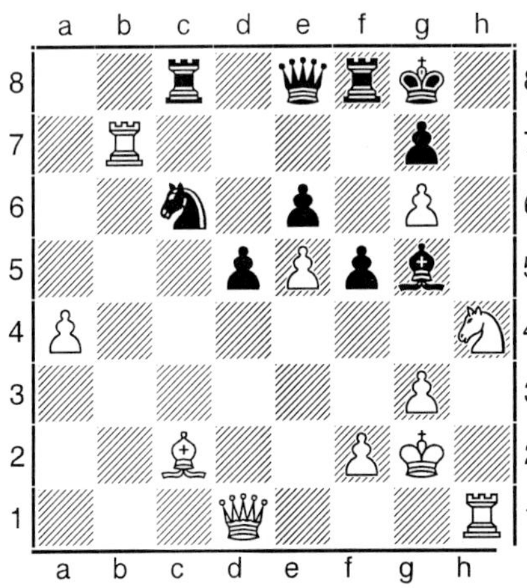

471) Jogam as Brancas (4 pontos)

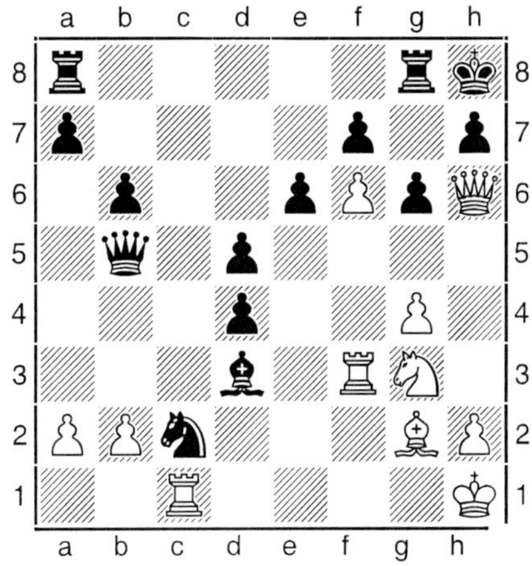

472) Jogam as Brancas (4 pontos)

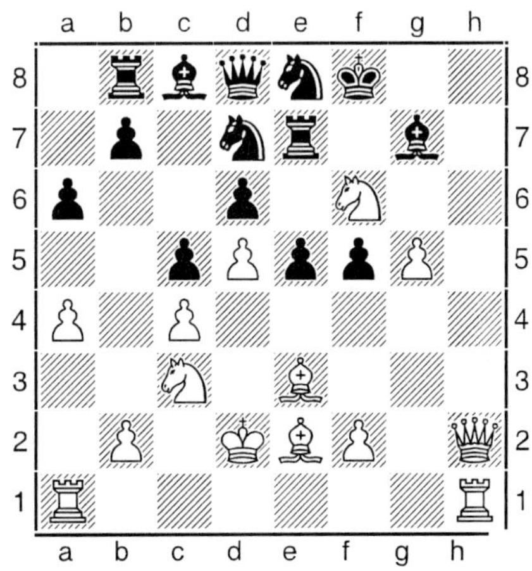

473) Jogam as Brancas (4 pontos)

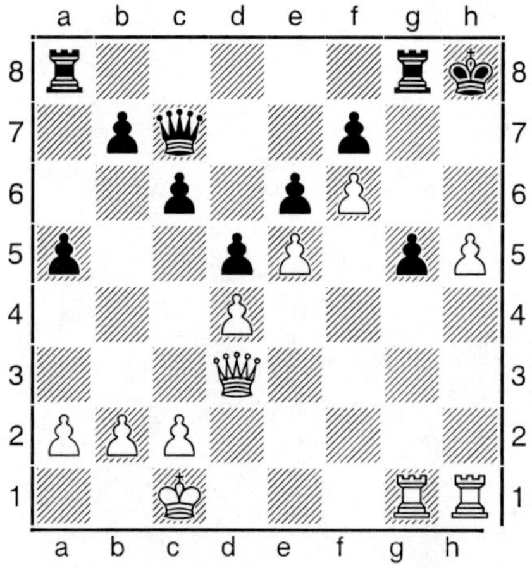

474) Jogam as Brancas (4 pontos)

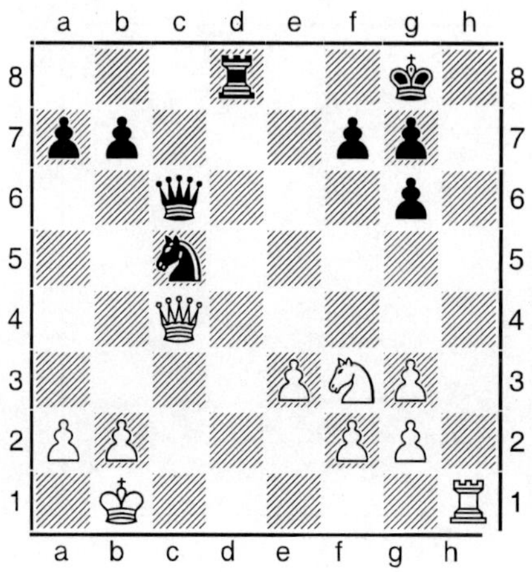

475) Jogam as Brancas (5 pontos)

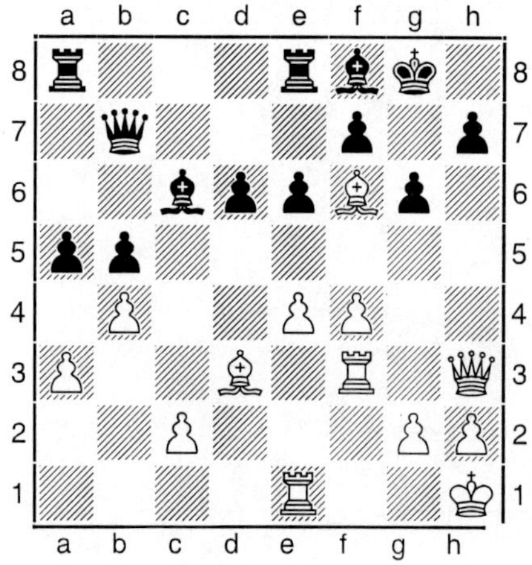

476) Jogam as Brancas (5 pontos)

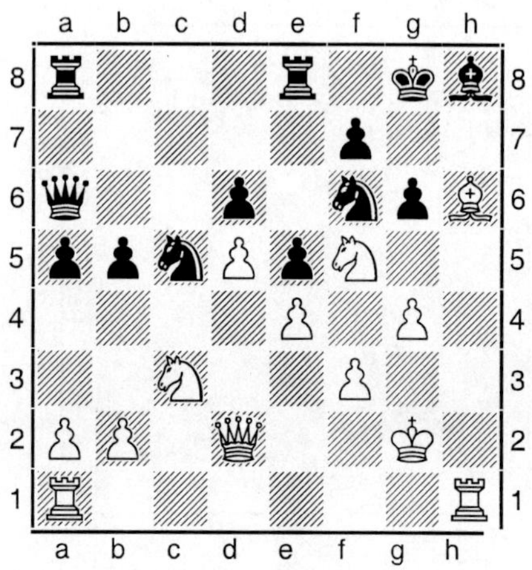

477) Jogam as Brancas (5 pontos)

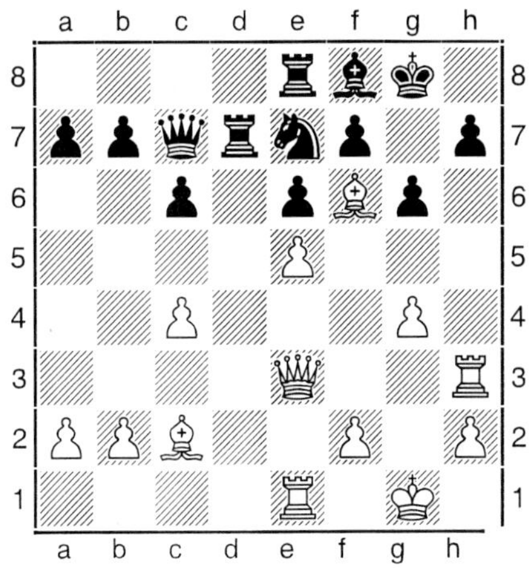

478) Jogam as Brancas (5 pontos)

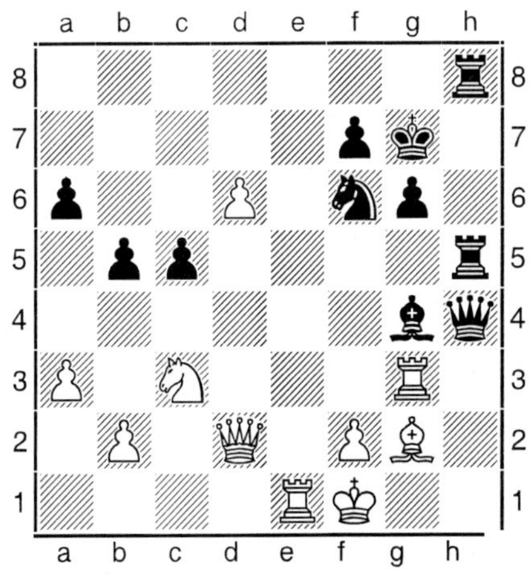

479) Jogam as Pretas (5 pontos)

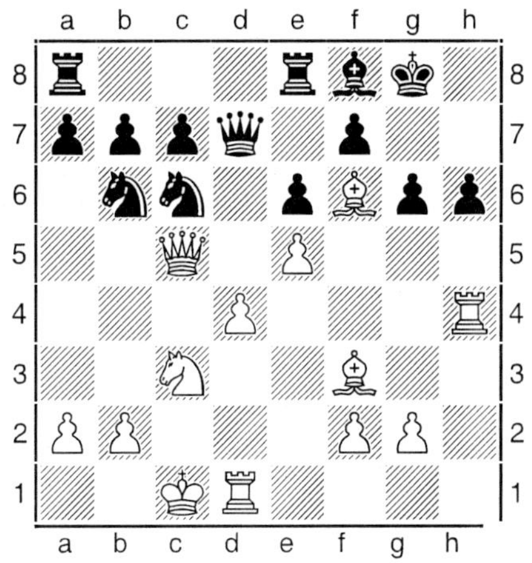

480) Jogam as Brancas (5 pontos)

Soluções da Morte na Coluna da Torre

433) **N. Dobrev – M. Nikolov**
Sofia 2008
1 ♖h8+! 1-0
1...♔xh8 2 ♕h7#.

434) **C. Orriols Miro – Mitjavila**
La Pobla de Lillet 2003
1 ♖xh6! 1-0
Ameaçando 2 ♖h8# e se 1...gxh6, então 2 ♕h7#.

435) **Seleljo – Jar. Mojzis**
Campeonato Tcheco (por equipes) 2005/6
1 ♕h8+!
Não 1 ♖xh4+?, pois as Pretas podem capturar a torre com xeque.
1-0
1...♘xh8 2 ♖xh4#.

436) **Panchanathan – Ramnathan**
Gurgon 2009
1 ♖xh7+! ♔f8
Também é mate após 1...♔xh7 2 ♕xg6+ ♔h8 3 ♕h7# ou 1...♔g8 2 ♕xg6+ ♔f8 3 ♕g7# (ou 3 ♖h8#).
2 ♖h8+ 1-0
2...♔g7 (2...♔f7 3 ♕xg6#) 3 ♕xg6+ ♔xh8 4 ♕h7#.

437) **K. Cao – J. Schuller**
Stillwater 2009
1 ♕xg6+! hxg6
1...♔f8 2 ♖xh7 e 1...♖g7 2 ♕xe6+ ♔f8 3 ♖xh7 levam a um mate rápido.
2 ♖h8+ ♔g7 3 ♖2h7#

438) **Je. Thybo – Ve. Hansen**
Copenhague 2010
1 ♖h8+! 1-0
O sacrifício da torre permite que a dama das Brancas chegue à coluna h com ganho de tempo, forçando mate após 1...♔xh8 2 ♕h1+ ♔g8 3 ♕h7#.

439) **Karabalis – Haubt**
Alemanha (evento por equipes) 2007/8
1...♕xh2+! 0-1
As Brancas sofrem mate após 2 ♔f1 ♕h1# ou 2 ♔xh2 ♖h6+ 3 ♔g1 ♖h1#.

440) **M. Abed – Darini**
Urmia 2008
1...♖xh2+! 2 ♔xh2 ♕h4+ 0-1
Após 3 ♔g2, 3...♕h3# é mais rápido, embora 3...♗h3+ 4 ♔h2 ♗f1# também dê mate.

441) **Bonafont – Hanreck**
Brentwood 2008
1 ♖xh7+! 1-0
1...♖xh7 2 ♖xh7+ ♔xh7 3 ♕h6#.

442) **A. Amarasinghe – Amarasena**
Campeonato Asiático (Junior), Colombo 2009

1 ♖h8+! 1-0

1...♗xh8 (1...♔f7 2 ♘g5#) 2 ♕xh8+ ♔f7 3 ♘g5#.

443) **J. Cejas – L. Mavrich**

Mar del Plata 2009

1 ♖h8+! 1-0

É mate após 1...♔xh8 2 ♕h7# ou 1... ♗xh8 2 ♕h7+ ♔f8 3 ♕xh8#.

444) **M.K. Poulsen – Peschardt**

Horsholm 2008

Ignorando o ataque à sua dama, as Pretas jogam pelo mate.

1...♖ah8! 0-1

Ameaçando 2...♖h1# e se 2 g3 ou 2 g4, então 2...♖h1+ 3 ♔g2 ♖8h2#.

445) **Nimmy – Anuprita**

Campeonato Indiano (Feminino), Calicute 2008

1 ♖xh7+! ♕xh7

1...♔xh7 2 ♖h1+ ♕h6 3 ♕xh6#.

2 ♕f6+ ♕g7 3 ♖h1#

446) **Balster – Hellsten**

Bundesliga 2000/1

1...♕xh3+! 0-1

2 ♔xh3 ♖h6+ e mate no próximo lance.

447) **I. Vovk – Kanep**

Campeonato da Estônia, Rakvere 2009

1...♖a1+! 0-1

O mate é forçado após 2 ♔xa1 ♕a7+ 3 ♔b1 ♕a2+ 4 ♔c1 ♕a1#.

448) **Dauth – M. Demidowicz**

Guben 2008

1 ♕xh7+! ♔xh7 2 ♖h4+

2 ♖h3+ é igualmente bom.

1-0

2...♔g8 3 ♖gh3 ♗e4+ 4 ♔a1 g6 (4... ♗h7 5 ♖xh7 apenas adia o mate em um lance) 5 ♖h8+ ♔g7 6 ♖3h7#.

449) **J. Englert – A. Andrzejewska**

Cracóvia 2009

1 ♖h8+! 1-0

Após 1...♗xh8 2 ♕h6, as Pretas não conseguem impedir o mate com 3 ♕h7# ou 3 ♕xh8#.

450) **Weeramantry – Ma. Kumar**

Calvia (Olimpíada) 2004

1 ♕xh7+! ♔xh7 2 hxg6++ 1-0

2...♔g7 (após 2...♔g8 3 ♖h8+, as Brancas dão mate um lance com mais rápido) 3 ♖h7+ ♔g8 4 ♖h8+ ♔g7 5 ♖1h7#.

451) **P. Sadilek – F. Haider**

Viena 2009

1 ♖h8+! 1-0

1...♗xh8 (após 1...♖f8 2 ♕h5#, as Pretas sofrem mate de imediato, enquanto 1...♗f8 2 ♕h5+ leva ao mate no próximo lance) 2 ♕h5+ ♖g6 (2... ♔f8 3 ♕xh8# ou 2...♖f7 3 ♕xf7#) 3 ♕xg6+ (3 ♕xh8+ é igualmente bom) 3...♔f8 4 ♕f7#.

452) **Kengis – Blatny**

Tilburg 1994

1 ♕xh7+! ♘xh7 2 ♖xh7

As Pretas Só conseguem adiar o mate em h8 entregando suas peças.

2...♘f4+ 3 ♗xf4 1-0

As Pretas não conseguem mais impedir ♖h8#.

453) **Va. Guerra – J. Leonardo**

Almada 2003

1 ♖h8+! ♗xh8

1...♔xh8 2 ♕h1+ leva ao mate em h7.

1-0

Em vista de 2 ♕h1 ♖e8 3 ♕h7+ ♔f8 4 ♕xf7# (ou 4 ♕xh8#).

454) **Reinderman – D. Brandenburg**

Campeonato Holandês, Hilversum 2008

As Brancas podem forçar o mate, mesmo que sua dama esteja cravada.

1 ♖h8+ ♔f7 2 ♗g6+! 1-0

O único movimento das Pretas é 2...♖xg6, então as Brancas podem dar mate com 3 ♖1h7+ ♖g7 4 ♖xg7# (ou 4 ♕xg7#).

455) **K. Rian – A.M.A. Hj**

Campeonato ASEAN (Sub-18), Da Nang 2008

1...♕xh1+! 2 ♔xh1 ♗f3+ 3 ♔g1

3 ♔h2 ♖h5+ 4 ♔g1 ♖h1#.

3...♖h5 0-1

E mate no próximo lance com 4...♖h1#.

456) **S. Barrett – Dilleigh**

Campeonato Britânico, Liverpool 2008

1 ♖h3!

Ameaçando mate em h7 ou h8, então as Pretas devem capturar a dama.

1...gxh4 2 ♖xg7+ 1-0

2...♔h8 3 ♖xh4#.

457) **Dautov – Bosman**

Bundesliga 2008/9

1 ♕xg7+! 1-0

1...♔xg7 2 ♖xh7+ ♔f8 3 ♖h8+ seguido de 4 ♖1h7#.

458) **C. van Oosterom – Hulshof**

Hoogeveen 2009

1 ♕h8+! ♗xh8

1...♔f7 2 ♕xg7# (ou 2 ♘g5#).

2 ♖xh8+ ♔f7 3 ♘g5#

459) **Flierl – Jö. Becker**

Alemanha (evento por equipes) 2006/7

1 ♖h8+! 1-0

1...♔xh8 2 ♕h4+ (ou 2 ♕h3+) 2...♔g8 3 ♕h7+ ♔f8 4 ♗d6+ ♖e7 5 ♕h8#.

460) **E. Kahn – Szeberenyi**

Campeonato Húngaro (por equipes) 2006/7

1 ♖h8+! ♔xh8

1...♔f7 2 ♕h5+ g6 3 ♕h7+ ♔e8 4 ♕xg6#.

2 ♕h5+ ♔g8 3 g6 1-0

E mate após 3...♖e8 4 ♕h7+ ♔f8 5 ♕h8# ou 3...♘f6 4 exf6 ♖xf6 5 ♕h7+ ♔f8 6 ♕h8#.

461) **Short – Ye Jiangchuan**

Taiuã 2004

1 ♕xh7+! 1-0

1...♔xh7 2 ♖h3+ ♔g7 3 ♗h6+ ♔h7 4 ♗f8+ e mate no próximo lance.

462) **Shaposhnikov – Zakharevich**

Kaluga 2003

1 ♖h1+ ♔g4 2 ♖h4+! 1-0

2...♔xh4 3 ♕f4+ ♔h5 4 ♖h1#.

463) **Ø. Pedersen – O. Simonsen**

Gausdal 2003

1...♖xh2+! 2 ♔g1

2 ♔xh2 ♕h5+ 3 ♔g1 (3 ♔g2 ♕h3+ 4 ♔g1 ♘e2#) 3...♘e2+ 4 ♔g2 ♕h3#.

2...♘e2+! 3 ♔xh2 ♕h5+ 4 ♔g2 ♕h3#

464) **Kokkinakis – I. Bensenousi**

Campeonato Grego (por equipes), Kallithea 2003

1 ♖xh7+! 1-0

1...♔xh7 2 ♕h4+ ♔g6 3 ♕g5+ ♔h7 4 ♕h5#.

465) **Ka. Morales – In. Sanchez**

Campeonato Pan-americano (Feminino), San Salvador 2008

1...♕xh2+! 2 ♔xh2 g3+

2...♔g7? de imediato permite 3 g3, liberando g2 para o rei.

3 ♔h1 ♔g7

Não há meios de impedir a torre de se mover para h8.

4 ♘f3 ♖h8+ 0-1

E mate no próximo lance.

466) **J.J. Kristensen – Kroll**

Århus 1990

1...♕xh2+! 2 ♖xh2

Os dois cavalos das Pretas também são mortais após 2 ♔f1 ♘xe3+ 3 ♔e1 ♘f3# ou 2 ♔e1 ♘f3+, seguido de 3... ♘xe3#.

2...♖xh2+ 3 ♔e1

Como antes, as Brancas sofrem mate após 3 ♔g1 ♘f3+ 4 ♔f1 ♘xe3# e 3 ♔f1 ♘xe3+ seguidos de 4...♘f3#.

3...♘f3+ 4 ♔f1

4 ♔d1 ♘xe3#.

4...♘xe3#

467) **Kramnik – Anand**

Torneio Amber (Rápido), Nice 2008

1...♕f3!!

Ameaçando 2...♖h1+ e mate no próximo lance.

2 cxb7+

2 ♗xf3 gxf3 também levará ao mate em h1 após as Brancas esgotarem seus xeques por vingança.

2...♔f5 0-1

Após 3 ♗xf3 gxf3, as Brancas podem adiar o mate em vários lances entregando todas as suas peças, mas não faz diferença, pois cedo ou tarde sofrerá mate com ...♖h1#.

468) **J. Reeve – Hughey**

Edmonton 2008

1 ♕h3 f6

Ou outro mate em h7 ou h8.

2 ♕h8+

2 ♕h7+ é igualmente bom.

2...♔f7 3 g6+! ♔e6

3...♔xg6 4 ♕h5#.

4 ♕g8+ 1-0

4...♕f7 5 ♕xf7#.

469) **Krush – Ruxton**

Gibraltar 2007

1 ♕h8+! ♔f7

1...♗xh8 2 ♖xh8+ seguido de 3 ♖1h7#.

2 ♕xg7+!

Agora as Pretas têm que capturar a dama.

2...♔xg7 3 ♖h7+ ♔g8

3...♔f8 é igual.

4 ♖h8+ ♔g7 5 ♖1h7#

470) **Almagro Llanas – A. Sanchez Garcia**

Campeonato de Madri 2007

1 ♕xg6+! ♖g7

Também é mate após 1...hxg6 2 ♖h8+ ♔g7 3 ♖1h7# ou 1...♔h8 2 ♖xh7+ ♖xh7 3 ♕xh7# (ou 3 ♖xh7#).

2 ♕xg7+! 1-0

As Brancas dão mate após 2...♔xg7 3 ♖xh7+ ♔g8 4 ♖h8+ ♔g7 5 ♖1h7#.

471) **M. Krupa – Giuriati**

Litomysl 2007

1 ♕h5 ♗h6

Após 1...♕xg6, as Brancas podem simplesmente capturar a dama, mas há um mate rápido com 2 ♕h8+! ♔xh8 3 ♘xg6++ ♔g8 4 ♖h8#.

2 ♖xg7+! 1-0

2...♔xg7 (outros lances levam ao mate imediato: 2...♗xg7 3 ♕h7# ou 2...♔h8 3 ♕xh6#) 3 ♘xf5+ (o sacrifício de dama 3 ♕xh6+ também força o mate, porém é mais lento) 3...♔g8 (3...♖xf5 4 ♕xh6+ ♔g8 5 ♕h8#) 4 ♕xh6 e mate no próximo lances.

472) **I. Starostits – Alford**

Dos Hermanas (Internet - Blitz) 2004

1 ♘e4!!

As Brancas limpam a terceira fila para que sua torre possa ir para h3, mas deve escolher a casa correta. 1 ♘f5? gxf5 libera g6, para que 2 ♕xh7+ seguido de 3 ♖h3+ não seja um mate mais demorado, enquanto 1 ♘e2? g5 defende h7 e impede qualquer sacrifício ali.

1...♗xe4

Após 1...dxe4 2 ♖h3 ♕h5 3 gxh5, as Brancas ganham a dama, mantendo um ataque que forçará mate em breve. Aqui 1...g5 não defende, pois 2 ♖h3 ♗xe4 3 ♗xe4 leva ao mate em h7.

2 ♕xh7+! ♔xh7 3 ♖h3#

473) **Z. Izoria – Kalagashvili**

Campeonato da Geórgia, Tbilisi 2001

1 ♕h8+! ♗xh8

1...♔f7 2 ♗h5#.

2 ♖xh8+ ♔f7

2...♔g7 3 ♖g8+ ♔f7 4 ♗h5#.

3 ♗h5+ ♔g7 4 ♖g8#

474) **Tedy – Lantang**

Djakarta 2000

1 ♕g6! 1-0

Ameaçando 2 ♕h6# e forçando mate após 1...fxg6 2 hxg6+ ♕h7 3 ♖xh7# ou 1...♖xg6 2 hxg6+ ♔g8 3 g7 seguido de 4 ♖h8#.

475) **D. Muse – Mart. Fischer**

2ª Bundesliga 2007/8

1 ♖h8+! ♔xh8 2 ♕h4+ ♔g8 3 ♕xd8+ ♔h7 4 ♘g5+ ♔h6 5 ♘xf7+ 1-0

5...♔h7 é seguido por 6 ♕h8#, enquanto 5...♔h5 permite mate com 6 ♕h4# ou 6 ♕g5#.

476) **A. Pomaro – Codenotti**

Verona 2009

1 ♕xh7+! ♔xh7 2 ♖h3+ ♗h6

2...♔g8 3 ♖h8#.

3 ♖ee3!

A ameaça é 4 ♖xh6+ ♔xh6 5 ♖h3#. Não, 3 ♖xh6+? ♔xh6 4 ♖e3 g5, quando as Pretas escapam.

3...g5 4 fxg5 1-0

As Pretas não podem impedir 5 ♖xh6+ seguido de 6 ♖h8#.

477) **Uksini – M. Brcar**

Campeonato da União Europeia (Sub-10), Mureck 2009

1 ♗f8!!

A ameaça é 2 ♖xh8+ ♔xh8 3 ♕h6+ seguida de 4 Ëg7#. Existem outros movimentos ganhadores, como 1 ♗g5 e 1 ♕g5, mas não levam a um mate rápido.

1...♘d3

Ignorando a ameaça, mas outros lances não teriam aguentado por muito tempo:

1) 1...♖xf8 2 ♘e7+ ♔g7 3 ♕h6#.

2) 1...♘e6 2 ♖xh8+ ♔xh8 3 ♕h6+ ♔g8 4 dxe6 e a Branca dá mate com rapidez.

3) 1...♘h5 2 ♖xh5 gxh5 3 ♕g5+ ♔xf8 (3...♔h7 4 ♕xh5+ ♔g8 5 ♘h6+ ♔xf8 6 ♕xf7#) 4 ♕h6+ ♔g8 5 ♕xh5 leva a um mate rápido; por exemplo, 5...♖e7 6 ♖h1 ♗f6 7 ♕h7+ ♔f8 8 ♕h8+! ♗xh8 9 ♖xh8#.

2 ♖xh8+ 1-0

2...♔xh8 3 ♕h6+ e 4 ♕g7#.

478) **Ax. Rombaldoni – Barillaro**

Bolonha 2008

1 ♖xh7!! ♔xh7 2 ♕h3+ ♗h6

2...♔g8 3 ♕h8#.

3 ♕xh6+!

Não 3 ♖e3? ♘g8, quando as Pretas se defendem no momento.

3...♔xh6 4 ♖e3 ♕xe5

4...♖d1+ 5 ♔g2 não muda a situação.

5 ♖h3+!

Recusando corretamente a dama, pois as Brancas podem forçar o mate.

5...♛h5 6 ♖xh5+ gxh5 7 g5#

Uma bela posição final.

479) **Longa Yauca – Chueca Forcen**

Almansa 2009

1...♛h1+! 0-1

2 ♗xh1 ♖xh1+ 3 ♖g1 (ou 3 ♔g2 ♖8h2#) 3...♖xg1+ 4 ♔xg1 ♗f3 leva a um mate inevitável em h1.

480) **Epishin – T. Ernst**

Cutro 2004

1 ♕xf8+! ♔xf8

1...♖xf8 2 ♖xh6 leva ao mate em h8.

2 ♖xh6 ♘e7

O único modo de parar o mate imediato, mas não salvam as Pretas.

3 ♖h8+ ♘g8 1-0

As Pretas abandonaram ao ver 4 ♖xg8+ (4 ♖dh1 primeiro também é bom) 4...♔xg8 5 ♖h1 e mate em h8 no próximo lance.

Quadro de Pontuação da Morte na Coluna da Torre

Número da posição	Pontos
433	1
434	1
435	1
436	2
437	2
438	2
439	2
440	2
441	2
442	2
443	2
444	2
445	2
446	2
447	3
448	3
449	3
450	3
451	3
452	3
453	3
454	3
455	3
456	3
457	3
458	3
459	3
460	3
461	3
462	3
463	3
464	3
465	4
466	4
467	4
468	4
469	4
470	4
471	4
472	4
473	4
474	4
475	5
476	5
477	5
478	5
479	5
480	5
Total	
Máximo	**149**

10. *Sacrifícios de Dama*

Todos amam sacrificar sua dama e não há nada mais gratificante do que a sensação reconfortante quando você entrega sua peça mais poderosa para forçar o mate.

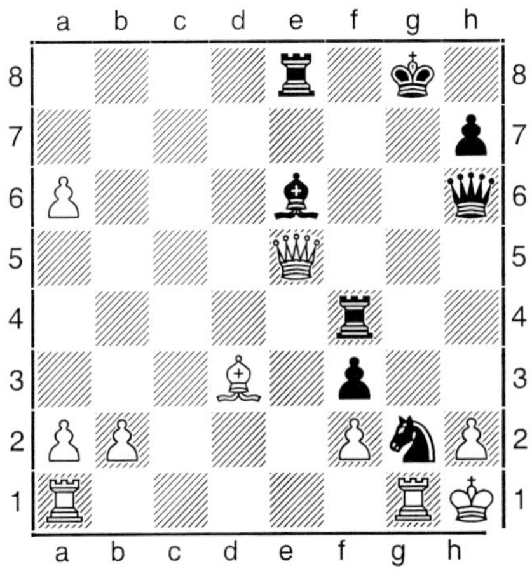

I. Schmidt – Delvos

Alemanha (evento por equipes) 2003/4

As Pretas terminaram a partida em um estilo espetacular com **1...♕xh2+! 2 ♔xh2 ♖h4+ 3 ♔g3 ♖h3#**. É um mate incomum, no qual o cavalo opera ao contrário para impedir que o rei branco escape

Os 90 sacrifícios de dama a seguir incluem muitos exemplos de jogo espetacular e mates surpreendentes. No final, você estará familiarizado com todos os padrões típicos de sacrifício da dama que surgem na prática. Divirta-se!

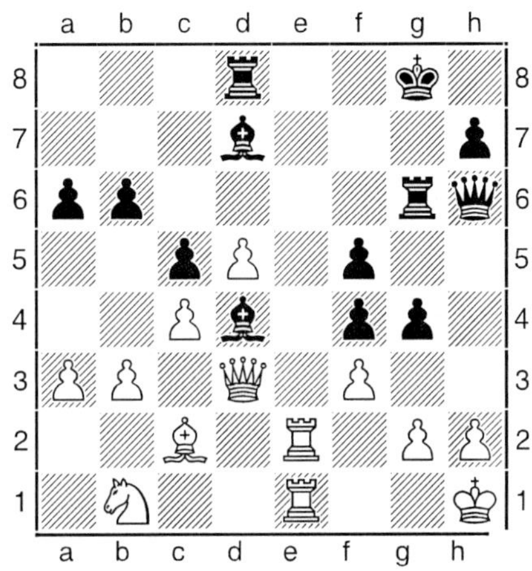

481) Jogam as Pretas (1 ponto)

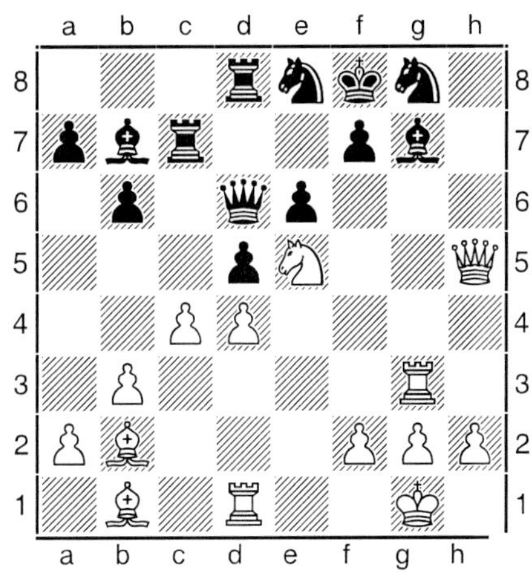

482) Jogam as Brancas (1 ponto)

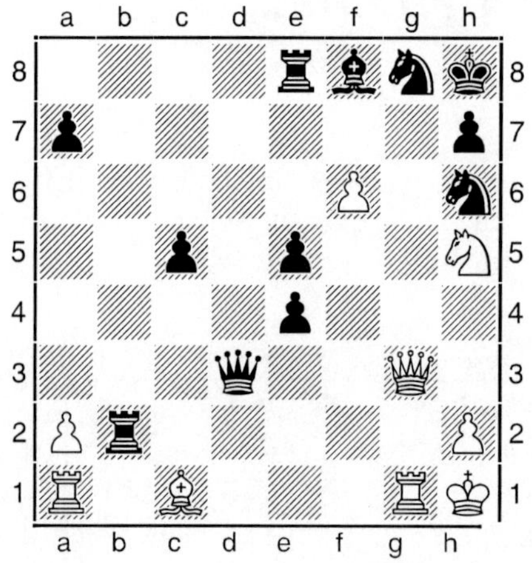

483) Jogam as Brancas (1 ponto)

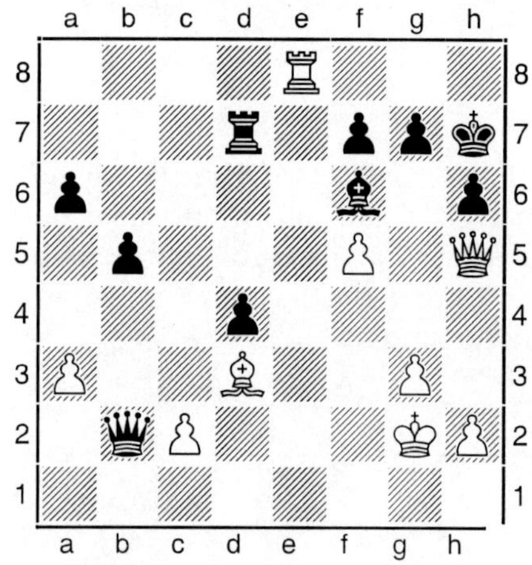

485) Jogam as Brancas (1 ponto)

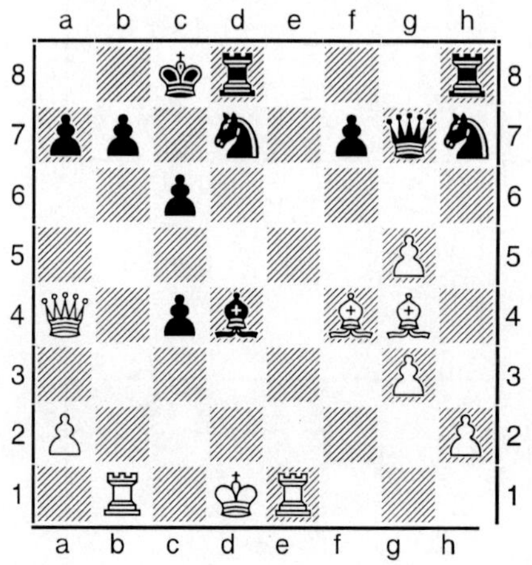

484) Jogam as Brancas (1 ponto)

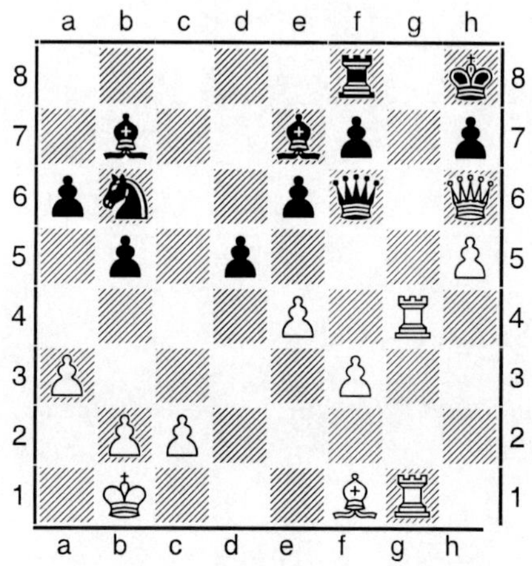

486) Jogam as Brancas (1 ponto)

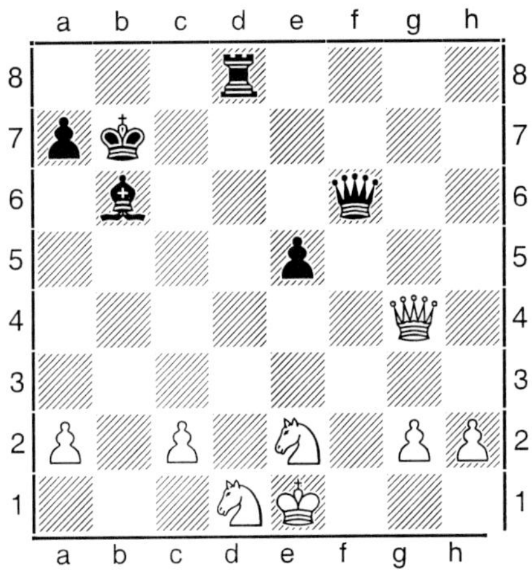

487) Jogam as Pretas (1 ponto)

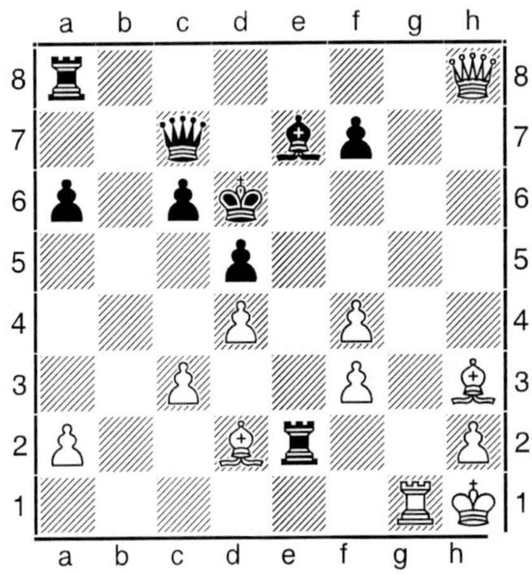

488) Jogam as Brancas (1 ponto)

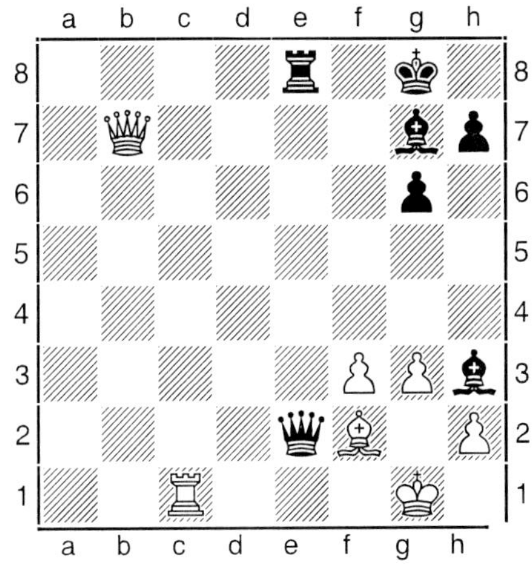

489) Jogam as Pretas (1 ponto)

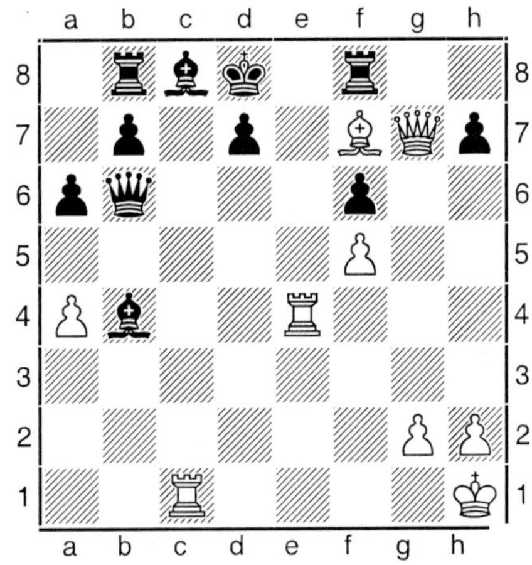

490) Jogam as Brancas (1 ponto)

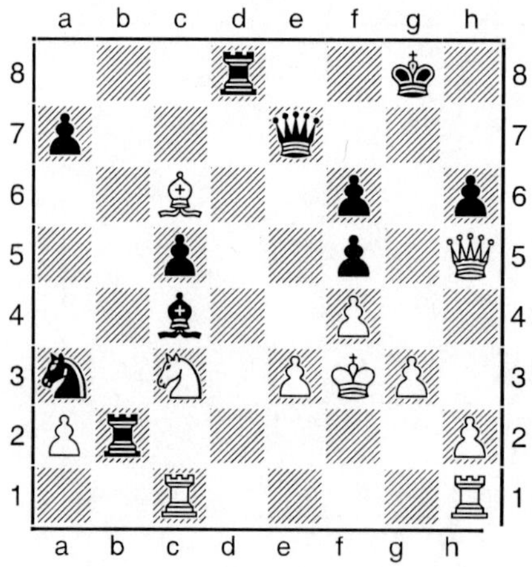

491) Jogam as Pretas (1 ponto)

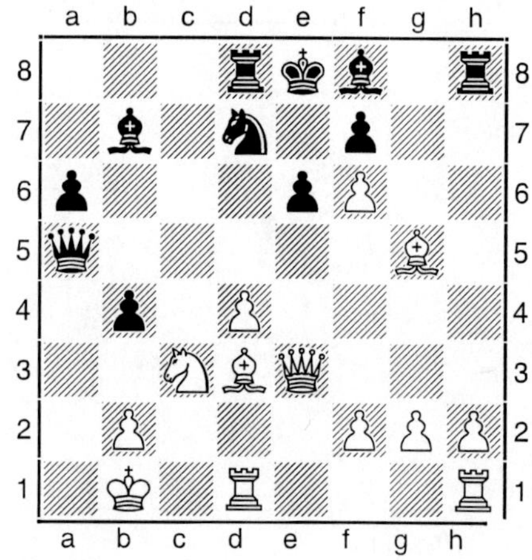

493) Jogam as Brancas (1 ponto)

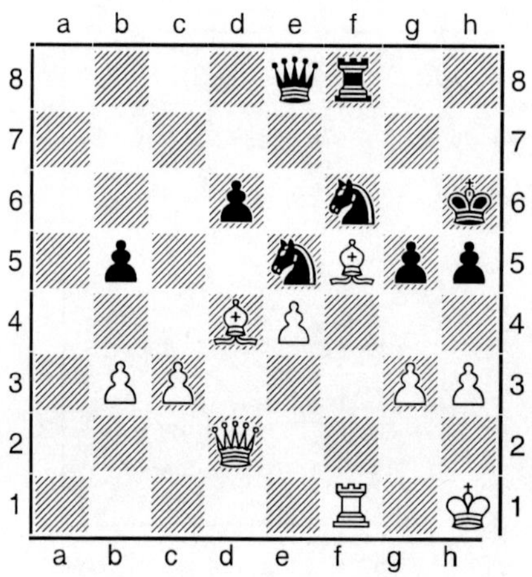

492) Jogam as Brancas (1 ponto)

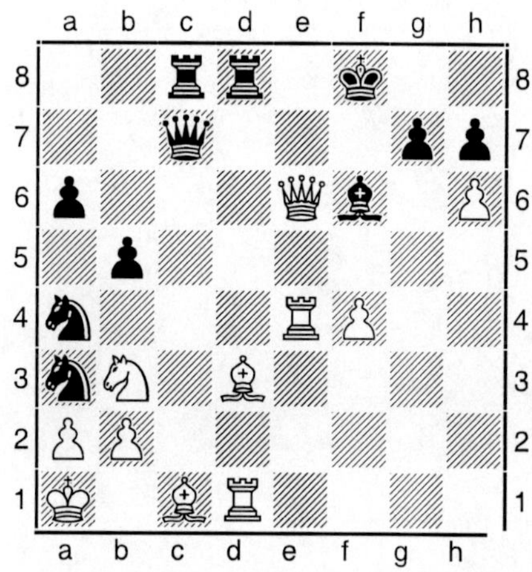

494) Jogam as Pretas (1 ponto)

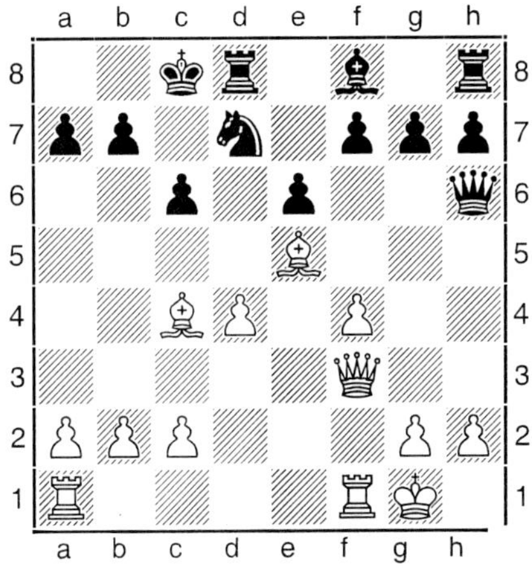

495) Jogam as Brancas (1 ponto)

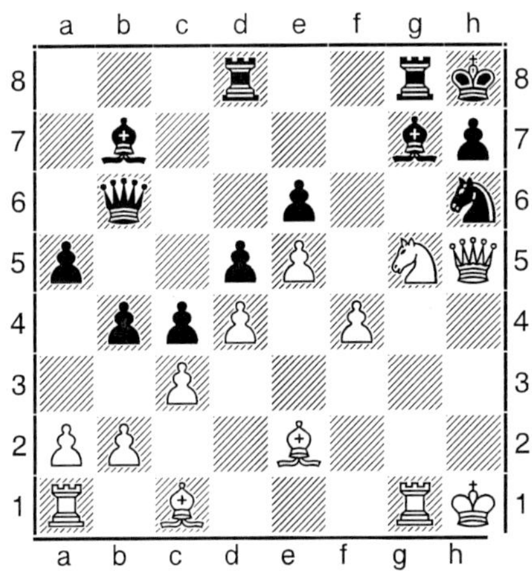

496) Jogam as Brancas (1 ponto)

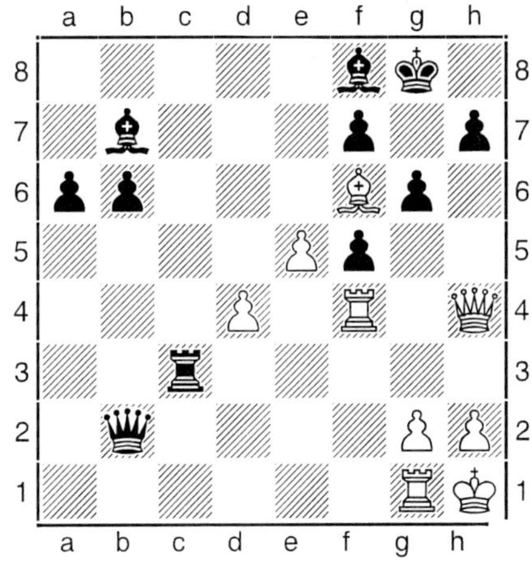

497) Jogam as Pretas (2 pontos)

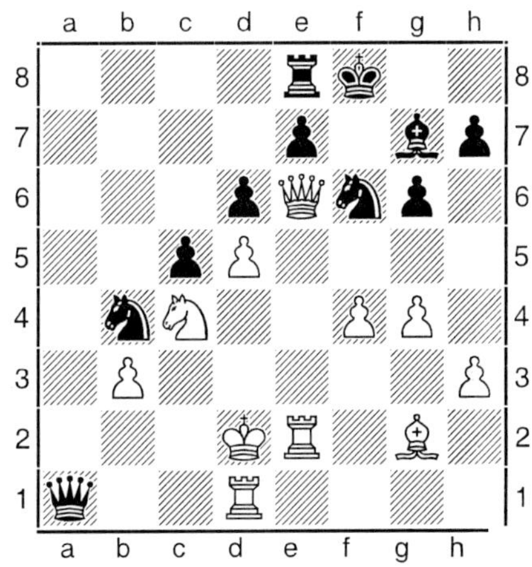

498) Jogam as Pretas (2 pontos)

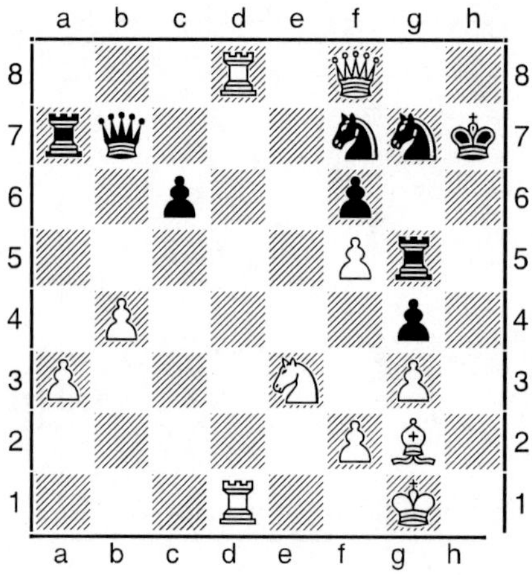

499) Jogam as Brancas (2 pontos)

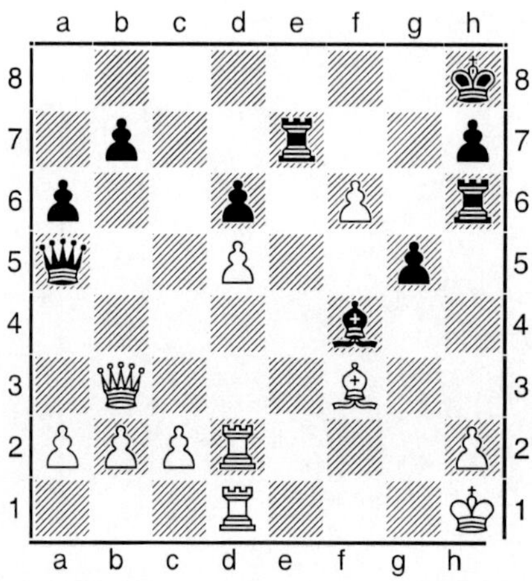

500) Jogam as Pretas (2 pontos)

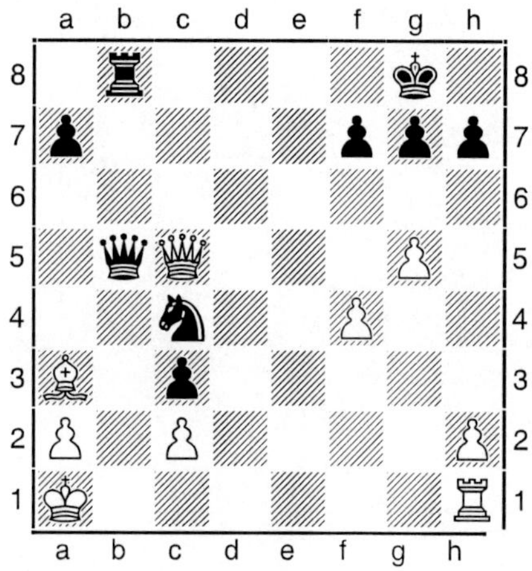

501) Jogam as Pretas (2 pontos)

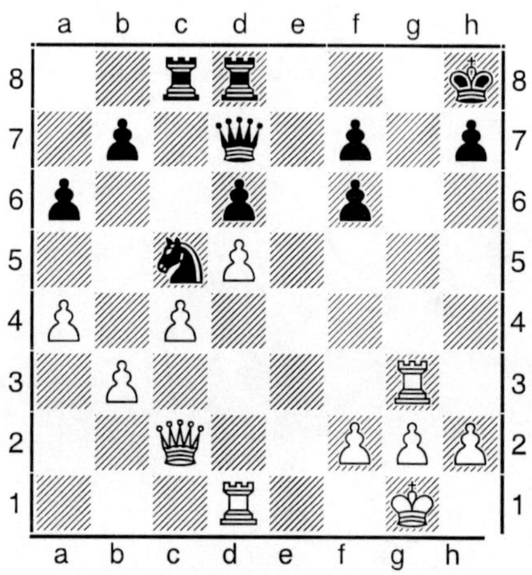

502) Jogam as Brancas (2 pontos)

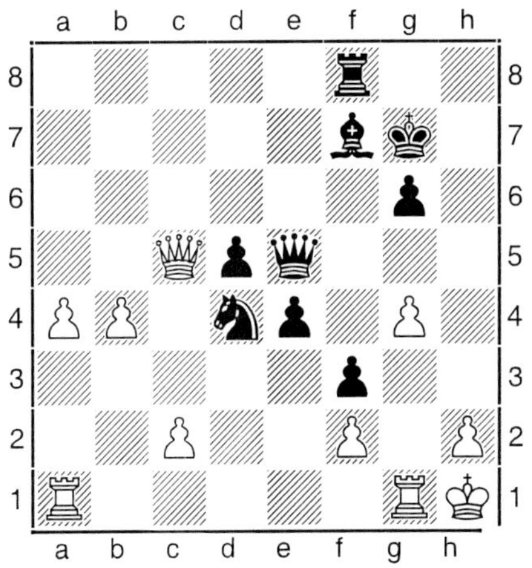

503) Jogam as Pretas (2 pontos)

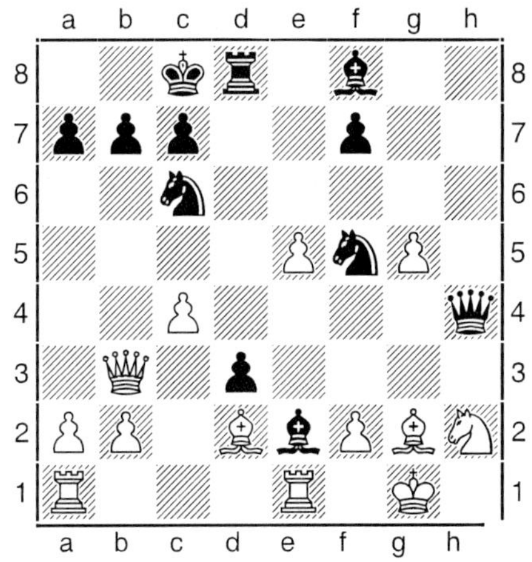

505) Jogam as Pretas (2 pontos)

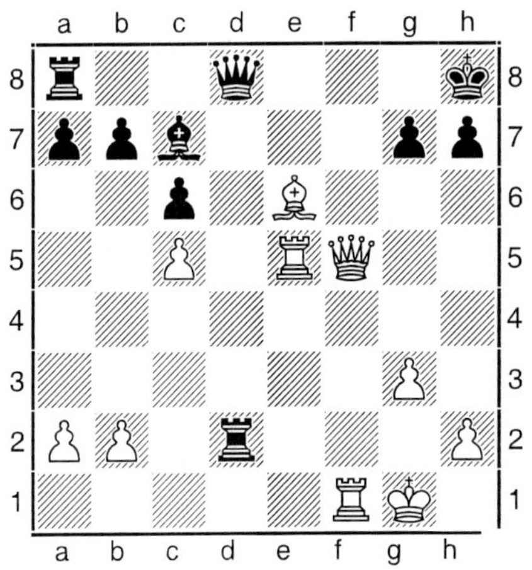

504) Jogam as Brancas (2 pontos)

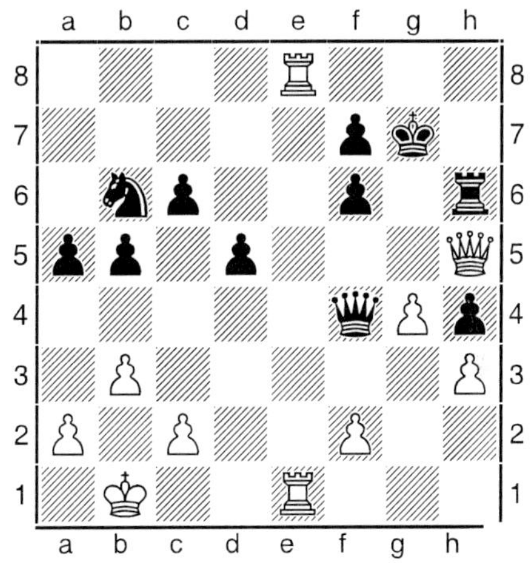

506) Jogam as Brancas (2 pontos)

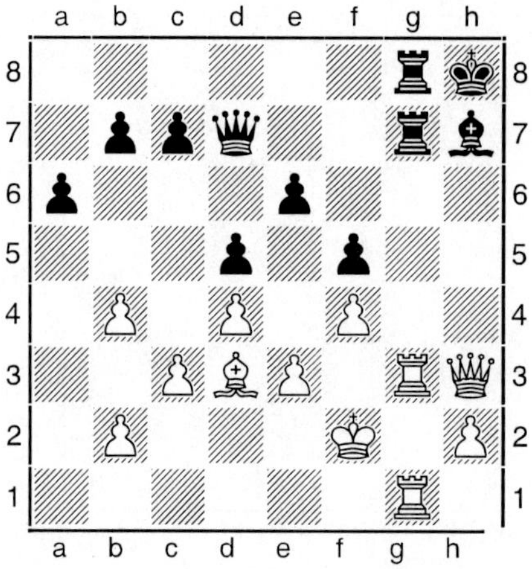

507) Jogam as Brancas (2 pontos)

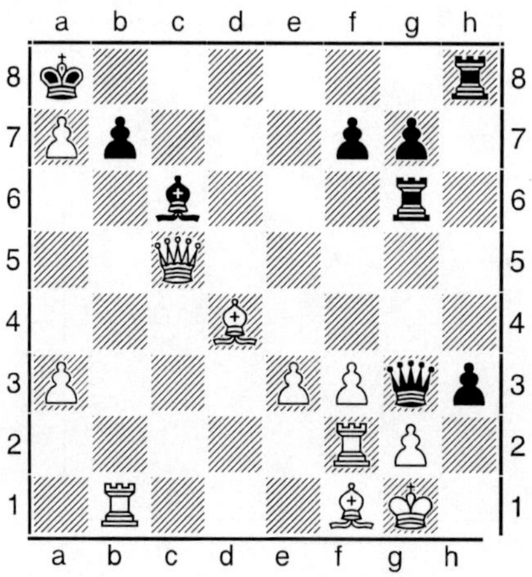

508) Jogam as Pretas (2 pontos)

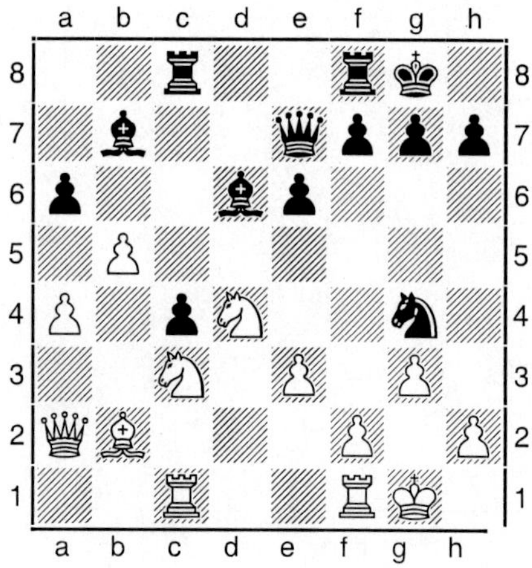

509) Jogam as Pretas (2 pontos)

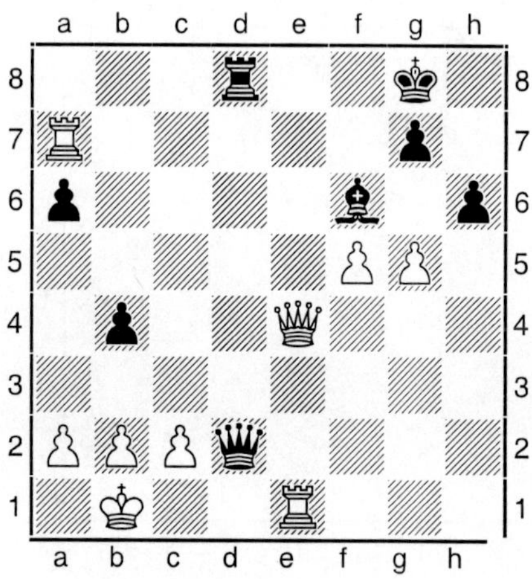

510) Jogam as Brancas (2 pontos)

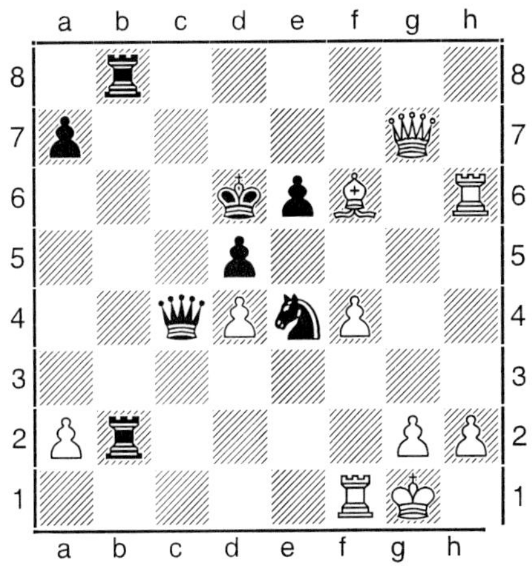

511) Jogam as Pretas (2 pontos)

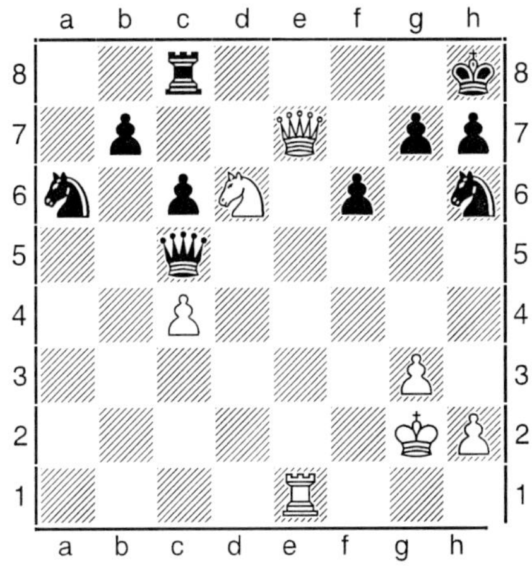

513) Jogam as Brancas (2 pontos)

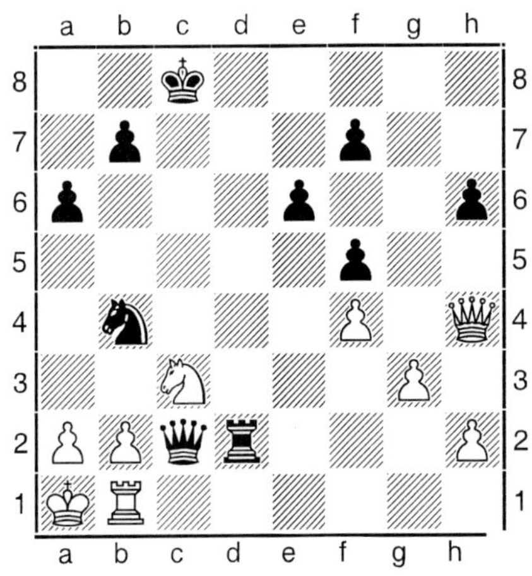

512) Jogam as Pretas (2 pontos)

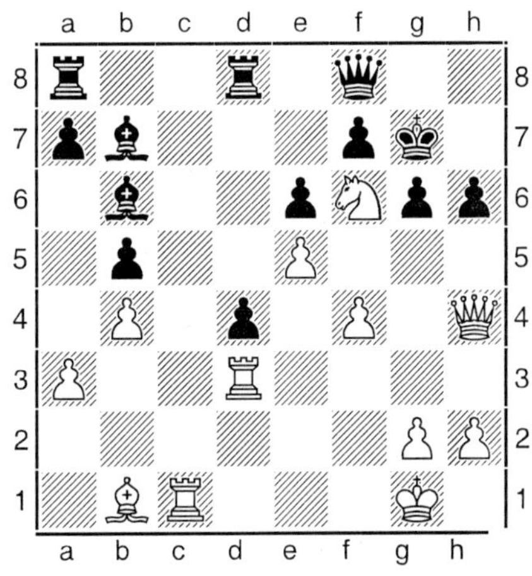

514) Jogam as Brancas (2 pontos)

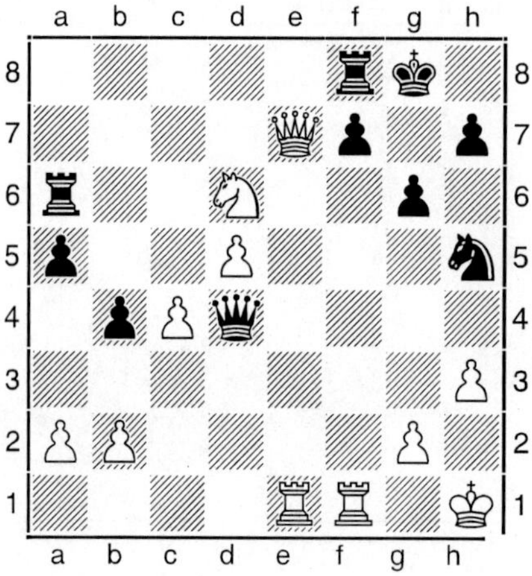

515) Jogam as Brancas (2 pontos)

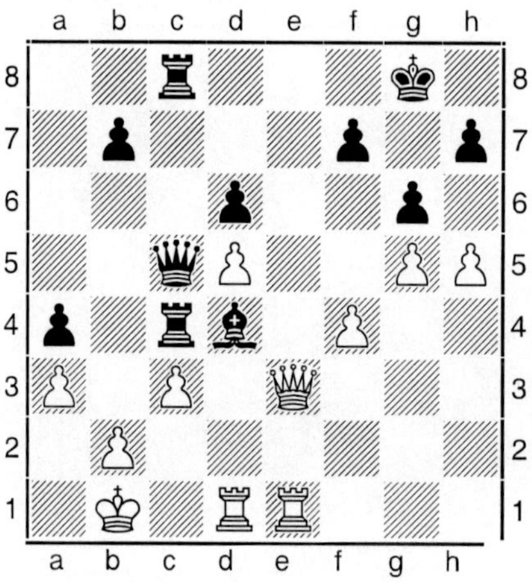

516) Jogam as Brancas (2 pontos)

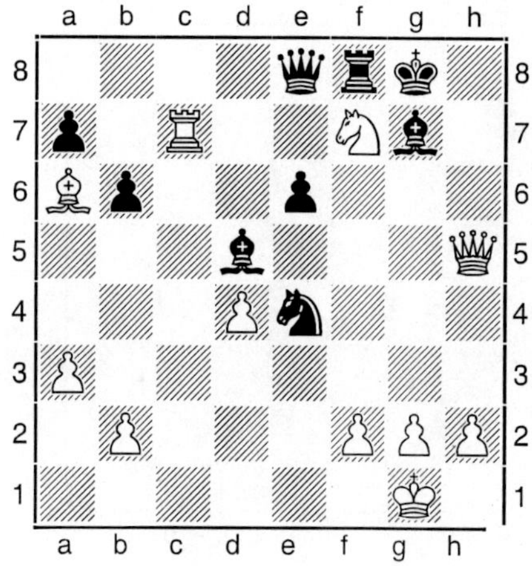

517) Jogam as Brancas (2 pontos)

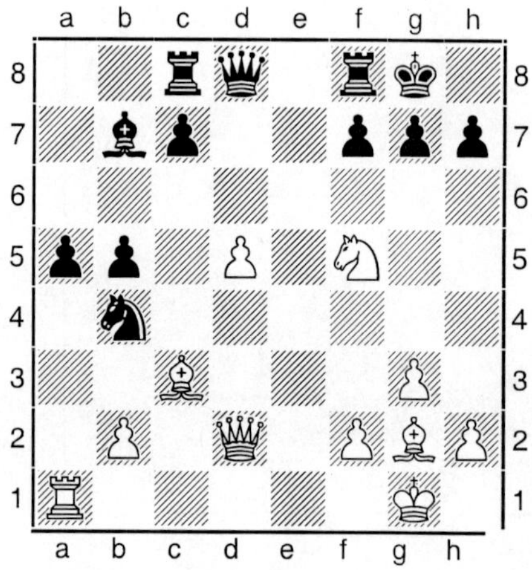

518) Jogam as Brancas (2 pontos)

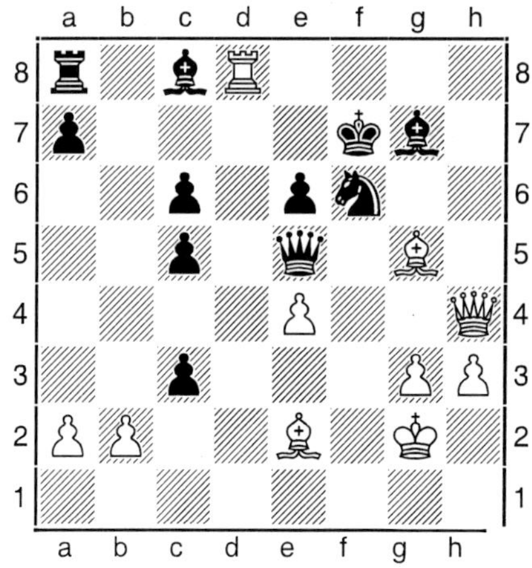

519) Jogam as Brancas (2 pontos)

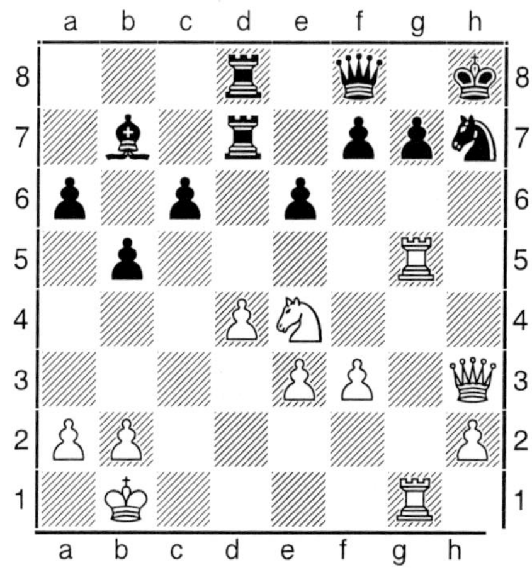

520) Jogam as Brancas (2 pontos)

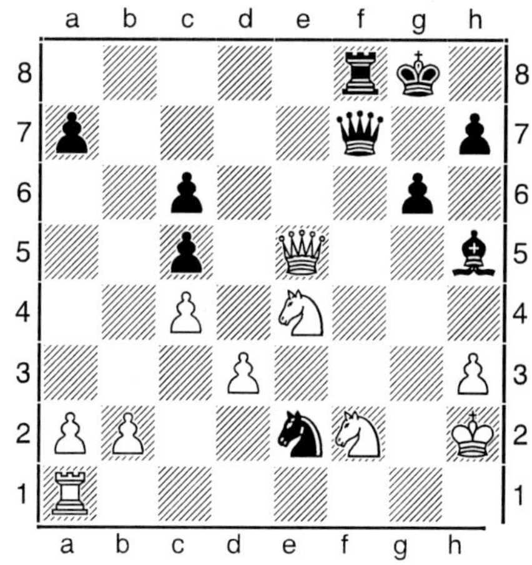

521) Jogam as Pretas (2 pontos)

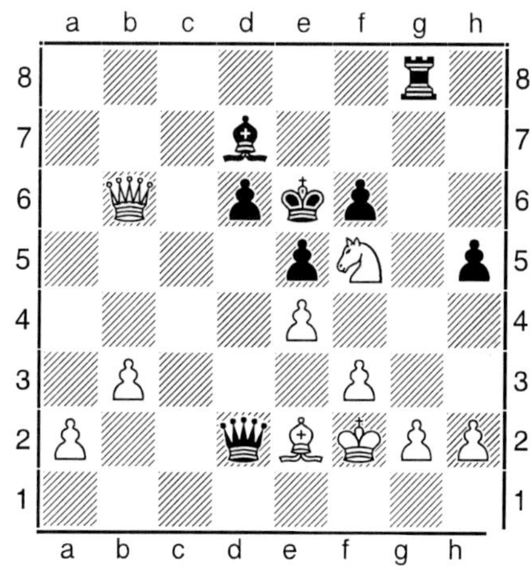

522) Jogam as Brancas (2 pontos)

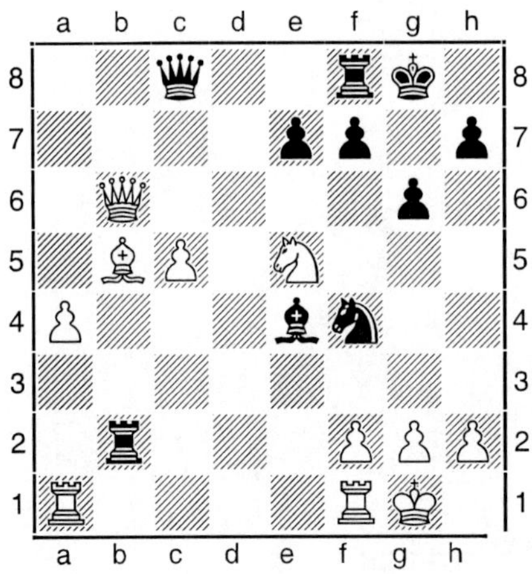

523) Jogam as Pretas (2 pontos)

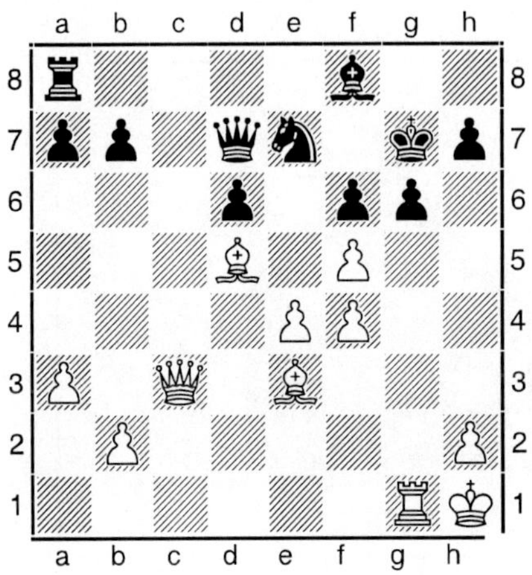

524) Jogam as Brancas (2 pontos)

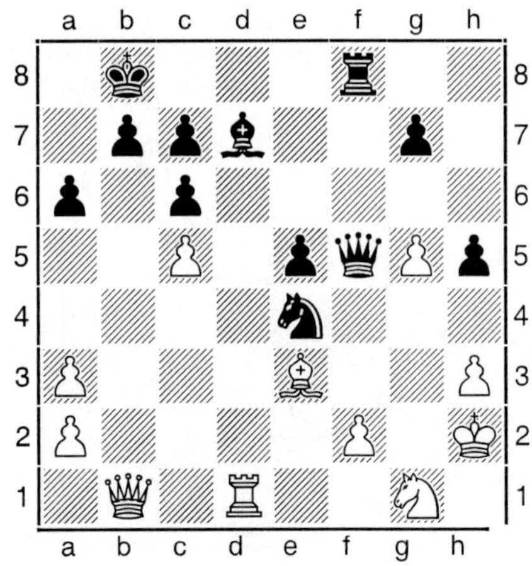

525) Jogam as Pretas (2 pontos)

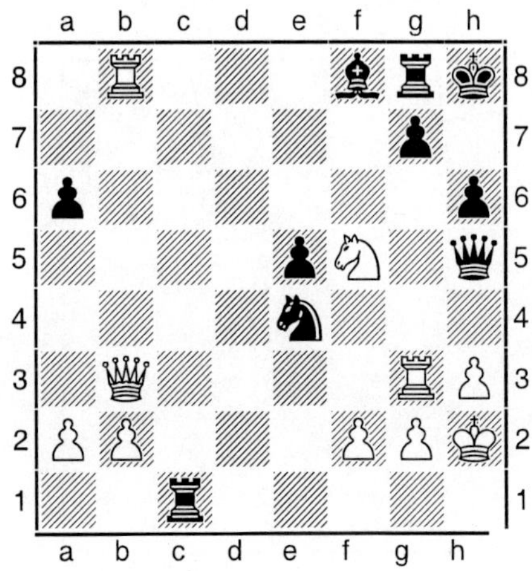

526) Jogam as Brancas (2 pontos)

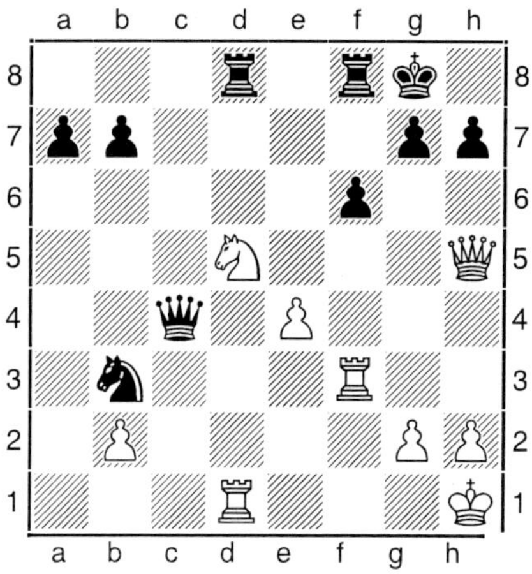

527) Jogam as Brancas (2 pontos)

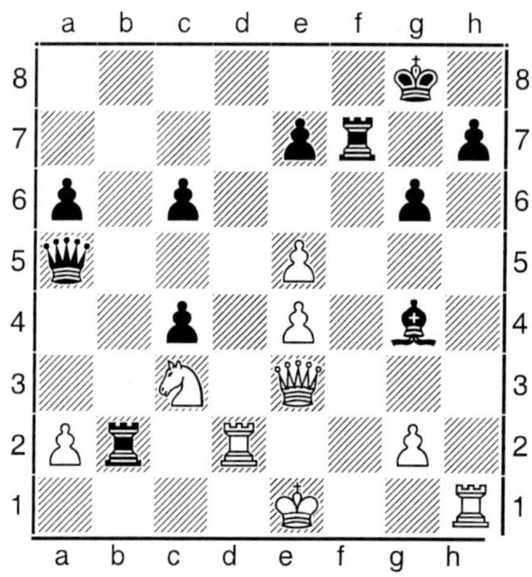

528) Jogam as Pretas (2 pontos)

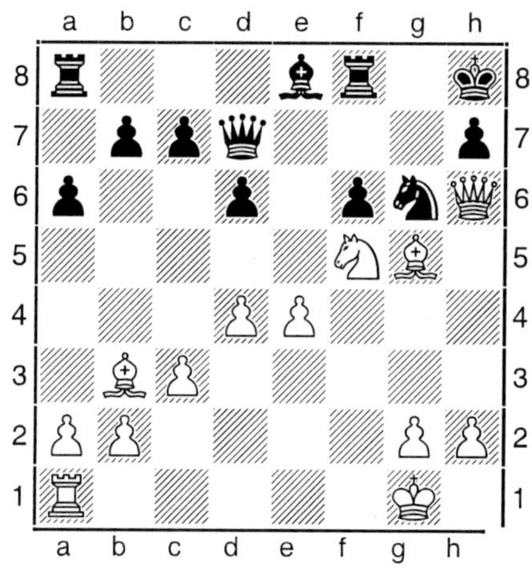

529) Jogam as Brancas (2 pontos)

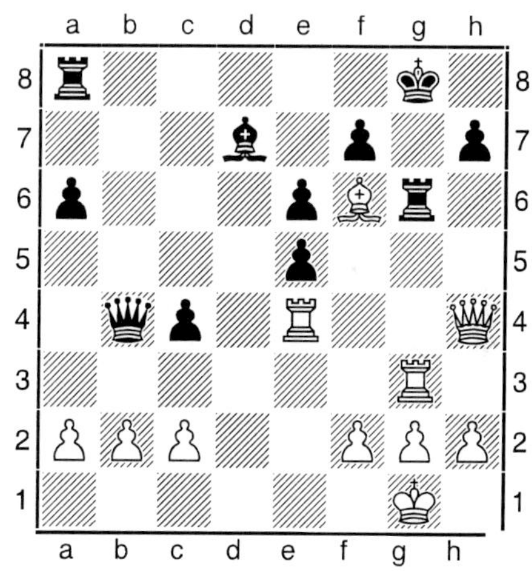

530) Jogam as Brancas (2 pontos)

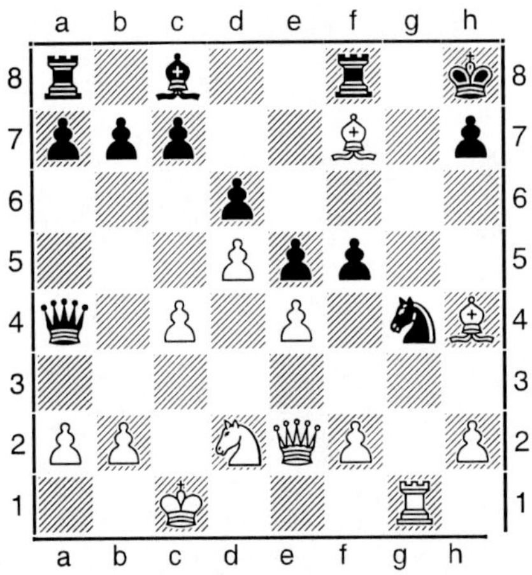

531) Jogam as Brancas (2 pontos)

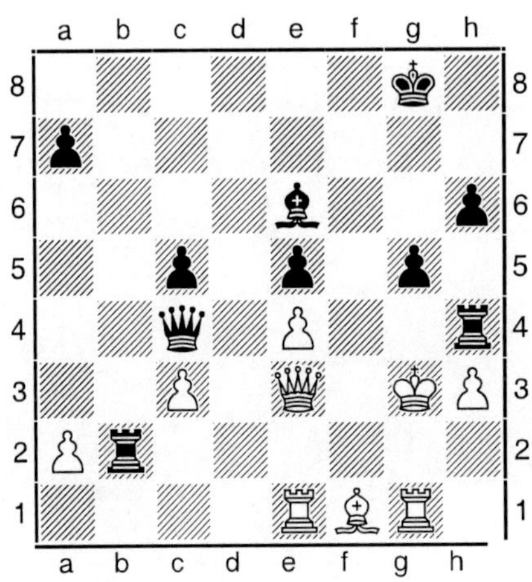

532) Jogam as Pretas (2 pontos)

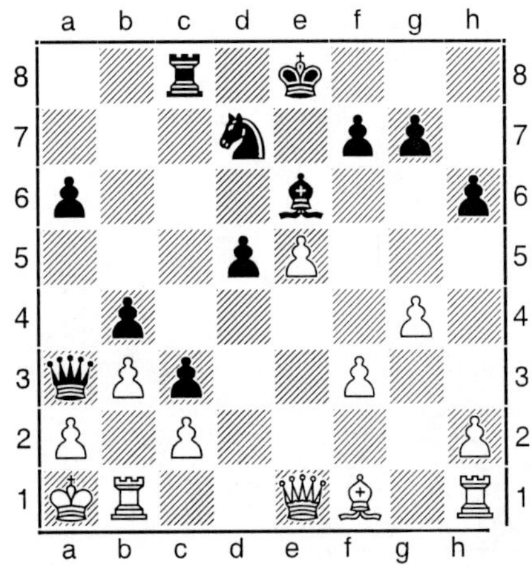

533) Jogam as Pretas (3 pontos)

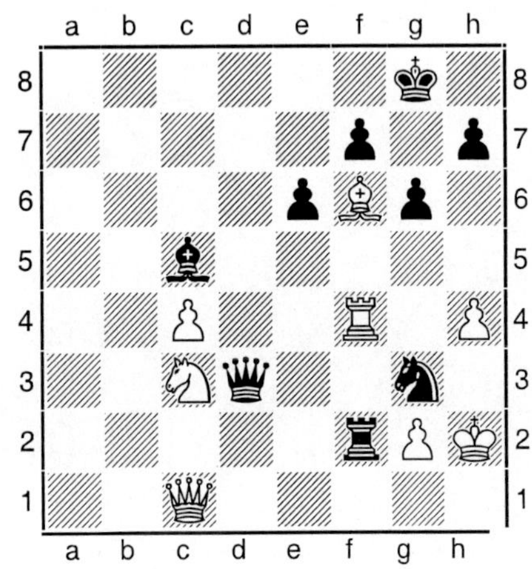

534) Jogam as Pretas (3 pontos)

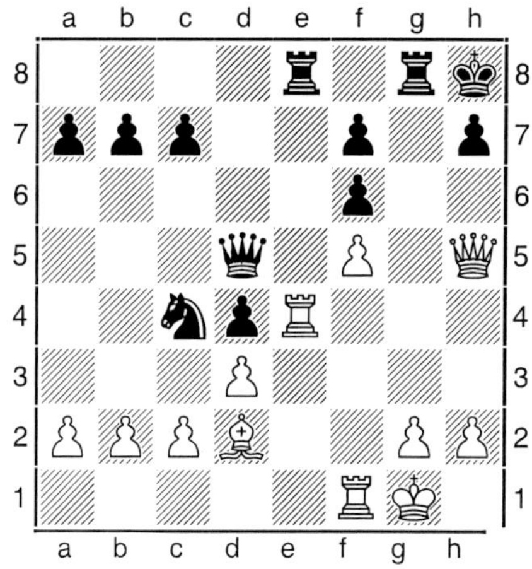

535) Jogam as Brancas (3 pontos)

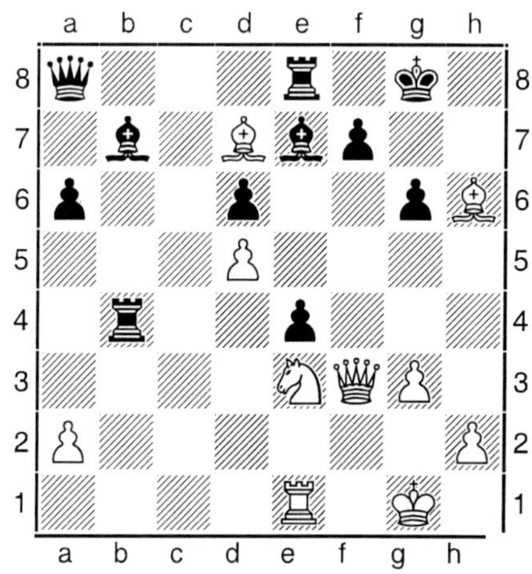

536) Jogam as Brancas (3 pontos)

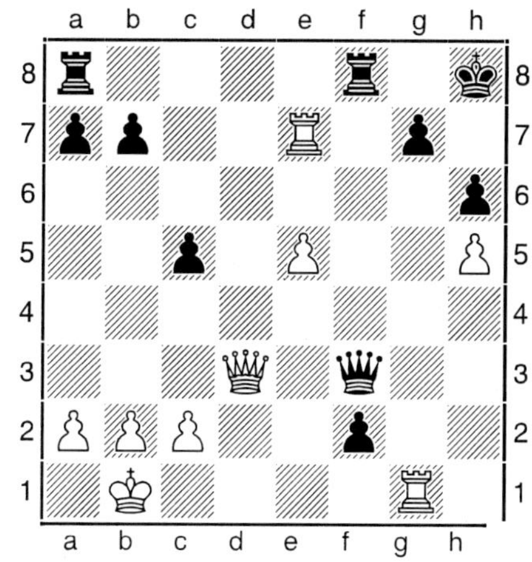

537) Jogam as Brancas (3 pontos)

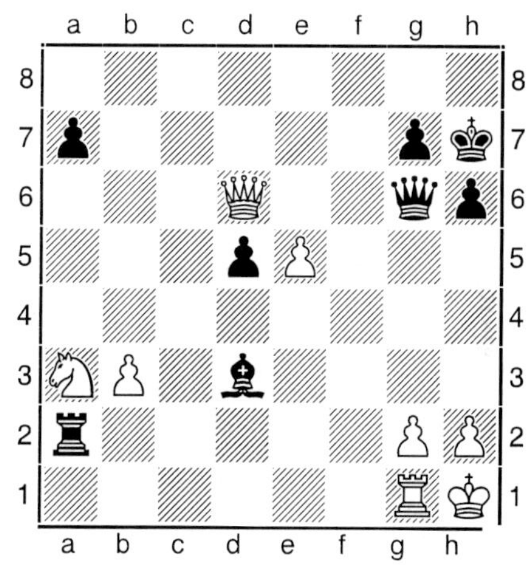

538) Jogam as Pretas (3 pontos)

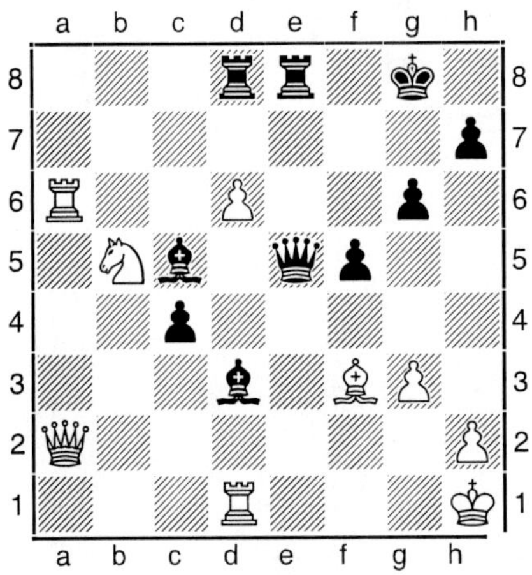

539) Jogam as Pretas (3 pontos)

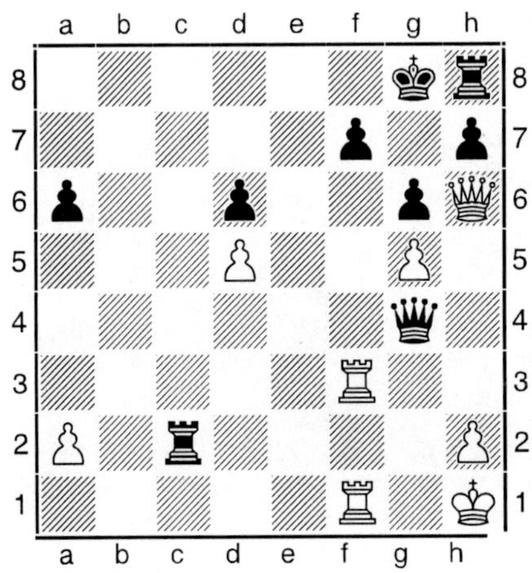

540) Jogam as Brancas (3 pontos)

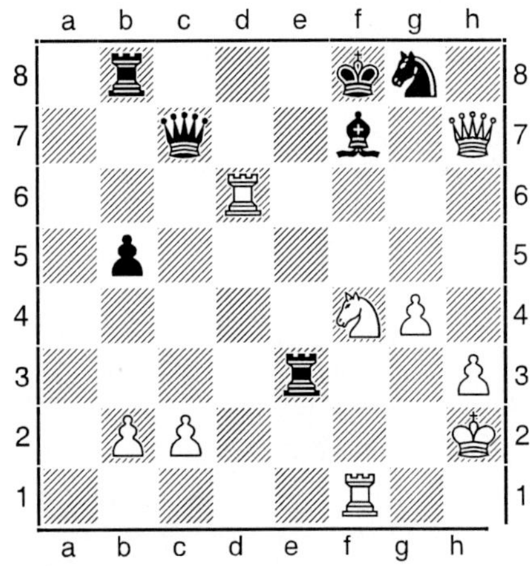

541) Jogam as Brancas (3 pontos)

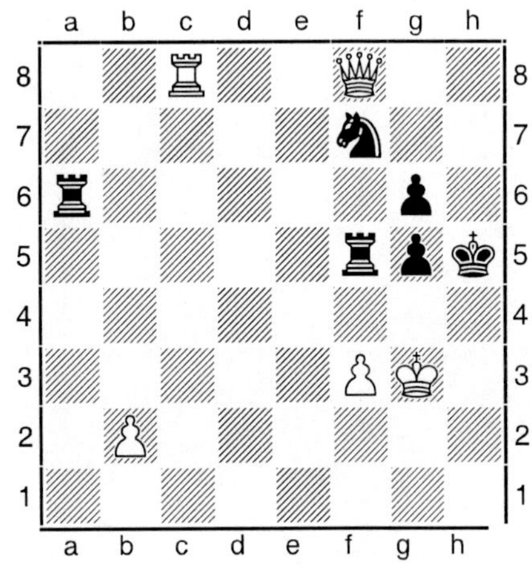

542) Jogam as Brancas (3 pontos)

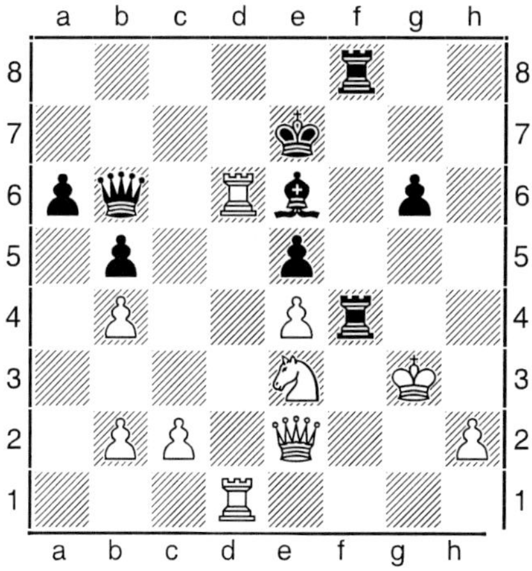

543) Jogam as Pretas (3 pontos)

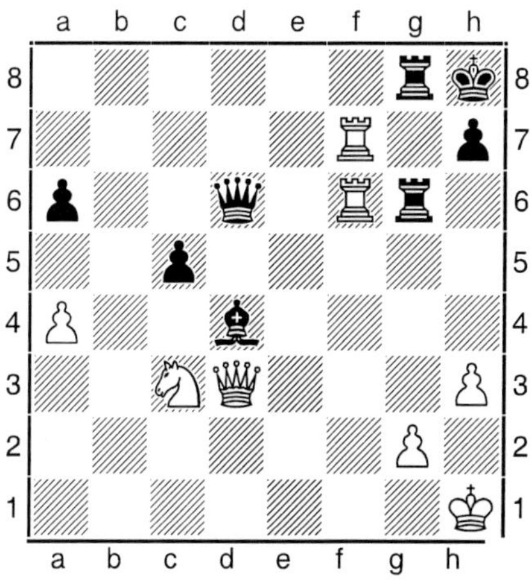

544) Jogam as Pretas (3 pontos)

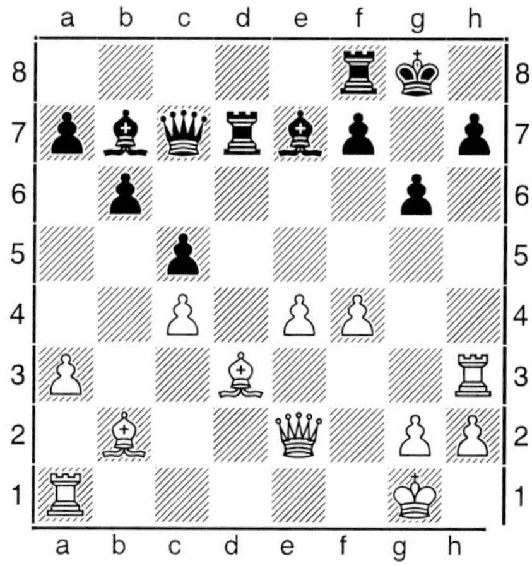

545) Jogam as Brancas (3 pontos)

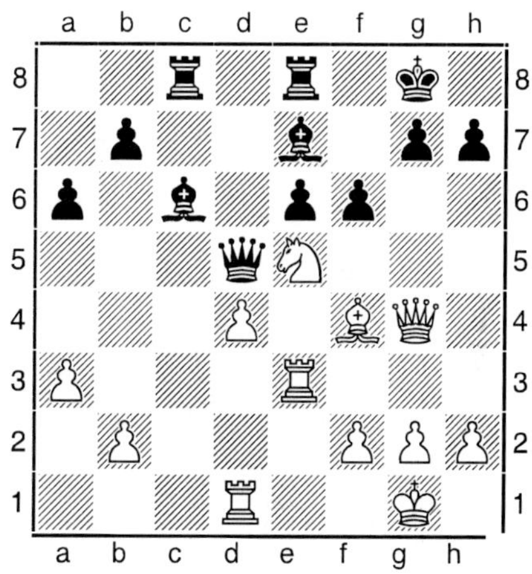

546) Jogam as Brancas (3 pontos)

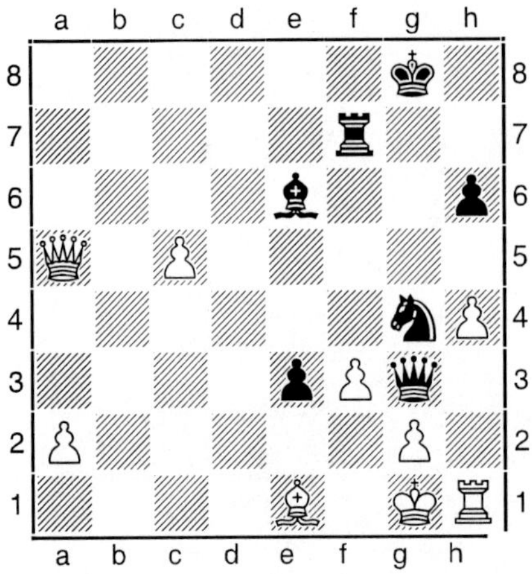

547) Jogam as Pretas (3 pontos)

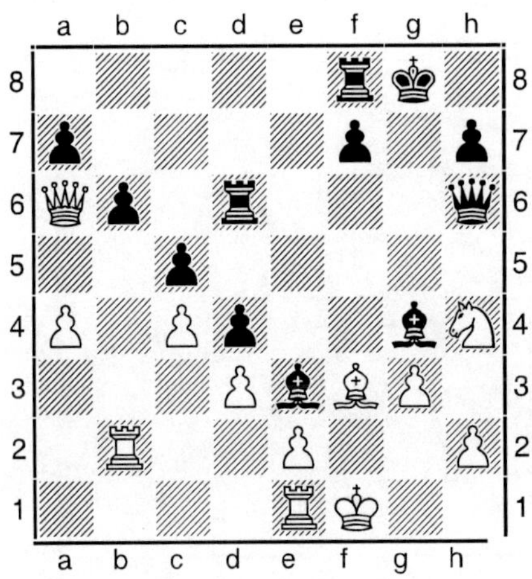

548) Jogam as Pretas (3 pontos)

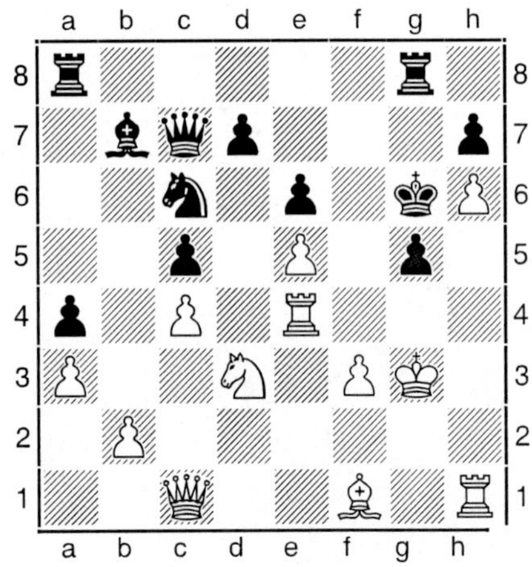

549) Jogam as Brancas (3 pontos)

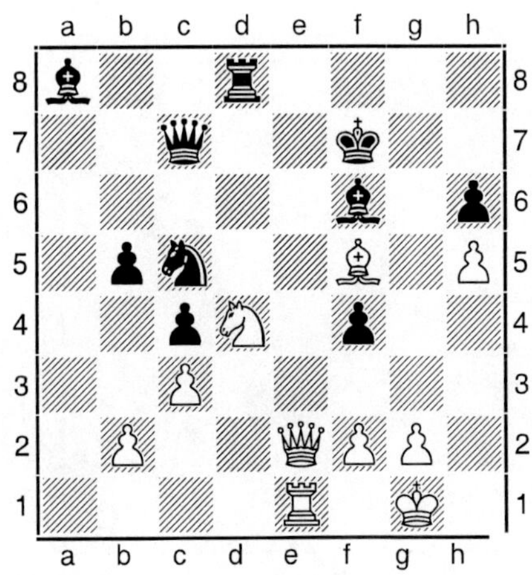

550) Jogam as Brancas (3 pontos)

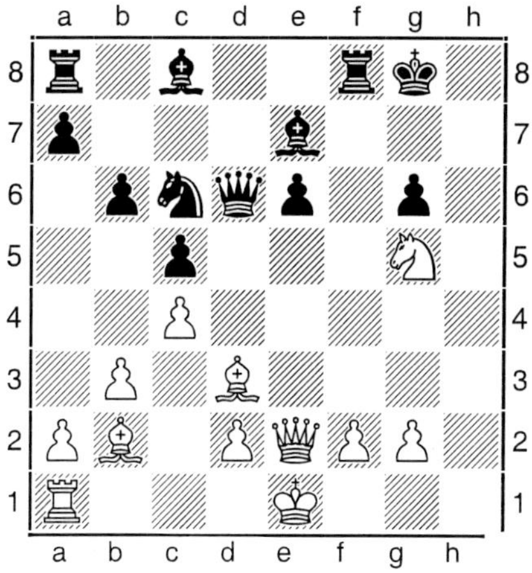

551) Jogam as Brancas (3 pontos)

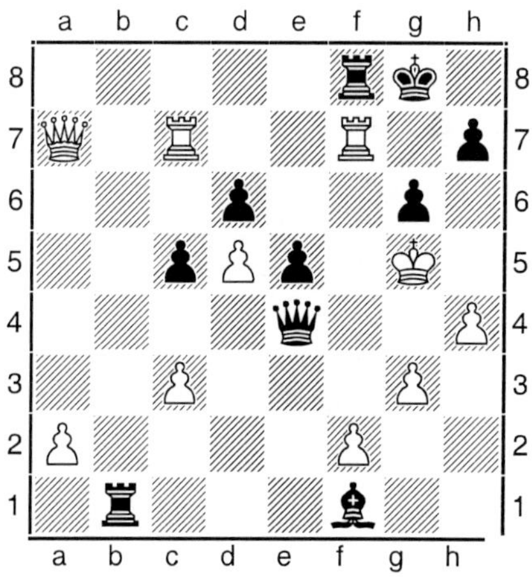

552) Jogam as Pretas (3 pontos)

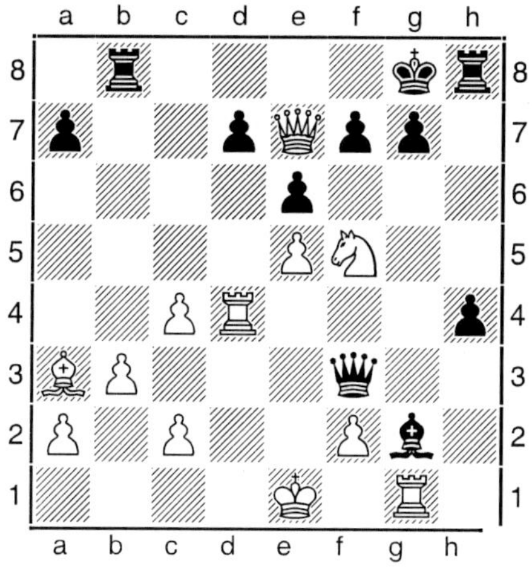

553) Jogam as Brancas (3 pontos)

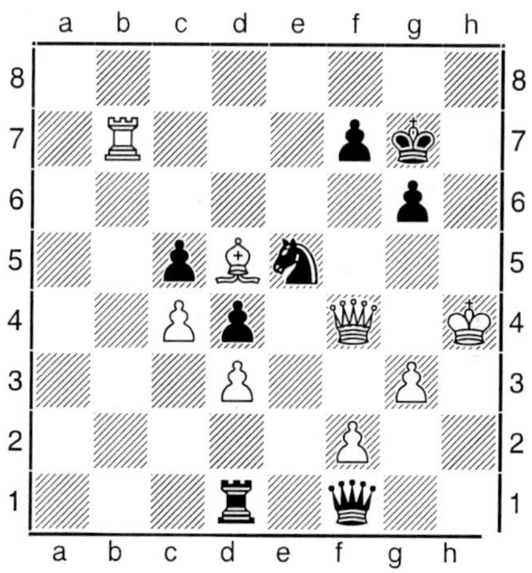

554) Jogam as Pretas (3 pontos)

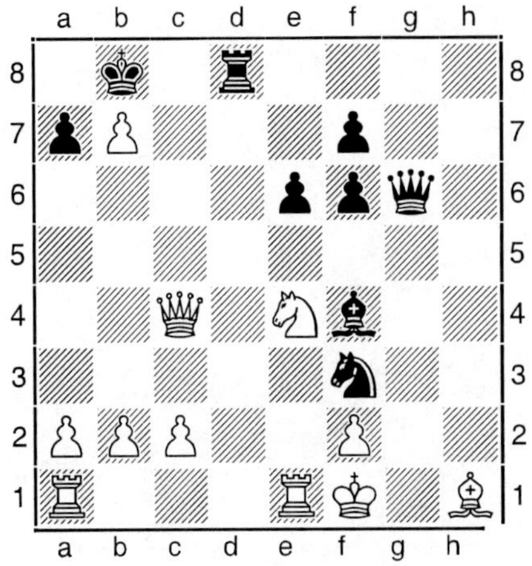

555) Jogam as Pretas (3 pontos)

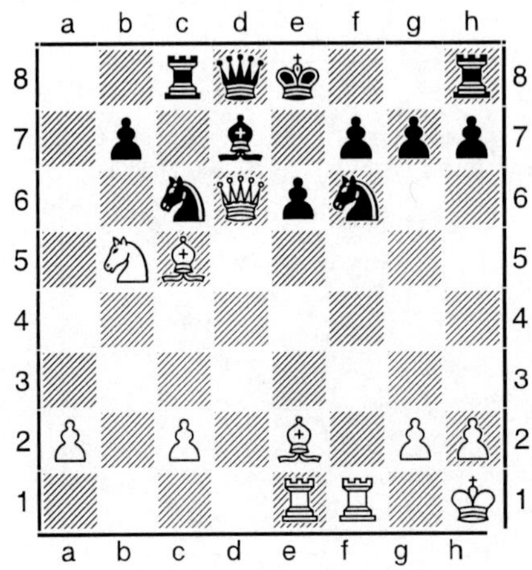

556) Jogam as Brancas (4 pontos)

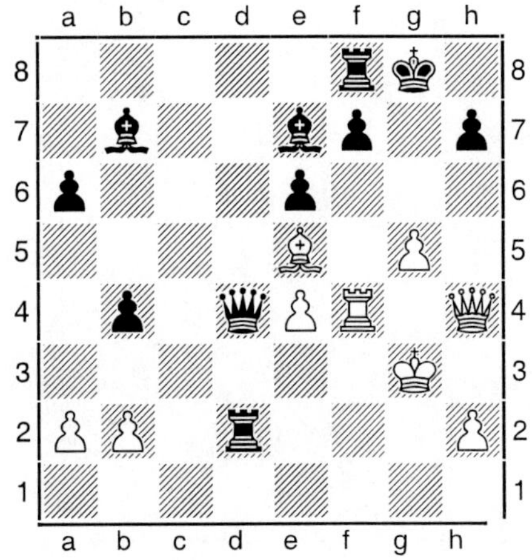

557) Jogam as Brancas (4 pontos)

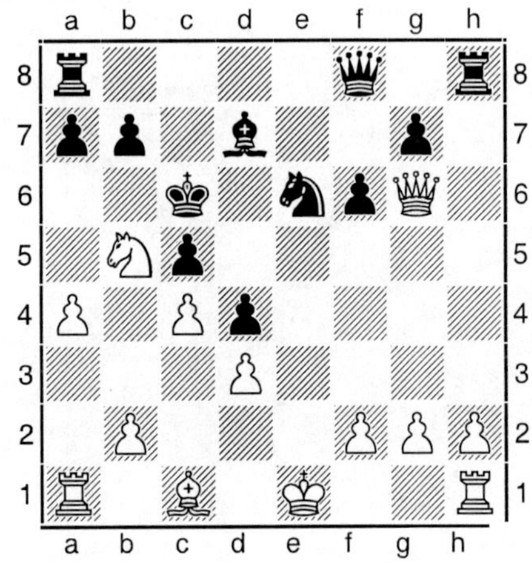

558) Jogam as Brancas (4 pontos)

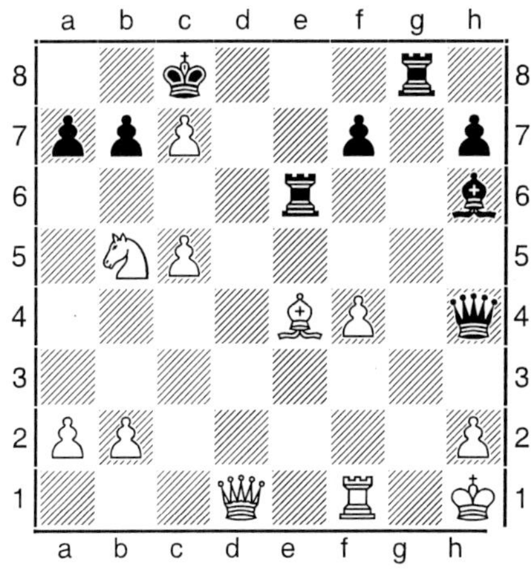

559) Jogam as Pretas (4 pontos)

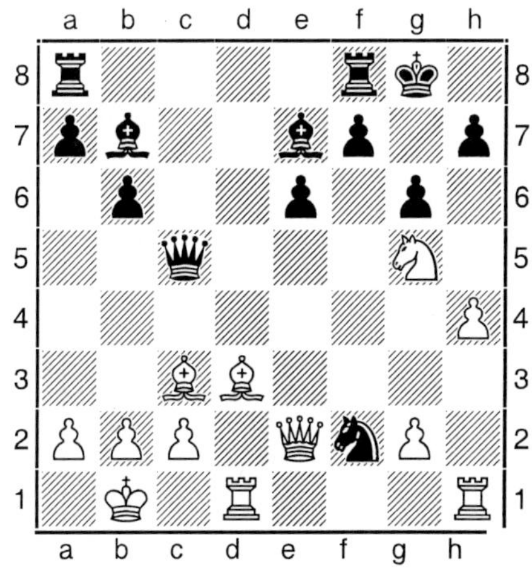

560) Jogam as Brancas (4 pontos)

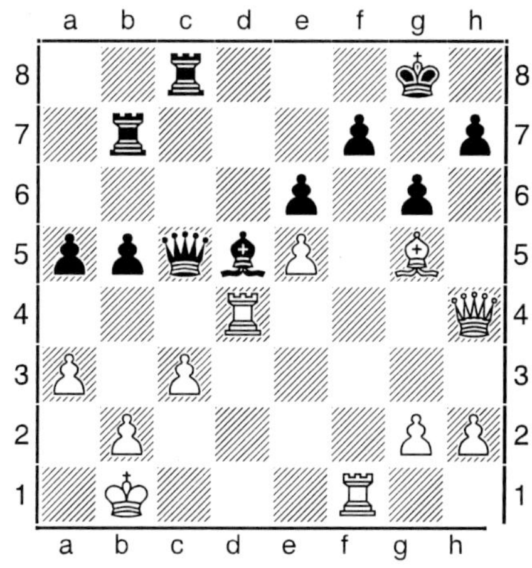

561) Jogam as Brancas (4 pontos)

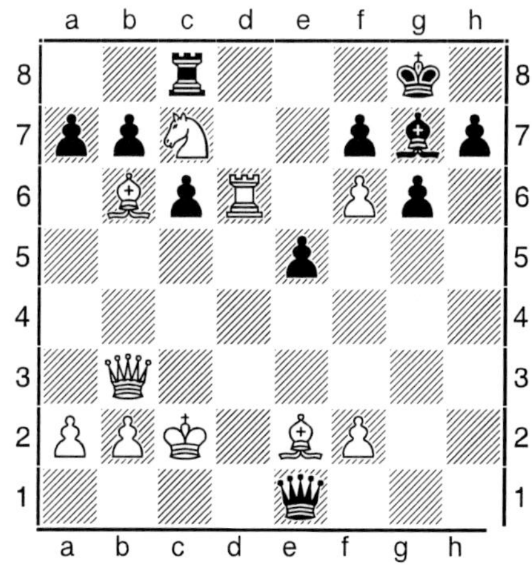

562) Jogam as Brancas (4 pontos)

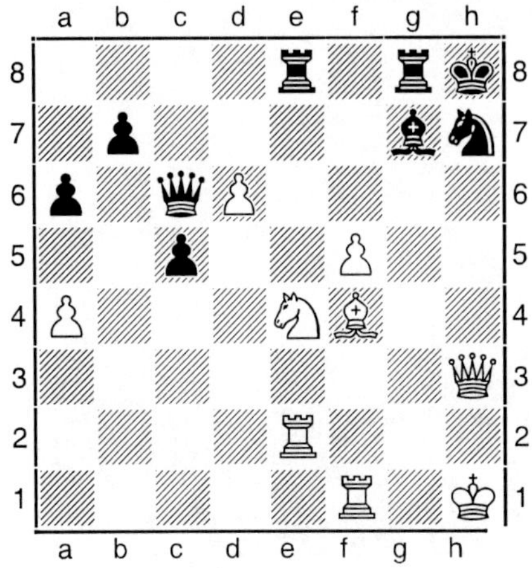

563) Jogam as Brancas (4 pontos)

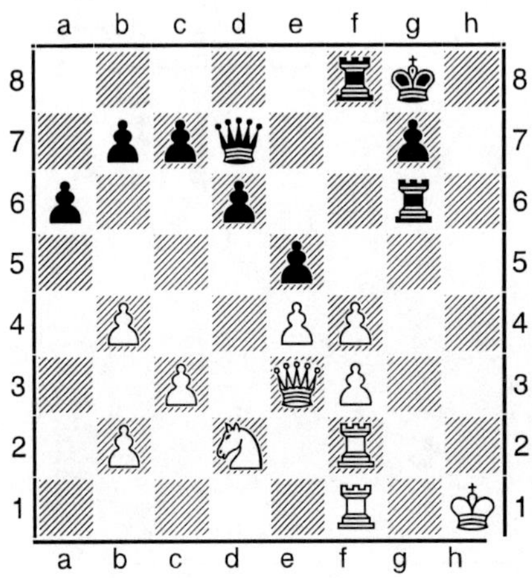

564) Jogam as Pretas (4 pontos)

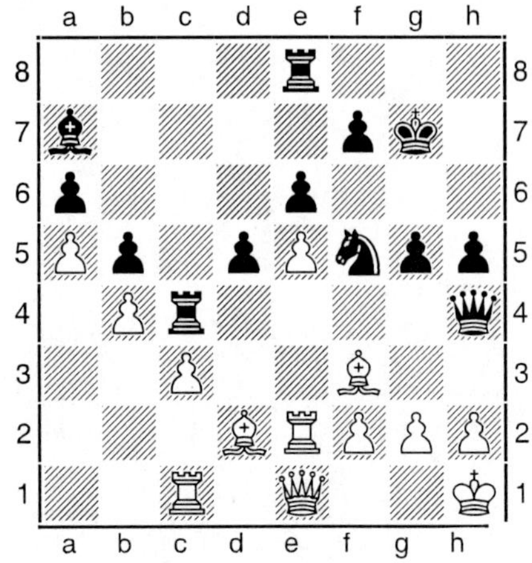

565) Jogam as Pretas (4 pontos)

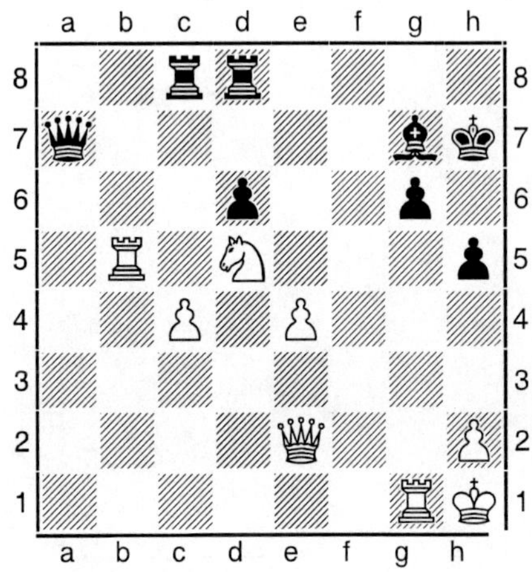

566) Jogam as Brancas (4 pontos)

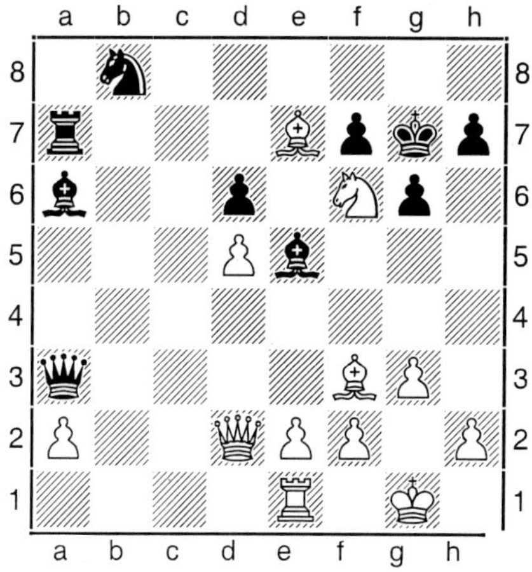

567) Jogam as Brancas (4 pontos)

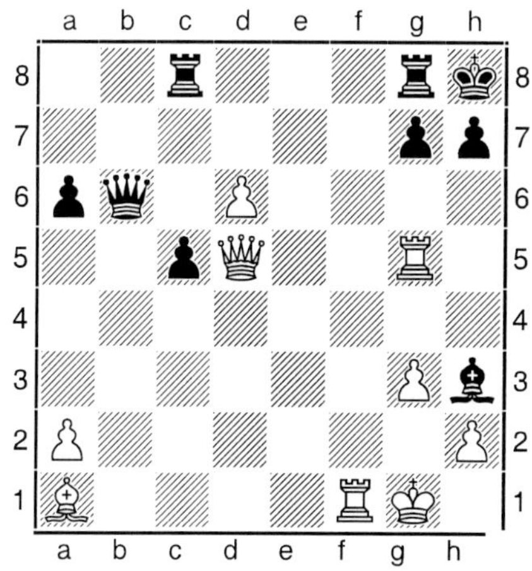

568) Jogam as Brancas (4 pontos)

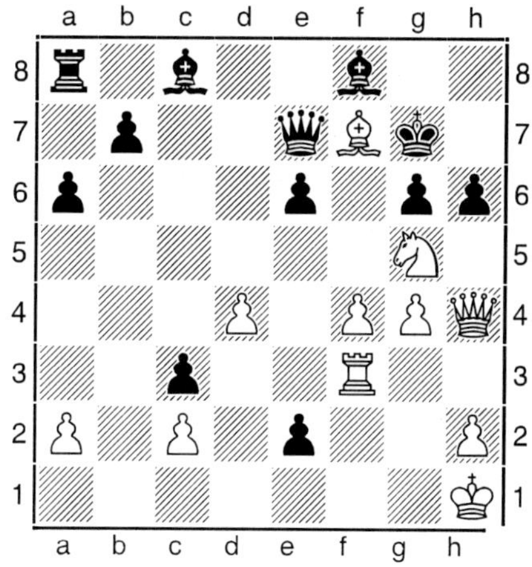

569) Jogam as Brancas (4 pontos)

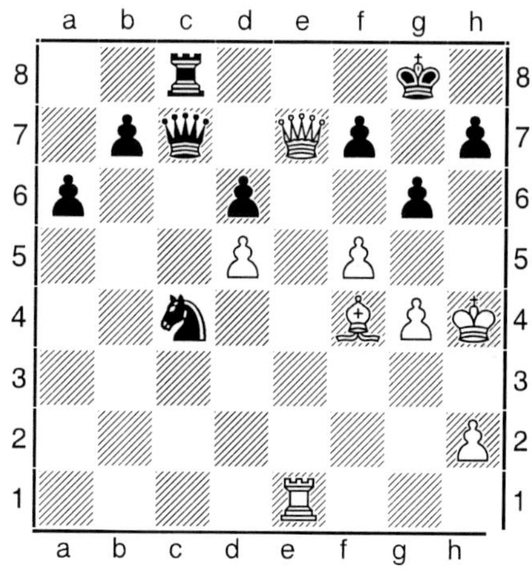

570) Jogam as Brancas (5 pontos)

Soluções dos Sacrifícios da Rainha

481) **J. Temple – W. Orton**
Stillwater 2009
1...♕xh2+! 0-1
2 ♔xh2 ♖h6#.

482) **Mario Horvath – P. Michalik**
Campeonato Eslovaco (por equipes) 2007/8
1 ♕xf7+! 1-0
1...♖xf7 2 ♘g6#.

483) **Chapygin – Shendrik**
Nizhny Novgorod 2008
1 ♕g7+! 1-0
1...♗xg7 2 fxg7#.

484) **D. Milin – M. Gagić**
Belgrado 2008
1 ♕xc6+! 1-0
1...bxc6 2 ♖b8#.

485) **Z. Corrales – Diaz Ordonez**
Havana 2008
1 ♕g6+! 1-0
1...fxg6 2 fxg6#.

486) **Tikholov – Kr. Georgiev**
Plovdiv 2009
1 ♕xf8+! 1-0
1...♗xf8 2 ♖g8#.

487) **Zinani – A. Bove**
Pavia 2009
1...♕f1+! 0-1
2 ♔xf1 ♖xd1#.

488) **M. Bach – H. Molvig**
Copa Politiken, Elsinore 2009
1 ♕e5+! 1-0
1...♖xe5 2 fxe5#.

489) **R. Dobias – Mi. Nemeth**
Copa Europeia de Clubes, Ohrid 2009
1...♕xf2+! 0-1
2 ♔h1 é seguido por 2...♕g2# ou 2...♗g2#, e 2 ♔xf2 com 2...♗d4#.

490) **D. Le Goff – M. Cotonnec**
Campeonato Francês (Junior), Le Grand Bornand 2007
1 ♕xf8+! ♗xf8 2 ♖e8#

491) **Van Hoolandt – I. Efimov**
Mônaco 2003
1...♕xe3+! 0-1
2 ♔xe3 ♖d3#.

492) **Abaturov – Geiko**
Campeonato de Korolev 2002
1 ♕xg5+! 1-0
1...♔xg5 2 ♗e3#.

493) **Szatmary – P. Dudas**
Campeonato Húngaro (por equipes) 2000/1
1 ♕xe6+! 1-0

1...fxe6 2 ♗g6#.

494) **M. Senff – Bischoff**

Bundesliga 2004/5

1...♕xc1+! 0-1

As Pretas dão mate com 2...♗xb2# em qualquer jogada das Brancas.

495) **H. Degenhardt – R. Berkemer**

Schwäbisch Gmünd 2005

1 ♕xc6+! 1-0

1...bxc6 2 ♗a6#.

Esse padrão de mate costuma ser chamado de *Mate de Boden.*

496) **Bagyanszky – M. Bodrogi**

Campeonato Húngaro (por equipes) 2000/1

1 ♕xh6! 1-0

1...♗xh6 (ou as Brancas dão mate em h7) 2 ♘f7#.

497) **A. Moen – E. Berg**

Oslo 2009

1...♕xg2+! 2 ♖xg2 ♖c1+ 0-1

As Pretas dão mate em mais dois lances.

498) **W. van Rijn – Noetzel**

Alemanha (evento por equipes) 2007/8

1...♕c3+!! 2 ♔xc3 ♘e4#

Um mate surpreendente e belo.

499) **Buchal – B. Margolin**

Alemanha (evento por equipes) 2007/8

1 ♕g8+ ♔h6 2 ♕h8+! 1-0

2...♘xh8 3 ♖xh8#.

500) **N. Medvegy – Duong The Anh**

Campeonato Húngaro (por equipes) 2007/8

1...♕xd2!

Ameaçando mate em h2, então as Brancas devem aceitar o sacrifício.

2 ♖xd2 ♖e1+ 3 ♔g2 ♖xh2#

501) **Florentiades – Klerides**

Campeonato de Chipre, Limassol 2008

1...♕b2+! 0-1

2 ♗xb2 cxb2+ 3 ♔b1 ♘d2#.

502) **Tkachev – W. Watson**

Londres (Lloyds Bank) 1993

1 ♕xh7+! ♔xh7 2 ♖d4 1-0

As Pretas só conseguem adiar ♖h4# entregando seu cavalo e sua dama.

503) **Maa. Post – Bugel**

Utrecht 2009

1...♕xh2+! 2 ♔xh2 ♖h8+ 3 ♔g3 ♘e2#

504) **Zhu Chen – S. Castillo Gallego**

Ubeda 1998

1 ♕xh7+! ♔xh7 2 ♖h5+ 1-0

2...♔g6 3 ♗f7#.

505) **E. Formanek – D. Oshana**

Chicago 1970

1...♕xf2+! 2 ♔xf2 ♗c5+ 3 ♗e3 ♗xe3#

506) **N. Coenen – J. Retera**

Alemanha (evento por equipes) 2001/2

1 ♕xf7+! ♔xf7 2 ♖1e7+ ♔g6 3 ♖g8#

507) **Seb. Klinger – Al. Stutz**

Campeonato Alemão (Sub-13), Friedrichroda 1997

1 ♕xh7+! ♔xh7

1...♖xh7 2 ♖xg8#.

2 ♖h3#

508) **Le. Müller – A. Flitney**

Canberra 1996

1...♕h2+! 2 ♔xh2 hxg2+ 0-1

3 ♔g1 ♖h1#.

509) **G. Dubrović – I. Elez**

Campeonato da Croácia Junior (por equipes), Sv Filip i Jakov 2009

1...♕h4! 0-1

Não há uma defesa real para a ameaça de mate em h2; por exemplo, 2 gxh4 ♗xh2#, 2 h3 ♕xh3 ou 2 ♖fd1 ♕xh2+ 3 ♔f1 ♕xf2#.

510) **Melia – T. Fomina**

Estocolmo (Feminino) 2008

1 ♕e8+! 1-0

1...♖xe8 2 ♖xe8+ ♔h7 3 g6#.

511) **M. Roemhild – J. Grant**

Bad Wiessee 2009

1...♕xf1+! 0-1

Após 2 ♔xf1, as Pretas dão mate com 2...♖f2+ seguido de 3...♖b1#.

512) **L. Loewe – Bogenschütze**

Internet (playchess.com Sub-18) 2009

1...♕xc3!

Ameaçando 2...♘c2#.

2 bxc3

2 a3 ♕xa3+! 3 bxa3 ♖a2#.

2...♖xa2#

513) **Varchenko – Gorbenko**

Odessa 2009

1 ♕e8+! 1-0

E mate após 1...♘g8 2 ♘f7# ou 1...♖xe8 2 ♖xe8+ ♘g8 3 ♘f7#.

514) **Arm. Müller – P. Haller**

Campeonato de Baden, Oberwinden 2007

1 ♕xh6+! 1-0

1...♔xh6 2 ♖h3+ ♔g7 3 ♖h7#.

515) **Rabineau – J. Warkentin**

Campeonato Francês (por equipes) 2004/5

1 ♕xf8+! ♔xf8 2 ♖xf7+ 1-0

2...♔g8 3 ♖e8#.

516) **Repkova – Bernasek**

Copa Mitropa, Steinbrunn 2005

1 ♕e8+! 1-0

1...♖xe8 (1...♔g7 2 h6#) 2 ♖xe8+ ♔g7 3 h6#.

517) **Bontempi – M. Astengo**

Genoa 2005

1 ♕h8+! 1-0

1...♗xh8 2 ♘h6#.

518) **F. Braga – B. Bruned**

Collado Villalba 2004

1 ♕h6! gxh6

As Pretas só conseguem adiar o mate entregando sua dama.

2 ♘xh6#

519) **Gerh. Richter – Kartmann**

Alemanha (evento por equipes) 2002/3

1 ♕h5+!

1 ♗h5+? pode ser seguido por 1... ♔e7, quando não há mate.

1-0

1...♔e7 2 ♕e8# e 1...♘xh5 2 ♗xh5# deixam as Pretas em xeque-mate.

520) **Tibensky – Phanikanth**

Olomouc 2002

1 ♕xh7+! ♔xh7 2 ♖h5+ ♔g8 3 ♘f6#

521) **Scacco – Sbarra**

Genoa 2002

1...♕xf2+! 0-1

Em vista de 2 ♔h1 ♗f3# ou 2 ♘xf2 ♖xf2+ 3 ♔h1 ♗f3#.

522) **Tsomis – D. Kondopoulos**

Atenas 2001

1 ♕xd6+! ♕xd6

Após 1...♔f7 2 ♕xd2, as Brancas entregam uma dama inteira e dão mate em um curto espaço de tempo.

2 ♗c4+ 1-0

2...♕d5 3 ♗xd5#.

523) **Pasztor – Sa. Szekeres**

Campeonato Húngaro (por equipes) 1999/00

1...♕h3! 0-1

Ameaçando mate em g2 e se 2 gxh3, então 2...♘xh3#.

524) **Mi. Jaworski – J. Sobek**

Karvina 2000

1 ♕xf6+! 1-0

ô mate após 1...♔h6 2 ♕g5+ (ou 2 ♕h4+) 2...♔g7 3 ♗d4# ou 1...♔xf6 2 ♗d4#.

525) **J. Leonardo – Van den Doel**

Lisboa 2000

1...♕xf2+! 0-1

2 ♗xf2 (2 ♔h1 ♘g3#) 2...♖xf2+ 3 ♔h1 ♘g3#.

526) **I. Mohacsi – Salanki**

Campeonato Húngaro (por equipes) 2005/6

1 ♕xg8+! 1-0

1...♔xg8 2 ♖xg7+ (a torre não pode ser capturada, pois o bispo está cravado pela outra torre das Brancas) 2... ♔h8 3 ♖xf8#.

527) **E. Dudas – Gvilava**

Campeonato Mundial (Meninas Sub-18), Kemer 2009

1 ♘e7+ ♔h8 2 ♕xh7+! ♔xh7 3 ♖h3#

Esse padrão de mate costuma ser chamado de *Mate de Anastasia*.

528) **K. Wallach – Browne**

Las Vegas 2002

1...♕xc3! 0-1

2 ♕xc3 (não há nada melhor, pois as Pretas têm ameaças demais) 2...♖b1+ e mate em mais dois lances.

529) **A. Valle – Korobkin**

Dos Hermanas (Internet - Blitz) 2004

1 ♕xf8+! 1-0

1...♘xf8 2 ♗xf6+ ♕g7 3 ♗xg7#.

530) **Palos – J. McLaughlin**

Chicago 2002

1 ♕xh7+! ♔xh7 2 ♖h4+ ♖h6

2...♔g8 3 ♖h8#.

3 ♖g7+ 1-0

3...♔h8 4 ♖xh6#.

531) **Valens – E. Hummel**

Groningen 2001/2

1 ♕xg4!

1 ♖xg4? está errado porque as Pretas podem responder com 1...♖xf7.

1-0

ó mate após 1...♖xf7 2 ♕g8# ou 1... fxg4 2 ♗f6#.

532) **A. Wisniewski – Faibisovich**

Swidnica 2000

1...♕xf1! 0-1

De qualquer modo, como as Brancas capturam a dama, as Pretas dão mate com 2...♖xh3#.

533) **C. van Oosterom – Broekmeulen**

Campeonato Holandês (por equipes) 2008/9

1...♖c5!

Ameaçando simplesmente 2...♖a5, além de 2...♕xa2+ 3 ♔xa2 ♖a5#.

2 ♕c1

As Brancas podem adiar o mate em alguns lances entregando as peças, mas não faria diferença no final.

2...♕xa2+ 3 ♔xa2 ♖a5+ 4 ♕a3 ♖xa3#

534) **Vl. Fedoseev – I. Kosov**

Peterhof 2008

1...♘f1+ 2 ♔h1

Outros lances não adiam muito o mate; por exemplo, 2 ♔g1 ♕g3 3 ♖xf2 ♕xf2+ 4 ♔h1 ♕g1# ou 2 ♕xf1 ♕xf1 3 ♖xf2 ♗d6+ 4 ♔h3 ♕xf2 5 ♘e4 ♕f5+ 6 g4 ♕f1#.

2...♕h3+! 3 gxh3 ♖h2#

535) **Zabariansky – Sukharukova**

Moscou 2008

1 ♕xh7+! ♔xh7 2 ♖h4+ ♔g7 3 ♗h6+ 1-0

3...♔h7 4 ♗f8#.

536) **Fogarasi – Bunzmann**

Budapeste 1998

1 ♕xf7+! ♔xf7 2 ♗e6+ 1-0

Após 2...♔f6, o final mais rápido é 3 ♘g4#, mas 3 ♖f1+ também dá mate em alguns lances.

537) **McShane – Jon. Gustavsson**

Kuppenheim (Blitz) 2003

1 ♕h7+! ♔xh7 2 ♖gxg7+ ♔h8 3 ♖h7+ ♔g8 4 ♖eg7#

538) **C. Csiszar – Naiditsch**

Copa Europeia de Clubes, Ohrid 2009

1...♕xg2+ 0-1

2 ♖xg2 ♖a1+ 3 ♖g1 ♗e4#.

539) **Kuzevanova – Sterliagova**

Campeonato Russo (Feminino), Kolontaevo 2005

1...♕e1+! 2 ♖xe1

2 ♔g2 ♗f1+ 3 ♔h1 ♗h3+ 4 ♖xe1 ♖xe1#.

2...♖xe1+ 3 ♔g2 ♗f1+ 4 ♔h1 ♗h3#

540) **T. Bigalke – H. Leisner**

Campeonato Alemão (Sub-25), Willingen 2005

1 ♕g7+! 1-0

Esse sacrifício permite que as torres entrem em ataque com ganho de tempo: 1...♔xg7 2 ♖xf7+ ♔g8 3 ♖f8+ ♔g7 4 ♖1f7#.

541) **Vik. Savchenko – Choisy**

Campeonato Mundial (Meninas Sub-18), Belfort 2005

1 ♘g6+ ♔e8 2 ♕xg8+! 1-0

O sacrifício de dama das Brancas abre a coluna f e dá mate após 2... ♗xg8 3 ♖f8#.

542) **J. Mladenović – G. Savić**

Niš 2004

1 ♕xf7!

1 ♕h8+? é seguido por 1...♘h6.

1-0

1...g4 permite 2 ♕h7+ ♔g5 3 ♕h4#, enquanto após 1...♖xf7 2 ♖h8+, é mate no próximo lance.

543) **E. Kowalska – E. Jakubiec**

Campeonato Polonês (por equipes), Polanica Zdroj 2004

1...♕xe3+! 2 ♕xe3 ♖g4+ 0-1

3 ♔h3 ♖h8+ e as Pretas dão mate no próximo lance.

544) **Brontz – I. Schutz**

Campeonato Sueco (por equipes) 1999/00

1...♕h2+! 2 ♔xh2 ♖xg2+ 0-1

3 ♔h1 ♖g1+ 4 ♔h2 ♖8g2#.

545) **Handke – A. Ramaswamy**

Port Erin 2004

1 ♕h5! 1-0

A ameaça é 2 ♕xh7# e mate em seguida após 1...gxh5 2 ♖g3+ ♗g5 3 ♖xg5# ou 1...♗h4 2 ♕xh7+ (2 ♕xh4 também ganha, porém é mais lento) 2...♔xh7 3 ♖xh4+ ♔g8 4 ♖h8#.

546) **Fandino Reyes – Fr. Fernandez**

Los Inmortales 2004

1 ♕xg7+! 1-0

1...♔xg7 2 ♖g3+ ♔f8 (2...♔h8 3 ♘f7#) 3 ♗h6#.

547) **Gazić – T. Hagemann**

Campeonato de Stuttgart 2003

1...♕f2+! 0-1

2 ♗xf2 exf2+ 3 ♔f1 ♗c4#.

548) **V. Pous – Cesbron**

Campeonato Francês (por equipes) 2003

1...♕xh4! 2 gxh4

Não há nada melhor, pois as Pretas tinham várias ameaças, inclusive 2... ♕h3+ 3 ♗g2 ♖f6# e 2...♗h3+ 3 ♗g2 ♖f6#.

2...♗h3+ 0-1

3 ♗g2 ♖f6#.

549) **Inarkiev – E. Mirzoeva**

Linares 2003

1 ♕xg5+! 1-0

1...♔xg5 2 ♖g4+ ♔f5 3 ♖h5+ ♖g5 4 ♖gxg5# (ou 4 ♖hxg5#).

550) **P. Kupper – Patuzzo**

Campeonato Suíço (por equipes) 2003

1 ♗g6+!

Inverter a ordem de lances com 1 ♕e8+ também ganha, mas não força o mate tão rápido após 1...♔g7. Você consegue um ponto se escolheu isto.

1...♔g8

1...♔g7 2 ♘f5+ seguido de 3 ♕e8+ também dá mate, enquanto 1...♔f8 é seguido por 2 ♕e8+!, como na partida.

2 ♕e8+! 1-0

2...♖xe8 3 ♖xe8+ ♔g7 4 ♘f5#.

551) **Fogarasi – N. Medvegy**

Budapeste 2003

1 ♕h5! ♖f6

1...gxh5 2 ♗h7#.

2 ♕h7+ 1-0

2...♔f8 3 ♕h8#.

552) **W. Schwaninger – Vitouch**

Campeonato Austríaco (por equipes) 2000/1

1...♕f5+! 0-1

As Brancas sofrem mate após 2 ♔h6 ♕h5# ou 2 ♖xf5 ♖xf5+ 3 ♔h6 ♖h5#.

553) **Breder – Moroz**

Pardubice 2000

1 ♕f8+! 1-0

1...♖xf8 (1...♔h7 2 ♕xg7#) 2 ♘e7+ ♔h7 3 ♖xh4+ ♕h5 4 ♖xh5#.

554) **Krak – Vavrak**

Presov 2000

1...♕h1+! 2 ♗xh1

2 ♔g5 é seguido por 2...♕h5# (ou 2...

♕h6#).

2...♖xh1+ 0-1

3 ♔g5 ♖h5#.

555) **A. Paal – Z. Eberth**

Heves 2001

1...♘h2+ 2 ♔e2 ♕xe4+! 3 ♕xe4

3 ♗xe4 também é seguido por 3... ♖d2#.

3...♖d2#

556) **Joh. Dorst – E. Rüger**

Alemanha (evento por equipes) 2007/8

1 ♕f8+!

Clareando d6 para o cavalo e forçando as Pretas a bloquear f8 com sua torre.

1...♖xf8 2 ♘d6+ ♔e7 3 ♘f5++ 1-0

3...♔e8 4 ♘xg7#.

557) **Doggers – Henrichs**

Hoogeveen 2005

1 ♕xh7+! ♔xh7 2 ♖h4+ ♔g6

2...♔g8 3 ♖h8#.

3 ♖h6+ 1-0

3...♔xg5 4 ♗f4# é um mate por atração.

558) **K. Nieminen – Jy. Salonen**

Campeonato Finlandês (por equipes) 2002

1 ♕e4+ ♔b6 2 a5+ ♔a6 3 ♕xe6+! ♗xe6

3...b6 4 axb6+ ♔b7 5 ♕xd7+ seguido de 6 ♕c7#.

4 ♘c7#

559) **D. Howell – J. Turner**

Kidlington 2001

1...♕xh2+! 2 ♔xh2 ♗xf4+ 3 ♖xf4

Outros lances também são seguidos por 3...♖h6+.

3...♖h6+ 4 ♕h5 ♖xh5+ 0-1

ó mate no próximo lance.

560) **J.D. Sousa – Af. Rodrigues**

Campeonato Português (por equipes) 1997

1 ♕h5!

ó um padrão, mas nesse caso, há um requinte extra, pois as Pretas podem capturar o cavalo.

1...♘xd3

Se 1...gxh5, então 2 ♗xh7#, enquanto a linha principal é 1...♗xg5 2 ♕xh7+! ♔xh7 3 hxg5+ ♘xh1 4 ♖xh1+ ♔g8 5 ♖h8#.

2 ♕xh7#

561) **Yakovenko – Pataki**

Campeonato Europeu (Sub-18), Kallithea 2001

1 ♕xh7+! ♔xh7 2 ♖h4+ ♔g8

2...♔g7 3 ♗f6+ seguido de ♖h8#.

3 ♗f6 ♗e4+ 4 ♔a1 1-0

As Pretas conseguem adiar, mas não impedem o mate com ♖h8#.

562) **Neffe – R. Altenburger**

Biel (Open) 1993

1 ♕xf7+! ♔xf7 2 ♗c4+ ♔f8 3 ♖d8+!

Esse segundo sacrifício é o único modo de dar mate com rapidez.

3...♖xd8 4 ♗c5+ 1-0

4...♖d6 5 ♗xd6#.

563) **Parker – Quillan**

Liga Britânica (4NCL) 1996/7

1 ♕xh7+! ♔xh7 2 ♖h2+ ♗h6 3 ♖xh6+ ♔g7 4 ♖g1+ ♔f8

4...♔f7 é seguido do mesmo modo.

5 ♖f6#

564) **Neiksans – Stefansson**

Liepaja 2004

1...♕h3+ 2 ♖h2 ♕xh2+! 3 ♔xh2 ♔f7! 0-1

As Brancas não têm uma boa resposta para a ameaça 4...♖h8#.

565) **Reshevsky – B. Ivanović**

Skopje 1976

1...♕xh2+!! 2 ♔xh2 ♖h4+ 3 ♔g1 ♘g3 0-1

Um lance difícil de ver, mas é instantaneamente decisivo, pois 4...♖h1# não pode ser evitado.

566) **Bologan – Van Haastert**

Copa da Europa de Clube, Saint Vincent 2005

1 ♕xh5+! gxh5

Se 1...♔g8, então 2 ♕xg6 dá às Brancas um ataque decisivo que levará a um mate rápido; por exemplo, 2... ♖c5 3 ♘f6+ ♔f8 4 ♖f1! ♖xb5 5 cxb5 ♕d4 6 ♘h7++ ♔g8 7 ♘g5 e as Pretas ficam sem defesa.

2 ♘f6+! ♗xf6

2...♔h8 3 ♖xh5+ ♗h6 4 ♖xh6+ ♕h7 5 ♖xh7# e 2...♔h6 3 ♖xh5# também levam ao mate.

3 ♖xh5#

567) **Rakitskaya – A. Eliseev**

São Petersburgo 2004

1 ♕h6+! ♔xh6 2 ♗f8+ ♔g5 3 ♘xh7+

3 ♘e4+ também dá mate, porém mais devagar.

3...♔f5 4 e4#

568) **Kosten – Vera Pons**

Castelldefels 2004

1 ♕xg8+! 1-0

Após 1...♔xg8 2 ♖xg7+ ♔h8, as Brancas dão mate em dois lances, movendo sua torre na coluna g, enquanto 1...♖xg8 é seguido por 2 ♗xg7+ ♖xg7 3 ♖f8+ e mate no próximo lance.

569) **Zermiche – K. Stokke**

Oslo (Junior) 2003

1 ♕xh6+! ♔f6

A linha principal segue com 1...♔xh6 2 ♖h3+ ♔g7 3 ♖h7+ ♔f6 4 ♘e4#.

2 ♕xg6#

570) **Escuer Sanchez – Da. Ananos Palacios**

Campeonato de Aragão (por equipes) 2007

1 ♕e8+!!

Embora 1 ♕xc7 não seja um mate

forçado, também ganha, pois se as Pretas recapturam, então as Brancas têm o mesmo mate como na partida. Consegue três pontos se escolher isto, mas apenas se viu a continuação 1...♖xc7 2 ♖e8+ ♔g7 3 ♗h6+!.

1...♖xe8 2 ♖xe8+ ♔g7 3 ♗h6+! 1-0

Um segundo sacrifício surpreendente. E mate após 3...♔f6 4 ♗g5+ ♔g7 5 f6# ou 3...♔xh6 4 g5+ ♔g7 5 f6#.

Quadro de Pontuação dos Sacrifícios de Dama

Número da posição	Pontos
481	1
482	1
483	1
484	1
485	1
486	1
487	1
488	1
489	1
490	1
491	1
492	1
493	1
494	1
495	1
496	1
497	2
498	2
499	2
500	2
501	2
502	2
503	2
504	2
505	2
506	2
507	2
508	2
509	2
510	2
511	2
512	2
513	2
514	2
515	2
516	2
517	2
518	2
519	2
520	2
521	2
522	2
523	2
524	2
525	2
526	2
527	2
528	2
529	2
530	2
531	2
532	2
533	3
534	3
535	3
536	3
537	3
538	3
539	3
540	3
541	3
542	3
543	3

544	3
545	3
546	3
547	3
548	3
549	3
550	3
551	3
552	3
553	3
554	3
555	3
556	4
557	4
558	4
559	4
560	4
561	4
562	4
563	4
564	4
565	4
566	4
567	4
568	4
569	4
570	5
Total	
Máximo	**219**

11. *Mate por Abertura de Linha*

Muitos mates dependem da abertura de linha. Pode parecer um pouco vago e técnico, mas é um conceito bem simples. Veja um exemplo para explicar como funciona a abertura de linha.

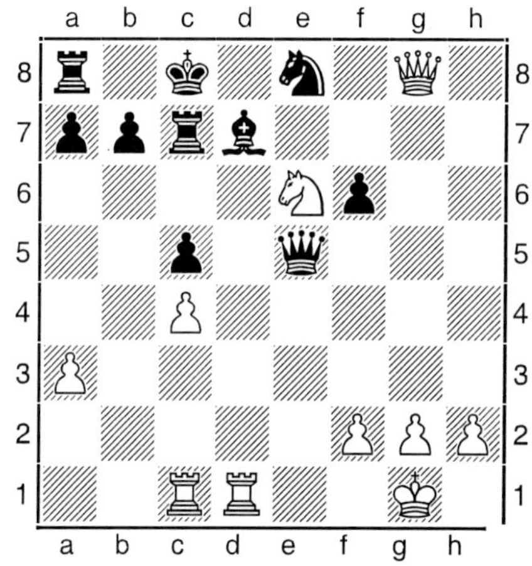

R. Sebesta – Bukovsky

Campeonato Eslovaco (por equipes) 2006/7

As Brancas gostariam de dar mate com ♖d8#, com o único problema sendo que o bispo das Pretas está no caminho. Para dar mate, as Brancas devem abrir a linha d1-d8 para liberar o caminho da torre até a oitava fileira. Então elas jogaram **1 ♕xe8+!** e as **Pretas abandonaram** (**1-0**), pois após a resposta forçada 1...♗xe8, as Brancas atingiram seu objetivo e dão mate com 2 ♖d8#.

Na maioria dos casos da abertura de linha, é uma peça inimiga que fica no caminho e deve ser retirada da linha, mas por vezes uma peça amiga causa obstrução e deve ser sacrificada para clarear a linha.

Trabalhar nas posições deste capítulo mostrará como a abertura da linha pode funcionar a seu favor e ajudá-lo a dar mate nos oponentes desavisados.

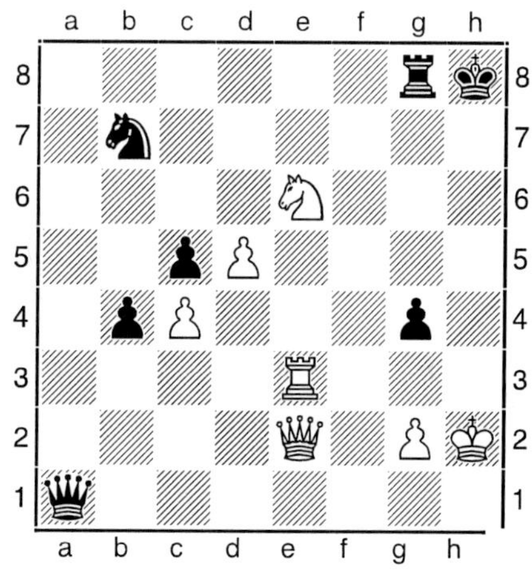

571) Jogam as Brancas (1 ponto)

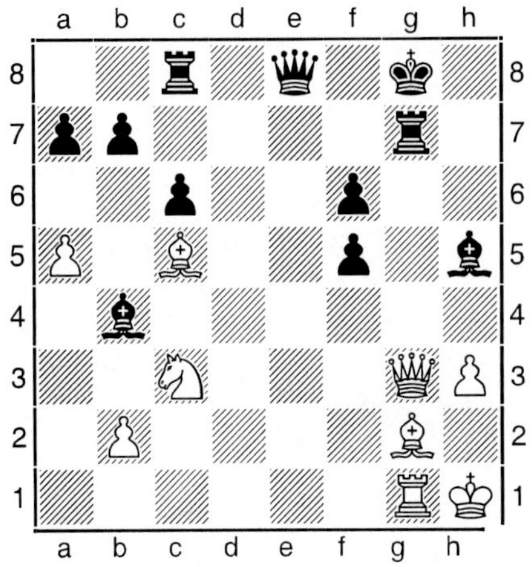

572) Jogam as Brancas (1 ponto)

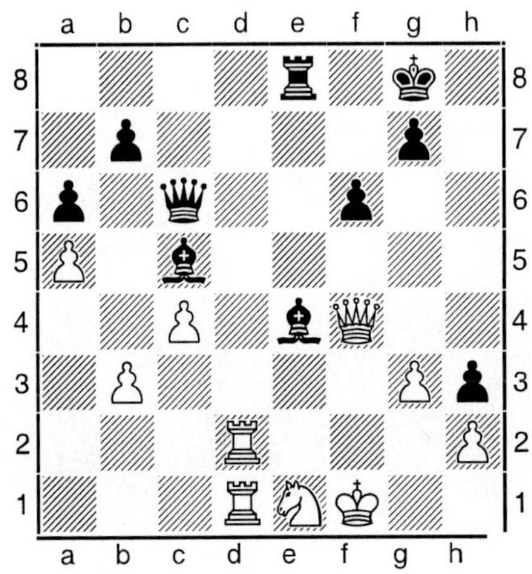

573) Jogam as Pretas (1 ponto)

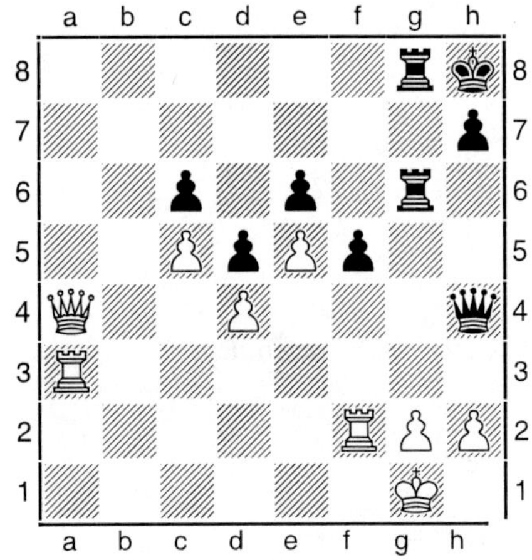

574) Jogam as Pretas (1 ponto)

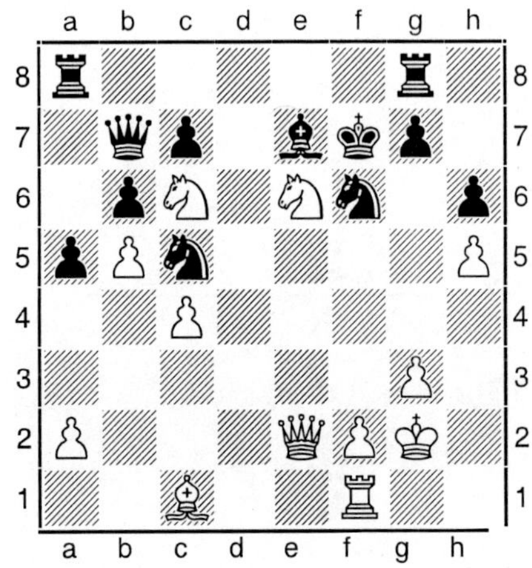

575) Jogam as Brancas (1 ponto)

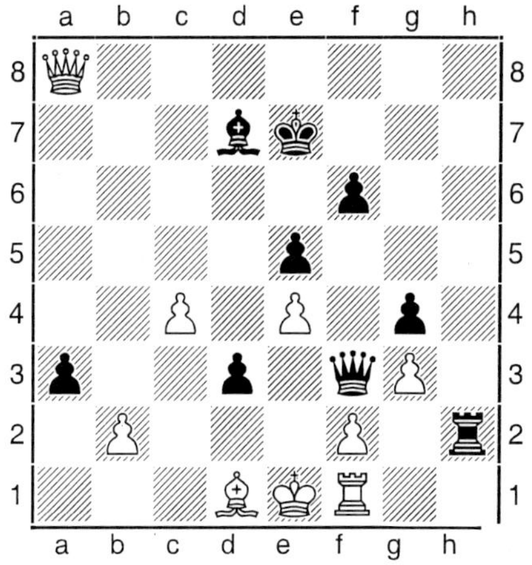

576) Jogam as Pretas (1 ponto)

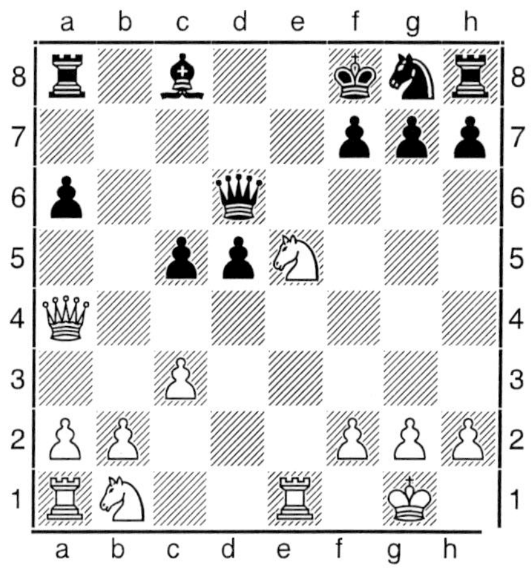

577) Jogam as Brancas (1 ponto)

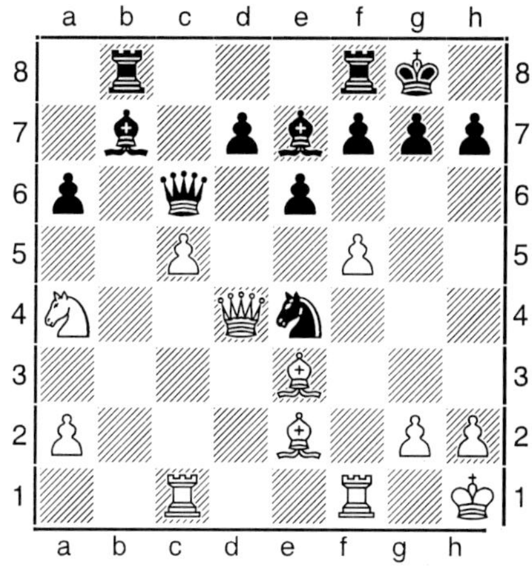

578) Jogam as Pretas (1 ponto)

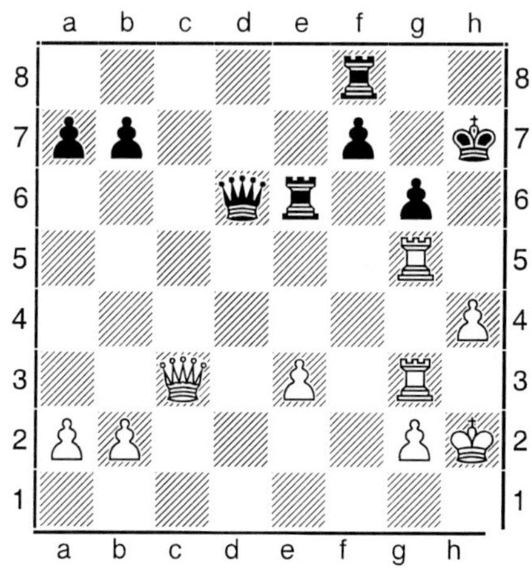

579) Jogam as Brancas (1 ponto)

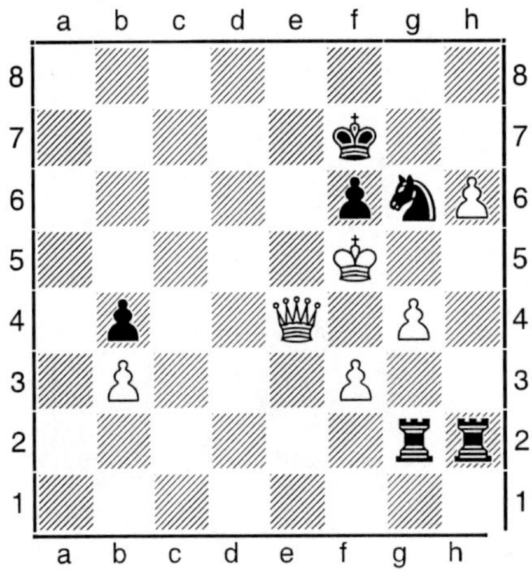

580) Jogam as Pretas (1 ponto)

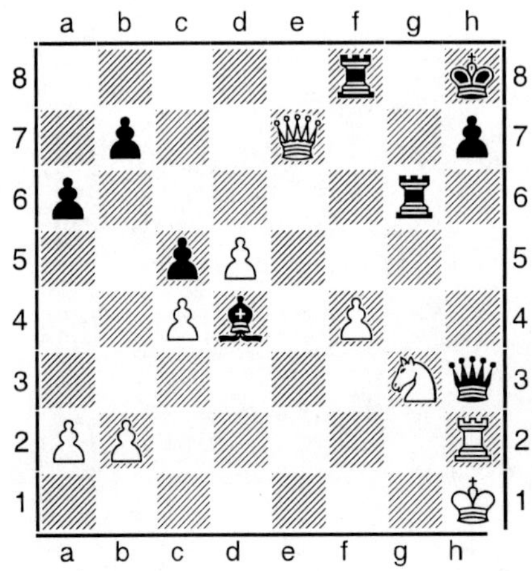

581) Jogam as Pretas (1 ponto)

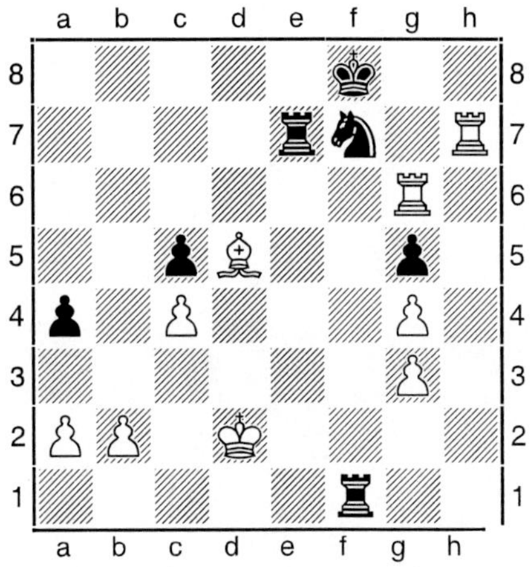

582) Jogam as Brancas (1 ponto)

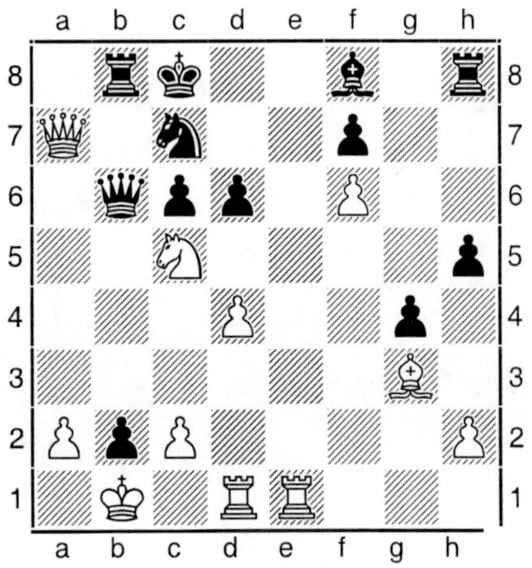

583) Jogam as Brancas (1 ponto)

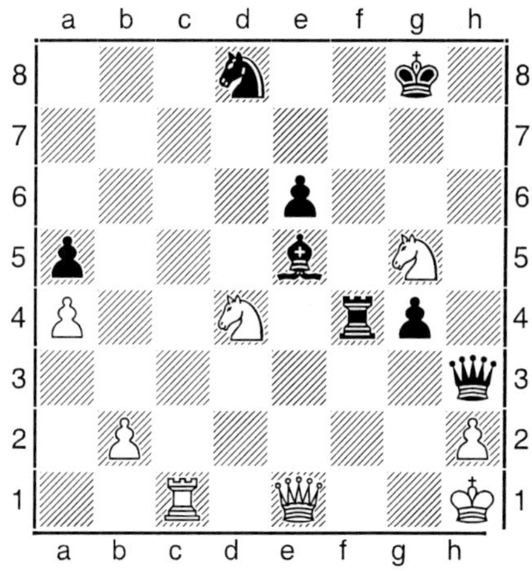

584) Jogam as Pretas (1 ponto)

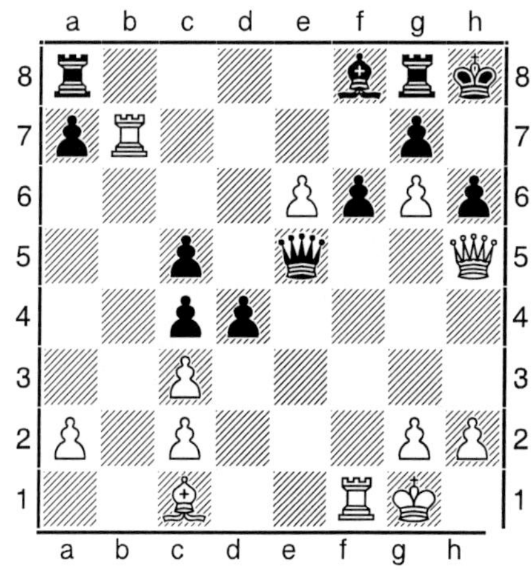

585) Jogam as Brancas (1 ponto)

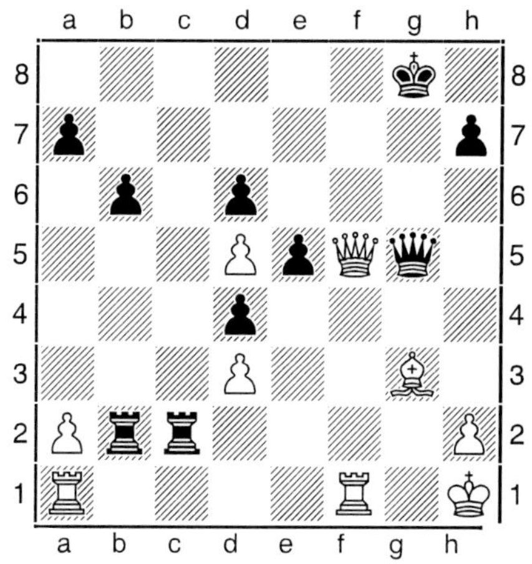

586) Jogam as Pretas (1 ponto)

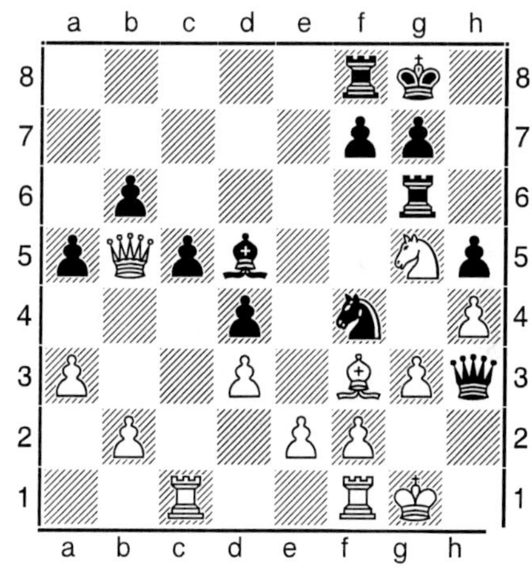

587) Jogam as Pretas (1 ponto)

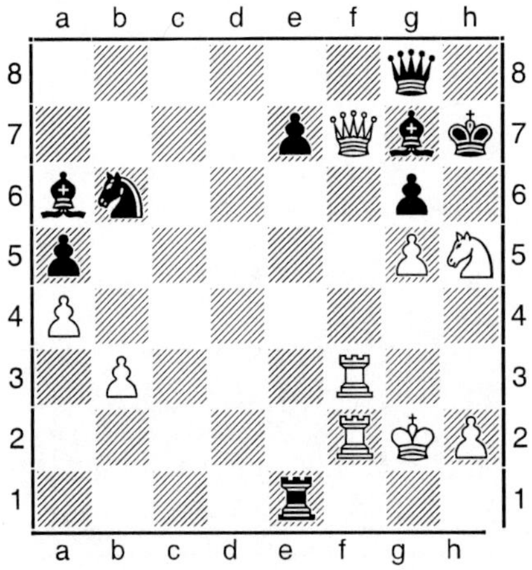

588) Jogam as Brancas (1 ponto)

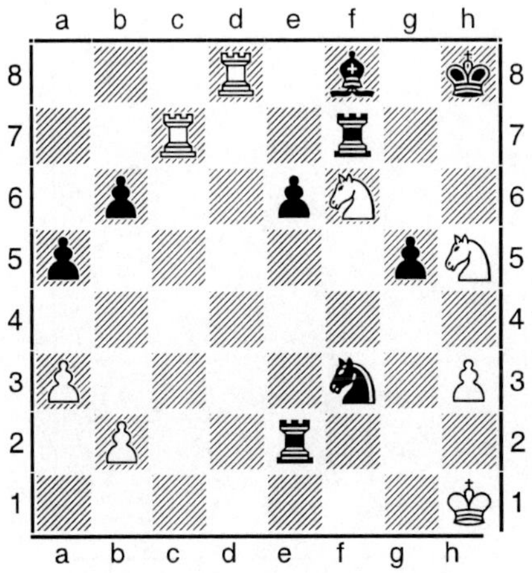

589) Jogam as Brancas (1 ponto)

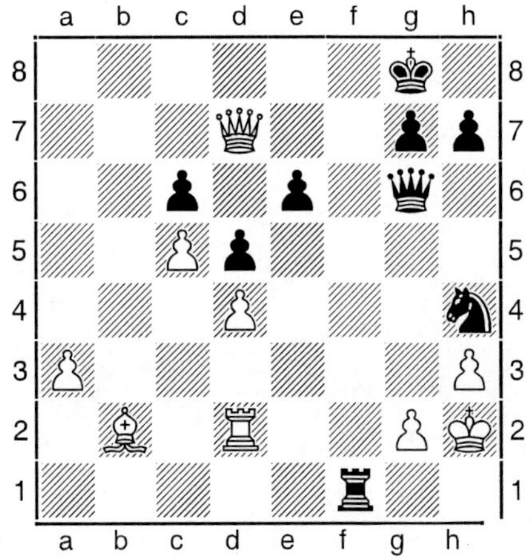

590) Jogam as Pretas (2 pontos)

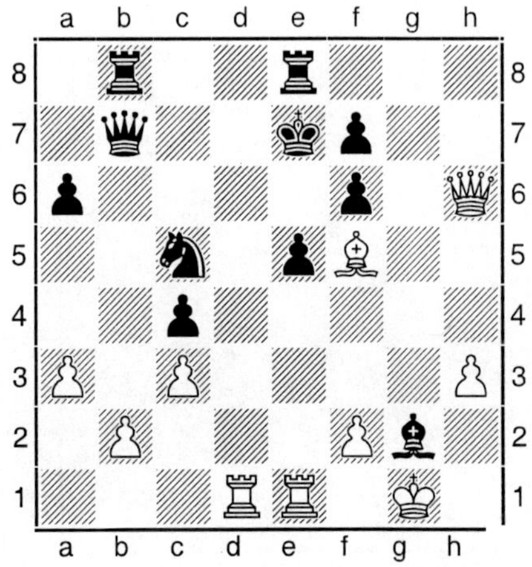

591) Jogam as Brancas (2 pontos)

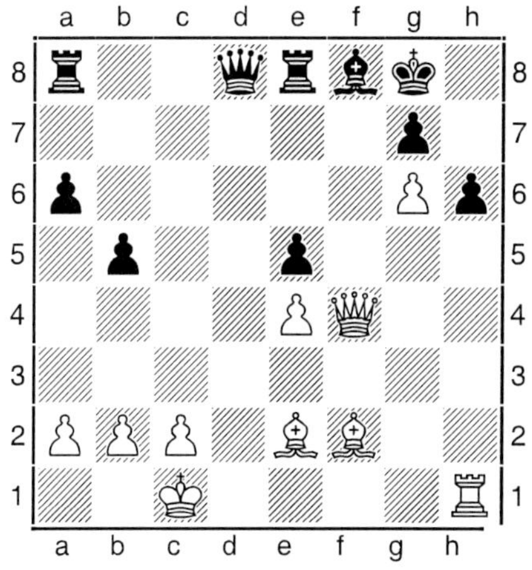

592) Jogam as Brancas (2 pontos)

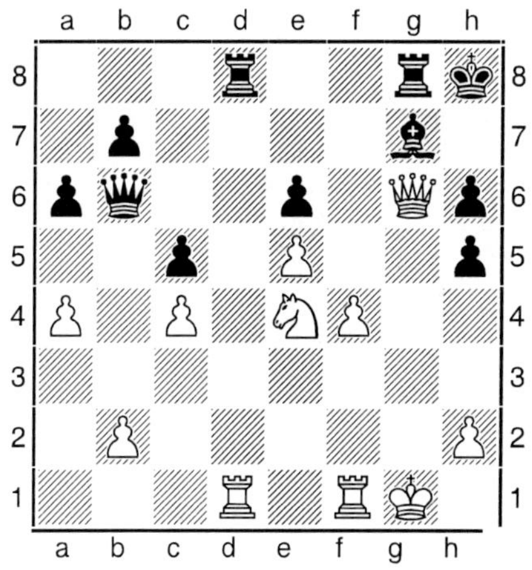

593) Jogam as Brancas (2 pontos)

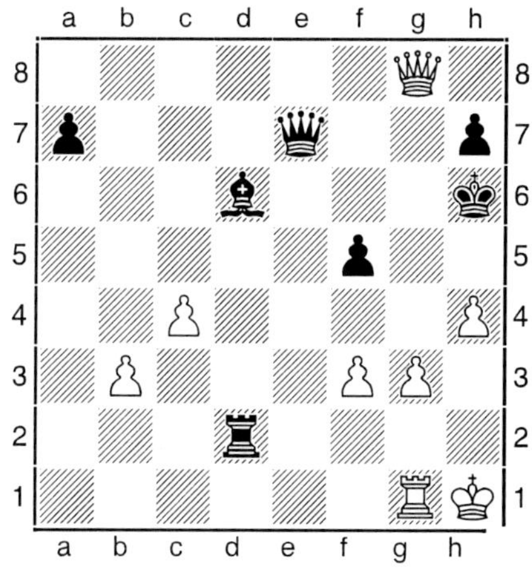

594) Jogam as Pretas (2 pontos)

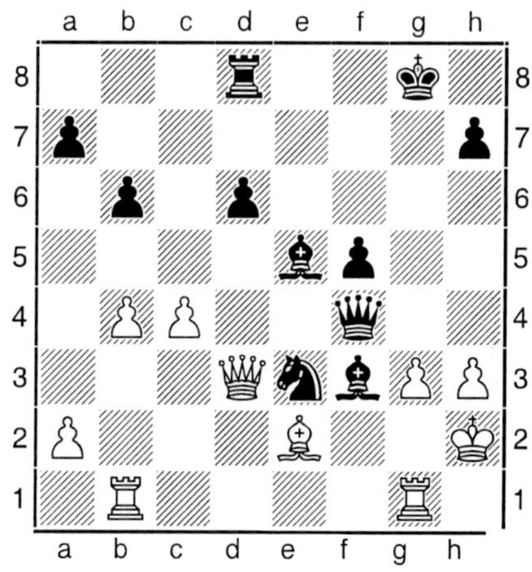

595) Jogam as Pretas (2 pontos)

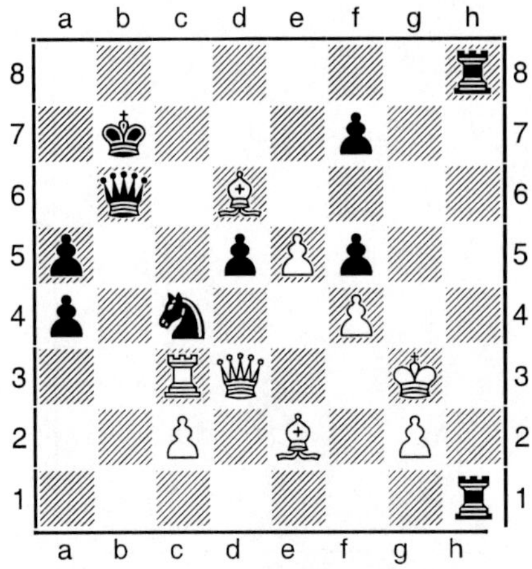

596) Jogam as Pretas (2 pontos)

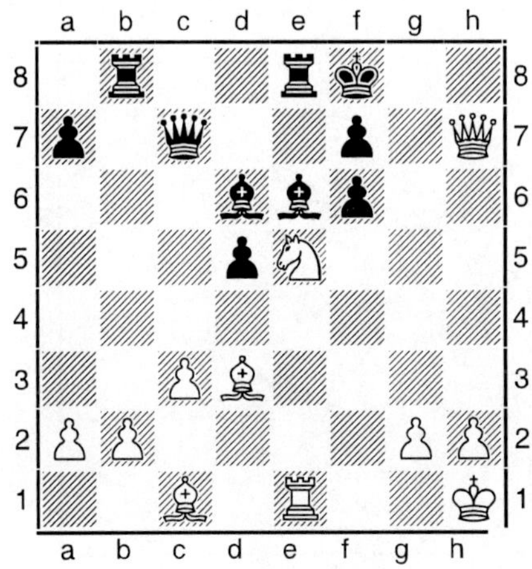

597) Jogam as Brancas (2 pontos)

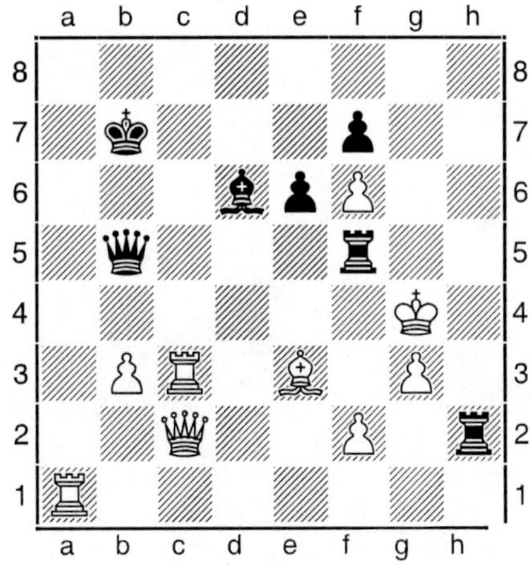

598) Jogam as Pretas (2 pontos)

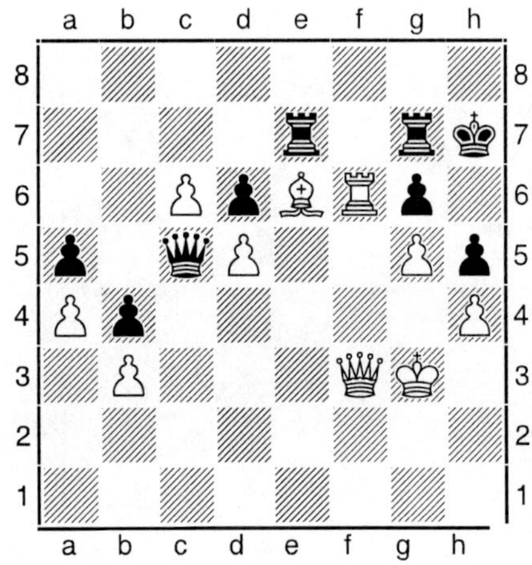

599) Jogam as Brancas (2 pontos)

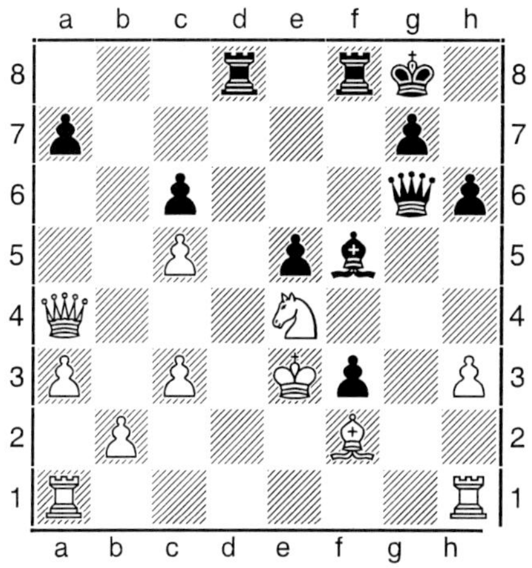

600) Jogam as Pretas (2 pontos)

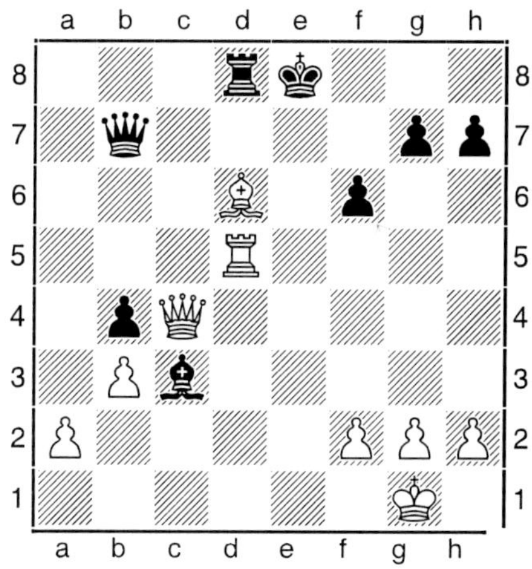

602) Jogam as Brancas (3 pontos)

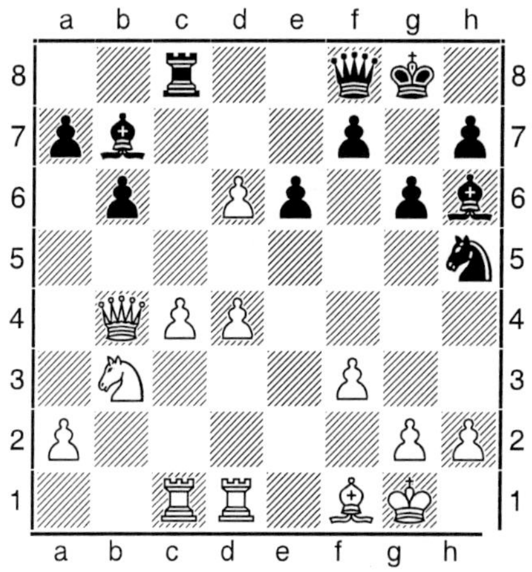

601) Jogam as Pretas (3 pontos)

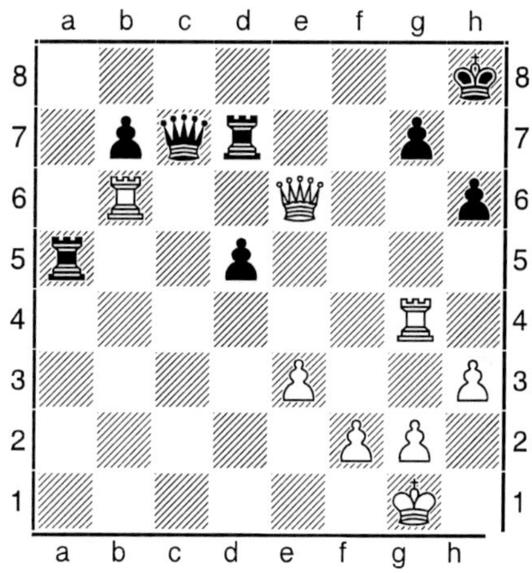

603) Jogam as Brancas (3 pontos)

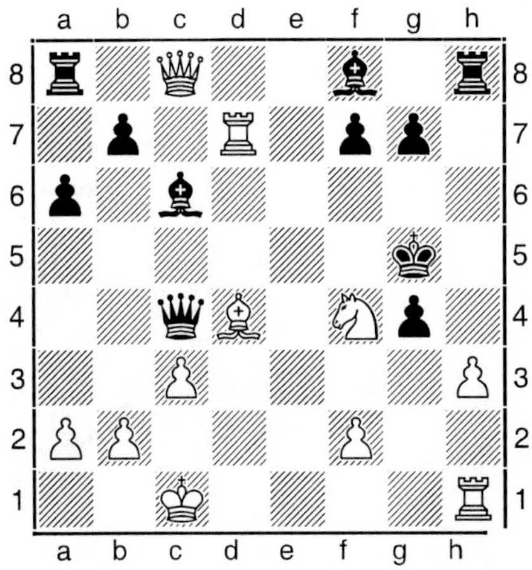

604) Jogam as Brancas (3 pontos)

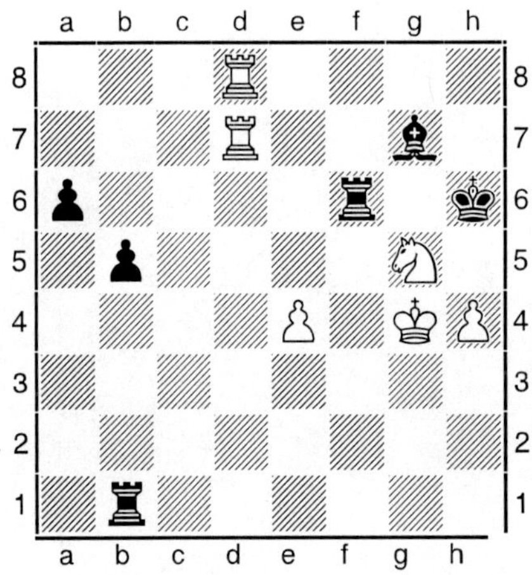

605) Jogam as Brancas (3 pontos)

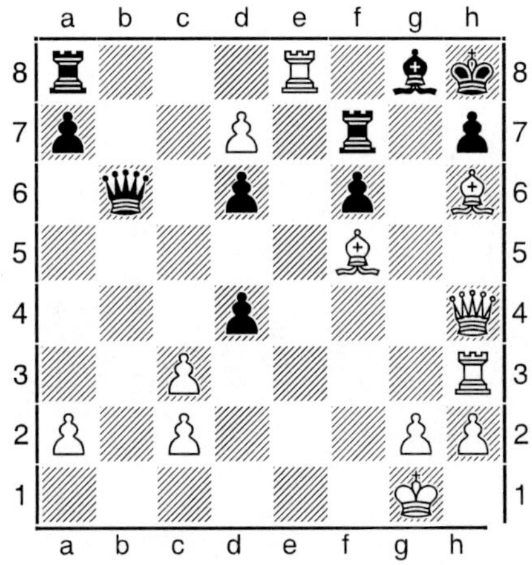

606) Jogam as Brancas (3 pontos)

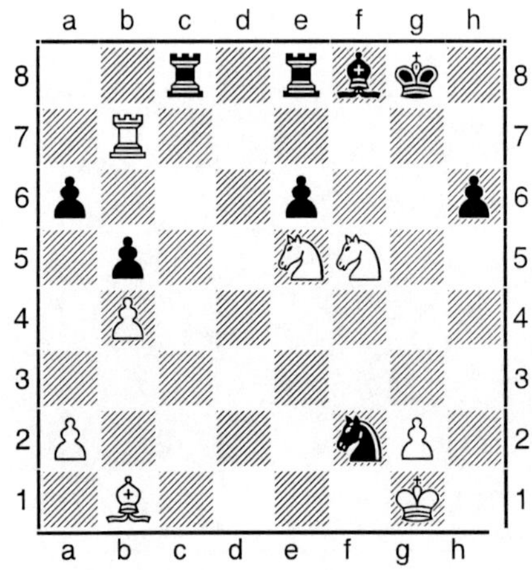

607) Jogam as Brancas (3 pontos)

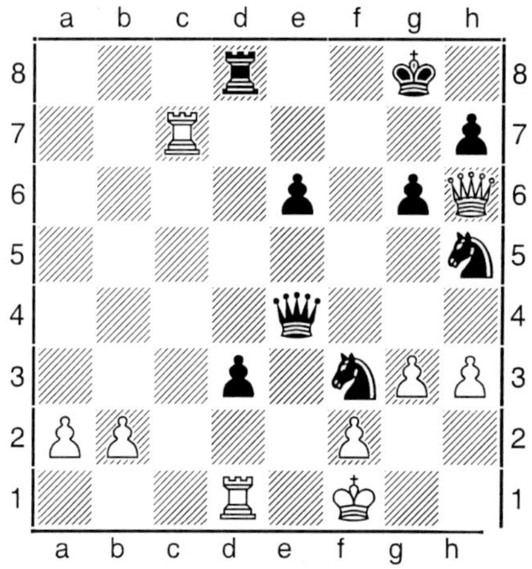

608) Jogam as Pretas (3 pontos)

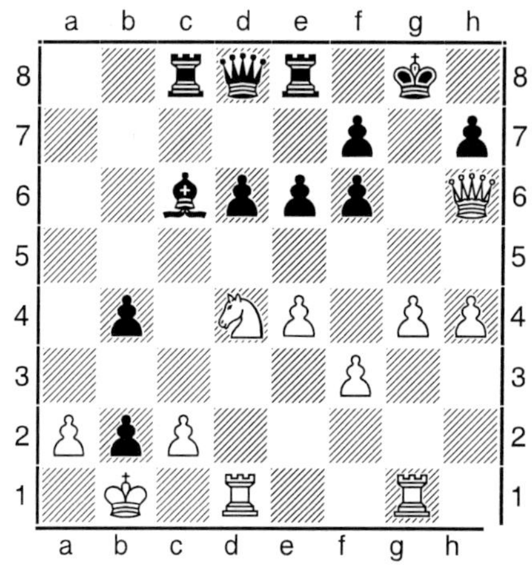

609) Jogam as Brancas (3 pontos)

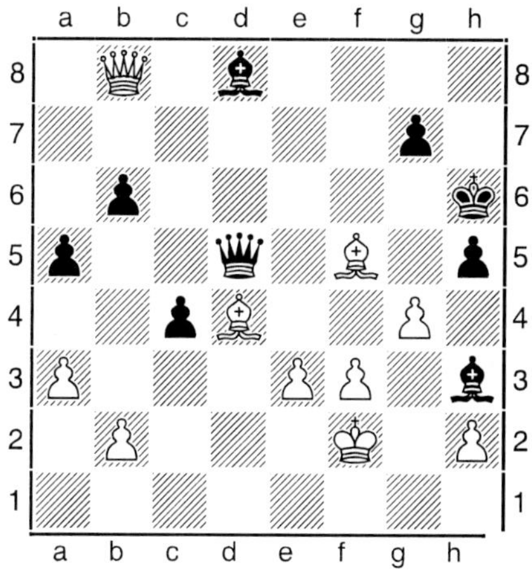

610) Jogam as Brancas (3 pontos)

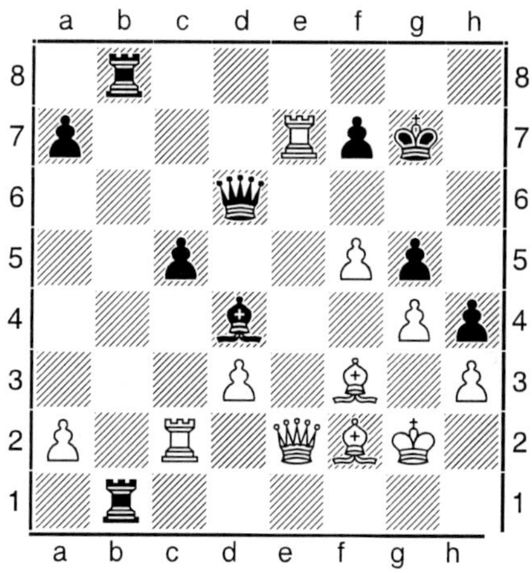

611) Jogam as Pretas (3 pontos)

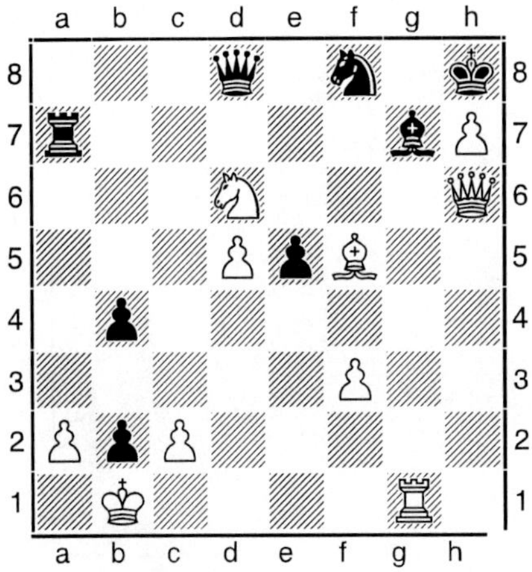

612) Jogam as Brancas (3 pontos)

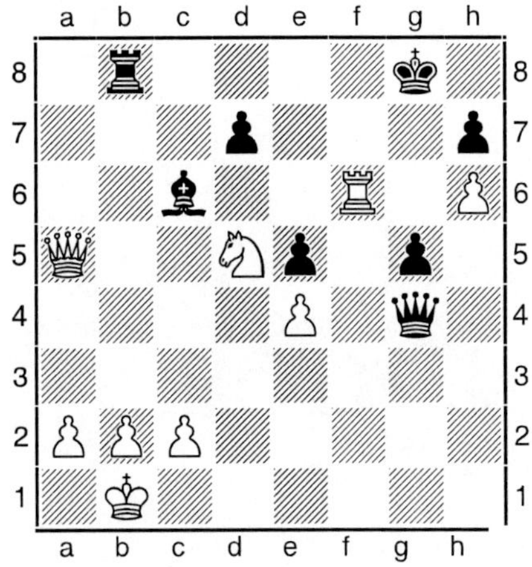

614) Jogam as Brancas (4 pontos)

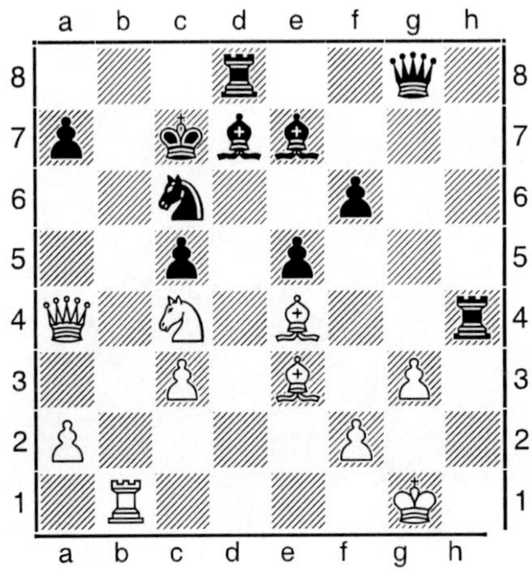

613) Jogam as Brancas (3 pontos)

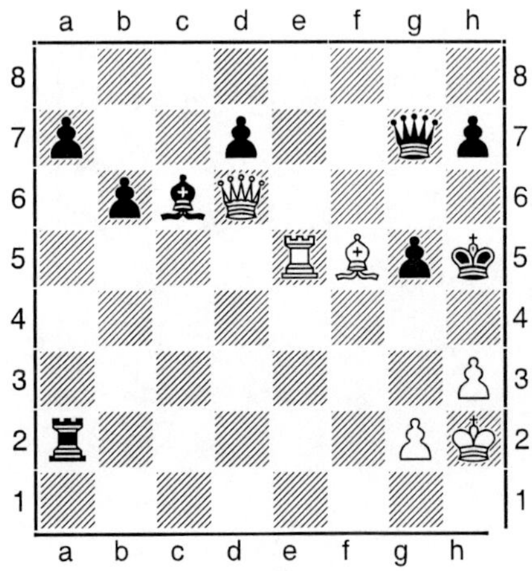

615) Jogam as Brancas (4 pontos)

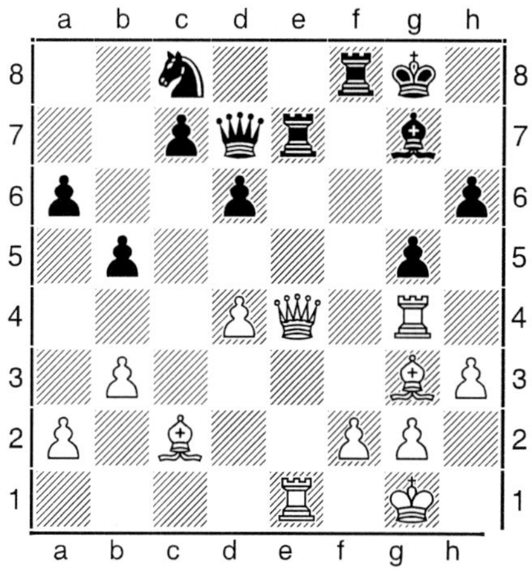

616) Jogam as Brancas (4 pontos)

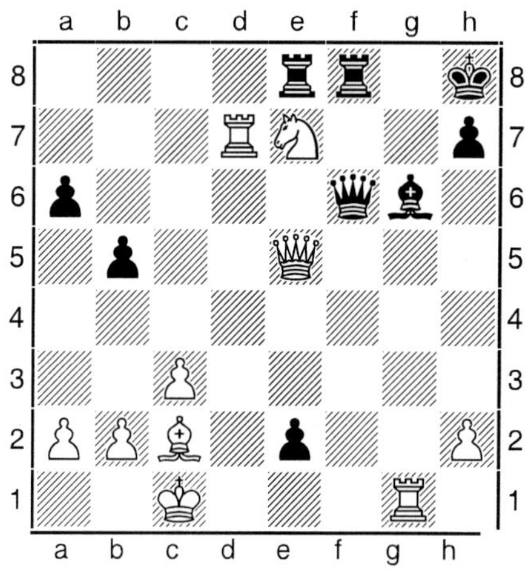

617) Jogam as Brancas (4 pontos)

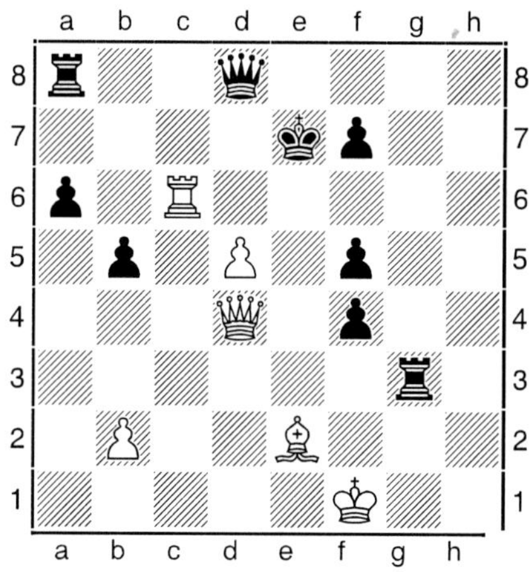

618) Jogam as Brancas (5 pontos)

Soluções do Mate por Abertura de Linha

571) **B. Golubović – Civrić**

Campeonato Europeu, Budva 2009

1 ♖h3+! 1-0

Isso força abrir a linha de e2 até h5 e leva ao mate após 1...gxh3 2 ♕h5#.

572) **B. Savchenko – J. Hammer**

Gj–vik 2009

1 ♗d5+! 1-0

Abrindo a linha de g1 a g7, dando mate após 1...cxd5 (ou qualquer outro lance) 2 ♕xg7#.

573) **D. Straubinger – S. Seres**

Campeonato Húngaro (por equipes) 2007/8

1...♗d3+! 0-1

Abrindo a diagonal para a dama e dando mate com 2...♕h1#.

574) **Fab. Müller – Gisbrecht**

Alemanha (evento por equipes) 2007/8

1...♖xg2+! 0-1

2 ♖xg2 (as Pretas também dão mate após 2 ♔h1 ♕xh2# ou 2 ♔f1 ♕xf2#) 2...♕e1#.

575) **T.L. Petrosian – Wintzer**

Gibraltar 2008

1 ♘g5+! 1-0

As Brancas abrem a coluna, com ganho de tempo, e dão mate após 1...hxg5 2 ♕xe7#.

576) **Pecori – Ambrus**

Camberra 2008

1...♕e3+! 0-1

Um sacrifício surpreendente que abre a linha de h2 até d2 para que a torre das Pretas possa proteger o peão após 2 fxe3 d2#.

577) **Dzhumaev – Nikzaban**

Baku 2008

1 ♘g6+! 1-0

ó mate após 1...fxg6 2 ♕e8# ou 1...hxg6 2 ♕e8# (ou 2 ♖e8#).

578) **Jakupec – Jelečević**

Zagreb 2008

1...♘g3+

1...♘f2+? falha, pois 2 ♖xf2 defende g2.

0-1

As Pretas darão mate com 2...♕xg2#.

579) **V. Milov – Bi. Cheng**

Filadélfia 2008

1 ♖h5+! 1-0

As Pretas abandonaram ao ver 1...gxh5 (1...♔g8 é seguido por 2 ♕h8# ou 2 ♖h8#) 2 ♕g7#.

580) **Peng Zhaoqin – L. Konings**

2ª Bundesliga 2006/7

1...♖h5+! 0-1

2 gxh5 ♖g5#.

581) **Murugan – R. Popov**
Internet (playchess.com) 2005
1...♕f1+! 2 ♘xf1 ♖g1#

582) **Blatny – A. Kovaliov**
Campeonato Tcheco (por equipes) 2004/5
1 ♖h8+! 1-0
1...♘xh8 2 ♖g8#.

583) **Beltran Rueda – A. Torrecillas**
*Campeonato Catal*ão *(por equipes) 2003*
1 ♖e8+! 1-0
1...♘xe8 2 ♕d7#.

584) **Antonano Fernandez – J. Garcia Lainez**
*Campeonato de Arag*ão *(por equipes) 2003*
1...♖f1+! 0-1
2 ♕xf1 ♕xh2#.

585) **Zelčić – Zavacki**
Bošnjaci 2003
1 ♕xh6+! 1-0
1...gxh6 2 ♖h7#.

586) **B. Kettler – K. Müller Ludwig**
Alemanha (evento por equipes) 2005/6
1...♖xh2+! 0-1
2 ♗xh2 ♕g2#.

587) **N. Caputi – S. Pizzuto**
Valenzano 2006
1...♘xe2+ 0-1
2 ♗xe2 ♕g2# (ou 2...♕h1#).

588) **Susilodinata – D. Bourmistrov**
Queenstown 2006
As Brancas precisam clarear a coluna h com ganho de tempo.
1 ♘f6+! 1-0
é mate após 1...exf6 2 ♖h3#.

589) **Ponizil – Rojicek**
Kunčice 2006
As Pretas estão ameaçando mate em h2, portanto as Brancas devem trabalhar rápido.
1 ♖xf8+! 1-0
1...♖xf8 2 ♖h7#.

590) **A. Ansell – A. Goldsmith**
Queenstown 2009
1...♘f3+ 0-1
As Pretas forçam abrir a linha de g6 até g1 e dão mate após 2 gxf3 ♕g1#.

591) **D. Nygren – D. Olofsson**
Campeonato Sueco (por equipes) 2007/8
1 ♖xe5+! 1-0
1...♘e6 (1...fxe5 2 ♕d6#) 2 ♖xe6+! fxe6 3 ♕g7#.

592) **T. Hirneise – W. Kreuscher**
Schwäbisch Gmünd 2008

1 ♕f7+ ♔h8 1-0

As Pretas abandonaram antecipando--se a 2 ♖xh6+ gxh6 3 ♕h7#.

593) **Ma. Kierzek – Sa. Martinović**

Bled 2008

1 ♘g5!

1 ♘f6? não funciona porque após 1... ♗xf6, a dama branca fica cravada, portanto, não pode dar mate em h6.

1-0

Ao ver o mate ameaçado em h7, as Pretas devem capturar o cavalo com 1...hxg5, mas isso abre a linha de h5 até h8 e permite mate com 2 ♕xh5+ ♗h6 3 ♕xh6#.

594) **V. Zablotsky – Volontinas**

Campeonato de Krasnoiarsk 2008

1...♕xh4+! 0-1

Abrir a linha d6-h2 é decisivo após 2 gxh4 ♖h2#.

595) **V.T. Martins – Dr. Stamenković**

São José do Rio Preto 2008

1...♘g4+! 2 hxg4 0-1

As Brancas abandonaram antes que as Pretas pudessem jogar 2...♕h6#.

596) **Becerra Rivero – Shulman**

Campeonato dos Estados Unidos, Tulsa 2008

1...♖1h3+!

1...♖8h3+? não funciona porque após 2 gxh3 ♕g1+ 3 ♔h4, o rei branco escapa.

0-1

2 gxh3 ♕g1+ 3 ♔f3 ♖xh3#.

597) **P. Andrist – B. Kamber**

Biel 2008

1 ♘g6+! fxg6 2 ♗h6+ ♕g7 3 ♕xg7#

598) **Galović – S. Prielozny**

Campeonato Eslovaco (por equipes) 2006/7

As Brancas estão ameaçando dar mate com ♖a7+ seguido de ♖c8#, então as Pretas devem agir de imediato.

1...♖f4+! 0-1

2 gxf4 (2 ♗xf4 ♕h5#) 2...♕h5+ 3 ♔g3 ♕h3#.

599) **Hei. Titz – L. Deutsch**

Campeonato Austríaco, Hartberg 2004

1 ♕xh5+! 1-0

Vale a pena a dama abrir a sexta fila, pois o mate é forçado após 1...gxh5 2 ♖h6#.

600) **Eskandary – Degtiarev**

Alemanha (evento por equipes) 2002/3

1...♕g5+! 0-1

Afastar o cavalo de e4 abre a linha de f5 até d3, permitindo que as Pretas deem mate com 2 ♘xg5 ♖d3#. A única alternativa é 2 ♔xf3, mas as Pretas dão mate com 2...♗xe4++ 3 ♔e2 (3 ♔xe4 ♕f4#) 3...♕d2+ 4 ♔f1 ♕xf2#.

601) **Bo. Iveković – Boz. Topić**
Bošnjaci 2009
1...♗e3+ 2 ♔h1 ♘g3+! 0-1
3 hxg3 ♕h6#.
ó um sacrifício típico para abrir a coluna h para a torre ou a dama.

602) **J. Hammer – Carlhammar**
Caleta 2009
1 ♖e5+! 1-0
As Brancas sacrificam sua torre para abrir a linha de c4 até e6: 1...♔d7 2 ♕e6+ ♔c6 3 ♗b8+ ♖d6 4 ♕xd6# ou 1...♗xe5 2 ♕e6+ ♕e7 3 ♕xe7#.

603) **B. Grachev – Akobian**
Moscou 2009
1 ♕e8+ ♔h7 2 ♖xh6+! 1-0
Se as Pretas capturam com o peão, a linha de g4 até g8 é aberta e a finalização seria 2...♔xh6 3 ♕h8# ou 2...gxh6 3 ♕g8#.

604) **Sutovsky – Nayer**
Natanya (Rápido) 2009
1 ♖d5+! 1-0
Abrindo a linha de c8 até g4. 1...♕xd5 (as Pretas sofrem mate mais rápido após 1...♔h6 2 ♖h5# ou 1...♔xf4 2 ♕xg4#) 2 ♕xg4+ ♔h6 3 ♕h4+ ♕h5 4 ♕xh5#.

605) **R. Dobrovolsky – Volontinas**
Campeonato de Krasnoiarsk 2008
1 ♖h8+! 1-0
As Brancas abrem a sétima fila para a outra torre se juntar ao ataque: 1...♗xh8 (1...♔g6 2 h5#) 2 ♖h7+ ♔g6 3 h5#.

606) **X. Montheard – D. Steininger**
Metz 2005
1 ♗g7+!
Abrindo a linha de h4 até h7 com ganho de tempo.
1...♖xg7
1...♔xg7 2 ♕xh7+ ♗xh7 3 ♖xh7# é uma conclusão parecida.
2 ♕xh7+! ♖xh7 3 ♖xh7#

607) **Arutinian – Frhat**
Dubai 2008
1 ♘xh6+! 1-0
Abrindo a diagonal para o bispo: 1...♗xh6 2 ♗h7+ ♔f8 (2...♔h8 3 ♘g6# é parecido) 3 ♘g6#.

608) **Radice – Collutiis**
Campeonato Italiano (por equipes), Arvier 2008
1...♘xg3+! 2 fxg3
Após 2 ♔g2, as Pretas podem forçar o mate de vários modos. Um dos mais rápidos é 2...♘e1++ 3 ♔xg3 ♕f3+ 4 ♔h4 ♘g2+ 5 ♔g5 ♕f5#.
2...♕e2#

609) **Hasangatin – Puskar**
Zvolen 2008
As Brancas vencem abrindo a coluna g para levar a torre de g1 para o ataque.
1 ♘f5!

Ameaçando mate em g7.

1...exf5 2 gxf5+ 1-0

2...♔h8 3 ♕g7#.

610) **Bluvshtein – Hungaski**

Edmonton 2008

1 g5+! 1-0

As Brancas forçam a abertura da oitava fila para permitir que a dama chegue a h8: 1...♔xg5 2 ♕f4# ou 1... ♗xg5 2 ♕h8#.

611) **Canfell – J. Lakner**

Campeonato Australiano, Brisbane 2005

1...♕g3+! 0-1

Um sacrifício espetacular para abrir a linha de c5 até g1 e forçar o mate após 2 ♗xg3 ♖g1+ 3 ♔h2 hxg3#.

612) **P. Czarnota – Raf. Tomczak**

Campeonato Polonês (Junior), Trzebinia 2002

1 ♕xg7+! 1-0

Abrindo caminho para permitir que a torre das Brancas chegue a g8: 1... ♖xg7 2 ♘f7+! ♖xf7 3 ♖g8#.

613) **Voiska – Tosoni**

Roma 2002

1 ♕xa7+! ♘xa7

1...♔c8 2 ♕b7#.

2 ♖b7+ ♔c8 3 ♘b6#

614) **Solodovnichenko – Vaibhav**

Nova Deli 2009

1 ♘e7+ ♔h8 2 ♖f8+! 1-0

As Brancas abrem a linha e5-h8, com ganho de tempo, e dão mate após 2... ♖xf8 3 ♕xe5+ ♖f6 4 ♕xf6#.

615) **T. Bohn – R. Manner**

Alemanha (evento por equipes) 2007/8

As Pretas estão ameaçando ...♖xg2+, então as Brancas devem se apressar.

1 ♗g4+

Jogar 1 ♖e2 primeiro também ganha, mas não leva a um mate rápido após 1...g4. Conseguiu dois pontos se escolheu esta continuação.

1...♔h4 2 ♖e2! 1-0

O lance principal, bloqueando o ataque em g2 e abrindo a linha de d6 até g3. E mate após 2...♖a3 3 g3+ ♖xg3 4 ♕xg3#.

616) **Shukh – R. Safonov**

Campeonato Russo - Sub-18 (por equipes), Rybinsk 2008

1 ♕h7+

Alguns xeques preliminares preparam as Pretas para a abertura da linha decisiva.

1...♔f7 2 ♗g6+ ♔f6 3 ♖f4+! 1-0

Isso abre a linha de h4 até f6 e leva ao mate após 3...gxf4 4 ♗h4#.

617) **Dzhakaev – Beshukov**

São Petersburgo 2001

1 ♘xg6+ hxg6

Após 1...♔g8, as Brancas podem dar mate de muitas formas; por exemplo,

2 ♘xf8+ ♕g6 (2...♔xf8 3 ♕xf6#) 3 ♖xg6+ hxg6 4 ♕g7#.

2 ♕h5+! 1-0

Esse belo sacrifício de dama dá mate após 2...♔g8 3 ♕h7# ou 2...gxh5 3 ♖h7#.

618) **J. Riedl – Besner**

*Campeonato Austr*íaco *(por equipes) 2008/9*

1 ♕c5+ ♔e8

1...♔d7 2 ♖d6+ ♔e8 (2...♔e7 3 ♖e6++ ♔d7 4 ♕c6#) 3 ♖e6+ transpõe para a partida.

2 ♖e6+!

Esse sacrifício abre a linha de h5 até e8.

2...fxe6

Outros lances permitem o mate em um lance.

3 ♗h5+ ♔d7 4 ♕c6+ 1-0

4...♔e7 5 ♕xe6+ ♔f8 6 ♕f7#.

Quadro de Pontuação do Mate por Abertura de Linha

Número da posição	**Pontos**
571	1
572	1
573	1
574	1
575	1
576	1
577	1
578	1
579	1
580	1
581	1
582	1
583	1
584	1
585	1
586	1
587	1
588	1
589	1
590	2
591	2
592	2
593	2
594	2
595	2
596	2
597	2
598	2
599	2
600	2
601	3
602	3
603	3
604	3
605	3
606	3
607	3
608	3
609	3
610	3
611	3
612	3
613	3
614	4
615	4
616	4
617	4
618	5
Total	
Máximo	**101**

12. Mate por Casas Bloqueadas

Ao dar mate, é comum que as peças do lado que ataca impeçam o rei de fugir. Porém, em alguns casos, são as próprias peças do defensor que condenam o rei bloqueando sua fuga.

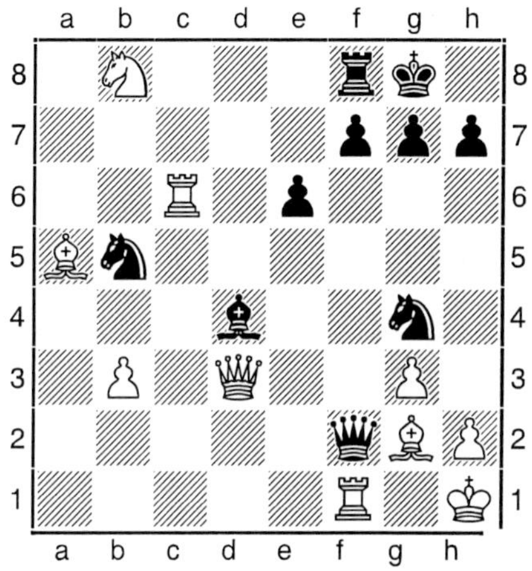

Hottes – Bautista Sanchez

Campeonato Europeu (Sênior - por equipes), Dresden 2006

Aqui o rei branco já está limitado pelo bispo em g2 e pelo peão em h2. Agora as Pretas jogaram **1...♕g1+!** e as **Brancas abandonaram** (**0-1**) ao ver a finalização 2 ♖xg1 ♘f2#. O sacrifício da dama leva a torre branca para g1, que ajuda as Pretas de dois modos. Primeiro, a torre não cobre mais f2, portanto o cavalo das Pretas pode sair de lá sem oposição, e segundo a torre ajuda a aprisionar o rei da Branca bloqueando g1. Este é um exemplo de *Mate Afogado*, no qual o rei fica totalmente bloqueado por peças amigas.

Todo este capítulo é sobre forçar as peças inimigas a trair seu próprio monarca, um truque útil quando se sabe como fazer!

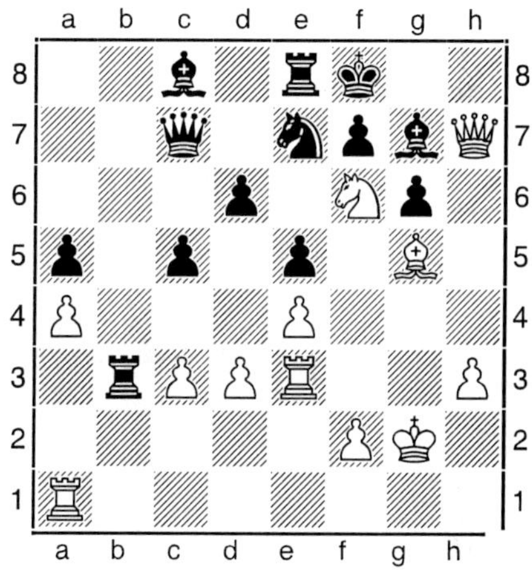

619) Jogam as Brancas (1 ponto)

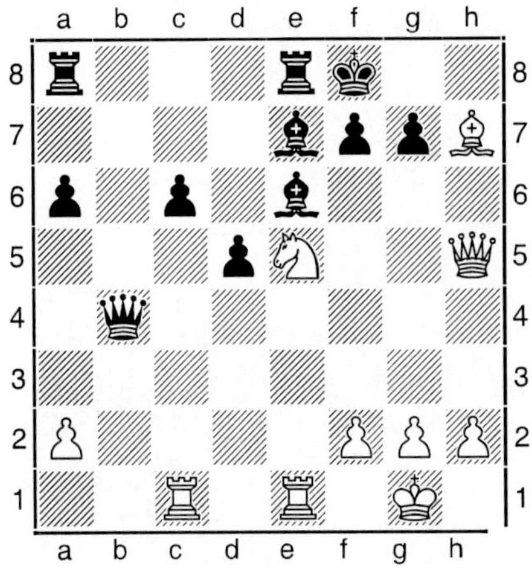

620) Jogam as Brancas (1 ponto)

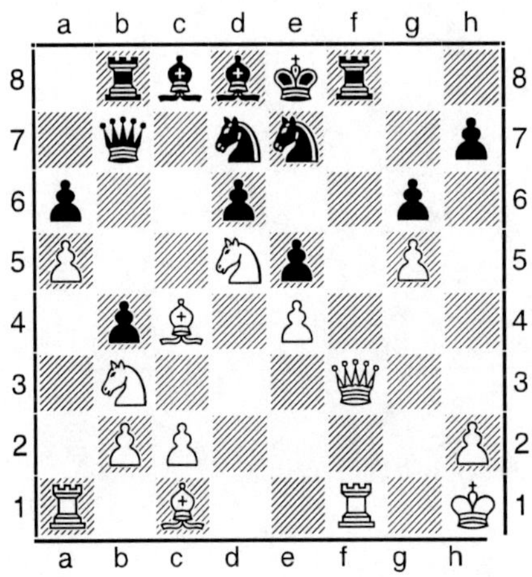

621) Jogam as Brancas (1 ponto)

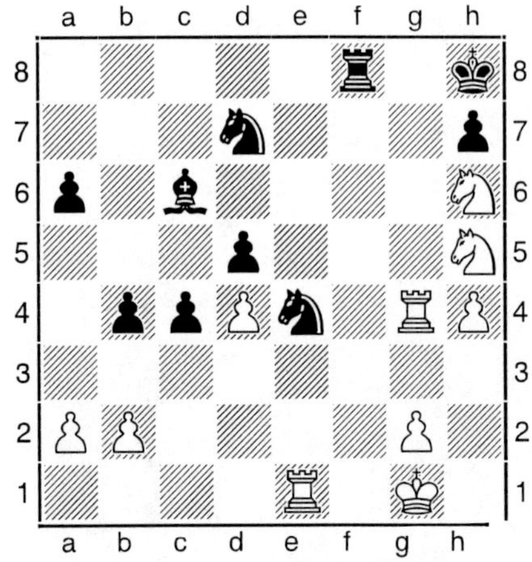

622) Jogam as Brancas (1 ponto)

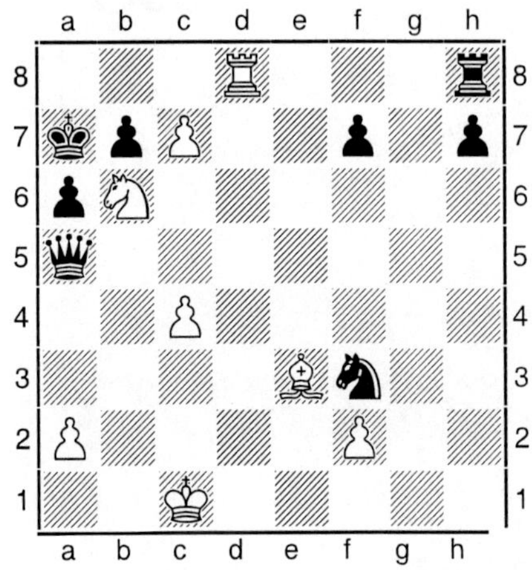

623) Jogam as Brancas (1 ponto)

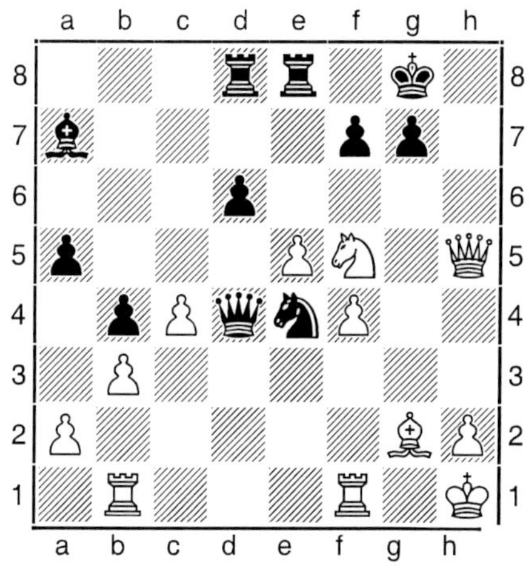

624) Jogam as Pretas (1 ponto)

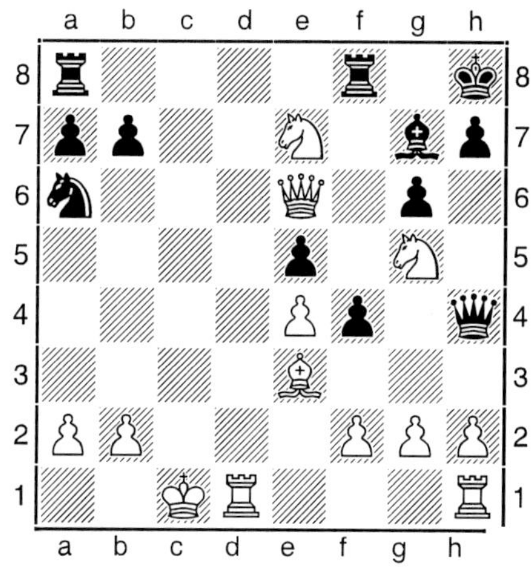

626) Jogam as Brancas (1 ponto)

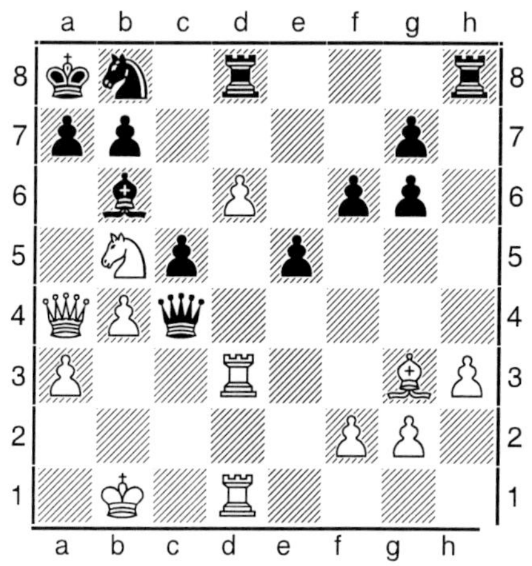

625) Jogam as Brancas (1 ponto)

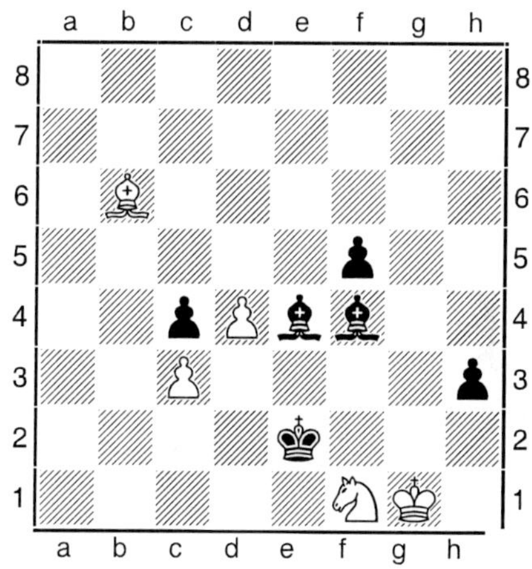

627) Jogam as Pretas (1 ponto)

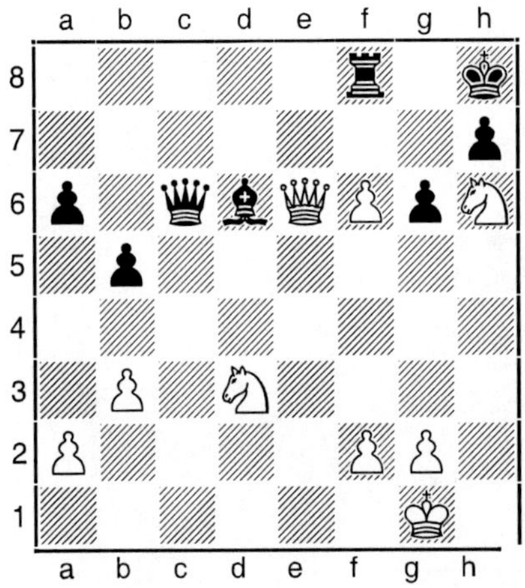

628) Jogam as Brancas (1 ponto)

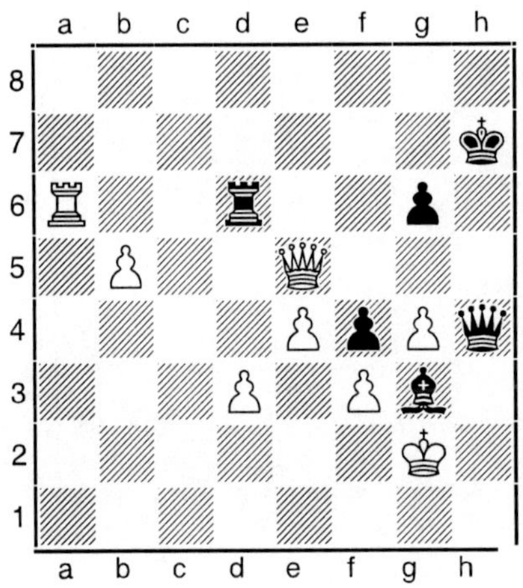

629) Jogam as Brancas (2 pontos)

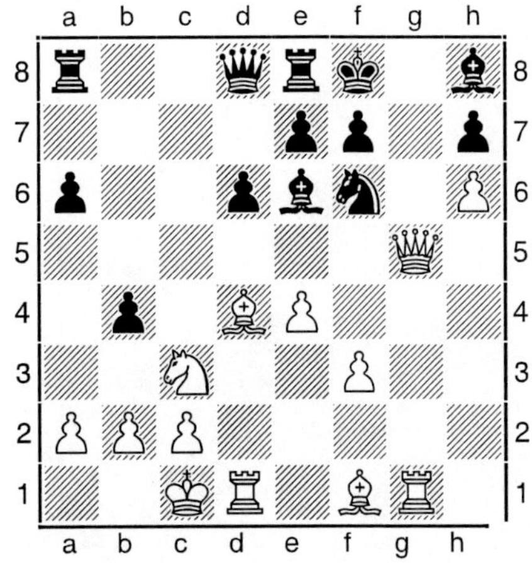

630) Jogam as Brancas (2 pontos)

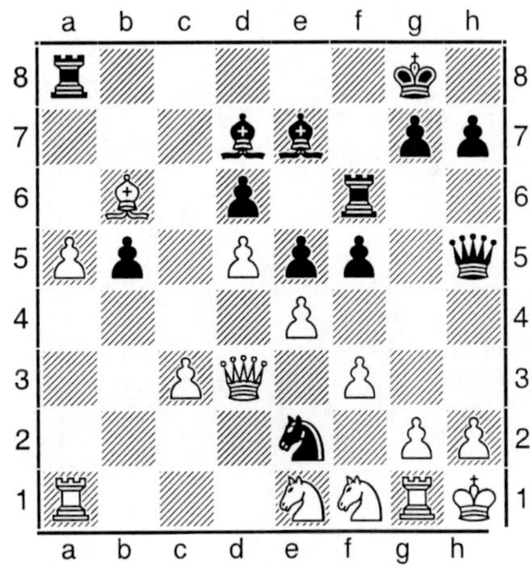

631) Jogam as Pretas (2 pontos)

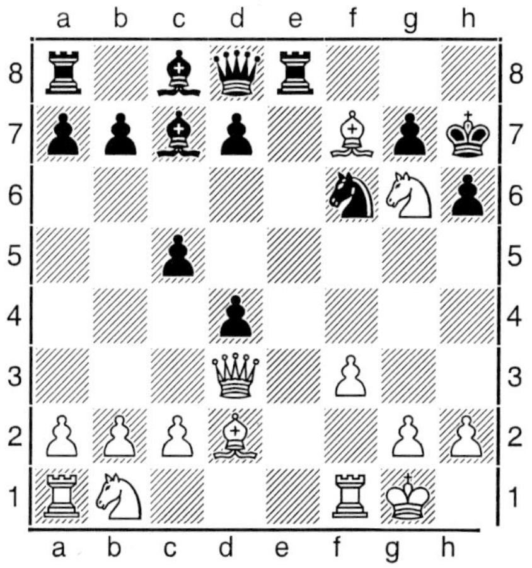

632) Jogam as Brancas (2 pontos)

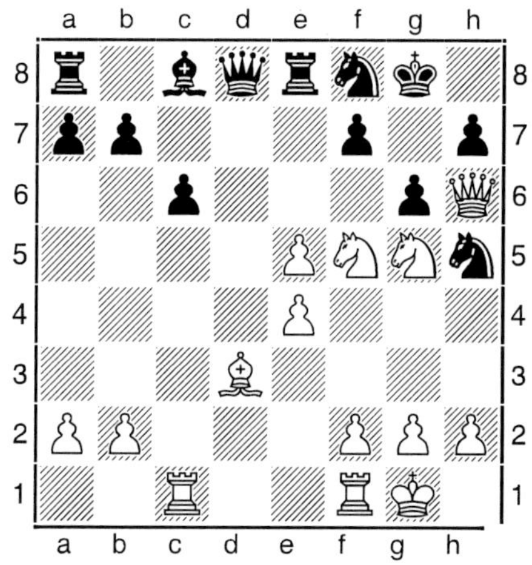

634) Jogam as Brancas (2 pontos)

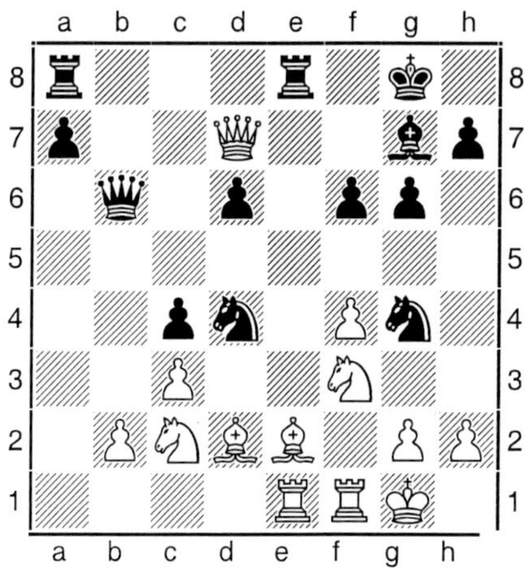

633) Jogam as Pretas (2 pontos)

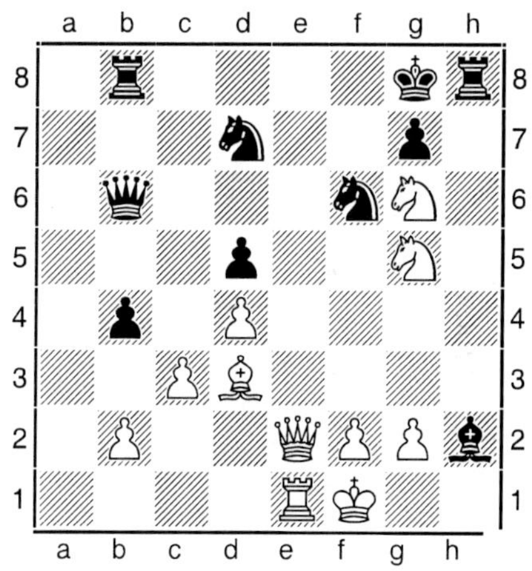

635) Jogam as Brancas (3 pontos)

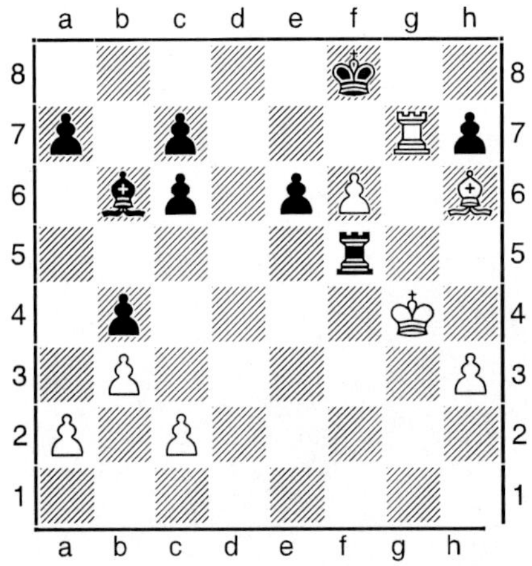

636) Jogam as Brancas (3 pontos)

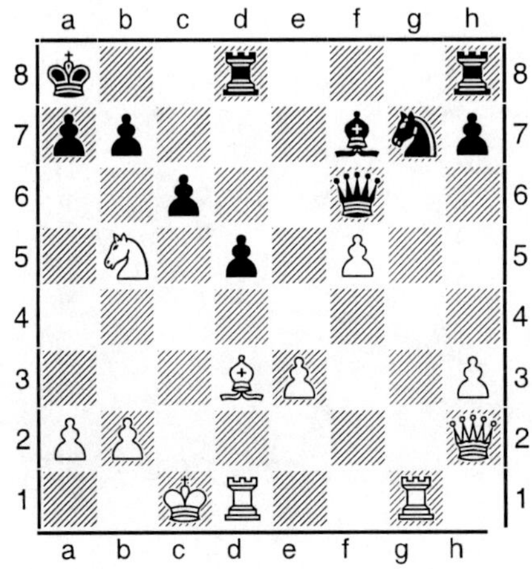

637) Jogam as Brancas (3 pontos)

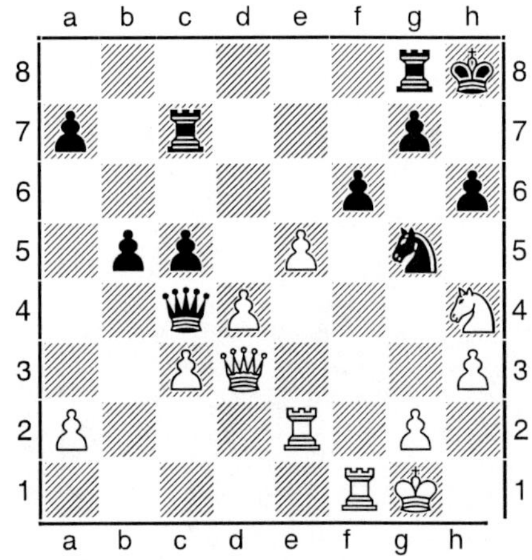

638) Jogam as Brancas (3 pontos)

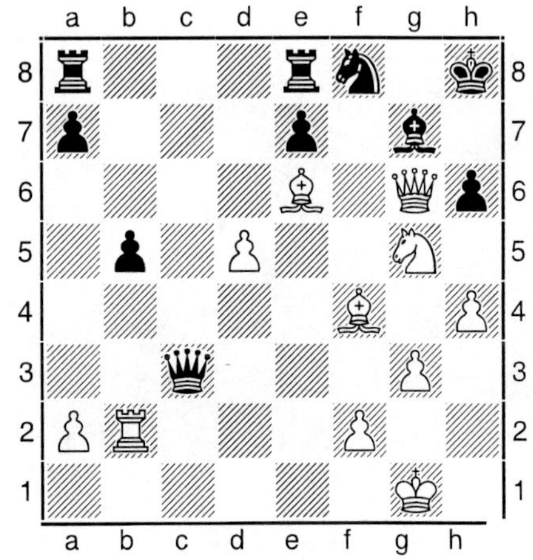

639) Jogam as Brancas (3 pontos)

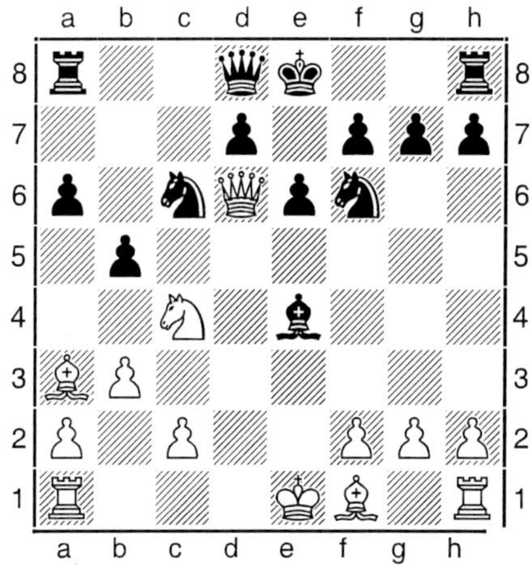

640) Jogam as Brancas (3 pontos)

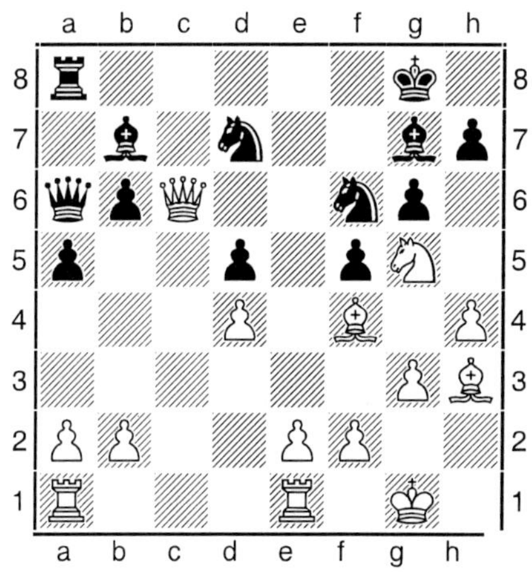

641) Jogam as Brancas (3 pontos)

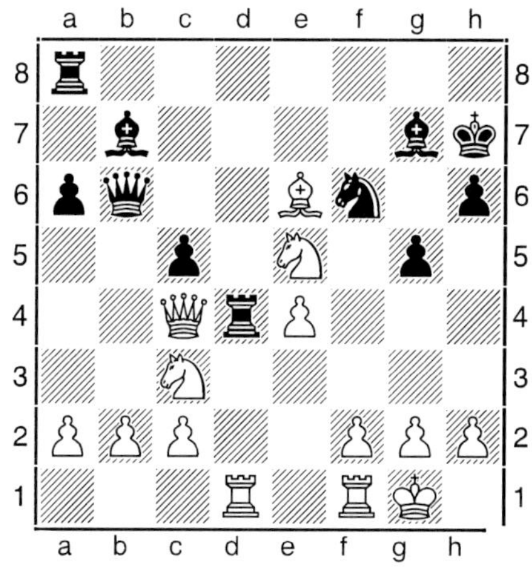

642) Jogam as Brancas (4 pontos)

Soluções do Mate por Casas Bloqueadas

619) **H. Kraft – He. Tessmer**
Bad Wörishofen (Sênior) 1994
1 ♕g8+! ♘xg8 2 ♘h7#
O movimento do mate não só ataca o rei preto, como também retira a proteção do bispo em e7.

620) **V. Yakimov – Vysochin**
Yuzhny 2009
1 ♕xf7+! 1-0
1...♗xf7 2 ♘d7#.

621) **Thinius – M. Hahlbohm**
Berlim 2004
1 ♕xf8+! ♘xf8 2 ♘f6#
Um belo mate no qual o cavalo bloqueia o controle de f7 pela torre, mas abre uma linha para o bispo realizar a mesma função.

622) **V. Milov – I. Gaponenko**
Zwolle 2003
1 ♖g8+! 1-0
1...♖xg8 2 ♘f7#.

623) **Sedina – Tkeshelashvili**
Campeonato Europeu (Feminino), Istambul 2003
1 ♖a8+!
Há outros meios de vencer, mas este é de longe o mais rápido.
1...♖xa8 2 ♘c8#

624) **Miezis – Bellon**
Campeonato Francês (por equipes) 1999/00
1...♕g1+! 0-1
2 ♖xg1 ♘f2#.

625) **C. Garcia Martinez – Mengual Bolo**
Espanha (evento por equipes) 2004
1 ♕xa7+ 1-0
1...♗xa7 2 ♘c7#.

626) **Vazquez Igarza – R. Swinkels**
Amsterdã 2006
1 ♕g8+! ♖xg8 2 ♘f7#

627) **I.G. Kiss – Konnyu**
Campeonato Húngaro (por equipes) 2005/6
1...h2+ 0-1
Forçando o cavalo a bloquear h2 e dar mate após 2 ♘xh2 ♗e3#.

628) **M. Kröncke – N. Molzahn**
Bad Zwischenahn 2004
1 ♕g8+! ♖xg8 2 ♘f7#

629) **Nunn – Y. Grünfeld**
Campeonato Europeu (Junior), Groningen 1974/5
As Pretas estão ameaçando dar mate com 1...♕h2+ e 2...♕f2#, portanto as Brancas devem seguir com xeques.
1 ♖a7+ ♔h6
1...♔g8 2 ♕g7#.

2 g5+! 1-0

E mate após 2...♔h5 3 ♖h7# ou 2... ♕xg5 3 ♕h8#.

630) **J. Trejo Morales – La. Morales Mendoza**

Hermosillo (Meninas Sub-14) 2002

1 ♕g8+! ♘xg8 2 ♗g7+ 1-0

2...♗xg7 3 hxg7#.

631) **Chavez Lazo – Mark. Sanchez**

Bolivar 2001

1...♕xh2+! 2 ♘xh2

2 ♔xh2 ♖h6#.

2...♘g3#

632) **L. Braggaar – L. Brandenburg**

Hengelo (Sub-12) 2001

1 ♘f8++ ♔h8 2 ♕h7+! ♘xh7 3 ♘g6#

633) **T. Taylor – Vavrak**

Foxwoods 2007

1...♘xf3++

Após 1...♘xe2++? 2 ♔h1, as Pretas não dão mate.

2 ♔h1 ♕g1+! 0-1

3 ♖xg1 ♘f2#.

634) **Komljenović – Diaz de Cerio**

Pamplona 2001

1 ♕g7+! 1-0

1...♘xg7 2 ♘h6+ ♔h8 3 ♘gxf7#.

635) **F. Vass – Pa. Federić**

Campeonato Eslovaco (por equipes) 2007/8

1 ♕e7 1-0

Ameaçando mate em f7 e se as Pretas jogam 1...♖f8 (1...♘e5 2 ♕f8+! é igual), então 2 ♕xf8+! ♘xf8 3 ♘e7#.

636) **Adhiban – T.S. Ravi**

Campeonato Indiano, Chennai 2008

1 ♖e7+ ♔g8 2 f7+! 1-0

Forçando as Pretas a bloquear f7 e dando mate após 2...♖xf7 3 ♖e8+ ♖f8 4 ♖xf8#.

637) **Ubiennykh – T. Ivanova**

Campeonato Siberiano (Feminino), Novokuznetsk 2008

1 ♘c7+ 1-0

1...♔b8 2 ♘a6++ ♔a8 (2...♔c8 3 ♕c7#) 3 ♕b8+! ♖xb8 4 ♘c7#.

638) **Ota – Juquois**

St Quentin 2001

1 ♘g6+ ♔h7 2 ♘f8++ ♔h8 3 ♕h7+! ♘xh7 4 ♘g6#

639) **Chabanon – C. Lamoureux**

Lido Estensi 2002

1 ♕h7+! ♘xh7 2 ♘f7+ ♔g8 3 ♘e5+ 1-0

As Brancas dão mate com 4 ♘g6#.

640) **Kotrotsos – Stiri**

Iraklion 2005

1 ♕f8+! 1-0

1...♖xf8 2 ♘d6+ ♔e7 3 ♘f5++ ♔e8 4 ♘xg7#.

641) **Sahajasri – K. Sangeet**

Campeonato da Commonwealth, Nagpur 2008

1 ♕e6+ ♔h8

1...♔f8 é seguido por 2 ♕f7# ou 2 ♗d6#.

2 ♘f7+ ♔g8 3 ♘h6++ ♔h8 4 ♕g8+! ♖xg8 5 ♘f7#

642) **G. O'Toole – A. McCumiskey**

Liga Britânica (4NCL) 2005/6

1 ♗f5+

Em primeiro lugar, as Brancas levam o rei inimigo para o canto, onde fica vulnerável a um ataque da dama e do cavalo.

1...♔h8 2 ♘f7+ ♔g8 3 ♘xh6++ ♔h8

3...♔f8 4 ♕f7#.

4 ♕g8+! ♖xg8 5 ♘f7#

Quadro de Pontuação do Mate por Casas Bloqueadas

Número da posição	Pontos
619	1
620	1
621	1
622	1
623	1
624	1
625	1
626	1
627	1
628	1
629	2
630	2
631	2
632	2
633	2
634	2
635	3
636	3
637	3
638	3
639	3
640	3
641	3
642	4
Total	
Máximo	**47**

13. *Mate Envolvendo Xeque Descoberto ou Duplo*

Um *xeque descoberto* ocorre quando a peça A fica entre a peça B e o rei inimigo. Quando a peça A se move, ela revela um xeque da peça B (B deve ser uma peça adequada que se move em linha, como um bispo, uma torre ou uma dama).

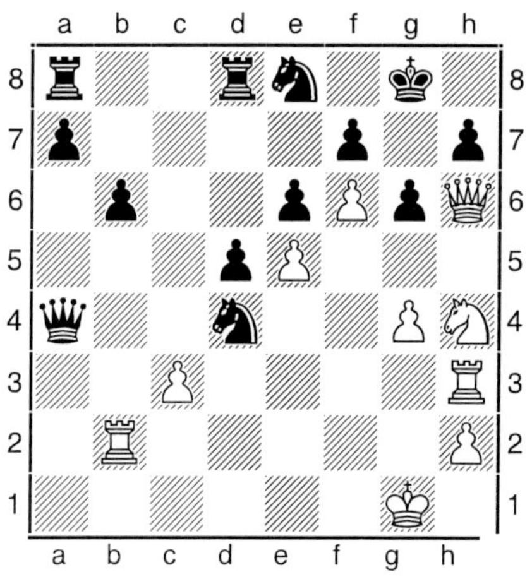

R. Rachela – E. Sokol

Campeonato Eslovaco (por equipes) 2001/2

As Brancas continuaram com **1 ♕xh7+!** (atraindo o rei para a posição do xeque descoberto) **1...♔xh7 2 ♘f5+** e as **Pretas abandonaram (1-0)**, pois é mate após 2...♔g8 3 ♘e7+ ♔f8 4 ♖h8#. Aqui o valor do xeque descoberto está no modo como o cavalo branco ganhou tempo para chegar na casa mortal e7; após 2 ♘f5+, as Pretas tiveram que mover seu rei, portanto não conseguiram impedir a transferência do cavalo.

Uma forma bem letal de xeque descoberto é o *xeque duplo*. Se você remove o peão das Pretas de h7 no diagrama acima, então além da vitória mencionada, as Brancas têm um mate alternativo com **1 ♕h8+! ♔xh8 2 ♘xg6++ ♔g8 3 ♖h8#**. Aqui o segundo movimento das Brancas é um xeque duplo porque dá xeque com a torre e o cavalo simultaneamente. Os xeques duplos são muito perigosos porque **só podem ser respondidos pelo movimento do rei**. Se o rei não tem para onde ir, então é mate.

Agora tente encontrar o xeque descoberto ou duplo vencedor nas seguintes posições.

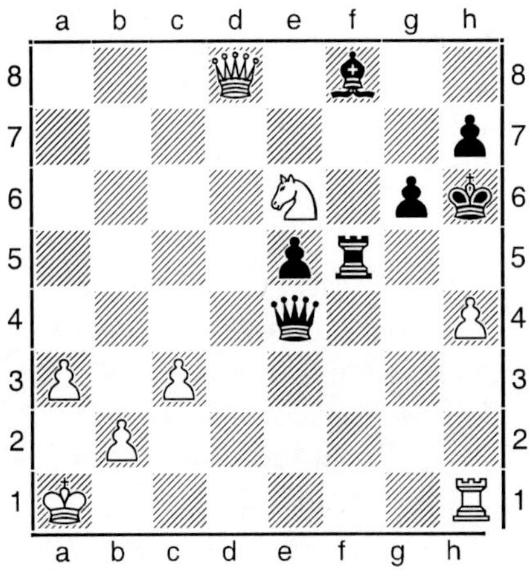

643) Jogam as Brancas (1 ponto)

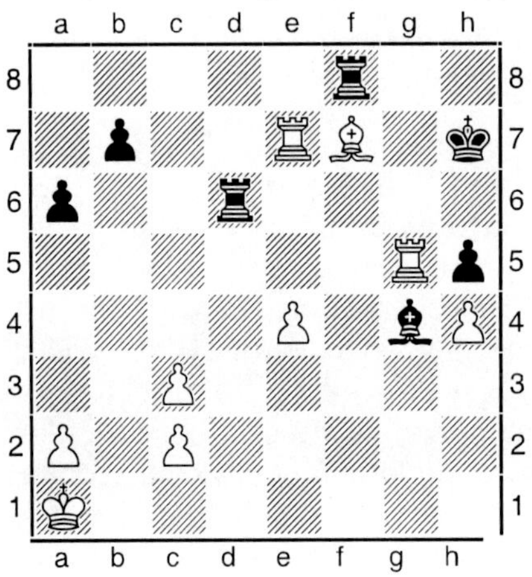

644) Jogam as Brancas (1 ponto)

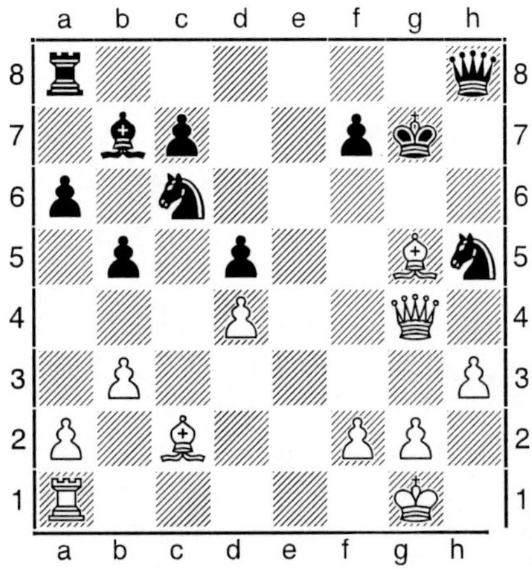

645) Jogam as Brancas (1 ponto)

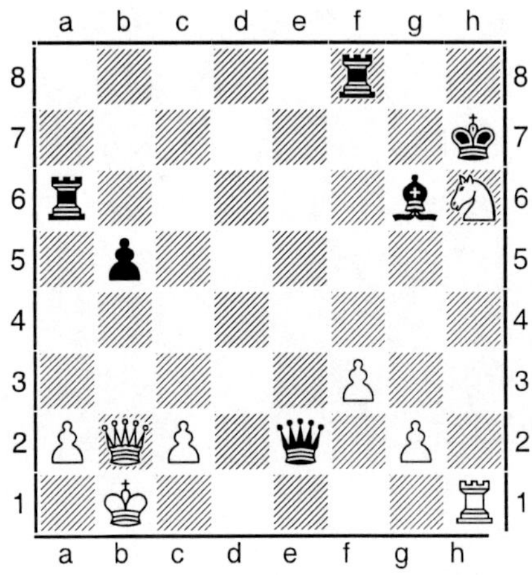

646) Jogam as Brancas (1 ponto)

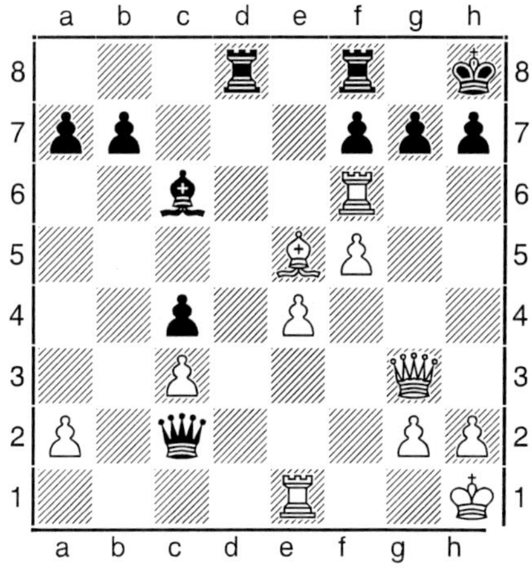

647) Jogam as Brancas (1 ponto)

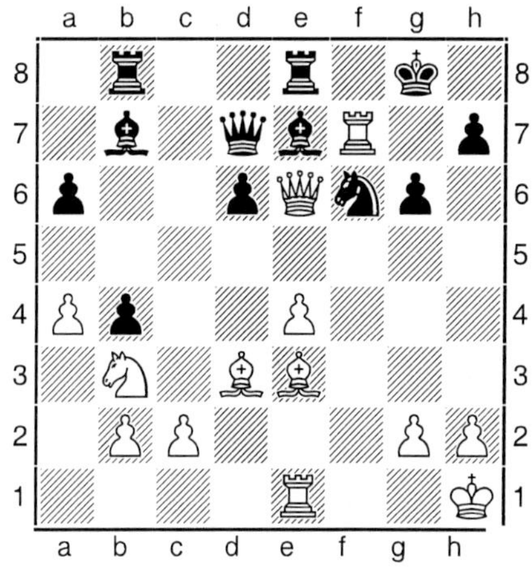

648) Jogam as Brancas (1 ponto)

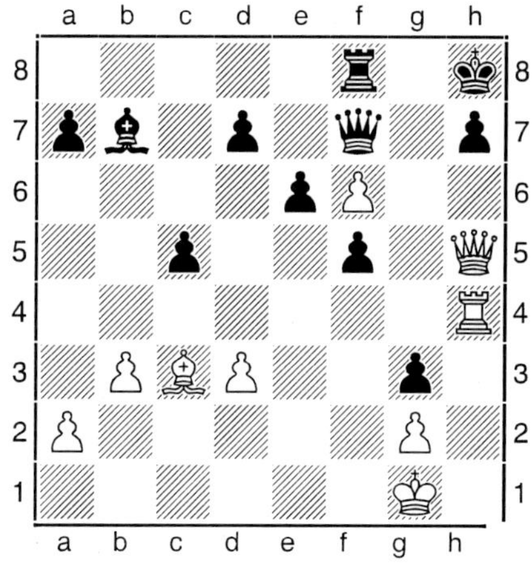

649) Jogam as Brancas (1 ponto)

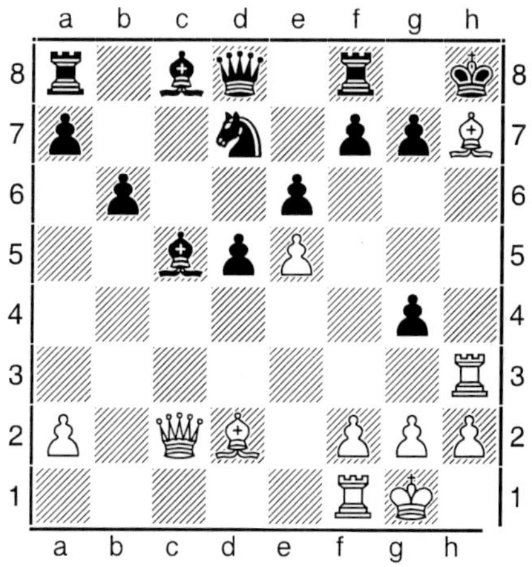

650) Jogam as Brancas (1 ponto)

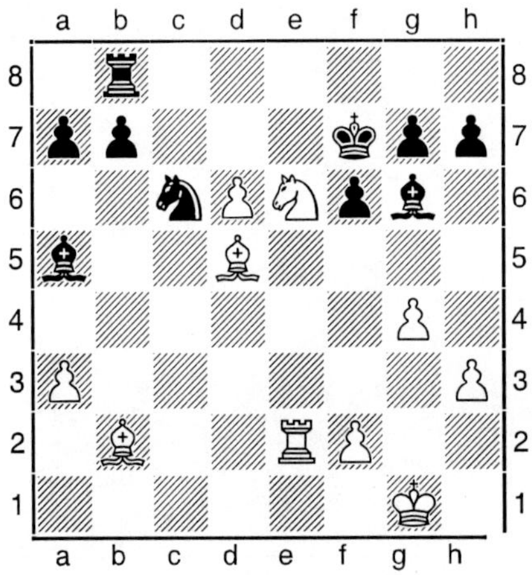

651) Jogam as Brancas (1 ponto)

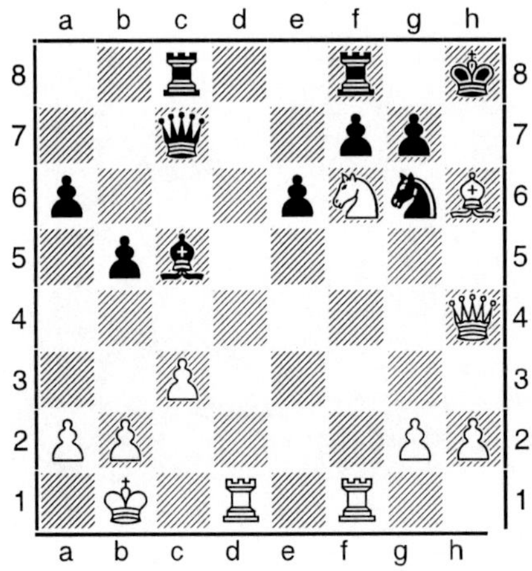

652) Jogam as Brancas (1 ponto)

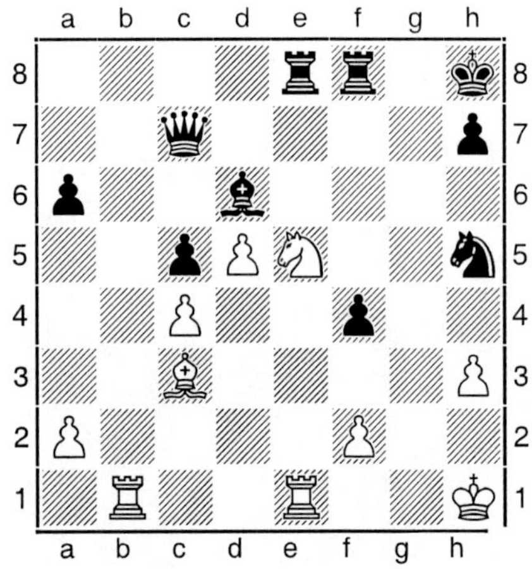

653) Jogam as Brancas (1 ponto)

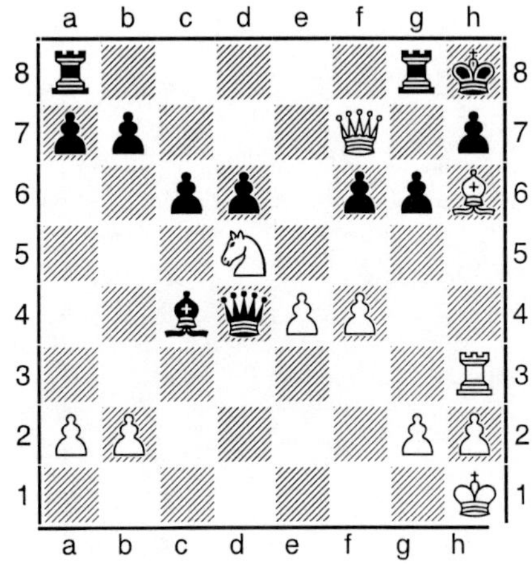

654) Jogam as Brancas (1 ponto)

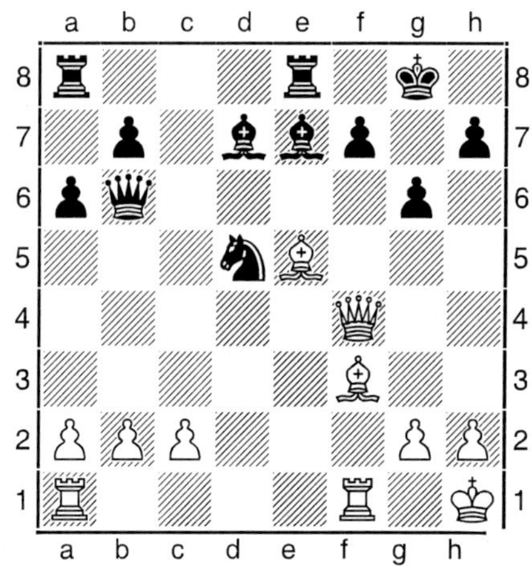

655) Jogam as Brancas (1 ponto)

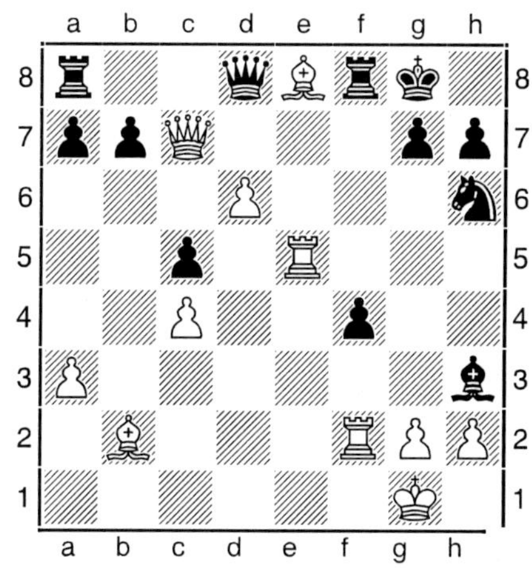

657) Jogam as Brancas (1 ponto)

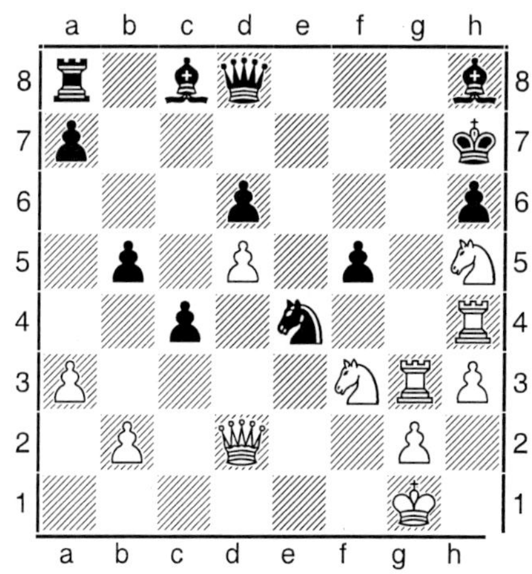

656) Jogam as Brancas (1 ponto)

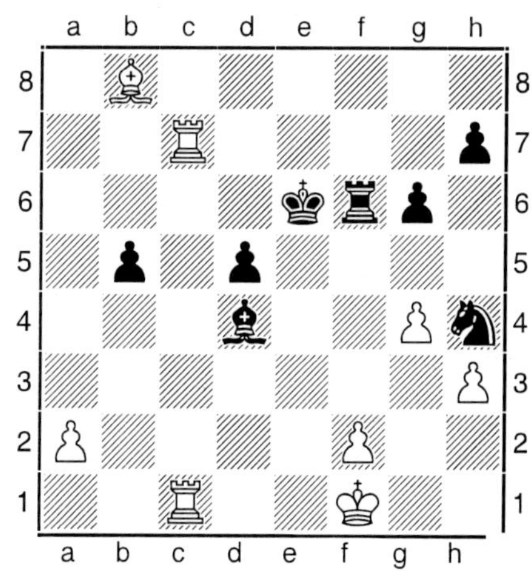

658) Jogam as Brancas (1 ponto)

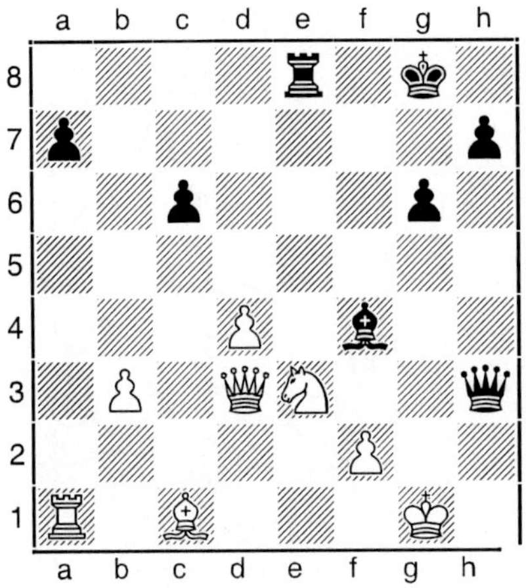

659) Jogam as Pretas (2 pontos)

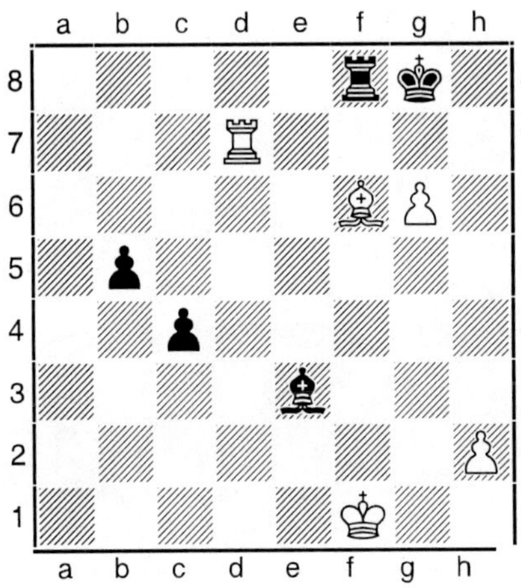

660) Jogam as Brancas (2 pontos)

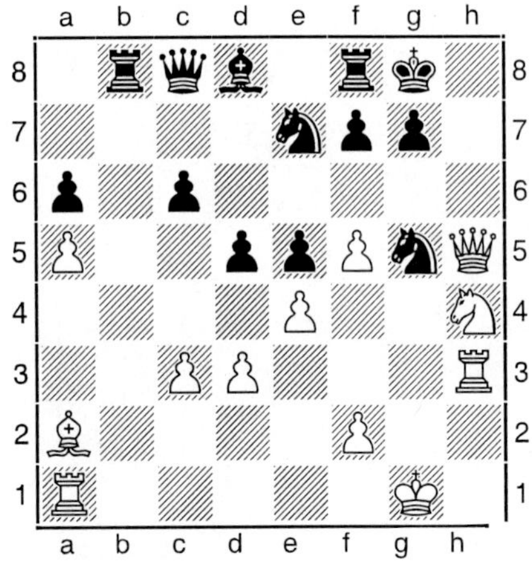

661) Jogam as Brancas (2 pontos)

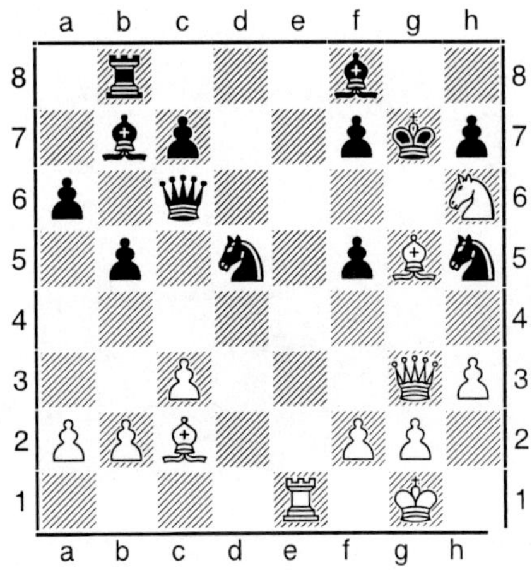

662) Jogam as Brancas (2 pontos)

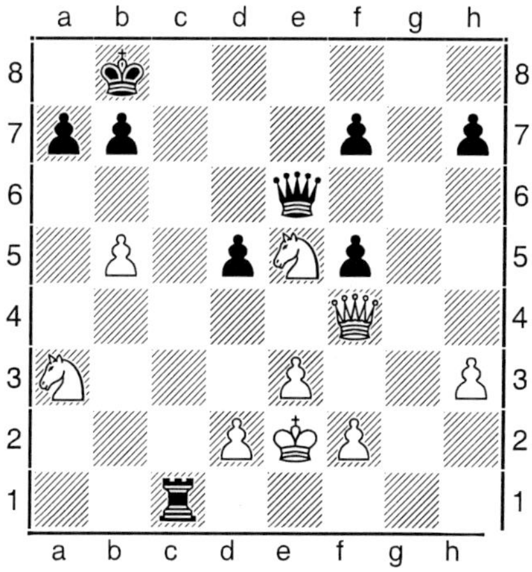

663) Jogam as Brancas (2 pontos)

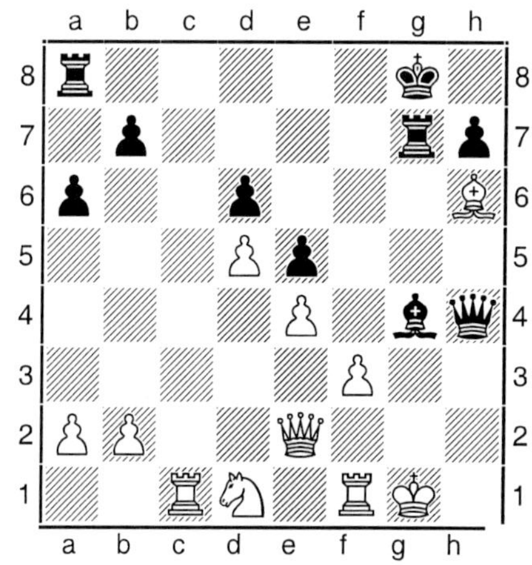

664) Jogam as Pretas (2 pontos)

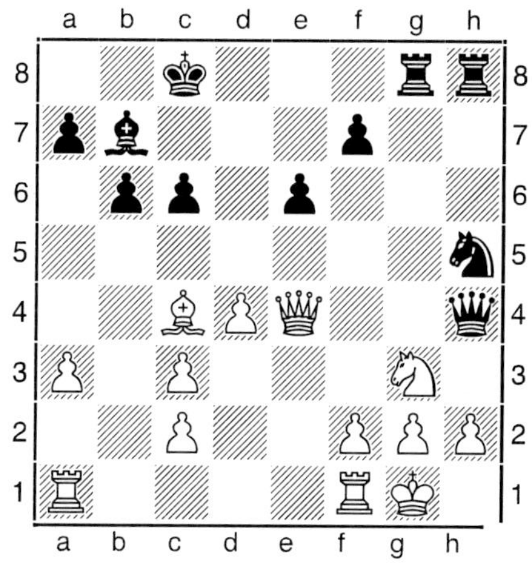

665) Jogam as Pretas (2 pontos)

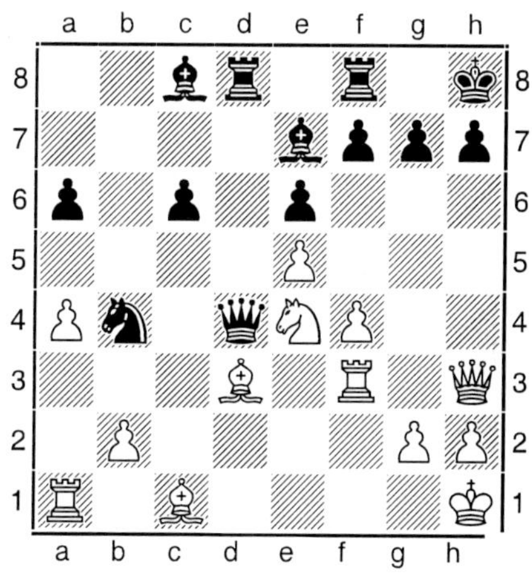

666) Jogam as Brancas (2 pontos)

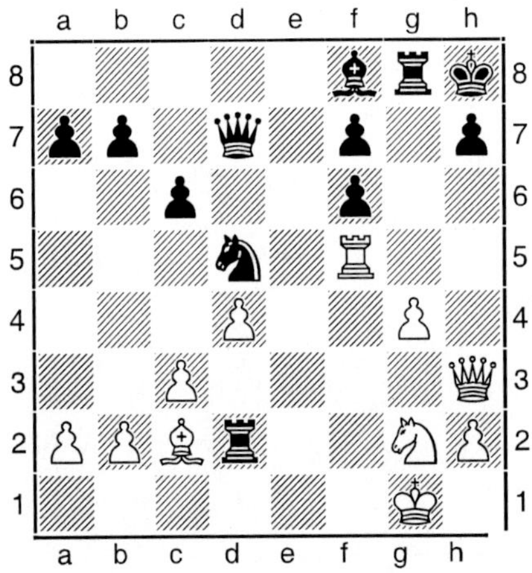

667) Jogam as Brancas (2 pontos)

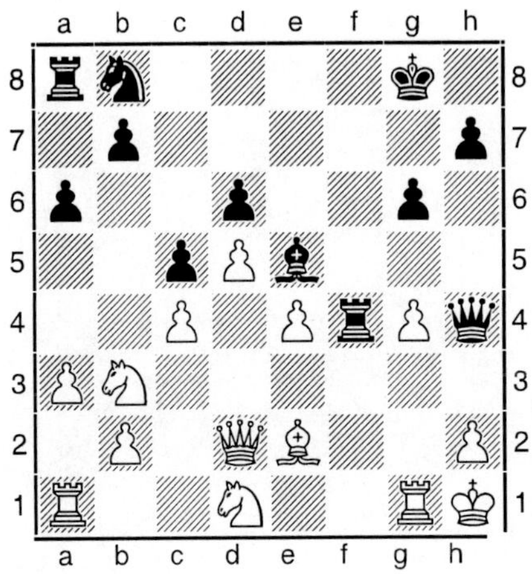

668) Jogam as Pretas (2 pontos)

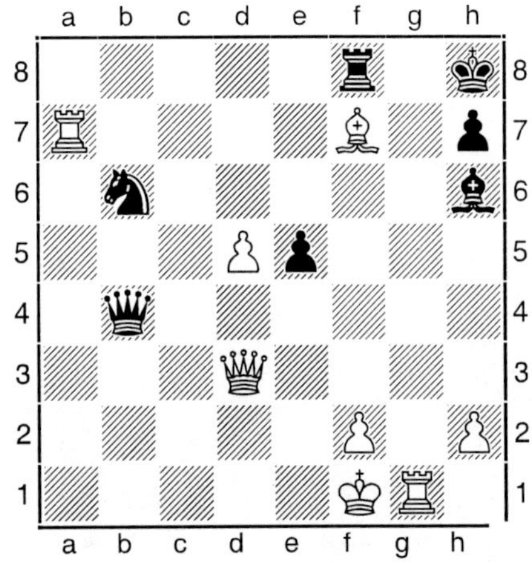

669) Jogam as Brancas (2 pontos)

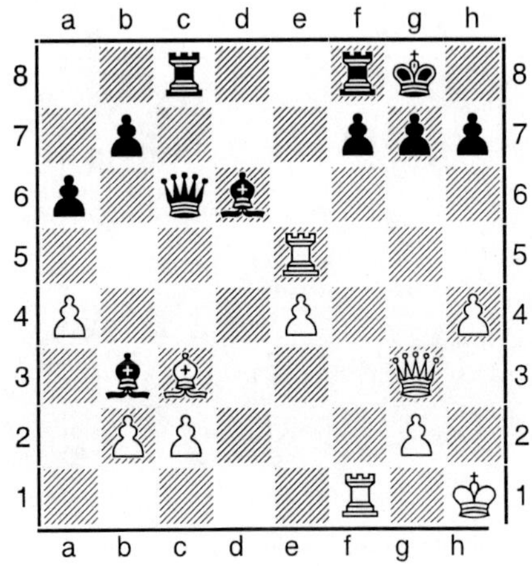

670) Jogam as Brancas (2 pontos)

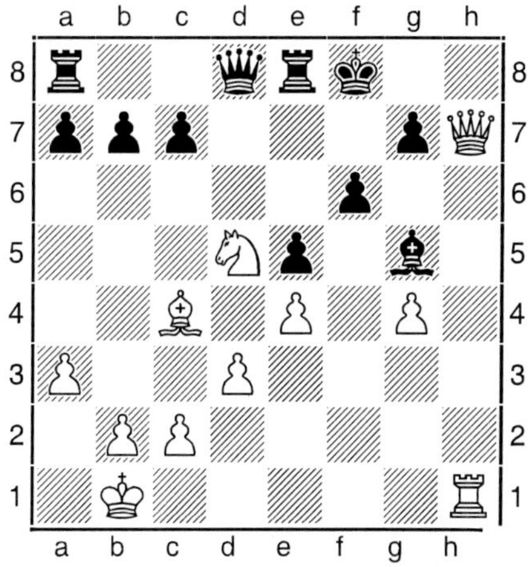

671) Jogam as Brancas (2 pontos)

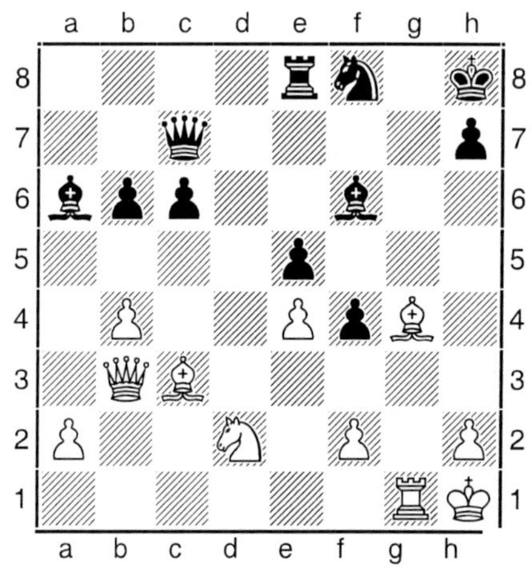

672) Jogam as Brancas (2 pontos)

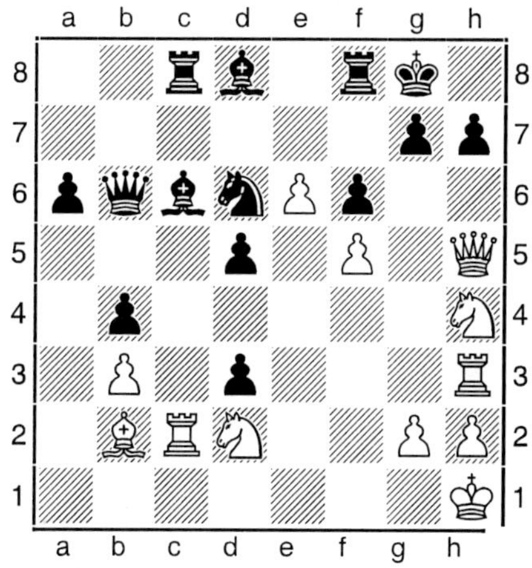

673) Jogam as Brancas (2 pontos)

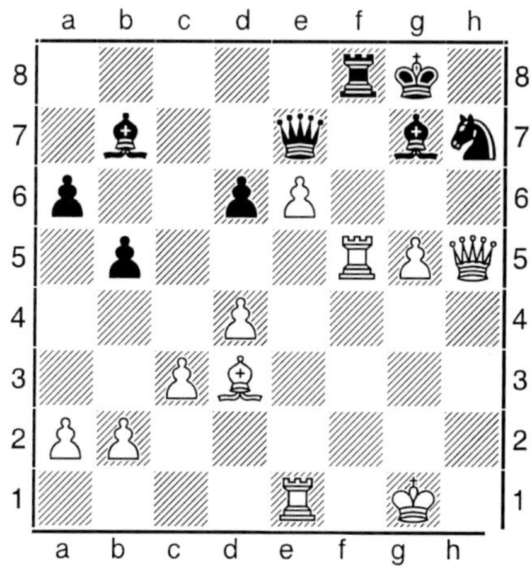

674) Jogam as Brancas (2 pontos)

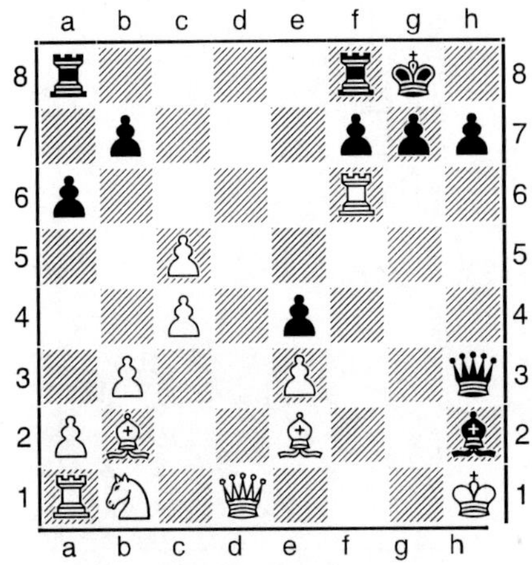

675) Jogam as Pretas (2 pontos)

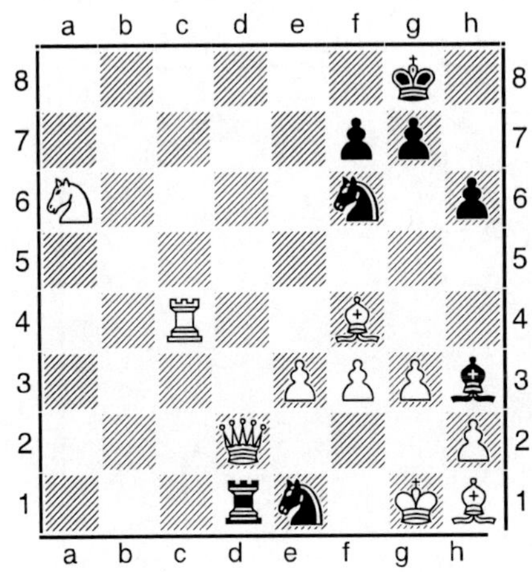

676) Jogam as Pretas (2 pontos)

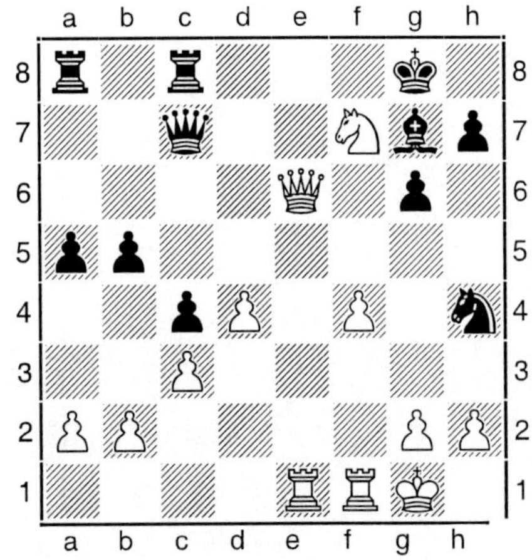

677) Jogam as Brancas (2 pontos)

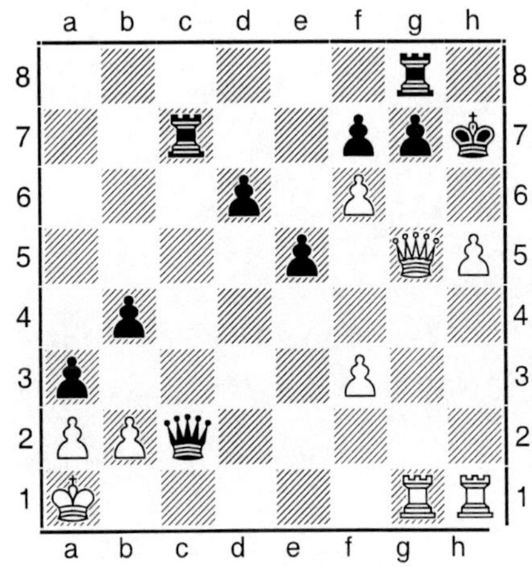

678) Jogam as Brancas (2 pontos)

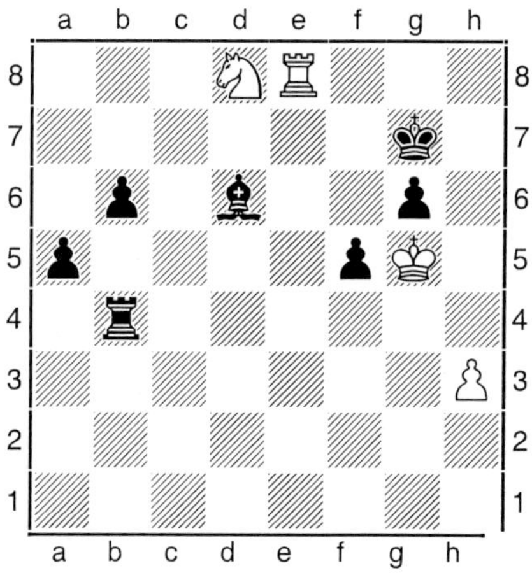

679) Jogam as Pretas (2 pontos)

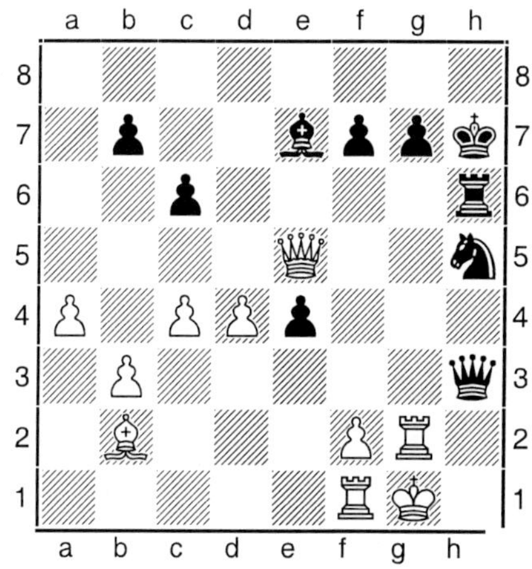

680) Jogam as Pretas (2 pontos)

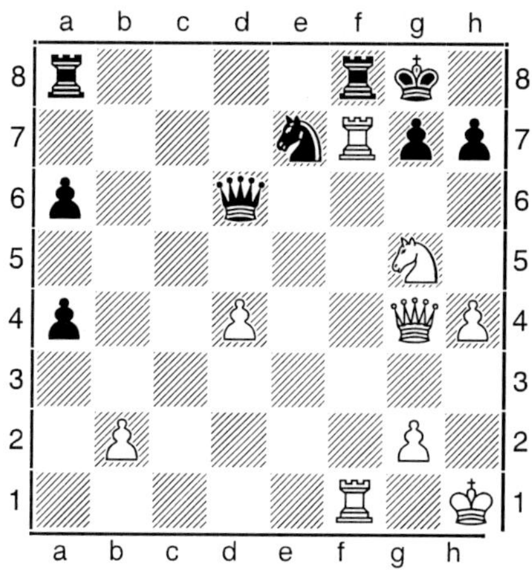

681) Jogam as Brancas (2 pontos)

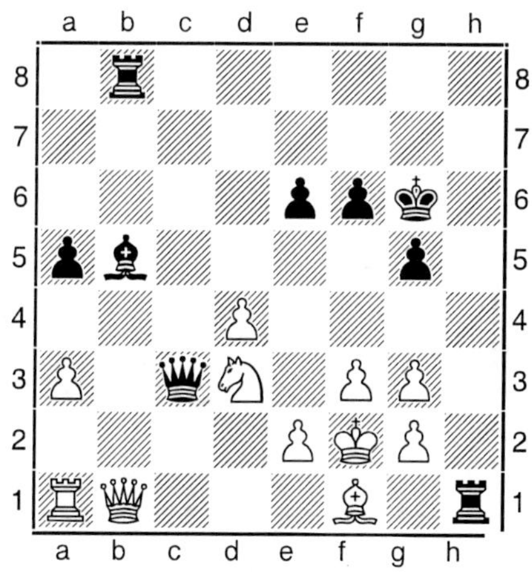

682) Jogam as Brancas (2 pontos)

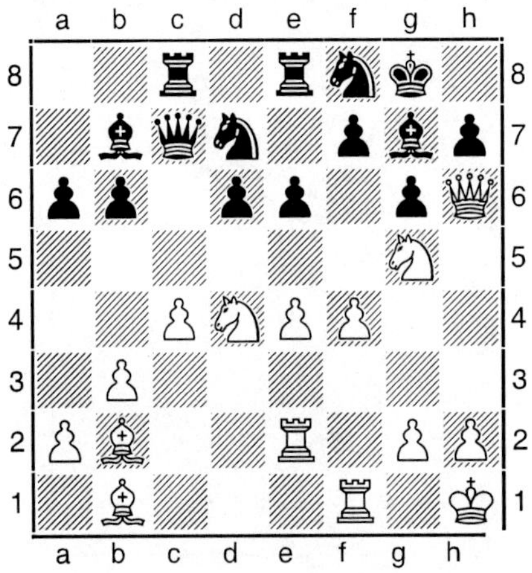

683) Jogam as Brancas (2 pontos)

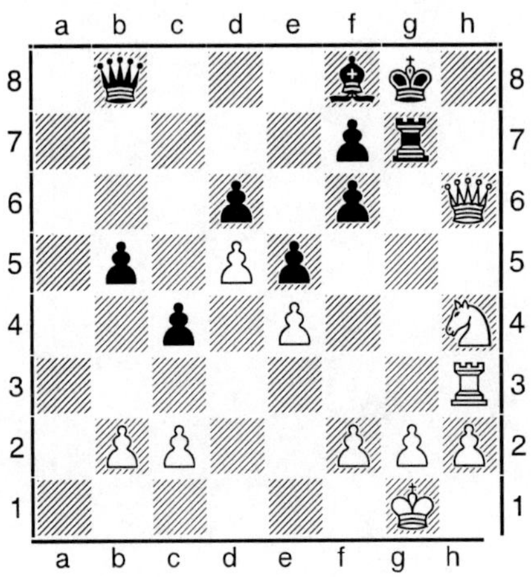

684) Jogam as Brancas (2 pontos)

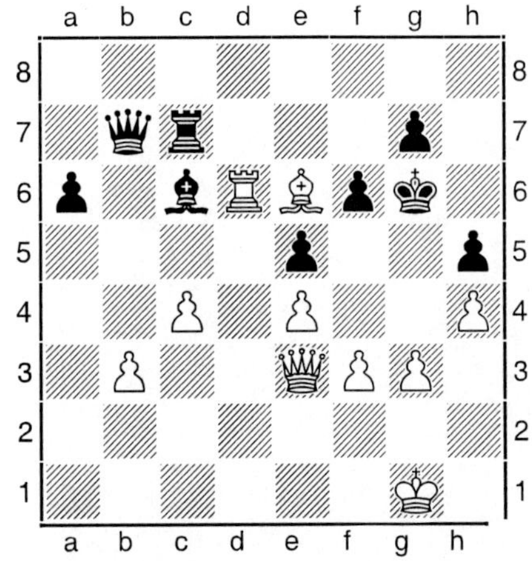

685) Jogam as Brancas (2 pontos)

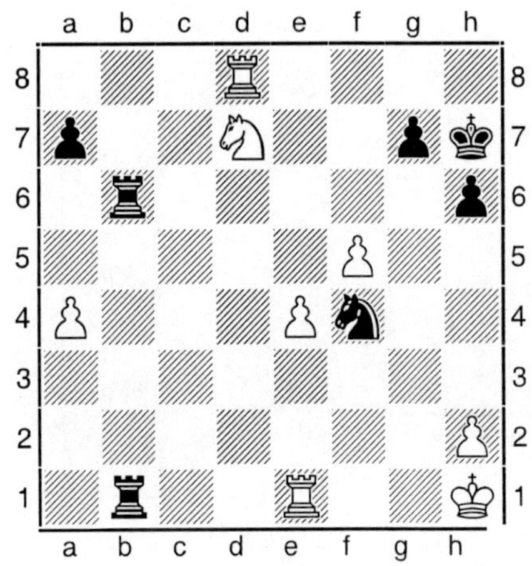

686) Jogam as Brancas (2 pontos)

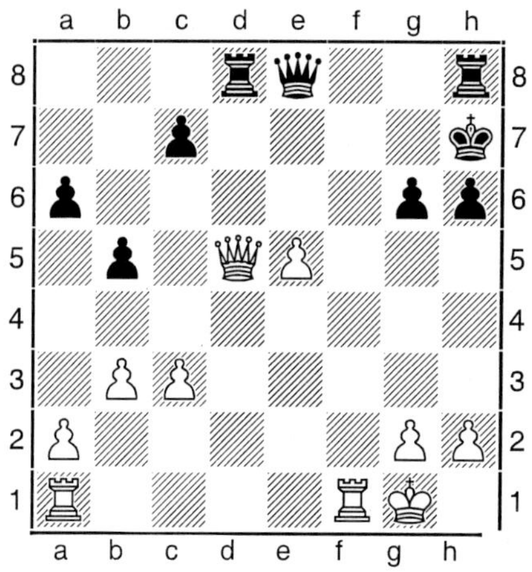

687) Jogam as Brancas (3 pontos)

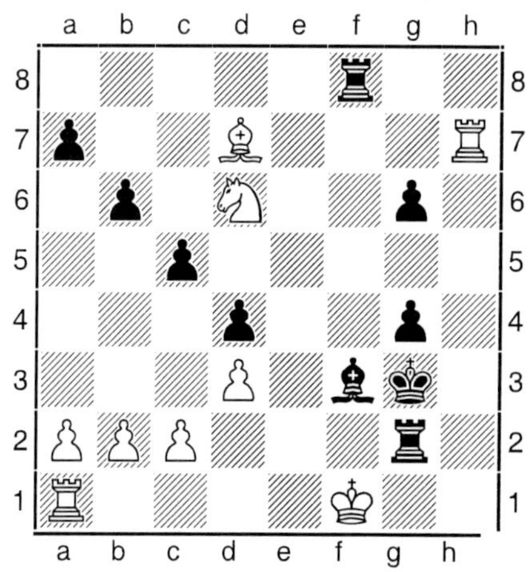

688) Jogam as Pretas (3 pontos)

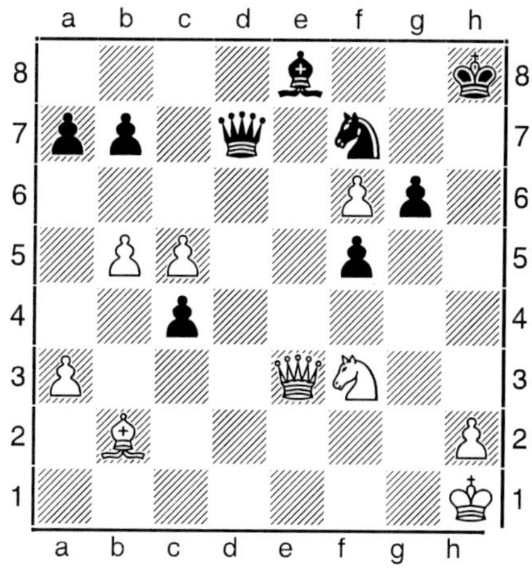

689) Jogam as Brancas (3 pontos)

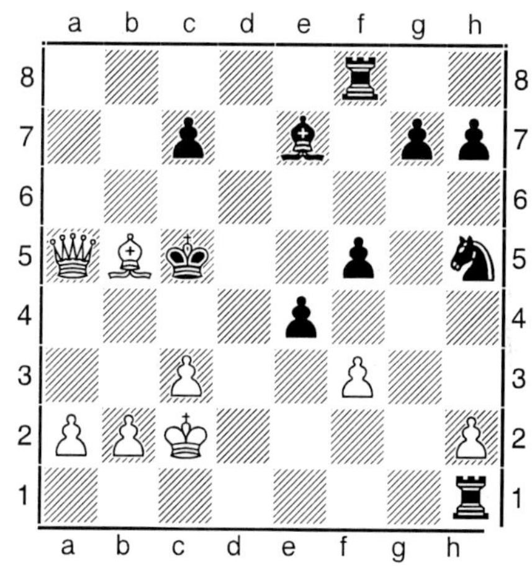

690) Jogam as Brancas (3 pontos)

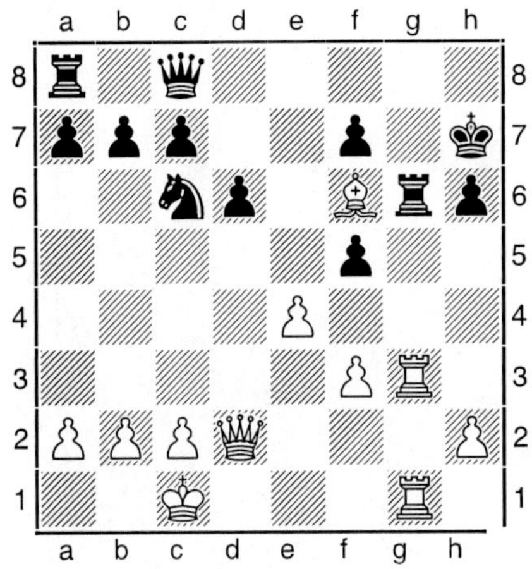

691) Jogam as Brancas (3 pontos)

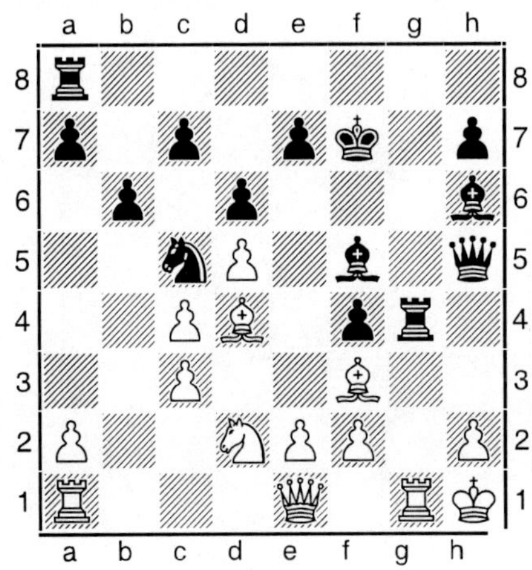

692) Jogam as Pretas (3 pontos)

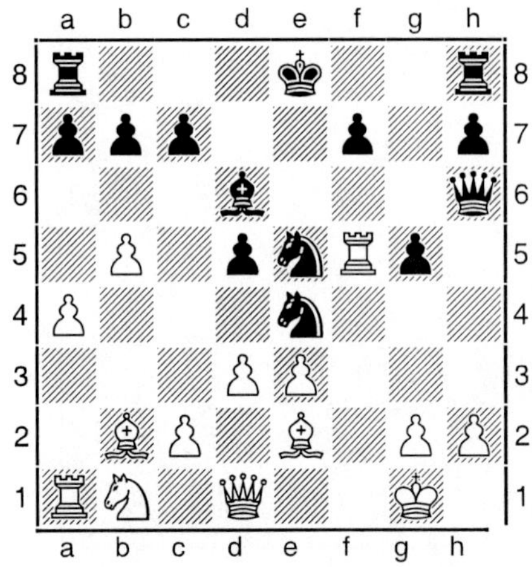

693) Jogam as Pretas (3 pontos)

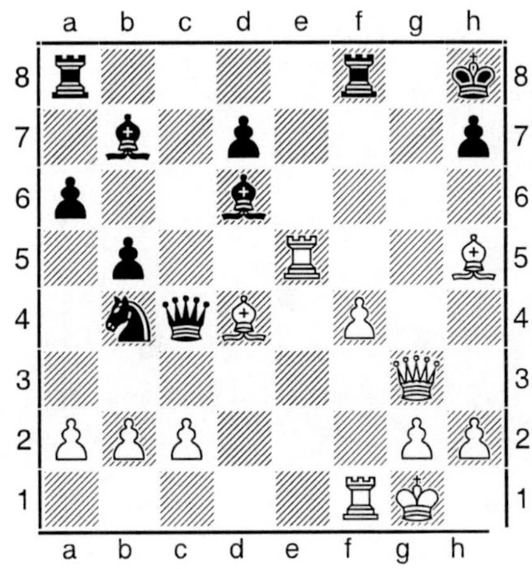

694) Jogam as Brancas (3 pontos)

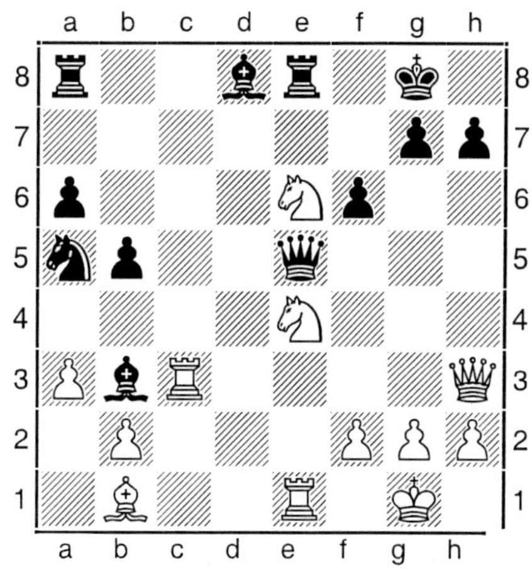

695) Jogam as Brancas (3 pontos)

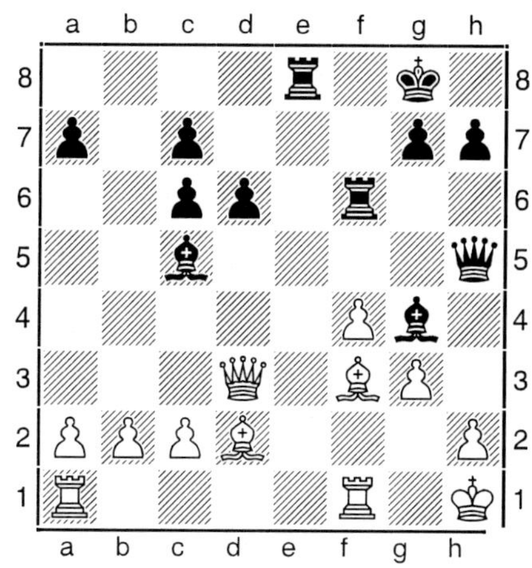

697) Jogam as Pretas (3 pontos)

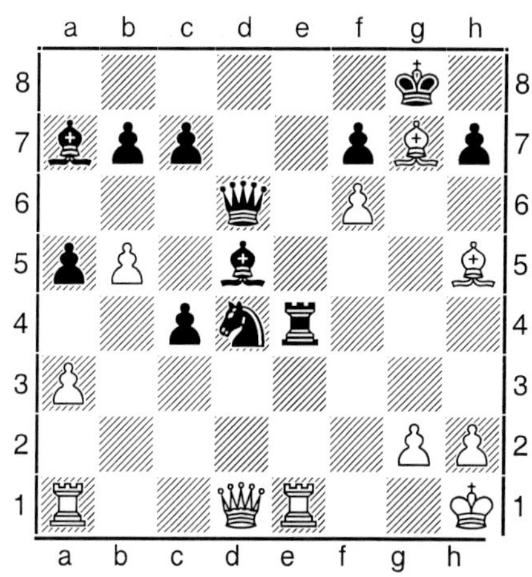

696) Jogam as Pretas (3 pontos)

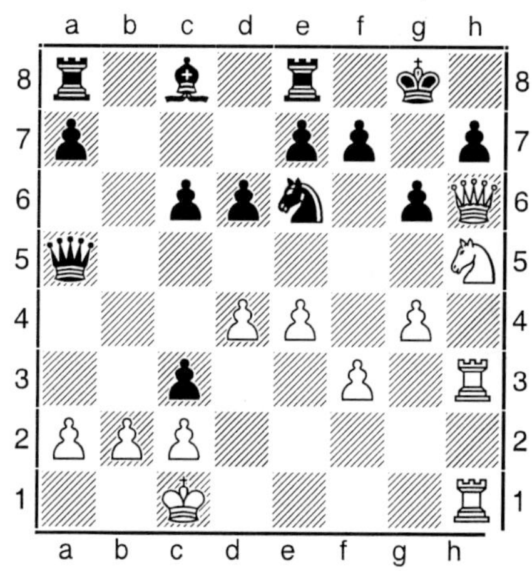

698) Jogam as Brancas (3 pontos)

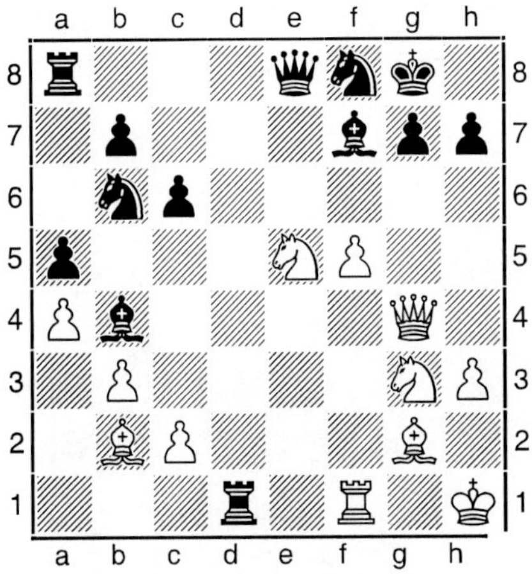

699) Jogam as Brancas (3 pontos)

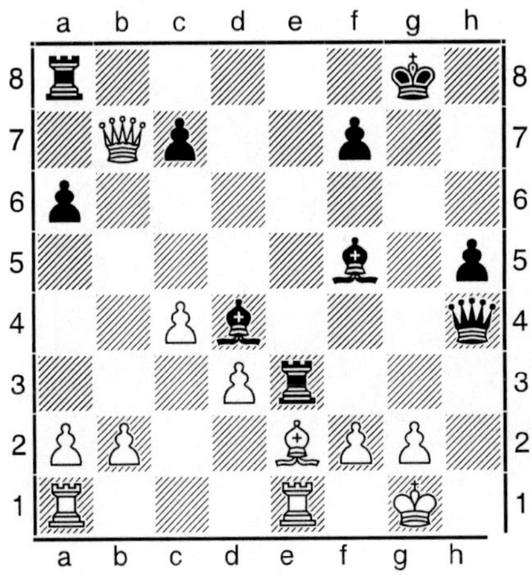

700) Jogam as Pretas (3 pontos)

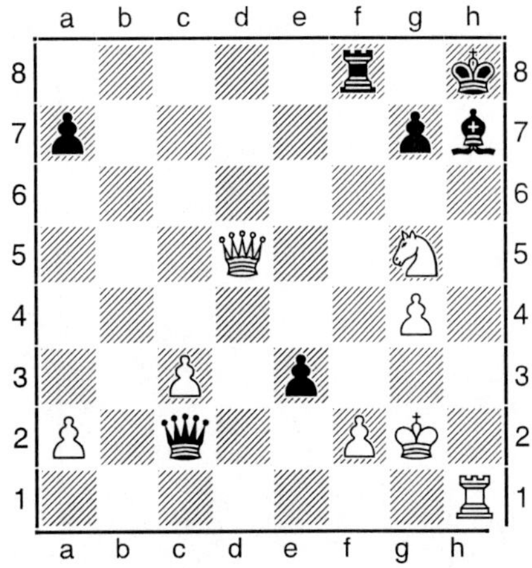

701) Jogam as Brancas (3 pontos)

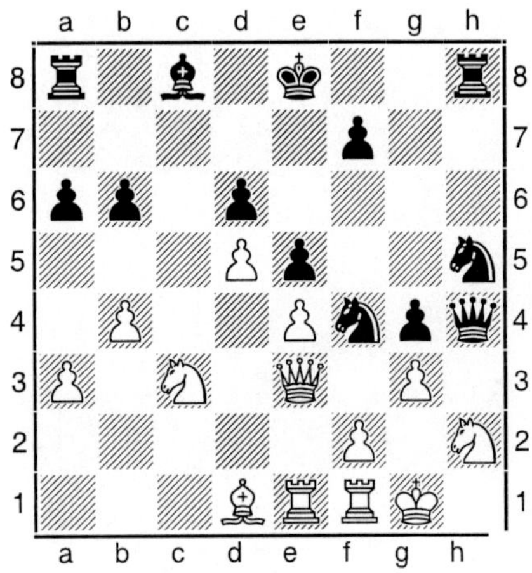

702) Jogam as Pretas (3 pontos)

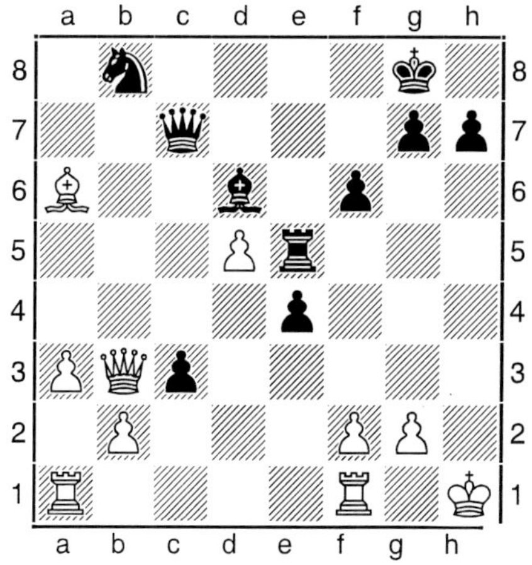

703) Jogam as Pretas (3 pontos)

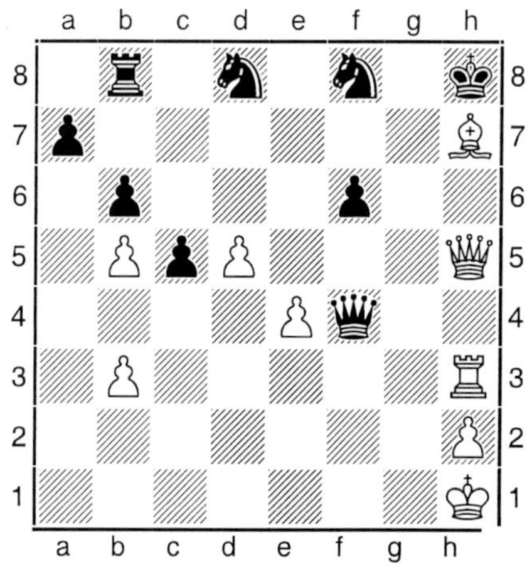

704) Jogam as Brancas (3 pontos)

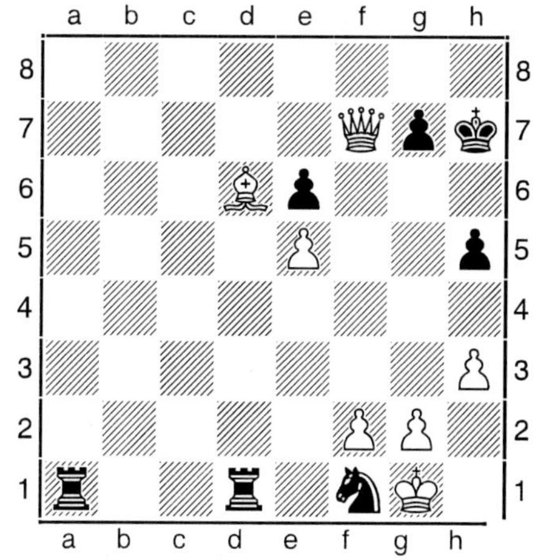

705) Jogam as Pretas (3 pontos)

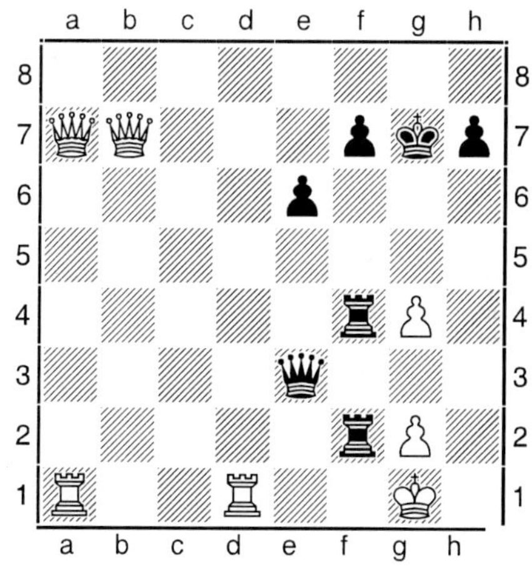

706) Jogam as Pretas (3 pontos)

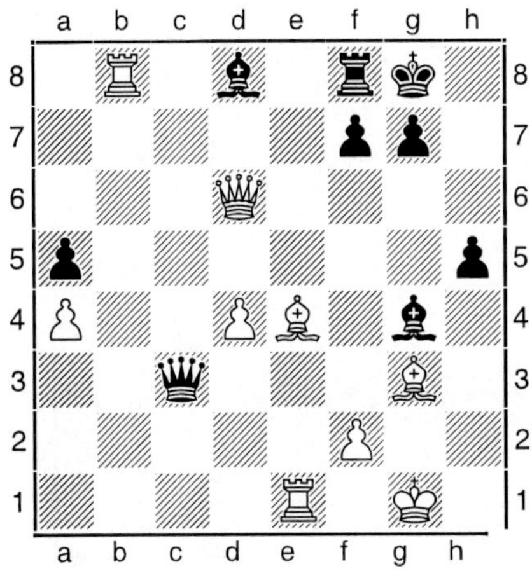

707) Jogam as Brancas (3 pontos)

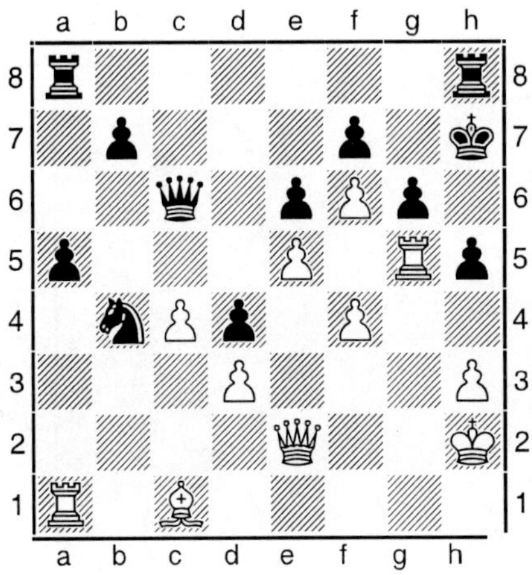

708) Jogam as Brancas (3 pontos)

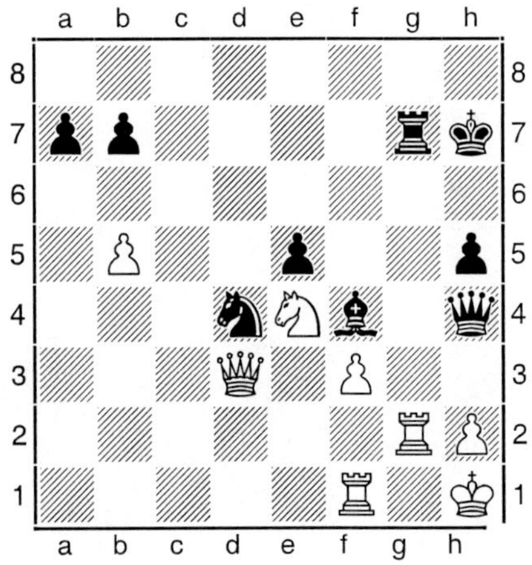

709) Jogam as Brancas (3 pontos)

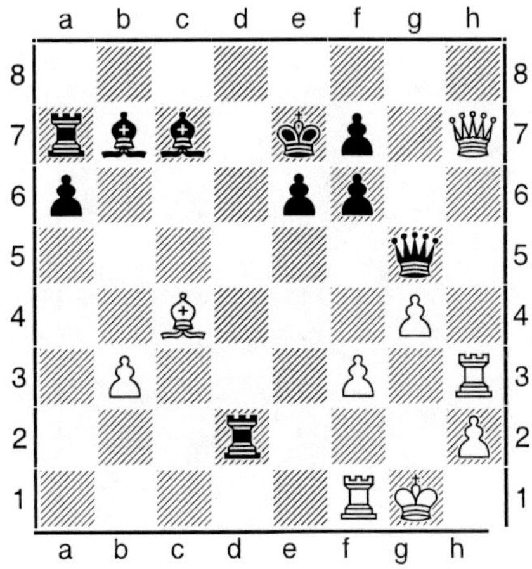

710) Jogam as Pretas (3 pontos)

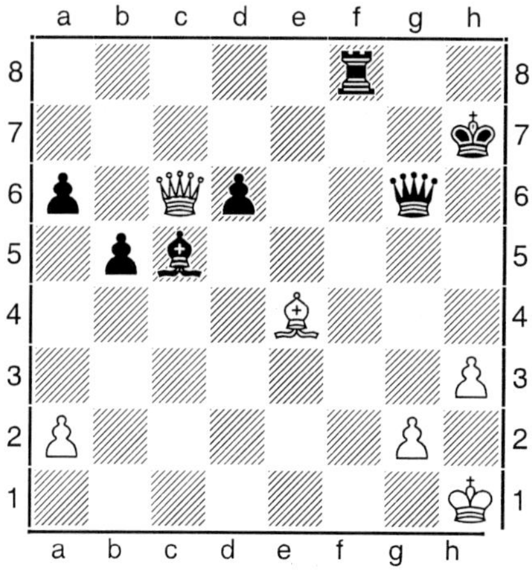

711) Jogam as Pretas (3 pontos)

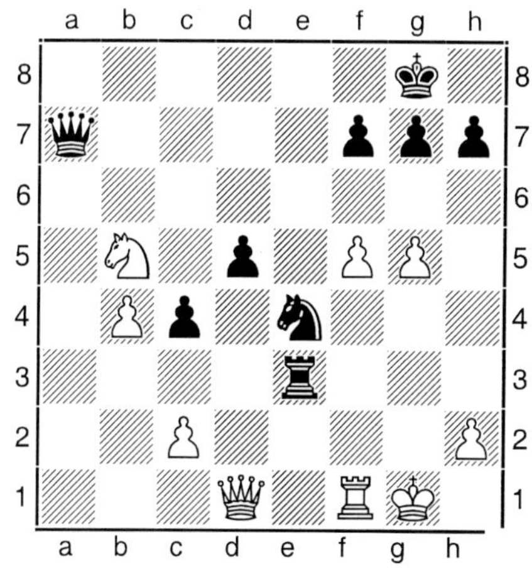

712) Jogam as Pretas (3 pontos)

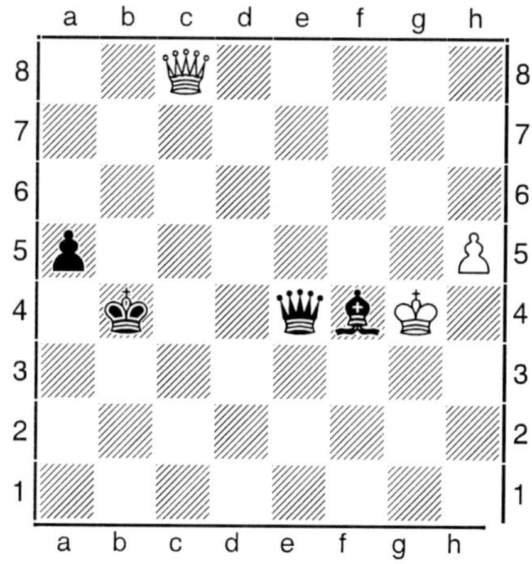

713) Jogam as Pretas (3 pontos)

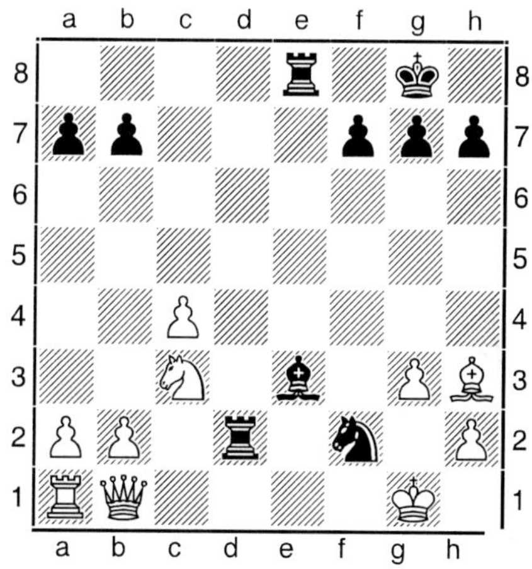

714) Jogam as Pretas (3 pontos)

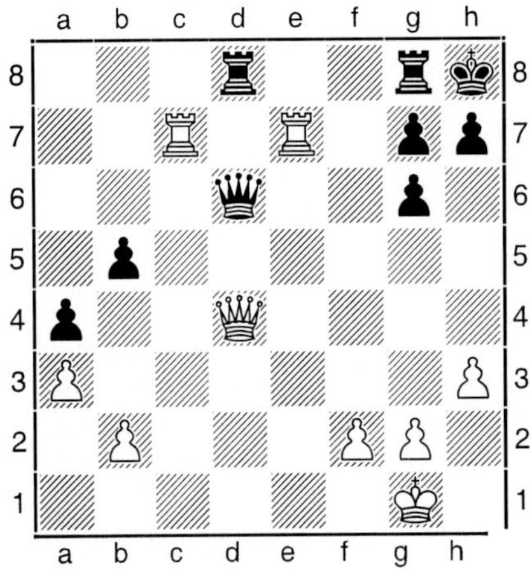

715) Jogam as Brancas (4 pontos)

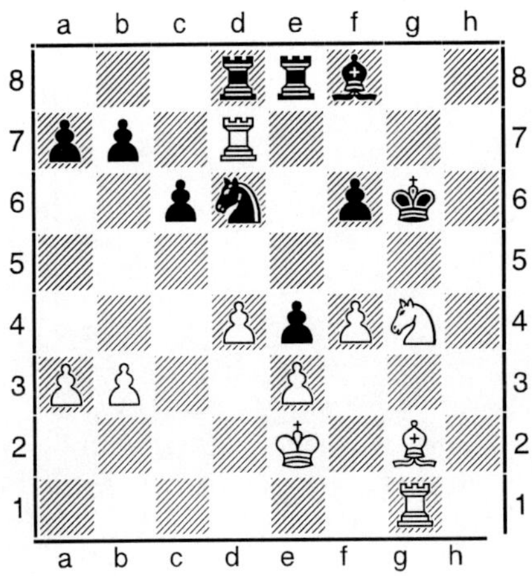

716) Jogam as Brancas (4 pontos)

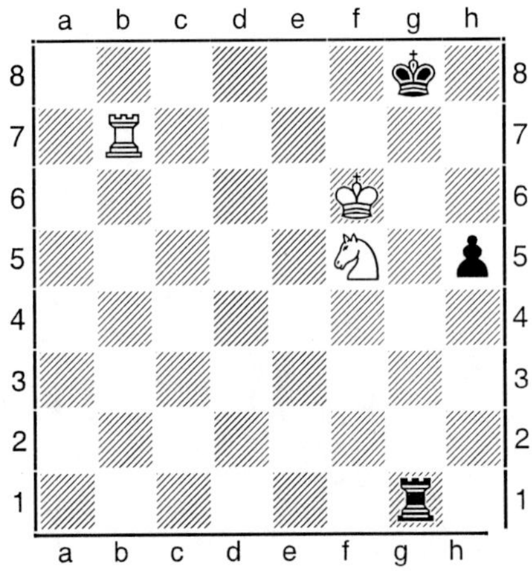

717) Jogam as Brancas (4 pontos)

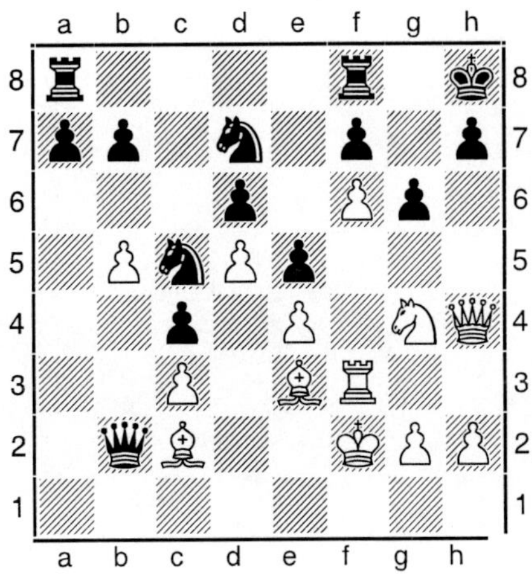

718) Jogam as Brancas (4 pontos)

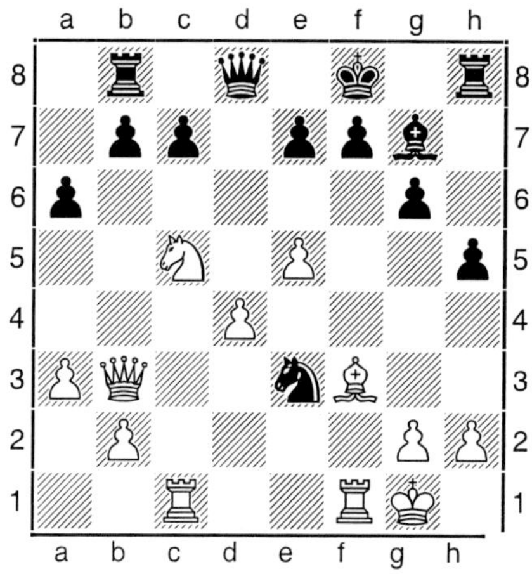

719) Jogam as Brancas (4 pontos)

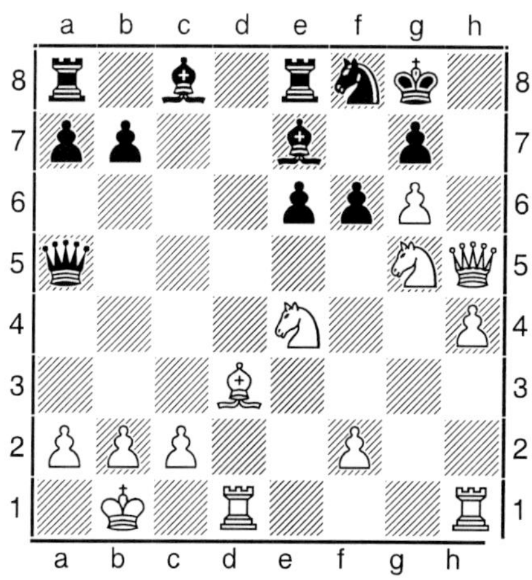

720) Jogam as Brancas (4 pontos)

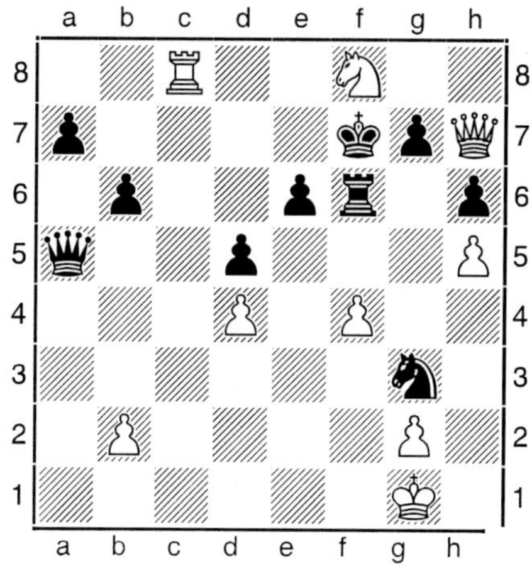

721) Jogam as Brancas (4 pontos)

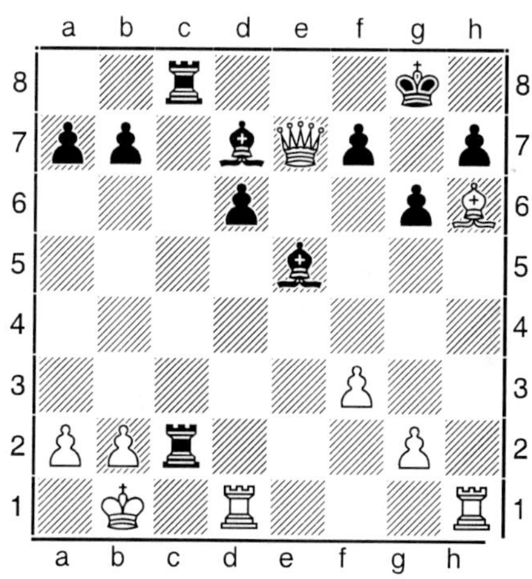

722) Jogam as Pretas (4 pontos)

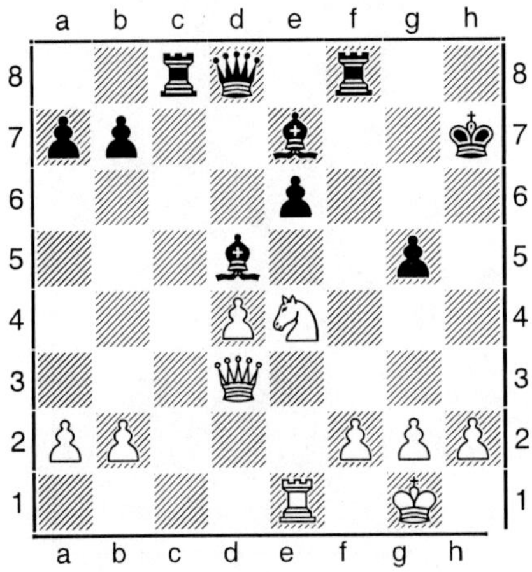

723) Jogam as Brancas (5 pontos)

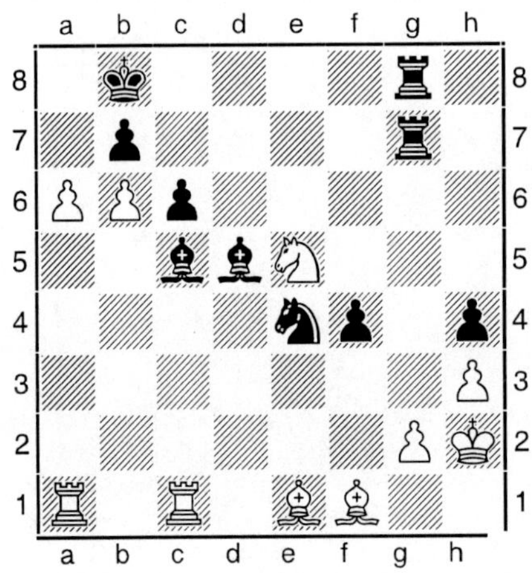

724) Jogam as Pretas (5 pontos)

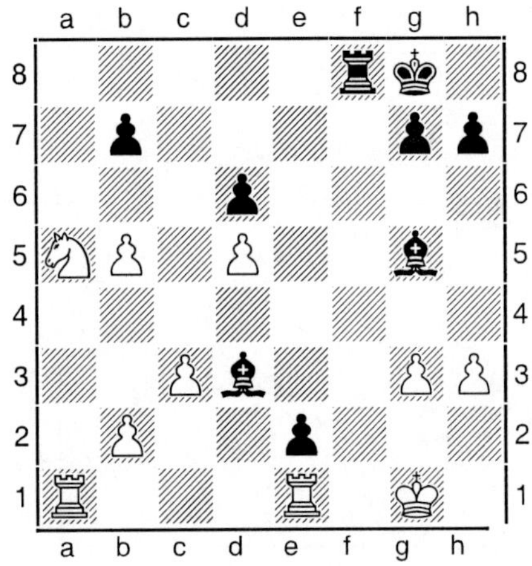

725) Jogam as Pretas (5 pontos)

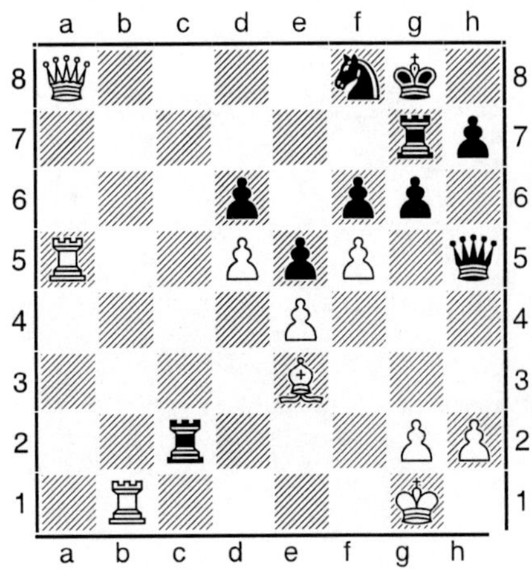

726) Jogam as Pretas (5 pontos)

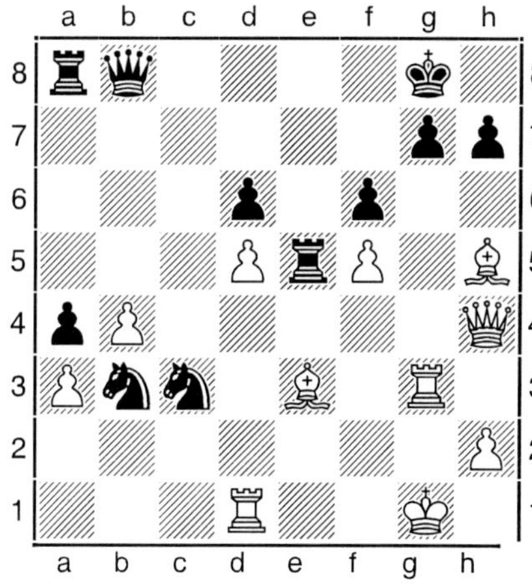

727) Jogam as Brancas (5 pontos)

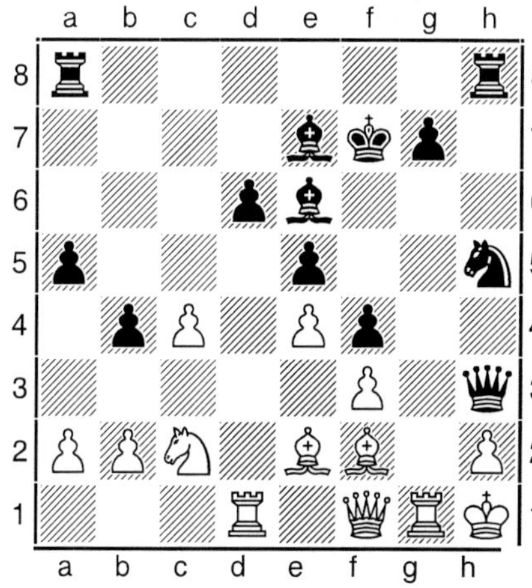

728) Jogam as Pretas (5 pontos)

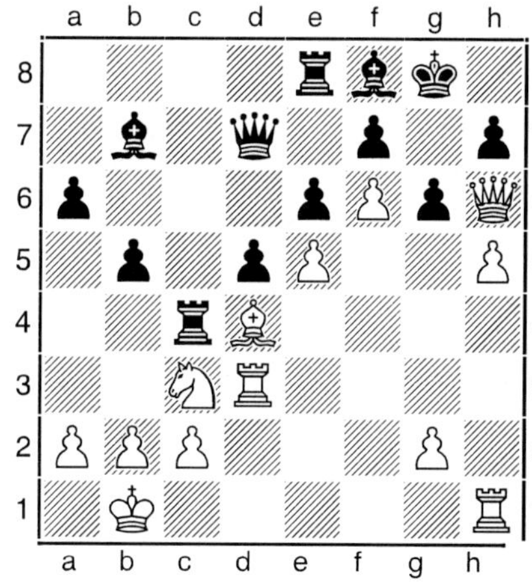

729) Jogam as Brancas (5 pontos)

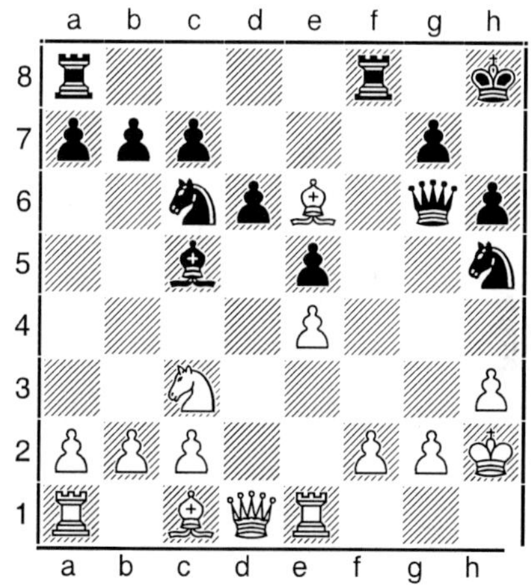

730) Jogam as Pretas (5 pontos)

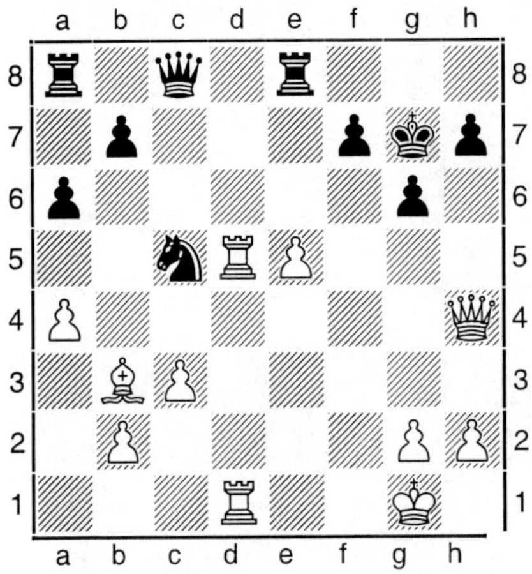

731) Jogam as Brancas (5 pontos)

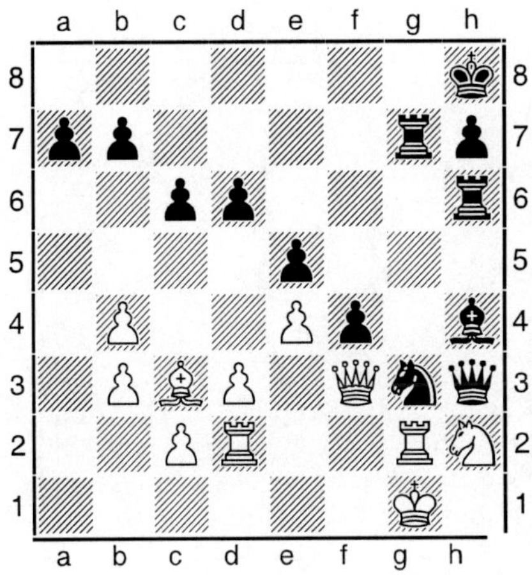

732) Jogam as Pretas (5 pontos)

Soluções do Mate Envolvendo Xeque Descoberto ou Duplo

643) **Schachinger – J. Stocko**
Pula 2009
1 ♕g5+! 1-0
1...♖xg5 2 hxg5#.

644) **Ji. Kuba – F. Rous**
Campeonato Tcheco (por equipes) 2007/8
1 ♗g8++ ♔h8
1...♔h6 também é seguido por 2 ♖h7#.
2 ♖h7#

645) **P. Carlsson – Ruijgrok**
Wijk aan Zee 2008
1 ♗e7+ 1-0
O xeque correto impedindo o rei de escapar para f8 e dando mate após 1...♔h6 2 ♕g5#.

646) **D. Poleshchuk – Hapuarachchi**
Campeonato Mundial (Sub-18), Kemer 2009
1 ♘f5+ 1-0
É mate após 1...♗h5 2 ♕g7# ou 1...♔g8 2 ♕g7#.

647) **Je. Alvarez Solis – R. Pascual Arevalo**
Campeonato das Astúrias (por equipes) 1997/8
1 ♕xg7+! ♔xg7 2 ♖g6#

648) **V. Matta – A. Das**
Nova Deli 2009
1 ♖f8++ 1-0
Não importa se a dama das Brancas está atacada, pois um xeque duplo força as Pretas a mover seu rei, permitindo que as Brancas deem mate após 1...♔g7 2 ♕f7# ou 1...♔xf8 2 ♗h6#.

649) **R. Zsifkovits – P. Papp**
Zalakaros 2008
1 ♕xh7+! ♕xh7 2 f7+ e5 3 ♗xe5#

650) **L. Lenaerts – H. Valenzuela**
Campeonato Mundial (Sub-10), Vung Tau 2008
1 ♗g8+! gxh3
Ou 1...♔xg8 2 ♕h7#.
2 ♕h7#

651) **Tsigelnitsky – Feigin**
Vladivostok 2008
1 ♘c5+ ♔f8 2 ♘d7#

652) **K. Kulon – M. Ignacz**
Campeonato Europeu (Meninas Sub-18 por equipes), Szeged 2008
A dama das Brancas está atacada, portanto o xeque duplo é necessário:
1 ♗xg7++ 1-0
1...♔xg7 2 ♕h7#.

653) **Greet – J.L. Hanley**
Campeonato Britânico, Liverpool 2008
1 ♘f7++ ♔g8 2 ♘h6#

654) **O. Selin – A. Gusev**
Donskoi 2001
1 ♕xh7+! 1-0
O sacrifício de dama elimina o peão de defesa em h7 e força o mate após 1...♔xh7 2 ♗f8#.

655) **Katolikov – E. Stepanov**
Campeonato Russo (Sub-18), Rybinsk 2001
1 ♕xf7+! 1-0
1...♔xf7 2 ♗xd5#.

656) **Soln – Ferčec**
Bled 2001
1 ♕xh6+! ♔xh6 2 ♘f6#
A única casa boa para o cavalo, do contrário as Pretas jogam 2...♕xh4.

657) **A. Dunne – Hoekstra**
Filadélfia 2000
1 ♕xg7+! 1-0
1...♔xg7 2 ♖g5#.

658) **Konjicanin – T. Drmić**
Bošnjaci 2006
1 ♖1c6+ 1-0
1...♔e5 2 ♖e7#.

659) **Grochocinska – P. Vavra**
Marianske Lazne 2009
1...♗h2+ 2 ♔h1 ♗g3+ 0-1
3 ♔g1 ♕h2+ 4 ♔f1 ♕xf2#. Esta é uma ideia de mate padrão que ocorre em milhares de partidas.

660) **Jobava – Erdos**
Campeonato Europeu, Budva 2009
1 ♖g7+ ♔h8 2 ♖h7++ 1-0
2...♔g8 3 ♖h8#.

661) **Hadraba – Cerv**
Teplice 2006
1 ♕h8+! ♔xh8 2 ♘g6++ ♔g8 3 ♖h8#

662) **Siugirov – Tiurin**
Moscou 2008
A dama das Brancas está atacada, portanto apenas um xeque duplo é eficiente:
1 ♗f6++! ♔xf6
1...♔xh6 2 ♕g5#.
2 ♘g8#

663) **Bosboom – G. Rauw**
Leeuwarden 2009
1 ♘c6++
1 ♘d7++? ♔c8 permite que as Pretas escapem.
1...♔a8
1...♔c8 2 ♕b8+ ♔d7 3 ♕d8#.
2 ♕b8#

664) **Grüttner – A. Raykhman**

Bad Wiessee 2009

1...♗xf3+

Esse xeque descoberto é decisivo, mesmo que a torre em g7 esteja atacada.

2 ♗xg7 ♕g3+ 0-1

3 ♕g2 ♕xg2#.

665) **K. O'Brien – D. Salter**

Copa Europeia de Clubes, Kallithea 2008

1...♕xh2+! 2 ♔xh2 ♘xg3+ 0-1

3 ♔g1 ♖h1#.

666) **Mari. Stojanović – J. Bojović**

Campeonato Sérvio - Feminino (por equipes), Subotica 2008

1 ♕xh7+! ♔xh7 2 ♘f6++ 1-0

É mate após 2...♔h8 3 ♖h3# ou 2... ♔h6 3 ♖h3#.

667) **Egri – Z. Korpas**

Campeonato Húngaro (por equipes) 2004/5

Um sacrifício preliminar leva o rei das Pretas para uma posição de xeque duplo mortal.

1 ♕xh7+! ♔xh7 2 ♖h5++ 1-0

2...♔g7 3 ♖h7#.

668) **M. Henriksen – Bronstein**

Gausdal 1994

1...♕xh2+! 2 ♔xh2 ♖f2++ 3 ♔h3

3 ♔h1 também é seguido por 3... ♖h2#.

3...♖h2#

669) **L.B. Hansen – Mortensen**

Vejle 1994

1 ♕xh7+! ♔xh7 2 ♗g8++

2 ♗g6++ também dá mate, porém mais devagar.

1-0

2...♔h8 3 ♖h7#.

670) **C. Oger – Habunek**

Elancourt 2005

1 ♕xg7+! ♔xg7 2 ♖g5++ 1-0

2...♔h6 3 ♗g7#.

671) **Ghannoum – H. Bentsen**

Gausdal 2005

1 ♕g8+! ♔xg8 2 ♘e7++ ♔f8 3 ♘g6#

672) **Viot – Marcelin**

Paris 1993

1 ♕g8+! ♔xg8 2 ♗e6++ 1-0

2...♔h8 3 ♖g8#.

673) **I. Gerasimov – A.F. Sadykov**

Kazan 2007

1 ♕xh7+! ♔xh7 2 ♘g6+ 1-0

2...♔g8 3 ♖h8#.

674) **Nathansky – Straslipka**

Klatovy 2003

1 ♕xh7+! ♔xh7 2 ♖xf8+ 1-0

2...♗e4 3 ♗xe4#.

675) **B. Vakhidov – Ravi Haria**

Uxbridge 2009

1...♗g3+ 2 ♔g1 ♕h2+ 0-1

3 ♔f1 ♕h1#.

676) **Morchiashvili – L. Bregadze**

Campeonato da Geórgia, Tbilisi 2008

Em vez de recapturar a dama, com um provável empate, as Pretas forçaram o mate usando um xeque duplo:

1...♘xf3++ 2 ♔f2 ♖xd2+ 0-1

3 ♔xf3 ♗g4#.

677) **Matrosov – K. Senkevich**

São Petersburgo 2008

A ideia de mate afogado normal não funciona aqui, pois a dama das Pretas está cobrindo f7, mas as Brancas podem dar mate com um método diferente:

1 ♘d8+! 1-0

1...♔h8 (1...♔f8 2 ♕e8#) 2 ♕e8+ ♗f8 3 ♕xf8#.

678) **J. Reeve – Gr. Huber**

Edmonton 2008

1 ♕g6+! ♕xg6

1...♔h8 2 fxg7+ ♖xg7 3 ♕xg7# e 1... fxg6 2 hxg6# não são melhores.

2 hxg6#

679) **Doncea – Vedmediuc**

Timisoara 2008

1...♗f4+ 2 ♔h4 ♗e5+ 0-1

3 ♔g5 ♗f6#.

680) **S.R. Chowdhury – Wang Rui**

Campeonato Asiático, Hyderabad 2005

1...♕h1+ 0-1

2 ♔xh1 ♘g3++ 3 ♔g1 ♖h1# (ou 3... ♘e2#).

681) **P. Berg – D. Izso**

Budapeste 2003

1 ♖xg7+! ♔xg7

1...♔h8 2 ♖xh7+ ♔g8 3 ♘e6+ ♔xh7 4 ♕g7#.

2 ♘e6++ 1-0

As Pretas sofrem mate após 2...♔h6 3 ♕g5# ou 2...♔h8 3 ♕g7#.

682) **Ballai – G. Meszaros**

Campeonato Húngaro (por equipes) 2003/4

1 ♘e5++ 1-0

1...♔g7 (ou também 2 ♕g6 dá mate imediato) 2 ♕g6+ ♔h8 (2...♔f8 3 ♕f7#) 3 ♘f7#.

683) **Orso – D. Lutz**

Miercurea Ciuc 2001

1 ♕xg7+! ♔xg7 2 ♘f5++ 1-0

2...♔g8 3 ♘h6#.

684) **Suto – A. Paal**

Fuzesabony 2001

1 ♕h8+! 1-0

1...♔xh8 2 ♘g6++ ♔g8 3 ♖h8#.

685) **T. Liebold – Ho. Müller**

Alemanha (evento por equipes) 1999/00

1 ♕g5+!

Esse sacrifício inesperado abre a sexta fila e leva ao mate com um xeque descoberto.

1...fxg5

1...♔h7 2 ♕xh5#.

2 ♗g8#

686) **Jo. Toth – Peczeli**

Campeonato Húngaro (por equipes) 2005/6

1 ♘f8+ 1-0

1...♔g8 2 ♘g6+ ♔f7 (2...♔h7 3 ♖h8#) 3 ♖f8#.

687) **A. Goldsmith – M. Nyberg**

Queenstown 2009

1 ♖f7+ ♔g8

1...♕xf7 2 ♕xf7#.

2 ♖d7+! 1-0

Esse é o único xeque que funciona, pois as Brancas devem cortar o ataque das Pretas à dama branca. É mate após 2...♔f8 3 ♖f1+ ♕f7 4 ♕xf7#.

688) **I. Starostits – Espinosa Aranda**

La Roda 2009

1...♗e2++ 0-1

2 ♔e1 ♖f1+ 3 ♔d2 ♗f3#. Essa linha de mate envolve um xeque duplo e um xeque descoberto.

689) **Saifullin – Ig. Golubev**

Moscou 2008

As Brancas sacrificam sua dama para liberar o peão f6:

1 ♕h6+! ♘xh6

1...♔g8 2 ♕g7#.

2 f7+ ♔h7 3 ♘g5#

690) **Van der Weide – G. Lorscheid**

Cappelle la Grande 2008

Qual dos muitos xeques descobertos está correto?

1 ♗c4+! 1-0

Esta é a escolha certa e leva ao mate após 1...♔xc4 2 b3#, 1...♔d6 2 ♕d5# ou 1...♔c6 2 ♕b5+ ♔d6 3 ♕d5#.

691) **E. Morozov – Vi. Poliansky**

Campeonato de Voroneje 2008

1 ♕xh6+! 1-0

1...♖xh6 (1...♔xh6 2 ♖h3#) 2 ♖g7+ ♔h8 3 ♖g8++ ♔h7 4 ♖1g7#.

692) **K. Cottrell – M. Aigner**

Las Vegas 2007

1...♕xh2+! 2 ♔xh2 ♖h4+ 3 ♔g2 ♗h3+ 0-1

4 ♔h2 ♗f1#.

693) **Grabmeier – Mozny**

Deggendorf 2006

1...♕xh2+! 2 ♔xh2 ♘f3++ 3 ♔h3

3 ♔h1 dá uma escolha às Pretas de mates com 3...♘f2# ou 3...♘g3#.

3...♘f2#

694) **R. Bozzo – D. Madsen**

Gausdal 1992

1 ♕g7+!!

Um xeque descoberto é menos eficiente, pois as Pretas podem capturar o bispo das Brancas com um xeque, mas esse sacrifício de dama transforma o xeque descoberto em um xeque duplo.

1...♔xg7 2 ♖g5++

Agora as Pretas devem mover seu rei.

2...♔h6 3 ♗g7#

695) **Milkin – Gerasko**

Voroneje 2006

1 ♕xh7+! ♔xh7

1...♔f7 permite mate em poucos lances; por exemplo, 2 ♕xg7+ ♔xe6 3 ♘c5+ ♔d5 (3...♔d6 4 ♕d7#) 4 ♕d7+ ♕d6 5 ♖d3+ ♔c4 (5...♔xc5 6 ♕xd6+ ♔c4 7 ♕d4#) 6 ♖c1+ ♗c2 7 ♖xc2#.

2 ♘xf6++ ♔h6

2...♔h8 3 ♖h3+ é igual.

3 ♖h3+ 1-0

E mate no próximo lance.

696) **Dinckel – E. Kahn**

Budapeste 2000

1...♕xh2+! 2 ♔xh2 ♖h4+ 3 ♔g1

3 ♔g3 ♘f5#.

3...♘e2++ 4 ♔f1 ♘g3#

697) **S. Walter – Mat. Wittmann**

Campeonato da Alta Baviera 1996

1...♕xh2+! 2 ♔xh2 ♖h6+ 3 ♔g2 ♗h3+ 4 ♔h2 0-1

4...♗xf1+ 5 ♗h5 ♖xh5#.

698) **Rai. Crespo – Escoms Monzo**

Campeonato de Valência 1996

1 ♕xh7+! ♔xh7 2 ♘f6++ ♔g7 1-0

3 ♘xe8+ ♔f8 4 ♖h8#.

699) **Letelier – F. Rosa**

Campeonato do Chile, Viña del Mar 1997

1 ♕xg7+! ♔xg7 2 ♘g4+ ♔g8

As Pretas podem adiar o mate entregando as peças na grande diagonal, mas o resultado é igual.

3 ♘h6#

700) **P. Tomba – S. Garofalo**

Salsomaggiore Terme 2005

1...♕xf2+!

Outros lances, como 1...♖h3, dão às Pretas um ataque decisivo, mas o lance feito leva ao mate mais rápido.

2 ♔xf2

2 ♔h1 ♕h4+ 3 ♔g1 ♖f3#.

2...♖h3+ 0-1

3 ♔f1 ♖h1#.

701) **Cselotei – Zala**

Campeonato Húngaro (por equipes)2007/8

1 ♘f7+

Essa é uma versão do padrão familiar de mate afogado.

1...♔g8

1...♖xf7 2 ♕d8+ ♖f8 3 ♕xf8#.

2 ♘h6++ ♔h8 3 ♕g8+! ♗xg8

3...♖xg8 4 ♘f7# também é mate.

4 ♘f7#

702) **Faulkes – Ju. Hadi**

Liga Britânica (4NCL) 2008/9

1...♕xh2+! 2 ♔xh2 ♘xg3+ 3 ♔g1

3 ♔xg3 ♖h3#.

3...♖h1#

703) **Ge. Klein – T. Zojer**

Viena 2006

1...♖h5+ 2 ♔g1 ♗h2+ 3 ♔h1 ♗g1+! 0-1

4 ♔xg1 ♕h2#.

704) **J. Ashwin – R. Djavadov**

Baku 2008

1 ♗g6+

A casa correta, cobrindo f7 e impedindo 1...♔g8 devido a 2 ♕h8#.

1...♔g7 2 ♕h8+ 1-0

2...♔xg6 3 ♕g8#.

705) **Kosmo – Nyysti**

Jyväskylä 2008

1...♘g3+ 2 ♔h2 h4! 3 fxg3

3 ♕h5+ ♘xh5 4 g3 só adia o mate em alguns lances.

3...♖h1#

706) **Glek – Naiditsch**

Mainz 2008

1...♖xg2++! 2 ♔xg2

2 ♔h1 ♕h3#.

2...♖f2+ 0-1

As Brancas abandonaram ao ver as linhas 3 ♔h1 ♕h3+ 4 ♔g1 ♕h2# e 3 ♔g1 ♕g3+ 4 ♔h1 ♕h2#.

707) **Seret – S. Ferkingstad**

Gausdal 2005

1 ♕xf8+! ♔xf8 2 ♗d6+ ♔e8

2...♔g8 3 ♖xd8#.

3 ♗c6#

708) **Hidalgo Santana – Aguirre Lorenzo**

Santa Cruz de Tenerife 2004

Parece improvável que o mate será dado pelo bispo em c1, mas veja só o que acontece.

1 ♕xh5+! gxh5

1...♔g8 2 ♖xg6+ fxg6 3 ♕xg6+ ♔f8 4 ♕g7+ ♔e8 5 ♕e7#.

2 ♖g7+ 1-0

2...♔h6 3 f5#.

709) **Shikalov – Y. Ermakov**

Campeonato de Kimry 2004

1 ♘f6++ ♔h8

1...♔h6 2 ♕h7+! ♖xh7 3 ♘g8# é um segundo mate por atração.

2 ♕h7+! 1-0

2...♖xh7 3 ♖g8#.

710) **Yarulin – Makhnev**

Kimry 2004

1...♕xg4+! 2 fxg4

2 ♖g3 ♗xg3 também leva a um mate rápido; por exemplo, 3 fxg4 ♖g2+ 4

♔h1 ♖xh2++ 5 ♔g1 ♖xh7 seguido de mate em h1.

2...♖g2+ 3 ♔h1 ♖g3+! 0-1

E mate em mais três lances.

711) **Morozevich – Tkachev**

Moscou (blitz) 2006

Embora a dama das Pretas esteja cravada, ela ainda faz parte do ataque defendendo seu bispo na posição de mate.

1...♖f1+ 2 ♔h2 ♗g1+ 3 ♔h1 ♗f2+ 4 ♔h2 ♗g3#

712) **Marin – Yakovenko**

Internet (playchess.com) 2006

1...♖g3++ 2 ♔h1 ♕g1+! 3 ♖xg1 ♘f2#

713) **Shanava – Paichadze**

Campeonato da Geórgia, Tbilisi 2006

Qual xeque descoberto leva ao mate?

1...♗e5+ 2 ♔g5

2 ♔h3 ♕f3+ 3 ♔h4 ♗f6#.

2...♕f4+ 0-1

3 ♔g6 ♕f6+ 4 ♔h7 ♕g7#.

714) **G. Pieroni – Abergel**

Campeonato Francês (por equipes), Clichy 2006

1...♘g4+

O xeque correto.

2 ♔f1

2 ♔h1 ♖xh2#.

2...♘xh2+ 0-1

3 ♔e1 ♘f3+ 4 ♔f1 ♖f2#.

715) **Z. Andriasian – Nikolić**

Campeonato Europeu, Budva 2009

1 ♖xg7!

Ameaçando 2 ♖xh7#, portanto as Pretas não conseguem capturar a dama.

1...♕xc7

Uma boa tentativa, quase bem-sucedida. 1...♖d7 permite 2 ♖gxd7+ ♕xd4 3 ♖xh7#.

2 ♖d7+! 1-0

A principal ideia, acabando com o ataque à dama branca e dando mate após 2...♖g7 3 ♕xg7#.

716) **Joa. Iglesias – C. Stahl**

Campeonato Francês (por equipes) 2007/8

Existem duas peças brancas entre a torre em g1 e o rei das Pretas. Sacrificando uma, as Brancas podem dar um xeque duplo com a outra peça.

1 ♘e5+! ♔f5

1...♔h6 2 ♖h1# e 1...♖xe5 2 ♗xe4++ ♔h5 3 ♖h7+ ♗h6 4 ♗f3+ ♔h4 5 ♖xh6+ ♖h5 6 ♖xh5# também levam ao mate.

A linha principal segue com 1...fxe5 2 ♗xe4++ ♔h5 (2...♔f6 3 ♖g6#) e agora as Brancas podem dar mate de várias formas; por exemplo, 3 ♖h7+ ♗h6 4 ♗f3+ ♔h4 5 ♖xh6# ou 3 ♖g5+ ♔h4 4 ♖h7+ ♗h6 5 ♖xh6#.

2 ♗h3#

717) **Erdos – A. Sarić**

Nova Gorica 2008

1 ♘h6+ ♔h8

1...♔f8 2 ♖b8#.

2 ♘f7+ ♔h7

2...♔g8 3 ♖b8+ ♔h7 4 ♖h8#.

3 ♘g5++ 1-0

E mate após 3...♔g8 4 ♖b8# ou 3... ♔h6 4 ♖h7#.

718) **K. Kluss – Nippgen**

2ª Bundesliga 2003/4

1 ♕xh7+! ♔xh7 2 ♖h3+ ♔g8 3 ♘h6+ ♔h7 4 ♘f5+ 1-0

4...♔g8 5 ♘e7#.

719) **Koerant – Megaritis**

Atenas 2006

1 ♕xf7+! ♔xf7 2 ♗d5++ ♔e8 3 ♗f7+ ♔f8 4 ♘e6#

720) **B. Gaulin – T. Peyre**

Fouesnant 2007

1 ♕h7+! ♘xh7 2 gxh7+ ♔h8

2...♔f8 3 h8♕#.

3 ♘f7+ ♔xh7 4 ♘xf6#

721) **N. Dobrev – Boichev**

Sunny Beach 2005

1 ♕g8+! ♔e7

A linha principal é 1...♔xg8 2 ♘g6+ ♖f8 (ou 2...♔f7 3 ♖f8#) 3 ♖xf8+ ♔h7 4 ♖h8#.

2 ♘g6+

2 ♕xg7+ também dá mate rapidamente.

2...♖xg6

2...♔d6 3 ♕d8#.

3 ♕e8+ 1-0

As Pretas sofrem mate após 3...♔f6 4 ♕f8# ou 3...♔d6 4 ♖c6#.

722) **L. Damjanović – A. Dimitrijević**

Obrenovac 2004

1...♖xb2+ 2 ♔a1 ♖b1++!

A torre deve se mover para dar um xeque duplo, do contrário as Brancas podem jogar 3 ♕xe5.

0-1

3 ♔xb1 ♗f5+ e mate no próximo lance.

723) **A. Braun – Buhmann**

Campeonato Alemão, Saarbrücken 2009

1 ♘xg5++!

1 ♘f6++? ♔g7 levam as Brancas a nenhum lugar.

1...♔h6

1...♔g7 2 ♕h7+ ♔f6 3 ♕h6+ ♔f5 4 ♖e5+ ♔g4 5 h3+ ♔f4 6 ♕h4#.

2 ♕h7+! ♔xg5 3 ♕g7+ ♔h5

Isso é mais demorado. 3...♔f5 4 ♖e5+ ♔f4 5 ♕g3# e 3...♔h4 4 ♕h6+ ♔g4 5 h3+ ♔f5 6 ♖e5# permitem um mate mais rápido.

4 g4+

4 ♖e5+ ♖f5 5 g4+ também dá mate, mas um pouco mais devagar.

4...♔h4 5 ♕h6+ ♔xg4 6 h3+ ♔f5

6...♔f3 7 ♖e3# (ou 7 ♕e3#).

7 ♖e5#

724) **D. Korth – P. Osthoff**

Alemanha (evento por equipes) 2007/8

1...♖xg2+! 2 ♗xg2 ♖xg2+! 3 ♔xg2 ♘d2+

O único xeque descoberto bom, pois o cavalo deve cobrir f3 e conseguir chegar a f1.

4 ♘f3 ♗xf3+ 5 ♔h2 ♘f1#

725) **Kalies – I. Lauterbach**

Bundesliga (Feminina) 2007/8

1...♗e3+ 2 ♔h2

Ou 2 ♔h1 ♗e4+ 3 ♔h2 ♖f2+ 4 ♔g1 ♖f1++ 5 ♔h2 ♗g1#.

2...♖f2+ 3 ♔g1

3 ♔h1 ♗e4+ 4 ♔g1 ♖f1++ 5 ♔h2 ♗g1# é o mesmo mate de novo.

3...♖f1++ 4 ♔g2

4 ♔h2 ♗g1+ 5 ♔g2 ♗e4#.

4...♗e4+ 0-1

5 ♔h2 ♗g1#.

726) **A. Kristjansson – Br. Thorfinnsson**

Reykjavik 2006

1...♖xg2+! 2 ♔xg2 ♕e2+

Mais forte que 2...gxf5+ 3 ♔f1 ♕f3+ 4 ♗f2, quando não há um mate rápido para as Pretas.

3 ♗f2

Também é mate após 3 ♔h3 ♕f3+ 4 ♔h4 g5+ 5 ♗xg5 fxg5# ou 3 ♔h1 ♕f3+ 4 ♔g1 gxf5+ 5 ♗g5 ♖xg5#.

3...gxf5+ 4 ♔h3

4 ♔h1 ♕f3#.

4...♕g4#

727) **Tozer – Cullip**

Guildford 1991

1 ♖xg7+! ♔xg7

Ou 1...♔h8 (1...♔f8 2 ♕xf6#) 2 ♖xh7+ ♔g8 (2...♔xh7 3 ♗g6++ ♔g7 4 ♕h7+ ♔f8 5 ♕f7#) 3 ♖h8+ ♔g7 (3...♔xh8 4 ♗g6+ é igual ao anterior) 4 ♗h6+ ♔xh8 5 ♕xf6+ ♔h7 6 ♕g7#.

2 ♗h6+!

O segundo sacrifício leva o rei das Pretas para uma posição que permite um xeque descoberto.

2...♔xh6

2...♔h8 3 ♕xf6+ e 2...♔g8 3 ♕g4+ também levam ao mate.

3 ♗g6+ 1-0

3...♔g7 4 ♕xh7+ ♔f8 5 ♕f7#.

728) **Gauf – L. Winter**

Erlensee 2007

1...♕xh2+! 2 ♔xh2 ♘g3+ 0-1

3 ♕h3 (ou 3 ♔g2 ♗h3+ 4 ♔h2 ♗xf1#) 3...♖xh3+! (3...♗xh3 é suficiente para vencer, mas não há mate após 4 ♖xg3) 4 ♔g2 ♖h2+! 5 ♔xh2 ♖h8+ 6 ♔g2 ♗h3+ 7 ♔h2 ♗f1#.

729) **J. Sohier – Fleurent**

Paris 2002

1 ♕xh7+! ♔xh7 2 hxg6++ ♔g8

2...♔xg6 3 ♖g3+ ♔f5 4 ♖f1#.

3 g7!

Ameaçando 4 ♖h8#.

3...♗xg7 4 ♖g3

Não tem como as Pretas escaparem do mate com ♖xg7+ seguido de ♖h8#.

4...♔f8 5 ♖xg7 1-0

E mate no próximo lance com ♖h8#.

730) **A. Flocco – J.F. Campos**

Buenos Aires 1992

1...♕xg2+! 2 ♔xg2 ♖xf2+ 3 ♔h1

3 ♔g1 ♖e2+ (retirando a proteção da torre em e3 e impedindo uma interposição eficiente com ♗e3) 4 ♔f1 (4 ♔h1 ♘g3#) 4...♘g3#.

3...♘g3+ 4 ♔g1 ♖d2+ 0-1

Agora isso é ainda mais rápido do que ir para e2, pois é mate no próximo lance.

731) **O. Wegener – C. Langer**

Campeonato da Renânia do Norte-Vestfália

2002

1 ♕f6+ ♔g8

1...♔h6 2 ♖1d4 leva a um mate rápido; por exemplo, 2...♕f5 3 ♖h4+ ♕h5 4 ♖xh5+ ♔xh5 5 ♖d4 (ameaçando dar mate em h4) 5...g5 6 ♗xf7#.

2 ♕xf7+! ♔xf7

2...♔h8 3 ♕f6+ ♔g8 4 ♖d7+ ♘xb3 5 ♕g7#.

3 ♖d7++ ♔f8 4 ♖f1#

732) **Milla de Marco – I. Argandona**

Mondariz 2000

1...♕xh2+! 2 ♖xh2

As Pretas também dão mate após 2 ♔xh2 ♗f6+ (ou qualquer outra casa) 3 ♔g1 ♖h1+ 4 ♔f2 ♖f1# ou 2 ♔f2 ♘xe4++ 3 ♔e2 (3 ♔f1 ♕h1+ 4 ♔e2 ♘xc3#) 3...♘xc3+ 4 ♔f1 ♕h1+ 5 ♖g1 ♕xg1#.

2...♘e2++ 3 ♔f1

3 ♔h1 ♖g1#.

3...♖g1+ 0-1

4 ♔xe2 ♖e1#.

Quadro de Pontuação do Mate Envolvendo Xeque Descoberto ou Duplo

Número da posição	Pontos
643	1
644	1
645	1
646	1
647	1
648	1
649	1
650	1
651	1
652	1
653	1
654	1
655	1
656	1
657	1
658	1
659	2
660	2
661	2
662	2
663	2
664	2
665	2
666	2
667	2
668	2
669	2
670	2
671	2
672	2
673	2
674	2
675	2
676	2
677	2
678	2
679	2
680	2
681	2
682	2
683	2
684	2
685	2
686	2
687	3
688	3
689	3
690	3
691	3
692	3
693	3
694	3
695	3
696	3
697	3
698	3
699	3
700	3
701	3
702	3
703	3
704	3
705	3

706	3
707	3
708	3
709	3
710	3
711	3
712	3
713	3
714	3
715	4
716	4
717	4
718	4
719	4
720	4
721	4
722	4
723	5
724	5
725	5
726	5
727	5
728	5
729	5
730	5
731	5
732	5
Total	
Máximo	**238**

14. *Caçada ao Rei*

Até o momento vimos em grande parte ideias de mate que envolvem terminar com o rei inimigo mais ou menos onde ele está, mas às vezes é necessário caçar o rei no tabuleiro antes que a execução possa ocorrer. Chamamos tais perseguições de *caçadas ao rei*. Elas são muito divertidas de jogar, pois a cada xeque você conduz sem piedade o rei indefeso ao seu destino.

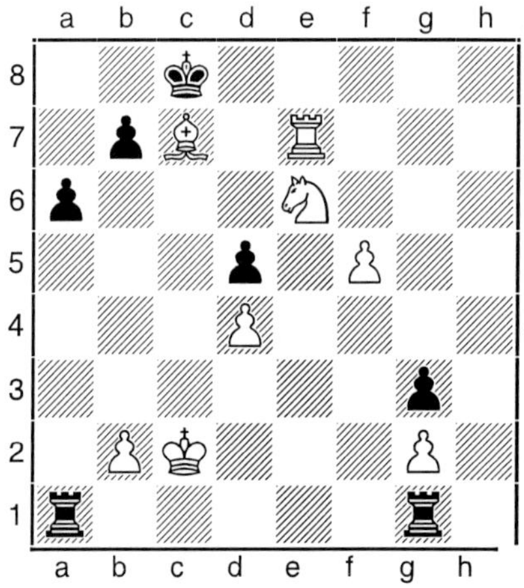

L. Vajda – Geirnaert

Campeonato Belga (por equipes) 2007/8

Aqui as Brancas venceram com **1 ♖e8+ ♔d7 2 ♖d8+ ♔c6** (2...♔e7 é seguido por 3 ♗d6+ ♔f6 4 ♖f8#) **3 ♖d6+ ♔b5 4 ♖b6+ ♔c4** (as Pretas também sofrem mate após 4...♔a5 5 ♖xb7+ ♔a4 6 ♘c5# ou 4...♔a4 5 ♘c5+ ♔a5, quando as Brancas podem terminar com 6 ♖xb7# ou 6 b4#) **5 b3#**.

Uma caçada ao rei demora, portanto as soluções neste capítulo são mais longas que o normal, mas isso não deve impedi-lo de enfrentar as posições. Exercitar as caçadas ao rei é uma excelente prática de cálculo, assim como ensina como caçar o rei até sua perdição.

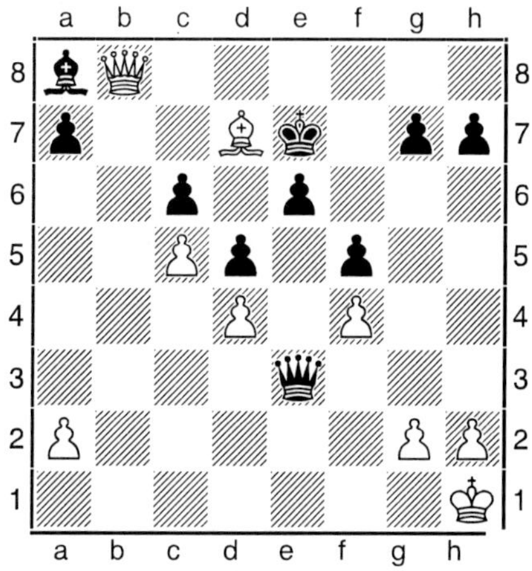

733) Jogam as Brancas (3 pontos)

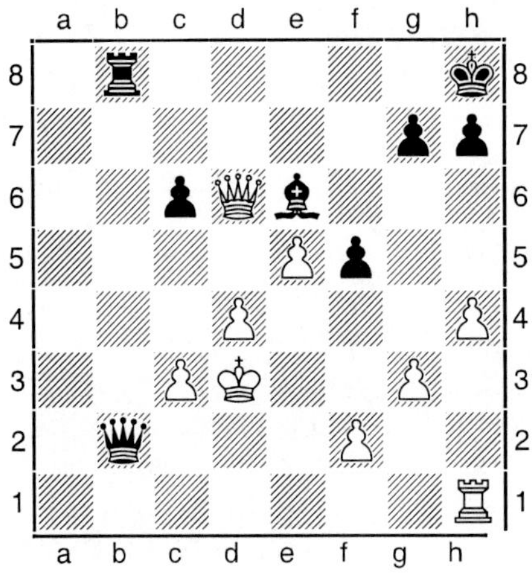

734) Jogam as Pretas (3 pontos)

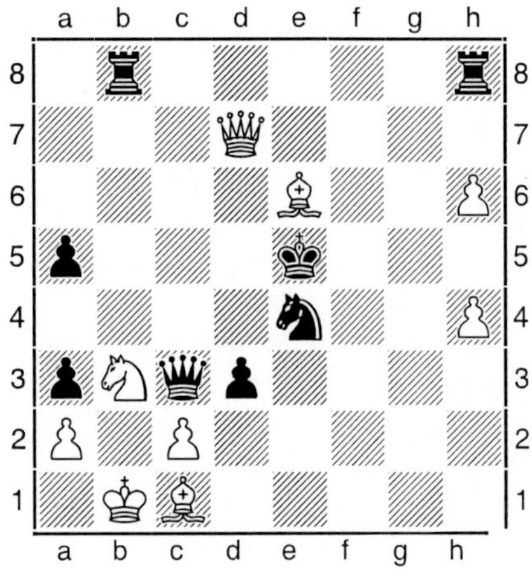

736) Jogam as Brancas (4 pontos)

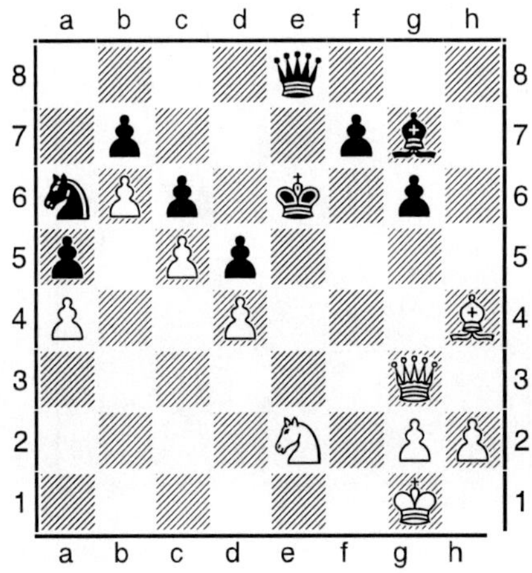

735) Jogam as Brancas (3 pontos)

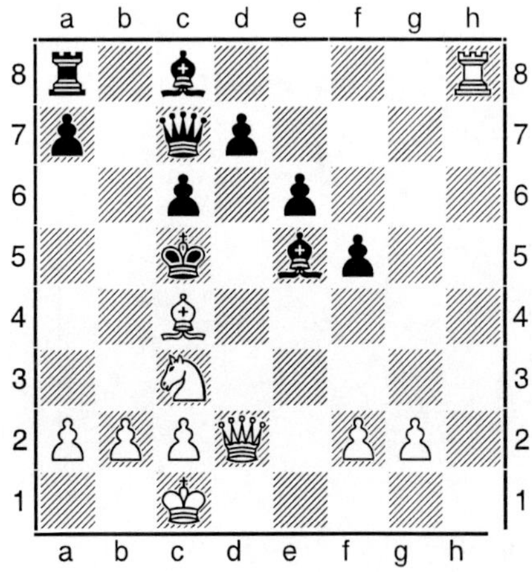

737) Jogam as Brancas (4 pontos)

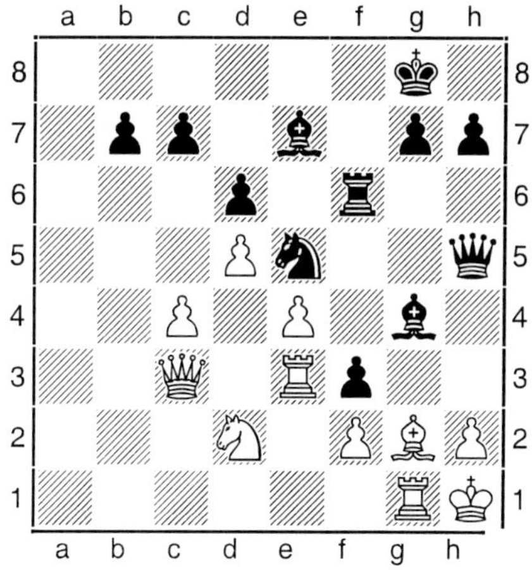

738) Jogam as Pretas (4 pontos)

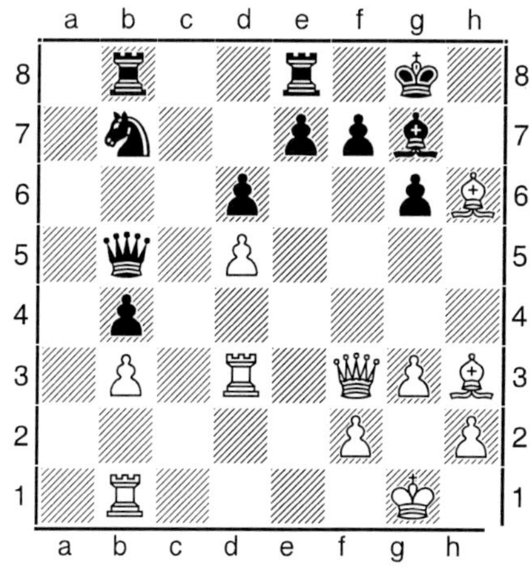

739) Jogam as Brancas (4 pontos)

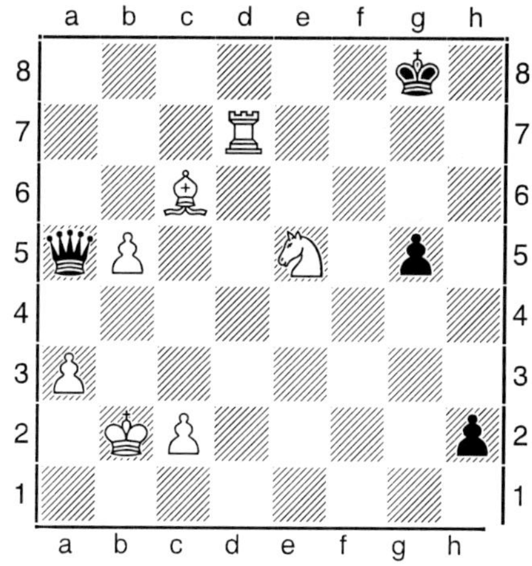

740) Jogam as Brancas (5 pontos)

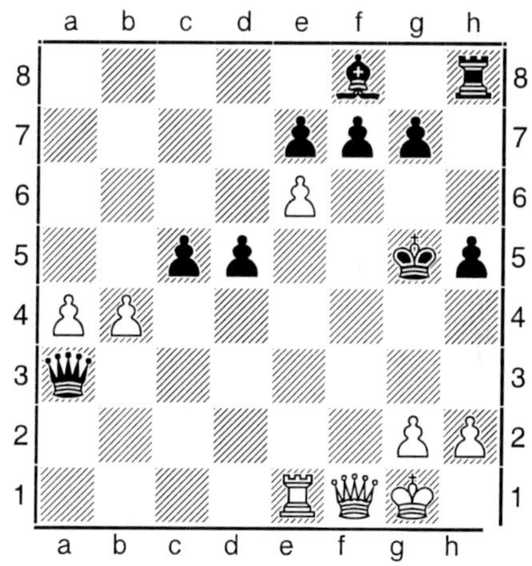

741) Jogam as Brancas (5 pontos)

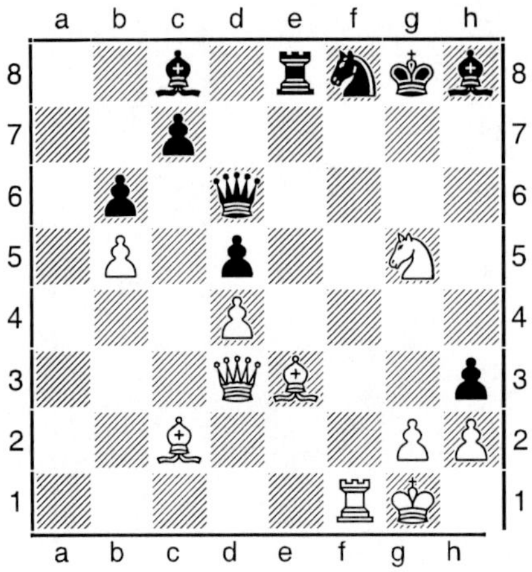

742) Jogam as Brancas (5 pontos)

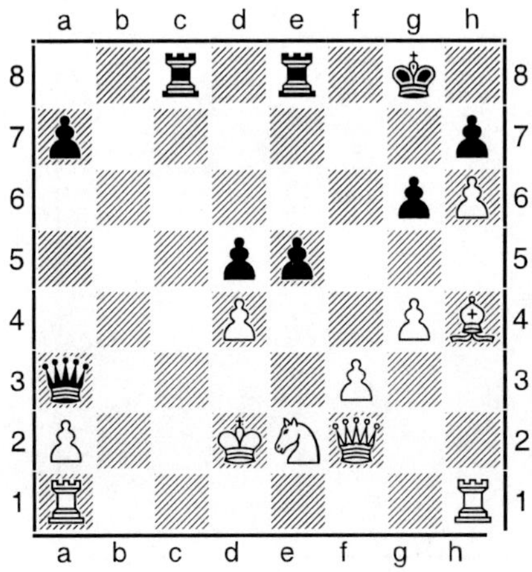

743) Jogam as Pretas (5 pontos)

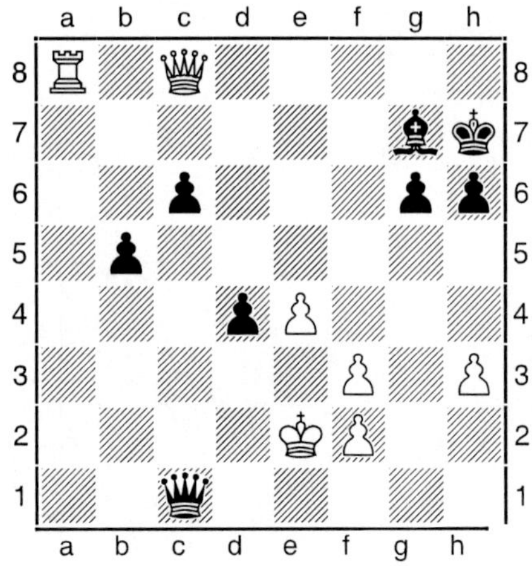

744) Jogam as Pretas (5 pontos)

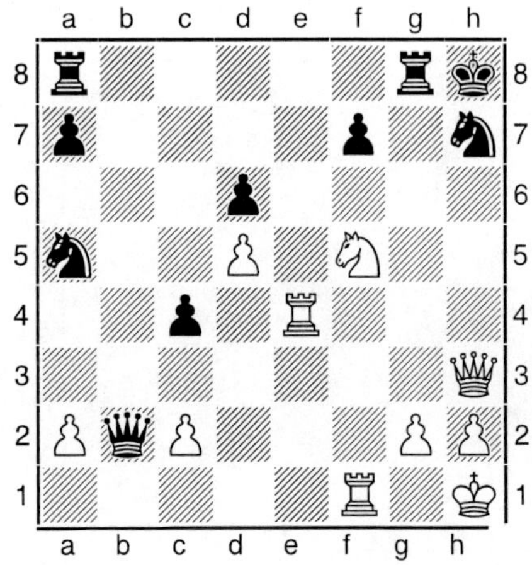

745) Jogam as Brancas (5 pontos)

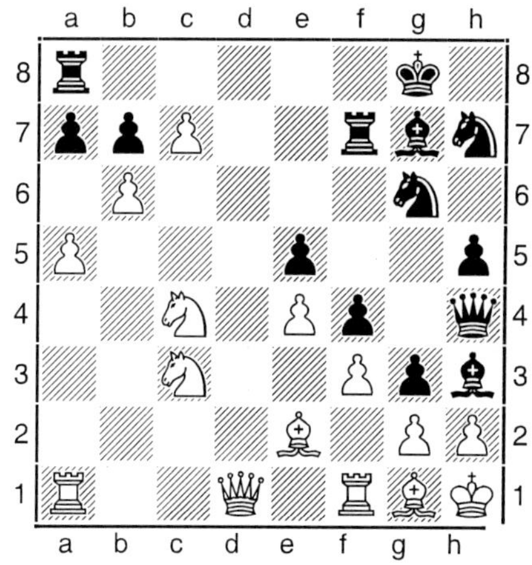

746) Jogam as Pretas (5 pontos)

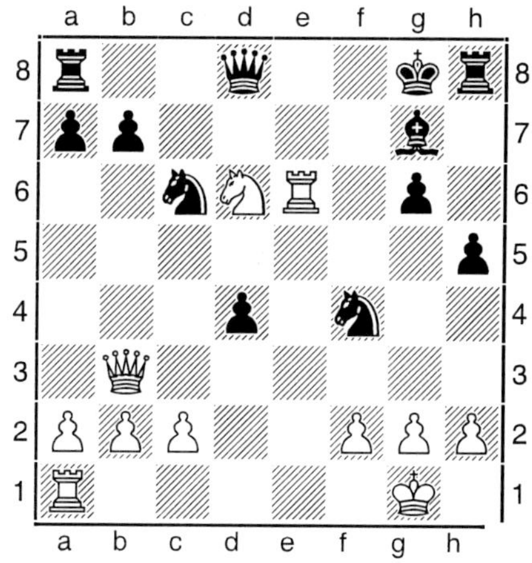

748) Jogam as Brancas (5 pontos)

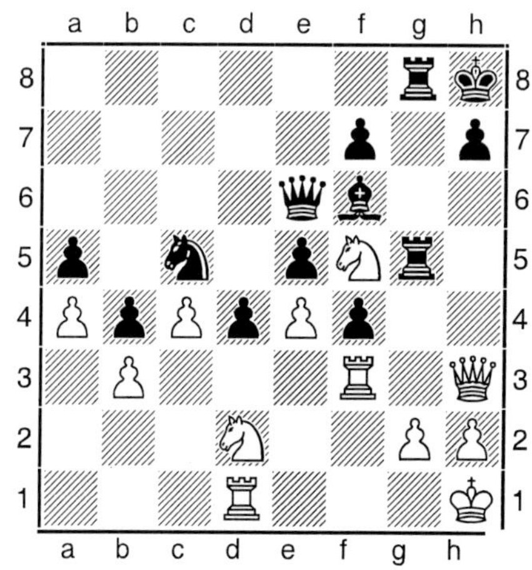

747) Jogam as Brancas (5 pontos)

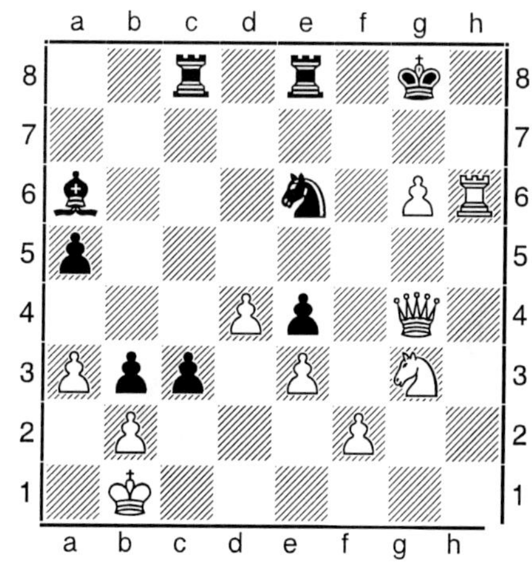

749) Jogam as Pretas (5 pontos)

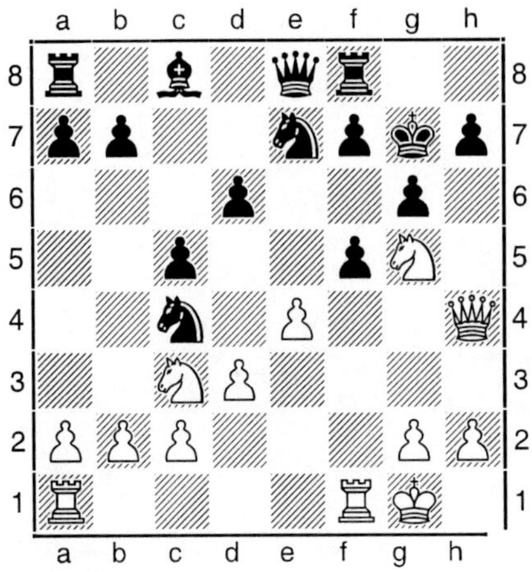

750) Jogam as Brancas (5 pontos)

Soluções da Caçada ao Rei

733) **Mohota – Nimmy**

Campeonato da ♗ndia (Feminino), Calicute 2008

1 ♕e8+ ♔f6 2 ♕d8+!

2 ♕f8+? ♔g6 permite que as Pretas escapem com um empate.

2...♔g6

2...♔f7 3 ♗e8+ ♔f8 4 ♗g6# (ou 4 ♗h5#).

3 ♗e8+ ♔h6 4 ♕g5#

4 ♕h4# é igualmente eficiente.

734) **V. Varadi – G. Emodi**

Campeonato Húngaro (por equipes) 2005/6

1...♗c4+! 0-1

É mate após 2 ♔xc4 ♕b5# ou 2 ♔e3 ♕e2+ 3 ♔f4 ♕e4+ 4 ♔g5 ♕g4#.

735) **Tazbir – P. Karhanek**

Orlova 2006

1 ♕d6+ ♔f5 2 ♘g3+ 1-0

2...♔g4 3 h3+! ♔xh4 4 ♕f4#.

736) **Konnyu – Nguyen Huynh Minh Huy**

Budapeste 2009

1 ♕d5+ ♔f6 2 ♗g5+ ♘xg5 3 hxg5+ ♔g6

3...♔e7 4 ♕d7+ ♔f8 5 ♕f7#.

4 ♗f7+ 1-0

4...♔h7 é seguido por 5 ♕f5# ou 5 ♕e4#.

737) **Va. Beliaev – Chernozemov**

Campeonato do Tartaristão, Kazan 2009

1 ♘a4+! ♔xc4 2 b3+ ♔b5 3 c4+ ♔a6 4 ♘c5+ 1-0

4...♔b6 5 ♕b4#.

738) **S. Mulligan – D. Foord**

Hastings (Masters) 2006/7

1...♕xh2+! 2 ♔xh2 ♖h6+ 3 ♔g3

3 ♗h3 ♖xh3#.

3...♗h4+ 0-1

4 ♔f4 pode ser seguido por 4...g5# ou 4...♖f6#, enquanto 4 ♔h2 segue com 4...♗xf2+ 5 ♗h3 ♖xh3#.

739) **An. Varga – Glushenko**

Campeonato Mundial de Equipes de Surdos, Brno 1994

1 ♕xf7+! ♔xf7

As Pretas devem capturar ou 2 ♕xg7#.

2 ♗e6+ ♔f6

2...♔f8 3 ♖f3#.

3 ♖f3+ ♔e5 4 ♗xg7+

4 ♖f4 também dá mate, porém um pouco mais devagar.

1-0

É mate após 4...♔e4 5 ♖e3#.

740) **Kotronias – Bellon**

Caleta 2009

1 ♗d5+ ♔f8

1...♔h8 2 ♘g6#.

2 ♖f7+ ♔e8

2...♔g8 3 ♖e7+ seguido de 4 ♘g6#.

3 ♗c6+ ♔d8 4 ♖d7+ ♔c8

A linha principal segue com 4...♔e8 5 ♖b7+ ♔d8 (5...♔f8 6 ♘g6+ ♔g8 7 ♗d5#) 6 ♘f7+ ♔c8 7 ♘d6+ ♔d8 8 ♖d7#.

5 ♗b7+ 1-0

5...♔b8 6 ♘c6#.

741) **E. Lenart – S. Seres**

Campeonato Húngaro (por equipes) 2007/8

1 ♖e5+ ♔h6

Sobrevive por mais tempo. 1...♔h4 2 ♕f4# é mate imediato, enquanto 1... f5 2 ♕xf5+ dura apenas mais um lance.

2 ♕f4+ g5

2...♔h7 3 ♖xh5+ ♔g8 4 ♕xf7# (ou 4 exf7#).

3 ♕xg5+ ♔h7 4 ♕xh5+ ♗h6

4...♔g7 5 ♕xf7+ ♔h6 6 ♖h5#.

5 ♕xf7+

5 ♕f5+ ♔g7 6 ♕xf7# é igualmente bom.

5...♗g7 6 ♖h5#

742) **Restifa – J.L. Rodriguez**

Buenos Aires 1994

1 ♕h7+!

Esse belo sacrifício leva a um mate forçado.

1...♘xh7 2 ♗xh7+ ♔g7 3 ♖f7+ ♔h6 4 ♘e6+!

Uma escolha precisa de xeque para cortar o ataque ao bispo e3 e o controle das Pretas em f5.

4...♔h5 5 ♖f5+ ♔h4

5...♔g4 6 ♖g5+ ♔h4 7 g3+ (7 ♗f2+ também é bom) 7...♕xg3+ 8 hxg3#.

6 ♗f2+ ♔g4 7 ♖g5#

743) **I. Padurariu – C. Foisor**

Campeonato Europeu (Feminino), Plovdiv 2008

1...♕b2+ 2 ♔d3

Entregar a torre com 2 ♔e1 apenas adia um pouco o mate; por exemplo, 2...♕xa1+ 3 ♔d2 ♕xa2+ 4 ♔e1 ♕b1+ etc. Se as Brancas jogassem 2 ♔e3, então 2...exd4++ leva ao mate após 3 ♔f4 ♕b8+ 4 ♔g5 ♕e5# ou 3 ♔d3 ♕c2+ 4 ♔xd4 ♕c4#.

2...♕c2+ 3 ♔e3 exd4++ 4 ♔f4

4 ♔xd4 ♕c4#.

4...♕c7+ 0-1

5 ♔g5 ♕e5#.

744) **Ubiennykh – A. Kirillov**

Tomsk 2008

1...d3+! 2 ♔xd3 ♕d1+ 3 ♔e3 ♗d4+ 4 ♔f4 0-1

4...♕c1+ (4...♕d2+ também dá mate, porém mais lento) 5 ♔g3 (5 ♔g4 ♕g5#) 5...♕g1+ 6 ♔f4 (após 6 ♔h4, as Pretas têm uma escolha de mates em um lance) 6...♕g5#.

745) **Sutovsky – Smirin**

Campeonato Israelense, Tel-Aviv 2002

1 ♕xh7+! 1-0

A sequência de mates é longa, mas

completamente forçada: 1...♔xh7 2 ♖h4+ ♔g6 3 ♖h6+ ♔g5 4 h4+ ♔g4 5 ♘e3+ ♔g3 6 ♖f3#.

746) **E. Peralta – Roselli**

Montevidéu 2001

1...♗xg2+! 2 ♔xg2 ♕h3+! 0-1

Esse belo segundo sacrifício é mortal após 3 ♔xh3 (3 ♔h1 g2#) 3...♘g5+ 4 ♔g2 ♘h4+ 5 ♔h1 g2#.

747) **Z. Tasić – B. Lukić**

Copa de Belgrado 2005

1 ♕xh7+! ♔xh7 2 ♖h3+ ♖h5

2...♔g6 3 ♖h6#.

3 ♖xh5+ ♔g6 4 ♖h6+ ♔g5 5 ♘f3+ ♔g4 6 h3#

748) **Ulybin – J. Cabrera Trujillo**

Cappelle la Grande 2008

1 ♖xg6+ ♔h7

1...♘d5 leva a uma conclusão parecida após 2 ♕xd5+ ♔h7 3 ♖xg7+ ♔xg7 4 ♕f7+ ♔h6 5 ♘f5+ ♔g5 6 h4+, etc.

2 ♖xg7+! ♔xg7

2...♔h6 3 ♘f5#.

3 ♕f7+ ♔h6 4 ♘f5+ 1-0

4...♔g5 5 h4+ ♔g4 6 f3#.

749) **Gofshtein – Boim**

Campeonato Israelense (por equipes), Ramat Aviv 2000

1...♗d3+ 2 ♔c1

2 ♔a1 cxb2+ 3 ♔xb2 ♖c2+ transpõe.

2...cxb2++ 3 ♔xb2

Após 3 ♔d2 ♖c2+ 4 ♔e1 b1♕+ 5 ♕d1 ♕xd1+ 6 ♔xd1 b2, as Pretas dão mate em poucos lances.

3...♖c2+ 4 ♔xb3

As Pretas também dão mate após 4 ♔a1 ♖a2# ou 4 ♔b1 ♖xf2+ 5 ♔c1 b2+ 6 ♔d1 b1♕#.

4...♖b8+

Inverter os lances com 4...♘c5+! 5 dxc5 ♖b8+ também funciona.

5 ♔a4 ♘c5+!

Esse novo sacrifício permite à torre preta ocupar c5 mais adiante.

6 dxc5

6 ♔xa5 ♖b5#.

6...♖c4+ 0-1

7 ♔xa5 ♖xc5+ 8 ♔a4 ♗c2#.

750) **Reutsky – Gvilava**

Moscou 2008

1 ♕xh7+ ♔f6 2 e5+! ♔xg5

A linha principal segue com 2...♔xe5 (2...♘xe5 e 2...dxe5 são seguidos por 3 ♘ce4#) 3 ♕g7+ f6 4 ♖ae1+ (ou 4 ♕xe7+! primeiro) 4...♘e3 (4...♔d4 permite 5 ♘f3# ou 5 ♖f4#) 5 ♕xe7+! (eliminar este cavalo permite às Brancas jogar ♘d5+ mais adiante; lances menos espetaculares também dão mate, mas levam um pouco mais de tempo) 5...♕xe7 (5...♗e6 é parecido) 6 ♖xe3+ ♔d4 7 ♘f3+ ♔xe3 8 ♘d5+ ♔e2 9 ♖e1#.

3 h4+ ♔g4 4 ♕h6 1-0

Agora 4...f6 é o único modo de impedir ♕g5#, então as Brancas dão mate com 5 ♖f4+ ♔g3 6 ♘e2#.

Quadro de Pontuação da Caçada ao Rei

Número da posição	Pontos
733	3
734	3
735	3
736	4
737	4
738	4
739	4
740	5
741	5
742	5
743	5
744	5
745	5
746	5
747	5
748	5
749	5
750	5
Total	
Máximo	**80**

15. Mates Diversos

Este capítulo contém mates que não são fáceis de classificar. Alguns poderiam estar em outros capítulos, porém é importante perceber que embora muitas categorias sejam concebidas para padrões de mate, sempre haverá mates que não ficam em nenhuma delas.

De muitas formas, este é o capítulo mais importante no livro. Ao escolher as posições para incluir neste livro, percebi que muitos mates ocorridos em partidas reais envolviam padrões que eu não tinha visto antes. Os manuais tendem a se limitar aos padrões de mate nomeados e aqueles que são extremamente comuns, mas existem muitas outras ideias de mate por aí e no livro tentei ampliar os horizontes do leitor incluindo mates menos familiares, mas que surgem em uma partida real. Este capítulo mostra a grande variedade de possibilidades de mate em xadrez e demonstra que conhecimento e imaginação andam lado a lado.

Resolver as posições neste capítulo aumentará sua imaginação e ajudará a identificar os mates incomuns.

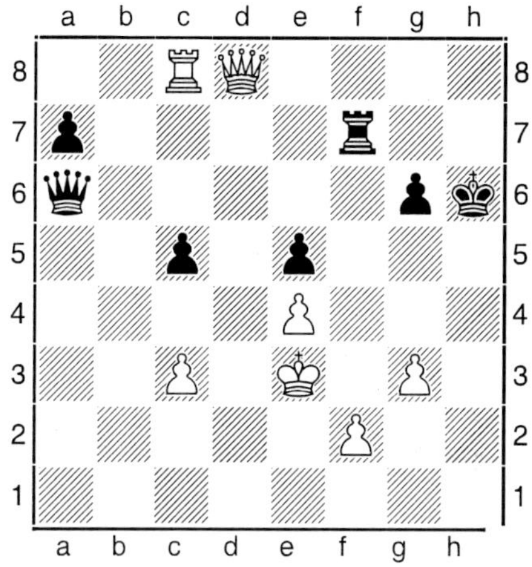

751) Jogam as Brancas (1 ponto)

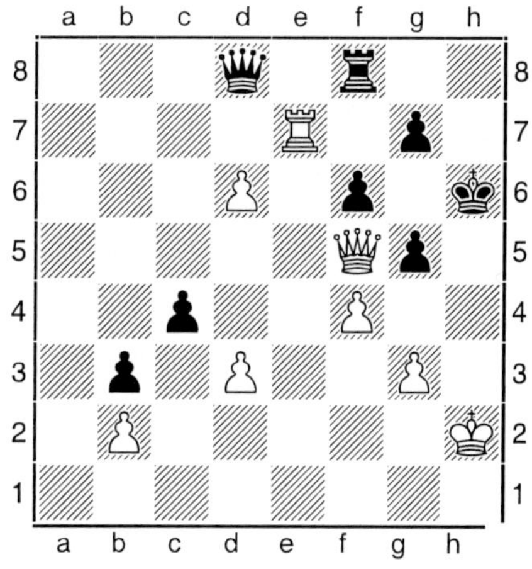

752) Jogam as Brancas (1 ponto)

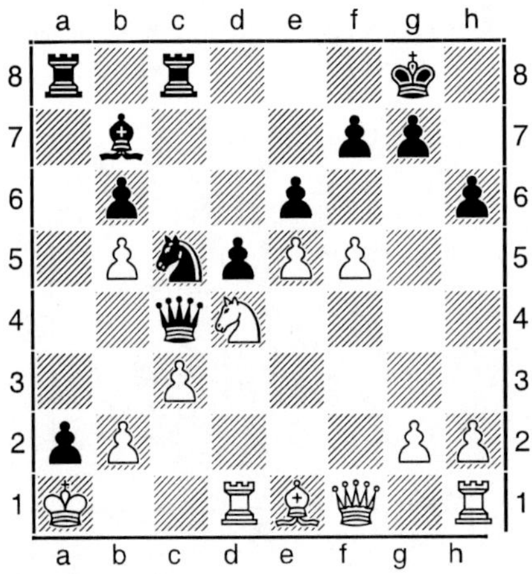

753) Jogam as Pretas (1 ponto)

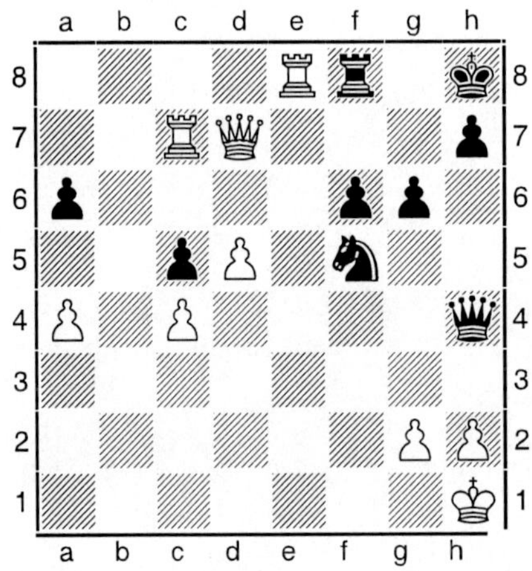

754) Jogam as Pretas (1 ponto)

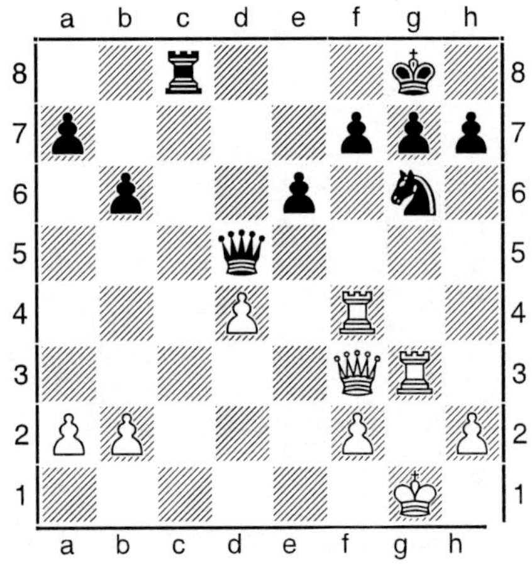

755) Jogam as Pretas (1 ponto)

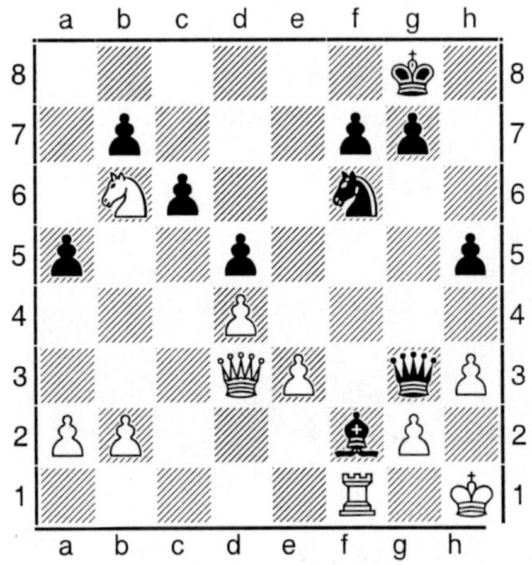

756) Jogam as Pretas (1 ponto)

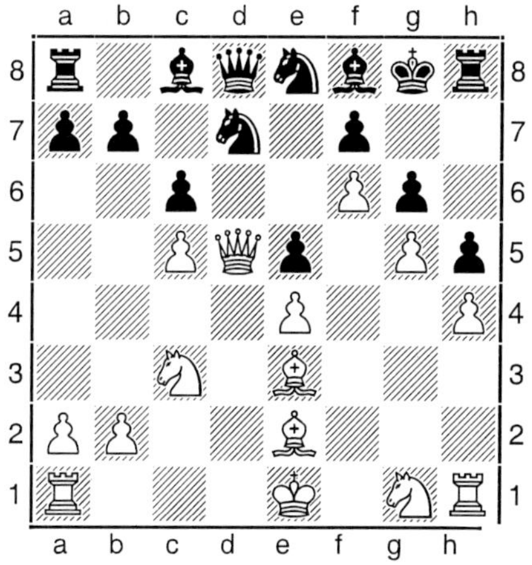

757) Jogam as Brancas (1 ponto)

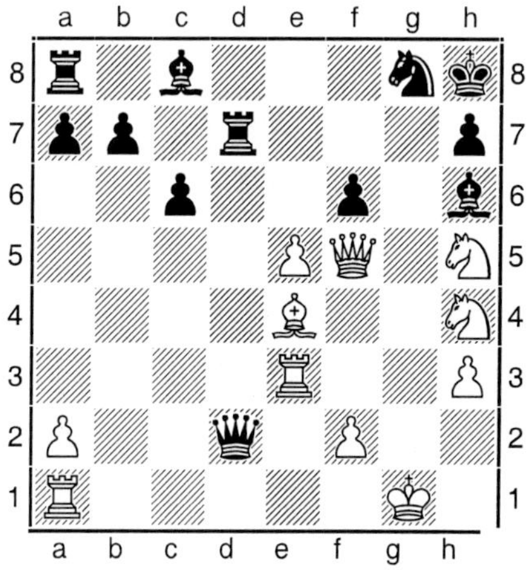

758) Jogam as Brancas (1 ponto)

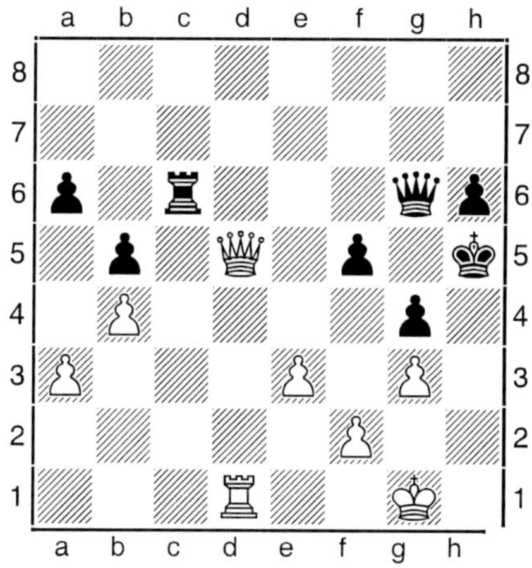

759) Jogam as Brancas (1 ponto)

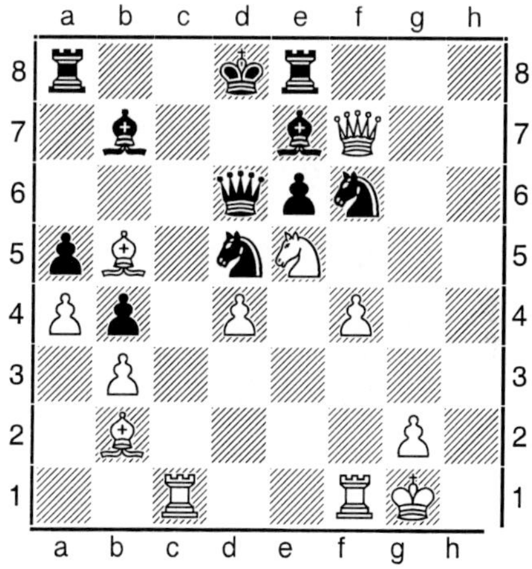

760) Jogam as Brancas (1 ponto)

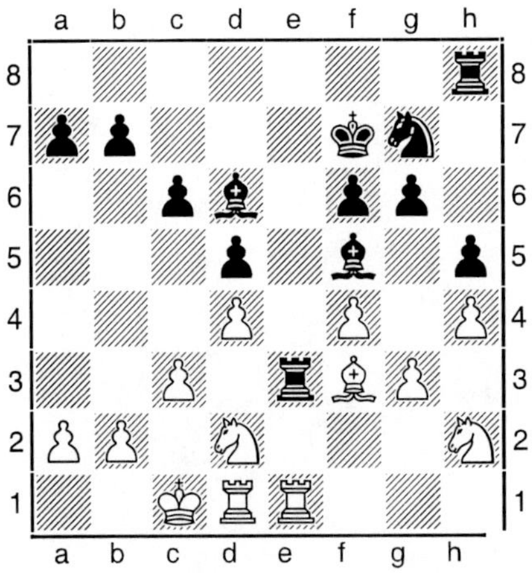

761) Jogam as Pretas (1 ponto)

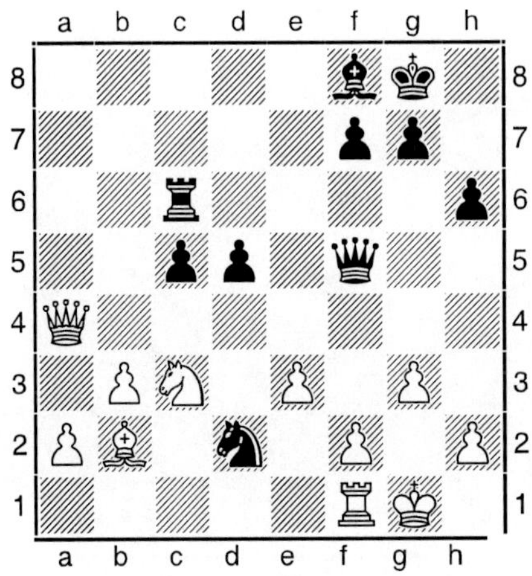

762) Jogam as Pretas (1 ponto)

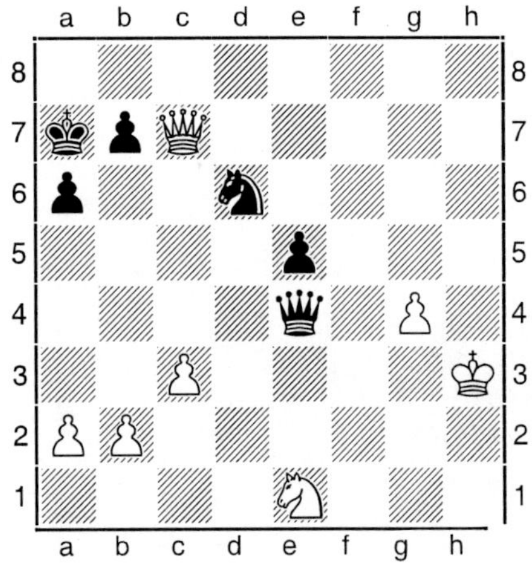

763) Jogam as Pretas (1 ponto)

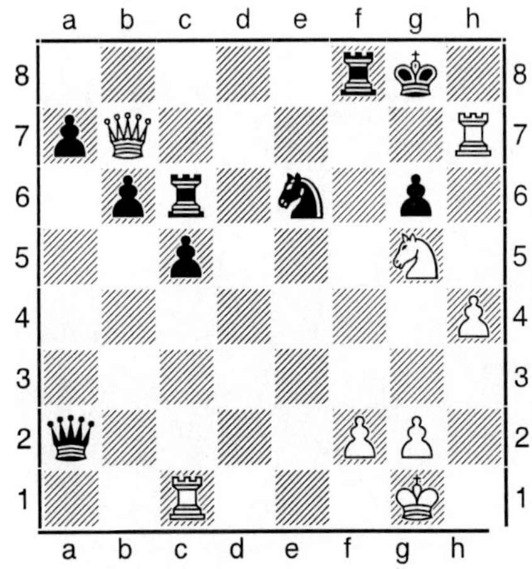

764) Jogam as Brancas (1 ponto)

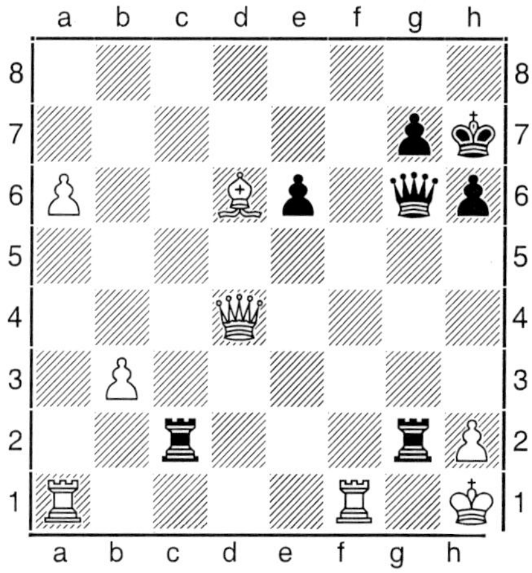

765) Jogam as Pretas (1 ponto)

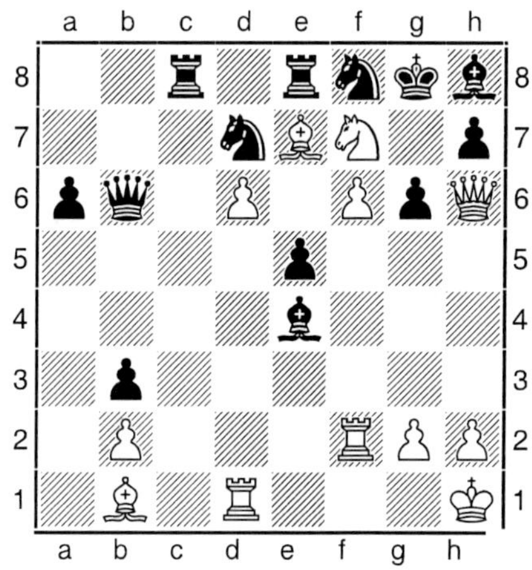

766) Jogam as Brancas (1 ponto)

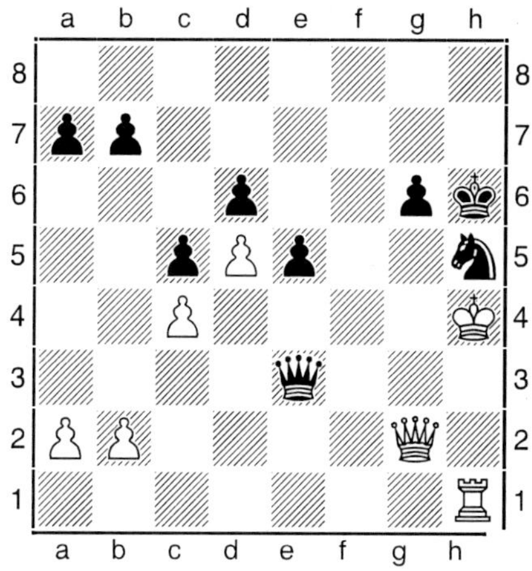

767) Jogam as Pretas (2 pontos)

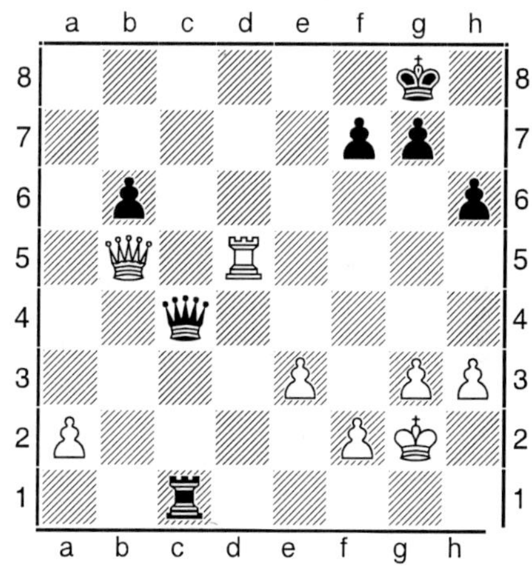

768) Jogam as Pretas (2 pontos)

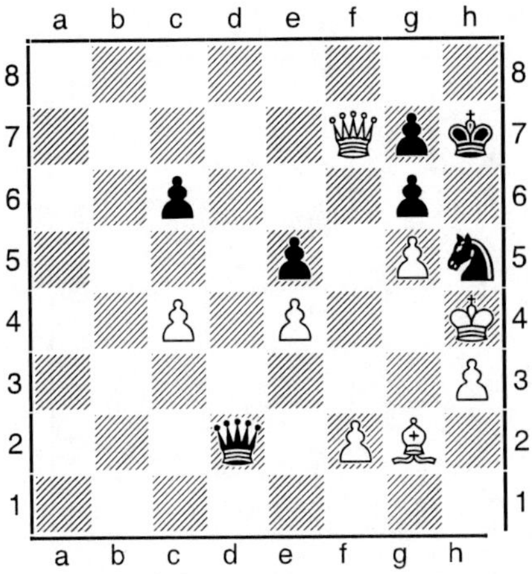

769) Jogam as Pretas (2 pontos)

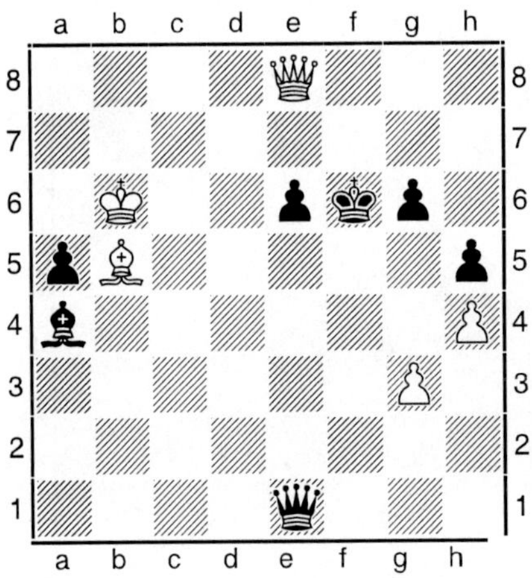

770) Jogam as Brancas (2 pontos)

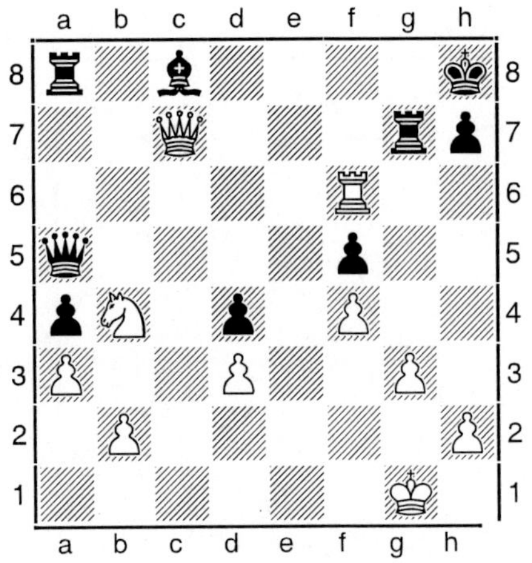

771) Jogam as Brancas (2 pontos)

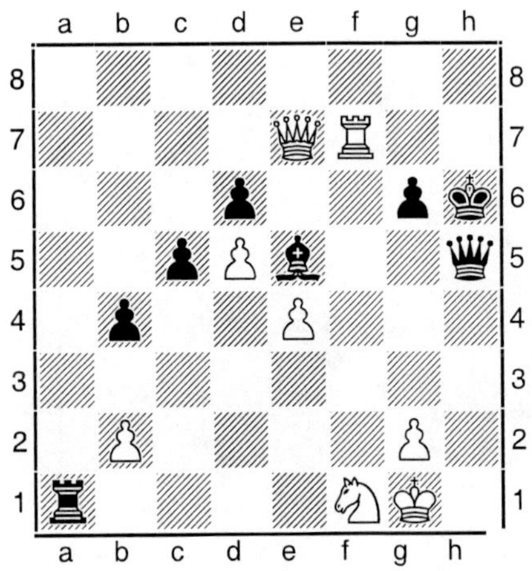

772) Jogam as Pretas (2 pontos)

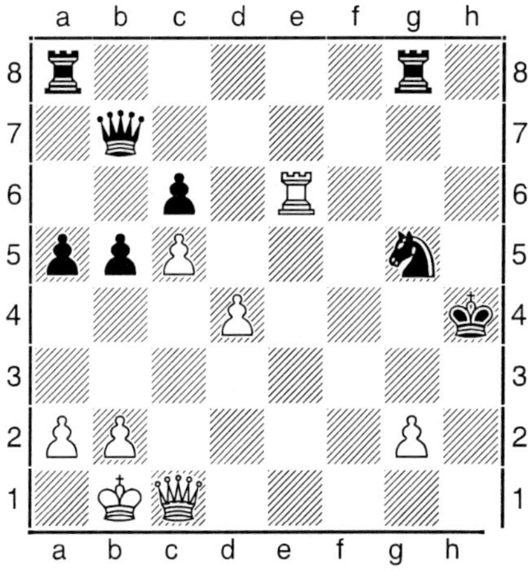

773) Jogam as Brancas (2 pontos)

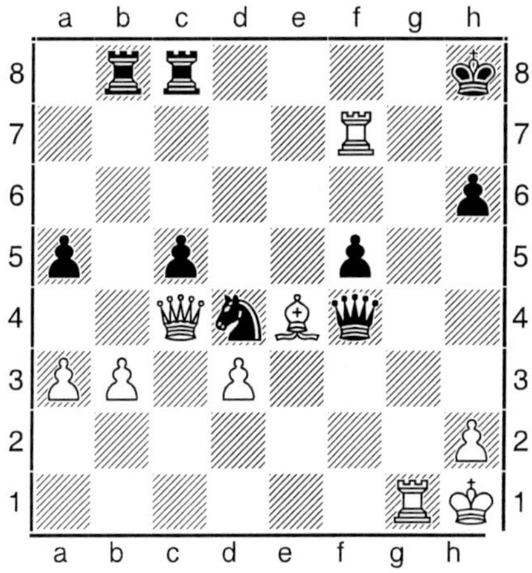

774) Jogam as Brancas (2 pontos)

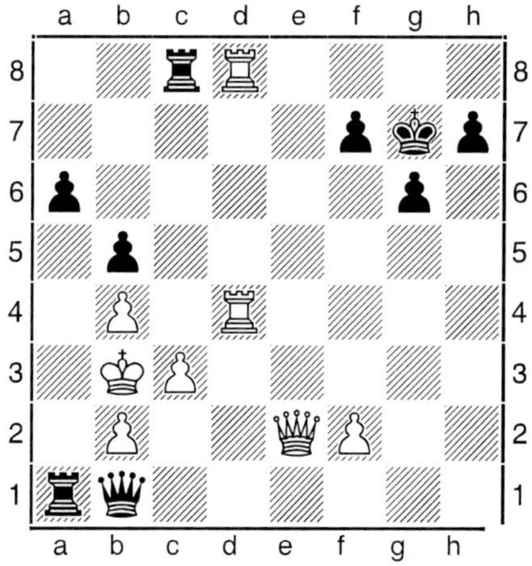

775) Jogam as Pretas (2 pontos)

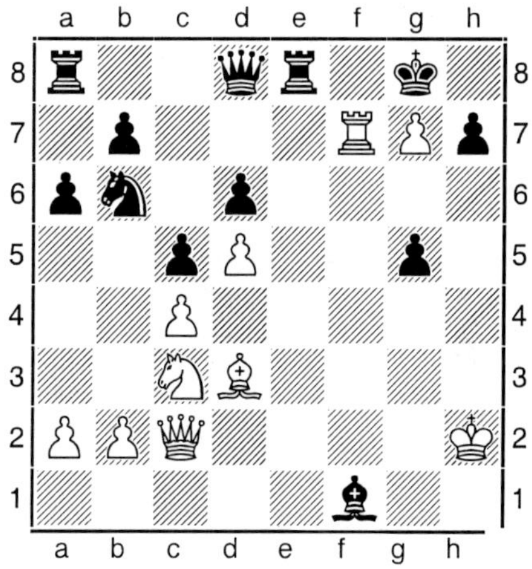

776) Jogam as Brancas (2 pontos)

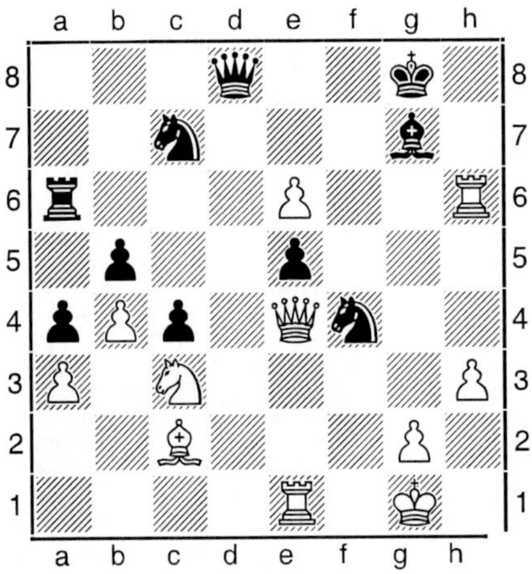

777) Jogam as Brancas (2 pontos)

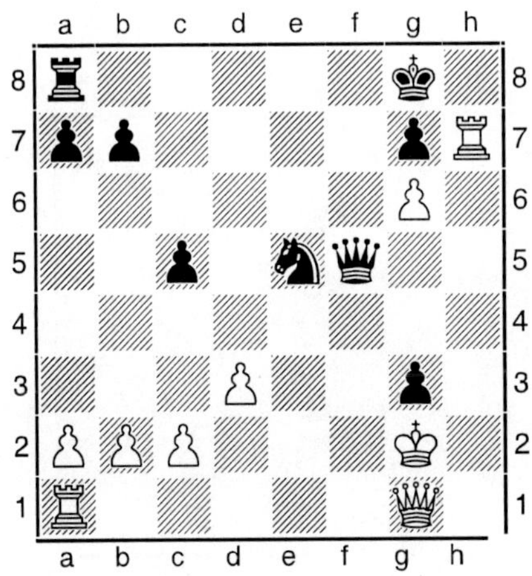

778) Jogam as Pretas (2 pontos)

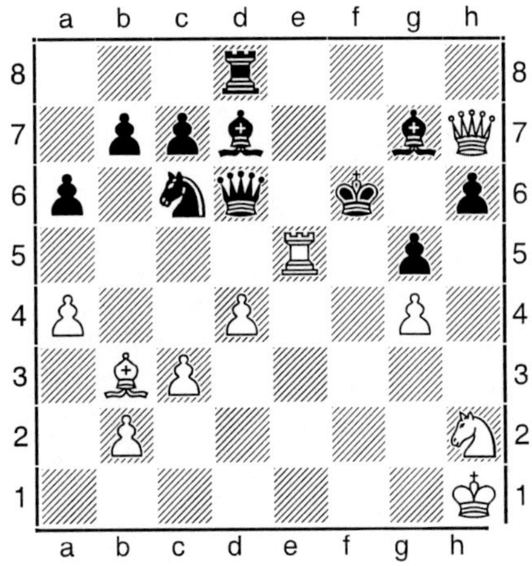

779) Jogam as Brancas (2 pontos)

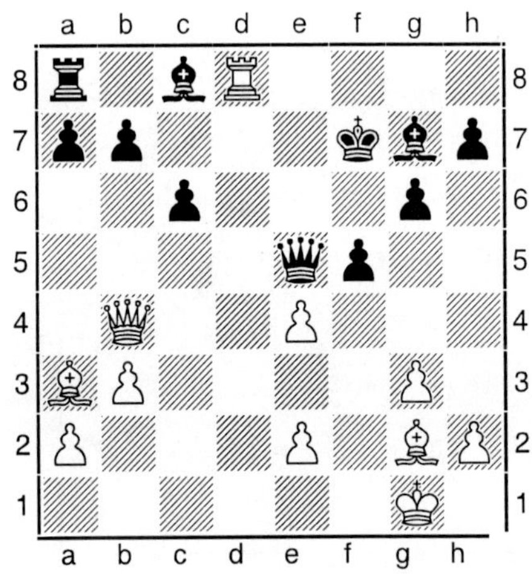

780) Jogam as Brancas (2 pontos)

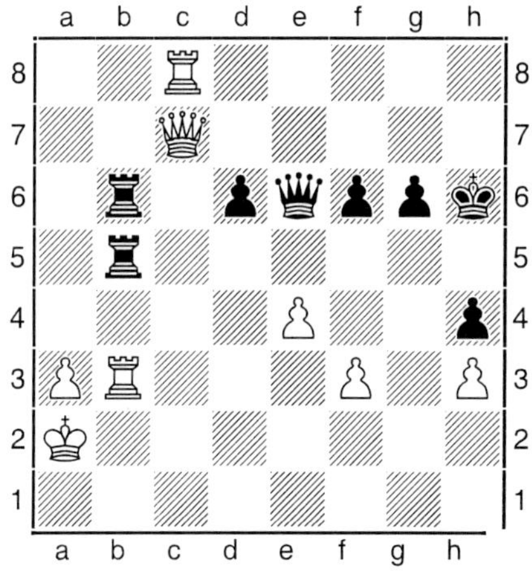

781) Jogam as Brancas (2 pontos)

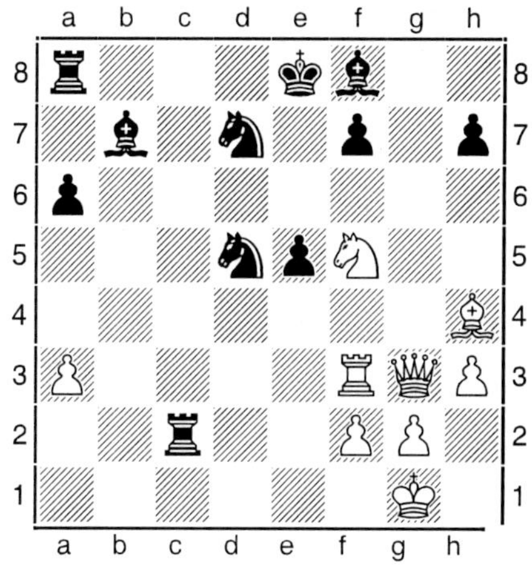

783) Jogam as Brancas (2 pontos)

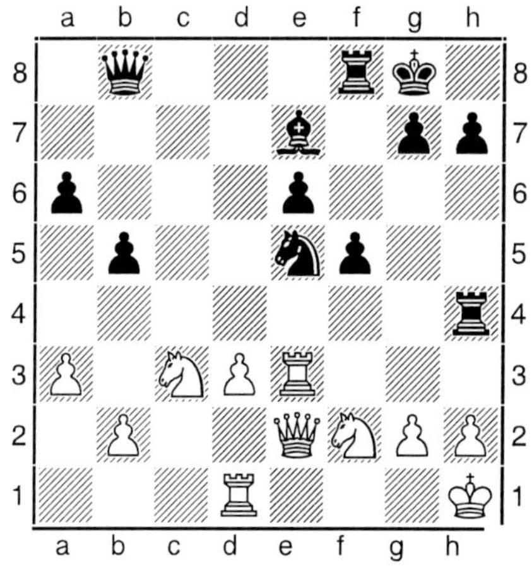

782) Jogam as Pretas (2 pontos)

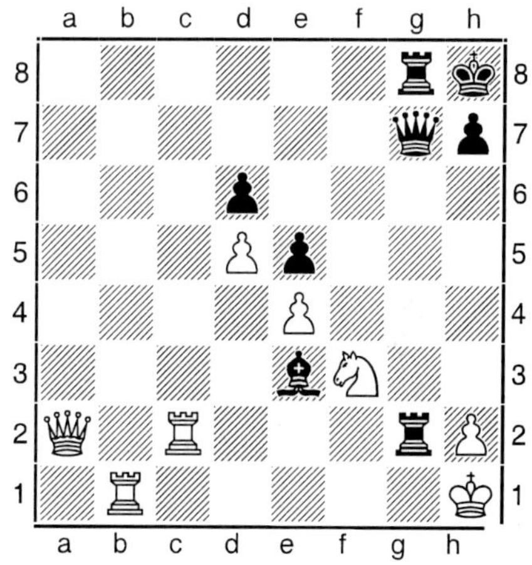

784) Jogam as Pretas (2 pontos)

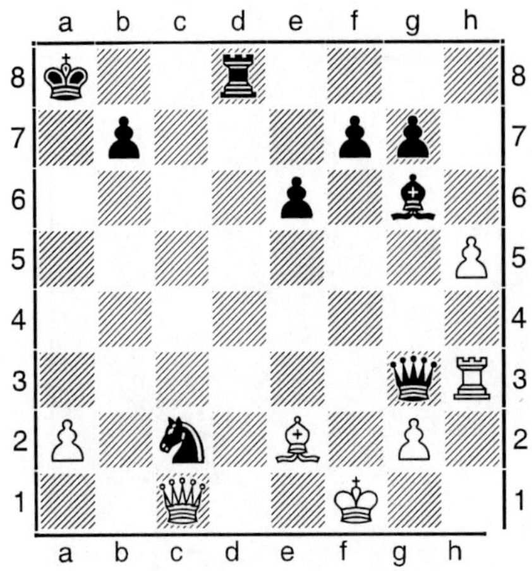

785) Jogam as Pretas (2 pontos)

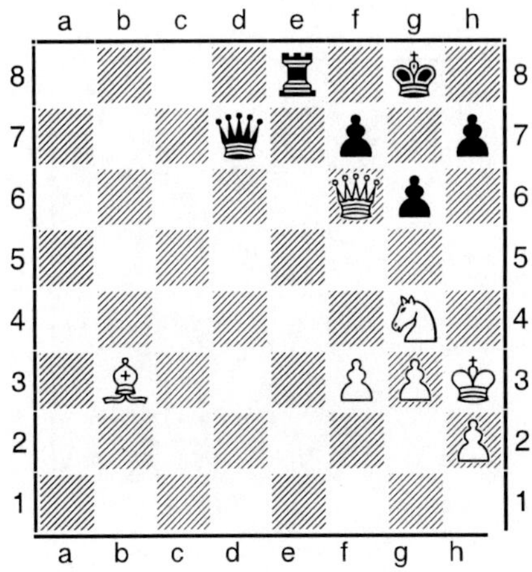

786) Jogam as Brancas (2 pontos)

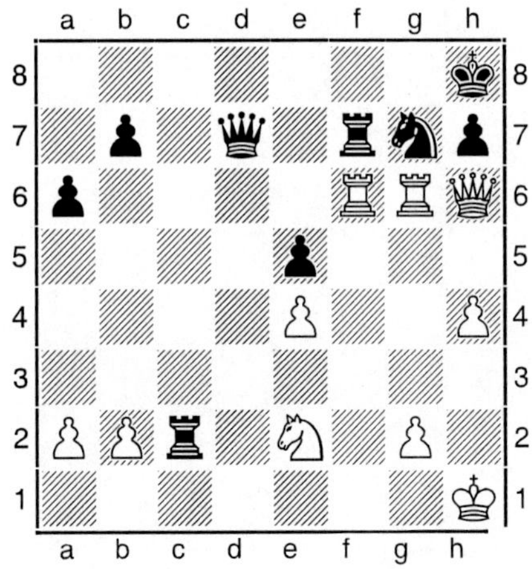

787) Jogam as Brancas (2 pontos)

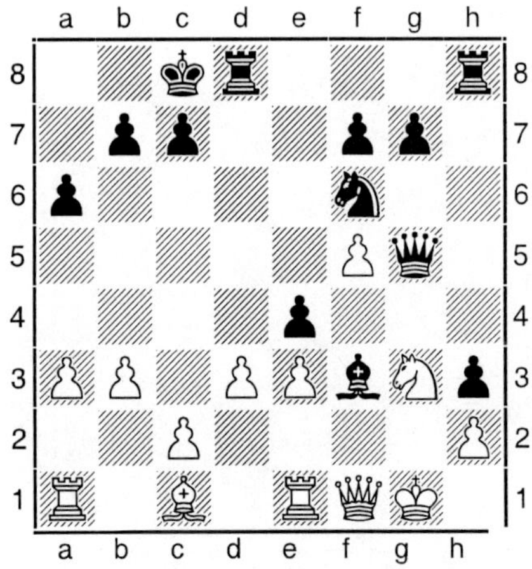

788) Jogam as Pretas (2 pontos)

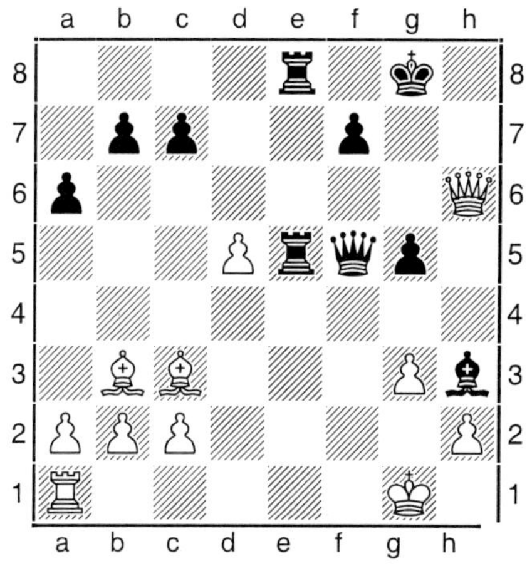

789) Jogam as Pretas (2 pontos)

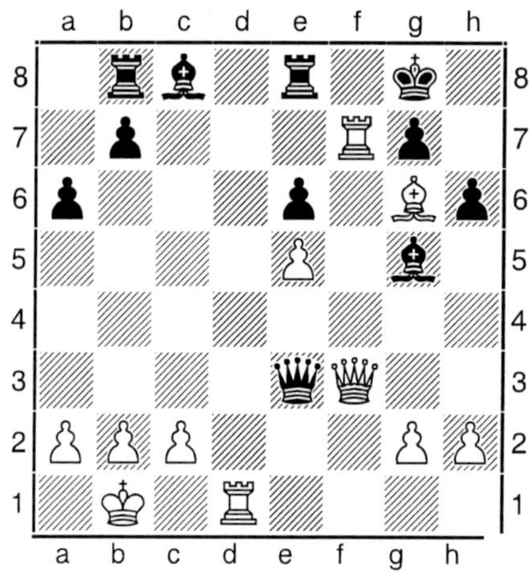

790) Jogam as Brancas (2 pontos)

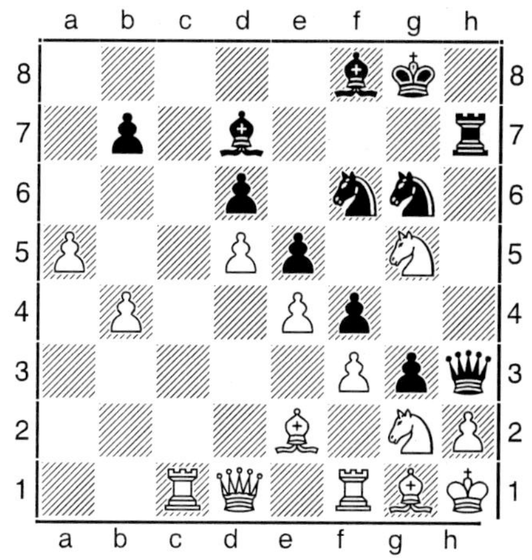

791) Jogam as Pretas (2 pontos)

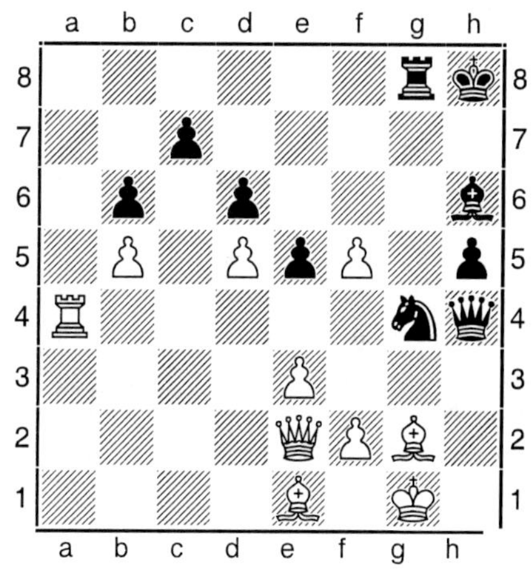

792) Jogam as Pretas (2 pontos)

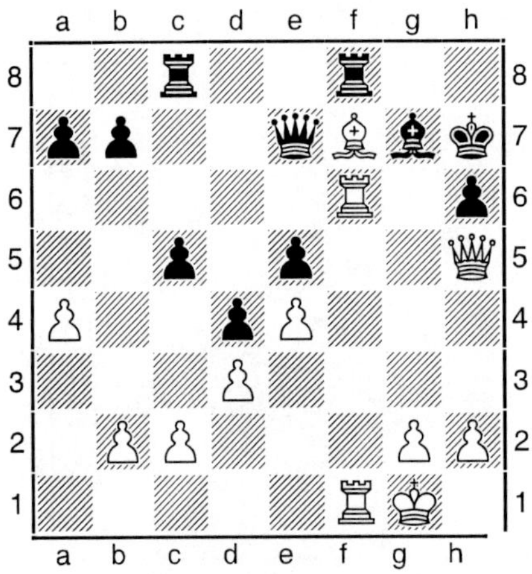

793) Jogam as Brancas (2 pontos)

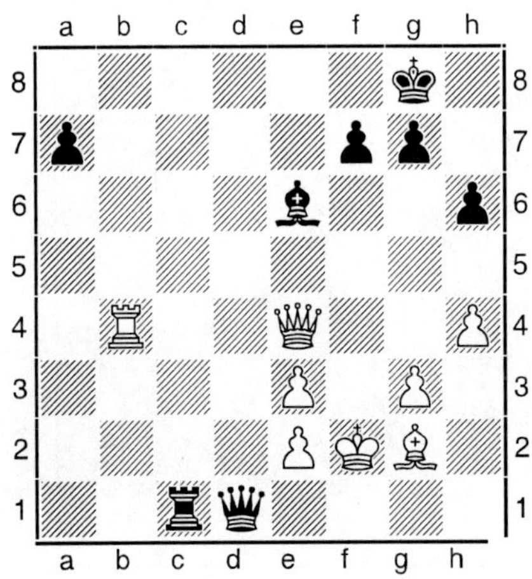

794) Jogam as Pretas (2 pontos)

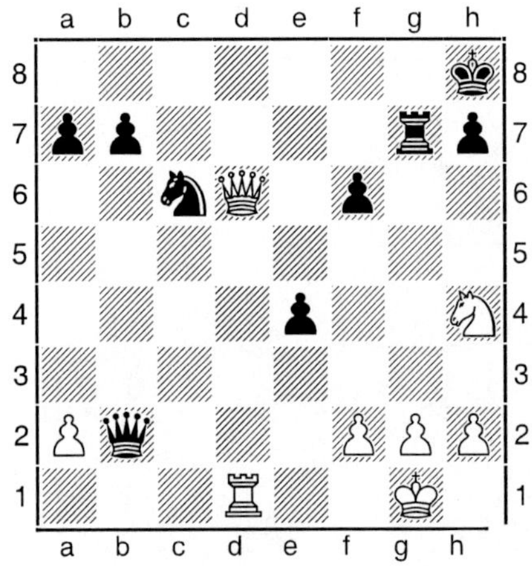

795) Jogam as Brancas (2 pontos)

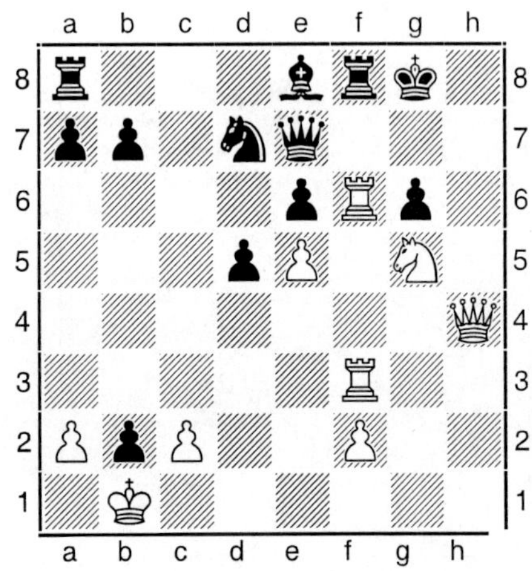

796) Jogam as Brancas (2 pontos)

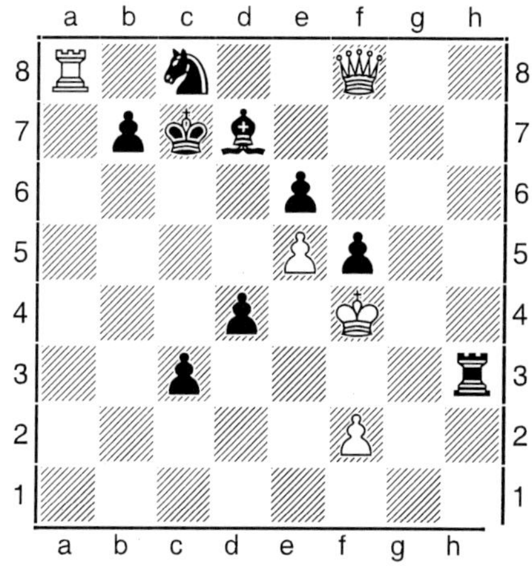

797) Jogam as Brancas (2 pontos)

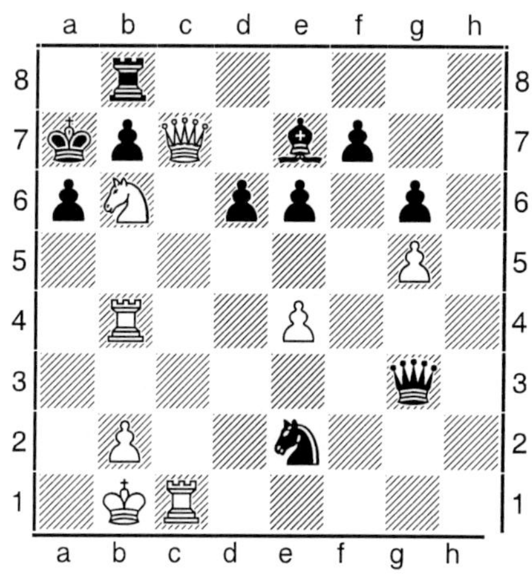

798) Jogam as Brancas (2 pontos)

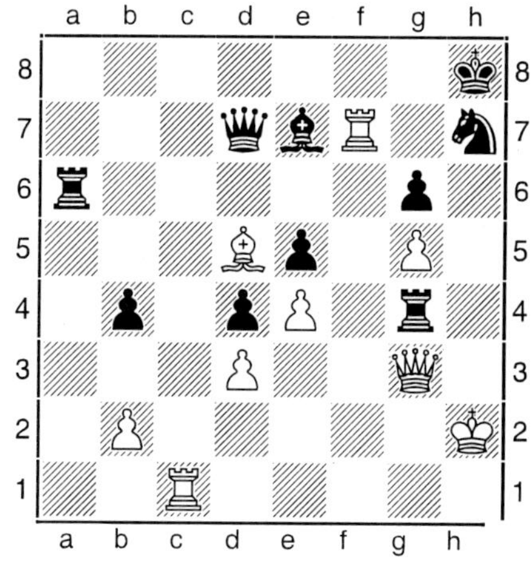

799) Jogam as Brancas (2 pontos)

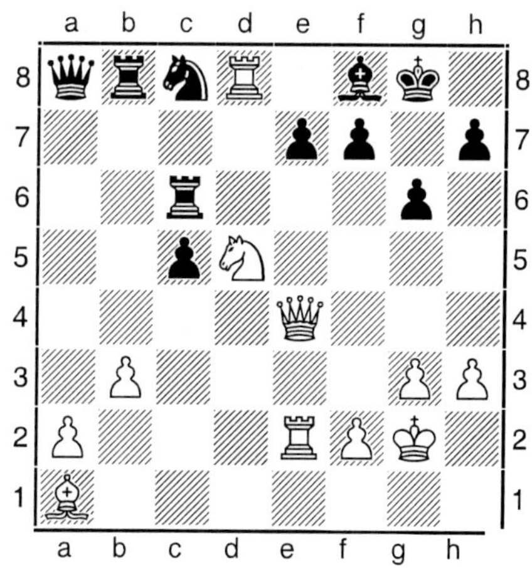

800) Jogam as Brancas (2 pontos)

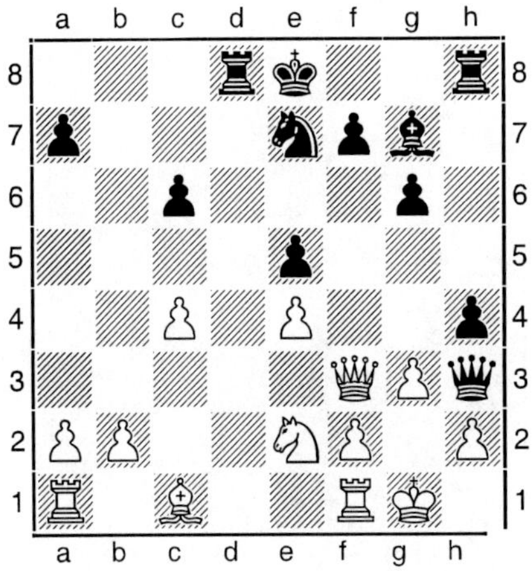

801) Jogam as Pretas (2 pontos)

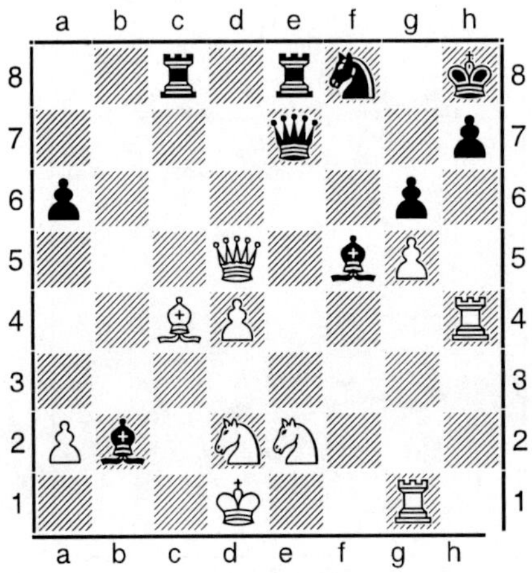

802) Jogam as Pretas (2 pontos)

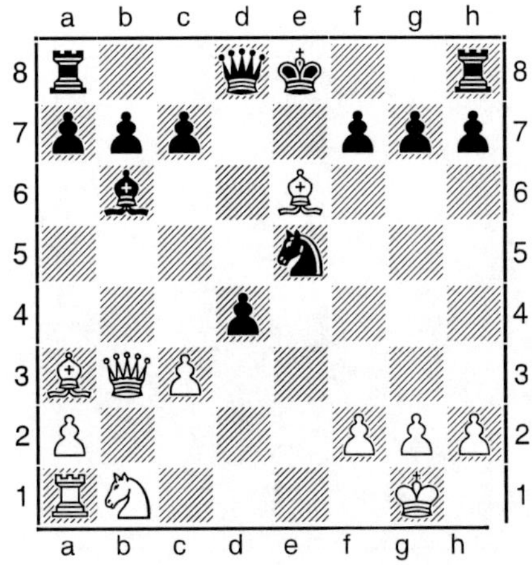

803) Jogam as Brancas (2 pontos)

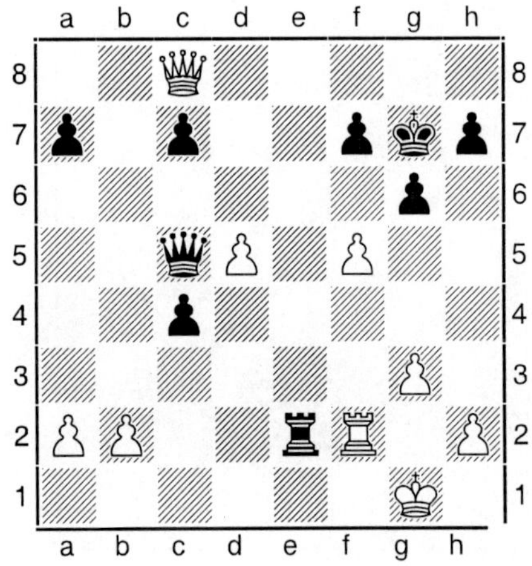

804) Jogam as Brancas (2 pontos)

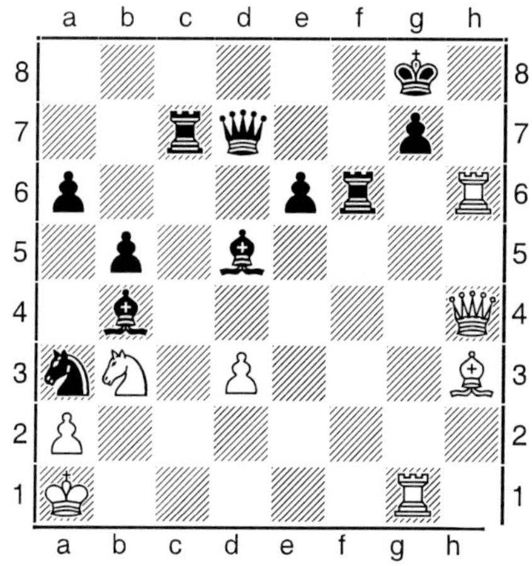

805) Jogam as Brancas (2 pontos)

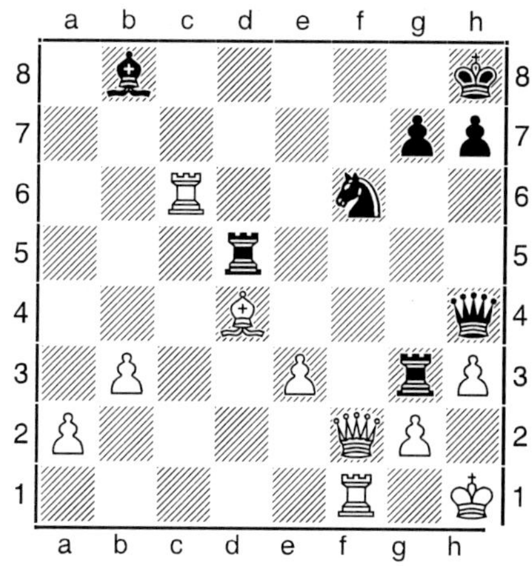

807) Jogam as Brancas (2 pontos)

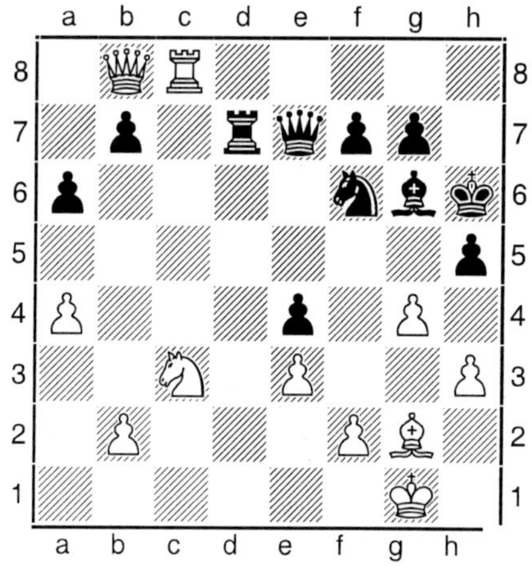

806) Jogam as Brancas (2 pontos)

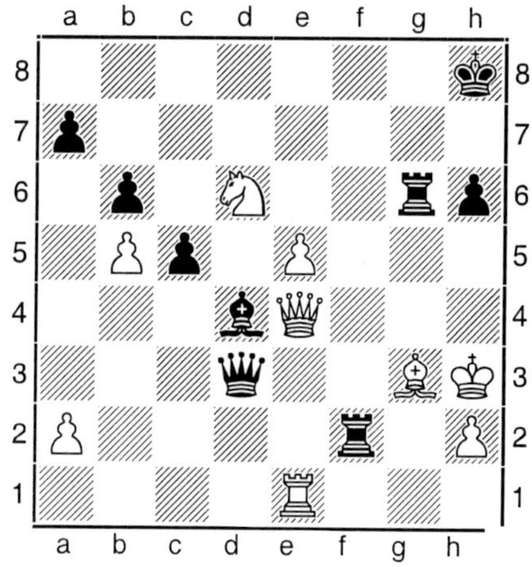

808) Jogam as Pretas (2 pontos)

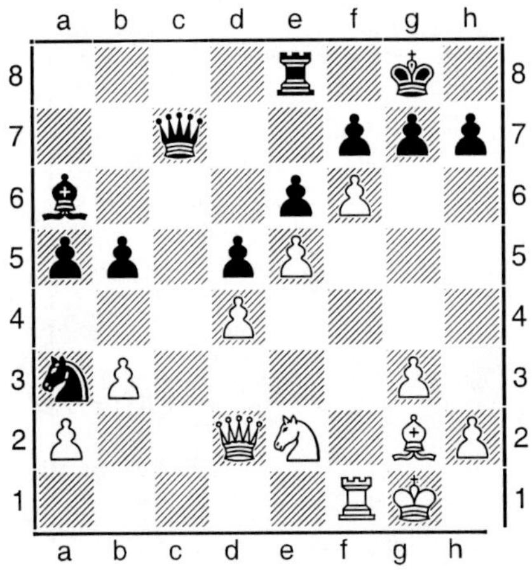

809) Jogam as Brancas (2 pontos)

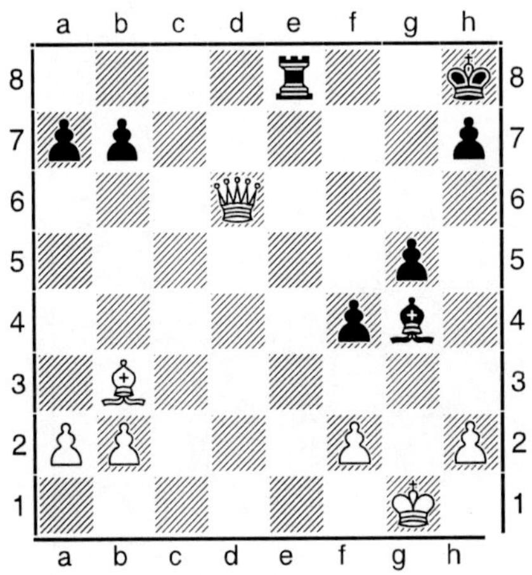

810) Jogam as Pretas (2 pontos)

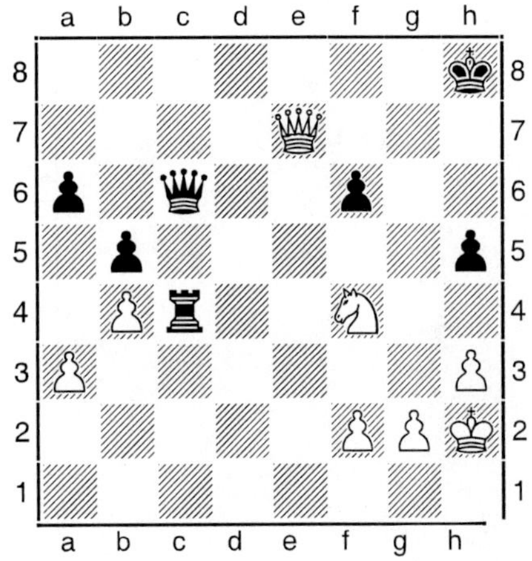

811) Jogam as Brancas (2 pontos)

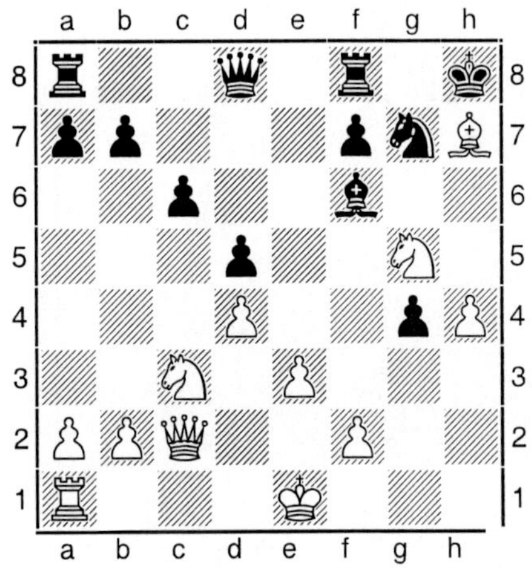

812) Jogam as Brancas (2 pontos)

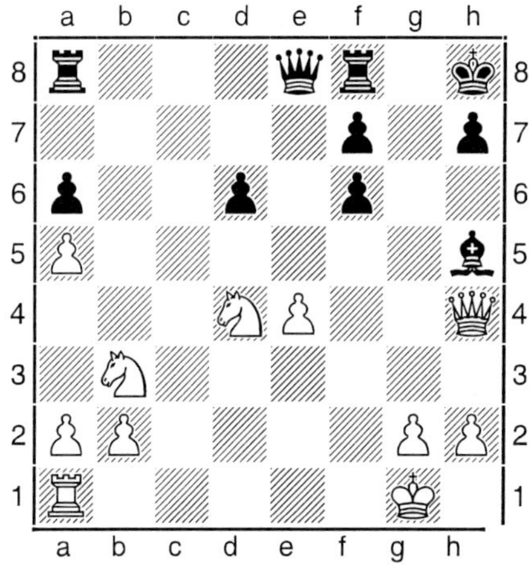

813) Jogam as Brancas (2 pontos)

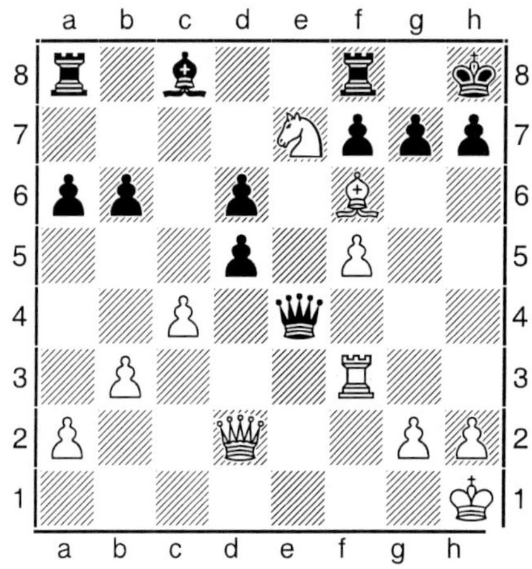

814) Jogam as Brancas (2 pontos)

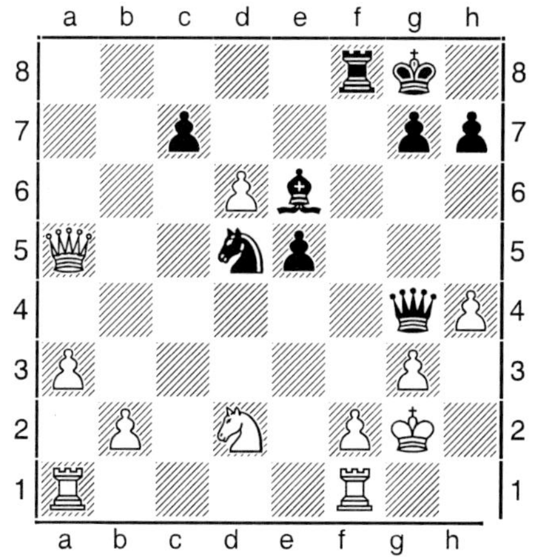

815) Jogam as Pretas (2 pontos)

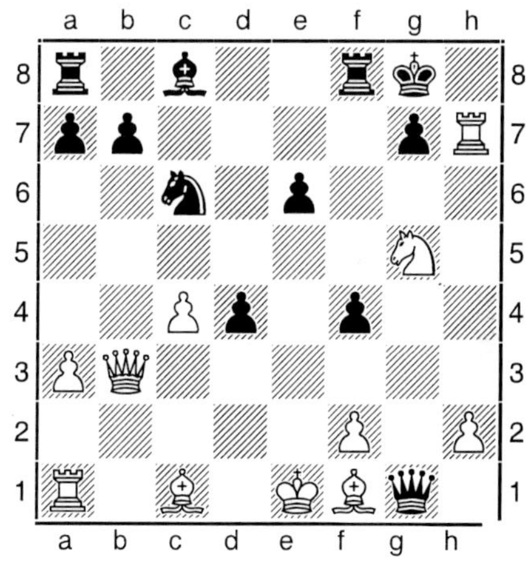

816) Jogam as Brancas (2 pontos)

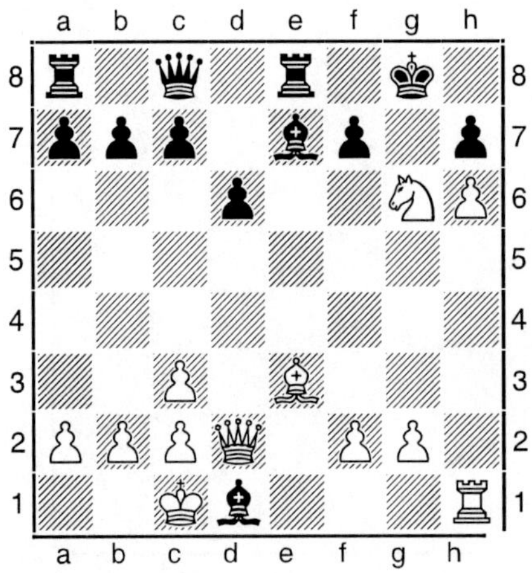

817) Jogam as Brancas (2 pontos)

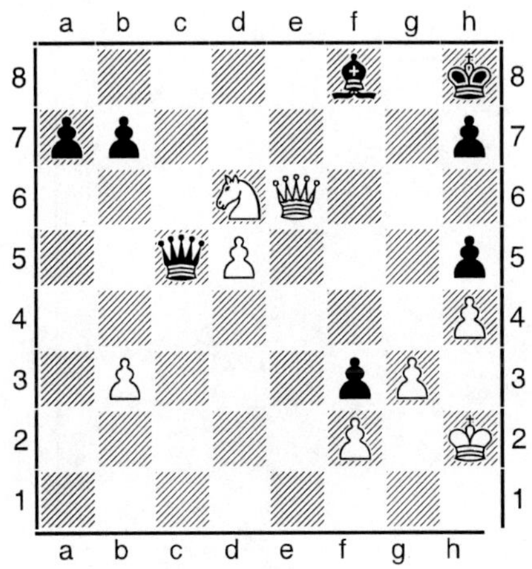

818) Jogam as Brancas (2 pontos)

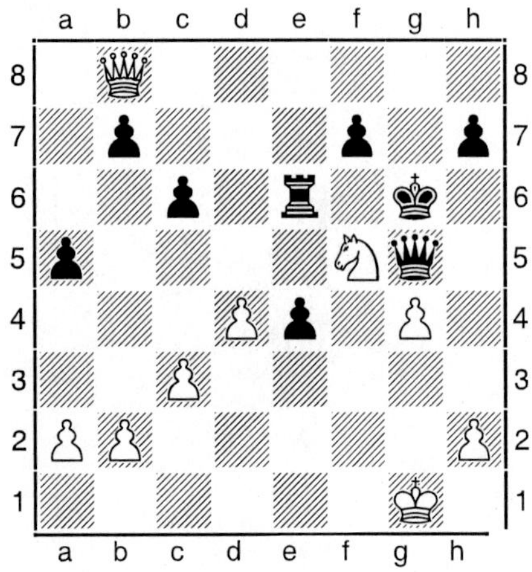

819) Jogam as Brancas (2 pontos)

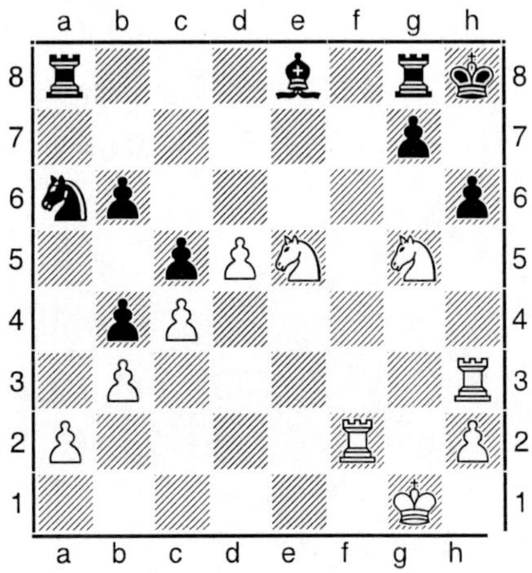

820) Jogam as Brancas (2 pontos)

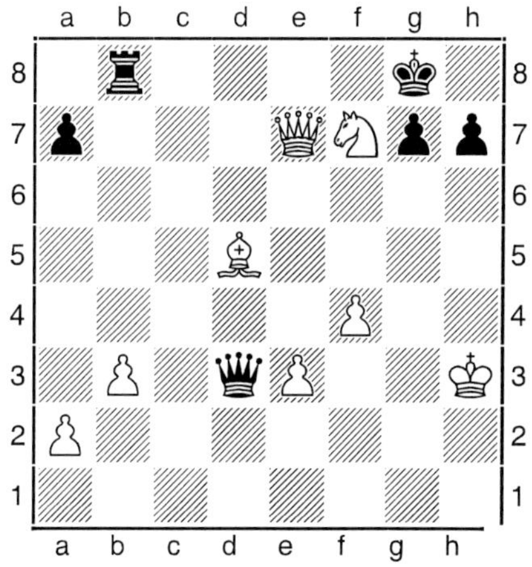

821) Jogam as Brancas (2 pontos)

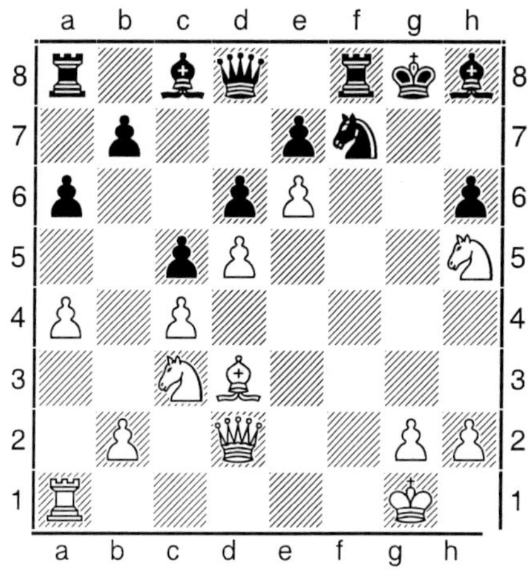

822) Jogam as Brancas (2 pontos)

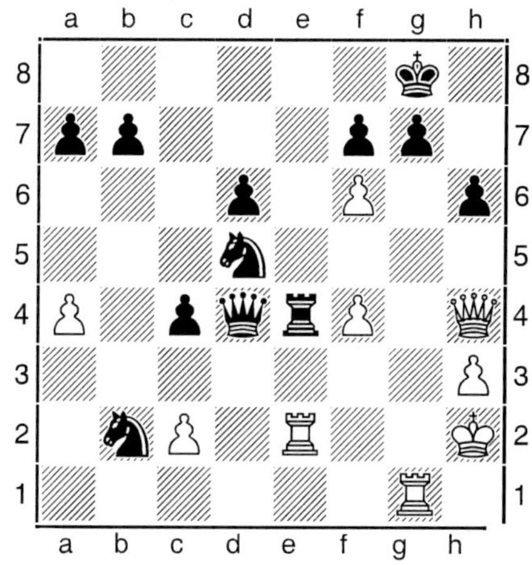

823) Jogam as Brancas (3 pontos)

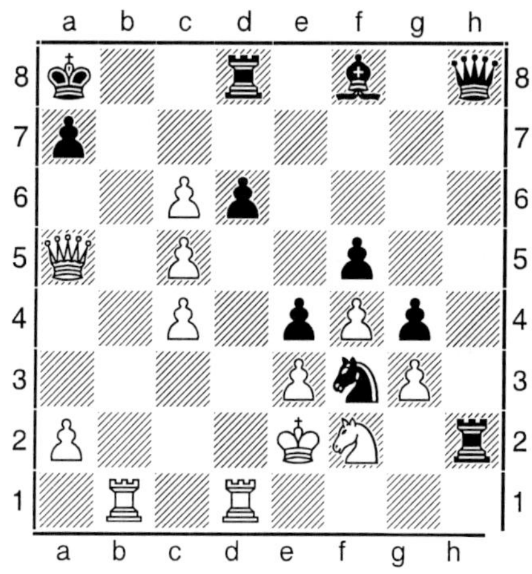

824) Jogam as Pretas (3 pontos)

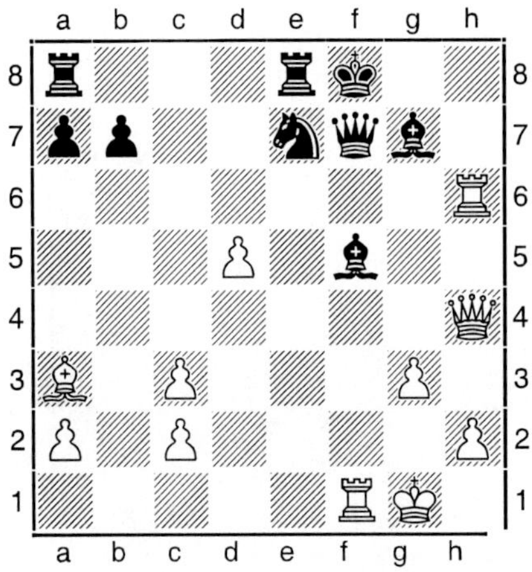

825) Jogam as Brancas (3 pontos)

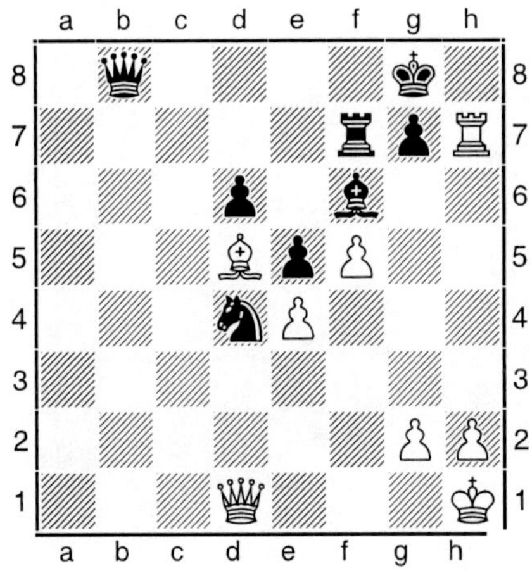

826) Jogam as Brancas (3 pontos)

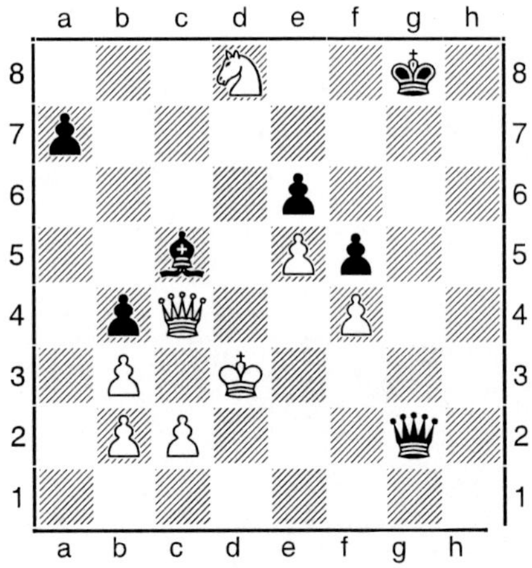

827) Jogam as Pretas (3 pontos)

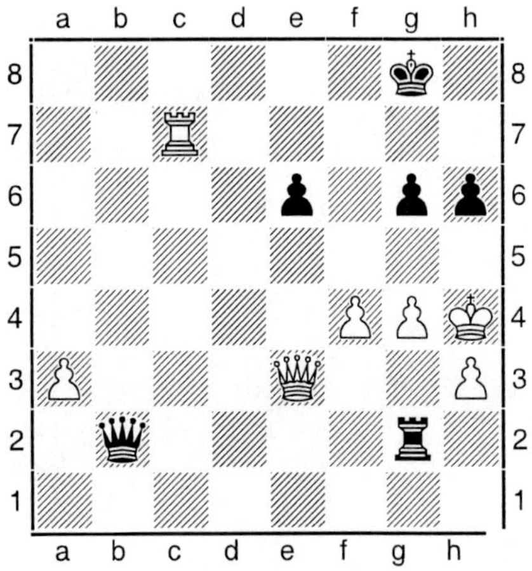

828) Jogam as Pretas (3 pontos)

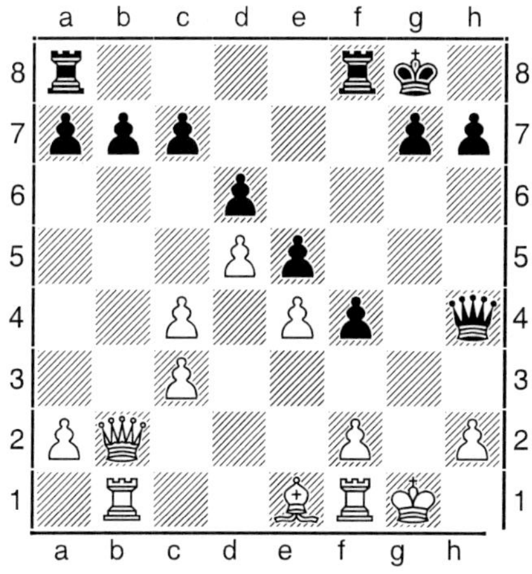

829) Jogam as Pretas (3 pontos)

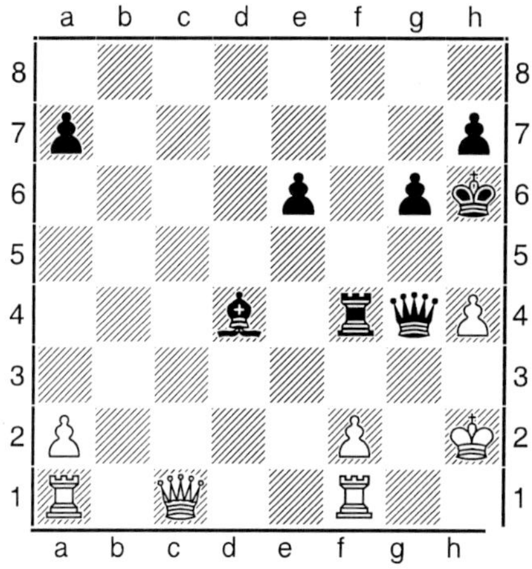

830) Jogam as Pretas (3 pontos)

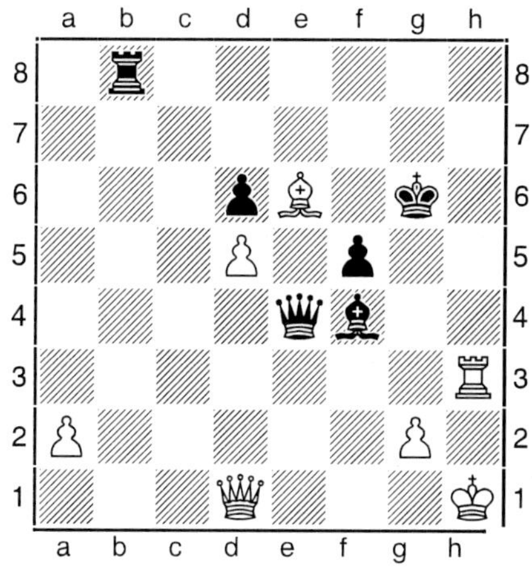

831) Jogam as Brancas (3 pontos)

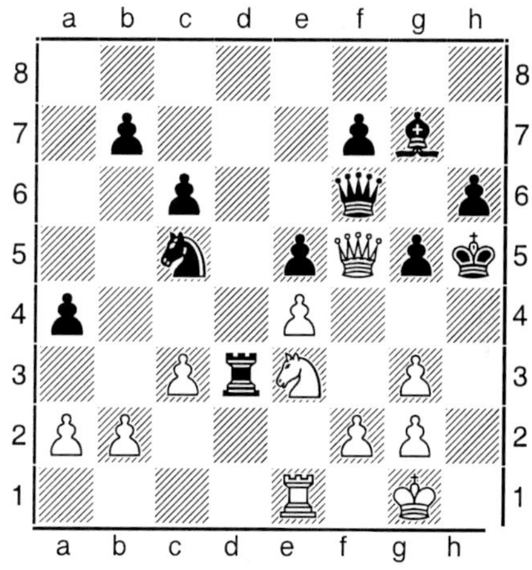

832) Jogam as Brancas (3 pontos)

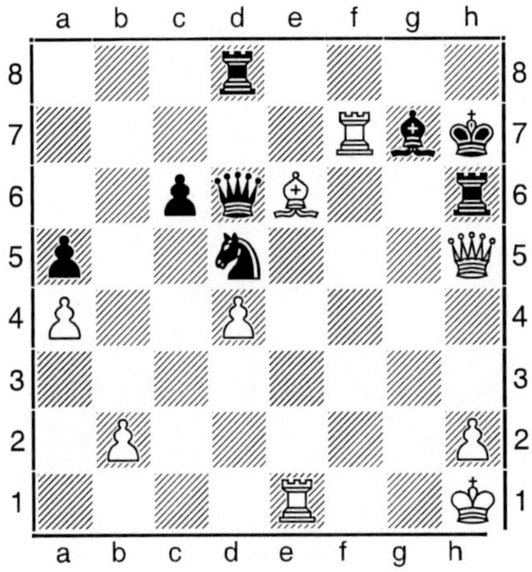

833) Jogam as Brancas (3 pontos)

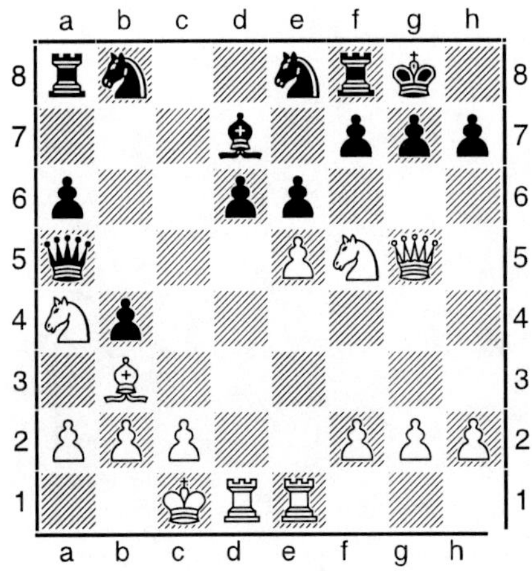

834) Jogam as Brancas (3 pontos)

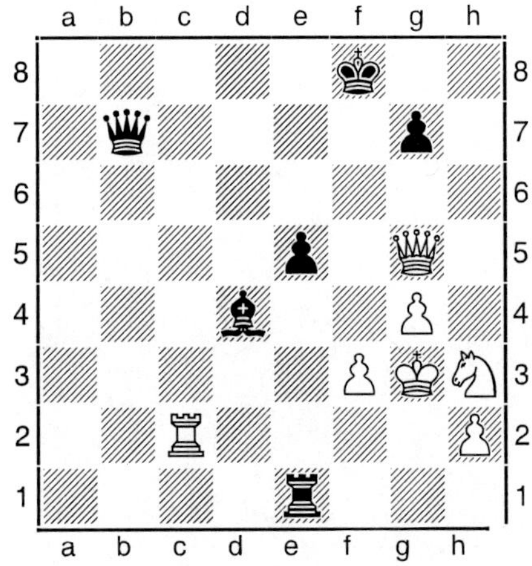

835) Jogam as Brancas (3 pontos)

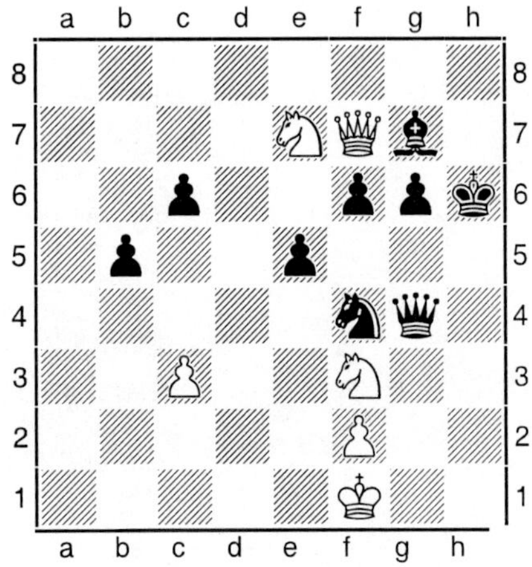

836) Jogam as Brancas (3 pontos)

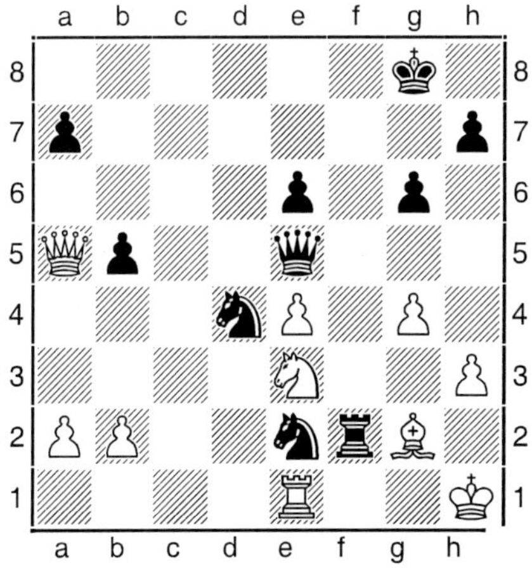

837) Jogam as Pretas (3 pontos)

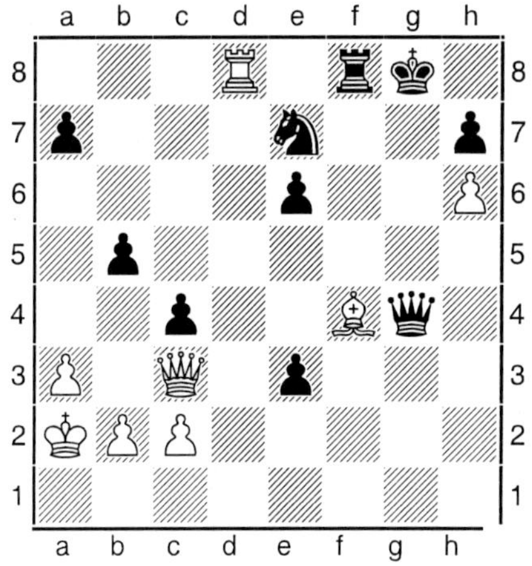

838) Jogam as Brancas (3 pontos)

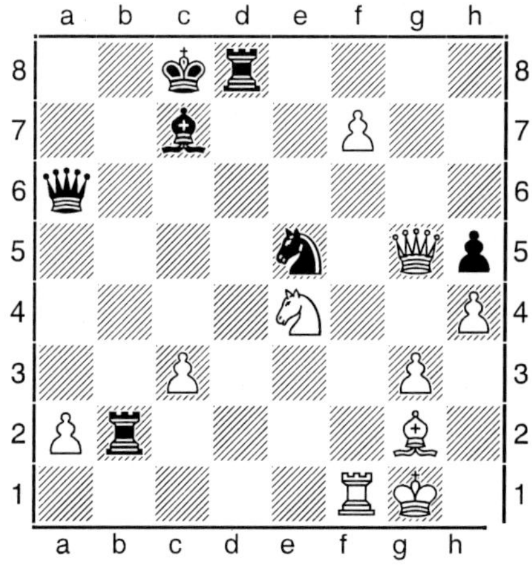

839) Jogam as Pretas (3 pontos)

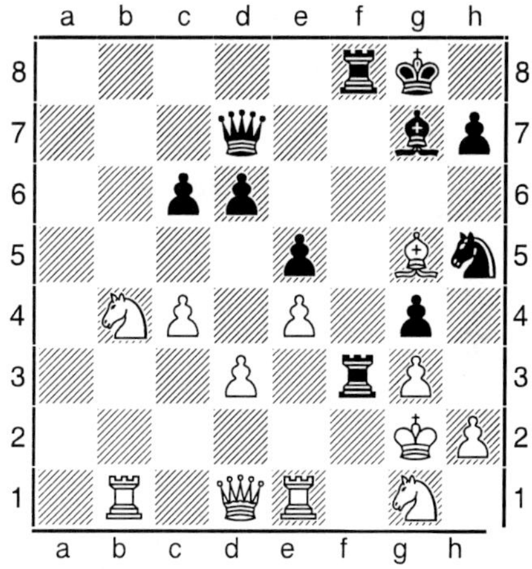

840) Jogam as Pretas (3 pontos)

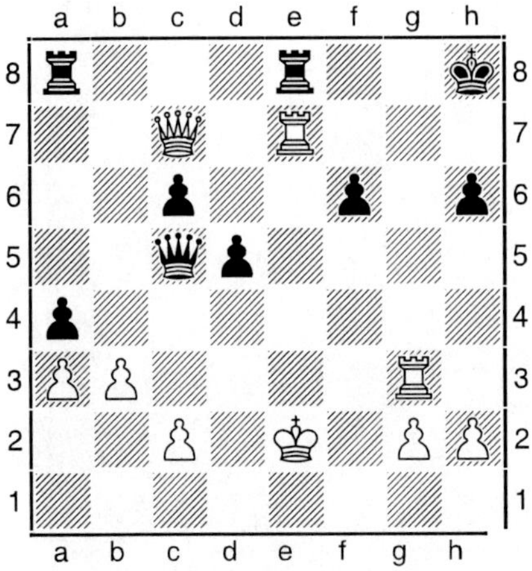

841) Jogam as Brancas (3 pontos)

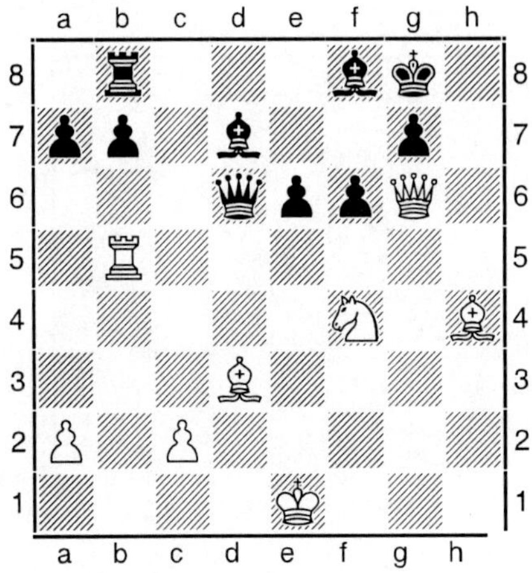

842) Jogam as Brancas (3 pontos)

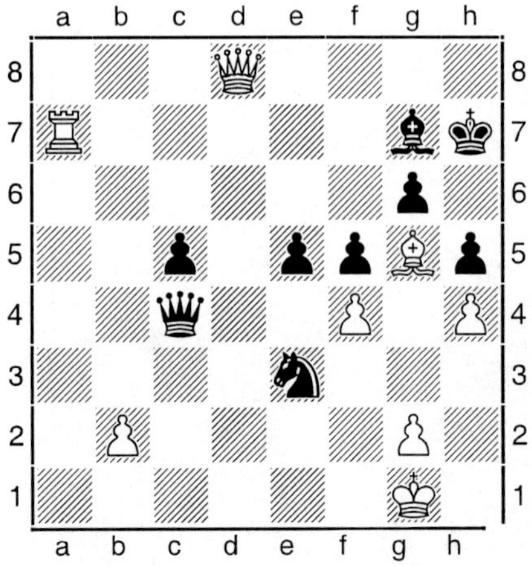

843) Jogam as Brancas (3 pontos)

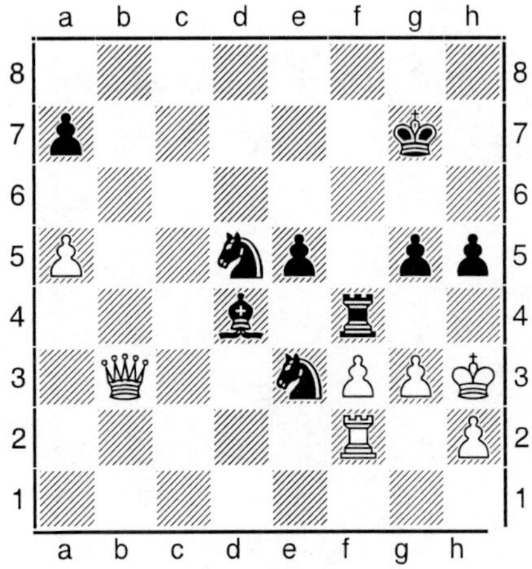

844) Jogam as Pretas (3 pontos)

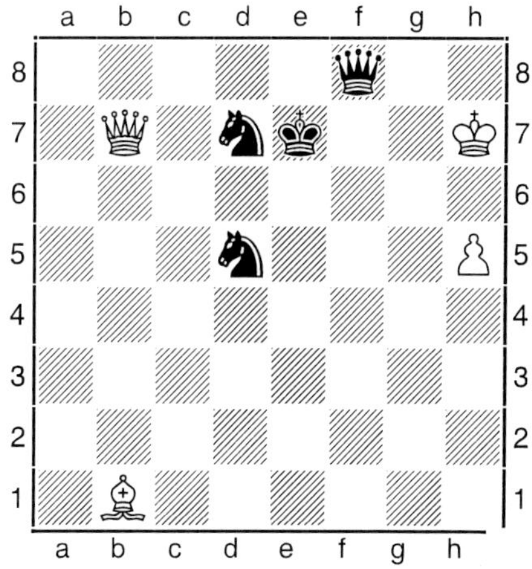

845) Jogam as Pretas (3 pontos)

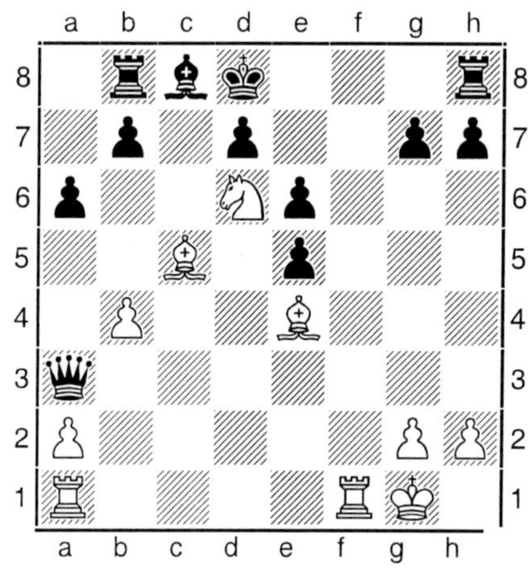

846) Jogam as Brancas (3 pontos)

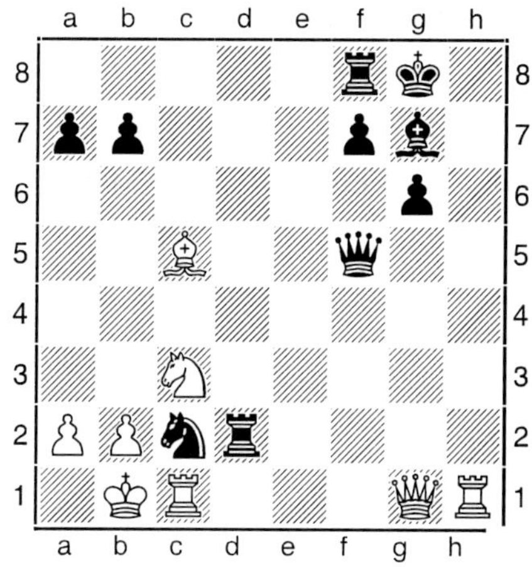

847) Jogam as Pretas (3 pontos)

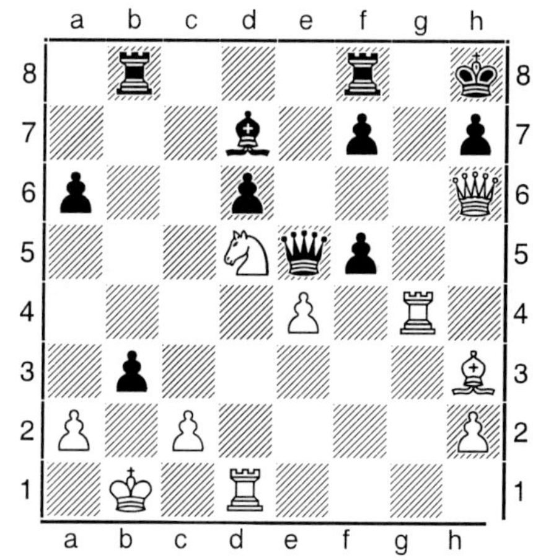

848) Jogam as Brancas (3 pontos)

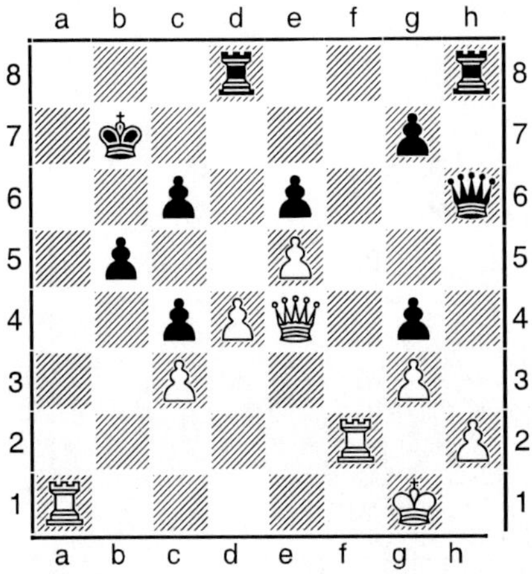

849) Jogam as Brancas (3 pontos)

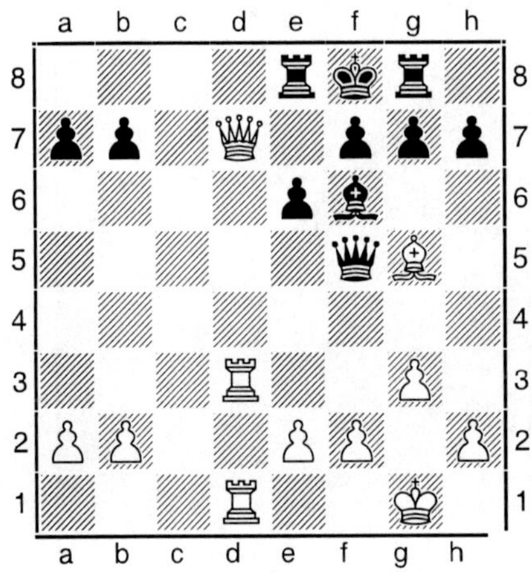

850) Jogam as Brancas (3 pontos)

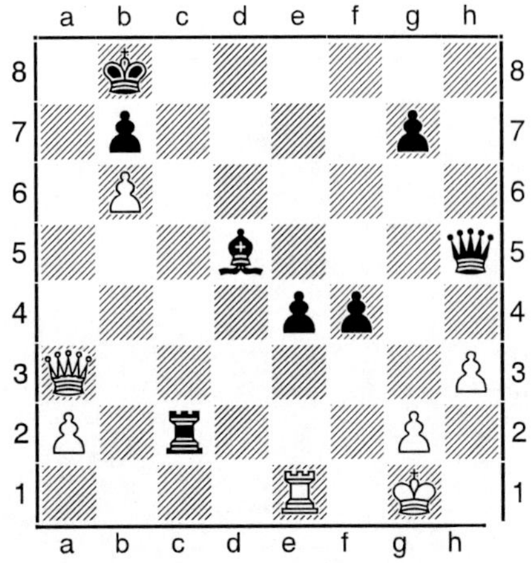

851) Jogam as Brancas (3 pontos)

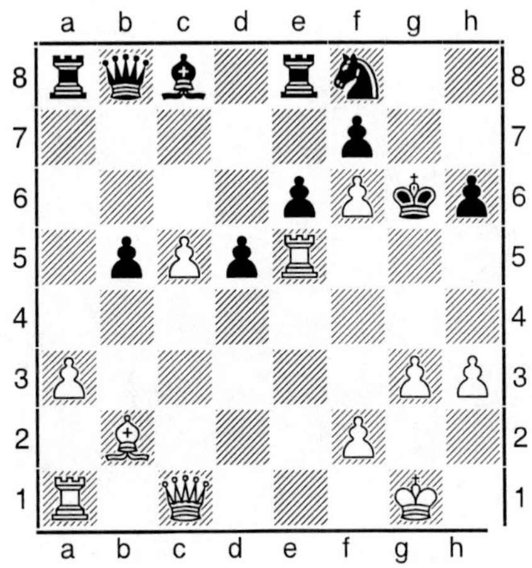

852) Jogam as Brancas (3 pontos)

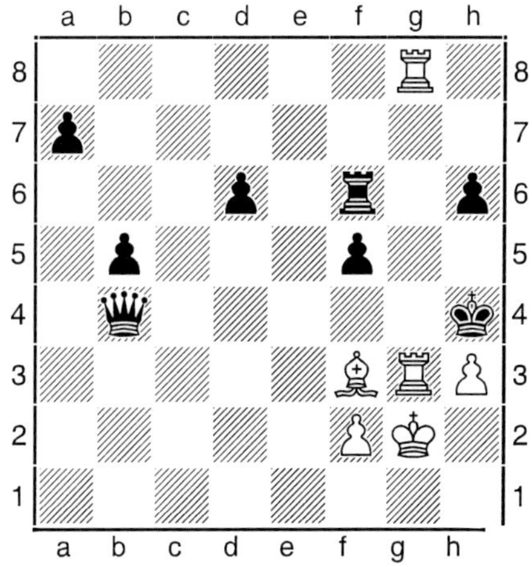

853) Jogam as Brancas (3 pontos)

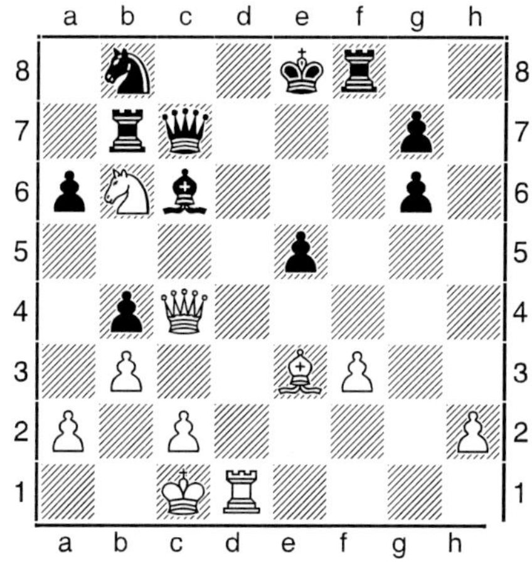

855) Jogam as Brancas (3 pontos)

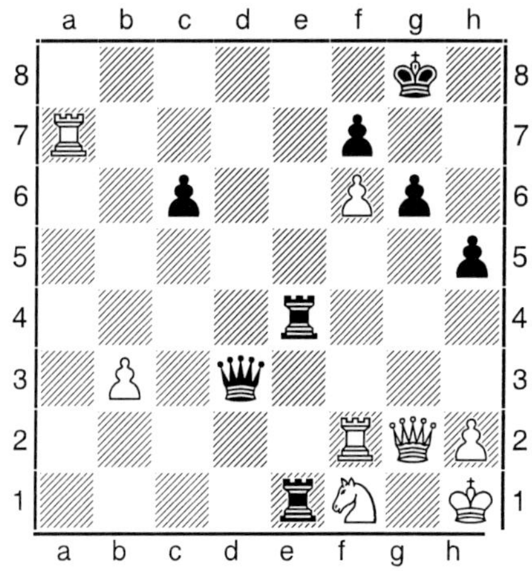

854) Jogam as Brancas (3 pontos)

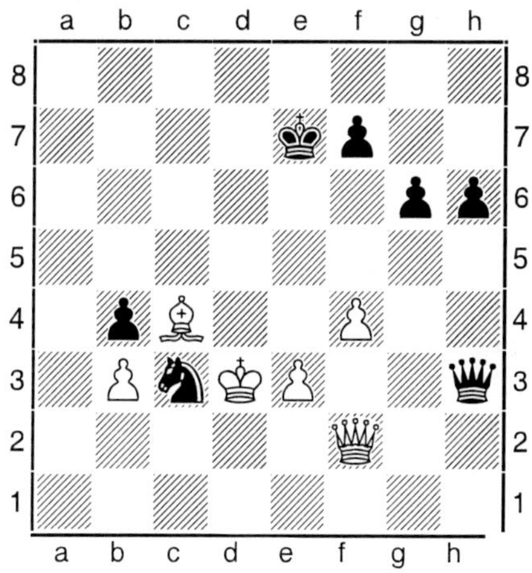

856) Jogam as Pretas (3 pontos)

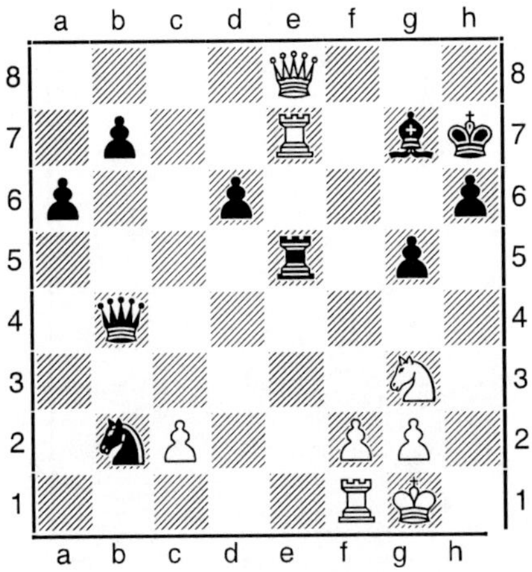

857) Jogam as Brancas (3 pontos)

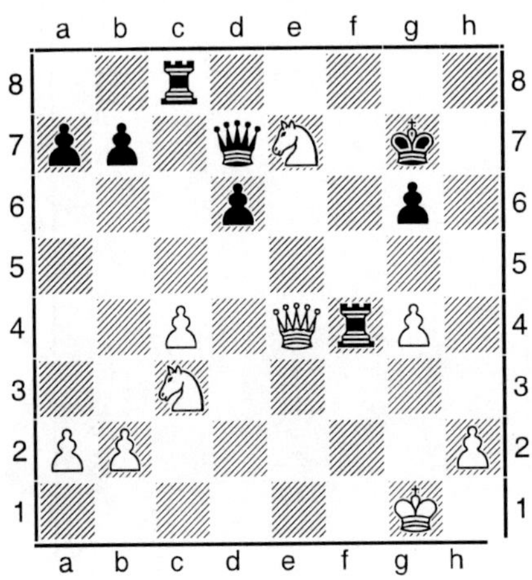

858) Jogam as Brancas (3 pontos)

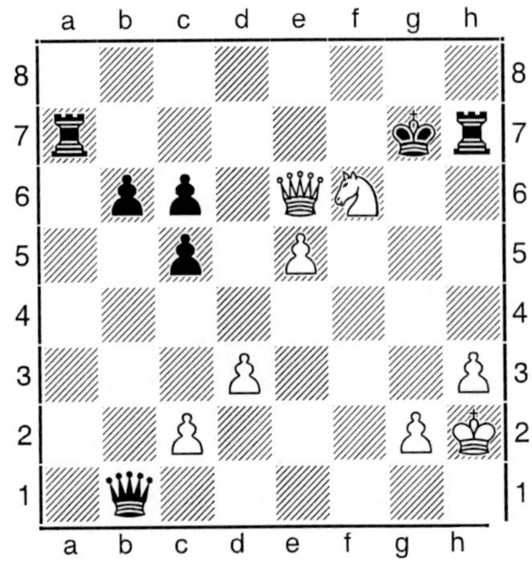

859) Jogam as Brancas (3 pontos)

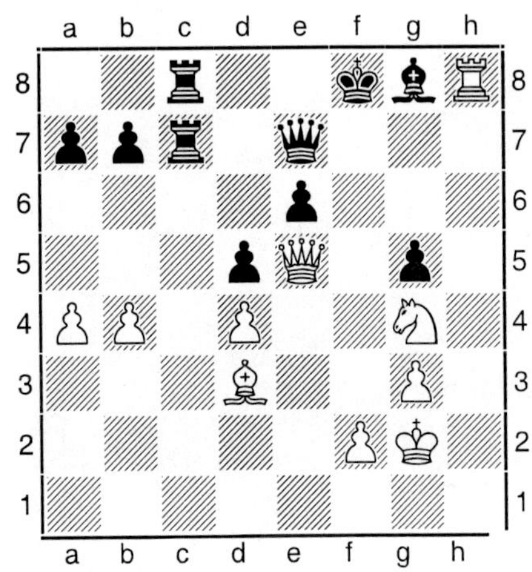

860) Jogam as Brancas (3 pontos)

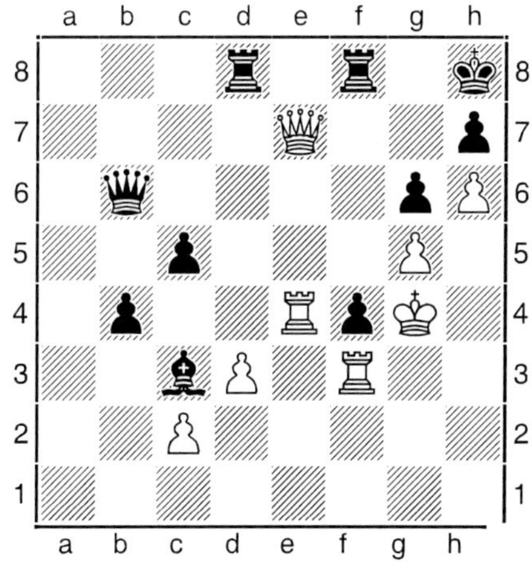

861) Jogam as Brancas (3 pontos)

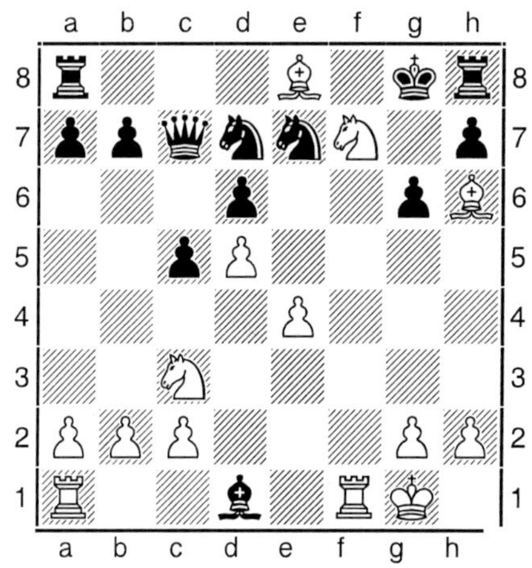

862) Jogam as Brancas (3 pontos)

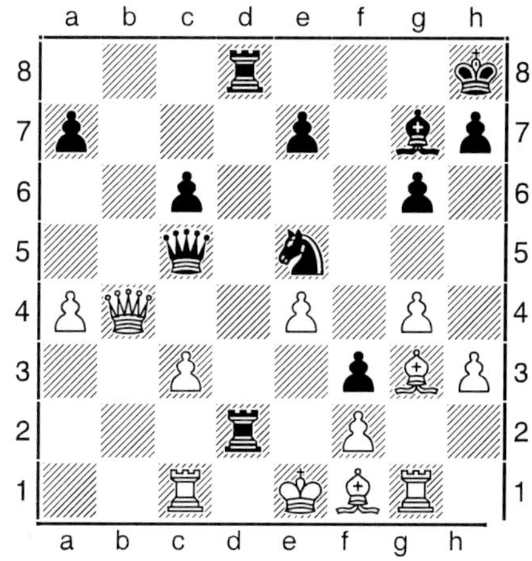

863) Jogam as Pretas (3 pontos)

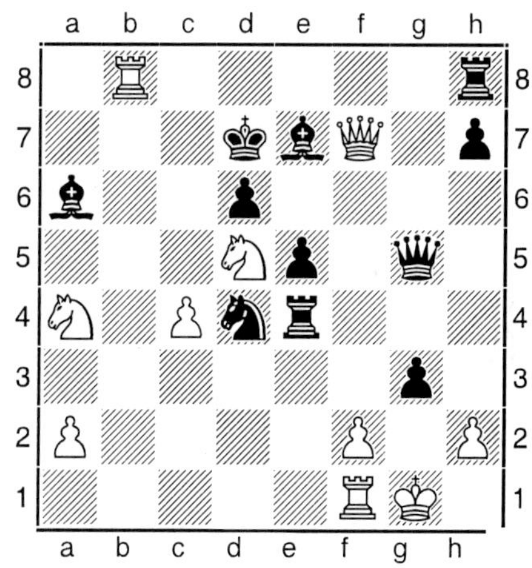

864) Jogam as Brancas (3 pontos)

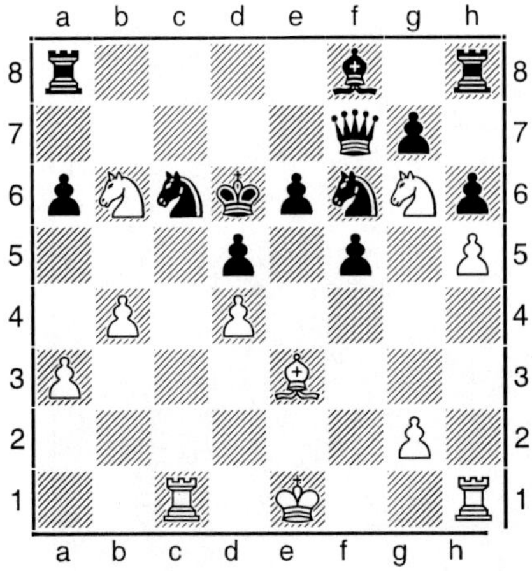

865) Jogam as Brancas (4 pontos)

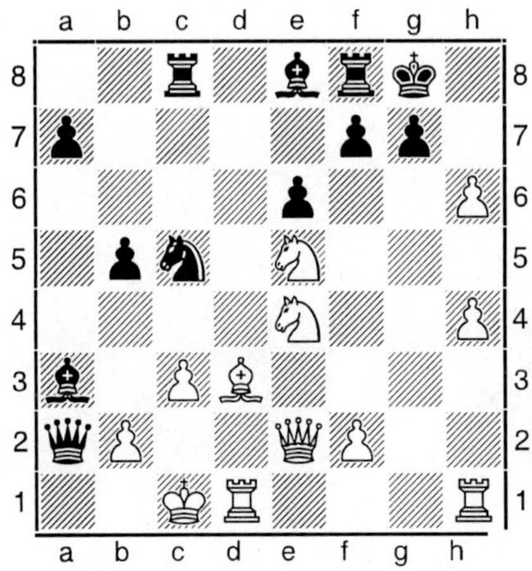

866) Jogam as Brancas (4 pontos)

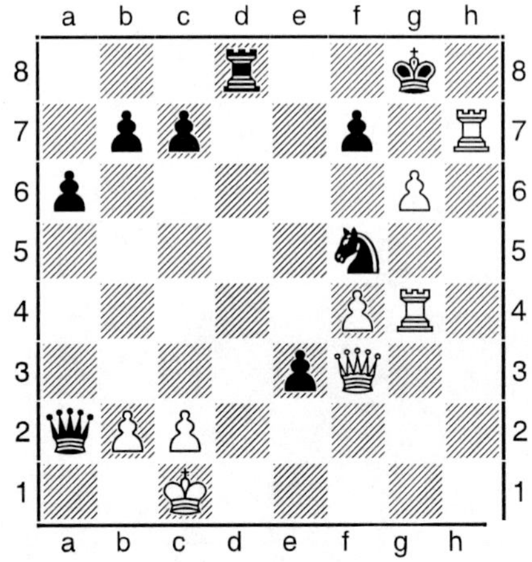

867) Jogam as Brancas (4 pontos)

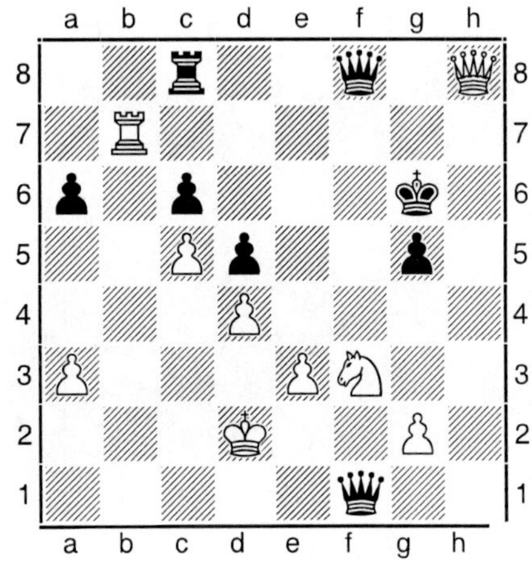

868) Jogam as Brancas (4 pontos)

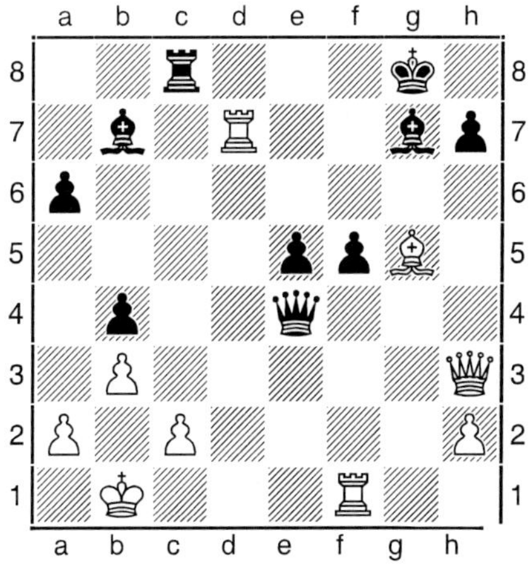

869) Jogam as Brancas (4 pontos)

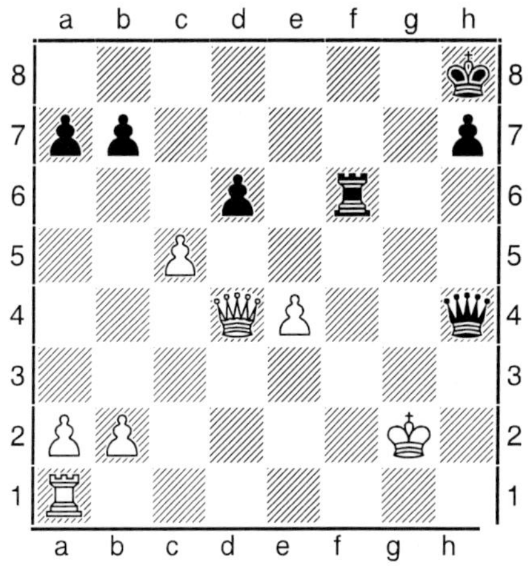

870) Jogam as Pretas (4 pontos)

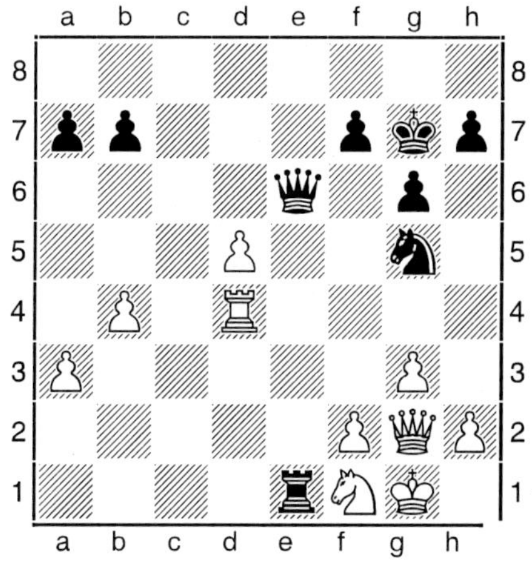

871) Jogam as Pretas (4 pontos)

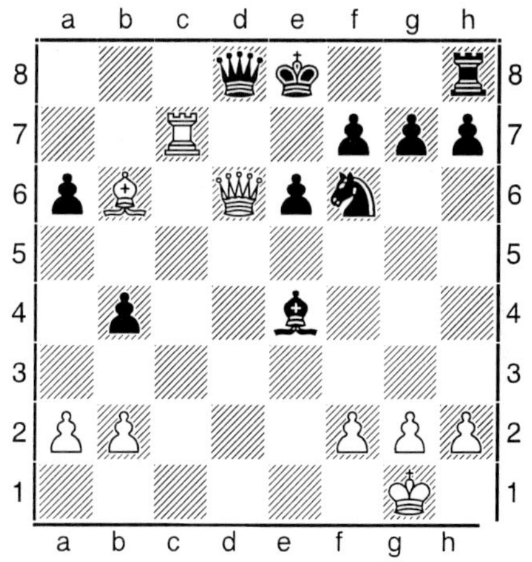

872) Jogam as Brancas (4 pontos)

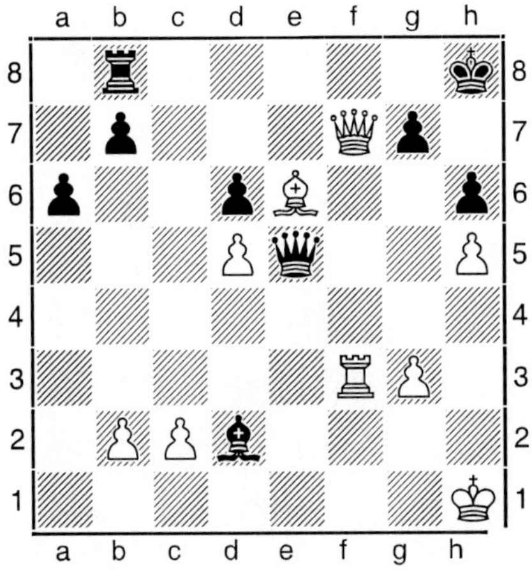

873) Jogam as Brancas (4 pontos)

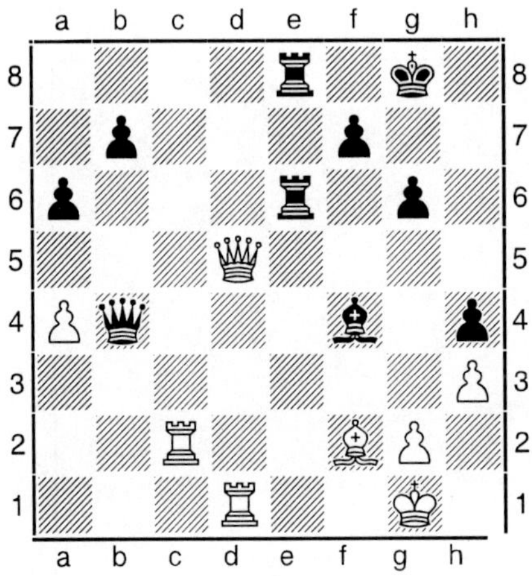

874) Jogam as Pretas (4 pontos)

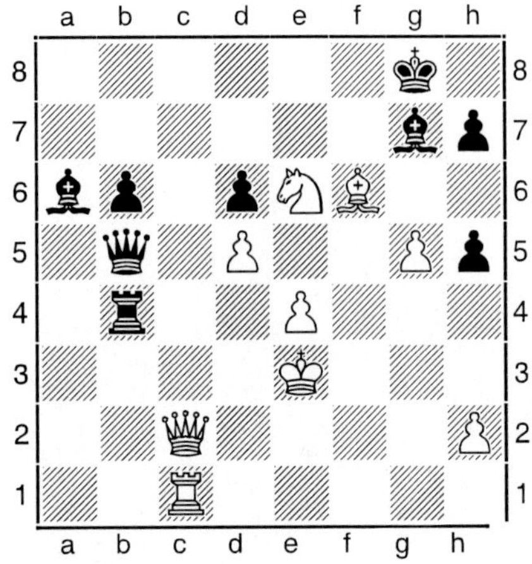

875) Jogam as Brancas (4 pontos)

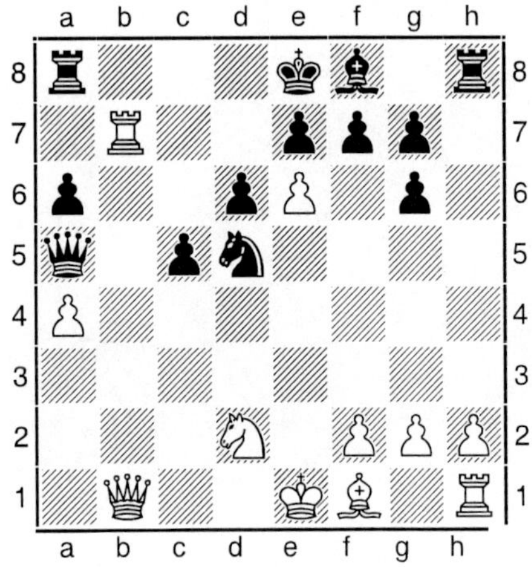

876) Jogam as Brancas (4 pontos)

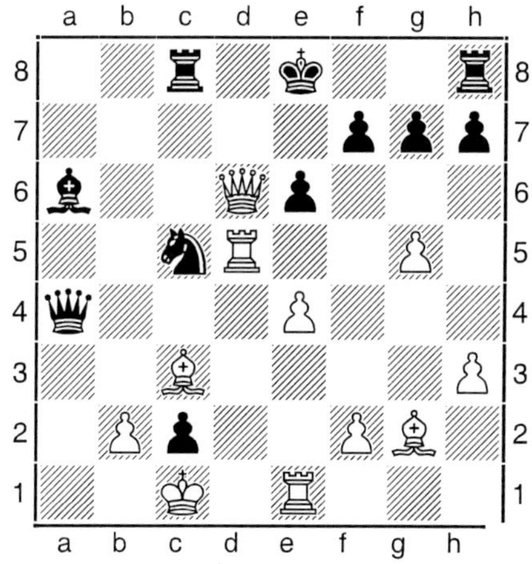

877) Jogam as Pretas (4 pontos)

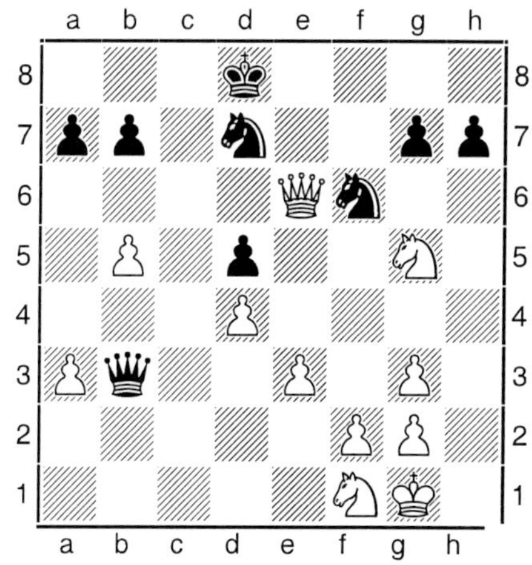

878) Jogam as Brancas (4 pontos)

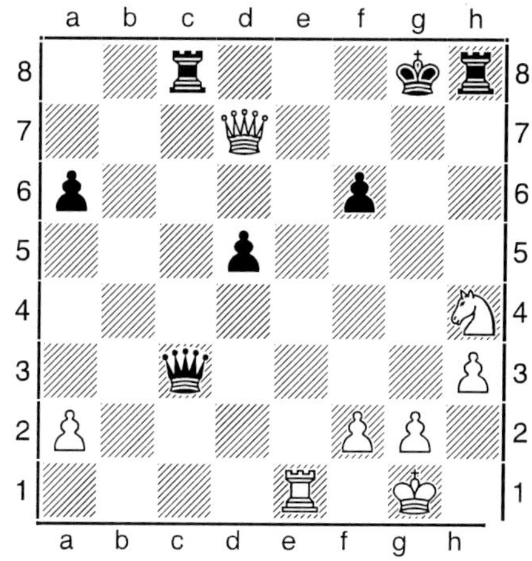

879) Jogam as Brancas (4 pontos)

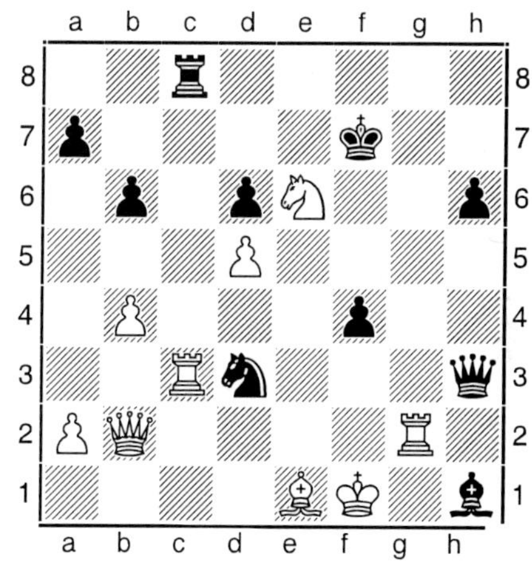

880) Jogam as Brancas (4 pontos)

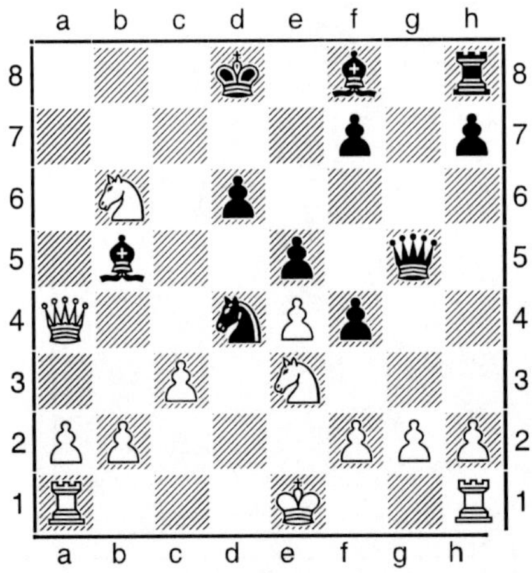

881) Jogam as Brancas (4 pontos)

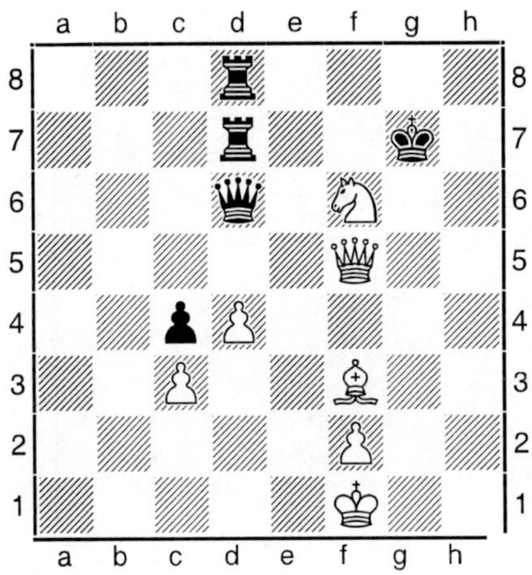

882) Jogam as Brancas (5 pontos)

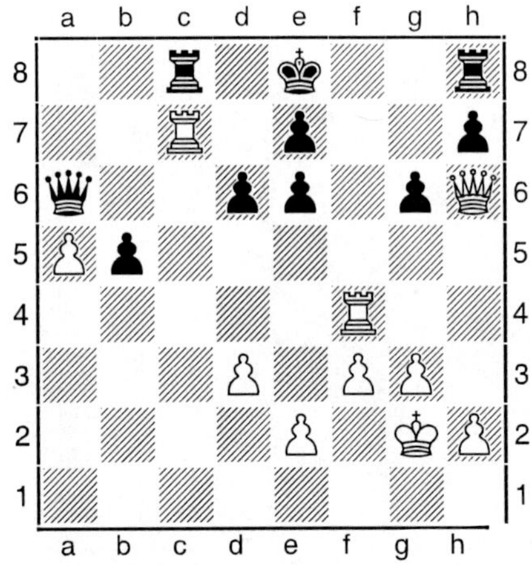

883) Jogam as Brancas (5 pontos)

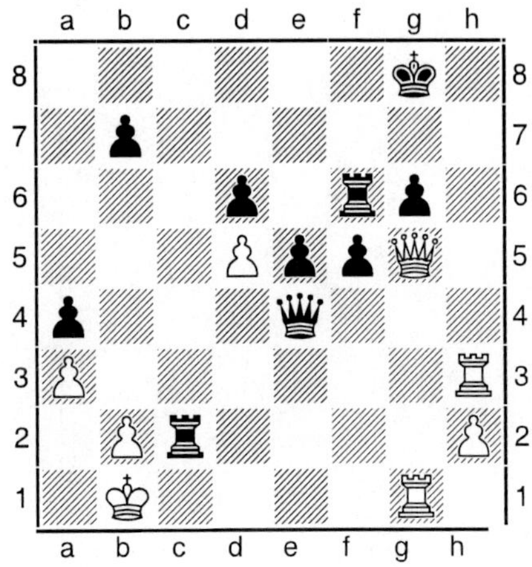

884) Jogam as Brancas (5 pontos)

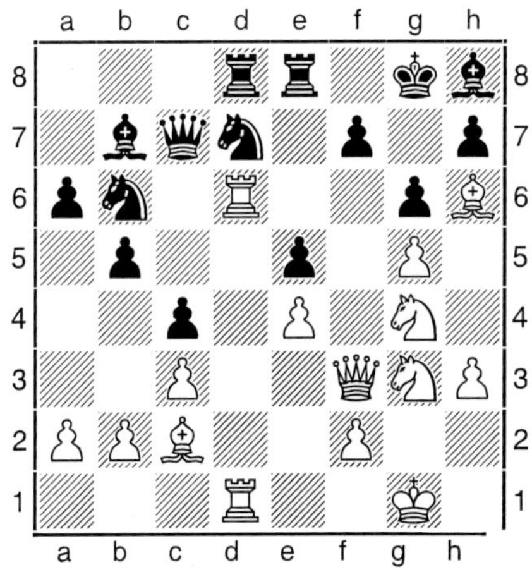

885) Jogam as Brancas (5 pontos)

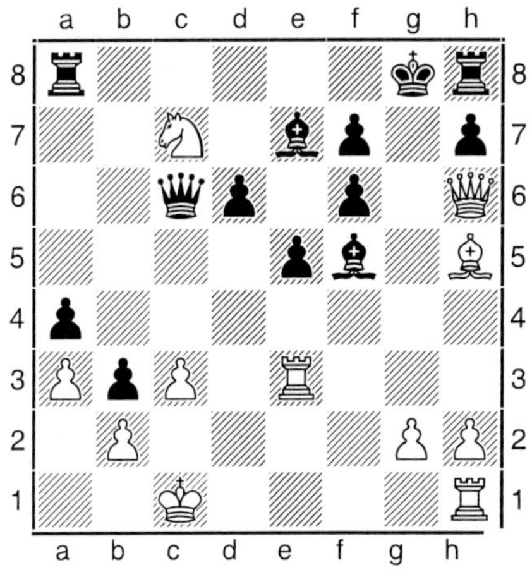

886) Jogam as Brancas (5 pontos)

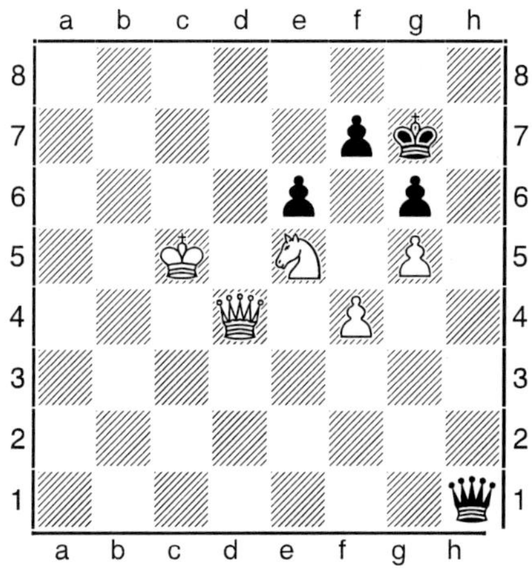

887) Jogam as Brancas (5 pontos)

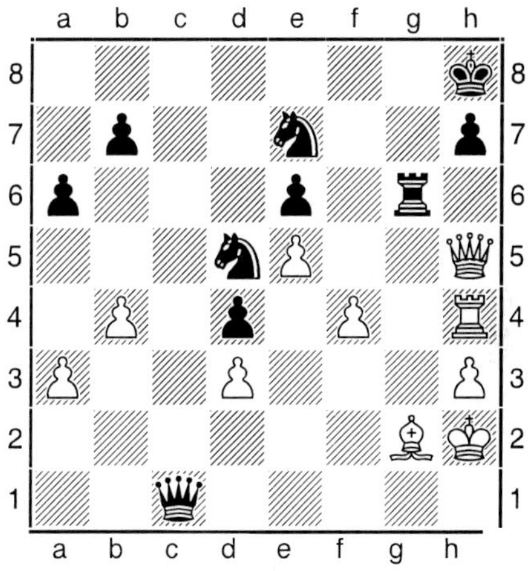

888) Jogam as Pretas (5 pontos)

Soluções dos Mates Diversos

751) **Laxman – Rathnakaran**
Nova Deli 2009
1 ♕h4+ 1-0
1...♔g7 2 ♕h8#.

752) **E. Lie – Ostm–**
Campeonato Norueguês, Bergen 2009
1 ♕h3+ ♔g6 2 f5#

753) **Drinoczi – Ja. Horvath**
Campeonato Húngaro (por equipes) 2007/8
1...♕xd4! 0-1
As Brancas não têm um modo razoável de impedir 2...♘b3#.

754) **Perlovsky – Vlasenkov**
Campeonato de Kolomna 2008
1...♘g3+ 2 ♔g1 ♕d4+ 0-1
E mate no próximo lance.

755) **G. Waldschmidt – T. Willemze**
Alemanha (evento por equipes) 2008/9
1...♖c1+ 0-1
As Pretas dão mate após 2 ♔g2 ♘xf4# ou 2 ♕d1 ♖xd1#.

756) **Lputian – Nayer**
Internet (playchess.com blitz) 2004
1...♘g4!
Ameaçando mate em h2.
2 hxg4 ♕h4#

757) **Zubritsky – D. Ozerov**
Moscou (Sub-18) 2005
1 ♕xf7+! 1-0
1...♔xf7 2 ♗c4#. As peças das Pretas curiosamente não conseguem bloquear o xeque com o bispo.

758) **V. Mihajlović – Tadić**
Campeonato Iugoslavo (por equipes), Budva 2002
1 ♕xh7+! 1-0
1...♖xh7 2 ♘g6#.

759) **Godard – Meijers**
Praga 2009
1 ♕h1+ 1-0
1...♔g5 2 ♕h4#.

760) **V. Johansson – Ir. Botvinnik**
Copa Europeia de Clubes (Feminina), Izmir 2004
1 ♕xe8+ 1-0
1...♘xe8 2 ♘f7#.

761) **S. Bartha – Rabineau**
Campeonato Francês (por equipes) 2005/6
1...♖xc3+! 0-1
2 bxc3 ♗a3#.

762) **O. Nazarenus – Bakin**
Budapeste 2009
1...♕h3 0-1
As Brancas não conseguem enfrentar as duas ameaças 2...♘f3+ e 2... ♕xf1#.

763) **K. Piorun – M. Narmontas**
Campeonato Mundial (Sub-18), Kemer 2009
1...♕h1+ 2 ♔g3 ♘e4#

764) **Shulman – Conquest**
Reykjavik 2009
1 ♖h8+! 1-0
1...♔xh8 2 ♕h7#.

765) **J. Fernandez Garcia – Ubilava**
San Sebastián 2009
1...♖xh2+! 0-1
2 ♗xh2 ♕g2#.

766) **F. Peralta – O. Almeida**
Barcelona 2009
Se a dama das Brancas não estivesse no tabuleiro, então poderia dar mate com seu cavalo, portanto é preciso entregar sua dama para ter ganho de tempo.
1 ♕xf8+! 1-0
As Brancas dão mate com 2 ♘h6#.

767) **Khruschov – Rozum**
Peterhof 2009
1...g5+ 2 ♔g4
2 ♕xg5+ ♕xg5+ 3 ♔h3 ♕g3#.
2...♕f4+ 0-1
3 ♔h3 ♕h4#.

768) **J. Rukavina – Mir. Medić**
Pula 2009
1...♕e4+ 0-1
2 ♔h2 permite mate em h1, enquanto 2 f3 é seguido por 2...♕c2+, com mate em mais dois lances.

769) **Ugrin – V. Klasan**
Zagreb 2009
1...♘f6!
As Pretas fecham a linha de f7 até f4 e ameaçam 2...♕f4#. As Brancas só conseguem adiar isso entregando sua dama.
2 ♔g3 ♕f4#

770) **Vitoux – P. Guichard**
Condom 2009
Uma série poderosa de xeques caça o rei das Pretas para sua ruína.
1 ♕f8+ ♔e5 2 ♕f4+ ♔d5 3 ♗c4#

771) **N. Davies – Rendle**
Liga Britânica (4NCL) 2007/8
1 ♖f8+ ♖g8 2 ♕f7! 1-0
Ameaçando três mates diferentes em um, com 3 ♕xg8#, 3 ♖xg8# e 3 ♕f6#, e se 2...♖xf8, então 3 ♕xf8#.

772) **G. Szobi – Banhazi**
Campeonato Húngaro (por equipes) 2007/8

1...♗d4+ 2 ♖f2 0-1

As Brancas abandonaram sem aguardar 2...♖xf1+ 3 ♔xf1 ♕d1#.

773) **Haba – Gyimesi**

Bundesliga 2007/8

1 ♕f4+ ♔h5 2 g4+ 1-0

2...♔h4 3 ♖h6#.

774) **Ribli – D. Gross**

Campeonato Austríaco (por equipes) 2007/8

1 ♖h7+! 1-0

1...♔xh7 2 ♕f7+ ♔h8 3 ♕g7#.

775) **Baisakhi Das – A. Ramaswamy**

Campeonato da Asia - Feminino (por equipes), Visakhpatnam 2008

1...♖a3+! 0-1

2 ♔xa3 ♕a1+ 3 ♔b3 ♕a4#.

776) **Val. Akhmadeev – F. Naumov**

Campeonato Regional de Kazan 2008

1 ♗xh7+! 1-0

1...♔xf7 2 ♕g6+ ♔e7 3 ♕e6#.

777) **Stoyko – B. Hulse**

East Parsippany (evento por equipes) 2008

1 ♖h8+! 1-0

A Preta abandonou devido a 1...♗xh8 (1...♔xh8 2 ♕h7#) 2 ♕h7+ ♔f8 3 ♕f7#.

778) **Kariakin – Grishchuk**

Moscou (Blitz) 2009

1...♕f3+ 2 ♔h3 g2+ 0-1

mate após 3 ♔h4 ♕g4# ou 3 ♔h2 ♘g4#.

779) **S. Grover – Boguslavsky**

Bad Wiessee 2009

1 ♖f5+! 1-0

1...♔e7 2 ♕xg7+ ♔e8 3 ♕f7# e 1...♗xf5 2 ♕xf5+ ♔e7 3 ♕f7# terminam em mate.

780) **Mishuchkov – P. Welz**

Campeonato Mundial (Sênior), Condino 2009

1 ♖f8+! 1-0

As Pretas sofrem mate após 1...♔e6 2 ♕e7# ou 1...♗xf8 2 ♕xf8+ ♔e6 3 ♕e7#.

781) **Zelčić – Slogar**

Campeonato Esloveno (por equipes), Sentjur 2009

As Pretas abandonaram (**1-0**) sem aguardar **1 ♖h8+ ♔g5 2 ♕c1#**.

782) **Velcheva – Tairova**

Campeonato Europeu (Feminino), Plovdiv 2008

1...♘f3! 0-1

O ataque triplo em h2 é mortal; por exemplo, 2 ♘g4 ♖xh2+ (ou 2...♕xh2+) 3 ♘xh2 ♕xh2#.

783) **Negi – Stefansson**
Differdange 2008
1 ♘d6+! 1-0
1...♗xd6 2 ♕g8+ e 3 ♕xf7#.

784) **Bo. Gonzalez – Arns**
Villa Martelli 2008
1...♖g1+! 2 ♘xg1
2 ♖xg1 ♕xg1+ leva à mesma conclusão.
2...♕xg1+! 0-1
3 ♖xg1 ♖xg1#.

785) **I. Carlsson – Engqvist**
Campeonato Sueco (por equipes) 2006/7
1...♖d1+!
O imediato lance 1...♘e3+? é seguido por 2 ♕xe3.
2 ♕xd1
2 ♗xd1 ♕e1#.
2...♘e3+ 3 ♔g1 ♕xg2#

786) **Espinosa Aranda – Da. Gonzalez**
Campeonato Espanhol (Sub-18), Padrun 2008
1 ♗xf7+! 1-0
As Brancas dão mate após 1...♔f8 2 ♗e6+ (ou qualquer outra casa na mesma direção) 2...♕f7 3 ♕xf7# ou 1...♕xf7 2 ♘h6+ ♔f8 3 ♕xf7#.

787) **Andreikin – Lanin**
Campeonato Russo (Junior), São Petersburgo 2007
1 ♕xg7+! ♖xg7 2 ♖f8+ 1-0
Após 2...♖g8, a captura em g8 é mate.

788) **C. Graf – W. Moser**
Alemanha (evento por equipes) 2004/5
1...♕xg3+! 0-1
2 hxg3 h2+ 3 ♔f2 ♘g4#.

789) **J. Koller – Haubt**
Alemanha (evento por equipes) 2006/7
1...♖e1+ 0-1
2 ♖xe1 (2 ♗xe1 ♕f1#) 2...♖xe1+ 3 ♗xe1 ♕f1#.

790) **Peregi – N. Pais**
Campeonato Húngaro (por equipes) 2006/7
1 ♖xg7+! 1-0
1...♔xg7 2 ♕f7+ ♔h8 3 ♕h7#.

791) **Krivoshei – Golubev**
Internet (playchess.com) 2004
1...♕xg2+! 2 ♔xg2 ♘h4+ 3 ♔h1 g2#

792) **Bischoff – Bryzgalin**
Internet (playchess.com) 2004
1...♕h2+ 2 ♔f1 ♕h1+! 0-1
3 ♗xh1 ♘h2#.

793) **A. Paal – P. Biro**
Campeonato Húngaro (por equipes) 2002/3
1 ♖xh6+! 1-0

1...♗xh6 2 ♕g6+ ♔h8 3 ♕xh6#.

794) **Gacso – P. Gara**
Campeonato Húngaro (por equipes) 2002/3
1...♕g1+ 2 ♔f3 ♖f1+! 3 ♗xf1 ♕xf1#

795) **D. Mason – St. Clarke**
Liga Britânica (4NCL) 2002/3
1 ♕f8+ ♖g8 2 ♘g6+! 1-0
2...hxg6 3 ♕h6#.

796) **Chernobai – P. Lobach**
Serpukhov 2003
1 ♖xf8+ ♘xf8
1...♕xf8 2 ♕h7#.
2 ♖xf8+! 1-0
2...♕xf8 é seguido por 3 ♕h7#, enquanto 2...♔xf8 3 ♕h8# e 2...♔g7 3 ♕h8# também são mate.

797) **Nakamura – E. Berg**
Bermuda 2003
1 ♖xc8+! ♗xc8
1...♔b6 2 ♕c5+ ♔a6 3 ♖a8#.
2 ♕d6#

798) **Tatar Kis – Prokopisin**
Nyiregyhaza 2003
1 ♕xb8+! 1-0
1...♔xb8 2 ♖c8+ ♔a7 3 ♖a8#.

799) **Morozevich – C. Lutz**
Biel 2003
1 ♖xh7+! ♔xh7 2 ♕h3+ 1-0
2...♔g7 3 ♕h6#.

800) **M. Pinc – P. Marik**
Campeonato Tcheco - Junior (por equipes) 2001/2
1 ♕xe7! 1-0
Ameaçando mate em f8 e se 1... ♘xe7, então 2 ♘xe7#.

801) **S. Lorenz – A. Orlov**
Bundesliga 2000/1
1...♕xf1+! 0-1
2 ♔xf1 ♖d1+ 3 ♔g2 h3#.

802) **Syrokhvatov – Ershova**
Campeonato de Berezniki 2001
1...♕xe2+! 0-1
Forçando abrir a coluna c e dando mate após 2 ♗xe2 ♖c1#.

803) **Krak – Sycova**
Campeonato Eslovaco (por equipes) 2005/6
1 ♗xf7+! ♘xf7
1...♔d7 2 ♕e6#.
2 ♕e6+ 1-0
2...♕e7 3 ♕xe7#.

804) **T. Fodor – Ag. Antal**
Campeonato Húngaro (por equipes) 2005/6
As Pretas abandonaram (**1-0**) ao ver **1 f6+ ♔h6 2 ♕h3+ ♔g5 3 ♕h4#**.

805) **P. della Morte – Sosiuk**
Villa Ballester 2006

1 ♖h8+ ♔f7 2 ♖xg7+! 1-0

2...♔xg7 3 ♕h7#.

806) **Gordenko – D. Semionov**

Kyiv 2006

1 g5+! 1-0

É mate após 1...♔h7 2 ♖h8# ou 1... ♔xg5 2 ♕f4#.

807) **Stubberud – Netušil**

Praga 2006

1 ♖c8+ ♘g8 2 ♖xg8+! 1-0

2...♔xg8 3 ♕f8#.

808) **U. Seidens – R. Mittag**

Alemanha (evento por equipes) 2007/8

1...♖xh2+! 2 ♔xh2 ♕xg3+ 3 ♔h1 ♕h3#

809) **Carlsen – J. Jimenez Capilla**

Madri (Simultânea) 2008

1 ♕g5 g6

O único modo de impedir o mate imediato em g7.

2 ♕h6 1-0

Agora não há defesas contra a ameaça 3 ♕g7#.

810) **Sowul – Koziak**

Augustow 2008

As Pretas acabaram de sacrificar sua dama e agora dão mate nas Brancas com habilidade.

1...♖e1+ 2 ♔g2 f3+ 3 ♔g3 ♖g1#

811) **Prathamesh – Ismagambetov**

Nova Deli 2009

1 ♕f8+ ♔h7 2 ♕f7+ 1-0

As Brancas dão mate após 2...♔h6 3 ♕g6# ou 2...♔h8 3 ♘g6#.

812) **Weinmann Musset – E. Zühlke**

Campeonato de Leverkusen 2008

1 ♗g8! 1-0

1...♘f5 2 ♕xf5 seguido de mate em h7 no próximo lance.

813) **Adhiban – Sh. Avinash**

Gurgon 2009

1 ♕xf6+ ♔g8 2 ♘f5 1-0

Não há defesas para a dupla ameaça 3 ♕g7# e 3 ♘h6#.

814) **L. Genova – M. Vladimirova**

Campeonato Búlgaro (Feminino), Dupnitsa 2009

As Pretas ameaçam dar mate do corredor nas Brancas, portanto as Brancas devem fazer seu ataque direto até o fundo com força.

1 ♗xg7+! 1-0

1...♔xg7 2 ♕g5+ ♔h8 3 ♕f6#.

815) **Tokar – Rahl**

Campeonato Eslovaco (por equipes) 2007/8

1...♘f4+ 0-1

É mate após 2 ♔h2 ♕h3+ 3 ♔g1 ♕g2# ou 2 ♔g1 ♘e2+ e 3...♕h3#.

816) **M. Ezat – Shetty**

Manama 2009

1 ♖h8+! 1-0

O sacrifício da torre permite que a dama branca chegue à coluna h com ganho de tempo: 1...♔xh8 2 ♕h3+ ♔g8 3 ♕h7#.

817) **Ponomariov – Gelfand**

Odessa 2008

1 ♕d4

Ameaçando mate em g7 ou h8.

1...f6

Após 1...♗f6 2 ♕xf6, as Brancas também dão mate no próximo lance.

2 ♕d5+ 1-0

2...♕e6 3 ♕xe6#.

818) **Flear – D.B. Lund**

Liga Britânica (4NCL) 2005/6

1 ♕f6+ ♔g8

Se ...♗g7, então as Brancas dão mate com 2 ♕d8+ ♗f8 3 ♕xf8#.

1-0

As Pretas abandonaram, pois as Brancas podem dar mate com 2 ♕f7+ ♔h8 3 ♕xf8#.

819) **Le Roy – Piot**

Campeonato Francês (por equipes) 2005/6

1 ♕g8+ ♔f6 2 ♕h8+ 1-0

2...♔g6 3 ♕g7#.

820) **Delemarre – Deleyn**

Campeonato Holandês (por equipes) 2007/8

1 ♖f7! 1-0

Bloqueando a linha de e8 até g6 e ameaçando 2 ♘g6#. Há três modos de as Pretas conseguirem se defender, mas todos acabam em mate:

1) 1...g6 2 ♖h7# (ou 2 ♖xh6#).

2) 1...♖f8 2 ♖xf8#.

3) 1...♗xf7 2 ♘exf7#.

821) **Buchenthal – N. Elmali**

Alemanha (evento por equipes) 2007/8

1 ♘d8+ 1-0

As Brancas bloqueiam a linha de b8 até e8, e dá mate com 2 ♕e8# no próximo lance.

822) **Fayard – A. Ramaswamy**

Nancy 2008

1 ♗h7+! 1-0

1...♔xh7 2 ♕c2+ (ou 2 ♕d3+) 2...♔g8 3 ♕g6+ ♗g7 4 ♕xg7#.

823) **J. Sondermann – O. Pucher**

Nancy 2009

1 ♖xg7+ ♔f8

1...♔h8 2 ♕xh6#.

2 ♖g8+! ♔xg8 3 ♕g4+ 1-0

3...♔f8 (outros lances são seguidos por ♕g7#) 4 ♕c8+ ♖e8 5 ♕xe8# (ou 5 ♖xe8#).

824) **L. Karlsson – Guerra Bastida**

Málaga 2008

1...♖xf2+! 0-1

2 ♔xf2 ♕h2+ 3 ♔f1 ♕g1+ 4 ♔e2 ♕g2#.

825) **R. Panjwani – H. Masse**

Canadá (Open), Montreal 2008

1 ♖h8+! ♗xh8

1...♕g8 2 ♖xf5+ ♗f6 3 ♕xf6#.

2 ♕xh8+ ♕g8 3 ♖xf5#

Um mate baseado em duas cravadas.

826) **Pascual Palomo – P. Llaneza Vega**

Campeonato Espanhol (por equipes), Melilla 2008

1 ♖h8+! ♔xh8 2 ♕h5+ ♔g8 3 ♕xf7+ 1-0

As Brancas dão mate com 4 ♕h5#.

827) **Ivanchuk – Mamedyarov**

Amber (±s Cegas), Nice 2008

1...♕f3+ 2 ♔d2 ♗e3+ 0-1

É mate após 3 ♔e1 ♕f2+ 4 ♔d1 ♕d2# ou 3 ♔d3 ♗xf4+ (3...♗c1+ é igualmente bom) 4 ♔d4 ♕e3#.

828) **D. Yang – Mulyar**

Tulsa 2008

1...♕f6+ 2 g5 hxg5+ 3 fxg5 ♕h8+ 0-1

4 ♖h7 ♕xh7#.

829) **Vik. Ivanov – K. Zhukov**

Campeonato de Clubes, São Petersburgo 2008

1...♕g4+ 2 ♔h1 ♕f3+ 3 ♔g1 ♖f6 0-1

4 h3 ♖g6+ 5 ♔h2 ♕g2#.

830) **Smolen – Raeber**

Copa Mitropa, Olbia 2008

1...♕xh4+

1...♗xf2 também vence, porém é mais devagar.

2 ♔g2 ♕g5+! 0-1

O ponto principal, liberando a torre para o mate em h4 no próximo lance.

831) **Jo. Straka – J. Danes**

Teplice 2008

1 ♕h5+ ♔f6

1...♔g7 2 ♕f7#.

2 ♕f7+ ♔e5

2...♔g5 3 ♕g7#.

3 ♕g7#

832) **S. Mansour – Wajdy**

Amman (evento por equipes) 2008

1 g4+ ♔h4 2 ♔h2! 1-0

Ameaçando 3 g3# e dando mate após 2...♖xe3 (2...♘xe4 3 g3+ também leva ao mate) 3 g3+ ♖xg3 4 fxg3#.

833) **M. Heider – Schalow**

Campeonato Rhineland-Palatinate, Höheinöd 2008

1 ♖xg7+! ♔xg7

1...♔h8 2 ♕xh6#.

2 ♖g1+ ♔h7

2...♔f6 3 ♕f7#, 2...♔f8 3 ♕f7# e 2...♔h8 3 ♕xh6# também são mate.

3 ♕f7+ 1-0

3...♔h8 4 ♕g7#.

834) **L. Wickström – A. Landgren**

Campeonato Sueco, Växjö 2008

1 ♘h6+ ♔h8 2 ♕e7! 1-0

Explorando a torre mal colocada em f8. A ameaça é simplesmente 3 ♕xf8#, enquanto se 2...♖g8, então 3 ♘xf7#. Sem defesa.

835) **Buhmann – Limontaite**

Pardubice 2008

1 ♕d8+ 1-0

1...♔f7 2 ♘g5+ ♔g6 3 ♕d6+! ♔xg5 4 h4#.

836) **Yaksin – R. Sousa**

Campeonato Mundial (Junior), Gaziantep 2008

1 ♘g8+ ♔h5

Após 1...♔h7 2 ♘xf6+ ♔h6 (ou 2... ♔h8 3 ♕g8#) 3 ♘xg4+, as Brancas não só ganham a dama, como também dão mate em poucos movimentos.

2 ♘xf6+ ♗xf6

No caso de 2...♔h6, as Brancas ganham como acima.

3 ♕h7#

837) **Stabolewski – A. Shneider**

Bad Zwesten 2005

1...♕h2+! 0-1

2 ♔xh2 ♘f3+ 3 ♔h1 ♘g3#.

838) **Morozevich – Bologan**

Campeonato Russo (por equipes), Sochi 2004

1 ♕h8+! 1-0

1...♔xh8 (1...♔f7 2 ♕xh7+ ♕g7 3 ♕xg7#) 2 ♖xf8+ ♘g8 3 ♗e5+ e mate no próximo lance.

839) **Ibba – V. Milov**

Bastia (Rápido) 2004

1...♕xf1+! 0-1

2 ♗xf1 (2 ♔xf1 ♖d1# e 2 ♔h2 ♕xg2# são ainda mais rápidos) 2... ♘f3+ 3 ♔h1 ♖h2#.

840) **M. Srebrnić – Varini**

Portorož 2003

1...♖f2+ 2 ♔h1 ♖xh2+! 0-1

3 ♔xh2 ♖f2+ 4 ♔h1 ♘xg3#.

841) **Gallagher – Vuilleumier**

Lenk 2003

As opções das Brancas são limitadas, pois sua torre em e7 está cravada, mas ainda encontrou um modo de forçar o mate.

1 ♖g8+! 1-0

1...♖xg8 libera a torre para 2 ♖h7#, enquanto 1...♔xg8 continua com 2 ♕g3+ seguido de 3 ♕g7#.

842) **Jobava – Safarli**

Dubai 2003

1 ♕h7+ ♔f7 2 ♗g6+ ♔e7 3 ♗xf6+! 1-0

3...♔xf6 4 ♕h4#.

843) **Polak – Vybiral**

Brno 2003

1 ♖xg7+! ♔xg7 2 ♗f6+ 1-0

2...♔f7 (2...♔h7 3 ♕h8#) 3 ♕e7+ ♔g8 4 ♕g7#.

844) **Giam. Rossi – Damia**

Vanzaghello 2003

1...♖h4+! 2 gxh4 ♘f4+ 3 ♔g3 ♘f5#

845) **R. Prakash – S. Safin**

Nova Deli 2008

As Pretas têm opção de xeques, mas apenas um leva a um mate rápido:

1...♘f6+ 2 ♔g6 ♕g8+ 3 ♔f5

3 ♔h6 ♘g4#.

3...♕g4#

846) **Mi. Nemeth – Ga. Papp**

Campeonato Húngaro (por equipes) 2000/1

1 ♗b6+ ♔e7 2 ♖f7+! 1-0

2...♔xd6 3 ♖d1+ e mate no próximo lance.

847) **Szieberth – V. Rajlich**

Budapeste 2001

1...♘a3++

1...♗xc3 também dá mate, apesar de ser um pouco mais lento. Conseguiu dois pontos se escolheu esta continuação.

2 ♔a1 ♕b1+ 0-1

É mate após 3 ♘xb1 ♗xb2# ou 3 ♖xb1 ♘c2#. Esta é uma versão do "mate afogado" padrão, na qual a grande diagonal tem um papel adicional.

848) **Acher – Santo-Roman**

Campeonato Francês (por equipes) 1999/00

1 ♕xh7+! 1-0

1...♔xh7 2 ♖h4+ ♔g8 (outros lances de rei são seguidos por ♖g1+) 3 ♖g1+ ♕g7 4 ♘f6# (ou 4 ♘e7#).

849) **A. Nemes – A. Demeny**

Campeonato Húngaro (por equipes) 2005/6

1 ♖f7+ ♔b6

As Pretas também sofrem mate após 1...♔c8 2 ♖a8# ou 1...♔b8 2 ♖a8+! ♔xa8 3 ♕xc6+ ♔b8 4 ♕b7#.

2 ♖a6+! 1-0

2...♔xa6 3 ♕xc6+ ♔a5 4 ♖a7#.

850) **Svetlov – K. Vorobiov**

Moscou 2008

1 ♕xe8+! ♔xe8 2 ♖d8+ 1-0

É mate após 2...♔e7 3 ♖1d7# ou 2...♗xd8 3 ♖xd8#.

851) **Villwock – U. Rohde**

Alemanha (evento por equipes) 2008/9

1 ♕f8+ ♖c8 2 ♕d6+ 1-0

2...♔a8 3 ♕a3+ (a dama das Brancas volta para a3, mas agora a torre das Pretas bloqueia c8) 3...♔b8 4 ♕a7#.

852) **Snape – F. May**

Liga Britânica (4NCL) 2002/3

1 ♖h5!

Ameaçando mate em h6.

1...♔xh5 2 ♕d1+ 1-0

2...♔g6 (2...♔g5 3 ♕g4#) 3 ♕g4+ ♔h7 4 ♕g7#.

853) **Lubczynski – Kostiukova**

Aghios Kirykos 2008

1 ♖3g5!

As Brancas ameaçam 2 ♖h5# e responderão 1...hxg5 com 2 ♖h8+ seguido de mate. As Pretas só conseguiram adiar o fim entregando sua dama.

1...♕g4+ 2 hxg4 1-0

É mate igualmente após 2...fxg4 3 ♖xg4+ ♔h5 4 ♖f4# ou 2...hxg5 3 ♖h8+ ♖h6 4 ♖xh6#.

854) **A. Horvath – Onishchuk**

Copa Europeia de Clubes, Ohrid 2009

1 ♕xg6+! 1-0

As Pretas sofrem mate após 1...♔h8 2 ♕g7# ou 1...♔f8 2 ♕xf7#.

A linha crítica é 1...fxg6 2 f7+ ♔f8 (do contrário, as Brancas dão mate mais rápido com 3 f8♕#) 3 ♖a8+ ♔e7 4 f8♕+ ♔e6 (4...♔d7 5 ♖a7+ ♔e6 6 ♕e7+ ♔d5 7 ♖d7#) e agora há vários modos de dar mate, inclusive 5 ♖f6+ ♔e5 (5...♔d5 6 ♕d6# ou 5...♔d7 6 ♖a7#) 6 ♖e8+ ♔d4 (ou 6...♔d5 7 ♕d6#) 7 ♕b4+ ♕c4 8 ♕xc4#.

855) **Montero Campuzano – K. Berbatov**

Sevilha 2009

1 ♕e6+ ♕e7 2 ♖d8+! 1-0

2...♔xd8 3 ♕c8#.

856) **Marievich – N. Efanov**

Ecaterimburgo 2008

1...♕d7+ 2 ♔c2 0-1

2...♕d1+ 3 ♔b2 ♕b1#.

857) **Gabre – Losić**

Copa da Croácia, Šibenik *2008*

1 ♖xg7+! 1-0

E mate após 1...♔xg7 2 ♘h5+ ♔h7 3 ♕f7+ ♔h8 4 ♕g7#.

858) **Kå. Kristensen – Rostgaard**

Copa do Mar Báltico, Bornholm 2008

1 ♕xg6+ ♔f8

1...♔h8 2 ♕h6#.

2 ♕g8+! 1-0

2...♔xe7 3 ♘d5#.

859) **Pikula – B. Ivanović**

Campeonato Iugoslavo (por equipes--desempate) 2003

1 ♕g4+ ♔f7

Após 1...♔h6 2 ♘g8# e 1...♔h8 2 ♕g8#, as Pretas sofrem imediato mate.

2 ♕g8+ 1-0

2...♔e7 3 ♕e8#.

860) **Csom – G. Feher**

Campeonato Húngaro (por equipes) 2005/6

1 ♖xg8+! ♔xg8 2 ♘h6+ ♔f8 3 ♕h8#

861) **Tomić-Potrebujes – I. Marčić**

Split 2008

1 d4!

Bloqueando a linha c3-g7 e ameaçando 2 ♕g7#.

1...♖f5

Isso permite o imediato mate. 1...♗xd4 2 ♖xd4 não muda a situação e 1...♖g8 segue com 2 ♕e5+, enquanto as Pretas só conseguem adiar o mate entregando as peças.

2 ♕g7#

862) **Filippas – Klokas**

Atenas 2008

1 ♘d8! 1-0

Qualquer lance de cavalo ameaça 2 ♗f7#, mas é o único que salva o bispo da captura pela torre das Pretas. As Pretas não podem impedir o mate de bispo com 1...♘e5, então as Brancas dão mate com 2 ♖f8#.

863) **Rozhin – Firman**

Eupatória 2002

As Pretas precisam clarear f3 para seu cavalo. Isso pode ser feito com uma manobra em duas etapas.

1...♕e3+!! 0-1

2 fxe3 f2+! 3 ♗xf2 ♘f3#.

864) **Aabling Thomsen – C. Eriksson**

Campeonato Dinamarquês, Silkeborg 2009

1 ♘ab6+ ♔c6 2 ♘b4+ 1-0

É mate após 2...♔c7 (2...♔c5 pode ser seguido por 3 ♘a4# ou 3 ♘d7#) 3 ♘xa6+ ♔c6 4 ♕d5#.

865) **Reinderman – Strating**

Hilversum 2009

1 ♗f4+ e5

Após 1...♘e5, as Brancas podem jogar 2 dxe5# ou 2 ♗xe5#.

2 ♗xe5+

2 dxe5+? permite às Pretas escapar com 2...♔c7.

2...♘xe5 3 dxe5+ ♔e6 4 ♖c6+ ♗d6 5 ♖xd6#

866) **Kar. Horvath – G. Sztaray**

Campeonato Húngaro (por equipes) 2007/8

1 ♘f6+ ♔h8

1...gxf6 2 ♕g4+ ♔h8 3 ♕g7#.

2 hxg7+ ♔xg7 3 ♕g4+ 1-0

3...♔xf6 e 3...♔h6 são seguidos por 4 ♕g5#, enquanto após 3...♔h8 4 ♕h5+ ♔g7, as Brancas tem vários modos de dar mate; 5 ♕g5+ ♔h8 6 ♕h6# é um dos mais rápidos, mas dar xeque com uma torre em g1 também é bom.

867) **Brandner – Liedl**

Campeonato Austríaco (por equipes) 2009/10

1 gxf7++! ♔xh7

1...♔f8 2 ♖g8+ ♔e7 3 f8♕++ ♔e6 4 ♕e4# (ou 4 ♖g6#).

2 ♕h1+ ♘h6 3 ♕e4+ ♔h8

3...♘f5 4 ♕xf5+ ♔h8 (4...♔h6 5 ♕g6#) 5 ♕h5#.

4 ♕e5+ 1-0

4...♔h7 5 ♕g7#.

868) **Kharlov – Dreev**

Campeonato Russo (por equipes), Dagomys 2008

1 ♘e5+ ♔f5 2 ♕h7+ ♔e6

2...♔f6 3 ♕g6#.

3 ♕d7+ 1-0

3...♔f6 4 ♘g4+ ♔g6 5 ♕h7#.

869) **Pashikian – Melkumian**

Gyumri 2008

1 ♖xg7+! ♔xg7 2 ♕h6+ ♔g8

2...♔h8 3 ♗f6+ ♔g8 4 ♕g7# é mate, enquanto 2...♔f7 3 ♕f6+ ♔g8 (3... ♔e8 4 ♕e7#) 4 ♕e6+ transpõe para a partida.

3 ♕e6+ ♔g7

As Pretas sofrem imediato mate após 3...♔h8 4 ♗f6# ou 3...♔f8 4 ♗h6#.

4 ♗h6+ 1-0

4...♔h8 5 ♕f6+ ♔g8 6 ♕g7#.

870) **Buslov – E. Medvedev**

Tomsk 2008

As Pretas poderiam dar mate com ...♕g4+ ou ...♕g5+, seguido de ...♖h6#, exceto que sua torre fica cravada. Para dar mate, é preciso usar xeques para transferir sua dama para g7, liberando a torre.

1...♕g5+ 2 ♔h2 ♕h6+ 3 ♔g2 ♕g7+! 0-1

As Pretas dão mate com 4...♖h6#.

871) **J. Tuma – J. Johansson**

Olomouc 2008

1...♘h3+ 2 ♔h1 ♕e2!

Ameaçando mate em dois lances com 3...♖xf1+.

3 ♕xh3 ♖xf1+ 0-1

4 ♔g2 ♕xf2#.

872) **Stoven – Piceu**

Condom 2003

1 ♖e7+! ♕xe7

Após 1...♔f8 2 ♕xd8+, as Brancas dão mate no próximo lance.

2 ♕b8+ ♔d7

2...♕d8 3 ♕xd8#.

3 ♕c7+ ♔e8 4 ♕c8+ ♕d8 5 ♕xd8#

873) **Smirin – Ehlvest**

Eliminatórias da FIDE, Moscou 2001

1 ♕f8+! ♖xf8

Após 1...♔h7 2 ♕xb8, as Brancas conquistam uma torre e tem um ataque decisivo; por exemplo, 2... ♕xh5+ 3 ♔g2 ♕e5 4 ♗f7 ♕e2+ 5 ♔h3 e as Pretas só conseguem adiar o mate por pouco tempo entregando sua dama.

2 ♖xf8+ ♔h7 3 ♗g8+ ♔h8 4 ♗f7+ 1-0

4...♔h7 5 ♗g6#.

874) **M. Portero – R. Colas**

Espanha (evento por equipes) 2006

1...♖e1+ 2 ♗xe1

2 ♖xe1 ♖xe1+ 3 ♗xe1 ♕xe1#.

2...♖xe1+ 3 ♔f2 ♗g3+

3...♗e3+ é igualmente bom e leva ao mesmo mate.

4 ♔f3 ♕f4#

875) **Scalcione – P. Piscopo**

Campobasso 2002

1 ♕c8+! ♗xc8

1...♔f7 permite mate com 2 ♖c7+ ♔g6 3 ♘f4# (ou 3 ♖xg7#).

2 ♖xc8+ ♔f7

2...♕e8 3 ♖xe8+ ♔f7 4 ♖e7+ ♔g8 (4...♔g6 é novamente seguido por 5 ♘f4# ou 5 ♖xg7#) 5 ♖xg7+ ♔h8 6 ♖g6#.

3 ♖c7+ 1-0

É mate após 3...♔g6 4 ♘f4# (ou 4 ♖xg7#), 3...♔e8 4 ♖e7# ou 3...♔g8 4 ♖xg7+ ♔h8 5 ♖g6#.

876) **E. Cosma – Calzetta**

Campeonato Europeu (Feminino), Plovdiv 2008

1 ♖b8+ ♖xb8

1...♕d8 2 ♗b5+ (2 ♕b5+ é igualmente eficiente) 2...axb5 3 ♕xb5#.

2 ♕xb8+ ♕d8 3 ♗b5+! 1-0

3...axb5 4 ♕xb5+ ♕d7 5 ♕xd7#.

877) **A. Dole – P. Zelbel**

Campeonato Mundial (Sub-16), Kemer 2009

Quando um xeque descoberto ou duplo está disponível, é fácil negligenciar outras possibilidades. Aqui, as Pretas forçam o mate ignorando os xeques descobertos:

1...♘b3+ 2 ♔xc2 ♖xc3+! 0-1

3 bxc3 (3 ♔xc3 ♕c4# ou 3 ♔d1 ♕a1#) 3...♕a2+ 4 ♔d1 ♕b1#.

878) **Kardon – A. Zoltan**

Campeonato Húngaro (por equipes) 2007/8

1 ♘f7+ ♔c8

1...♔c7 2 ♕d6+ ♔c8 3 ♕e7 é igual.

2 ♕e7! ♔c7

2...b6 3 ♕d8+ ♔b7 4 ♘d6#.

3 ♕d8#

879) **Peek – B. van den Berg**

Maastricht 2008

1 ♖e8+ ♖xe8 2 ♕xe8+ ♔g7

2...♔h7 3 ♕g6#.

3 ♘f5+ ♔h7 4 ♕f7#

880) **Mirzanurov – V. Rodchenkov**

Kostroma 2008

As Brancas poderiam ter forçado o mate com **1 ♖c7+! ♖xc7** (1...♔e8 2 ♕h8#) **2 ♕g7+ ♔e8 3 ♕f8+ ♔d7 4 ♕d8#**.

Mas a partida terminou com **1 ♘c7?? ♖xc7??** (1...f3! teria vencido para as Pretas, mas após o lance feito, a Branca ganha) **2 ♖xc7+ ♔e8 3 ♕h8#**.

881) **Frigeri – Opačić**

Verona 2006

1 ♕a8+ 1-0

1...♔e7 (1...♔c7 2 ♘ed5#) 2 ♘ed5+ ♔e6 3 ♕c8+ ♗d7 4 ♕xd7#.

882) **Vokač – Lickleder**

Alemanha (evento por equipes) 2007/8

1 ♕g5+ ♔f8

A linha principal segue com 1...♔f7 (1...♔h8 2 ♕h6+ ♖h7 3 ♕xh7#) 2 ♗h5+ ♔e6 (2...♔e7 3 ♕g7+ ♔e6 4 ♗g4# e 2...♔f8 3 ♕g8+ ♔e7 4 ♕f7# também dão mate rapidamente) 3 ♕g4+! ♔xf6 (3...♔e7 4 ♕g7+ ♔e6 5 ♗g4#) 4 ♕g6+ ♔e7 5 ♕f7#.

2 ♕g8+ ♔e7 3 ♕g7+ 1-0

3...♔e6 4 ♗g4#.

883) **Chua Xing Jian – Nihal**

Campeonato Mundial de Escolas (por equipes), Cingapura 2008

1 ♖xe7+! ♔xe7

1...♔d8 2 ♖f8+ ♔xe7 (2...♖xf8 3 ♕xf8#) 3 ♕g7#.

2 ♕g7+ ♔d8

A outra linha principal segue com 2... ♔e8 3 ♕xh8+ ♔d7 (3...♔e7 4 ♕g7+ ♔e8 5 ♖f8#) 4 ♖f7+ ♔c6 5 ♕c3+ ♔d5 6 e4#.

3 ♖f7 1-0

Ameaçando mate em um lance com 4 ♕xh8# e mate em dois lances com 4 ♖d7+ ou 4 ♕f6+. Após 3...♔e8 (3... ♕c6 4 ♕f6+), a vitória mais rápida é 4 ♖d7 com mate no próximo lance com 5 ♕e7#, embora 4 ♖e7+ também seja bom.

884) **Si. Bjornsson – A. Kristjansson**

Campeonato de Reykjavik 2009

1 ♖h8+! ♔f7

Ou 1...♔xh8 (1...♔g7 2 ♕h6+ e as Brancas dão mate no próximo lance) 2 ♕xf6+ ♔g8 (2...♔h7 3 ♕xg6+ seguido de mate) 3 ♖xg6+ ♔h7 4 ♕g7#.

2 ♖f8+! ♔xf8 3 ♕xf6+ ♔e8

3...♔g8 4 ♖xg6+ ♔h7 5 ♕g7#.

4 ♕xg6+ 1-0

4...♔d8 (após 4...♔f8, há muitos lances; por exemplo, 5 ♕g8+ ♔e7 6 ♖g7+ ♔f6 7 ♖f7#) 5 ♕xd6+ ♔e8 (5...♔c8 6 ♖g8#) 6 ♖g8+ ♔f7 7 ♕e6# (ou 7 ♕f8#).

885) **Van Kemenade – S. James**

Liga Britânica (4NCL) 2006/7

O plano das Brancas é eliminar o cavalo d7 para forçar mate com ♘f6+ seguido de ♕xf6. Para tanto, as Brancas devem entregar suas duas torres.

1 ♖xd7!

Ameaçando mate em f7.

1...♘xd7

Entregar a dama não adia o mate por muito tempo.

2 ♖xd7 ♕xd7

2...♖xd7 3 ♘f6+ é parecido.

3 ♘f6+ ♗xf6 4 ♕xf6

Agora as Pretas só conseguem adiar o mate por alguns lances dando alguns xeques sem sentido, mas ela não se importa.

4...♕d3 5 ♕g7#

886) **I. Kurnosov – De. Boros**

Campeonato Austríaco (por equipes) 2009/10

1 ♖g3+ ♗g6 2 ♗xg6

Ameaçando mate movendo o bispo.

2...hxg6

2...fxg6 3 ♖xg6+ hxg6 (3...♔f7 4 ♕g7#) 4 ♕xg6+ transpõe.

3 ♖xg6+ 1-0

3...fxg6 4 ♕xg6+ ♔f8 5 ♘e6#.

887) **I. Popov – Y. Eliseev**

Campeonato de Moscou 2008

1 ♘d7+!

1 ♘g4+? ♔f8 é menos claro, pois não há um mate imediato.

1...♔g8

1...e5 2 ♕xe5+ ♔h7 3 ♘f6+ ♔g7 4 ♘h5++ ♔f8 5 ♕b8+ ♔e7 6 ♕d6+ ♔e8 7 ♘f6# (ou 7 ♘g7#).

2 ♘f6+ ♔g7

2...♔f8 3 ♕d8+ ♔g7 4 ♕g8#.

3 ♘h5++ ♔f8

3...♔g8 4 ♕g7#.

4 ♕d8#

888) **Herczku – Cselenyi**

Campeonato Húngaro (por equipes) 2005/6

1...♖xg2+! 2 ♔xg2 ♘e3+ 3 ♔f3

3 ♔h2 ♕d2+ leva ao mate em g2, assim como 3 ♔f2 ♕f1+ 4 ♔g3 ♕g2#.

3...♕h1+ 4 ♔e2

4 ♔f2 ♕f1+ 5 ♔g3 ♕g2#.

4...♕d1+

4...♕f1+? 5 ♔d2 é menos eficiente, pois não há mate em d1.

0-1

5 ♔f2 ♕f1+ 6 ♔g3 ♕g2#.

Quadro de Pontuação dos Mates Diversos

Número da posição	Pontos
751	1
752	1
753	1
754	1
755	1
756	1
757	1
758	1
759	1
760	1
761	1
762	1
763	1
764	1
765	1
766	1
767	2
768	2
769	2
770	2
771	2
772	2
773	2
774	2
775	2
776	2
777	2
778	2
779	2
780	2
781	2
782	2
783	2
784	2
785	2
786	2
787	2
788	2
789	2
790	2
791	2
792	2
793	2
794	2
795	2
796	2
797	2
798	2
799	2
800	2
801	2
802	2
803	2
804	2
805	2
806	2
807	2
808	2
809	2
810	2
811	2
812	2
813	2

814	2
815	2
816	2
817	2
818	2
819	2
820	2
821	2
822	2
823	3
824	3
825	3
826	3
827	3
828	3
829	3
830	3
831	3
832	3
833	3
834	3
835	3
836	3
837	3
838	3
839	3
840	3
841	3
842	3
843	3
844	3
845	3
846	3
847	3

848	3
849	3
850	3
851	3
852	3
853	3
854	3
855	3
856	3
857	3
858	3
859	3
860	3
861	3
862	3
863	3
864	3
865	4
866	4
867	4
868	4
869	4
870	4
871	4
872	4
873	4
874	4
875	4
876	4
877	4
878	4
879	4
880	4
881	4

882	5
883	5
884	5
885	5
886	5
887	5
888	5
Total	
Máximo	**357**

16. *Teste de Revisão do Mate*

Este capítulo permite rever o que você aprendeu nos capítulos anteriores. As 60 posições incorporam muitos temas cobertos antes no livro, mas foram combinados para quando uma posição for vista, você não saiba qual é o tema.

Se você for bem aqui, dominou a arte pouco gentil de dar xeque-mate.

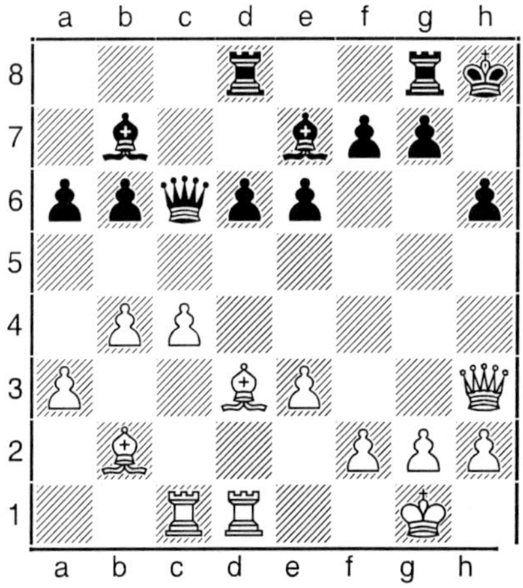

889) Jogam as Brancas (1 ponto)

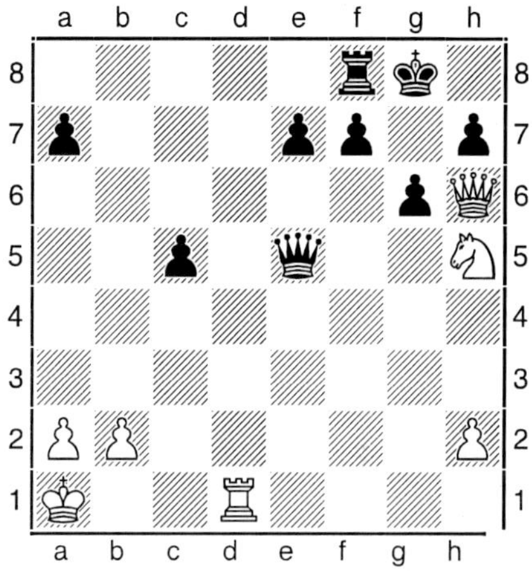

890) Jogam as Brancas (1 ponto)

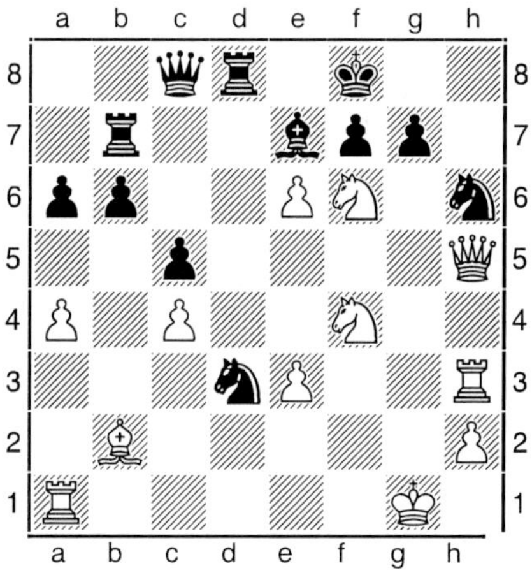

891) Jogam as Brancas (1 ponto)

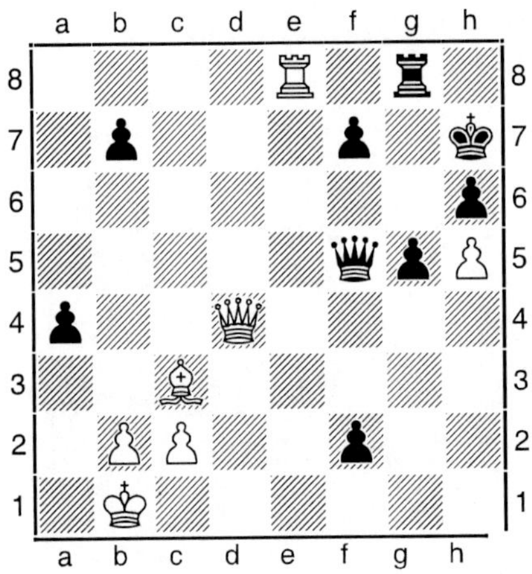

892) Jogam as Brancas (1 ponto)

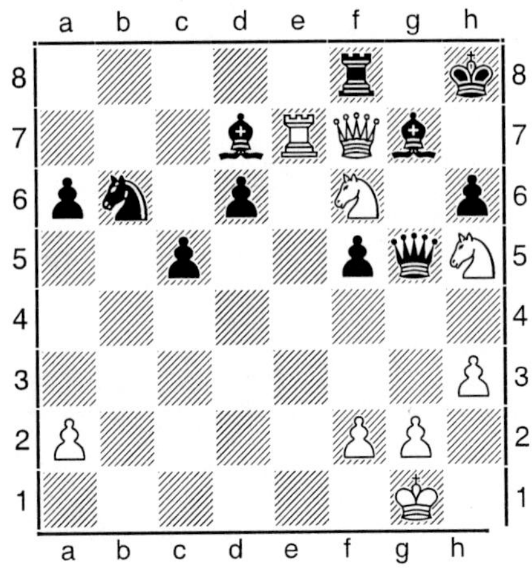

894) Jogam as Brancas (1 ponto)

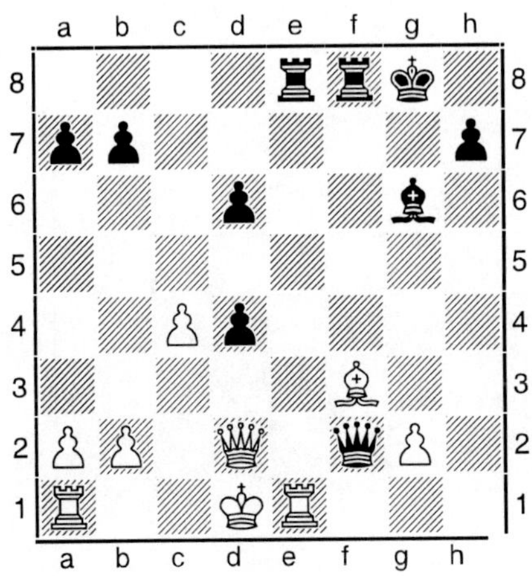

893) Jogam as Pretas (1 ponto)

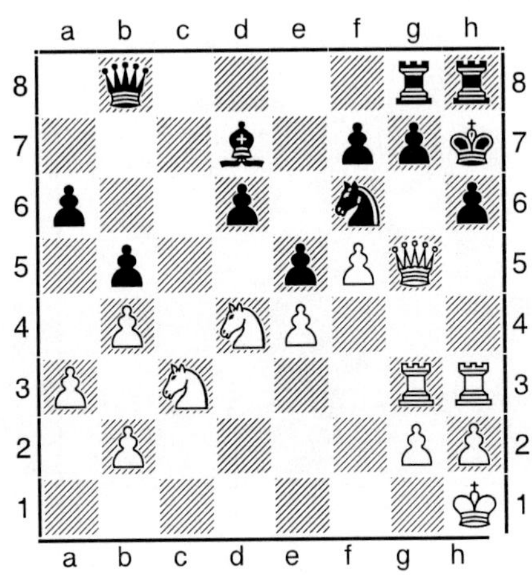

895) Jogam as Brancas (1 ponto)

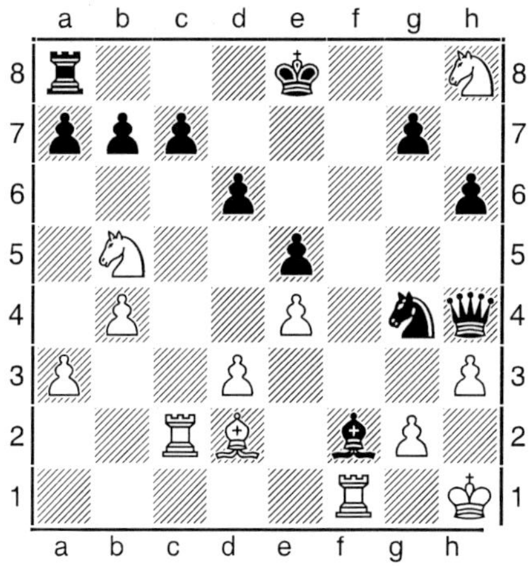

896) Jogam as Pretas (1 ponto)

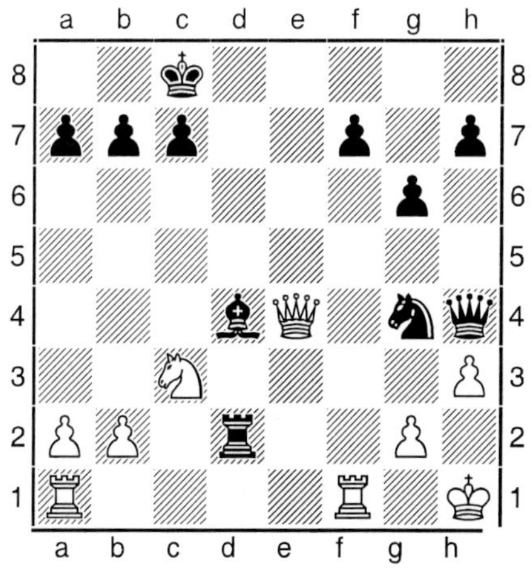

897) Jogam as Pretas (1 ponto)

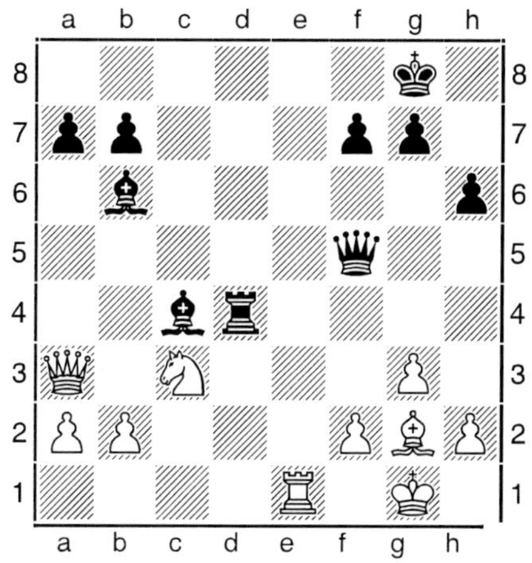

898) Jogam as Pretas (1 ponto)

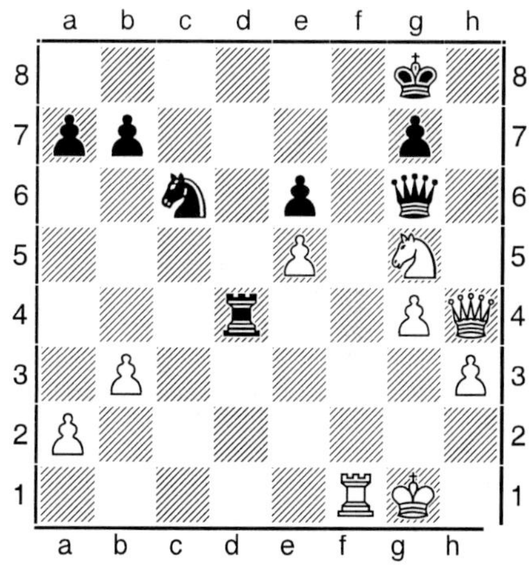

899) Jogam as Brancas (1 ponto)

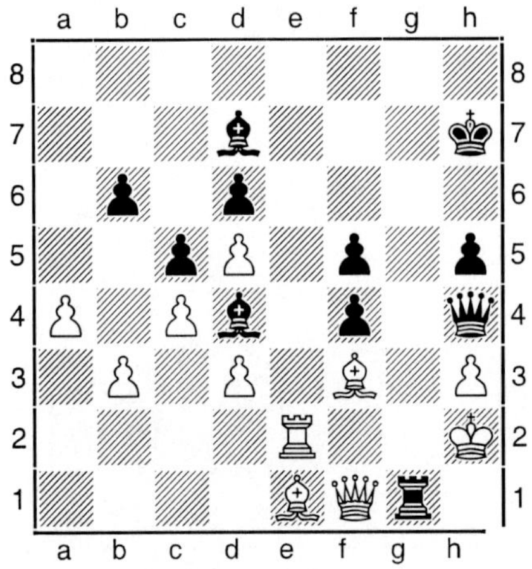

900) Jogam as Pretas (1 ponto)

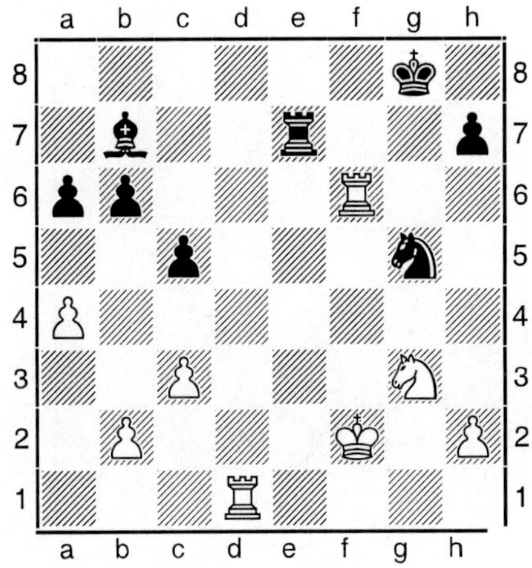

901) Jogam as Brancas (1 ponto)

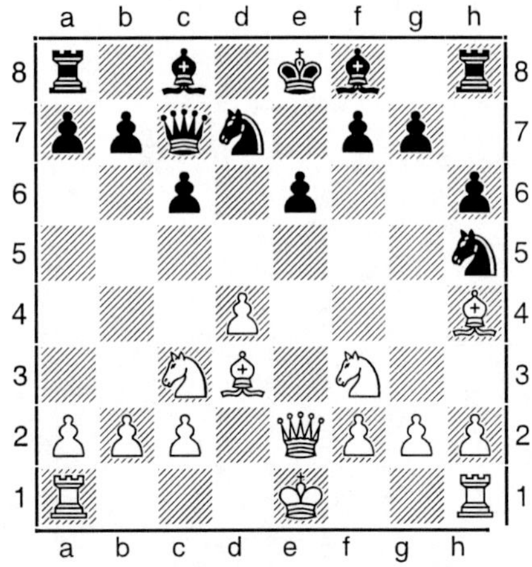

902) Jogam as Brancas (1 ponto)

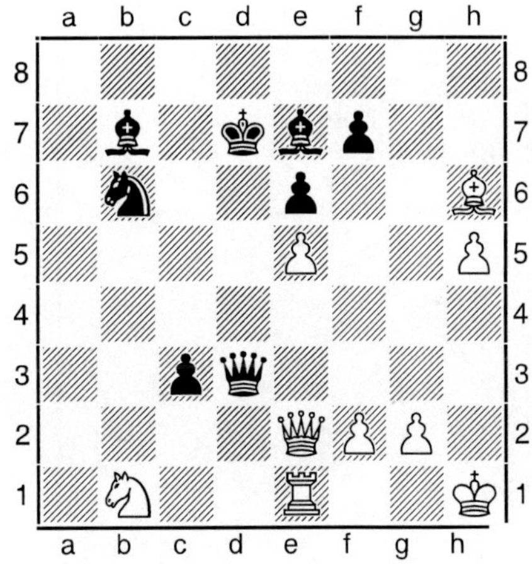

903) Jogam as Pretas (1 ponto)

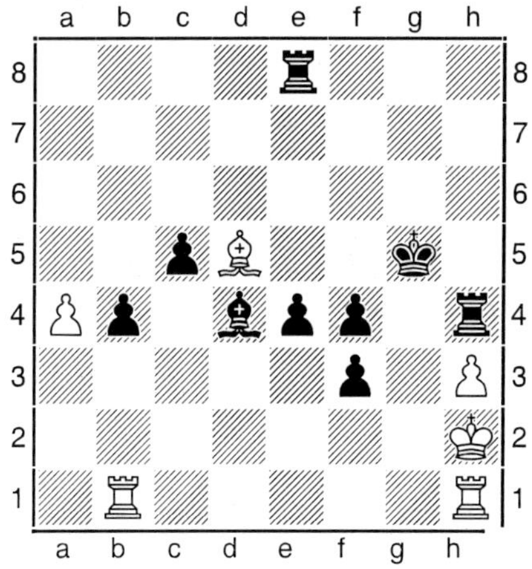

904) Jogam as Pretas (1 ponto)

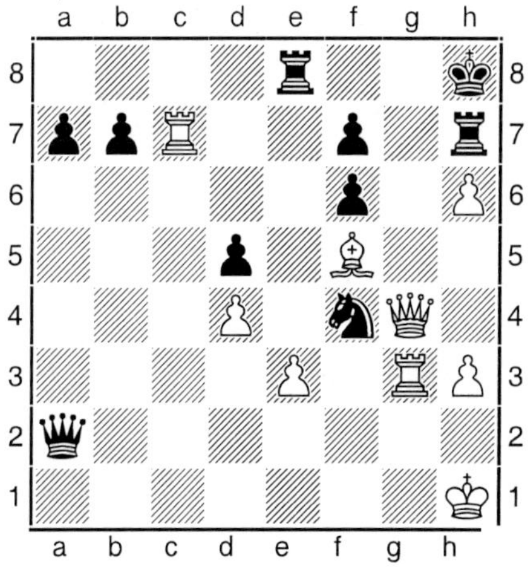

905) Jogam as Brancas (2 pontos)

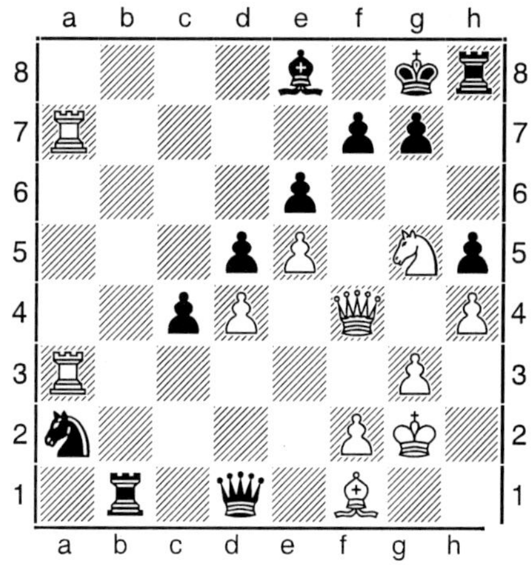

906) Jogam as Brancas (2 pontos)

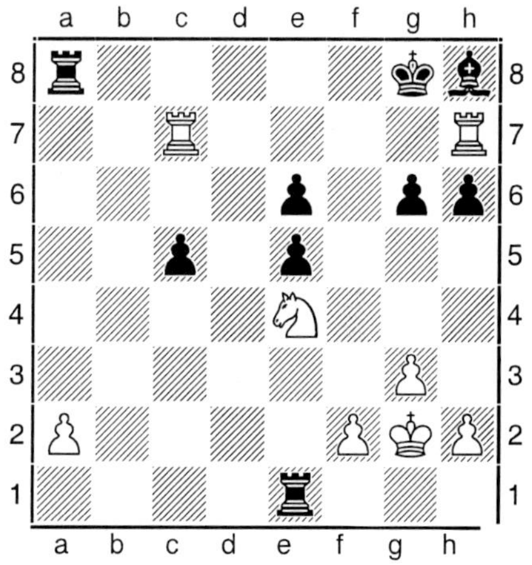

907) Jogam as Brancas (2 pontos)

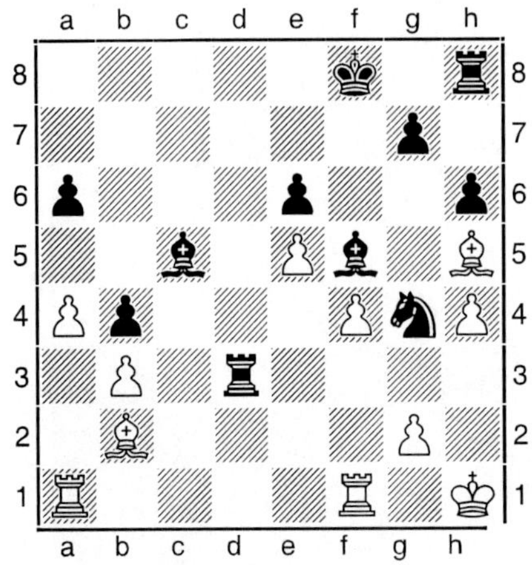

908) Jogam as Pretas (2 pontos)

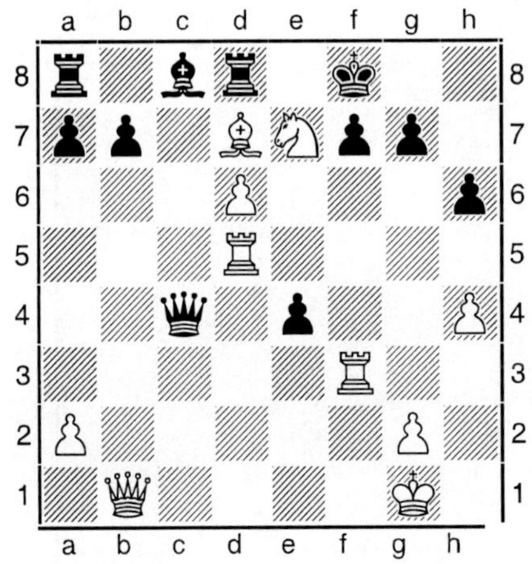

909) Jogam as Brancas (2 pontos)

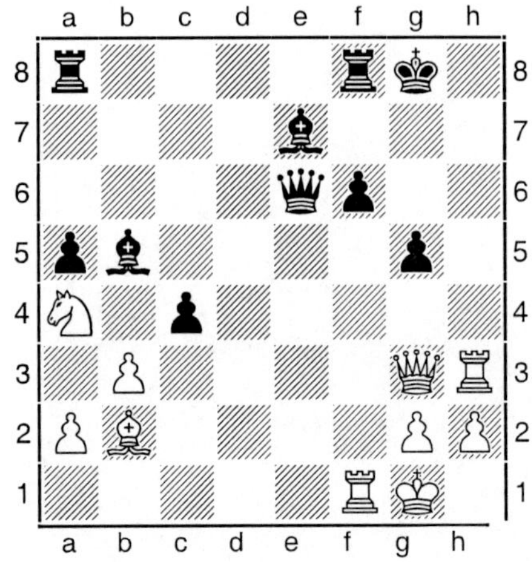

910) Jogam as Brancas (2 pontos)

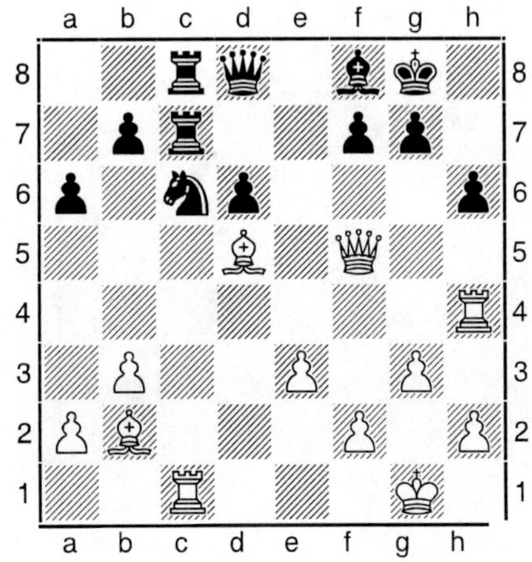

911) Jogam as Brancas (2 pontos)

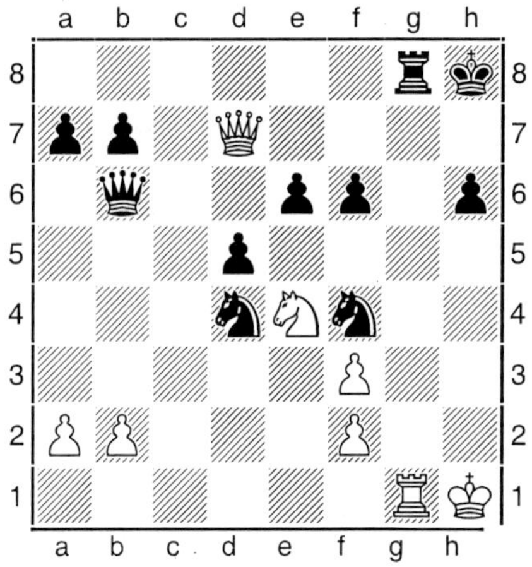

912) Jogam as Brancas (2 pontos)

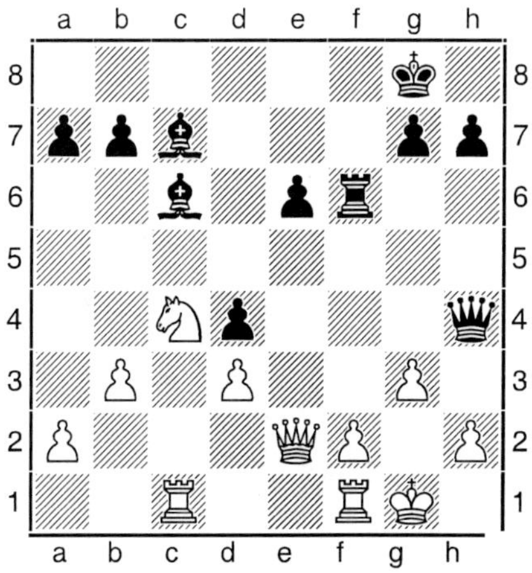

913) Jogam as Pretas (2 pontos)

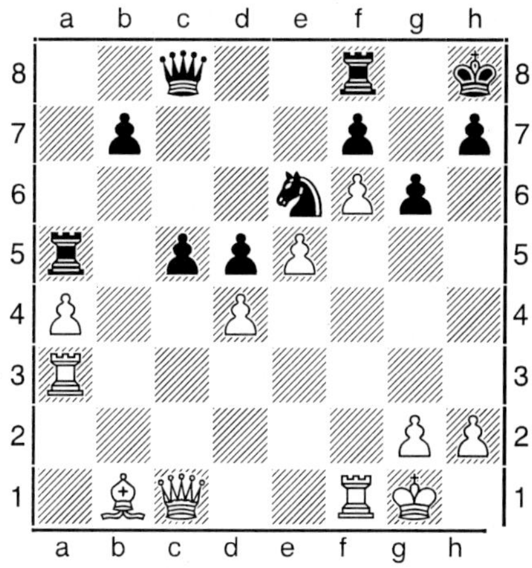

914) Jogam as Brancas (2 pontos)

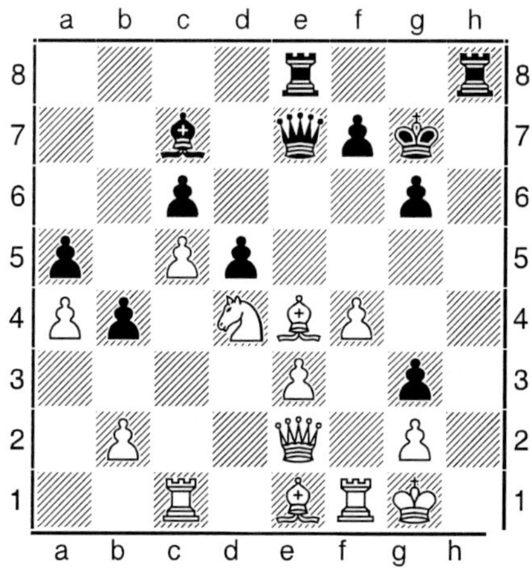

915) Jogam as Pretas (2 pontos)

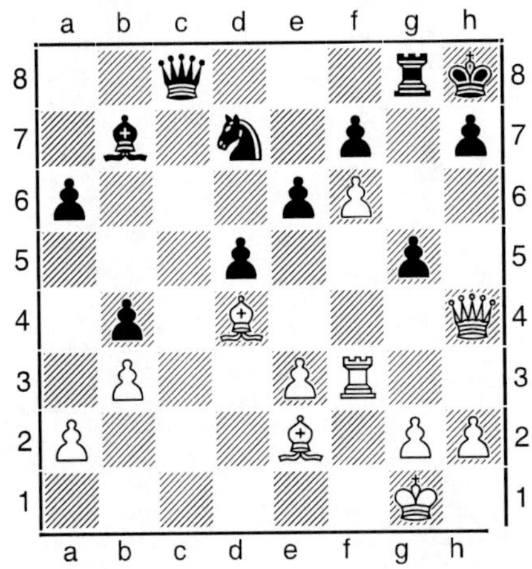

916) Jogam as Brancas (2 pontos)

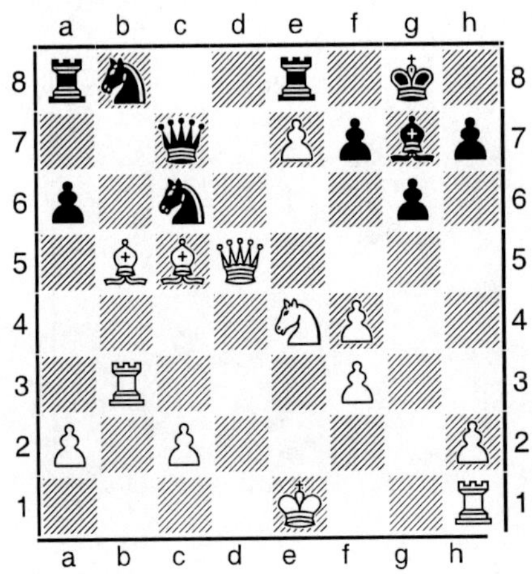

917) Jogam as Brancas (2 pontos)

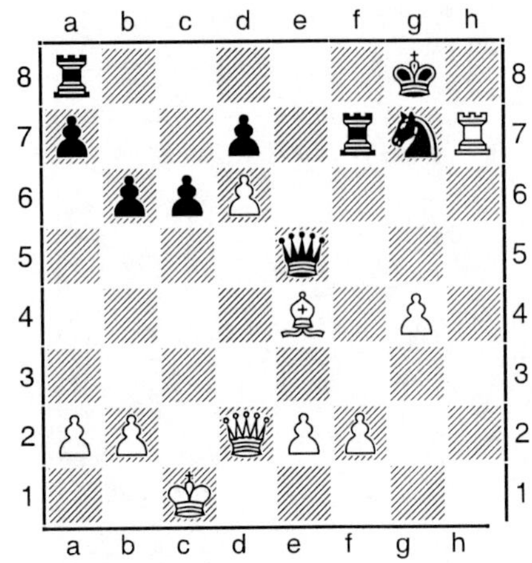

918) Jogam as Brancas (2 pontos)

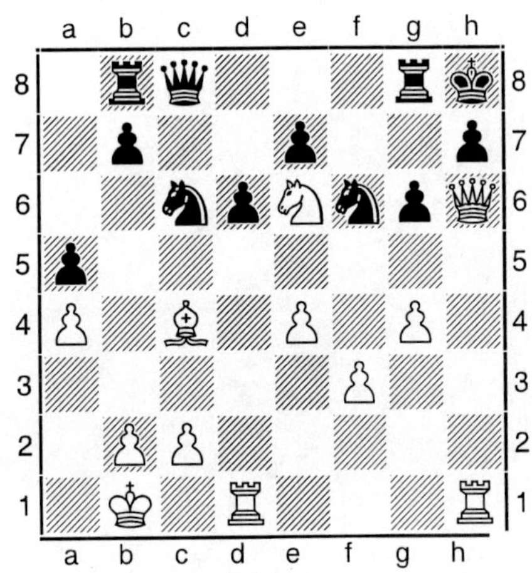

919) Jogam as Brancas (2 pontos)

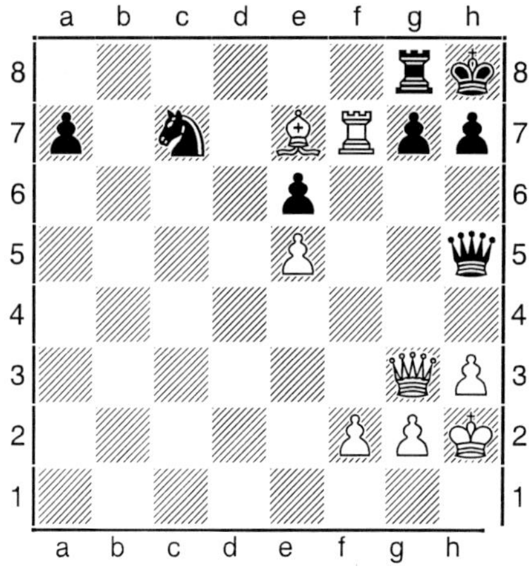

920) Jogam as Brancas (2 pontos)

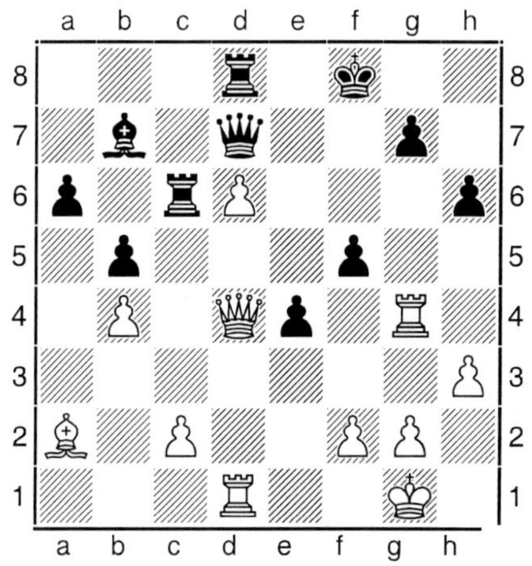

921) Jogam as Brancas (2 pontos)

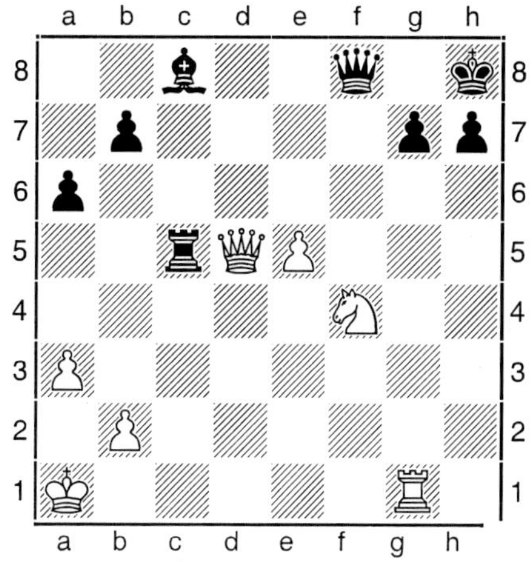

922) Jogam as Brancas (2 pontos)

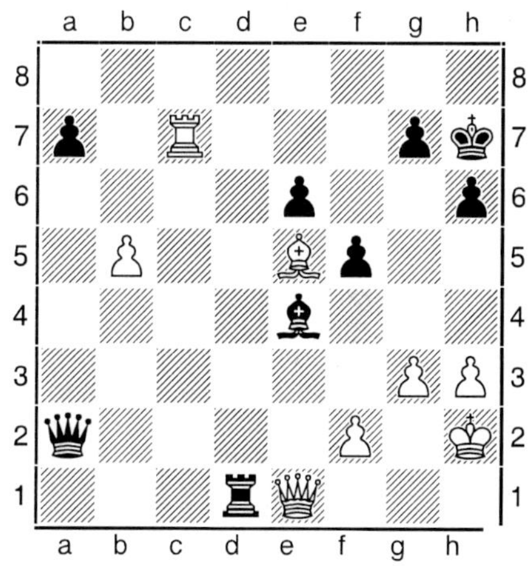

923) Jogam as Pretas (2 pontos)

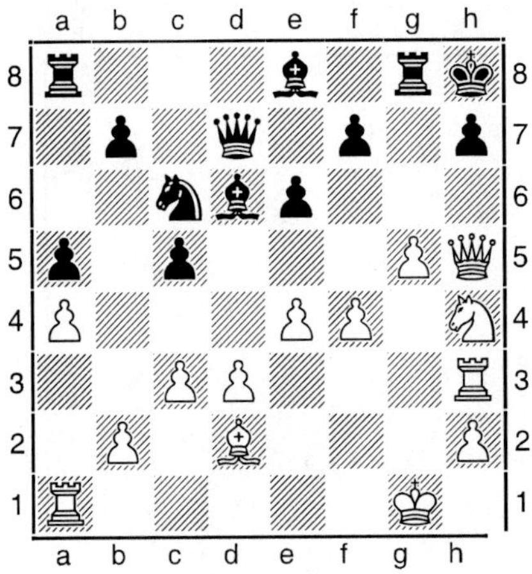

924) Jogam as Brancas (2 pontos)

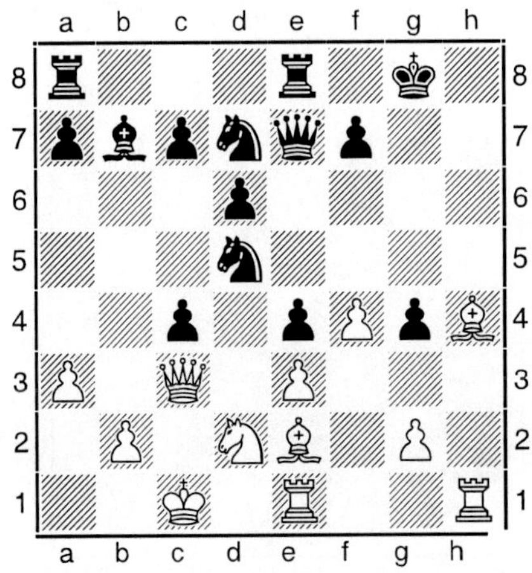

925) Jogam as Brancas (2 pontos)

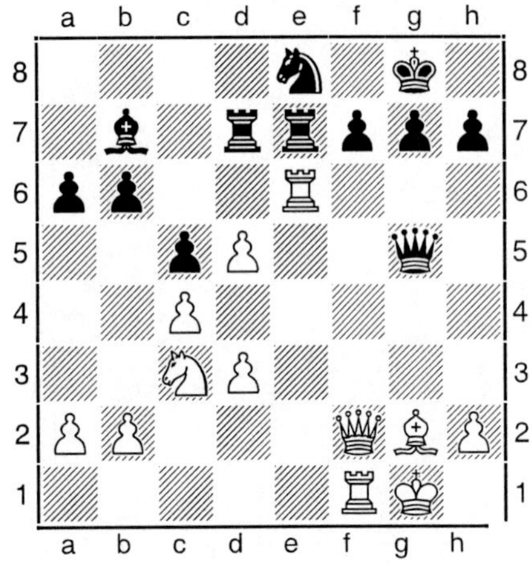

926) Jogam as Brancas (2 pontos)

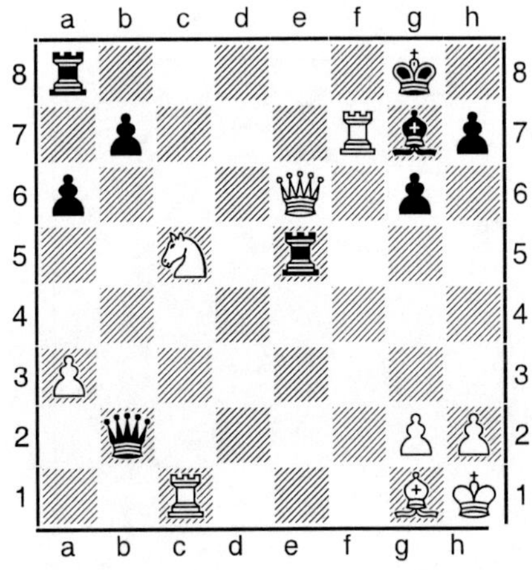

927) Jogam as Brancas (2 pontos)

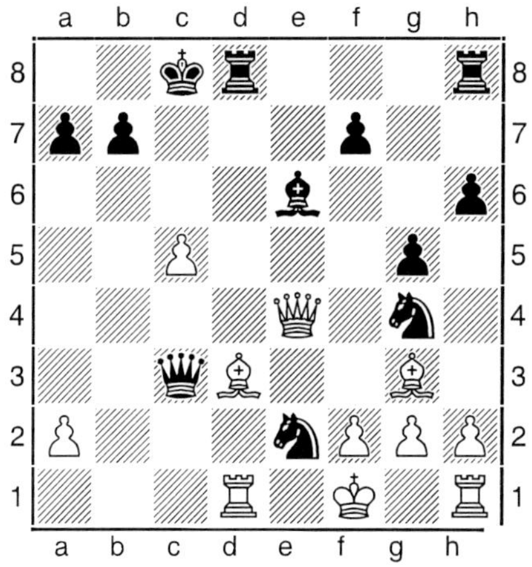

928) Jogam as Brancas (2 pontos)

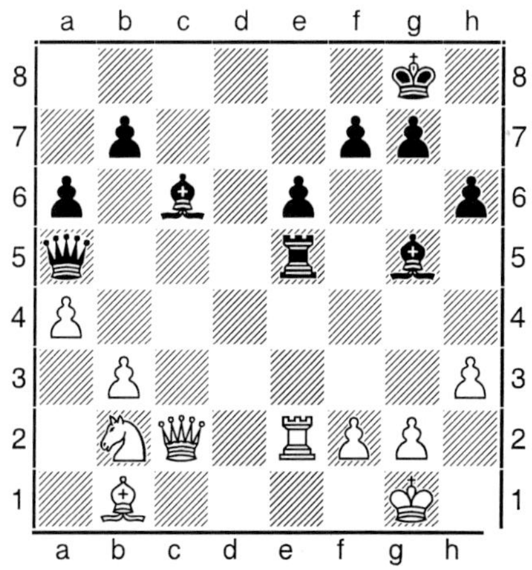

929) Jogam as Pretas (3 pontos)

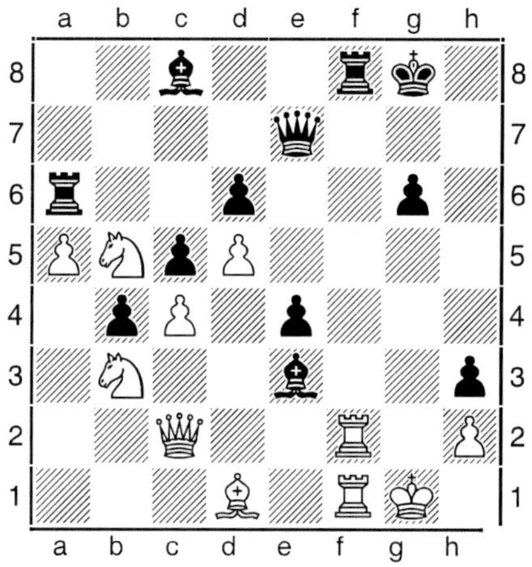

930) Jogam as Pretas (3 pontos)

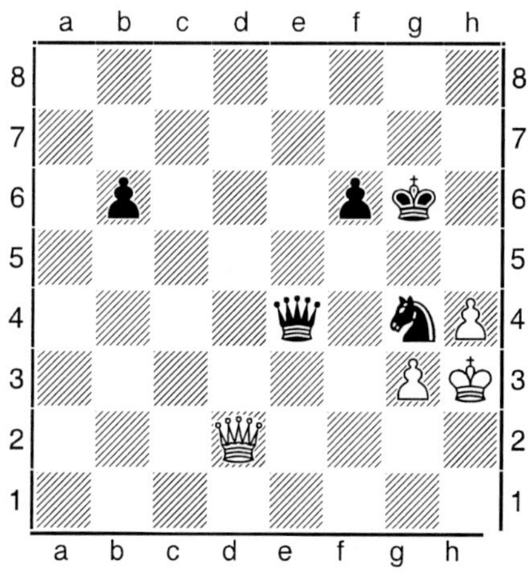

931) Jogam as Pretas (3 pontos)

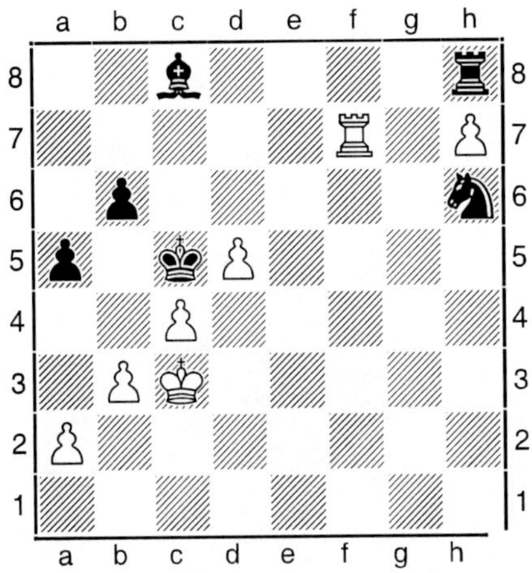

932) Jogam as Brancas (3 pontos)

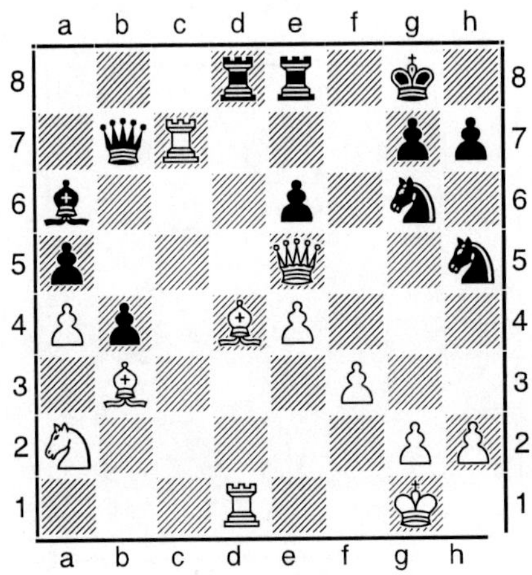

933) Jogam as Brancas (3 pontos)

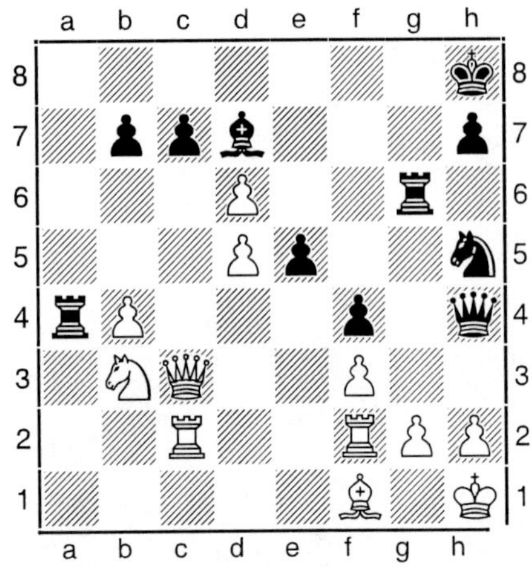

934) Jogam as Pretas (3 pontos)

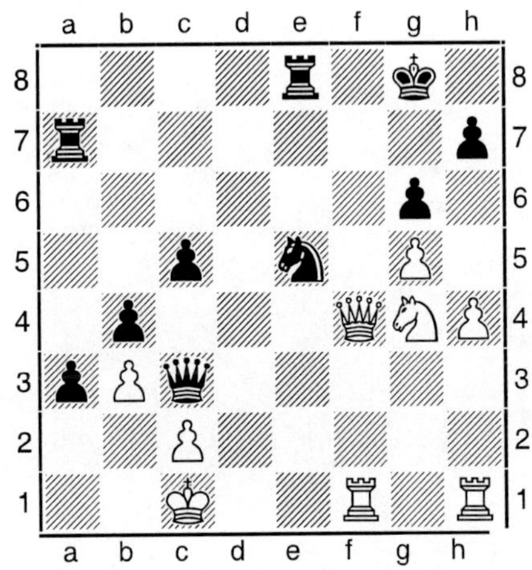

935) Jogam as Brancas (3 pontos)

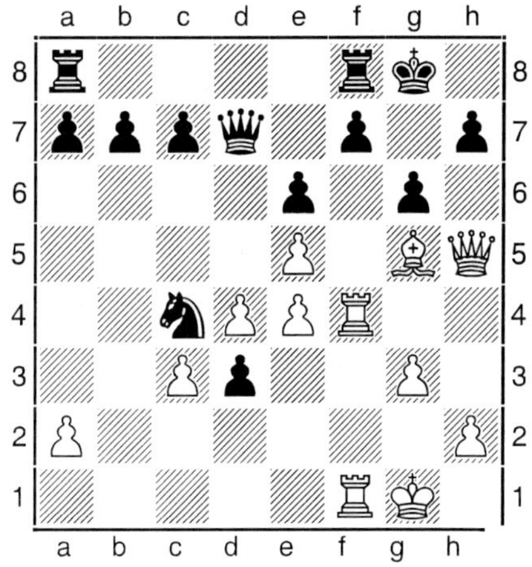

936) Jogam as Brancas (3 pontos)

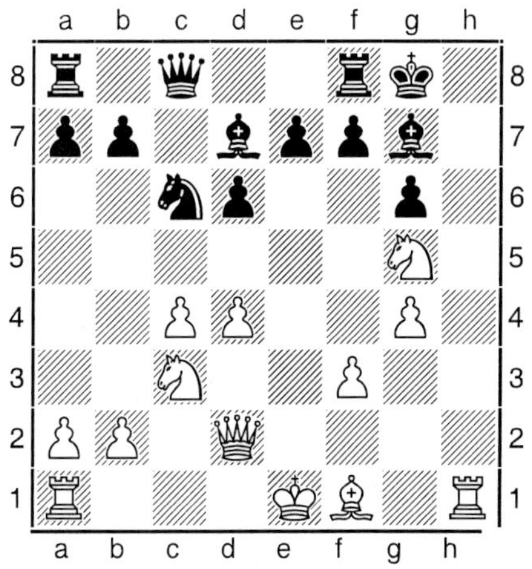

937) Jogam as Brancas (3 pontos)

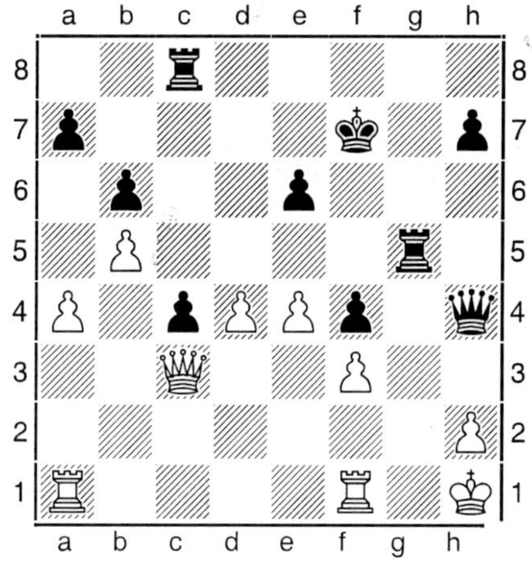

938) Jogam as Pretas (3 pontos)

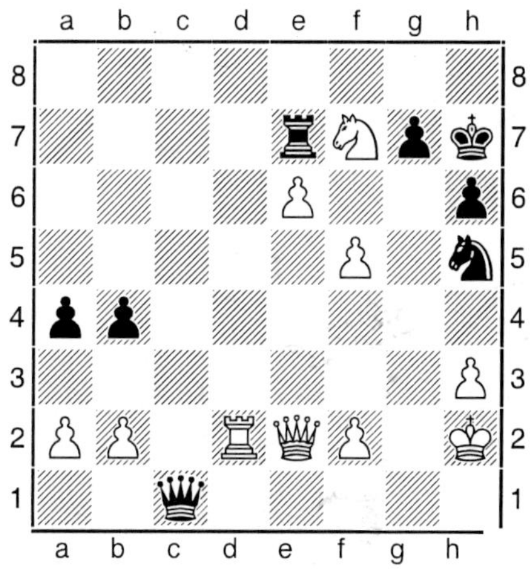

939) Jogam as Brancas (3 pontos)

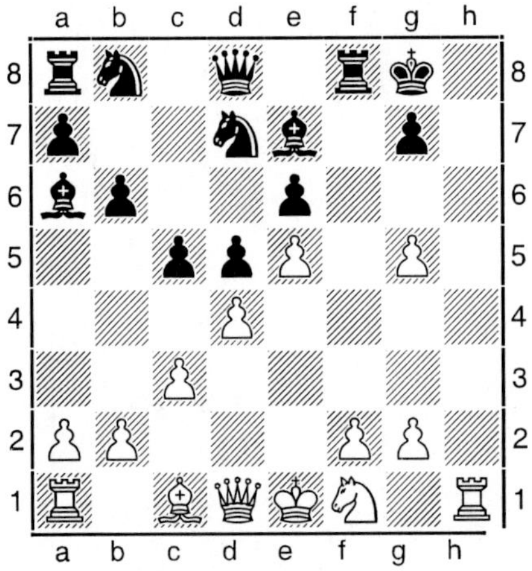

940) Jogam as Brancas (3 pontos)

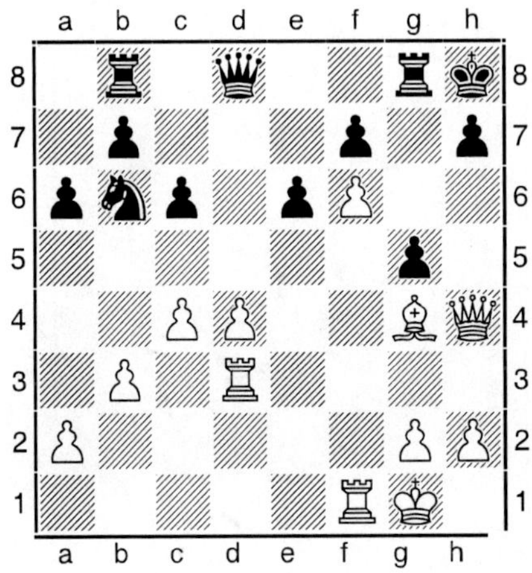

941) Jogam as Brancas (3 pontos)

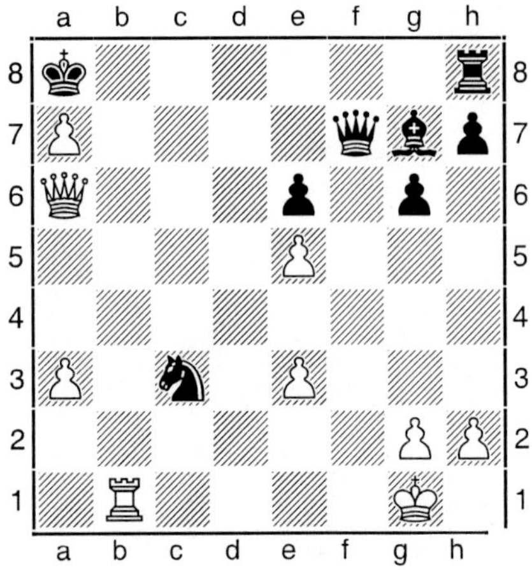

942) Jogam as Brancas (4 pontos)

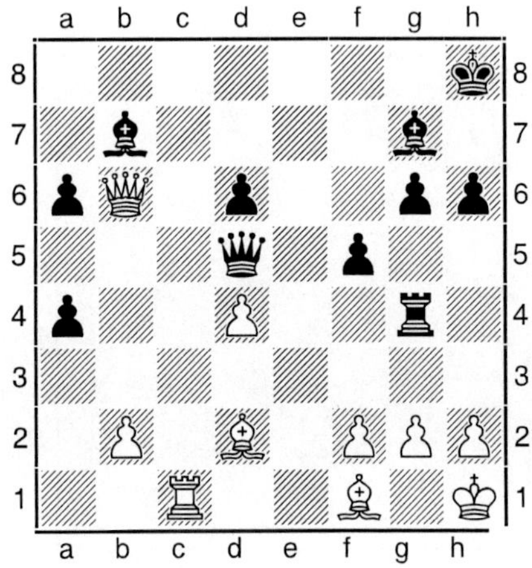

943) Jogam as Pretas (4 pontos)

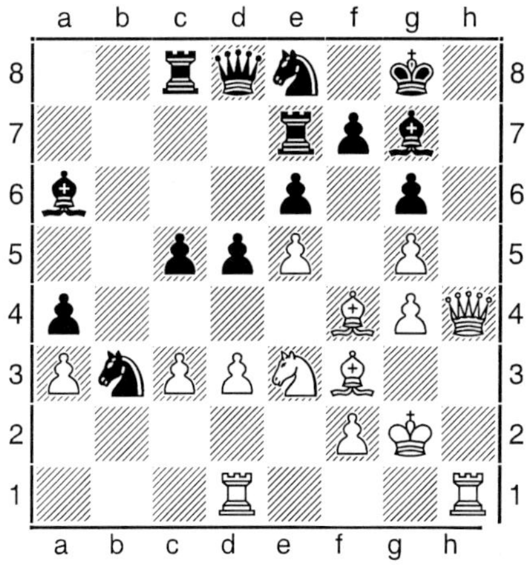

944) Jogam as Brancas (4 pontos)

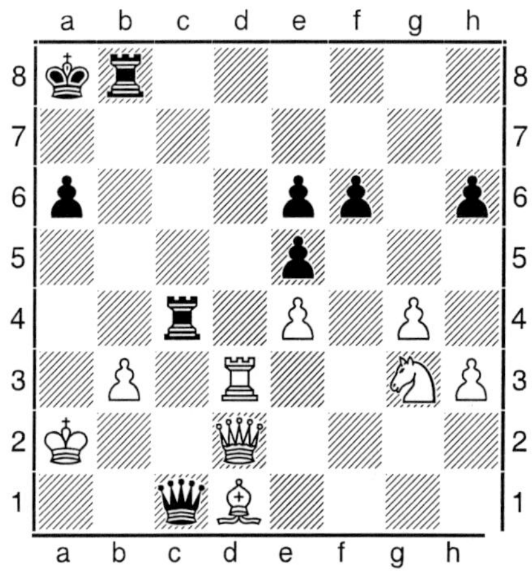

945) Jogam as Pretas (4 pontos)

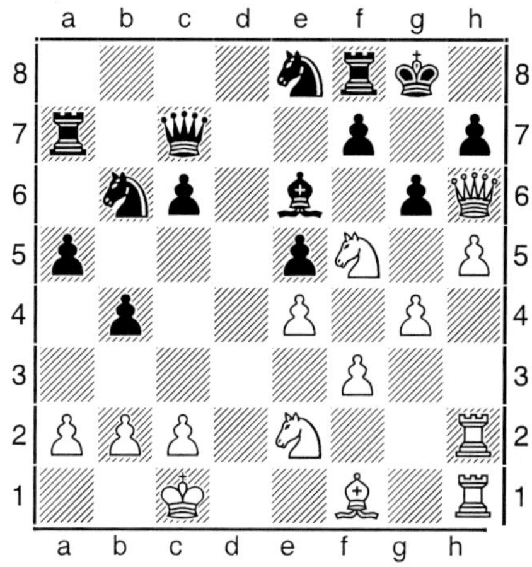

946) Jogam as Brancas (4 pontos)

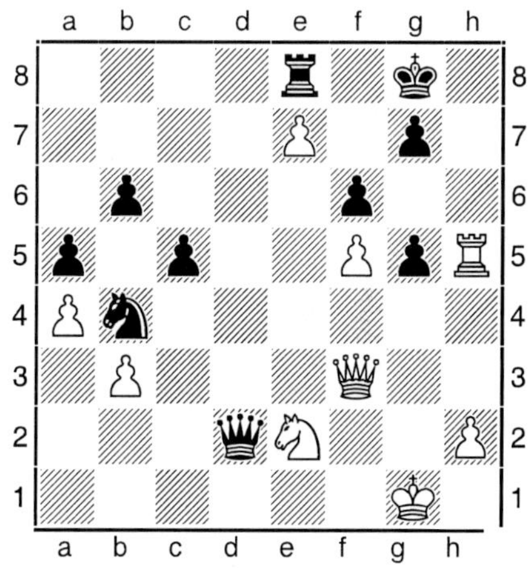

947) Jogam as Brancas (4 pontos)

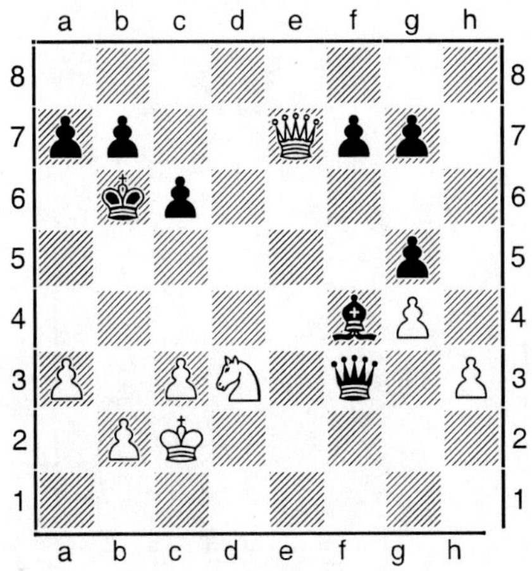

948) Jogam as Brancas (5 pontos)

Soluções do Teste de Revisão do Mate

889) **Van der Velden – De Mooij**
Leiden 2009
1 ♕xh6#

890) **Beltran Medina – Ma. Bednar**
Praga 2009
1 ♕xf8+! ♔xf8 2 ♖d8#

891) **D. Flores – Escobar Forero**
Campeonato Latino-americano, Morelia 2008
1 ♕xf7+! 1-0
1...♘xf7 2 ♘g6#.

892) **Felegyhazi – Szieberth**
Zalakaros 2001
1 ♕h8+! 1-0
1...♖xh8 2 ♖xh8#.

893) **M. Maleki – T. Todorov**
Campeonato Francês (por equipes) 2007/8
1...♖xe1+ 0-1
Uma troca simples abre a linha de f2 até c2, resultado em mate após 2 ♕xe1 ♕c2#.

894) **Timman – Wedberg**
Campeonato Sueco (por equipes) 2002/3
1 ♕xf8+! 1-0
1...♗xf8 2 ♖h7#.

895) **Sa. van Eijk – Jan Cheung**
Dieren 2008
1 ♕g6+! 1-0
1...fxg6 2 fxg6#.

896) **S. Langner – S. Oesterle**
Tamm (Meninas Sub-14) 2000
1...♕g3! 2 ♖xf2
Como 2 hxg4 é seguido por 2...♕h4#, as Brancas só conseguem adiar o mate com lances inúteis, como 2 ♗f4 ou 2 ♘xc7+.
2...♕h2#

897) **Gerzhoy – Sutovsky**
Tel-Aviv 2001
1...♕xh3+! 0-1
2 gxh3 ♖h2#.

898) **W. Barbier – B. Laurent**
Campeonato Belga, Aalst 2005
1...♕xf2+! 2 ♔xf2
2 ♔h1 ♕xe1+ 3 ♗f1 ♕xf1#.
2...♖f4#

899) **Cherednichenko – Malikentzos**
Khalkida 2009
1 ♕h8+! 1-0
1...♔xh8 2 ♖f8#.

900) **Janz – H. Darius**

Copa da Alemanha, Erfurt 2004

1...♕g3+! 0-1

2 ♗xg3 fxg3#.

901) **S.M. Shyam – Kalshyan**

Nova Deli 2009

1 ♖d8+ 1-0

1...♔g7 2 ♘h5#.

902) **E. Sanz Perez – Genestous**

Campeonato Francês (por equipes) 2004/5

1 ♕xe6+! 1-0

1...fxe6 2 ♗g6# é um mate que ocorre em várias armadilhas da abertura.

903) **Djurhuus – L. Karlsson**

Campeonato Sueco (por equipes) 2005/6

1...♕h3+ 0-1

2 ♔g1 ♕xg2#.

904) **R. Kosak – A. Markgraf**

Alemanha (evento por equipes) 2005/6

1...♖xh3+! 0-1

2 ♔xh3 ♖h8#.

905) **Shalashov – E. Kalashnikova**

Campeonato Russo de Clubes (Sub-18), Rybinsk 2008

1 ♕g8+! ♖xg8 2 ♖xg8+ ♔xg8 3 ♖c8#

906) **Giaccio – Garza**

Lorca 2005

1 ♕xf7+! 1-0

1...♗xf7 2 ♖a8+ e as Brancas dão mate em mais dois lances.

907) **Calistri – E. Guyot**

Issy-les-Moulineaux 2009

1 ♖xh8+! 1-0

Após 1...♔xh8 2 ♘f6, as Pretas só conseguem adiar ♖h7# entregando suas torres.

908) **Buker – Secer**

Campeonato Turco, Ankara 2008

1...♖h3+! 0-1

2 gxh3 ♗e4+ 3 ♖f3 ♗xf3#.

909) **S. Laborde – Nguyen Huu Hoang**

Campeonato Francês (por equipes) 2005/6

1 ♖xf7+! 1-0

1...♔xf7 2 ♖f5#.

910) **A. da Silva – V. Chemin**

Campeonato Brasileiro, São Paulo 2005

1 ♕xg5+! 1-0

As Pretas não conseguem escapar: 1...♔f7 2 ♕h5+ ♔g7 3 ♕h7# ou 1...fxg5 2 ♖h8#.

911) **Jüttner – Frankl**

Campeonato de Munique 2003

1 ♖xh6!

Ameaçando mate com 2 ♕h7#.

1...gxh6

1...♗e7 2 ♕xf7# e 1...g6 2 ♖h8# também dá mate.

2 ♕g6+ 1-0

2...♗g7 3 ♕xg7#.

912) C. Äpfler – **Karabalis**

Alemanha (evento por equipes) 2005/6

1 ♕h7+! 1-0

As Pretas sofrem mate após 1...♔xh7 2 ♘xf6+ ♔h8 3 ♖xg8#.

1 ♖xg8+ ♔xg8 2 ♕e8+ também leva ao mate, porém é muito mais lento do que o movimento feito.

913) **L. Colnot – A. Labarthe**

La Fère 2007

1...♕xh2+! 2 ♔xh2 ♖h6+ 3 ♔g1 ♖h1#

914) **Cabrera – Stavast**

Leeuwarden 2009

1 ♕h6

Ameaçando 2 ♖h3 seguido de mate em h7.

1...♖g8

Para atingir 2 ♖h3 com 2...♘f8, mas agora a Preta enfrenta outro mate.

2 ♕xh7+! 1-0

2...♔xh7 3 ♖h3#.

915) **A. Evdokimov – Erenburg**

Internet (playchess.com) 2006

1...♖h1+! 0-1

2 ♔xh1 ♕h4+ 3 ♔g1 ♕h2#.

916) **Mos. Ali – A. Korda**

Campeonato de Canberra 1998

1 ♕xh7+! ♔xh7 2 ♖h3+ 1-0

2...♔g6 3 ♗d3#.

917) **O. Lehner – Stanec**

Campeonato Austríaco (por equipes) 2005/6

1 ♕xf7+! 1-0

1...♔xf7 sofre mate com 2 ♗c4#, enquanto 1...♔h8 2 ♕xe8+ leva ao mate no próximo lance.

918) **Cruz Lopez – Beuselinck**

Créon 2003

1 ♖h8+! 1-0

1...♔xh8 2 ♕h6+ ♔g8 3 ♕h7+ ♔f8 4 ♕h8#.

919) **Kolker – A. Paulsen**

Heusenstamm 2009

1 ♕xh7+! ♘xh7 2 ♖xh7+! ♔xh7 3 ♖h1#

920) **P. Mola – A. Rotstein**

Porto San Giorgio 2001

1 ♕xg7+! 1-0

1...♖xg7 2 ♖f8+ ♖g8 3 ♗f6#.

921) **S. Bold – K. Ovezova**

Campeonato Mundial (Meninas Sub-14), Szeged 1994

1 ♕f6+!

Para forçar a abertura da coluna g.

1...gxf6

Após 1...♔e8 2 ♕g6+ ♔f8 3 ♕h7,

as Brancas dão mate com rapidez; por exemplo, 3...♖c4 4 ♕h8+ ♔f7 5 ♕xg7+ ♔e6 6 ♖g6#.

2 ♖g8#

922) **F. Graf – Sivuk**

Moscou 2008

1 ♘g6+! hxg6 2 ♖h1+ 1-0

2...♗h3 3 ♖xh3#.

923) **E. Denayer – V. Bolzoni**

Namur 2009

As Brancas ameaçam empatar com ♖xg7+ seguido de, por exemplo, ♖g6+, então as Pretas não conseguem capturar a dama.

1...♕xf2+! 0-1

2 ♕xf2 ♖h1#.

924) **J. da Costa – S.L. de Souza**

São Sebastião do Paraíso 2001

1 ♕xh7+! ♔xh7 2 ♘f5+ 1-0

2...♔g6 3 ♖h6#.

925) **Peng Zhaoqin – Caoili**

Bled (Olimpíada - Feminina) 2002

1 ♕h8+! ♔xh8 2 ♗f6++ 1-0

O xeque duplo força mate no próximo lance: 2...♔g8 3 ♖h8#.

926) **Borik – R. Kosak**

Alemanha (evento por equipes) 2004/5

1 ♕xf7+! 1-0

1...♖xf7 2 ♖xe8+ e mate no próximo lance.

927) **Ljubičić – B. Budimir**

Bošnjaci 2006

1 ♖f8++ 1-0

E necessário um xeque duplo, pois a dama das Brancas está sendo atacada e leva ao mate após 1...♔xf8 2 ♘d7#.

928) **Bog. Bozinović – G. Gaspariants**

Biel 2003

1 ♕c6+! 1-0

1...bxc6 2 ♗a6#.

929) **Al. Spielmann – V. David**

Nancy 2003

1...♕e1+! 2 ♖xe1 ♖xe1+ 0-1

3 ♔h2 ♗f4+ 4 g3 ♖h1#. Essa combinação começa com um sacrifício típico da dama na última fila, mas termina com um mate R+B. Conhecer os padrões básicos de mate ajuda a identificar as possibilidades afins.

930) **Dukov – Balashov**

Kurgan 2001

1...♕g5+ 2 ♔h1 ♕g2+! 0-1

3 ♖xg2 ♖xf1+ 4 ♖g1 ♖xg1#.

931) **Duszczak – Kaszowski**

Poznan 2008

As Pretas têm uma peça a mais, porém em vez de uma vitória técnica mais lenta, elas encontraram um modo de finalizar as Brancas de imediato.

1...♕h1+! 2 ♔xg4

Ou 2 ♕h2 ♘f2#.

2...f5+ 0-1

3 ♔f4 ♕e4#.

932) **Mart. Braun – Ta. Kulcsar**

Campeonato Húngaro (por equipes) 2005/6

1 ♖f6

Ameaçando 2 ♖c6#.

1...♗b7

1...♗d7 2 a3 é bem idêntico.

2 a3 1-0

As Pretas não conseguem impedir 3 b4+ seguido de 4 axb4#.

933) **Bhat – Alsina Leal**

San Sebastián 2009

1 ♗xe6+ ♔h8

As Pretas também sofrem mate após 1...♔f8 2 ♕xg7+! ♘xg7 3 ♗xg7# ou 1...♖xe6 2 ♕xe6+ ♔h8 (2...♔f8 3 ♕f7#) 3 ♗xg7+ ♘xg7 4 ♖xd8+, etc.

2 ♕xg7+! 1-0

2...♘xg7 3 ♗xg7#.

934) **O. Clement – Vaisman**

Campeonato Francês (por equipes) 2008/9

1...♘g3+ 2 ♔g1 ♕xh2+! 0-1

3 ♔xh2 ♖h6+ 4 ♔g1 ♖h1#.

935) **Puuska – Joa. Chaves**

Bled (Olimpíada - Feminina) 2002

1 ♘h6+ ♔h8

1...♔g7 2 ♕f6#.

2 ♕f8+! 1-0

2...♖xf8 3 ♖xf8+ ♔g7 4 ♖g8#.

936) **S. Feller – R. Bernhardt**

Alemanha (evento por equipes) 2005/6

1 ♕xh7+! 1-0

1...♔xh7 2 ♖h4+ ♔g8 (2...♔g7 3 ♗f6+ ♔g8 4 ♖h8#) 3 ♗f6 e as Pretas sofrerão mate com ♖h8#.

937) **L. Baquero – Beudaert**

Cannes 2000

1 ♖h8+!

1 ♕h2? permite às Pretas se defender com 1...♖e8.

1...♗xh8

1...♔xh8 2 ♕h2+ ♔g8 3 ♕h7#.

2 ♕h2 ♔g7

2...♖e8 3 ♕h7+ seguido de mate em f7 ou h8.

3 ♕h7+ 1-0

3...♔f6 4 ♘ce4#.

938) **Jak. Novak – D. Rozmbersky**

Klatovy 1998

1...♕xh2+!

Incomum, esse sacrifício é seguido de um movimento discreto.

2 ♔xh2 ♖cg8 0-1

As Brancas não têm uma boa resposta para a ameaça de mate com 3...♖h5#.

939) **Ronchetti – I. Sarenac**

Campeonato Mundial (Junior), Gaziantep 2008

1 ♘g5+! 1-0

Abrindo a coluna h para que as Brancas possam capturar o cavalo em h5 com um xeque. O fim seria 1...♔g8 2 ♖d8+ ♖e8 3 ♖xe8# ou 1...hxg5 2 ♕xh5+ ♔g8 3 ♖d8+ ♖e8 4 ♖xe8#.

940) **St. Petersen – O. Vovk**

Campeonato Dinamarquês (por equipes) 2008/9

1 ♖h8+! ♔xh8

1...♔f7 2 ♕h5+ g6 3 ♕h7+ ♔e8 4 ♕xg6#.

2 ♕h5+ ♔g8 3 g6 1-0

3...♘f6 4 exf6 ♖xf6 5 ♕h7+ ♔f8 6 ♕h8#.

941) **J. Haase – F. Zimmermann**

Alemanha (evento por equipes) 2006/7

1 ♕xh7+! ♔xh7 2 ♖h3+ ♔g6 3 ♗h5+ ♔h7 4 ♗xf7#

942) **A. Tate – Kaszas**

Budapeste 2009

1 ♕c6+!

Forçando as Pretas a capturar o peão a7, as Brancas abrem a coluna a, portanto um lance posterior ♕a6 será xeque.

1...♔xa7 2 ♕b6+ ♔a8 3 ♕a6+ 1-0

3...♕a7 4 ♕c6+ ♕b7 5 ♕xb7#.

943) **L. Ross – Gunina**

Campeonato Mundial (Meninas Sub-14), Iraklion 2002

1...♕xg2+! 2 ♗xg2 ♗xg2+ 3 ♔g1 ♗e4+! 0-1

E a única casa a partir da qual o bispo pode trocar com segurança para a diagonal f1-a6. Segue o mate após 4 ♔f1 ♗d3+ 5 ♔e1 ♖g1#.

944) **Ma. Ursić – Nedimović**

Nova Gorica 2004

1 ♕h7+ ♔f8 2 ♕h8+! ♗xh8 3 ♖xh8+ ♔g7 4 ♖dh1 1-0

Ameaçando 5 ♖1h7# e se 4...♘f6, as Brancas dão mate capturando o cavalo.

945) **Vehi Bach – C. Kulkarni**

Barbera 2009

1...♖a4+!

Oferecendo uma torre para abrir a coluna b.

2 bxa4 ♕b1+ 3 ♔a3 ♕a1+ 4 ♕a2 ♕c1+ 0-1

5 ♕b2 ♕xb2#.

946) **Vehi Bach – Javierre Conesa**

Saragoça 1999

1 ♕xh7+! ♔xh7 2 hxg6++ ♔xg6 3 ♖h6+ ♔g5 4 ♖1h5#

947) **A. Stahnke – J. Pyper**

Campeonato Australiano (Sub-18), Adelaide 2009

1 ♖h8+! ♔f7

A linha principal é 1...♔xh8 2 ♕h5+ ♔g8 3 ♕xe8+ ♔h7 4 ♕h5+ (4 ♕g6+ também é bom) 4...♔g8 5 e8♕#.

2 ♕h5+ ♔xe7 3 ♕xe8+

As Brancas não só conquistam uma torre, como também dá mate em poucos lances.

3...♔d6 4 ♕d8+ ♔c6

Após 4...♔e5 5 ♕e7+ ♔xf5 6 ♘g3+, as Brancas também dão mate com rapidez.

5 ♕c8+ ♔d5

5...♔d6 6 ♖d8+ ♔e7 (6...♔e5 7 ♕e6#) 7 ♕c7+ e as Brancas dão mate no próximo lance.

6 ♕e6#

948) **Petenyi – T. Barczi**

Campeonato Eslovaco (Junior), Trenčin 2008

1 ♕d8+ ♔a6

Outros lances também levam a um mate rápido: 1...♔b5 2 c4+ (2 a4+ também é bom) 2...♔xc4 3 b3+ ♔b5 4 a4+ ♔a6 5 ♘c5# (ou 5 ♘b4#) ou 1...♗c7 2 ♕d4+ ♔a6 (2...c5 3 ♕xc5+ ♔a6 4 ♘b4# ou 2...♔b5 3 ♕b4+ ♔a6 4 ♘c5#) 3 ♘c5+ ♔b5 4 ♕b4#.

2 ♘c5+ ♔b5 3 a4+! 1-0

3...♔xc5 e 3...♔c4 são seguidos por 4 ♕d4#.

Quadro de Pontuação do Teste de Revisão do Mate

Número da posição	Pontos
889	1
890	1
891	1
892	1
893	1
894	1
895	1
896	1
897	1
898	1
899	1
900	1
901	1
902	1
903	1
904	1
905	2
906	2
907	2
908	2
909	2
910	2
911	2
912	2
913	2
914	2
915	2
916	2
917	2
918	2
919	2
920	2
921	2
922	2
923	2
924	2
925	2
926	2
927	2
928	2
929	3
930	3
931	3
932	3
933	3
934	3
935	3
936	3
937	3
938	3
939	3
940	3
941	3
942	4
943	4
944	4
945	4
946	4
947	4
948	5
Total	
Máximo	**132**

17. Desafio do Mate Extremo

Se você chegou aqui, provavelmente está pronto para o Desafio do Mate Extremo, uma seleção de 53 posições de mate difíceis. Embora as ideias nessas posições sejam parecidas com as anteriores no livro, a partida é mais complicada e você terá que raciocinar mais para encontrar o mate.

Embora seja desafiador, você deve conseguir resolver pelo menos alguns desafios. Veja um exemplo para mostrar o tipo de posição que enfrentará neste capítulo.

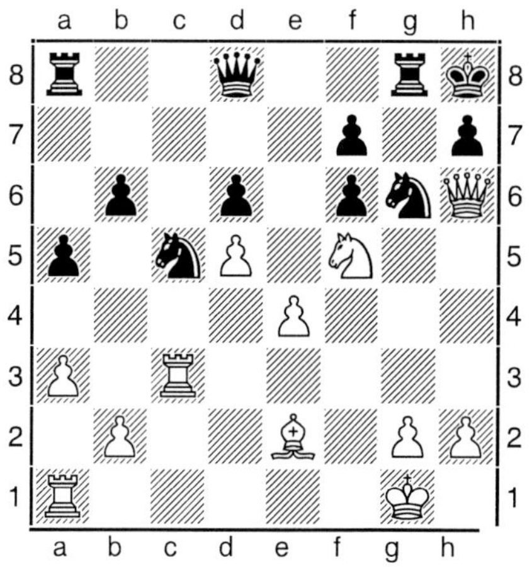

I. Radziewicz – Yakovich

Copa Rilton, Estocolmo 1999/00

As Brancas terminaram a partida com **1 ♕xh7+!! ♔xh7 2 ♖h3+ ♘h4 3 ♖xh4+ ♔g6 4 ♖h6+** e as **Pretas abandonaram (1-0)**. Após 4...♔g5, as Brancas podem dar mate com 5 ♖f1! (5 g3 também dá mate, porém mais devagar) e agora que a rota de escape do rei preto para f4 foi cortada, não há como impedir 6 h4#.

A ideia de sacrificar a dama em h7 foi vista antes no livro (veja a Posição 557, por exemplo), mas aqui a continuação é mais complexa, estendendo-se por mais cinco lances e incluindo um movimento discreto astuto.

Boa sorte!

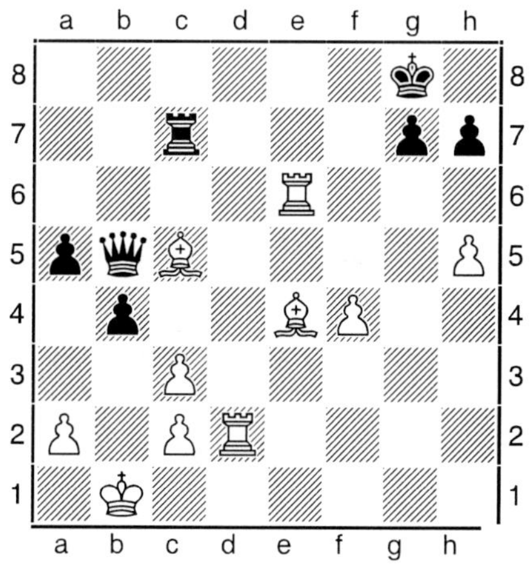

949) Jogam as Brancas (5 pontos)

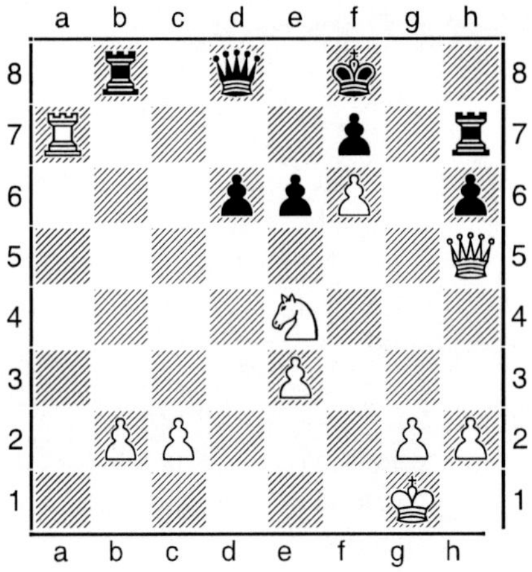

950) Jogam as Brancas (5 pontos)

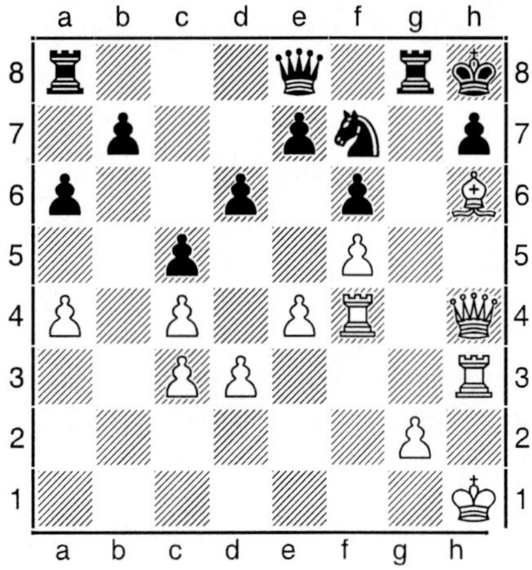

952) Jogam as Brancas (5 pontos)

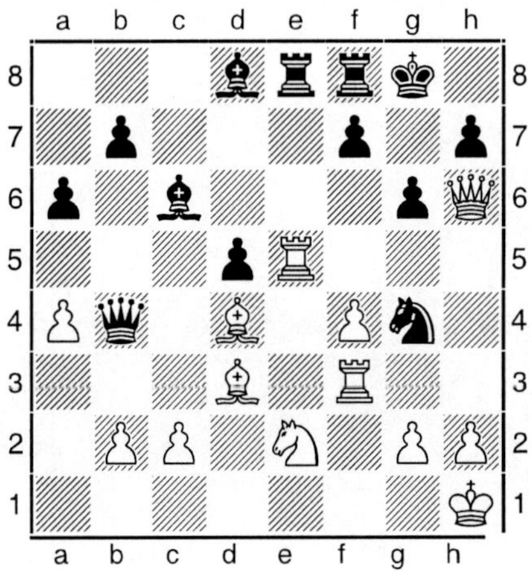

951) Jogam as Brancas (5 pontos)

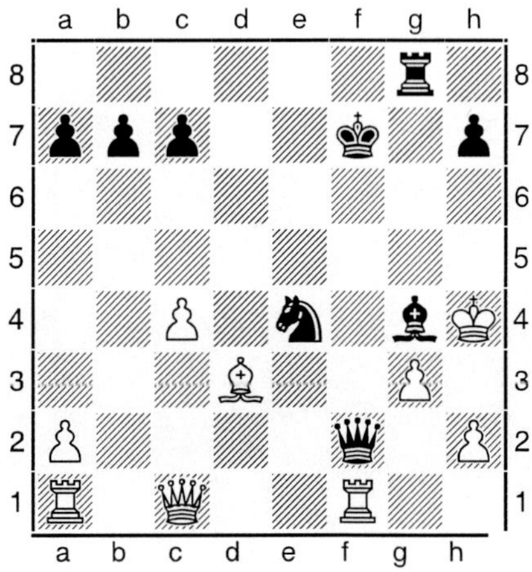

953) Jogam as Pretas (5 pontos)

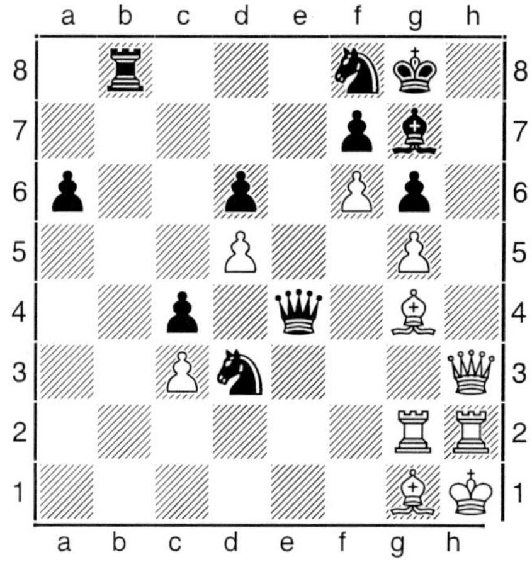

954) Jogam as Pretas (5 pontos)

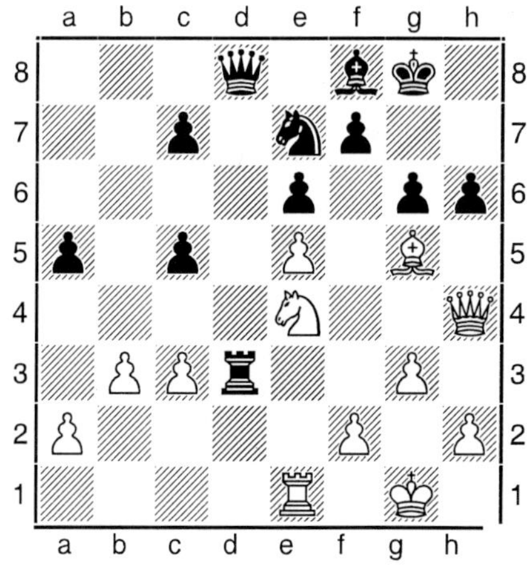

955) Jogam as Brancas (5 pontos)

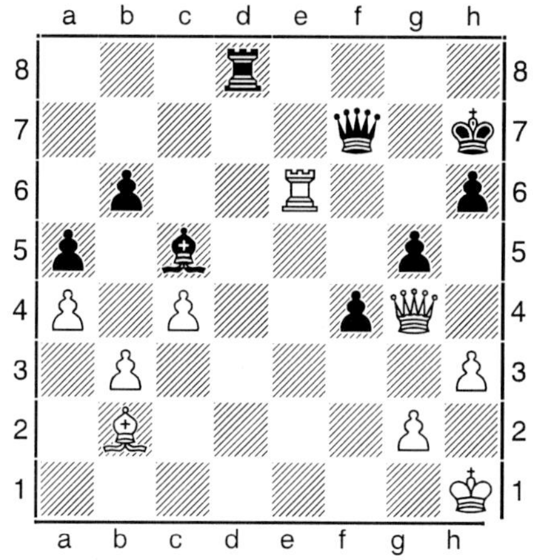

956) Jogam as Pretas (5 pontos)

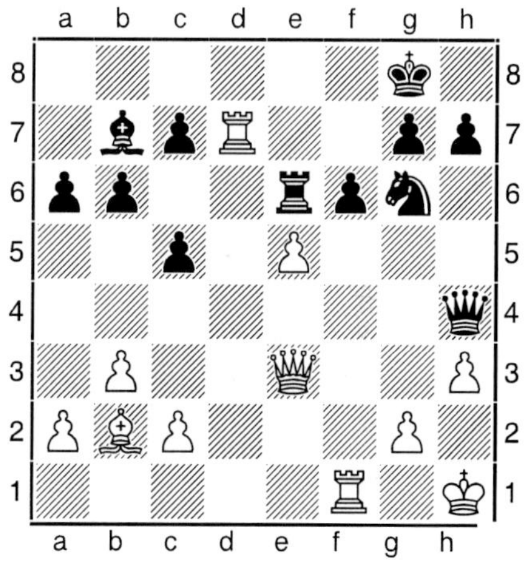

957) Jogam as Brancas (5 pontos)

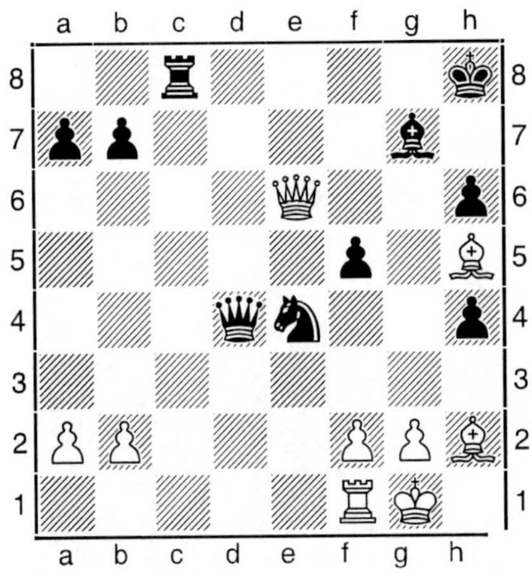

958) Jogam as Pretas (5 pontos)

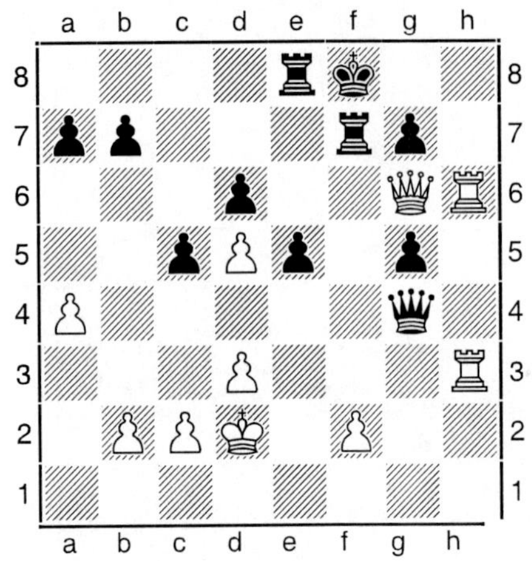

960) Jogam as Brancas (5 pontos)

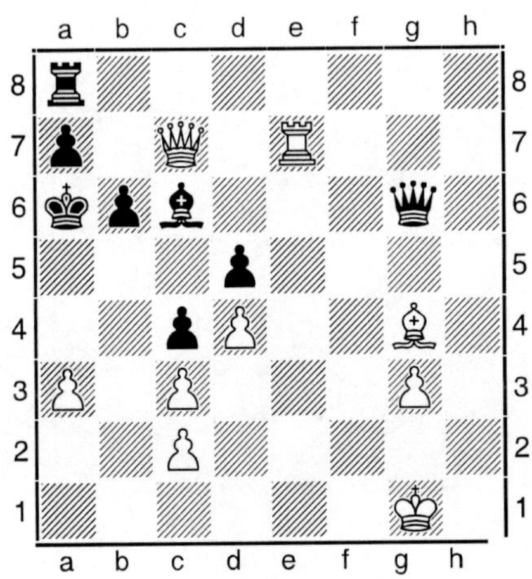

959) Jogam as Brancas (5 pontos)

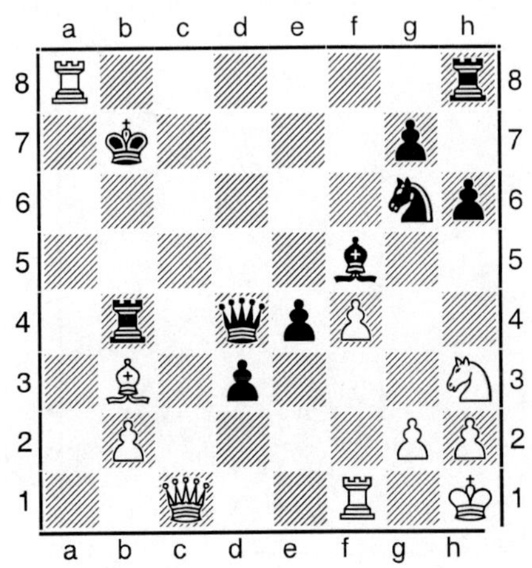

961) Jogam as Brancas (5 pontos)

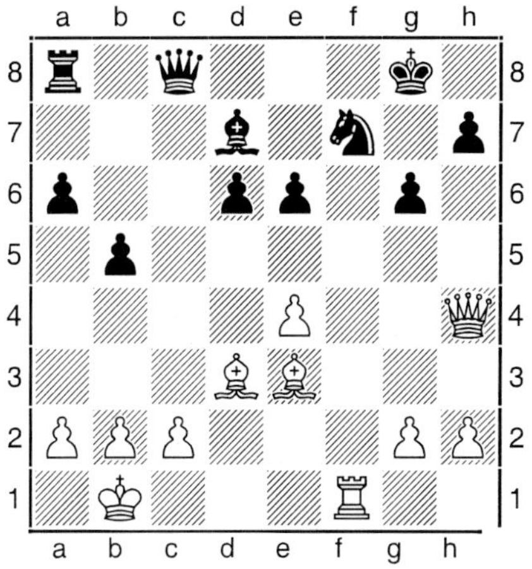

962) Jogam as Brancas (5 pontos)

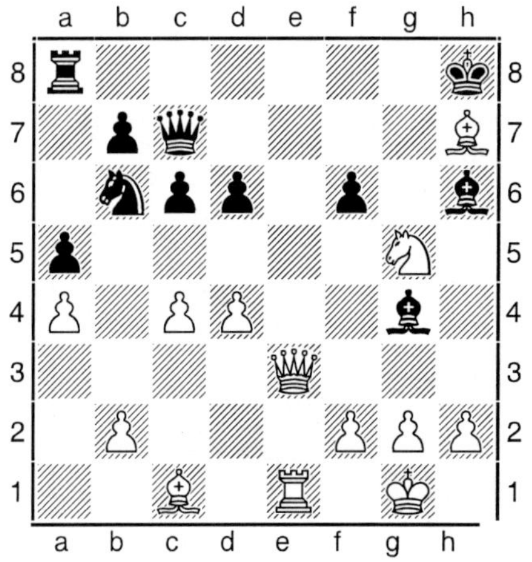

963) Jogam as Brancas (5 pontos)

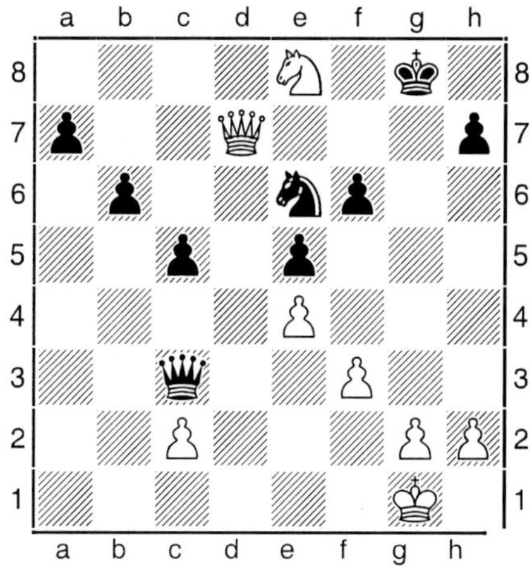

964) Jogam as Brancas (5 pontos)

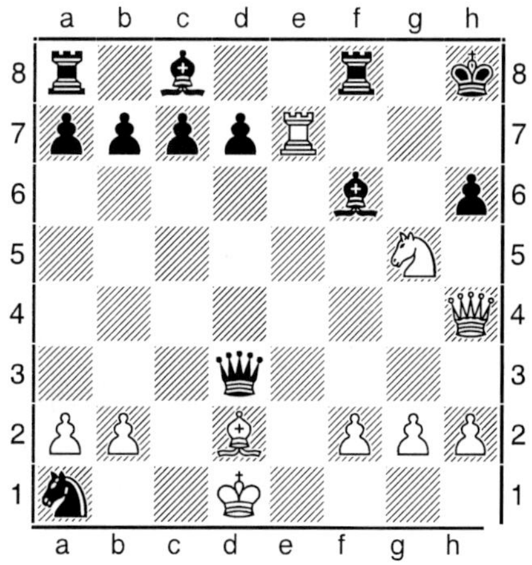

965) Jogam as Brancas (5 pontos)

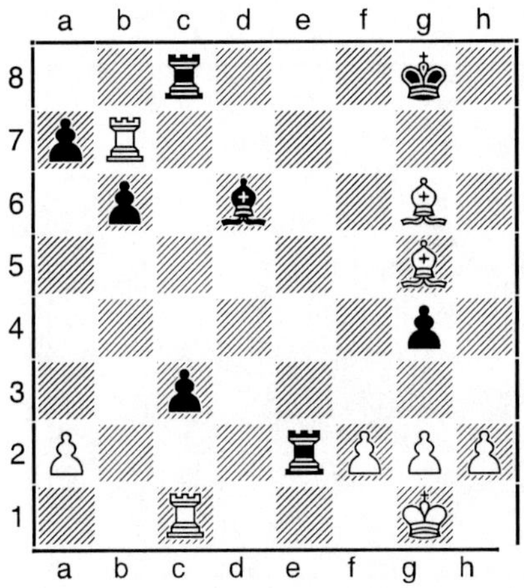

966) Jogam as Brancas (5 pontos)

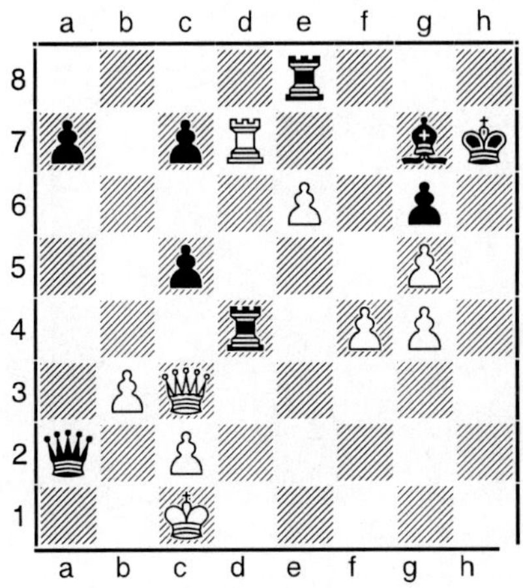

967) Jogam as Brancas (5 pontos)

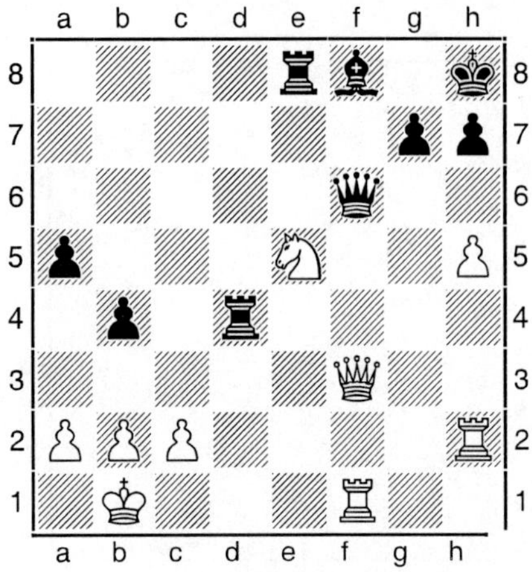

968) Jogam as Brancas (5 pontos)

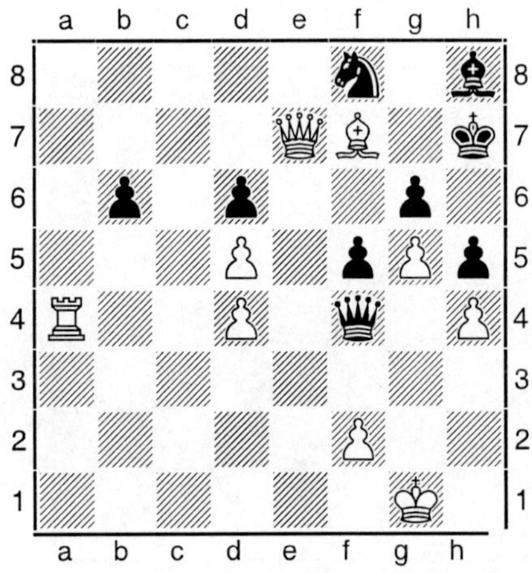

969) Jogam as Brancas (5 pontos)

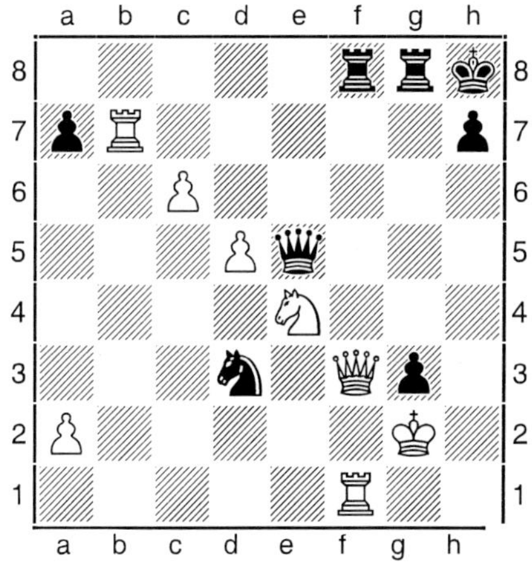

970) Jogam as Brancas (5 pontos)

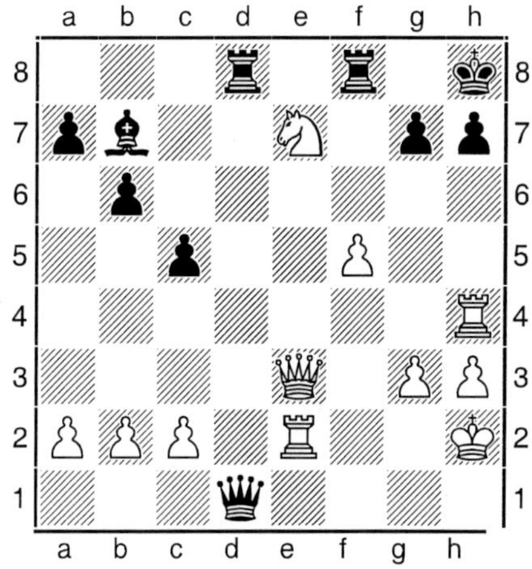

971) Jogam as Brancas (5 pontos)

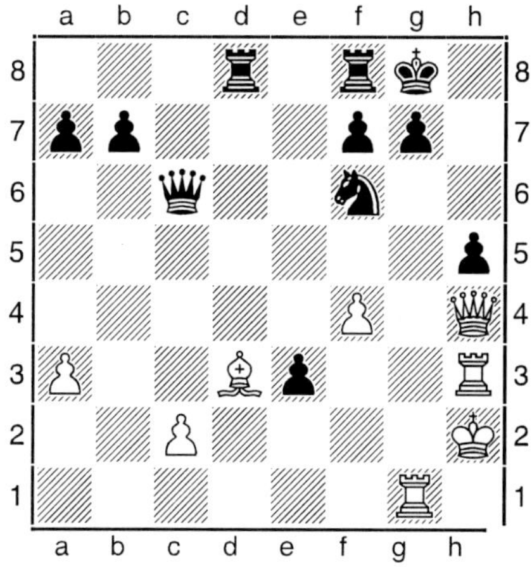

972) Jogam as Brancas (5 pontos)

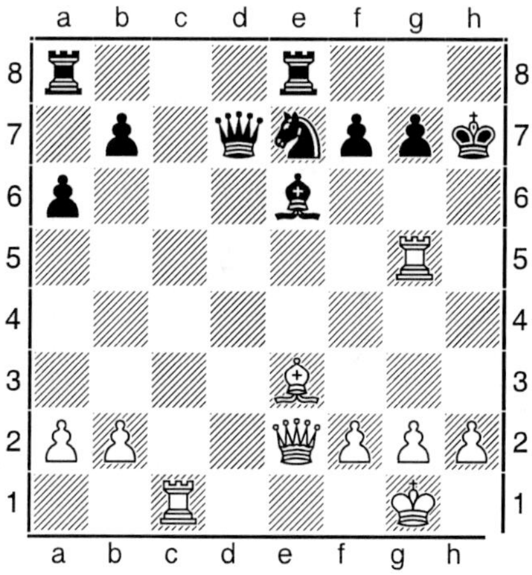

973) Jogam as Brancas (5 pontos)

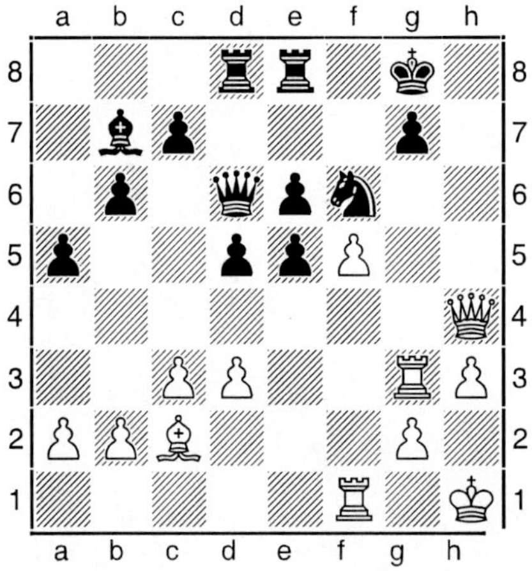

974) Jogam as Brancas (5 pontos)

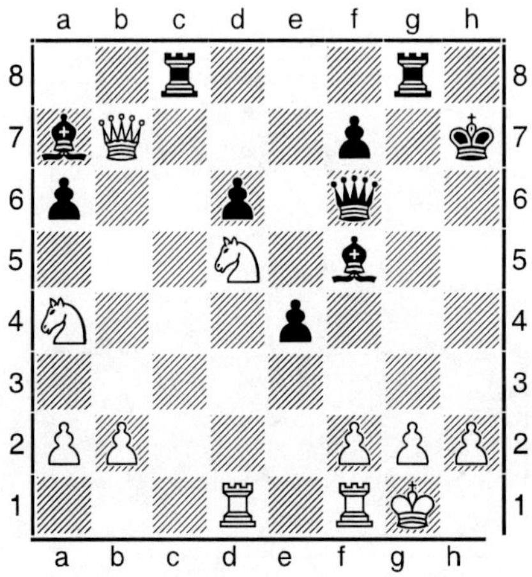

975) Jogam as Pretas (5 pontos)

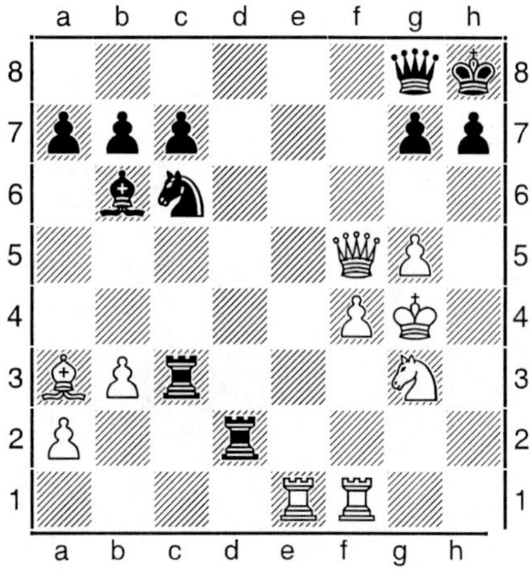

976) Jogam as Brancas (5 pontos)

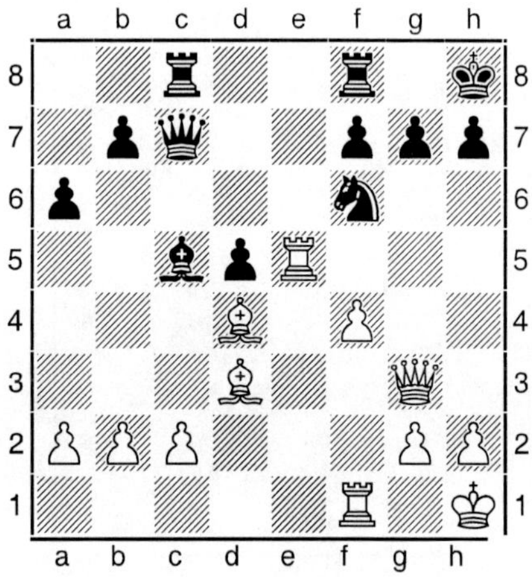

977) Jogam as Brancas (5 pontos)

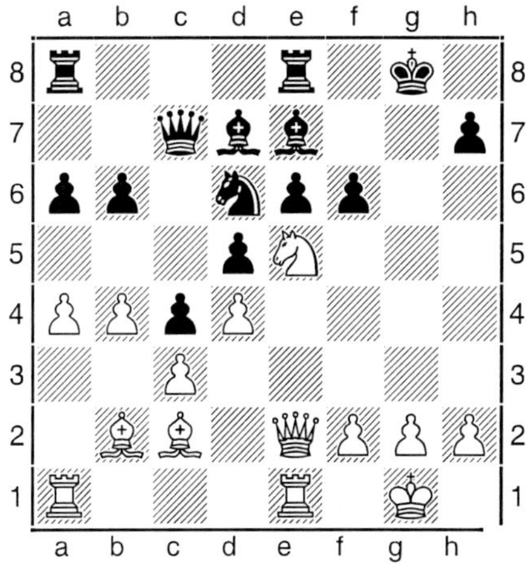

978) Jogam as Brancas (5 pontos)

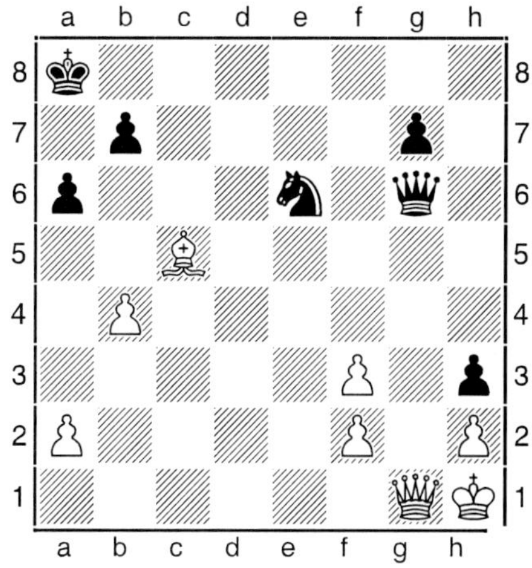

980) Jogam as Pretas (5 pontos)

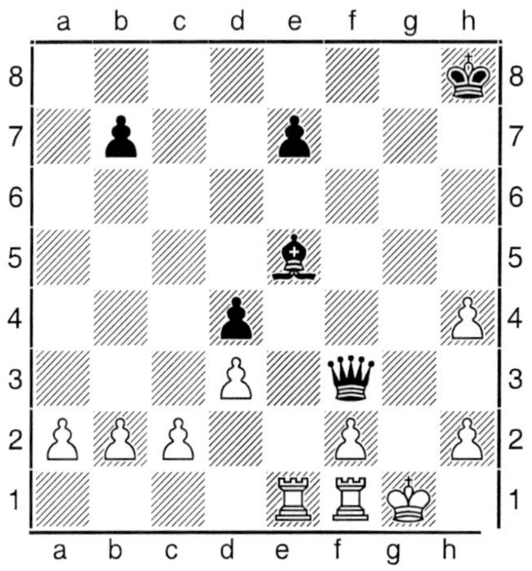

979) Jogam as Pretas (5 pontos)

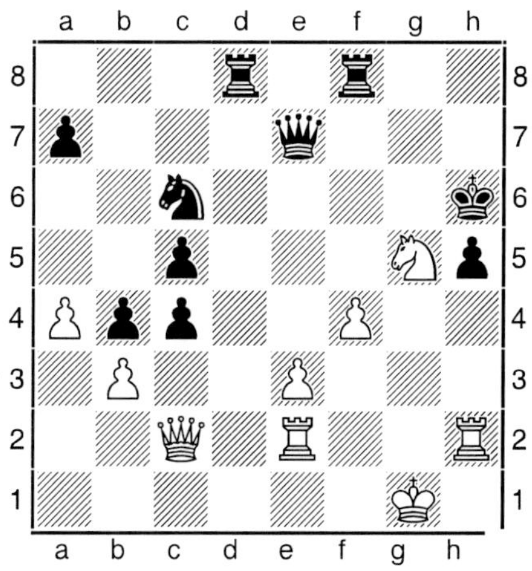

981) Jogam as Brancas (5 pontos)

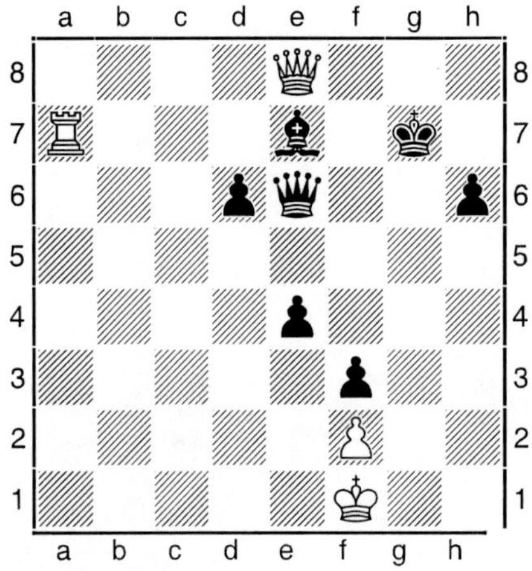

982) Jogam as Pretas (5 pontos)

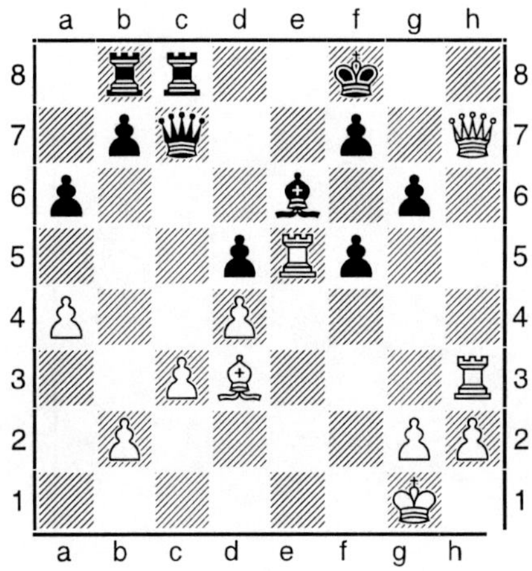

983) Jogam as Brancas (5 pontos)

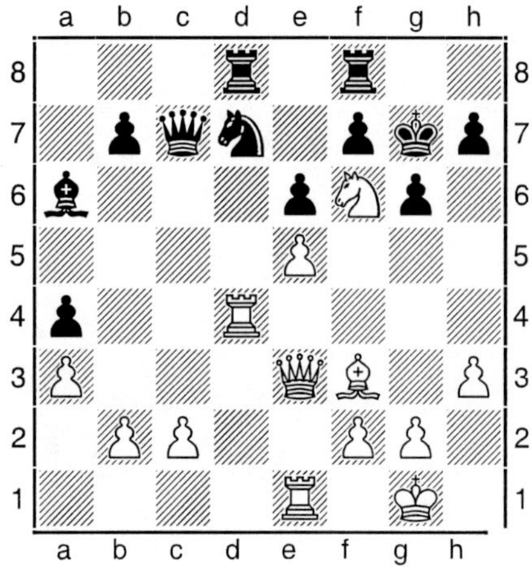

984) Jogam as Brancas (5 pontos)

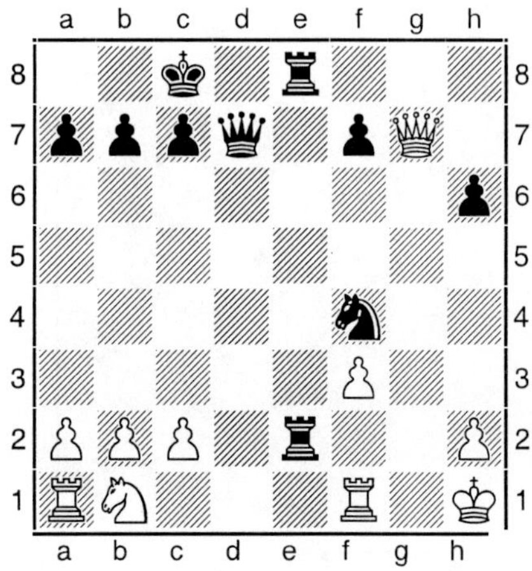

985) Jogam as Pretas (5 pontos)

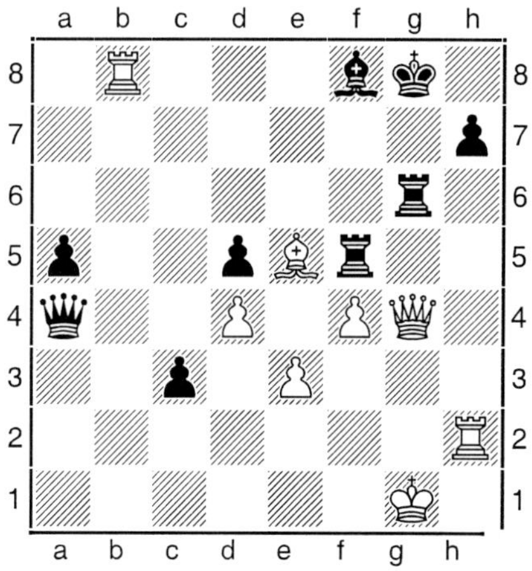

986) Jogam as Brancas (5 pontos)

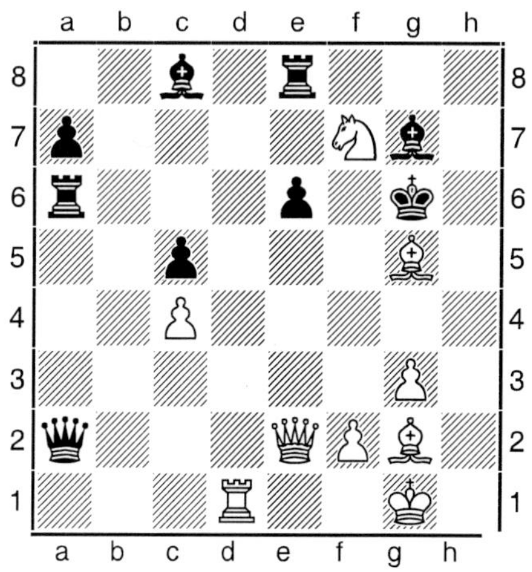

987) Jogam as Brancas (5 pontos)

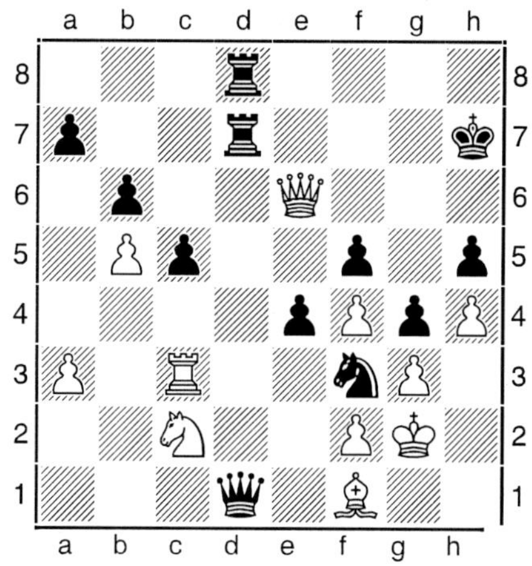

988) Jogam as Pretas (5 pontos)

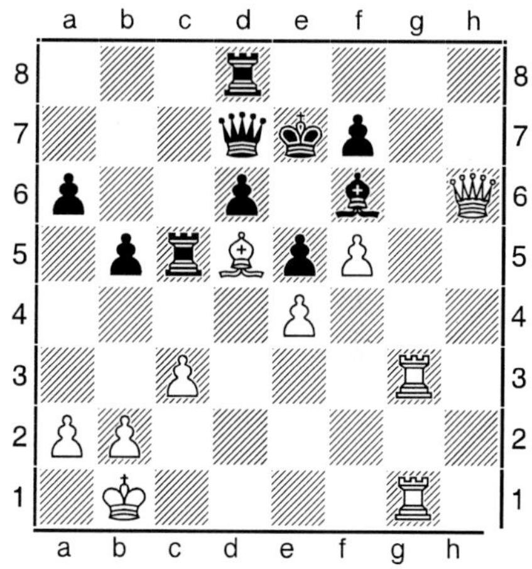

989) Jogam as Brancas (5 pontos)

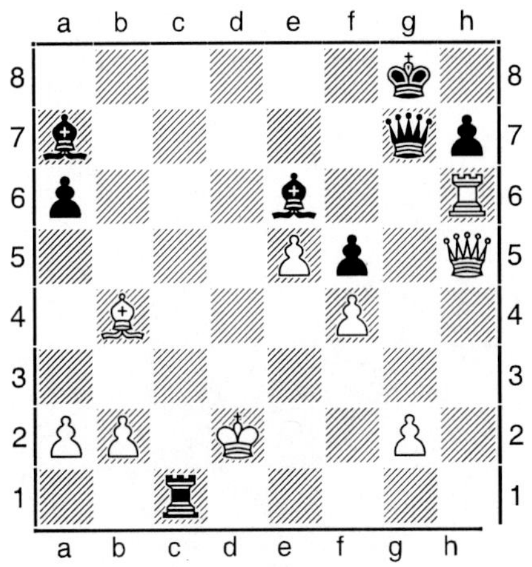

990) Jogam as Pretas (5 pontos)

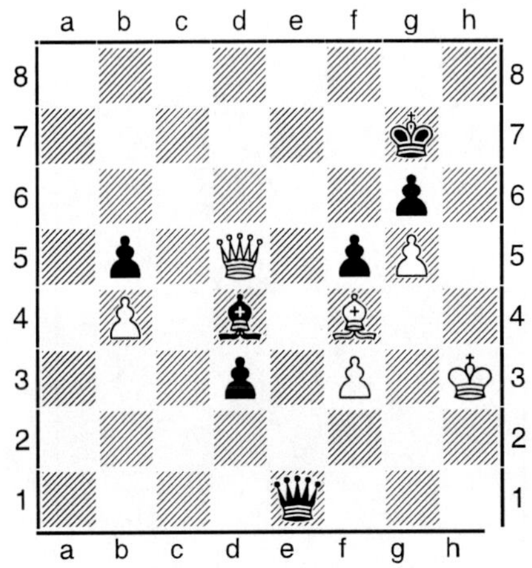

991) Jogam as Pretas (5 pontos)

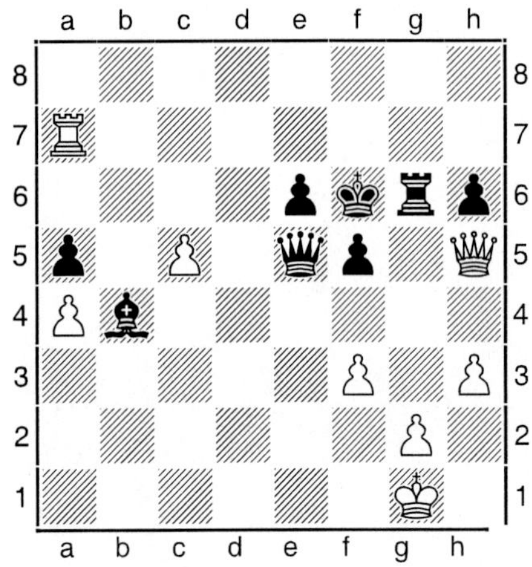

992) Jogam as Brancas (5 pontos)

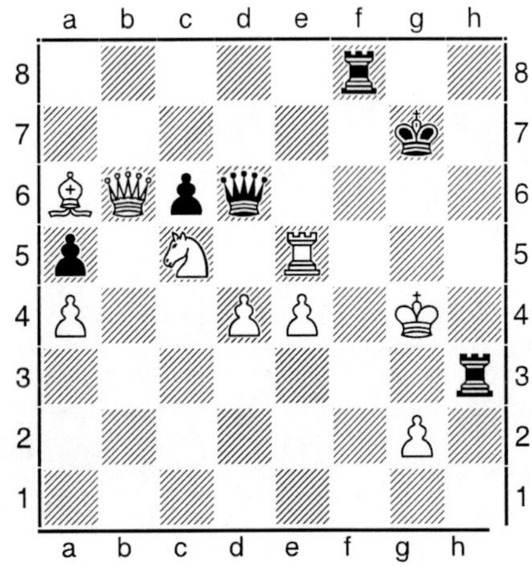

993) Jogam as Pretas (5 pontos)

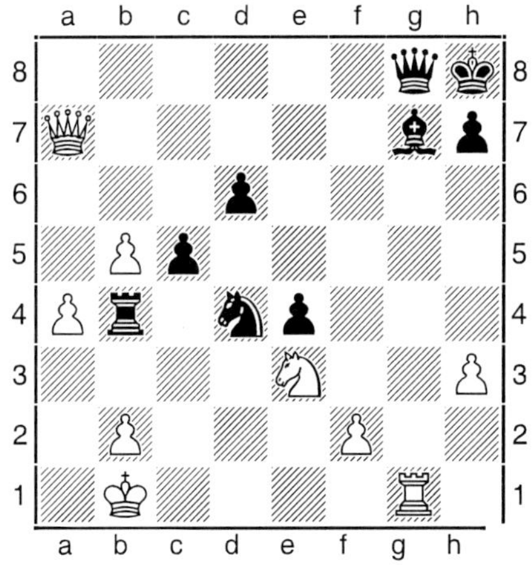

994) Jogam as Pretas (5 pontos)

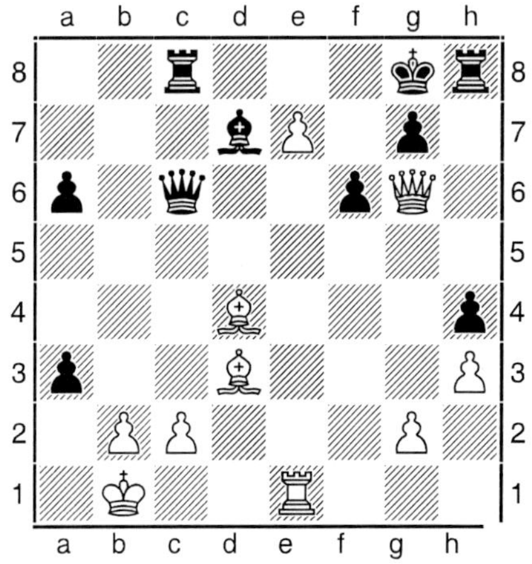

995) Jogam as Brancas (5 pontos)

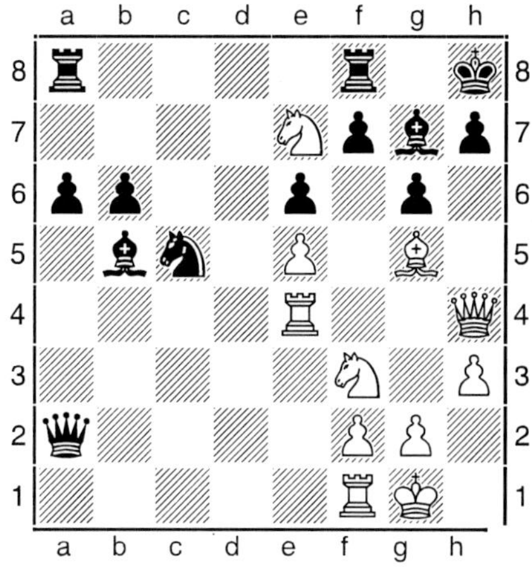

996) Jogam as Brancas (5 pontos)

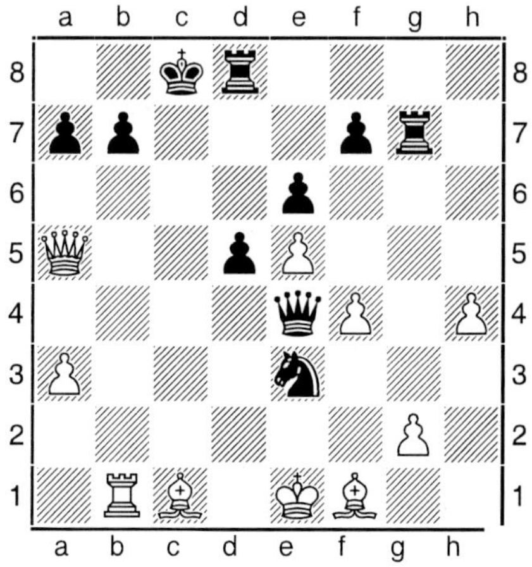

997) Jogam as Brancas (5 pontos)

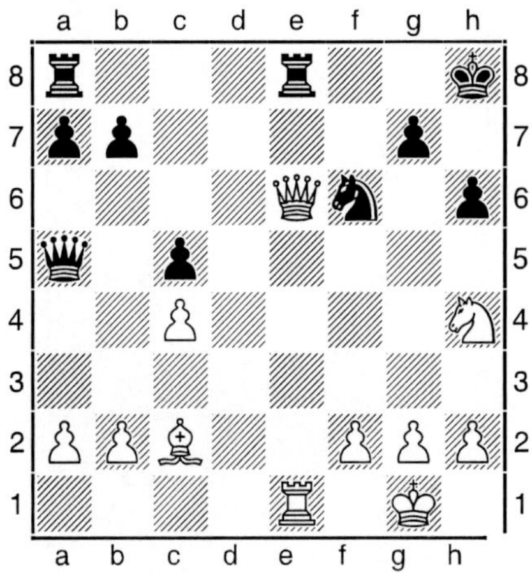

998) Jogam as Brancas (5 pontos)

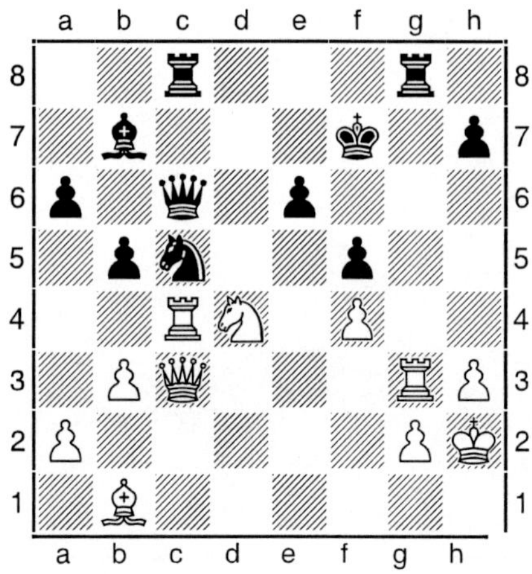

1000) Jogam as Pretas (5 pontos)

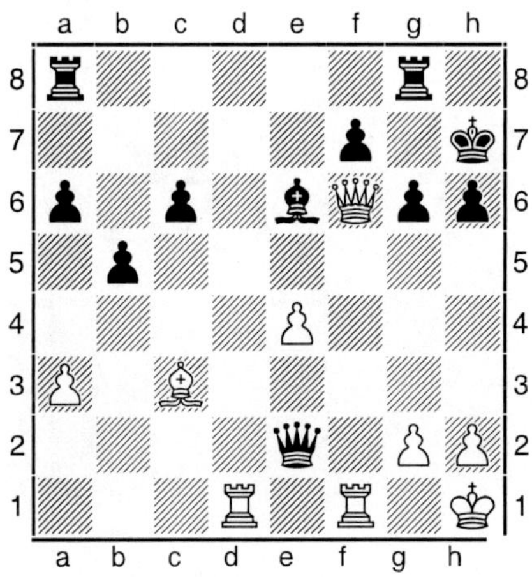

999) Jogam as Brancas (5 pontos)

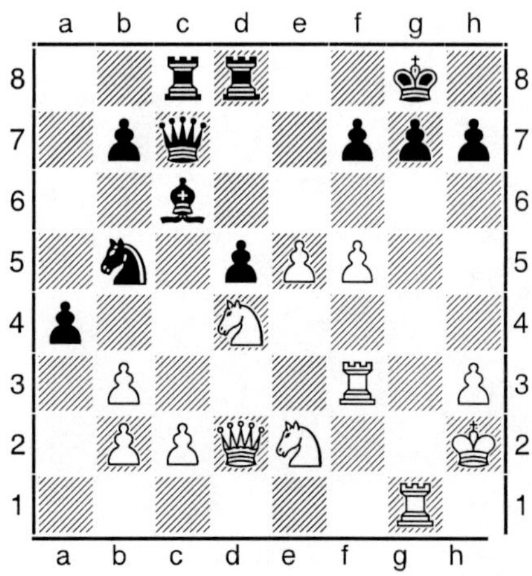

1001) Jogam as Brancas (5 pontos)

Soluções do Desafio do Mate Extremo

949) **Erdogdu – Morchiashvili**
Batumi 2003

1 ♖d8+ ♔f7 2 ♖e7+!

Um sacrifício surpreendente para abrir caminho para o xeque de bispo em d5.

2...♖xe7

2...♔f6 3 ♖f8#.

3 ♗d5+ 1-0

3...♔f6 (3...♖e6 4 ♖f8#) 4 ♖f8+ ♖f7 5 ♖xf7#.

950) **J. Friedel – Mi. de Jong**
Hoogeveen 2009

1 ♘g5!

Ameaçando 2 ♖xf7+ e 2 ♘xh7+.

1...hxg5

Após 1...♔e8 2 ♖xf7, as Brancas forçam mate com rapidez.

2 ♖xf7+! 1-0

As Brancas dão mate após 2...♔g8 3 ♕xh7#, 2...♖xf7 3 ♕h8# ou 2...♔e8 3 ♖xh7+ ♔f8 4 ♕f7# (ou 4 ♖h8#).

951) **Kolesnik – Simantsev**
Tula 2000

1 ♕xh7+! ♔xh7 2 ♖h5+ ♘h6

2...♔g8 3 ♖h8#.

3 ♖xh6+! 1-0

3...♔xh6 4 ♖h3+ ♗h4 5 ♖xh4#.

952) **D. Shilin – Mi. Fiodorov**
Odessa 2007

1 ♗f8!

Ameaçando 2 ♕xh7# e ao mesmo tempo impedindo a defesa 1...♖g7.

1...♘g5

Após 1...♖g7 (ou 1...h6 2 ♕xh6+ ♘xh6 3 ♖xh6#) 2 ♗xg7+ ♔xg7 a vitória mais simples é com 3 ♖g4+ ♔f8 4 ♖hg3 ♘g5 5 ♕h6+ ♔f7 6 ♕xh7+! ♔f8 (6...♘xh7 7 ♖g7+ ♔f8 8 ♖g8+ ♔f7 9 ♖3g7#) 7 ♖xg5 fxg5 8 ♖xg5, com um mate inevitável.

2 ♕xh7+! ♘xh7 3 ♖xh7+! 1-0

3...♔xh7 4 ♖h4+ ♕h5 5 ♖xh5#.

953) **Fadi – Ah. Elgendy**
Assiut 2008

A dama das Pretas está cravada, então é necessário algo espetacular.

1...♗f5!

Ameaçando 2...♕xh2#, então as Brancas também podem capturar a dama.

2 ♖xf2 ♖g4+ 3 ♔h5

3 ♔h3 ♖xg3++ 4 ♔h4 ♖h3#.

3...♘f6+ 4 ♔h6 ♖g6#

954) **G. Cerda – Fiorito**
Buenos Aires 2003

1...♘f2+! 2 ♗xf2 ♖b1+ 3 ♗g1 ♖xg1+! 0-1

4 ♔xg1 ♕e1#.

955) **Petitcunot – V. David**

St Lorrain 2008

1 ♘f6+ ♔h8

1...♔g7 2 ♕xh6#.

2 ♗xh6

Com muitas ameaças, inclusive 3 ♗xf8#.

2...♘f5

As Pretas impedem um xeque descoberto, pois a dama das Brancas agora está atacada, mas um xeque duplo se mostra fatal.

3 ♗g7++! 1-0

3...♔xg7 4 ♕h7#.

956) **M. Gurevich – Gelfand**

Cap d'Agde 2002

No momento, a dama das Brancas cobre a casa d1, então deve ser desviada com um sacrifício.

1...♕xe6! 2 ♕xe6

Se as Brancas recusarem o sacrifício, terá uma torre a menos e enfrentará mate em pouco tempo.

2...♖d1+ 3 ♔h2 ♗g1+ 0-1

4 ♔h1 ♗f2+ 5 ♔h2 ♗g3#.

957) **V. Dmitrenko – D. Gusev**

Campeonato Ucraniano (por equipes), Alushta 2008

1 exf6!

Com várias ameaças de mate, inclusive 2 ♕xe6+ e 2 f7+ ♔f8 3 ♗xg7+! ♔xg7 4 f8♕#.

1...♖xe3

Permitindo uma das ameaças, mas as Pretas só poderiam adiar o mate por poucos lances; por exemplo, 1...♘e5 2 ♖d8+ ♔f7 3 fxg7+ ♔xg7 4 ♗xe5+ ♖f6 5 ♗xf6+ ♕xf6 6 ♖g8+ ♔xg8 7 ♖xf6 etc.

2 f7+ ♔f8 3 ♗xg7+! ♔xg7 4 f8♕#

958) **Sebag – Kozakov**

Bois Colombes 2005

1...♕xf2+ 2 ♖xf2

Após 2 ♔h1 ♕xf1+, as Pretas dão mate com rapidez; por exemplo, 3 ♗g1 ♘g3+ 4 ♔h2 ♕xg1+! 5 ♔xg1 ♖c1+ 6 ♔f2 (6 ♔h2 ♖h1#) 6...♗d4+ 7 ♕e3 ♖f1#.

2...♖c1+ 3 ♖f1 ♗d4+ 4 ♔h1 ♘f2+!

Não 4...♖xf1+? 5 ♗g1, depois as Brancas escapam.

0-1

5 ♔g1 ♘g4+ 6 ♔h1 ♖xf1+ 7 ♗g1 ♖xg1#.

959) **Szoen – M. Bugalski**

Campeonato Polonês (Sub-18), Leba 2004

1 ♗c8+ ♔b5

As linhas 1...♖xc8 2 ♕xa7+ ♔b5 3 a4#, 1...♔a5 2 ♕xa7+! ♖xa7 3 ♖xa7+ ♔b5 4 a4# e 1...♗b7 2 ♕xb7+ ♔b5 3 ♕xd5+ ♔a4 4 ♕xc4+ levam a um mate rápido.

2 a4+! ♔xa4

2...♔a5 3 ♕xa7+! ♖xa7 4 ♖xa7#.

3 ♕xa7+! 1-0

E mate após 3...♔b5 4 ♗a6+ ♔a4 5 ♗xc4+ ♖xa7 6 ♖xa7# ou 3...♖xa7 4 ♖xa7+ ♔b5 5 ♗a6+ ♔a4 6 ♗xc4#.

960) **D. Hersvik – Saevareid**

Gausdal 2003

1 ♖f3!!

Esse movimento espetacular desvia a dama preta ou a torre em f7.

1...♕xf3

As linhas 1...♕d7 2 ♖h8+ ♔e7 3 ♖xf7+ ♔d8 4 ♖xd7+ ♔xd7 5 ♕xe8+ ♔c7 6 ♕d8# e 1...♖xf3 2 ♖h8+ ♔e7 3 ♕xe8+ ♔f6 4 ♖f8# também levam ao mate.

1-0

As Pretas abandonaram sem esperar 2 ♖h8+ ♔e7 3 ♕e6+ ♔d8 4 ♕xe8+ ♔c7 5 ♕d8#.

961) **A. Sobh – Hakki**

Cairo 2003

1 ♗d5+! ♕xd5

1...♔b6 2 ♕c6#.

2 ♖a7+! ♔xa7

2...♔b6 3 ♕c7+ ♔b5 4 ♖a5# e 2...♔b8 3 ♕c7# não são melhores.

3 ♕c7+ 1-0

3...♔a6 (outros lances também são seguidos por ♖a1+) 4 ♖a1+ ♖a4 (4...♔b5 5 ♖a5#) 5 ♖xa4+ ♔b5 6 ♖a5+ ♔b4 7 ♕c3#.

962) **T. Gara – M. Ignacz**

Campeonato Húngaro *(por equipes), Budapeste 2003*

1 ♖xf7! ♔xf7

Após 1...h5 2 ♕f6, as Brancas darão mate mais rápido.

2 ♕xh7+ ♔f6

2...♔f8 3 ♗h6+ ♔e8 4 ♕g8+ ♔e7 5 ♗g5# e 2...♔e8 3 ♕g8+ ♔e7 4 ♗g5# oferecem menos resistência.

3 e5+! ♔xe5

3...dxe5 4 ♗g5+! ♔xg5 5 ♕xg6+ ♔h4 (ou 5...♔f4 6 ♕g3#) 6 ♕f6+ ♔g4 7 ♗e2#.

4 ♕g7+

4 ♕h4! dá mate ainda mais rápido, mas o lance feito é muito bom.

4...♔d5 5 ♗e4+ ♔xe4

5...♔c4 é seguido por 6 ♕d4# ou 6 ♕c3#.

6 ♕d4+ 1-0

Após 6...♔f5, as Brancas têm escolha entre 7 g4# e 7 ♕f4#.

963) **Marusenko – H. Logdahl**

Newport 2001

1 ♕e8+! ♖xe8

Outros lances:

1) 1...♔g7 2 ♕g6+ ♔h8 3 ♖e8+ ♖xe8 4 ♕xe8+ ♔g7 5 ♕g8#.

2) 1...♗f8 2 ♕g6 ♗g7 (após 2...♕g7 3 ♘f7+ ♕xf7 4 ♕xf7, as Brancas dão mate rápido) 3 ♖e8+ ♖xe8 4 ♕xe8+ ♗f8 5 ♕xf8#.

2 ♖xe8+ ♗f8

2...♔g7 3 ♖g8#.

3 ♖xf8+ ♔g7 4 ♖g8+ ♔h6 5 ♖g6+

O mate mais rápido é 5 ♘e4+ ♔h5 (5...♔xh7 6 ♘xf6#) 6 ♘xf6+ ♔h4 7 ♖xg4#, mas o lance feito é suficiente.

5...♔h5 6 ♘e6

Ameaçando 7 ♖h6# e 7 ♘f4+ ♔h4 8 g3#.

6...♗xe6 7 ♖h6+ ♔g4 8 f3#

Ou 8 h3#.

964) **S. Lalić – I. Lauterbach**
Liga Britânica (4NCL) 2005/6

1 ♘xf6+ ♔f8

1...♔h8 2 ♕xh7#.

2 ♕e8+ ♔g7 3 ♘h5+ ♔h6 4 ♕xe6+ ♔xh5

4...♔g5 5 ♕f6+ ♔xh5 6 g4#.

5 ♕f5+ 1-0

5...♔h6 (5...♔h4 é seguido por 6 ♕g4# ou 6 g3#) 6 ♕f6+ ♔h5 7 g4#.

965) **Merieux – E. Wegner**
Campeonato Francês (por equipes) 2005/6

1 ♘f7+ ♔g8

As Brancas também dão mate após 1...♖xf7 2 ♖e8+ ♔g7 3 ♕xh6# ou 1... ♔g7 2 ♕xh6+ ♔g8 3 ♕h8+! ♗xh8 4 ♘h6#.

2 ♘xh6+ ♔h8 3 ♘f7++ ♔g8

3...♔g7 4 ♕h6+ ♔g8 transpõe.

4 ♕h8+! ♗xh8 5 ♘h6#

966) **D. Coates – M.C. Campbell**
Liga Britânica (4NCL) 2005/6

1 ♗h7+ ♔f8

1...♔h8 2 ♗f6#.

2 ♗h6+ ♔e8 3 ♗g6+ ♔d8 4 ♗g5+ ♗e7

Ou 4...♖e7 5 ♗xe7+ ♗xe7 6 ♖d1+ ♗d6 7 ♖xd6#.

5 ♖d1+ ♖d2 6 ♗xe7#

967) **Granara – Liascovich**
Villa Ballester 2006

As Branca forçaram o mate em 10 lances e, embora a linha seja muito longa, todos os movimentos das Brancas são xeques, portanto as Pretas têm poucas chances de variar:

1 ♕h3+ ♔g8 2 ♖xg7+! ♔xg7 3 ♕h6+ ♔g8 4 ♕xg6+ ♔h8

4...♔f8 5 ♕f7#.

5 ♕xe8+ ♔g7 6 ♕f7+ ♔h8 7 ♕f8+ ♔h7 8 g6+! ♔xg6 9 ♕f7+ 1-0

9...♔h6 10 g5#.

968) **Lastin – Kriakvin**
Moscou 2006

1 ♘g6+! ♔g8

A outra linha principal segue com 1...hxg6 (1...♕xg6 2 ♕xf8+! ♖xf8 3 ♖xf8#) 2 hxg6+ ♖h4 (2...♔g8 3 ♖h8+! ♔xh8 4 ♕h5+ ♔g8 5 ♕h7#) 3 ♖xh4+ ♕xh4 (3...♔g8 4 ♖h8+! dá mate como antes) 4 ♕xf8+! ♖xf8 5 ♖xf8#.

2 ♕b3+ ♖e6 3 ♕xe6+! 1-0

3...♕xe6 4 ♖xf8#.

969) **M. Castiglione – Kovacocy**
Campeonato Eslovaco (por equipes) 2005/6

1 ♗xg6++! ♔xg6

1...♔g8 2 ♕f7#.

2 ♕e8+ ♔h7

2...♔g7 3 ♖a7+ e as Brancas forçam o mate no próximo lance.

3 ♖a7+ ♗g7 4 ♕xh5+ 1-0

4...♔g8 5 ♕f7+ seguido de 6 ♕xg7#.

970) **Goganov – Gorovykh**

São Petersburgo 2009

1 ♖xh7+! ♔xh7 2 ♖h1+ ♔g7

2...♔g6 3 ♕g4+ é igual.

3 ♕g4+ ♔f7 4 ♖h7+ ♖g7

4...♔e8 pode ser seguido por 5 ♕d7# ou 5 ♕c8#, enquanto 4...♕g7 permite 5 ♕e6#.

5 ♖xg7+ 1-0

5...♕xg7 6 ♕e6#.

971) **T. Bogumil – Sokolovskaya**

Campeonato Mundial - Feminino (Sênior), Condino 2009

1 ♘g6+ ♔g8 2 ♕e6+ ♖f7 3 ♕e8+! ♖f8

3...♖xe8 4 ♖xe8+ ♖f8 5 ♖xf8#.

4 ♘e7+ ♔h8 5 ♖xh7+! 1-0

5...♔xh7 6 ♕h5#.

972) **Salido Polo – J. Auvray**

Campeonato Europeu (Meninas Sub-14), Šibenik *2007*

1 ♖xg7+! ♔xg7

1...♔h8 2 ♕g5, com a ameaça mortal 3 ♕h6+, leva a um mate rápido.

2 ♕g5+ ♔h8 3 ♕h6+ ♔g8

3...♘h7 4 ♕xh7#.

4 ♖g3+ ♘g4+ 5 ♖xg4+ 1-0

5...hxg4 6 ♕h7#.

973) **Kai Jensen – B. Kara**

Campeonato de Clubes em Melbourne 2005

1 ♕h5+ ♔g8 2 ♖xg7+! ♔xg7

2...♔f8 3 ♕h8+ ♘g8 4 ♗c5+ ♖e7 5 ♕xg8# (ou 5 ♖xg8#).

3 ♗h6+ ♔g8

3...♔h7 4 ♗g5+ ♔g8 (4...♔g7 5 ♕h6+ ♔g8 6 ♗f6 leva ao mate em g7 ou h8) 5 ♗f6 ♘g6 6 ♕h6 seguido de mate em g7.

4 ♕g5+ ♘g6

Ou as Brancas dão imediato mate em g7.

5 ♕f6

As Pretas só conseguem impedir ♕g7# entregando sua dama, mas até isso não adia o fim por muito tempo.

5...♕d4 6 ♕xd4 1-0

O mate segue em breve; por exemplo, 6...f6 7 ♕xf6 ♖e7 8 ♕xg6+ ♔h8 9 ♕f6+ etc.

974) **Fedorchuk – R. Akhayan**

Charleroi 2004

1 ♖xg7+! ♔xg7

1...♔f8 2 ♕xf6#.

2 ♕g5+ ♔h7

2...♔f7 3 ♕g6+ ♔f8 (3...♔e7 4 ♕g7#) 4 ♕xf6+ ♔g8 transpõe, e outros lances de rei também transpõem após as Brancas capturarem em f6 com um xeque.

3 ♕g6+ ♔h8 4 ♕xf6+ ♔g8

4...♔h7 5 ♕g6+ ♔h8 transpõe.

5 ♕g6+ ♔h8

5...♔f8 6 fxe6+ dá mate no próximo lance.

6 f6

Ameaçando mate em g7.

6...♕f8

6...♖d7 (6...♖g8 7 ♕h6#) 7 ♕h5+ ♔g8 (7...♖h7 8 ♕xe8+) 8 f7+ ♖xf7 9

♖xf7 e as Brancas dão mate em h7 no próximo lance.

7 ♕h5+ ♔g8 8 f7+ ♔g7 1-0

As Pretas abandonaram ao ver 9 ♕xe5+ ♔h7 (9...♔h6 10 ♕f6+ ♔h7 11 d4#) 10 d4+ ♔h6 11 ♕f6+ ♔h5 12 g4# (uu 12 ♗d1#).

975) **Sikora Lerch – Pisk**

Campeonato Tcheco (por equipes) 1994/5

1...♖xg2+! 2 ♔xg2

2 ♔h1 ♖xh2+ 3 ♔xh2 ♕h4+ seguido de 4...♖g8#.

2...♗h3+! 3 ♔xh3

As Brancas também sofrem mate após 3 ♔g1 ♖g8+ 4 ♔h1 ♕f3#, 3 ♔g3 ♕f3+ 4 ♔h4 ♕g4# e 3 ♔h1 ♕f3+ 4 ♔g1 ♕g2#.

3...♕f3+

3...♕e6+! é mais rápido; por exemplo, 4 ♔h4 ♕h6+ 5 ♔g4 ♖g8+ 6 ♔f5 ♕g6+ 7 ♔f4 ♕g4#.

4 ♔h4 ♖g8

Ameaçando mate em g4.

5 ♕d7

5 h3 ♗xf2+ 6 ♖xf2 ♕g3+ 7 ♔h5 ♕g5#.

5...♗xf2+ 6 ♖xf2 ♕xf2+ 7 ♔h3

7 ♔h5 ♕xh2+ 8 ♕h3 ♕xh3#.

7...♕g2+ 8 ♔h4 ♕g5+ 0-1

9 ♔h3 ♕h5#.

976) **M. Turner – Waage Tofte**

Troms– 2008

1 ♕xh7+! ♔xh7

1...♕xh7 2 ♖e8+ ♕g8 3 ♖h1+ ♖h2 4 ♖xh2#.

2 ♖h1+ ♔g6 3 f5+ 1-0

3...♔f7 4 g6+ ♔f6 5 ♘h5#.

977) **Kanefsck – Cirianni**

Mar del Plata 1999

1 ♕xg7+! ♔xg7 2 ♖g5+ ♔h6

2...♔h8 3 ♗xf6#.

3 ♗xf6

Ameaçando 4 ♗g7#.

3...♖g8

3...♗d4 4 ♖f3 ♕d7 5 g4 leva ao mate com ♖h3#.

4 g4!

Também é eficiente jogar 4 ♖f3! ♖xg5 5 fxg5+ ♔h5 6 ♗f5 com um mate inevitável; por exemplo, 6...♗f2 7 ♖h3+ ♗h4 8 g4#.

4...♕e5

Isso impede 5 ♖h5#, mas não ajuda por muito tempo. 4...♖xg5 5 fxg5# é um belo mate.

5 ♗xe5 1-0

Será mate em qualquer caso após 5... f5 6 ♖h5+ ♔g6 7 ♖xf5 ♖c6 8 ♖f8+ ♔h6 9 ♖f3, quando 10 ♖h3# não pode ser evitado de qualquer forma útil.

978) **M.A. Gonzalez Martinez – Idiazabal**

Campeonato Espanhol (por equipes), Villava 2009

1 ♗xh7+! ♔xh7

Outros lances também levam ao mate: 1) 1...♔h8 2 ♕h5 fxe5 3 ♗g6+ ♔g7 4 ♕h7+ ♔f6 5 dxe5+ ♔g5 6 ♕h5+

♔f4 7 g3#.

2) 1...♔f8 2 ♕g4 ♗d8 3 ♕g8+ ♔e7 4 ♘g6#.

3) 1...♔g7 2 ♕g4+ ♔h8 (2...♔xh7 3 ♕h5+ transpõe para a partida) 3 ♕h5 transpõe para a linha 1.

2 ♕h5+ ♔g8 3 ♕g6+ ♔h8

3...♔f8 4 ♗c1! ♗d8 5 ♕h7! e as ameaças 6 ♘g6# e 6 ♗h6# forçam o mate no próximo lance.

4 ♖e3 1-0

As Pretas não têm uma boa resposta para a ameaça 5 ♖h3#.

979) **Codenotti – Brancaleoni**

Cutro 2008

1...♗f4!

Após 1...♗d6? 2 ♖e4, as Brancas evitam o desastre imediato. O lance feito bloqueia o avanço do peão f e impede a torre das Brancas de cobrir g4 indo para e4. A ameaça imediata é 2...♕h3 seguido de mate em h2.

2 ♖e4

Após 2 ♖e6 ♕h3 3 ♖h6+ ♔g7, as Pretas dão mate em poucos lances.

2...♕g4+

Esse xeque intermediário sela o destino das Brancas.

3 ♔h1 ♕h3 0-1

As Pretas dão mate com 4...♕xh2# ou 4...♕xf1#.

980) **Ar. Smirnov – T. Khakimov**

São Petersburgo 2008

O rei das Brancas fica preso no canto, mas um jogo preciso é necessário para forçar o mate.

1...♕d3!

Atacando f3 e, ao mesmo tempo, impedindo a defesa 2 ♕d1. Após 1...♕f5 2 ♕d1, as Pretas ainda ganham, mas sem um mate rápido.

2 ♗e3

2 ♕g3 ♕d1+ 3 ♕g1 ♕xf3+ 4 ♕g2 ♕xg2#.

2...♕e2! 0-1

De novo atacando f3 e cobrindo d1. As Brancas devem defender f3 com sua dama de g3 ou g4, então é mate após, por exemplo, 3 ♕g3 ♕d1+ 4 ♕g1 ♕xf3+ 5 ♕g2 ♕xg2#.

981) **Khamitsky – I. Smirnov**

Gdansk 2008

1 ♖xh5+! ♔xh5

1...♔g7 2 ♕h7+ ♔f6 3 ♖h6#.

2 ♖h2+ ♔g4 3 ♖h4+! 1-0

3...♔xh4 (3...♔g3 é seguido por 4 ♕f2# ou 4 ♕h2#) 4 ♕h2+ ♔g4 5 ♕h3#.

982) **N. Fortuit – F. Dussart**

Campeonato Francês (por equipes) 2006/7

As Pretas podem forçar o mate com uma sequência precisa de xeques.

1...♕c4+ 2 ♔g1

2 ♔e1 segue com 2...♕e2# ou 2...♕c1#.

2...♕c1+ 3 ♔h2 ♕f4+ 0-1

4 ♔h1 (4 ♔h3 ♕h4# é mate imediato, enquanto 4 ♔g1 ♕g5+ transpõe) 4...♕h4+ 5 ♔g1 ♕g5+ 6 ♔f1 (ou

...♕g2#) 6...♕c1#.

983) **D. Schuh – Haselhorst**

Alemanha (evento por equipes) 2004/5

1 ♖xe6!

Ameaçando 2 ♕h8#.

1...fxe6 2 ♕h8+ ♔e7 3 ♖h7+ ♔d6 4 ♕e5+ 1-0

4...♔c6 5 ♖xc7+ ♖xc7 (5...♔b6 6 ♕d6+ e as Brancas dão mate no próximo lance) 6 ♕xe6#.

984) **Andreikin – Kretov**

Campeonato Russo (Sub-14), Dagomys 2004

1 ♕h6+! ♔xh6

1...♔h8 2 ♕xh7#.

2 ♖h4+ ♔g5

2...♔g7 3 ♖xh7#.

3 ♘xh7+! 1-0

Após 3...♔xh4, 4 ♖e4# é mais rápido, embora haja outros meios de dar mate.

985) **N. Clement – Platel**

St Lorrain (Sub-18) 2003

1...♖xh2+! 2 ♔xh2 ♕h3+ 3 ♔g1 ♘e2+ 4 ♔f2 ♕h2+ 5 ♕g2

5 ♔e1 ♘c3+ 6 ♕e5 ♖xe5#.

5...♕h4+ 0-1

6 ♕g3 ♕xg3#.

986) **L. Dobeš – P. Gazda**

República Tcheca (evento por equipes) 2002/3

1 ♕xg6+! hxg6 2 ♖h8+ ♔f7 3 ♖h7+ ♔g8

As Pretas também sofrerão mate após 3...♔e6 4 ♖b6+ ou 3...♗g7 4 ♖xg7+ ♔e6 5 ♖b6+.

4 ♖g7+ ♔h8 5 ♖f7+! 1-0

As Brancas dão mate com 6 ♖bxf8#.

987) **P. Fjodorow – Klimm**

2ª Bundesliga 2002/3

1 ♗e4+! ♔xf7 2 ♕h5+ ♔f8

2...♔g8 3 ♕xe8+ ♗f8 4 ♕g6+ ♗g7 (ou 4...♔h8 5 ♕h7#) 5 ♖d8#.

3 ♕xe8+! ♔xe8 4 ♗g6+ 1-0

4...♔f8 5 ♖d8#.

988) **Mi. Kozak – S. Berezjuk**

Ostrava 2003

1...♕xf1+! 2 ♔xf1 ♖d1+ 3 ♔e2

3 ♔g2 ♖g1#.

3...♘g1+ 4 ♔e3 ♖8d3+ 0-1

4...♖1d3+ é igualmente bom. Em qualquer caso, é mate após 5 ♖xd3 ♖xd3#.

989) **C. Lutz – Ftačnik**

Bundesliga 2000/1

1 ♕xf6+!! ♔xf6

Qualquer outro lance permite 2 ♖g8#.

2 ♖g6+! fxg6

2...♔e7 3 f6+ seguido de 4 ♖g8#.

3 ♖xg6+ ♔e7 4 f6+ 1-0

As Brancas dão mate com 5 ♖g8#.

990) **Listiak – M. Hagara**

Campeonato Eslovaco (por equipes)

2005/6

1...♕xg2+! 2 ♔xc1

2 ♔d3 caminha para um mate instantâneo com 2...♕c2# ou 2...♗c4#, enquanto após 2 ♕e2 ♖c2+ 3 ♔xc2 ♕xe2+, as Pretas conquistam a dama e dá mate com rapidez.

2...♗e3+ 3 ♔d1

3 ♔b1 ♕f1+ é igual.

3...♕f1+ 4 ♔c2

4 ♗e1 ♕d3+ 5 ♗d2 ♕xd2#.

4...♕c1+ 5 ♔d3 ♗c4#

991) **A. Kiss – Okhotnik**

Campeonato Húngaro (por equipes) 2005/6

1...♕f1+ 2 ♔g3

2 ♔h2 ♗g1+ 3 ♔g3 (3 ♔h1 ♗e3+ 4 ♔h2 ♗xf4#) 3...♗f2+ transpõe, enquanto 2 ♔h4 leva ao mate após 2...♗f2+ 3 ♗g3 ♕h1#.

2...♗f2+ 3 ♔h2 ♕g1+ 4 ♔h3 ♕h1+ 0-1

5 ♗h2 ♕f1#.

992) **A. Ledger – Greet**

Liga Britânica (4NCL) 2005/6

1 ♕h4+ ♖g5 2 ♕xh6+ ♖g6 3 ♕h4+ ♖g5 4 ♕h8+ 1-0

4...♔g6 (4...♖g7 5 ♕xg7#) 5 ♕h7+ ♔f6 6 ♖f7#.

993) **Zuse – Käser**

Campeonato Alemão, Osterburg 2006

1...♕g6+! 2 ♖g5

2 ♔xh3 ♖h8+ e as Pretas dão mate no próximo lance.

2...♖g3+ 3 ♔xg3

3 ♔h4 ♕xg5#.

3...♕xg5+ 4 ♔h2 ♖h8+ 5 ♔g1 ♕e3+ 0-1

Após 6 ♔f1, as Pretas podem dar mate com 6...♖f8# ou 6...♖h1#.

994) **S.P. Davydov – Karatorossian**

Moscou 2006

1...♖xb2+! 2 ♔xb2 ♕b3+ 3 ♔c1

3 ♔a1 ♘c2#.

3...♘e2+ 4 ♔d2 ♕d3+ 5 ♔e1 ♗c3+ 0-1

6 ♔f1 ♘f4#.

995) **I. Kurnosov – D'Costa**

Campeonato Europeu, Budva 2009

1 ♗xf6!

Ameaçando mate em g7.

1...♕xf6 2 e8♕+ ♗xe8

2...♖xe8 3 ♖xe8+ ♗xe8 4 ♕xe8+ transpõe.

3 ♖xe8+ ♖xe8

3...♕f8 4 ♕e6#.

4 ♕xe8+ 1-0

4...♕f8 5 ♗c4+ ♔h7 6 ♕h5#.

996) **J.M. Dalmau – E. Kopasov**

Copa Rilton, Estocolmo 2003/4

1 ♕xh7+! ♔xh7 2 ♖h4+ ♗h6 3 ♗xh6

Ameaçando 4 ♗xf8#.

3...♕c4

Este lance e 3...♕a4 (que é seguido do mesmo modo) são as únicas defesas possíveis.

4 ♘g5+!

4 ♗xf8+?? ♕xh4 5 ♘xh4 ♖xf8 daria às Pretas um final vitorioso.

4...♔h8 5 ♗g7++! 1-0

5...♔xg7 6 ♖h7#.

997) **B. Brendel – F. Fleischer**

Staufer 2010

1 ♕c5+ ♔b8

Ou 1...♔d7 2 ♗b5#.

2 ♖xb7+!

O primeiro de dois sacrifícios que dá um nocaute rápido no rei das Pretas.

2...♔xb7 3 ♗a6+! 1-0

3...♔xa6 (também dá mate após 3...♔a8 4 ♕c6+ ♔b8 5 ♕b7# ou 3...♔b8 4 ♕b5+ ♔c7 5 ♕b7#) 4 ♕c6+ ♔a5 5 ♗d2+ e as Brancas dão mate no próximo lance.

998) **V. Lazarev – N. Friedrich**

Cattolica 2005

1 ♘g6+ ♔h7 2 ♘e5+

Primeiro, o cavalo descobre o xeque do bispo...

2...♔h8 3 ♘f7+ ♔g8 4 ♘xh6++

... então ajuda a dama dar um xeque duplo.

4...♔h8

4...♔f8 5 ♕f7#.

5 ♕g8+! 1-0

Após 5...♖xg8 ou 5...♘xg8, as Brancas jogam 6 ♘f7# e tudo termina em um mate afogado.

999) **J. Sanchez – P. Pascal**

Montpellier 2005

1 ♕xf7+! ♗xf7 2 ♖xf7+ ♖g7 3 ♖xg7+ ♔h8 4 ♖xg6+ ♔h7 5 ♖g7+ ♔h8 6 ♖g3+ 1-0

Tão bom quanto jogar a torre em g4 ou g5. Em qualquer caso, após 6...♔h7, as Brancas dão mate com 7 ♖d7#.

1000) **J. van der Veen – J. Veltman**

Dieren 2005

1...♕xg2+! 2 ♖xg2 ♖xg2+ 3 ♔h1 ♖cg8!

Com a ameaça mortal ...♖g1++ 5 ♔h2 ♖h1# (ou 5...♖8g2#).

4 ♘f3

Isso não ajuda, pois o cavalo fica cravado quando as Pretas dão xeque em g1.

4...♖g1+ 0-1

5 ♔h2 ♖8g2#.

1001) **Mahmutov – Kuyumcu**

Olimpíada (Sub-16), Denizli 2003

1 ♖xg7+!! ♔xg7

Após 1...♔h8 2 ♕h6 ou 1...♔f8 2 ♘e6+ fxe6 3 ♖xc7 ♖xc7 4 ♕h6+ ♖g7 5 f6, as Brancas dão mate com rapidez.

2 ♕g5+ ♔f8

2...♔h8 3 ♕f6+ ♔g8 4 ♖g3+ ♔f8 5 ♘e6+ ♔e8 6 ♖g8+ ♔d7 7 ♕xf7#.

3 ♘e6+!

Esse segundo sacrifício destrói a posição das Pretas.

3...♔e8

3...fxe6 4 fxe6+ ♔e8 5 ♕g8+ (5 ♕h5+ também é bom) 5...♔e7 6 ♕f7#.

Após 3...♔e8, as Brancas poderiam ter forçado o mate com **4 ♕g8+ ♔e7 5 f6+! ♔xe6 6 ♕g4+ ♔xe5 7 ♕f4+ ♔e6 8 ♖e3+ ♕e5** (8...♔d7 9 ♖e7#) **9 ♕xe5+ ♔d7 10 ♕e7#**.

Mas a partida continuou com **4 ♘xc7+? ♖xc7 5 bxa4** (as Brancas têm vantagem material e também têm um ataque forte, mas o fim da partida não foi tranquilo) **5...d4 6 ♖d3 ♗e4 7 ♕g8+ ♔d7 8 ♕xf7+ ♔c8 9 ♕e6+ ♔b8 10 axb5 ♖xc2 11 ♕b3??** (11 ♖a3 ♖xe2+ 12 ♔g3 vence com facilidade) **11...♖xe2+ 12 ♔g1 ♗xf5?** (12...♖g2+! 13 ♔f1 ♖dg8 dá às Pretas uma clara vantagem, pois agora o rei das Brancas corre sério risco) **13 b6?** (13 ♖g3 favorece as Brancas) **13...♗xd3 14 ♕xd3 ♖xb2 15 e6 ♖xb6 16 e7 ♖g6+??** (16...♖e8 ou 16...♖g8+ 17 ♔h2 ♖e6 teria empatado facilmente) **17 ♕xg6 1-0**.

Quadro de Pontuação do Desafio do Mate Extremo

Número da posição	Pontos
949	5
950	5
951	5
952	5
953	5
954	5
955	5
956	5
957	5
958	5
959	5
960	5
961	5
962	5
963	5
964	5
965	5
966	5
967	5
968	5
969	5
970	5
971	5
972	5
973	5
974	5
975	5
976	5
977	5
978	5
979	5
980	5
981	5
982	5
983	5
984	5
985	5
986	5
987	5
988	5
989	5
990	5
991	5
992	5
993	5
994	5
995	5
996	5
997	5
998	5
999	5
1000	5
1001	5
Total	
Máximo	**265**

Quadro de Pontuação Final

Parabéns aos leitores que atuaram em todo o livro e resolveram os desafios. Os padrões de mate encontrados fornecerão um arsenal com o qual chocar seus oponentes. Se você gostou deste livro de padrões e está interessado em ler mais, talvez queira considerar livros mais avançados (sem publicação no Brasil):

Learn Chess Tactics de John Nunn ensina os modos mais avançados de conquistar material e inclui muitos desafios.

The Ultimate Chess Puzzle Book de John Emms contém 1001 desafios, iniciando em um nível parecido com o livro atual, mas seguindo em um nível mais avançado.

Jon Speelman's Chess Puzzle Book de Jon Speelman é uma seleção especial de desafios do grão-mestre inglês.

365 Ways to Checkmate de Joe Gallagher tem um objetivo semelhante do livro atual, porém, em um nível mais alto.

The Giant Chess Puzzle Book de Zenon Franco é outra coleção de 1001 desafios, em grande parte com um nível mais avançado.

Número do capítulo	**Pontuação**	**Pontos Máximos**
1		166
2		116
3		223
4		86
5		93
6		139
7		81
8		138
9		149
10		219
11		101
12		47
13		238
14		80
15		357
16		132
17		265
Total		**2630**

Índice

Os números se referem aos desafios, a menos que seja mencionado o contrário. Um número em **negrito** significa que o jogador citado estava com a Branca.

A

B

C

D

E

F

G

H

I

J

K

L

M

N

O

P

Q

R

S

T

V

W

Y

Z

ANOTAÇÕES

Impressão e acabamento
Gráfica da Editora Ciência Moderna Ltda.
Tel: (21) 2201-6662